WENDELIN SCHMIDT-DENGLER
Bruchlinien
Vorlesungen zur österreichischen Literatur 1945 bis 1990

Residenz Verlag

Ein kleines Avant-propos

Diesem Buch liegen Vorlesungen zu Grunde, die ich in der Zeit von 1982 bis 1994 an der Universität Wien gehalten habe; an dem Text des Vortragsmanuskripts wurden kaum Änderungen vorgenommen: Was hier zu lesen ist, war bestimmt für den Alltag der Lehre, gedacht als Diskussionsgrundlage und Information vor allem für jene, die später als Lehrer an Schulen gerade über diese Epoche der österreichischen Literatur Auskunft geben müssen oder zumindest sollen. Damit ist auch eine gewisse Distanz zu einer wissenschaftlichen Zielsetzung im engeren Sinne angedeutet; obwohl ich mich bemüht habe, Ergebnisse der jüngeren Forschung einzuarbeiten, so war doch eine eingehende Darstellung des Forschungsstandes weder möglich noch angestrebt. In vielen Fällen sah ich mich auf oft nur wenige Rezensionen angewiesen; wo es mir möglich war, habe ich versucht, dem Rezeptionsprozeß in der Literaturkritik und in der Literaturwissenschaft Konturen zu geben. Ältere Texte habe ich mit Absicht nicht überarbeitet, und dies vor allem deshalb, weil ich – und man verzeihe die Hartnäckigkeit – meine Auffassung im gewählten Genre des Vortrags für nach wie vor vertretbar hielt. So sei der Leser auch gebeten, den jeweiligen zeitlich begrenzten Horizont des Vortragenden zu berücksichtigen, aber es schien mir im nachhinein nicht angebracht, kosmetische Korrekturen vorzunehmen. Der älteste Text behandelt die Zeit von 1970 bis 1980; diese Vorlesung wurde im Sommersemester 1982 gehalten; die Zeit von 1980 bis 1990 habe ich im Wintersemester 1991/92 und die Zeit von 1945 bis 1966 im Wintersemester 1993/94 behandelt. Die vier Jahre zwischen 1966 und 1970 fallen freilich nicht unter den Tisch – und auch das Jahr 1968 nicht. Auf diese Phase, die vor allem in Österreich im innerästhetischen Bereich eine große Bedeutung hatte, komme ich mehrfach im einschlägigen Zusammenhang zu sprechen. Dies als Aviso, um die unterschiedliche Stillage der einzelnen Texte zu erläutern. Im ursprünglichen Manuskript gab es – naturgemäß – einige Doubletten; diese habe ich getilgt, habe sie aber in ganz wenigen Fällen belassen, wo eine Entfernung aus dem Zusammenhang sich allzu störend ausgewirkt hätte. Der »Beobachtungszeitraum« ist mit 1990 begrenzt, eine Zäsur, die freilich einer eingehenderen Rechtfertigung bedürfte; ich möchte jedoch auch hier das »annalistische Prinzip« in Rechnung stellen, das sich für eine solche Nah-Sicht der

Literatur und der Geschichte am ehesten bewährt. Im Jahre 1989 ist Thomas Bernhard gestorben, und Peter Handke meinte 1992 in einem Gespräch, er würde es vorziehen, nicht von einer »Ära Waldheim« zu sprechen, sondern – bei allem, was ihn von diesem Autor trenne – von einer »Ära Bernhard«, ein bedenkenswerter Hinweis. Wie problematisch der Umgang mit neuerer Literatur auf akademischem Terrain ist, ist jedem Einsichtigen einsichtig. Walter Benjamins berühmte und sehr ernst zu nehmende Warnung vor dem fragwürdigen Ehrgeiz der Wissenschaft (und im besonderen wohl der Germanistik), »an Informiertheit es mit jedem hauptstädtischen Mittagsblatt aufnehmen zu können«, erörtere ich auch zu Beginn der dritten Vorlesung und versuche, das Unternehmen zumindest einmal für die didaktische Praxis zu rechtfertigen. Hier sei auch die kritische Gegenfrage zur Äußerung Benjamins erlaubt, ob der Ehrgeiz der Literaturwissenschaft dahin gehen solle, es an Uninformiertheit mit dem »hauptstädtischen Mittagsblatt aufnehmen zu können«. In seiner *Rede über die Dummheit* hat Robert Musil »die würdige Gestalt eines Professors der Literaturgeschichte« beschworen, »der, gewohnt, auf unkontrollierbare Entfernungen zu zielen, in der Gegenwart unheilstiftend danebenschießt« – auch dies ein Bild, das seinen Schrecken noch nicht verloren hat, vor allem – und das ist gewiß bei Musil mitgemeint – bei dem Gedanken, daß auch die Weitschüsse weit danebengehen müssen, wenn schon das Nahziel so eklatant verfehlt wird.

Auch scheint mir für die Praxis des Literaturwissenschaftlers die Alternative hie moderne, dort alte Literatur völlig falsch zu sein; nur für den, der sich auf die Literatur seiner Zeit nach Kräften einläßt, wird auch die ältere Literatur große Leuchtkraft erhalten, was wohl auch andersherum gelten dürfte.

Die Schwierigkeiten der Auswahl, der Wertung, der Methode der Interpretation – das alles kann und will ich nicht ausbreiten; manchmal habe ich das Gefühl, daß ein solcher Textkörper wie der einer Vorlesung nur aus Achillesfersen besteht – was den Kritikern die Arbeit leichtmachen dürfte. Ich habe viel weniger Autoren berücksichtigen können, als mir lieb ist; viele, deren Werk ich sehr schätze, habe ich nicht oder nur am Rande behandeln können. In einem Essayband, den ich vorbereite, möchte ich wenigstens einige dieser Lücken schließen. Wertungen bin ich grundsätzlich nicht aus dem Weg gegangen, vor allem aber habe ich Texte behandelt, deren Lektüre mir nach wie vor wichtig zu sein scheint; noch nie zuvor hat die Literatur so zu einer differenzierten Bestimmung der österreichischen Identität beigetragen wie in der Zeit nach 1945, nie zuvor war die Besonderheit der österreichischen Literatur so sehr Gegenstand kontrovers geführter Debatten. Die produktiven Ansätze zur Beschreibung der österreichischen Literatur, wie sie vor allem Claudio Magris, Ulrich Greiner, Walter Weiss und Robert Menasse vorgelegt haben, sind mitbedacht; auch die Institutionengeschichte der Literatur habe ich berücksichtigt, wenngleich nicht so einläßlich, wie dies Klaus Zeyringer in seinem Buch über die Literatur der achtziger Jahre unter dem Titel *Innerlichkeit und Öffentlichkeit* besorgt hat. Im Rahmen dieser Vorlesungen ist es mir aber mehr darauf angekommen, von den einzelnen Texten auszugehen und sie nicht auf ein – wie auch immer beschreibbares – Österreichisches festzulegen. Es kommt mir eher auf die Differenzen an, auf die Risse, auf die Verwerfung und auf die Übernahme von Traditionen, auf die Widersprüche in den Werken und in der Rezeption, kurzum auf die *Bruchlinien*, an denen Neues sichtbar wird. Doderer meinte in dem Traktat *Die Ortung des Kritikers,* daß den »Kunstleistungen« das, »was sie voneinander unterscheidet, ihr Einzigartiges und Unvergleichbares, kurz, das Ungemeine, weit wesentlicher [sei] als alles, was sie gemeinsam haben«. Und es ist die Crux des Literaturhistorikers, stets das Unvergleichliche vergleichen zu müssen.

Viele haben bei diesem Buch geholfen; vor allem will ich dem Verlag, und da besonders Jochen Jung danken, da er ebenso beharrlich wie freundlich nach dem Manuskript fragte und mich mit guten Worten ermutigte. Mit Rat und Tat haben mich in der Schlußphase Maximilian Kaiser, Andrea Portenkirchner, Johann Sonnleitner, Juliane Vogel und Martin Weinberger unterstützt. Danken möchte ich schließlich noch jenen Kolleginnen und Kollegen, ohne deren Publikationen und freundliche Mitteilungen ich die Vorlesungen nie hätte halten können, darunter vor allem auch jenen Studenten, mit denen ich viele der Texte in Konversatorien diskutiert habe.

Das Buch ist meiner Frau gewidmet.

Wien, im August 1995   Wendelin Schmidt-Dengler

I
1945–1966

1. Einleitung

Die Frage, ob es eine österreichische Literatur gebe, ist schon in die Jahre gekommen und daher verdientermaßen auch schäbig geworden; sie wird in bezug auf mangelnde Präzision lediglich von der Frage: »Was sind die Besonderheiten der österreichischen Literatur?« übertroffen. Die Frage war früher so etwas wie ein Dauerbrenner bei Symposien, und der Reiz, den sie vermittelte, lag wesentlich in der Gereiztheit der Disputanten. Schließlich war es nicht einzusehen, warum sich die Österreicher so beharrlich aus der deutschen Literatur hinauskatapultieren wollten, waren sie doch gerne gesehene Gäste in jenem großen Wirtshaus, das die deutschen Kritiker und Literaturhistoriker seit der Jahrhundertwende betreiben. Die Frage hatte auch ziemlich viel mit der Identität Österreichs nach dem Krieg zu tun, und sie ist in dieser Intensität vorher auch nie gestellt worden.

Wissenschaftstheoretisch kann man diese Fragestellung sehr wohl aber auch als obsolet abtun. Einerseits ist eine Literatur, die von solchen Verfassern geschrieben wird, die österreichische Staatsbürger sind, sehr wohl eine österreichische Literatur. Das ist genauso banal wie über jeden Zweifel erhaben, denn eine Aussage über diese Literatur stellt sich dadurch fürwahr nicht ein.

Die Standardfrage: »Was ist das Österreichische in der österreichischen Literatur?« vermag sogar die zu beschäftigen, die sich nicht hauptamtlich mit Literatur befassen, und es mag immerhin didaktisch ganz sinnvoll sein, das Problem überhaupt einmal als ein methodisches Problem in das Bewußtsein zu heben: Warum sollte man die österreichische Literatur von der deutschen abheben, warum sollen wir von einer »Eigenständigkeit« sprechen, warum soll überhaupt von der österreichischen Literatur als einer österreichischen die Rede sein? Geht es nicht mehr um die Qualitäten einer Literatur, die sich mit dem wie immer aufgefaßten Nationalen nicht verrechnen lassen? Ist es nicht jeder Literaturbetrachtung abträglich, ihren Gegenstand national zu definieren? Steckt in der Frage nach der Existenz und Besonderheit einer österreichischen Literatur nicht ein gefährliches Residuum eines nicht ausgelebten Nationalismus? Diese Fragen lassen sich allesamt als rhetorische erklären und auch bejahen. Zum andren wiederum verstört doch – und das wäre auch als ein deutscher Nationalismus »à rebours« zu deuten –, wenn da plötzlich Thomas Bernhard oder Peter Handke oder Ingeborg Bachmann schlicht als deutsche Dichter figurieren und fraglos in den Zusammenhang der »deutschen Literatur« eingebunden werden. Ich kann und will in diesem Kontext nicht auf die schier endlose Pathographie dieser Frage eingehen, die nun schon seit Jahren die Gemüter in Atem hält und von deutscher Seite gerne bagatellisiert wird, möchte sie aber doch nicht nur en passant behandeln.

Es geht mir darum, zu zeigen, auf welcher Ebene diese Frage diskutabel ist; sie ist auf jeden Fall nicht diskutabel auf der Ebene eines naiven Patriotismus, der meint, daß wir Österreicher endlich uns klarmachen sollten, etwas andres als die Deutschen zu sein, und zwar in dem Sinne, daß uns die Abgrenzung als die Besseren herausstellen würde, etwa als die besseren Deutschen – ein Konzept, das gerade in der Zeit des österreichischen Ständestaates (1934–1938) Karriere machte. Zum anderen wiederum scheint es mir durchaus angebracht, diese Abgrenzungen ernst zu nehmen. »Unterschiedenes ist gut«, heißt es bei Hölderlin, und über die Möglichkeiten dieser Unterscheidung zu reflektieren ist etwas, das sich durchaus auch wissenschaftlich rechtfertigen läßt.

Ich versuche zwei Punkte hervorzuheben, die mir für diese Unterscheidung von vordringlicher Relevanz zu sein scheinen:

1. Die österreichische Geschichte ist in ihrer Besonderheit zumindest seit 1806 von der allgemeinen deutschen Geschichte leicht trennbar. Es ist daher eine Tatsache, daß die historischen Grundlagen der österreichischen Literatur doch auch andere sind als die der deutschen. Um es an einer plakativen Beispielserie kundzutun: Die Jahre 1866, 1914, 1918, 1933, 1934, 1945 und 1955 haben für die österreichische Geschichte und damit auch für die österreichische Mentalitäts- und Literaturgeschichte eine ganz andere Funktion als dieselben Daten in der deutschen Geschichte. Sowohl die Existenz der Habsburger-Monarchie als auch die Existenz der Ersten und Zweiten Republik ist unbestreitbar, und diese politischen Gebilde haben in der Literatur auch unbestreitbar andere Folgen gehabt. Ich meine, daß damit zwar nur ein außerliterarisches Faktum berührt ist; finden wir uns aber dazu bereit, Literatur in einem Kontext mit ihren Entstehungs- und Rezeptionsbedingungen zu beschreiben, so müssen wir davon ausgehen, daß die Literatur in Österreich hier von der deutschen geschieden werden kann.

2. Diesem Umstand hat die Literaturgeschichtsschreibung allerdings kaum oder nur selten Rechnung getragen. Die Geschichte der deutschen Literatur wird meist aus der Sicht Weimars, Hamburgs, Leipzigs, Berlins und neuerdings aus der Frankfurts geschrieben. Tatsache ist, daß die österreichischen Schriftsteller auf den deutschen Markt angewiesen sind, Tatsache ist, daß die österreichischen Schriftsteller oft erst auf dem Umweg über die Rezeption in Deutschland auch in Österreich wahrgenommen werden; Tatsache ist ferner, daß die österreichische Literatur eine Literatur in deutscher Sprache ist und daß sich diese Sprache in Österreich, nach den Einsichten der Sprachwissenschaftler, nur unwesentlich von dem in Deutschland normierten Deutsch unterscheidet. Und damit sind wir schon bei dem nächsten wichtigen Aspekt, nämlich beim Aspekt der Norm: Die Sprachnorm wird in Österreich meist mit Rücksicht auf die in Deutschland herrschende Norm vorgegeben, wie ja der jüngste Stand der Rechtschreibdebatte anzeigt, demzufolge auf die »gemäßigte Kleinschreibung« deswegen verzichtet wird, weil Deutschland mit der Wiedervereinigung so befaßt ist, daß für solcherlei Fragen keine Zeit und kein Geld vorhanden sei. Daß in Österreich deutsch gesprochen wird, ist kein Nachteil für die Autoren, die damit für ihre Werke ein Leserpotential haben, das etwa zehnmal so groß ist wie das Österreichs. Österreichische Autoren sind also nicht so sehr auf Übersetzungen angewiesen wie etwa die Autoren der Niederlande, Schwedens oder Dänemarks; ähnlich günstig ist ja die englische Sprache zum Beispiel für irische, kanadische, neuseeländische und australische Autoren. Dieser Vergleich möge übrigens auch die Eigenständigkeit der österreichischen Literatur stützen helfen.

Nun aber ist, und das ist für die folgende Argumentation entscheidend, dieser Entwicklung der österreichischen Literatur in den Literaturgeschichten kaum in angemessener Form Rechnung getragen worden. Die meisten Literaturgeschichten werden in Deutschland konzipiert und auch dort geschrieben, und so wird der durchaus unterschiedliche Ablauf der österreichischen Geschichte nicht bei der Beschreibung der österreichischen Literatur mitberücksichtigt. Darauf aber kommt es in der Folge sehr wohl an, wenn wir versuchen, die Entwicklung der österreichischen Literatur zu beschreiben. Denn so sehr auch das literarische Werk seinen eigenen Gesetzen gehorcht, so sehr ist doch dieses Werk in einer von Fall zu Fall näher zu bestimmenden Weise mit der historischen Entwicklung in Relation zu setzen. Die politische Geschichte arbeitet sehr wohl auch mit Zäsuren, mit Periodisierungen, mit Epochenbezeichnungen. Jede Geschichte, auch jede Kunstgeschichte kennt solche Periodisierungen; sie sind nicht nur der Forderung nach einem Überblick zu verdanken, sie entspringen auch der Einsicht in Zusammenhänge, die über das je individuelle Werk hinausgehen.

Festzuhalten ist, daß die Autoren aus Österreich nicht in das Periodisierungsschema passen, das die deutsche Literaturgeschichtsschreibung bereithält, ein Periodisierungsschema, das die Abfolge von Klassik, Romantik, Vormärz (oder Biedermeier), Realismus, Naturalismus, Symbolismus, Impressionismus, Expressionismus, Neue Sachlichkeit vorsieht und dann plötzlich in die Antithese (oder Scheinantithese) Moderne oder Postmoderne ausweicht.

Die österreichischen Autoren werden fast durchgehend zu Verlegenheiten der deutschen Literaturgeschichte; Grillparzer ist nicht der echte Klassiker, Raimund ist nur bedingt ein Romantiker, Lenau kein so rechter Vormärzdichter, Stifter kein Realist, Anzengruber zu früh ein Naturalist und dann wieder zu sehr Realist, Trakl kein Expressionist vom Schlage eines August Stramm usw. So werden österreichische Autoren in den Literaturgeschichten marginalisiert oder – wie das bei den Autoren des *Jung Wien* (Schnitzler, Bahr, Hofmannsthal) der Fall ist – als Sonderentwicklung abgehandelt.

Gegenüber der österreichischen Literatur vermisse ich in der Praxis der deutschen Literaturgeschichten (Hanser, Rowohlt, Reclam, UTB) nicht selten eine faire Sensibilität, die man hingegen mit Bezug auf die DDR sehr wohl zu wahren pflegte – das allerdings ist ein Fall, der sich auch für die deutsche Literaturgeschichtsschreibung 1990 erledigt hat. Und es soll angemerkt werden, daß die DDR sehr darauf bedacht war, die eigene literarische Entwicklung hervorzuheben und Österreich in der Hervorhebung seiner Eigenständigkeit zu unterstützen, ein argumentativer Zusammenhang, der nun weggefallen ist, ein Zustand übrigens, der sich zunehmend in einschlägigen Publikationen spiegelt.

Ich meine, daß die Debatte um die österreichische Literatur sehr wohl auf dem Felde der Literaturgeschichtsschreibung, und da primär einmal auf dem Felde der Institutionengeschichte zu führen ist. Darüber hinaus läßt sich gewiß spekulativ sehr viel vorbringen, was sich sehr gut zur Kennzeichnung einer besonderen österreichischen Literatur eignet, und ich möchte Sie mit einigen solcher Thesen in der Folge vertraut machen, soferne sie zum zeitlichen Rahmen dieser Vorlesung passen. So gibt es immer wieder Versuche, etwas als das spezifisch Österreichische aus den Texten herauszuschälen, was indes mehr in anthropologischen Kategorien beheimatet ist denn in literaturwissenschaftlichen. Ich will nicht leugnen, daß es auch hier Möglichkeiten gibt, Trennungen vorzuführen, aber der »österreichische Mensch« ist ein typisches Konstrukt der Ära des Ständestaates, das vor allem dazu diente, die aktuelle Krise des Österreichischen durch ein wie immer geartetes Humanum aus der Welt zu schaffen. Ich stehe nicht an, in bezug auf die deutsche Literaturkritik immer noch von einem geheimen Nadlerismus (Nadler war Ordinarius für deutsche Literatur in Wien von 1931 bis 1945) zu sprechen, der alles, was daran nicht ins kritische Schema paßt, rundweg als das österreichische Abnorme – sagen wir: das Barocke oder das Groteske – bezeichnet und dies als wenig befragte Erklärung für die Besonderheit dieser Literatur geltend macht. Dieses Verfahren verzichtet darauf, die besonderen politischen, sozialen, mentalitätsgeschichtlichen Voraussetzungen jener Autoren zu berücksichtigen, die aus Österreich kommen, und begnügt sich mit einem hanebüchenen Pauschalverweis auf die Herkunft aus einer – und da hat man gewiß recht – kuriosen Alpenrepublik.

Meine Polemik gegen die Praktik der Literaturgeschichten und der Literaturkritik, die sich in oberflächlicher Weise mit dem Österreichischen befassen, muß ich durch meine Interpretation legitimieren. Ich werde dies tun, indem ich auf die verschiedenen Bedingungen der Literaturproduktion in Österreich und in der Bundesrepublik eingehe, vor allem aber dadurch, daß ich die Möglichkeiten einer Interpretation in einem literarhistorischen Kontext sichtbar zu machen versuche. Kein vernünftiger Mensch zweifelt daran, daß die österreichische Literatur (oder die Literatur aus Österreich) zur deutschsprachigen Literatur gehört; daß sie differenziert werden kann oder werden muß, geht aus der unterschiedlichen Voraussetzung in politischer oder sozialer Hinsicht hervor, vielleicht auch aus der Tatsache, daß im Zusammenhang mit Österreich ja auch darauf zu verweisen wäre, daß es hierzulande eine in slowenischer oder kroatischer Sprache geschriebene Literatur gibt und daß die Möglichkeiten für fremdsprachige Literatur in Deutschland andre sind als in Österreich. Das sind Faktoren, mit denen ich mich in dieser Vorlesung leider nicht genauer befassen kann; sie sollten Gegenstand einläßlicher Erörterungen in anderen Zusammenhängen sein.

2. Politische Entwicklung: der politische Hintergrund für den literarischen Vordergrund

Ich habe bereits betont, daß das Jahr 1918 für Österreich etwas anderes bedeutete als für Deutschland; das gilt auch für 1945. Es scheint mir wichtig, auf diesen Umstand in den gegebenen Fällen einzugehen. Für einen Überblick sei verwiesen auf ein bereits älteres Werk, nämlich auf das von Erika Weinzierl und Kurt Skalnik 1972 herausgegebene Buch *Das neue Österreich. Geschichte der Zweiten Republik* (Weinzierl/Skalnik 1972), wo in übersichtlicher Form die wichtigsten Daten versammelt sind.

Ich muß auch die Grenzdaten für diese Vorlesung begründen; es handelt sich dabei sowohl um politische wie auch um literarische Zäsuren. 1945 ist als Wahl verständlich; auch wenn dieses Jahr nicht unbedingt in jeder Hinsicht das Jahr Null war, so war es doch für viele das Datum einer neuen Zeitrechnung, für Politiker wie Literaten, vor allem aber für den Alltag. Im Jahre 1966 endete mit den Wahlen vom 1. März die Ära der ersten Großen Koalition, es folgte für vier Jahre die Zeit der Alleinregierung der Österreichischen Volkspartei unter der Kanzlerschaft von Josef Klaus. Am 23. Dezember dieses Jahres starb auch Heimito von Doderer, der vielen als der Repräsentant dieser Epoche galt. Natürlich sind solche Epochengrenzen auch immer willkürlich, ich wüßte aber nicht, ob diesem Datum 1966 eine andere und verbindlichere Zäsur entgegengehalten werden könnte.

Weitere Unterteilungen empfehlen sich: für diese möchte ich auch immer die Werke nennen, die mir für die jeweilige Epoche repräsentativ erscheinen, wobei ich mir bewußt bin, daß diese Unterscheidungen nicht allein gültig sein müssen.

1. Zunächst einmal ist es die Zeit von 1945 bis 1948, also etwa die Zeit, die vom Kriegsende bis zur sogenannten großen Währungsreform von 1947 reicht. Davon später, vor allem zu den verheerenden

Folgen für den österreichischen Buchhandel und das österreichische Verlagswesen.

Für diese Epoche möchte ich neben anderen zwei Werke namhaft machen, und zwar das Drama von Fritz Hochwälder (1911–1986) *Das heilige Experiment* (1943 in Zürich uraufgeführt, mit großem Erfolg 1947 im Wiener Burgtheater gegeben) und Ilse Aichingers (*1921) Roman *Die größere Hoffnung* (1948), das erste Werk einer Autorin, die der Generation angehört, die nach 1945 zu veröffentlichen begann. Diese Phase ist in etwa deckungsgleich mit dem Erscheinen der Zeitschrift *Plan* von Otto Basil (1901–1982).

2. Die zweite Phase währt von 1948 bis 1955/56, die Phase des Wiederaufbaus; sie ist begrenzt durch den österreichischen Staatsvertrag, durch die Wiedereröffnung von Burgtheater und Staatsoper: Dieses damals außerordentlich gefeierte Faktum markiert symbolisch denn auch das Ende der Wiederaufbauphase. Diese Phase ist in etwa deckungsgleich mit dem Erscheinen des Jahrbuchs *Stimmen der Gegenwart*, herausgegeben von Hans Weigel (1908–1991).

Für diese Epoche wäre beispielhaft der Roman von George Saiko (1892–1962) *Auf dem Floß* (1948), vor allem sind es die beiden großen Romane Doderers (1896–1966), und zwar *Die Strudlhofstiege* (1951) und *Die Dämonen* (1956). Hervorzuheben ist das Auftreten einer jüngeren Generation, die auch späterhin beispielhaft die österreichische Literatur vertreten sollte, allerdings sind die meisten Autoren in der Rezeption auf Österreich beschränkt, sieht man einmal von Ingeborg Bachmann (1926–1973), Ilse Aichinger und Herbert Eisenreich (1925–1986) ab.

Aber in dieser Phase machen sich viele neue Stimmen bemerkbar; ich möchte nur auf H. C. Artmann (*1921), Ernst Jandl (*1925), Friederike Mayröcker (*1924) und Thomas Bernhard (1931–1989) verweisen. Allerdings haben sie in dieser Epoche noch keine literarische Öffentlichkeit.

3. Die dritte Phase von 1955/56 bis 1966 bringt das Wechselspiel von Konsolidierung der Tendenzen und dem Einsetzen der neuen experimentellen Literatur mit sich. Für diese Phase sind repräsentativ:

H. C. Artmann (*1921): *med ana schwoazzn dintn* (1958)
Hans Lebert (1919–1993): *Die Wolfshaut* (1960)
Ingeborg Bachmann (1926–1973): *Das dreißigste Jahr* (1961)

Heimito von Doderer (1896–1966): *Die Wasserfälle von Slunj* (1963)
Thomas Bernhard (1931–1989): *Frost* (1963)
Marlen Haushofer (1920–1970): *Die Wand* (1963)
Peter Handke (*1942): *Die Hornissen* (1966)

Diese Phase ist in etwa deckungsgleich mit dem Erscheinen der von Rudolf Henz und Gerhard Fritsch (1924–1969) betreuten Zeitschrift *Wort in der Zeit* (1955–1965), die dann in der Folge durch die von Fritsch und Henz betreute Zeitschrift *Literatur und Kritik* abgelöst wurde.

Nebenbei möchte ich kurz auf einige Autoren und Werke eingehen, die mir für die jeweilige Epoche wichtig erscheinen – so wird natürlich auch von der Wirksamkeit der *Wiener Gruppe* die Rede sein müssen, desgleichen auch von Autoren, die – wie Johannes Mario Simmel (*1924) – unbeirrbar durch Österreich in die Weltliteratur marschierten.

3. 1945 bis 1948

3.1. Die Verlage

Die Situation in Österreich nach 1945 verdient in bezug auf die Verlagssituation noch einer ausführlichen Untersuchung. Heinz Lunzer (Lunzer 1984) und Hans Peter Fritz (Fritz 1989) haben diesbezüglich zwar einige erhellende Untersuchungen angestellt, aber es könnten weitere Detailstudien wertvolle Aufschlüsse bringen.

Wie in vielen Fällen, die das Nachkriegsösterreich betreffen, hat man den Eindruck der vertanen Chance: In Österreich waren, zum Unterschied vom Deutschen Reich, die meisten Druckereien intakt geblieben. Manche hofften, daß Wien nun nach 1945 die Rolle würde einnehmen können, die vor dem Krieg Leipzig als Verlags- und Buchhandelsstadt gespielt hatte. Dies hatte auch zahlreiche Verlagsneugründungen zur Folge, vor allem meldeten sich jene, die während des Krieges verboten waren, in Österreich und im besonderen in Wien wieder zu Wort, also Otto Müller, Paul Zsolnay, Ullstein und Bermann-Fischer. Problematisch war allerdings die unter alliierter Aufsicht erfolgende Papierzuteilung; die Papierindustrie kam den Anforderungen der Verlage nicht nach: Es war eine gute

Zeit für Bücher, weil es überhaupt an Waren mangelte, vor allem in der Unterhaltungsindustrie. Das Papier war schlecht, aber das Geschäft ging gut: Auf dem Gabentisch lagen Bücher, die dem Inhalt nach nicht erregend waren, aber viel andres gab's einfach nicht. Zudem wurden aus dem Ausland kaum Bücher eingeführt.»Der vergleichsweise starke Anteil nicht-österreichischer Autoren ist sowohl durch den ›Aufhol-Trend‹ als auch mit der Isolation des österreichischen Marktes zu erklären.« (Lunzer 1984, 31)

Die zweite Währungsreform bereitete dieser Verlagskonjunktur ein schnelles Ende: Durch das Währungsgesetz vom 19. November 1947 wurde der Banknotenumsatz gesenkt, und damit konnten auch andere Maßnahmen zur Beschränkung der Inflation in Kraft treten. Die Folgen für die Verlage allerdings waren verheerend; die Überproduktion konnte infolge der Preissteigerungen nicht abgesetzt werden, und im internationalen Vergleich waren die Preise zu hoch angesetzt: »Die Auswirkungen waren groß: Die Verlage, die nicht über kurz oder lang zusperrten, konsolidierten ihr Programm auf erfolgssichere Produktionen und ließen sich kaum noch auf größere Risiken ein. Andere Verlage setzten ihre Tätigkeit nur als Druckerei, Buchhandlung oder Auslieferung fort.« (Lunzer 1984, 35)

Damit war in kurzer Zeit der Zustand von früher hergestellt: Österreich war wieder von der finanzkräftiger werdenden westlichen Zone Deutschlands, später von der Bundesrepublik abhängig. Die Autoren, die in Österreich schreiben und veröffentlichen wollten, waren von den Möglichkeiten des heimischen Marktes enttäuscht und neuerlich auf Deutschland angewiesen, wie schon seit mehr als fünfzig Jahren: Eine Kalamität, deren Ursachen ich hier im einzelnen nicht dartun kann, die aber eine wesentliche Voraussetzung der auch für ihre Identität auf das Medium Buch angewiesenen Schriftsteller darstellt: Sie finden ihre Identität als Schriftsteller nur durch eine Publikation in Deutschland, früher im Altreich, heute in der Bundesrepublik. Das hatte Konsequenzen, vor allem für die jungen Autoren, vor allem nach 1945. Doch davon später.

3.2. DIE AUTOREN

Wen gab es nun, der in Österreich schrieb oder schreiben konnte? Gab es nicht ein erschreckendes Vakuum? Wir betreten das Terrain, auf dem sich die heiklen personalpolitischen Fragen eingenistet haben. Der Aderlaß an Intelligenz hatte das kleine Österreich schwerer getroffen als die beiden Teile Deutschlands: Namen wie Broch, Horváth, Kraus, Musil, Roth, Schnitzler, Werfel oder Zweig waren damals so gut wie vergessen; man wußte von Hofmannsthal, aber auch er war in der Zeit des Dritten Reiches nicht sonderlich beliebt. Der jungen Generation fehlten die Ansprechpartner, es fehlte auch an informativem Material, wie Lexika und Literaturgeschichten. Es muß damals unsäglich schwer gewesen sein, an Texte von Kafka, Musil, Schnitzler oder Karl Kraus heranzukommen; es gab noch keine Taschenbücher, von anderen Verbreitungsformen ganz zu schweigen. Wer um 1945 zu schreiben anfing, hatte es mit der Chance und dem Verhängnis aufzunehmen, in ein Vakuum hineinzuschreiben, das sehr bald gefüllt werden sollte. Gefüllt allerdings von wem?

In einem Punkte besteht Einigkeit: Einige der in Österreich verbliebenen Autoren waren entweder solche, die sich zum inneren Widerstand zählten oder zählen zu dürfen meinten. Sie konnten unbelastet zu schreiben beginnen, etwa der bekannte patriotische, katholische, im Ständestaat als mächtiger Mann im Rundfunk und weniger als Dichter, für den er sich hielt, bekannte Rudolf Henz (1897–1987); es gab aber auch unzählige andere, in der Nazi-Zeit parteipolitisch engagierte Schriftsteller, die vorläufig Schreibverbot oder besser: Publikationsverbot hatten. Ich will mich hier nicht auf eine umfassende Darstellung dieser Situation einlassen, wichtig für uns ist, daß die meisten Autoren (Mirko Jelusich, Max Mell, Robert Hohlbaum, Bruno Brehm) ziemlich bald – so um 1948/49 – wieder veröffentlichen konnten, ja in den fünfziger Jahren kamen sie, so als ob nichts gewesen wäre, wieder zu Preisehren. Bis heute ist der Name des als Verfasser blumiger Gedichte und hamsunartiger Romane beliebten Karl Heinrich Waggerl (1897–1973) nicht aus der Geschichte wegzudenken (vgl. Müller 1992). Von diesem Komplex wird später noch zu handeln sein.

In jedem Falle ist festzuhalten: In der Bemühung, die Folgen der NS-Vergangenheit bei einzelnen Individuen vergessen zu machen, waren sich die meisten Parteien einig, und so und nicht anders verfuhr man auch bei den Autoren, die nun wirklich nicht mehr in Anspruch nehmen dürften, sich als das Gewissen der Nation zu fühlen.

Über die Vorgeschichte dieses Neubeginns haben wir durch Ar-

beiten aus der jüngeren Zeit verläßlichere Kunde erhalten. Es ist vor
allem auf die Studien des Klagenfurter Germanisten Klaus Amann
und des Salzburger Germanisten Karl Müller zu verweisen, die sich
mit diesen nicht immer appetitlichen Fällen auseinandergesetzt
haben. Bleiben wir kurz bei der Institutionengeschichte. Hier ist es
vor allem die Studie Amanns über den P.E.N.-Club, die einiges erhellt. Kurz zur Vorgeschichte: Beim P.E.N.-Kongreß in Ragusa (Mai
1933) trat eine Gruppe von Schriftstellern aus dem P.E.N.-Club aus,
weil sie sich dem Protest gegen die Bücherverbrennung in Hitlerdeutschland *nicht* anschließen wollte. Diese Autoren (nicht alle)
fühlten 1938 ihre Stunde gekommen, sie behaupteten 1945, von der
Berliner Kulturpolitik überrollt worden zu sein, und adelten sich in
dieser Stunde zu Widerstandskämpfern. Als Präsident des P.E.N.-
Clubs fungierte der aus der Emigration zurückgekehrte Franz
Theodor Csokor (1885–1969), ein Autor, dessen Drama *3. November 1918* ein Schlüsselstück für das österreichische Selbstverständnis
in der Zeit des Ständestaates (und auch darüber hinaus in der Zweiten Republik) geworden war. Csokor selbst war ein entschiedener
Nazi-Gegner; er hatte sich hier keiner opportunistischen Haltung
schuldig gemacht. Was seine literarische Produktion für die Zeit
nach 1945 betrifft, so wird man diese nicht als sonderlich bedeutend
ansehen müssen.

Der P.E.N.-Club kann nicht als die Organisation gewertet werden, die über den tatsächlichen Zustand der österreichischen Literatur und ihre Qualitäten verläßlich Auskunft gibt, unerläßlich aber
ist die Kenntnis der Vorgänge im P.E.N. zur Bestimmung der literatur- und kulturpolitischen Situation nach 1945. Das Verfahren des
P.E.N. bei der Rehabilitierung der nationalsozialistisch belasteten
Autoren charakterisiert Amann wie folgt:

> Das Verhalten des P.E.N.-Clubs gegenüber den durch den Nationalsozialismus kompromittierten Autoren ist durch auffällige Inkonsequenz
> gekennzeichnet. Dabei mögen persönliche Bekanntschaften und Rücksichten ebenso eine Rolle gespielt haben wie mangelnde Information;
> wahrscheinlich dürften [...] in manchen Fällen die Unterlagen nicht
> ausgereicht haben, um Entscheidungen zu treffen, die den Auflagen des
> internationalen Verbandes adäquat [...] waren. (Amann 1984, 96)

Was die literarischen Institutionen betrifft, so läßt sich für diese dasselbe ausmachen wie für die Beamten im öffentlichen Dienst, die
gegen Ende der vierziger Jahre ja auch allmählich – je nach Bedarf

und Belastung – der österreichischen Berufswelt reintegriert wurden und ganz schön Karriere gemacht hatten. Ich möchte diese Parallele auch aus methodischen Gründen hervorheben, weil sich zeigt, daß die öffentliche Organisationsform der Autoren in Analogie zu den politischen Organisationen gesehen werden kann.

Im wesentlichen dominierte im P.E.N.-Club so etwas wie ein großkoalitionäres Verhalten, das alle in ihren Rechten beließ. In der Tat verstanden sich die meisten Autoren auch als Fortsetzer jener Österreich-Idee, die mit ihren Vertretern im Ständestaat nicht immer gute Figur gemacht hatte. Daß es für die Neuorientierung einer differenzierteren Entwicklung bedurft hätte, wurde selbst den exponiertesten Köpfen kaum bewußt. Alexander Lernet-Holenia (1897–1976), einer der erfolgreichsten Schriftsteller auch dieser Epoche, meinte:

> In der Tat brauchen wir nur dort fortzusetzen, wo uns die Träume eines Irren unterbrochen haben, in der Tat brauchen wir nicht voraus-, sondern nur zurückblicken [...] wir *sind*, im besten und wertvollsten Verstande, unsere Vergangenheit. (Zit. nach Amann 1984, 80)

Mit solchen Äußerungen ist einmal ein Grundakkord vorgegeben, der in der Literatur der ersten zehn Jahre nach 1945 oft zu vernehmen ist. Es geht um die Wiedergewinnung einer Tradition, auch einer im besonderen österreichischen Tradition, die durch einen »Irren« – daß er Österreicher war, wird selten weiter thematisiert – unterbrochen worden sein soll. Die neuere Forschung hat hier viel eher die Kontinuität betont: über 1945 hinaus hätten sich Tendenzen erhalten, und zwar ungebrochen. Ich meine, daß wir heute etwas sorgfältiger vorgehen sollten; überdies scheint mir wichtig, daß die meisten Autoren nach 1945 sich zwar entschieden von den Nazis distanzierten, aber, und das möchte ich besonders hervorheben, nicht von dem, was der Nazi in ihnen war: Der Umgang mit der eigenen Haltung wurde doch eher marginalisiert.

In jedem Falle sollte festgehalten werden, daß die Entlastung Österreichs und seiner Literaten mitunter auch durch die erfolgte, die nichts mit den Nazis gemein hatten, sowie selbst durch jene, die von den Nazis verfolgt worden waren. Damit wurde Österreich in jene Situation hineinmanövriert bzw. ließ sich in sie nicht ungerne manövrieren, die dem Land dann während der Jahre 1986 bis 1992 sehr viel zu schaffen machte. (Vgl. dazu Pelinka/Weinzierl 1986, passim)

Die zweite österreichische Republik ist angetreten unter der segnenden Geste der Versöhnung, sie hat sich euphemistisch zurechtgelegt, was als Kritik, als Selbstkritik hätte formuliert werden müssen, hätte man der Wahrheit die Ehre erwiesen. Die kritischen Stimmen, die Stimmen jener, die nicht unbedacht am Aufbau mitmachen wollten, wurden kaum gehört, oder nur von wenigen gehört. So wichtig die Auseinandersetzung mit dem »Großen Tabu« ist, so wenig gibt jener Titel, der vielleicht etwas zu volltönend für das kleine Österreich ist, Auskunft über die literarischen Leistungen, die zum guten Teil auch gegen diese Voraussetzungen erbracht wurden, von denen hier die Rede ist. Ich wende mich daher im folgenden auch der Arbeit an den Texten zu, die obengenannten Voraussetzungen jedoch immer mitdenkend.

Repräsentativ scheint mir für diese kurze Epoche die Zeitschrift *Plan* zu sein, die symptomatisch für diese Nachkriegszeit und auch symptomatisch für die Hoffnung auf einen Neuansatz ist.

3.3. ZEITSCHRIFTEN: *Der Plan*

Diese Zeitschrift ist in der letzten Zeit nicht ohne Grund intensiv »beforscht« worden. Otto Basil (1901–1982) war der Herausgeber jener beiden Hefte, die mit demselben Titel vor dem Einmarsch der Nazis 1938 erschienen. Wer heute die Hefte des *Plan* zur Hand nimmt, erkennt, wer Vorbild war und woran das Maß genommen werden sollte, nämlich Karl Kraus. Schon die Farbe (rot) wollte und sollte an dessen *Fackel* erinnern. Otto Basil wollte eine Plattform für die ausländische Literatur, aber auch die eigene, von den Nazis verschüttete Tradition errichten. Diese Zeitschrift richtete sich gegen die Reaktion, sie richtete sich aber auch gegen einen konservativ besetzten Traditionsbegriff. Otto Basil formulierte in der ersten Nummer das Programm dieser Zeitschrift:

> [S]ie [sc. die Zeitschrift, WSD] möchte zum Kristallisationspunkt aller jener Kräfte werden, die im Kunst- und Kulturleben unserer Heimat für die Festigung des demokratisch-republikanischen Staatsgedankens und für die Wiederaufrichtung eines geistigen Österreichertums von europäischem Zuschnitt und weltbürgerlicher Fülle eintreten.
> Die Parole heißt: *Arbeit, Aktivität, positive Leistung!* (*Zum Wiederbeginn*. Plan 1 [1945/46], H. 1, 1 f.)

Die Tendenz war eindeutig antinationalsozialistisch, und die Herausgeber gaben sich alle Mühe, jene zu kritisieren, die wieder in Amt und Würden sein wollten und sich während der Nazizeit sträflich exponiert hatten. So wurde im *Plan* der Fall Josef Nadler wie auch der Fall Josef Weinheber diskutiert. Hinter alledem stand – ganz im Gegensatz zu den sonst meist christlich getönten Organen, wie zum Beispiel *Der Turm* – eine materialistische Geschichtskonzeption.

Vor allem war es Franz Kafka, auf den aufmerksam gemacht wurde. Das ist ganz im Gegensatz zu der damals offiziellen kommunistischen Ästhetik zu sehen, die es ja auch einem Brecht schwergemacht hat, die auf dem Realismus als Programm insistierte und alles verwarf, was gegen die realistische Mimesis die avantgardistische Konstruktion setzte. Berühmt ist der Essay des französischen Kommunisten Roger Garaudy geworden, der die Ansicht vertrat, daß ein Kommunist keine festgeschriebene Ästhetik zu haben habe und jeder Kommunist das Recht haben müsse, ein Werk von Picasso oder das eines Anti-Picasso zu lieben (*Künstler ohne Uniform*. Plan 1 [1945/46], H. 12, 947 f.). Die ästhetischen Implikationen dieser Polemik waren damals auch realpolitische, weil die Zensur der sowjetischen Besatzungsmacht auch in diesen Fragen ein waches Auge hatte.

Dem *Plan* wurde trotz seiner im ästhetischen Bereich so liberalen Haltung Linkslastigkeit vorgeworfen, vor allem von einem, der später zu einem der prominentesten Kritiker Österreichs und auch zu einem Buhmann der Linken wurde; ich meine den nach Österreich aus dem Schweizer Exil zurückgekehrten Hans Weigel (1908–1991), der in dem vielbeachteten Essay *Das verhängte Fenster* einen Umstand ansprach, der damals die Gemüter beschäftigen mußte: das Verhältnis zu Deutschland (Plan 1 [1945/46], H. 5, 397–399). Weigel befürchtete, daß sich Österreich von Deutschland infolge der Vergangenheit allzusehr kulturpolitisch isoliere; Pointe bei Weigel: Österreicher würden den Ausdruck »Deutscher« so diffamierend verwenden wie zuvor die Nazis das Wort »Jude«.

Weigels Essay stieß auf heftigen Widerspruch; er selbst hatte eingeräumt, daß dieser Aufsatz zu früh käme, und ein wackerer junger Kommunist, Otto Horn (1923–1989) widersprach Weigel mit der Begründung, daß in Deutschland der Schoß, der den Nationalsozialismus geboren habe, noch fruchtbar sei – in Österreich wäre dem

nicht so. Ich meine, daß gerade jetzt diese Auseinandersetzung nicht ganz uninteressant ist; aufschlußreich ist für uns die kompromißlos austrophile Note, gerade bei den Kommunisten. Vor allem irritiert die bedenkliche Unbedenklichkeitsbescheinigung, die da den Österreichern ausgestellt wurde (vgl. ebda, 489).
Im allgemeinen war man gegen Weigels Haltung eingestellt. Johann Muschik etwa meinte, daß die Schranke zu Deutschland bestehen bleiben müßte, weil die Österreicher nur so ihr eigenes Nationalbewußtsein zu entwickeln imstande wären. Die Abtrennung von Deutschland müsse radikal sein, und zwar bis zu dem Zeitpunkt, da sich die Österreicher selbstbewußt verhielten. Heute wirkt diese Auseinandersetzung unfreiwillig komisch, und es ist skurril, daß Hans Weigel, gerade ihm, von Otto Horn »Pangermanismus« unterstellt wurde! Weigel war, und das lehrt die Folgezeit, Realist, denn Österreich blieb für die Verbreitung seiner literarischen Produktion auf Deutschland angewiesen.
Das Fenster, das sich zum Nachkriegsdeutschland im *Plan* hätte öffnen lassen, blieb verhängt. Geöffnet wurde es vor allem in Richtung Tschechoslowakei und Frankreich, wobei vor allem Paul Valéry, Jean Paul Sartre, Albert Camus, St. John Perse, Jean Anouilh, Louis Aragon, François Mauriac und Tristan Tzara zu Ehren kamen. Geöffnet wurde das Fenster für die jungen Autoren, und viele, die heute einen guten Namen haben, konnten ihre ersten Veröffentlichungen dort unterbringen; etwa Ilse Aichinger, Friederike Mayröcker, Herbert Eisenreich, Walter Toman, Milo Dor, Hermann Friedl, Hans Heinz Hahnl, Peter Toussel (alias Peter Demetz), Reinhard Federmann und Heinz Politzer. Im letzten Heft (1948) veröffentlichte Basil Gedichte von Paul Celan, der damals in Wien auf seinem Weg nach Paris Station machte. Auch Erich Fried (1921–1988) hat seine Spuren im *Plan* hinterlassen; sein Gedicht *Genügung* schließt mit den Zeilen:

[...]
Getan sind die Taten.
Eingenügt sind die Toten.
Sie baden im Boden
und haben genug getan.
Und haben genug:

Eingepflügt mit dem Pflug
umgepflügt.

Eingefügt ohne Fug
ungefügt
in die Fugen der Zeit
in des Unfugs Gefüge.
Das ist genug.
Das genügt.
Aber es tut nicht Genüge.
(*Genügung*. Plan 2 [1947/48], H. 4, 223–228, hier: 228)

Dieser Lapidarstil läßt offen, ob es auf die Nazi zu beziehen ist, was da genügen soll.

Mit den jüngeren Autoren hat der *Plan* sicher einen guten Griff getan. Diese Texte beweisen, daß die österreichische Literatur dieser Tage nicht nur in den Händen jener ruhen mußte, die sie sich vorher schmutzig gemacht hatten. Wirksamkeit in einem landläufigen Sinne allerdings konnten sich die jungen Schriftsteller von diesem Publikationsorgan nicht versprechen: Anfang 1948 erschien Heft 6 des zweiten Jahrganges, und das war auch die letzte Nummer. Das war genug. Die Gründung der Zeitschrift müßte noch einmal ausführlich dargestellt werden; die bislang zu diesem Thema erschienenen Arbeiten geben darüber leider zu wenig Auskunft (Gross 1982; Wischenbart 1983).

Daß der *Plan* eingestellt wurde – welche konkreten (finanziellen) Gründe dabei auch mitgespielt haben mögen –, ist symptomatisch: Mit 1948 endet auch diese Zeit, in der die Hoffnung auf eine Umorientierung, auf eine fundamentale Änderung noch möglich schien. Die Hoffnungen und Konzepte, die im *Plan* zu finden sind, ließen sich offenkundig nicht realisieren.

Ich erlaube mir nun, ein paar Beispiele kurz zu analysieren, die mir für das in sich höchst divergente kulturpolitische Konzept des *Plan* aufschlußreich zu sein scheinen. Von der Einleitung von Otto Basil habe ich bereits gesprochen, auch von der Vorbildfunktion, die Karl Kraus innehatte: Kraus als Polemiker, Kraus als Ethiker, Kraus als Kriegsgegner. Interessant ist, daß hier doch auch einige Punkte unterschlagen werden, die zum Verständnis der Persönlichkeit und der politischen Position von Kraus unumgehbar sind. Viktor Matejka (1901–1992) führt Karl Kraus in seiner Gedenkrede zum 10. Todestag als den Garanten der »österreichischen Solidarität« an: »*Es lebe Karl Kraus! Es lebe die österreichische Solidarität!*«

(*Gedenkrede auf Karl Kraus*. Plan 1 [1945/46], H. 2, 86–90, hier: 90) Es nimmt wunder, wenn Kraus zum Schutzherrn dieser neuen österreichischen Solidarität angerufen wird, hatte gerade er doch – trotz seiner Unterstützung der Sozialdemokratie unmittelbar nach 1918 und trotz seiner früheren Freundschaft mit dem Chefredakteur der Wiener *Arbeiter-Zeitung*, Friedrich Austerlitz – nach den Ereignissen des Februar 1934 für Dollfuß optiert. Dieser Mangel, der Kraus in jedem Falle im Kreise seiner linken Bewunderer anhaften mußte, erscheint im *Plan* nur marginal. Selbst die Äußerungen Friederike Manners sind in diesem Falle von Wohlwollen überwölbt: »Welch eine tragische Schuld: der alte Kämpfer beugt sein Haupt vor dem Unrecht, weil er es für das kleinere Übel hält.« (*Karl Kraus. Zum zehnten Todestag am 12. Juni;* Plan 1 [1945/46], H. 6, 507–512, hier: 511)

Ich will damit nicht unterstellen, daß damit die Vergangenheit im *Plan* nicht reflektiert worden und – um ein modisch zu Tode getrampeltes Wort zu verwenden – die »Trauerarbeit« nicht geleistet worden wäre. Ich meine, daß es damals darum ging, die Basis für den gesamtösterreichischen Konsens möglichst groß zu gestalten. Zwar fehlen nicht kritische Hinweise auf die Ära des Ständestaates, aber von einer radikalen Abrechnung mit dieser Epoche kann keinesfalls die Rede sein. Die Distanzierungsversuche von den Nazis machen den Eindruck unerschütterlicher Redlichkeit. Da ist die Tendenz ziemlich deutlich; da wird etwa mit Josef Nadler ziemlich sachlich, doch gründlich ins Gericht gegangen. Sehr aufschlußreich ist auch ein Aufsatz des Wiener Physikers Hans Thirring über Oswald Spengler (»*Anti-Spengler«;* Plan 1 [1945/46], H. 8, 649–653, H. 9, 728–736).

Basil, kompromißloser Kraus-Schüler, Nestroy-Verehrer, Trakl-Monograph, war aber grundsätzlich nicht intolerant gegenüber solchen, die nach der katastrophalen Fehlhaltung in der Nazizeit Einsicht und Reue gezeigt hatten; so ließ er denn auch einen mit Schreibverbot belegten ehemaligen Nationalsozialisten, der sich schon 1939 von der Partei distanziert hatte, unter dem Pseudonym René Stangeler im *Plan* in einem noch näher zu erläuternden Zusammenhang zu Wort kommen: Heimito von Doderer.

Vorerst aber noch ein Text von Hans Weigel, der signifikant ist für diesen Optimismus, mit dem der Wiederaufbau anno 1946 betrieben wurde, der aber zugleich auch Zeugnis ist für den Formwillen. Die Gedichte überschlagen sich mitunter in dem Bestreben, alte Formen zu restaurieren. Und so auch Hans Weigel in einem Sonett über Karl Kraus:

> An Karl Kraus
> *als er in der Nummer 1 der »Presse« vom 26. Jänner im Feuilleton genannt wurde*
>
> Der Menschheit letzte Tage brachen an,
> von Dir gestaltet, wenn auch vordatiert;
> die letzte Nacht war um – da kräht ein Hahn,
> und es ward Licht, als wäre nichts passiert.
>
> Im Meer von Blut und Dreck treibt unser Kahn,
> das [sic!] langsam sinkt; wo Boden sichtbar wird,
> ist er wie einst, durchpflügt vom alten Wahn:
> kleinere Übel, rehabilitiert.
>
> Sieh, auch die »Presse« tritt erneut ans Licht,
> nicht neu mehr und nicht frei, »Die Presse« schlicht,
> und Du, o Wunder, wirst von ihr genannt.
>
> Ist sie so klein geworden, Du so groß?
> Ist's späte Reue, ist's gedankenlos?
> Kommt doch ein neuer, erster Tag ans Land?
>
> (Plan 1 [1945/46], H. 4, 338)

Das zitatintensive artifizielle Produkt repräsentiert in reiner Form die Restauration des Gedichttyps als das Neue: Neu ist die Zeit, weil die *Presse*, die einmal die *Neue Freie Presse* war, nun den Namen Kraus erwähnt, der vorhin in diesem Blatt dem für die Journalisten bekömmlichsten Mittel verfallen war, der Verschweigung, der damnatio memoriae. Weigel meint, aus dieser Kleinigkeit – auch dies typisch für Kraus – den Beginn einer neuen Ära ablesen zu können. Weigels Gedicht ist im wahrsten Sinne als aufbauender Beitrag zu diesem neuen Österreichbewußtsein zu verstehen, das sich aus dem Geiste der Kritik eines Karl Kraus neugeboren sehen will. Es ist die Stimmung, die die Crew der Arche Noah auf dem Berg Ararat befallen haben mag; ich will mich über diesen Optimismus nicht lustig machen, doch ist die Methode, mit der der Vergangenheit zu Leibe gerückt werden soll, heute vielen fragwürdig geworden, weil sie in der (biblischen) Metaphorik und in der formal perfekten Rekonstruktion den gültigen Beitrag zum Wiederaufbau zu leisten vermeint. Diese Euphemismen sind auch der (notwendige?) Teil einer damals notwendigen Therapie.

Aus der Unzahl der Texte will ich noch den Heimito von Doderers herausgreifen, weil er in ähnlicher Weise für die Neukonstitution der österreichischen Literatur kennzeichnend ist. Der Essay (oder Traktat) hat den – post tot discrimina rerum – heute fatal wirkenden Titel: *Von der Unschuld im Indirekten* (Plan 2 [1947], H. 1, 2–14), erschienen unter dem Pseudonym René Stangeler. Er ist Doderers Meister Albert Paris Gütersloh zum sechzigsten Geburtstag gewidmet. Diesen Text kann ich hier nicht in seiner komplexen Struktur interpretieren; er enthält in nuce Doderers Ästhetik, eine Abrechnung mit dem Positivismus des 19. Jahrhunderts, der es darauf abgesehen habe, »das Wissen gleichsam außerhalb des Menschen zu deponieren, es zu kapitalisieren, man möchte fast sagen: als ›gesicherte Kenntnis‹« (ebda, 7). Und Doderers Schluß aus dem Ganzen für die unmittelbare Vergangenheit: »Im zwanzigsten Jahrhundert folgte dem Wissen das nach außen verlegte Gewissen. Die unmittelbaren Folgen sind bekannt.« (Ebda)

Dieser pythische Spruch meint, in den Klartext übersetzt und damit auch verflacht, daß das 20. Jahrhundert die Ethik vom Menschen abgetrennt und damit zu einem verfügbaren Objekt gemacht habe, das seiner Verbindlichkeit verlustig ging. Die Folgen waren der Erste Weltkrieg und der Nationalsozialismus. Ich kann Doderer keineswegs unterstellen, daß er einer unverbindlichen und morosen konservativen Ethik verfallen war, die sich ihre Maximen im Ruf »o Mensch« selbst geschrieben habe, immerhin aber läßt sich doch behaupten, daß es ihm um die Wiedergewinnung eines Alibis ging, mit Hilfe dessen der Mensch aus seiner konkreten historischen Verantwortlichkeit entlassen werden konnte: Das ist das fatale Moment des Titels *Von der Unschuld im Indirekten*: Damit wird jeder direkten (das heißt im engeren Sinne jeder positivistischen) Aussage die Verbindlichkeit abgesprochen, soferne sie nicht in einer Form präsentiert wird, die sich vom Inhalt als unlösbar erweist: Der Literatur des 19. Jahrhunderts wirft Doderer vor, daß ihr im wesentlichen das »grammatikalische Kriterium« (ebda, 10) verlorengegangen sei: Grammatik hier nicht im Sinne von Schulgrammatik und ödem Regelwerk verstanden, sondern als die die Sprache und mit ihr die Inhalte organisierende Form. Doderers Text mündet in der Conclusio: »[D]ie wichtigsten Grundentscheidungen des Lebens können niemals nur ein Direktes betreffen, einen neuen Inhalt, ein bloßes Was – sondern immer muß damit auch eine formale Erheblichkeit gesetzt werden, ein Indirektes, ein Wie, ein jeder wirklichen Kunstleistung analoger Akt.« (Ebda, 14)

Das ist nicht snobistischer Formalismus, sondern zielt auf eine primäre Reflexion auf das Formale, durch die das Inhaltliche erst seine Erheblichkeit bekommt. Grundsätzlich ist Doderer zuzustimmen, wenn er daran festhält, daß Form und Inhalt voneinander unablösbar sind. Daß diese Aussage jedoch gerade zu einem Zeitpunkt getroffen wird, da allenthalben die Seiten der Bücher vor Inhalten nur so überquellen hätten können und müssen, da für Grammatik kaum ein Platz schien, das muß unser Erstaunen doch wecken. Es hat dieses Insistieren auf die Form doch auch etwas Provokantes an sich: So forderte Wolfgang Borchert – das den Österreichern oft vorgehaltene Gegenbeispiel – in seinem *Manifest* aus demselben Jahr (1947) die Zertrümmerung der Grammatik und lehnte genau jene von Doderer nachhaltig befürwortete Indirektheit ab. Doderer läßt die Sprache eben nur als das Indirekte gelten; sie war für ihn der Ort, an dem ihm sein Alibi gewährt wurde.

Der Nationalsozialismus erscheint mit der Untugend des »Direkten« behaftet, die neue Ära könnte die Epoche des Indirekten werden. Damit, so will es mir scheinen, hat Doderer der Folgezeit zumindest so etwas wie eine – zum Teil zutreffende – Prognose gestellt. Zumindest verlief die Auseinandersetzung mit der Vergangenheit (und da nicht nur mit der des Krieges) über das Indirekte.

Das siebte Heft des *Plan* vom Juli 1946 war »ausschließlich von jungen Menschen geschrieben« (Plan 1 [1945/46], H. 7, 531). Konnten diese Autoren (meist in dem Alter Wolfgang Borcherts) eine andre Antwort auf die Zeit geben, als diese Doderer und Weigel besorgten? Gewiß fiel die Rede anders aus; doch hat von allen Texten, die da mehr oder weniger unbeholfen die Situation der Jugend zu fassen suchen, sich kaum einer als gültig über den Kontext der Zeitschrift hinaus erwiesen. Gewiß ist die Erzählung von Milo Dor *Wege* (ebda, 541–546) beachtlich, aufschlußreich eine Erzählung von Erich Stegu *Der Marsch* (ebda, 549–552), einem noch im Krieg promovierten Mediziner.

Es war vor allem ein Text, der Gültigkeit für diese Generation beanspruchen konnte, und das ist ebenfalls einer, der die Situation nicht unvermittelt anspricht, sondern höchst mittelbar. Ich meine Ilse Aichingers *Aufruf zum Mißtrauen*, der, nur eine Seite lang, offenkundig die ambivalente Haltung der ganzen Generation am nachdrücklichsten zum Ausdruck zu bringen vermochte. (Ebda, 588)

Was andere direkt zur Situation der Jugend in Österreich sagen, das formuliert Aichinger übertragen, gehoben auf eine andere Ebene; gerade dieser Text ist es, der für den *Plan* und seine junge Generation beispielhafte Gültigkeit gewann; ich betone: Dieser Text, der sich schwer oder kaum direkt auf eine konkrete Situation wird beziehen lassen, wurde für diese konkrete Situation gültig, gültiger vielleicht als viele andere. In seiner Tendenz richtet sich der *Aufruf zum Mißtrauen* gerade gegen diese Positivität, gegen diesen Konstruktionswillen, gegen diesen forcierten Wiederaufbau, gegen die Stimmung, die Sintflut wäre vorbei. Zum Unterschied zu solchen Revisionen der Vergangenheit, wie wir sie von Böll und anderen gewöhnt sind, verzichtet Aichinger auf Beschuldigungen irgendeines Allgemeinen (»Amerika« oder »Rußland«), sondern richtet diese gegen das Individuum: »Wir sind erfüllt von Mißtrauen gegen Gott, gegen den Schleichhändler, bei dem wir kaufen, gegen die Zukunft, gegen die Atomforschung und gegen das wachsende Gras.« (Ebda)

Dabei bleibt das (notwendige) Mißtrauen nicht stehen. Es geht um das Mißtrauen gegen das Individuum, die Skepsis hat sich wider uns selbst zu richten. So endet auch der Text: »Trauen wir dem Gott in allen, die uns begegnen, und mißtrauen wir der Schlange in unserem Herzen! Werden wir mißtrauisch gegen uns selbst, um vertrauenswürdiger zu sein!« (Ebda)

Keiner hätte sich gegen sich selbst gesichert, heißt es. Es mag für die österreichische Literatur typisch sein, Fragen, welche die Ethik betreffen, aus dem historischen Diskurs herauszunehmen und sie auf das Individuum zu beziehen; so jedenfalls sieht dies bei Ilse Aichinger aus, die auf die Diagnose und Bewertung umfassender sozialer und historischer Prozesse verzichtet, sich auf sich selbst konzentriert und somit mit der rüden Zurechtweisung des Selbst zugleich sehr wohl den Anspruch des Individuums rettet, geschichtsmächtig zu sein. Aber diese Hoffnung auf Individualität wird sofort zurückgenommen, wenn es heißt:

> Kaum haben wir gelernt, den Blick zu heben, haben wir auch schon wieder gelernt, zu verachten und zu verneinen. Kaum haben wir stammelnd versucht, wieder »ich« zu sagen, haben wir es schon mißbraucht! Und wir beruhigen uns wieder. Aber wir sollten uns nicht beruhigen! (Ebda)

An dieser Stelle verläßt der Text die Unverbindlichkeit, die sich durch die Pflege des Indirekten einstellen könnte, und visiert kritisch die Situation an, die sich zu beruhigen scheint. Mit dem *Aufruf zum Mißtrauen* ist der Gegenpol zu der beruhigenden Stimmung und Tendenz mancher früher Texte benennbar; und Ilse Aichinger ist auch die Autorin geblieben, die sich nicht, durch nichts, auch nicht durch die Literarhistoriker, vereinnahmen läßt.

Mit dem *Plan* ist gewiß nicht generell das österreichische Klima nach 1945 zu charakterisieren; aber die Beiträge darin sind das illustrative Gegenbeispiel zu jener Tendenz, die sich mehr und mehr durchzusetzen begann: im Sinne einer austriakischen Restauration auch vieles mitzunehmen, was zuvor nicht als österreichisch gegolten hatte. Die Tendenz, sich einer Tradition zu versichern, ist gerade für die ersten Jahre nach dem Krieg typisch, wobei diese Tradition (und darum kreist ja auch die Debatte um Weigels Artikel *Das verhängte Fenster*) eine spezifisch österreichische Tradition sein sollte. Mit Karl Kraus wurde nun – grob gesprochen – die widerborstige, kritische Linie gewählt, die in etwa mit den liberalen Autoren (Ferdinand Kürnberger) und den Autoren der Restaurationszeit wie Sealsfield und Nestroy zu beschreiben wäre, der die affirmative Linie (so vereinfachend das auch sein mag) mit Hofmannsthal, Grillparzer und Raimund entgegengehalten werden könnte.

Ich möchte dieses vereinfachende, dissoziierende Verfahren doch erwähnen, weil es sichtbar macht, daß sich die österreichische Literatur auch dieses Zeitraums nicht über einen Kamm scheren läßt, nicht über den der mangelnden Vergangenheitsbewältigung und der outrierten Restauration, aber auch nicht über den des nachhaltigen Aufbegehrens. Die Nah-Sicht auf die Objekte verwehrt eine solche Nach-Sicht.

Wie komplex indes das Traditionsverständnis der Österreicher gerade nach dem Krieg war, mag aus einer Publikation hervorgehen, der man Rechtslastigkeit gewiß nicht nachsagen kann.

3.4. ERNST FISCHER (1899–1972): *Die Entstehung des österreichischen Volkscharakters* (1945)

Ich bespreche nun die Schrift des damaligen Staatssekretärs für Unterricht Ernst Fischer, *Die Entstehung des österreichischen Volkscharakters*, die 1945 als eine kleine Broschüre im kommunistischen Globus-Verlag erschien (Fischer 1945). Ernst Fischer ist eine der faszinierendsten Persönlichkeiten der österreichischen Kulturgeschichte. Er wurde in Komotau als Sohn eines Offiziers geboren – heftige Auseinandersetzungen mit dem Vater und eine affektgeladene Neigung zur Mutter zeigten schon früh, wie sehr sein Leben auf den Ton des Protestes gestimmt war. In den zwanziger Jahren war er in Wien als Journalist für die *Arbeiter-Zeitung* tätig; nach 1934 schloß er sich den Kommunisten an und war im tschechischen und später im Moskauer Exil. Über Betreiben von Georg Lukács kehrte er 1945 nach Österreich zurück, von der Absicht getragen, das österreichische Bildungswesen zu reorganisieren, zugleich auch im Bewußtsein, daß seine Haltung durchaus nicht linientreu war und er zum anderen mehr zum idealistischen Redner als zum Realpolitiker geboren war.

Seine Schriften erschienen vor einigen Jahren in einer von Karl Markus Gauß besorgten Ausgabe im Frankfurter Sendler Verlag und dann im Vervuert Verlag (acht Bände erschienen, nicht abgeschlossen – *Die Entstehung des österreichischen Volkscharakters* ist für Band 9 vorgesehen). Aus dieser Ausgabe ist zu ersehen, wie wenig Fischer sich auf eine dogmatisch stets vertretbare Linie festlegen ließ, wie sehr er seine Widersprüche auslebte: Die Konsequenz zog die KPÖ, als sie ihn 1968 ausschloß, weil er den Einmarsch der sowjetischen Truppen in der CSSR mißbilligte. Auch in der Debatte um Brecht und Hans Eisler hatte er 1953 einiges mitzureden, als er Eislers Libretto für den *Johann Faustus* in *Sinn und Form* verteidigte. Trotz dieser Verurteilungen durch die eigene Partei ist festzuhalten, daß ihm die wirksamste und qualitätvollste Auseinandersetzung mit kulturellen Fragen in diesem Bereich der linken Intelligenz in Österreich zuzuschreiben ist.

Um so mehr überrascht es, wenn wir Fischers Schrift über die *Entstehung des österreichischen Volkscharakters* lesen. Sie gibt, wie ich meine, vorzüglich Auskunft über den Versuch, das »Österreichische« jenseits des »habsburgischen Mythos« und ständestaatlicher

Engstirnigkeit zu rekonstruieren und daraus immanent Perspektiven für die Zukunft zu entwickeln.

Die Auskünfte, die bei Fischer zu erhalten sind, dürfen – wie bereits betont – freilich nicht im engeren Sinne als linientreu gewertet werden, trotz eines zu Beginn vorsorglich eingebauten Stalin-Zitats, das auf die Unterschiede in der Entwicklung Österreich-Ungarns und Rußlands auf der einen und der westeuropäischen Staaten auf der anderen Seite Bezug nimmt. Dieses an sich unverfängliche Zitat dient Fischer als Lautverstärker der eigenen Auffassung, nämlich die Wichtigkeit des Habsburgerreiches für die Besonderheit auch des heutigen Österreich hervorzuheben.

Eine aufschlußreiche Marginalie sei gestattet: Fischer befand sich damit in einer – allerdings unausgesprochenen – Opposition zu Otto Bauer, dem vordem verehrten Vorbild und trotz aller Divergenzen späterhin geachteten Opponenten. Dieser hatte in der Rede *Schulreform und Klassenkampf* (1919) die »Nationalisierung« des Geschichtsunterrichts (das heißt österreichische Geschichte als Teil der deutschen) und die Beseitigung der »Habsburgerlegende« gefordert: Die Existenz des Vielvölkerstaates scheint ihm als eine – wenngleich vierhundert Jahre dauernde – Episode; der Schüler müsse die Geschichte Österreichs im Kontext der deutschen Nationalgeschichte begreifen lernen.

Ernst Fischer schlägt da ganz andre Töne an; ich lege Wert darauf, daß sie vor allem vor dem Hintergrund des Jahres 1945 vernommen werden. Fischers Hauptgedanke: »Man muß hier der weitverbreiteten Auffassung entgegentreten, als sei der Habsburgerstaat nur ein Ergebnis der Fürstenwillkür, einer verderblichen ›Hausmachtpolitik‹ gewesen.« (Fischer 1945, 10) Zwar läßt Fischer – mit zwei noch zu erörternden Ausnahmen – an den Habsburgern kein gutes Haar, doch entsprach seiner Meinung nach der Zusammenschluß »der Österreicher, Slawen und Ungarn im Donaugebiet zur gemeinsamen Notwehr gegen die Türkengefahr« »eine[r] geschichtlichen Notwendigkeit«, welche die Völker in »kritischen Augenblicken« besser begriffen hätten als die Monarchen: – [O]ftmals haben richtige Volksarmeen auf eigene Faust den Türkenansturm abgewehrt.« (Ebda, 10 f.)

Diese Auffassung macht die vehementen nationalen Kontroversen des 19. Jahrhunderts so gut wie vergessen; Fischer bemüht Zeugen für des Österreichers »Verständnis für fremde Völker, das Einfühlungsvermögen, die Anpassungsfähigkeit« (ebda, 12 f.). Durchgehend werden zwar das Fortwursteln und die Schlamperei kritisiert. Kronzeuge und Tadler: Grillparzer. Fischer stimmt ein Loblied auf die Volkstümlichkeit der österreichischen Kultur an, die er – gerade im Bereich der Literatur und des Theaters – zu Recht auch als eine Kultur von unten, als eine Gegenkultur zur Hochkultur begreift. Volkstümlichkeit bestimme auch die Musik: »Hier die Linie Mozart–Haydn–Schubert–Johann Strauß, dort die Linie Bach–Schumann–Richard Wagner.« (Ebda, 22) Für die kleinbürgerliche Ideologie und deren Exponenten Lueger wird der Katholizismus verantwortlich gemacht; aber auch dieser Kleinbürgerlichkeit läßt sich eine positive Seite abgewinnen: »Jedenfalls hat die vorkapitalistische ›Volksseele‹ in Österreich der kapitalistischen ›Geistesart‹ hartnäckigen Widerstand entgegengesetzt.« (Ebda, 23)

Trotz der eingestandenen Schwächen des österreichischen Volkscharakters weiß Fischer – gut dialektisch – auch diesen etwas Positives abzugewinnen. Das wird besonders dort sichtbar, wo er – und man erinnert sich sofort an Hofmannsthals Gegenüberstellung von Preuße und Österreicher aus dem Jahre 1917 – Österreich und Preußen miteinander vergleicht und dies mit einer Konfrontation von Maria Theresia und Friedrich II. besorgt:

> Hier die schöne Frau von barocker Üppigkeit, reich an gesundem Menschenverstand, an frischer Unmittelbarkeit, an Klugheit, Temperament, volkstümlicher Mütterlichkeit, vom Gefühl ihres Rechtes durchdrungen, eigensinnig und keineswegs frei von Vorurteilen – und drüben der hemmungslose Räuber, verwegen, begabt, zynisch, rücksichtslos, vollkommen amoralisch und vorurteilslos, ein heftiges Temperament und eine eisige Verachtung für alles Menschliche [...]. Maria Theresia wurde volkstümlich, zum Unterschied von ihren Vorfahren. Es entstand so etwas wie ein österreichischer Patriotismus. Und es kam zu einer Wiedergeburt Österreichs, zu einer erst allmählichen, dann jedoch, unter der Herrschaft Josephs II., vehementen gesellschaftlichen Umwälzung. Diese Epoche ist, obwohl die »Revolution von oben« schließlich zusammenbrach, keineswegs spurlos am österreichischen Volksbewußtsein vorbeigegangen. Österreich wurde damals zu einem fortschrittlichen Staat, und die Jahrzehnte des Fortschritts haben unterirdisch weitergewirkt, auch als die Reaktion der Metternichzeit Österreich wieder ins Mittelalter hinabstieß. (Ebda, 25)

Vorher las man es anders; ich erinnere an einen Essay von Fritz Wittels, der als Arzt ein Adept Freuds war, der sich zum Sprachrohr der

Ideen von Popper-Lynkeus gemacht hatte, indem er 1918 unter dem Titel *Abschied von Habsburg* die Österreicher als Produkte der Habsburger bezeichnete, wobei Maria Theresia zum Archetyp für die »Frau Sepherl vom Naschmarkt« wird, der die Kirchen mit jenen fülle, in deren »Guglhupfhirnen« keine schwungvolle Idee Unterkunft finden könnte.

Fischer ist sich einiger Widersprüche bewußt; dies hindert ihn nicht, die Österreicher zur antimilitärischen Nation par excellence zu stempeln. Ganz im Gegensatz zur Auffassung, derzufolge Revolutionen in Österreich allenfalls Gegenstand von Krähwinkeliaden sein könnten, hebt er die Freiheitskämpfe der Österreicher emphatisch hervor, nennt das mittelalterliche Wien »eine rebellische Stadt« (Fischer 1945, 32) und würdigt die Bauernkriege sowie die Aufstände gegen die Fremdherrschaft: »Die einfache und urwüchsige Gestalt des unerschrockenen Tiroler Partisanenführers Andreas Hofer lebt unvergänglich weiter im österreichischen Volksbewußtsein.« (Ebda, 35) So ein Satz – sieht man einmal von der Bezeichnung »Partisanenführer« ab – könnte auch in einem heimatstolzen Tiroler Fremdenführer stehen.

Würden die Österreicher, so schließt Fischer, ihre fortschrittlichen Qualitäten fördern und die reaktionären überwinden, dann könnten sie in »Freiheit, Frieden und nationaler Entschlossenheit die Symphonie des Österreichertums« (ebda, 46) vollenden.

Deutlich ist aus diesem Text die Sehnsucht des aus dem Exil Heimgekehrten zu hören, der um den Preis der Laudatio die eigene Erfahrung zu unterschlagen scheint. Die Hoffnung, nun eine österreichische Kontinuität retten zu können, unterdrückt die Anklage, die der Suche nach der breitestmöglichen Basis für einen patriotischen Konsens im Wege gestanden wäre. Mit ähnlichen Argumenten hatte schon Viktor Matejka im Namen von Karl Kraus für eine österreichische Solidarität geworben; mit ähnlichen Argumenten pries – um ein konservatives Gegenbeispiel zu nennen – Heimito von Doderer die österreichische Nation als eine »immaterielle« und meinte, daß die kleine Alpenrepublik nun in der Lage wäre, endlich den »Anschluß [sic!] an die Tiefe der Zeiten« zu erhalten.

So beschaffen war der Umgang mit Geschichte damals. Kritische Phasen – und die Zeit nach 1945 kann als Endphase einer großen Krise gesehen werden – tendieren zu Therapievorschlägen; wir werden noch einige kennenlernen. Und einen wesentlichen Anteil in solchen therapeutischen Prozessen haben Argumente aus der Geschichte. Wie leicht sich Geschichte wenden läßt – wie ein alter Mantel – habe ich im Zusammenhang mit Ernst Fischer zu beweisen gesucht. Ich will seine Schrift nicht als ein Dokument österreichischer Verschweigungskultur denunzieren, doch möchte ich – mit Bezugnahme auf einen Polit-Bestseller unsrer Gegenwart (Josef Haslingers *Politik der Gefühle* von 1987) – von einer »Historie der Gefühle« sprechen, und wir tun gut daran, diese mitzubedenken: Wußte doch schon Robert Musil, daß Gefühle ebenso wichtig sind wie Staatsrecht und daß Vorschriften nicht »den wirklichen Lebensernst bedeuten«.

Ich zitiere hier auch ein Gedicht aus dem *Plan* eines mir nicht weiter bekannten Walter Horwitz; kein gutes Gedicht, jedoch ein Gedicht, das immerhin zum Denken anregen mag. Das Gedicht heißt *Im KZ Mauthausen* und lautet:

> Im Revier beim Stacheldraht
> gabs ein kleines Stückchen Wiese
> fern von Mord und Übeltat,
> wie ein Rest vom Paradiese.
>
> Wo ich still im Grase lag,
> schwankte eine blasse Blüte,
> und der warme Nachmittag
> lächelte in milder Güte.
>
> Und der Himmel war mein Trost,
> tiefe Bläue, unermessen.
> Wind, der mit den Gräsern kost,
> raunte zärtliches Vergessen.
>
> Eine Wolke ist allein
> einsam über mir gehangen ...
> So dem Himmel nah zu sein
> war mein einziges Verlangen.
>
> (Plan 1 [1945/46], 459)

Pax in bello, ein Motiv, das uns noch beschäftigen wird. Die Sehnsucht nach der Idylle – sie scheint legitim, doch sie, so will uns heute zumindest scheinen, konnte und kann solchem Schrecken nicht standhalten. Die Verse scheinen unerlaubt das Grauen zu mildern; es wird über das KZ so gedichtet, als ob es um sanfte Grashalme ginge.

»Fern von Mord und Übeltat« ist der einzige Reflex, und das hat fast so etwas Max-und-Moritzhaftes an sich, auf jeden Fall scheint die bittere historische Erfahrung gelöscht. Es wäre ein allzu billiges Vergnügen, sich über die Literatur der damaligen Zeit von heute aus lustig zu machen oder diejenigen vors Tribunal zu zerren, die wahrlich einiges auszustehen hatten, und ihnen aus unsrer Sicht zu sagen, sie hätten so schnell nicht versöhnlich sein dürfen. Mag sein, daß Härte besser gewesen wäre; mag sein, daß diese Autoren nicht über die literarisch adäquaten Ausdrucksmittel verfügten oder verfügen konnten, um jene Vergangenheit ansprechend und angemessen ins Bild zu bringen. Welche Diskussion Celans Todesfuge auslöste, vor allem welche Folgen Adornos Satz über Gedichte nach Auschwitz für die Gedichte hatte, wissen wir.

Diese Gedichte verhalten sich fast alle so, als ob es Auschwitz nicht gegeben hätte. Auch das Sprachspiel (Fried) ist eine Möglichkeit, das Vergangene in einem Doppelsinne aufgehoben sein zu lassen. Der so nachhaltig unter anderem eben auch von Ernst Fischer befürwortete Traditionsbezug hatte auch Konsequenzen für die Werke. Doderer hat sie mit der Akzentuierung der Form einem sekundären Inhalt gegenüber ausgesprochen; die Form als das Alibi, mit dem man nicht vor das Tribunal der Geschichte gestellt wird, die Form als der Ort der Unschuld. Das Idyll als Refugium – dies alles bereitet die Rückkehr einer Harmonie vor, die therapeutisch offenkundig notwendig war.

Selbstkritik und Selbstrechtfertigung müssen nicht notwendig Gegensätze bilden; für beides ist in der Idylle Platz, beides kann sich sehen lassen, beides ist legitim. Vorerst aber gilt es zu restaurieren, was zerstört war. Ich meine, daß man mit einer solchen Sicht dieser Epoche in ihrer Widersprüchlichkeit eher gerecht wird, als wenn man alles unter den Termini Verschweigung und Verdrängung zu fassen sucht. Sicher: es wurde viel verdrängt, aber diese Verdrängung entspricht eben auch einer Notwendigkeit oder einer zumindest vermuteten Notwendigkeit – was nicht hindert, daß dieses Verdrängte sich später doppelt unangenehm wieder einstellt.

Vorerst aber ging es um Wiederherstellung; dem Wiederaufbau des Zerstörten im Realsinne entsprach auch eine Restitution der literarischen Form im übertragenen Sinne. Es ging also wieder um das Gedicht (wir haben bereits einige Beispiele zitiert), es ging um das Erzählen (von dieser spezifischen Problematik werden wir noch hören) und um das Drama, wovon in der Folge zu handeln ist: Ich spreche nun über Fritz Hochwälders Erfolgsstück *Das heilige Experiment*.

3.5. FRITZ HOCHWÄLDER (1911–1986): *Das heilige Experiment* (1941/42)

Dieses Stück wurde zum Bühnenerfolg der Nachkriegszeit schlechthin; eine Studie über die Rezeption gerade dieses Dramas wäre durchaus lohnend und würde wesentlich die Restauration der Wiener Theaterkultur zu bebildern vermögen. Das Stück ist schon vor dem Ende des Krieges in der Schweiz entstanden (1941/42), wurde in Zürich 1943 uraufgeführt und erlebte seine Burgtheaterpremiere 1947.

Ich will Sie hier nicht mit einer genauen Analyse des Stückes belästigen, es versteht sich gewissermaßen von selbst, was da ausgesagt wird: Ein gut gebautes Stück, das Attribut »handwerklich« stellt sich bei der Lektüre eines solchen Dramas sofort ein, und Hochwälder hat stets auch mit Stolz davon gesprochen, wie er sein Handwerk – er war Tapezierer – metaphorisch als solide Grundlage seines Gewerbes als Stückeschreiber verstand.

Überhaupt: zu Hochwälder haben wir noch keine verläßlichen Analysen, die sein Werk sowohl der formalen Virtuosität nach richtig beurteilen als auch in der gesellschaftlichen und politischen Landschaft nach 1945 unterbringen. Aber eine Auseinandersetzung lohnt sich auch mit einem Autor, der nicht gerade der dernier cri ist, und das gilt zweifelsohne für Hochwälder. Als 1947 das Stück in Wien gegeben wurde, war das Theater schon weiter, anderswo, etwa: Pirandello; aber wer will schon immer nach den Sternen greifen...

Ich kann hier nur eine Kurzanalyse wagen, wobei ich thesenhaft die für diesen Zeitraum typische Restauration des Formalen, der dramatischen Form, unterstreichen möchte.

Es fragt sich aber, ob dadurch die Aussage des Stückes (denn auf eine solche scheint es getrimmt) unterschlagen würde. Die Aussage ist einfach: Es geht um die Liquidation des nach sozialistischen Prinzipien errichteten Jesuitenstaates in Paraguay; spanische Gutsbesitzer, die spanische Behörde und der Orden selbst führen dies auch durch, und Alfonso Fernandez, der Pater Provinzial, wird in einen

Gewissenskonflikt gestürzt, der ihn das Leben und den Jesuitenstaat die Existenz kostet. Ausgeträumt ist der Traum von einem utopischen Zustand, in dem soziale Gerechtigkeit herrschen würde und die Benachteiligung der Indianer aufgehoben wäre. Es ist der Ordensgehorsam, der den Pater Provinzial zum Aufgeben zwingt. Sein Gegenspieler, der Visitator Don Pedro de Miura, steht am Ende – nach dem bewährten Muster des Schillerschen König Philipp im *Don Carlos* – allein auf der Bühne und ist sich seiner Schuld bewußt, doch zugleich ganz durchdrungen von dem Idealismus, der ihn als Jesuiten beseelt. Die Reue, die er zeigt, ist der damals notwendige therapeutische Hoffnungsfunke, der über den tragischen Ausgang hinwegzutrösten vermöchte. Der sozialrevolutionäre Aspekt wird lediglich durch den streitbaren Pater Oros angedeutet; dieser mobilisiert die Indianer zum Widerstand gegen die spanische Kolonialmacht, unterliegt aber und sieht seine Schuld ein. Sein zuvor geäußertes selbstbewußtes Programm: »Gott sieht nicht, welche Kutte man trägt, Gott will, daß die Welt geändert werde!«, wird nicht nur durch das pathoserfüllte Ende zurückgenommen, sondern bleibt im Handlungsrahmen des gesamten Schauspiels peripher.

Das Interesse konzentriert sich auf den Pater Provinzial, der in einer Extremsituation eine Entscheidung zu fällen hat. Um diese Entscheidung, deren inhaltliche Brisanz stillgelegt scheint, ist die dramatische Spannung angelegt. Konsequent sind Ort und Zeit gewahrt – das Stück spielt an einem einzigen Tag, und zwar am 16. Juli 1767; auch die Handlung ist straff um das Problem des Widerstreits von Disziplin und christlicher Nächstenliebe konzentriert. Die eng verzahnten Dialogteile weisen dieses Werk eindeutig dem Formtyp des geschlossenen Dramas zu, es erscheint somit als Widerruf jeglicher expressionistischer Verfahrensweise und auch als Absage an das epische Theater. Der Vergleich mit Wolfgang Borcherts *Draußen vor der Tür* (1947) liegt nahe, mit einem Stück, das eng an expressionistische Praktiken anschließt, oder – um eine Kontrastwirkung zu erzielen – der mit Brechts Theaterarbeit. Die formal virtuose Durchführung des *Heiligen Experiments* suggeriert die Möglichkeit, ja Notwendigkeit der Restauration der dramatischen Form, ja auch des historischen Dramas, und es scheint, als hätte dieses Werk Hochwälders eine Vorgabe geliefert, die sich dem Experiment auf der Bühne – in Österreich – als hinderlich erwies. Im Gelingen eines solchen Stückes konnte sich der Traditionalismus legitimiert fühlen, und damit schien auch der dramatischen Produktion in Österreich der Weg gewiesen. Nicht von ungefähr haben 1962 Otto Rommel im Nachwort zur Ausgabe des Reclam-Verlags und später U. Henry Gerlach (Gerlach 1980, 361) darauf aufmerksam gemacht, wie günstig die Rezeptionsbedingungen nach dem Krieg waren. Für Hochwälder waren diese ja in Österreich ungleich günstiger als für Brecht, ganz abgesehen davon, daß es ja ab 1953 einen tatkräftig organisierten Widerstand gegen den Autor und sein Werk gab, der als »Brecht-Boykott« in die Literaturgeschichte eingegangen ist. Im Zusammenhang damit ist auch das Scheitern des in kommunistischen Händen befindlichen Theaters in der Scala zu sehen, dessen Ensemble nach der Schließung 1956 nach Ostberlin auswanderte. (Vgl. Pellert 1979)

Zurück zu Hochwälder: Ich laufe Gefahr, das Stück zu enthistorisieren, so als ob es nichts mit der Zeit, der es entstammt, zu tun hätte. Ich will mich hier nicht auf die Debatte um das »unterdrückte Gewissen« einlassen (vgl. Daviau 1985, 35), auch nicht auf die Thematik von Macht und Recht: das alles liegt schularbeitsthemenreif zutage (vgl. Thieberger 1982, 275). Es geht mir darum: Was leistete der Text zu seiner Zeit, und wie leistete er es? Ich möchte endlich von der Direktheit loskommen, mit der wir solche Texte auf eine bestimmte Epoche applizieren.

Daß die Sozialutopie als Thema marginal ist, meine ich gezeigt zu haben. Hochwälder will seine Leser nicht mit Blick auf diese Utopie hin erziehen, es geht um solche Konflikte wie oben angedeutet; freilich stehen diese Konflikte auch für etwas: Die Figuren werden in Grenzsituationen versetzt – Grenzsituation: ein zentraler Begriff der Philosophie, von Karl Jaspers besonders gepflegt: Die Dichter lassen ihre Figuren immer in solche Entscheidungs- und Grenzsituationen sich einnisten. Damit wird auch diese Sozialutopie als Thema nur Anlaß; aufschlußreich ist auch, daß eine Rezension von Ernst Fischer unverblümt diese Marginalisierung des Themas nicht wahrhaben will, sondern davon spricht, daß dieses Werk die Konfrontation von Christentum und Sozialismus darstelle. Das heißt: Fischer versteht den Konflikt als einen historisch ausgrenzbaren, nicht als einen überzeitlichen. Doch fürchtet er – und da schimmert die Einsicht durch, daß es dem Autor mit dem Thema so ernst nicht wäre –, daß auch in diesem Stück eine »zersetzende Philosophie« zu erkennen sei, die jedem ihr Recht zuspräche. Und Fischer folgert:

»Die Antwort, die uns das Stück vorenthält, wir müssen sie dem Leben abringen: Das Recht stand auf der Seite jener christlichen Pioniere, die das Experiment von Paraguay wagten, das Unrecht hat sie gestört und gestürzt.« (*Neues Österreich* vom 6. April 1947) Fischer unterlegt also dem Stück eine ethische Botschaft, die ihren dialektischen Sinn hat, die den Unterlegenen das Recht zuspricht, also etwas, dem Hochwälder meines Erachtens entkommen möchte. Der Kritiker und Interpret Fischer verlangt Eindeutigkeit – so wie sie etwa Brecht unterstellt wird. Der Geschichte soll Sinn zugesprochen werden, genauer: der Geschichte auf der Bühne wird der Sinn zugesprochen, den ihr die Realgeschichte bislang verweigert hat.

Natürlich läßt sich die Thematik nicht wegdisputieren, doch in dem Stück eine Antwort auf den Kommunismus zu erblicken, der sich in der Sowjetunion nicht als segenbringend erwiesen hätte, der der Parteidisziplin die Utopie geopfert hätte, ist zu naiv: 1948 hätte ja die Tschechoslowakei das interessante Folgebeispiel geboten. Hochwälders Drama zehrt von der Suggestivkraft historischer Einkleidung. Die Figuren agieren mit Requisiten, die symbolische Leuchtsignale sind; es hat den Anschein, als würden sie allesamt geschichtsmächtig eingreifen, als würde jede Tat Tragweite haben, als wäre diese Entscheidung eine weittragende. Ich verweise vor allem auf die Szene V 5, die nach Art einer bebilderten Geschichtsfibel zeigt, wie die Herrschaft der Spanier, gestützt auf militärische Organisation, der Herrschaft des Kapitals, symbolisiert durch den Holländer Cornelis, weichen wird müssen. Das Geschichtsdenken ist zyklisch determiniert. Somit erweist sich dies alles nur als Einkleidung – die Jesuiten, die Spanier, der Holländer – sie alle sind Symbolfiguren, sie verkörpern Prozesse, die auf Wiederholbarkeit hin angelegt zu sein scheinen, die zugleich auch den Status quo der menschlichen Gesellschaft – der Mensch in der Abhängigkeit des Geldes – zeigen. Fischer rügt nun den Fatalismus angesichts der Historie, der aus diesem Stück spricht. Daß dieses Stück zum Erfolgsdrama werden konnte, resultiert zunächst aus der geschickten Konstruktion, der spannenden Handlung, der gekonnten Szenen- und Dialogführung, die den Schauspielern dankbare Rollen und Stellen garantierte, um das Pathos auszuspielen – kurz: das Burgtheater konnte mit einem solchen – ideologisch auch weithin unverfänglichen – Werk den Existenzbeweis antreten und zugleich die Existenz einer jungen österreichischen Literatur bestätigen.

3.6. ILSE AICHINGER (*1921): *Die größere Hoffnung* (1948)

Diese erste Phase ist keineswegs so einheitlich auf den Namen der Restauration zu taufen, wenngleich das, was sich so verhielt, mit Zustimmung und Nachfrage rechnen konnte. Wenn ich mich nun Ilse Aichingers Roman *Die größere Hoffnung* zuwende, so, weil ich der Meinung bin, daß damit am besten der Status der jüngeren Generation charakterisiert wird. Er zeigt an, daß sich eine neue Generation zu Wort meldet, die nicht an diese Restauration glaubt und für die von Anfang an die Rückkehr zu der unversehrten, heilen Welt abgeschnitten ist.

Dazu gehört zweifellos die 1921 als Tochter einer jüdischen Ärztin und eines nicht-jüdischen Lehrers geborene Ilse Aichinger.

> Wenn Ilse Aichinger auch vom Nazi-Regime nicht weiter behelligt wurde, so mußte sie 1942 jedoch miterleben, daß die Gestapo mehrere Familienmitglieder abholte, die sie nie mehr wiedersehen sollte. Nur ihre Mutter blieb, als Erzieherin einer »nicht mündigen Tochter mit arischem Blut«, wie es damals hieß, verschont. (Kleiber 1984, 15 f.)

1953 heiratete sie den Schriftsteller Günther Eich (1907–1972). Die *Gruppe 47* sorgte dafür, daß sie auch in Deutschland bekannt wurde. Hermann Hakel (1911–1988) und Hans Weigel rühm(t)en sich beide, Entdecker der Aichinger zu sein, rühmten schon früh das Manuskript des Romans *Die größere Hoffnung*, vom Buch jedoch hat sich Weigel später distanziert.

So ein Buch wie Aichingers *Größere Hoffnung* stellt denn auch jede inhaltsbezogene Interpretation vor große Probleme; der Inhalt ist schnell erzählt:

> Ellen, die kleine Tochter einer jüdischen Mutter und eines arischen Vaters, der die Familie verlassen hat und im Dienste der national-sozialistischen Machthaber steht, darf nicht wie die Mutter emigrieren. Sie muß bei der jüdischen Großmutter bleiben, die schließlich Selbstmord begeht, um nicht deportiert zu werden. Ellens Freunde sind jüdische Kinder, deren einzige »Schuld« darin besteht, daß sie als Juden geboren wurden. Mit ihnen will sie spielen: sie stellt sich instinktiv auf die Seite der Verfolgten. Die bedrohliche Einengung ihres Lebensraumes führt sie alle dazu, von einer Flucht ins Heilige Land zu träumen. Leid und Schmerz, sowie die Begegnung mit am Regime zweifelnden Erwachsenen und zum Opfer bereiten jüdischen Kindern lehren sie, den Tod nicht mehr zu fürchten, ihn sogar herbeizuwünschen. Von einer Granate zerrissen, stirbt Ellen in der Überzeugung, daß das wahre Leben nun für sie beginnen wird. (Kleiber 1984, 39)

Diese »Inhaltsangabe« ist sicher zutreffend; doch trifft sie nur die Teile, die an dem Buche stofflich sind: doch dabei ist auch zu berücksichtigen, daß selbst diese Inhaltsangabe Worte einfügt, die nicht zum Sprachbestand des Romans gehören und die die »Leerstellen« höchst konkret füllen: Juden und Nationalsozialisten. Was an konkreter Aussage gewonnen wird, wird aus Bildern gewonnen. Im Roman wird jeder Ortsname des Schauplatzes ausgespart, während die übrige Welt kartographisch genau präsent zu sein scheint. Doch ist die Welt nur in der Landkarte anwesend: »Eine Fliege kroch von Dover nach Calais.« (DgH, 9) Gerade dies zeigt an, wie sehr die Heldin beschränkt ist auf den Schauplatz, der zumeist ohne Zögern von den Lesern und Kritikern als Wien bezeichnet wird. Aber der Umstand, daß dieser Ortsname nie konkret gemacht wird, sollte uns zu denken geben.

Noch deutlicher wird dies in dem Versuch von Helga-Marleen Geresheim (Geresheim 1973): Ellen wird darin als »Halbjüdin« bezeichnet, der Konsul, der ihr das Visum ausstellen soll, ist ein amerikanischer Konsul, die Kinder, die das Versteck der verfolgten Kinder entdecken, bezeichnet Geresheim kurzerhand als »Pimpfe«, und den Soldaten Jan, der Ellen am Ende den Brief gibt, als »Evangelisten«.

Die Sehnsucht nach dem Zusammenhang aber wird von Aichinger durchbrochen, unterlaufen: Sie möchte die Handlung (und das verbindet auch dieses Werk mit Hochwälders Drama) aus dem historischen Kontext herauslösen. Ellen selbst will denn auch die Zeit, in der sie lebt, überwinden. Vor ihrem Tod erlebt sie auch einen solchen Moment der Entrückung: »Fremdes Treiben schlug ihr entgegen. Schreie flogen wie dunkle Sterne gegeneinander. Pferde wurden losgemacht. Alles war wie tausend Jahre vorher und tausend Jahre nachher.« (DgH, 268)

Ähnlich verhält es sich mit dem Ort: »Die Wolken reiten Manöver, mitten im Krieg reiten sie Manöver, reiten toll und tänzelnd und tief über den Dächern der Welt, tief über diesem Niemandsland zwischen Verrat und Verkündigung, tief über der Tiefe.« (DgH, 81)

Die Figuren agieren in einem Niemandsland. Der Zusammenfall der Gegensätze (Verrat und Verkündigung, Passion und Advent) fördert die indistinkte Erzählweise. Der Blick über das Ganze soll dem Leser verweigert werden, die Autorin ist nicht imstande dazu oder will dies nicht. Die Sukzession der einzelnen Szenen spielt kaum eine Rolle: Entscheidend ist der Weg von der »großen Hoffnung« zur »größeren Hoffnung« – was immer das ist. An die Stationen auf diesem Weg erinnert sich Ellen kurz vor ihrem Tod: »Es war alles ein einziger Anlauf gewesen, Vater und Mutter, der Konsul und Franz Xaver, der Kai und die englische Stunde, die Großmutter, der Oberst und die Einbrecher in dem verschütteten Keller, das tote Pferd, das Feuer am Teich und diese letzte Nacht.« (DgH, 268) Die Episoden bedingen einander durch keinen realen Zusammenhang; sie werden assoziativ verknüpft. Verknüpfend wirkt die Mehrdeutigkeit von Worten: Ellen heftet sich einen Stern an – als Zeichen der Verfolgung; es ist aber auch ein Stern, dem die Kinder als Wegweiser der Erlösung nachziehen. Im Spiel der Kinder werden Advent und Passion parallel gesetzt. Diese Ambiguität von Advent und Passion bedingt auch die seltsam ambivalente Handlungsweise: Sie distanziert sich von jenen, die die Freiheit durch ein Visum gewinnen und nach Amerika gehen, wie auch von jenen, die sich ihrem Schicksal ergeben. Zuletzt verweigert Ellen sich den Rettern, um jener größeren Hoffnung zu folgen, der sie sich verschrieben hat. Sie übergibt den Brief, den sie dem verletzten Soldaten abgenommen hat, und reißt sich los von einer Frau, die sie festhalten will:

> Hier war die Unordnung nicht mehr zu lösen. Aber dahinter wurde es blau. [...] [–] Die brennenden Augen auf den zersplitterten Rest der Brücke gerichtet, sprang Ellen über eine aus dem Boden gerissene, emporklaffende Straßenbahnschiene und wurde, noch ehe die Schwerkraft sie wieder zur Erde zog, von einer explodierenden Granate in Stücke gerissen. (DgH, 269)

Der Leser, der eine Handlung haben will, kann sie haben: er muß sich diese mühsam zusammenstückeln; und er wird damit genau das verfehlen, worum es dieser Generation durch die Destruktion des durch eine Handlung auszumachenden Sinnes ging. Aichinger: »Gewiß war das Ungewisse, und es wurde immer gewisser seit der Erschaffung der Welt.« (DgH, 101)

Und nur dann, wenn wir erkennen, daß die Destruktion eben dieses erzählbaren Zusammenhangs denn auch die ästhetische Struktur des Romans bestimmt, werden wir auch den Qualitäten gerecht. Zugleich aber ist das Eingeständnis, nicht mehr erzählen zu können, Anklage wider die Widernatur dieser Epoche. Ellen will ihre Großmutter am Selbstmord hindern, indem sie sie stets dazu auffordert,

Geschichten zu erzählen. Doch die Großmutter kommt nicht dazu: Diese Partien sind für mich die Grundlage einer Poetik, einer nach dem Krieg möglichen Poetik, einer nach der Nazi-Zeit möglichen Poetik, weil sie unerbittlich all die Wunden zeigt, die ihr geschlagen wurden. Erzählen ist nicht mehr möglich; es ist auch der Großmutter verwehrt, zu deren sozialem Statussymbol das Erzählen ja schlechthin gehört. Die Zeiten der epischen Naivität, die Zeiten, in denen man die Rede, den erzählenden Diskurs mit »Es war einmal« beginnen konnte, sind nicht mehr:

> Ellen kaute gespannt an einem Stück Brot und gab die Hoffnung nicht auf. »Es war«, stammelte die Großmutter, »es war einmal –«
> »Richtig«, rief Ellen aufgeregt, warf das Brot weg und beugte sich tiefer, um zu hören, was von weither kam. »Weiter, Großmutter, weiter!« Aber wieder verrann das Stammeln in nichts. Es war nicht so einfach, Geschichten zu erzählen. Sie verlangten geöffnete Hände und schmale Spalten zwischen den Fingern, um hindurchzuströmen. Und sie verlangten offene Augen. (DgH, 170 f.)

Die Großmutter weiß, daß sie nicht mehr erzählen kann, auch wenn sie von etwas Besonderem zu erzählen hätte. Erzählen impliziert – so Adorno – stets die Illusion, von etwas Besonderem zu erzählen. (Adorno 1958, 63) Ellen: »Irgendwann muß doch etwas gewesen sein, etwas, von dem noch niemand weiß als du, Großmutter.« (DgH, 165) Ellen will es nun mit dem Erzählen selbst probieren. Doch ist es unmöglich, das vertraute Formschema mit dem vertrauten Inhalt zu füllen: Das Märchen vom Rotkäppchen funktioniert nicht mehr. Zwischen die Zeilen des »Urtextes« drängt sich die eigene Erfahrung – von der ist zu berichten, nicht von der alten (und schon obsoleten) Geschichte. Dieses neue Rotkäppchen kann der Großmutter keine Gabe bringen: Die Gabe wäre das Gift, das sie ihr mit so viel Mühe zu entziehen versucht hatte. Die Mechanik der Erzählung, der Zwang des Stoffes führt dazu, daß Ellen der Großmutter das Gift geben muß. Erzählen bedeutet nicht Erlösung, sondern Einlösung eines Musters, dessen Konsequenz, wie in diesem Falle, tödlich sein kann. Für die Großmutter ist der Tod freilich Erlösung, aber wir haben keine Geschichten, die anders ausgehen können. Es wird erzählt, um die Zeit zum Tode hin zu überbrücken, und nicht, um die Läuterung, die Lockerung, die Versöhnung zu erreichen. Just durch die Mechanik der Märchenerzählung wird die Auswegslosigkeit evident. So erhält die Fiktion ihren Wahrheitscharakter: Was im Spiel der Märchenfiktion seine Verbindlichkeit verliert, das wird in dieser – historischen – Situation zu einer bitteren verbindlichen Wahrheit.

Ich gebe zu, daß dieser Roman der Ilse Aichinger auch seine Schwächen hat; vor allem irritiert zu guter Letzt doch dieser permanente Hang zur Entkonkretisierung, der gewiß seine Gründe in der Nähe der Ereignisse, in der Betroffenheit hat: Doch verliert durch die Entkonkretisierung der Schrecken auch seine Gewalt.

Ilse Aichinger wußte, wie schwer die Wiederherstellung der Form war, und in einer ihrer eindrucksvollsten Reden hat sie auch von der Unmöglichkeit des Erzählens gesprochen. Nicht daß ihr der Stoff fehlte, im Gegenteil; es ist gerade die Überfülle des Materials, die das Erzählen unmöglich macht. Dieser Text heißt *Die Rede unter dem Galgen* (so auch der Titel eines Sammelbändchens im Jungbrunnen Verlag von 1952), in dem das Bild vom Strom des Erzählens belassen wird, aber es ist ein Strom mit reißenden Ufern; es ist unmöglich, zu erzählen, Erzählen sei eine Rede unter dem Galgen.

> Form ist nie aus dem Gefühl der Sicherheit entstanden, sondern immer im Angesicht des Endes. Das kann uns ein Trost sein, wenn heute unsere Grenzen schmerzhaft deutlich werden und wir dem Ende vielleicht unmittelbarer gegenüberstehen. Und das wird uns zur Ermunterung. (Zit. nach Lorenz 1981, 31)

Ein notwendiger Exkurs zu einer Rezension von Friedrich Sieburg sei an dieser Stelle erlaubt:

Der Kritikerpapst hieß damals – trotz erwiesener Mitgliedschaft bei den Nazis (1941 nannte er sich selbst so), trotz seiner Rede in Paris vor der *Groupe collaboration*, trotz unsäglicher Stellungnahmen zu Benn und den Autoren der jüngeren Generation (diese exi stierte für ihn nicht) – dieser Papst hieß Friedrich Sieburg (1893–1964). Seine Rezension zu Aichingers *Die größere Hoffnung* erschien 1951 (*Umgekehrt wie Kafka*. Sieburg 1981, 271–274); sie ist – aus unserer Sicht – ein Paradigma des Hohnes, des blanken Zynismus, der da über die Jugend ausgegossen wurde. Entsetzlich die Metaphorik, deren sich Sieburg bedient, um den Zustand der Gegenwartsliteratur darzustellen: »Literarische Anfänger gibt es bei uns nicht mehr. [...] Über die Windeln beugen sich erwartungsvoll die Verlagslektoren. Die Kommenden rufen mit ihren ersten lallenden Lauten Pressekonferenzen ein, die stark besucht werden.« (Sieburg 1981, 271) So beginnt Sieburgs Kritik zu Aichingers Roman. Schulterklopfend stellt er dann fest: Ilse Aichingers »Begabung ist des Schutzes wert« (ebda, 272). Mit Recht erkennt er den Drang, »aus jedem Wort und Ding ein Symbol zu machen« (ebda, 274), um dann jedoch herablassend und abschließend festzustellen:

> Man spürt, daß die Verfasserin von der Fülle ihres Gefühls fast bedrängt wird und ihren Stoff oft geradezu als ein Hindernis empfindet. Dem Willen, Zeugnis von unserer Zeit abzulegen, steht ein dichterischer Drang gegenüber, der sich um jeden Preis Bahn zu brechen sucht und dadurch dieser bösen Zeit eine Relativität verleiht, die ihr nicht zukommt. (Ebda, 274)

Das ist schlicht der Höhepunkt der Frechheit und Unverbindlichkeit: Er, Sieburg, wirft der Jugend vor, der »bösen Zeit« nicht gerecht zu werden, und den Opfern des Nationalsozialismus, sie zu »relativieren«, da er doch absolut den Vorteil von dieser Epoche hatte. Ich erblicke in Sieburgs Rezensionen ein Musterbeispiel der Wortverdrehungskunst, ausgeübt von den neuen alten Herren, die schamlos über eine Generation urteilen, der sie die Perspektiven verstellt hatten. Im Jahre 1953 notierte er: »Wäre die deutsche Literatur der Gegenwart eine Person, so könnte sie nur von einer ausgiebigen psychoanalytischen Behandlung einige Besserung ihres Zustandes erhoffen« (zit. nach Raddatz in Sieburg 1981, 13), eine Stellungnahme, die selbst Fritz J. Raddatz, den gläubigen Bewunderer und Herausgeber, zum Widerspruch reizt. Mit den Namen Sieburg und Raddatz wird die Kontinuität der Misere deutscher Literaturkritik scharf umrissen.

Mit Ilse Aichingers Roman *Die größere Hoffnung* haben wir ein Kapitel zum Abschluß gebracht; dieses Werk ist das einzige, was sich auf dem Buchmarkt, in den Literaturgeschichten dieser Zeit und der Folgezeit – bis heute – halten konnte.

Es darf indes mit gutem Grund nicht als das einzig repräsentative Werk dieser Epoche gelten; wir haben durch unseren Verweis auf andere Texte im *Plan* zumindest einige Konturen anzudeuten versucht, auch andere Positionen sollten sichtbar werden. Vieles ist symptomatisch für diese Generation; so auch die Darstellung des Krieges – doch davon später und in andrem Zusammenhang.

3.7. ZEITSCHRIFTEN: *das silberboot*

Am Rande sei hier noch eine zweite Literaturzeitschrift erwähnt, die sich der Struktur und Tendenz nach durchaus mit Basils *Plan* vergleichen läßt; ich meine damit die von Ernst Schönwiese herausgegebene Zeitschrift *das silberboot*, die ebenfalls vor dem Krieg (1935/36) und nach dem Krieg (1946–52) erschien. Auch hier die Bemühung, die verschüttete Tradition der österreichischen Moderne (vor allem Musil und Broch) wiederzuentdecken. Auch James Joyce und zahlreiche andre Autoren kamen zu Ehren.

> Sein bevorzugtes Feld blieb [...] die Literatur der Zwischenkriegszeit. Das *silberboot* rief ältere Repräsentanten wie Hofmannsthal, Kraus, Gütersloh und Blei ins Gedächtnis, es verwies auf jüngere Vertreter dieses Zeitraumes, deren Rezeption durch den Krieg ganz unterbrochen worden war; zu den wichtigsten zählen Canetti, Musil und Broch. Indem die Zeitschrift sich vor allem für Brochs literarisches, essayistisches und philosophisches Lebenswerk einsetzte, also für einen Autor, dessen Würdigung in Österreich noch lange auf sich warten ließ, hat sie sich eine unverwechselbare Gestalt unter den zeitgenössischen Periodika verschafft.
> Unverwechselbar erscheint das auch durch sein Engagement für die moderne Romanpoetologie von Joyce, Musil, Broch und Virginia Woolf bis Saiko, also für formal innovatorische Momente im Roman. Dies bedeutet jedoch nicht, daß sich das *silberboot* nach 1945 insgesamt den nicht abgesicherten, »riskanten« Tendenzen in der Literatur verschrieben hätte. Was Schönwiese aus dem dichterischen Vorrat der europäischen Kulturnationen und Amerikas auswählte, läßt vielmehr erkennen, daß er – mit der genannten Ausnahme – arrivierte Autoren und kanonisierte Richtungen den literarischen Debütanten und avantgardistischen Ambitionen vorzog. (Weyrer 1984, 233 f.)

3.8. ZUR SPEZIFIKATION DER SITUATION IN ÖSTERREICH

In einer der besten analytischen Untersuchungen zur Literatur der Westzone hat der Berliner Germanist Klaus R. Scherpe die Reportage untersucht (Scherpe 1982). Bei aller Parallelität in den Einsichten fällt sofort die Frage ins Gewicht, ob mit so einem aktualitätsbezogenen Genre wie der Reportage auch ein Schlüssel zur Gegenwartsliteratur gefunden werden könnte.

> Dem Mangel an Kommunikation im zerstörten und aufgeteilten Deutschland antwortet offensichtlich der Überhang an Alltagserzäh-

lungen und -reflexionen in den Reportagen. Ebenso sind die Tendenzen zur Privatisierung und zur begrenzten Lokalisierung der öffentlichen Meinung ins Verhältnis zu setzen zu der uferlosen Konkretisierung bzw. abstrakten Projektierung des Gesellschaftlichen in den Reportagen. (Scherpe 1982, 92)

Von da aus ergibt sich eine fruchtbare Kontraposition zu der österreichischen Literatur; Scherpe verweist auch mit Grund auf die Nähe der handlungsstarken Kurzgeschichte (Böll, Schnurre, Eich) zur Reportage. Solche Verwandtschaften lassen sich nicht ausmachen; die erzwungene Privatisierung sieht in Österreich anders aus, von der Kunst wird anderes erwartet als diese Zeitnähe. (So einen rasenden Reporter wie Egon Erwin Kisch gab es nicht mehr, und einen Wallraff sollte Österreich nie bekommen...) Die Erzählliteratur in der Westzone ist viel stärker auch auf das Kriegserlebnis konzentriert; zwar ist mit Aichingers *Die größere Hoffnung* auch ein Kriegsroman gegeben, doch ist dieses Kriegsgeschehen entkonkretisiert. Verbindend ist für die Literatur in Österreich wie in der Bundesrepublik, daß die Gegenwart als »Vakuum«, als Niemandsland empfunden wird – aber die Versuche, das Vakuum zu füllen, das Niemandsland zu besiedeln, sind unterschiedlich.

Für uns wird nun die Frage interessant, wie das Kriegsgeschehen aufgearbeitet wird. Diese läßt sich aber am besten beantworten, wenn wir uns der nächsten Phase zuwenden, die für uns mit der Periode von 1948 bis 1955/56 umschrieben wird, also mit der Zeit, in der Weigels *Stimmen der Gegenwart* erschienen.

4. 1948 bis 1955/56: Die Phase der Restauration

4.1. Im Niemandsland

Nach den ersten Versuchen, im literarischen Geschehen Fuß zu fassen, kamen für die jüngeren Autoren schwere Zeiten; es gab kaum Chancen, mit dem Schreiben zu angemessenen Verdienstmöglichkeiten zu kommen, die Abwanderung von Wien setzte ein. Die Publikationsmöglichkeiten reduzierten sich; in Österreich wurde das Zeitalter der Zeitschriften prolongiert. Die Buchproduktion ließ lange auf sich warten. Zur Charakteristik der Situation möchte ich, ehe ich auf die Zeitschriften eingehe, zwei Bücher besprechen, die adäquater Ausdruck des Lebensgefühls dieser Generation, der hier angesprochenen historischen Situation, zu sein scheinen und die zugleich thematisch als Fortsetzung von Aichingers *Die größere Hoffnung* zu lesen sind; ich meine damit Herbert Eisenreichs Roman *Auch in ihrer Sünde* (1953) und Fritz Habecks *Das Boot kommt nach Mitternacht* (1951); in diesen beiden Büchern wird exemplarisch vom Krieg gehandelt.

Herbert Eisenreich, Jahrgang 1925, verstorben 1986, gehört zu dieser Generation (wie Ernst Jandl), die den Krieg als Soldaten erleben konnte/mußte. Eisenreichs Werk rekurriert immer wieder auf den Krieg, was ihn, bei aller Unterschiedlichkeit und auch Gegnerschaft mit Ernst Jandl verbindet.

Herbert Eisenreich gehört zu dieser Generation, die nach seiner Aussage auch den »kilometerlangen Bildungsrückstand« zentimeterweise aufholen mußte.

> Und im übrigen stürzten wir uns auf Horaz und Tacitus, auf die Trigonometrie und die Literaturgeschichte, um wenigstens einige Zentimeter unseres kilometerweiten Bildungsrückstands aufzuholen. Abends und nachts dann diskutierten wir die ersten Zeugnisse eines freieren Geistes, so zufällig, wie sie uns gerade zugänglich wurden: Thornton Wilder, Hindemith, Musil, Picasso, Wotruba [...]. (Eisenreich in: *Frankfurter Hefte* 9, 1954, 510)

Eisenreich verstand seine Generation als eine »illusionslose, nicht aber eine nihilistische [...]; eine skeptische, nicht aber eine ungläubige; eine autoritätsfeindliche, nicht aber eine anarchistische«. (Eisenreich 1964, 83) Eisenreich ist der Meister der kleinen Form, der Kurz- und Kürzestgeschichten. Ich würde generell für die Epoche nach dem Krieg von einer schlechten Zeit für Romane sprechen; entweder waren die Romane schlecht, oder es entstanden keine Romane, wenn die Autoren erzählen wollten, Romane im herkömmlichen Sinne.

So ist Herbert Eisenreichs Roman *Auch in ihrer Sünde* kein Roman im engeren Sinne, auch wenn er dem Umfang nach als solcher angesprochen werden könnte. Schlechte Zeit für Romane, keine Chance, ein großes, enzyklopädisch wirkendes Ganzes zu geben, kein Platz für den souverän disponierenden Erzähler. Wir haben diesen Zerfall des Erzählens schon bei Ilse Aichinger kennengelernt.

Viktoria Baumann und ihr sechsjähriger Sohn Valentin sind die Hauptfiguren des Romans. Die Vermutung, daß Valentin nicht ihr eigenes Kind, sondern ihr unterschoben worden sei, treibt sie zum

Selbstmordversuch, der durch einen makabren Zufall verhindert wird. Im zweiten Teil wird der Tod des erwachsenen Valentin in einem großen Krieg geschildert. Die meisten Hauptfiguren des ersten Teiles dieser unproportioniert, sonst aber höchst konventionell erzählten Handlung haben sich im zweiten ohne Abschied verflüchtigt. Die Fabel, die man sich mühsam aus verstreuten Andeutungen hervorholen muß, wird von Details überwuchert und ist, wie meist bei Eisenreich, von sekundärer Bedeutung. Am Ende des Romans wird der Bericht von Valentins Tod durch mehrere Augenzeugen wiedergegeben: Valentin rettet einem Jugendgefährten das Leben, einem Menschen, dem er in der Tat eher hätte böse sein sollen, beim Kampf um einen Brückenkopf passiert das Unheil. Er deckt den Rückzug der Seinen und wird durch eine Bombe oder eine MG-Salve tödlich getroffen. Dies Ereignis kann in den Erzählungen der Menschen nicht »aufbewahrt«, nicht aufgehoben werden. Der Kommentar:

> So werden sie erzählen, aber die wenigsten werden sich wirklich erinnern. Denn die einen sind gestorben, und die anderen sind blöde geworden, und die dritten können sich nicht mehr erinnern, und die vierten wollen sich nicht mehr erinnern, und es wird viel geredet werden von anderen Dingen, in den Familien, in den Wirtshäusern, in den Parlamenten, allüberall, wo Leute zusammenkommen, wird geredet werden von anderen Dingen. (Eisenreich 1953, 240)

Rede und Erinnerung sind nicht in der Lage, das aufzubewahren, was geschah. Die Skepsis dieser mißtrauischen Generation richtet sich gegen die gliedernde Kraft, die Voraussetzung jedes Erzählens ist, und diese Skepsis spiegelt sich in den Romanen. Der Verzicht auf Überschaubarkeit ist der Tribut, der diesem Zweifel gezollt wird. Kennzeichnend ist bei Eisenreich auch die Wahl des Lokals: ein Nirgendwo-Irgendwo. Der Einsatz dieser Erzählung ist symptomatisch für das Verhältnis dieser Autoren zur konkreten Orts- und Zeitangabe:

> Auf diese Weise wird es still für die Stadt, für ihre Bewohner, für dich und für mich und für die Menschen, mit denen wir verbunden sind: in Kronstadt 1917 genau so wie in Madrid 1936, in Prag 1945 genau so wie morgen hier, wo wir heute leben, wie immer auch sie heißen mögen, die Städte und die Jahreszahlen, die unserm Gedächtnis entschwunden sind, denn was bedeutet es zu sagen: »Das war dann und dort«, was bedeutet ein Ort in dem Gefild unsrer Seele, was bedeutet ein Datum in der Chronik unserer Herzen, was denn sonst bedeutet es

als unsere Unzulänglichkeit in den Angelegenheiten des Herzens und der Seele, da wir inmitten von Menschen leben, die voll von Gelebtem sind und deshalb voll von dem, was später so genannt sein wird wie das, was wir jetzt so nennen [...]. (Ebda, 5 f.)

Verzicht also auf die Geschichte, auf das Aufzeichnen von Fakten: Nichts ist mit der Reportage, weil die Geschichte uns gleichgültig macht. Wir nehmen Abschied von der Geschichte, will dieser Text sagen. Die Helden sind müde; aus der Geschichte will man keine Argumente mehr für die Gegenwart beziehen. Die Helden wissen zwar, was es zu tun gilt, aber sie tun es nicht. Ein Held in Eisenreichs Roman äußert sich: »[...] heute [...] stirbt man anders, heute stirbt man ohne Publikum: ohne Glauben an die Geschichte; an die Zukunft der Geschichte.« (Ebda, 18) Ein Offizier der Sieger in einem Bürgerkrieg: »Niemand hat sich damit einen Orden verdient, und niemand einen Platz im Geschichtsbuch. Nur den Trauerflor in meinem Gehirn –: den habe ich mir verdient, und den trage ich mein Leben lang.« (Ebda, 20) In der darauffolgenden Philippika Mays (so heißt der Offizier), die dieser seiner Gegenwart und seinem Heimatland hält, entlarvt er die Praxis der Sieger:

> Ich habe diese Uniform getragen, ich habe sie getragen zu einer Zeit, da sie im vaterländischen Jargon als Ehrenkleid bezeichnet wurde, aber nun lege ich sie ab, [...] und mit ihr will ich jeden Anflug jener Ehre ablegen, von der ich gesprochen habe. Ich will meine Wege gehen, stumm und ohne Ambitionen, und ohne eine Meinung zu haben, welche die öffentliche ist. (Ebda, 27)

Das bedeutet den Rückzug ins Privatleben. Als Ideal erscheint der solide Handwerker und einfache Arbeiter, der Vater Mays etwa, ein Schneider, der Anzüge machte, die man im Sarg noch mit derselben Würde tragen kann wie am Hochzeitstag. Und dann ein Credo, wie es für diese Zeit der Restauration, des Wiederaufbaus notwendig und bindend war: »Ich will reden von denen, die ihre Arbeit tun, ohne nach der Welt zu schielen, die sie ablenkte mit ihren Forderungen der Bequemlichkeit.« (Ebda, 29)

Mit einem solchen Satz wäre die Tür zum Zimmer im Stil des Nierentisch-Biedermeiers weit aufgestoßen, das sich viele damals zu vergönnen begannen – nicht aber der Autor. Für sie wäre es wichtig gewesen, sich mit den Dingen wieder in Einklang zu begeben. Aber die Dinglichkeit ist verloren. Die schönen Dinge gibt es nicht mehr. Wenn ich diese Texte lese, habe ich immer den Eindruck, als würde Schlechtwetter sein und alle Dinge wären schäbig. Der Bezug zur sinnlich faßbaren Außenwelt scheint gestört. Die Dinge existieren nicht, sie existieren nur, wenn sie auch als Symbole präsent sind.

Der Roman *Das Boot kommt nach Mitternacht* (1951) von Fritz Habeck (*1916) ist wohl kaum ein Buch, das sich in der Qualität mit dem Eisenreichs oder gar mit dem der Ilse Aichinger vergleichen läßt. Eine Geschichte über Offiziere, die in der Bretagne kämpfen. Auch bei ihm geht es nicht mehr um die Story, aber nicht aus Bedenken gegen die Möglichkeiten des Erzählens überhaupt oder weil er unter der Last der Ereignisse zusammenbricht: Dieser Gestus des Leids ist seinem Text fremd oder nur rhetorisches Beiwerk. Leben versus Erzählen, auf diese Kurzformel läßt sich die saloppe Attitüde bringen, mit der Habeck von seinen Offizieren berichtet, die alle das Leben in vollen Zügen genießen wollen. Da gibt es wilde Liebesaffären und Formulierungen wie:»Leben war Leben und keine Legendensammlung« (Habeck 1951, 158) oder:»Eine nackte Frau in einem gelben Kimono war kein Altar. [...] Sie war doch eine Frau und nicht nur Fleisch in goldgelber Seide.« (Ebda, 158 f.)

Die Schnoddrigkeit des Landser- und Offiziersjargons soll gerettet werden, um Leben drastisch zu simulieren. Ort ist die Bretagne, doch sind Requisiten und Szenerie substituierbar (wie bei Eisenreich in seiner Erzählung *Tiere von natürlicher Grausamkeit*), es geht in keinem Fall um die kritische Darstellung einer historisch exakt beschreibbaren Phase. Jene, die am Krieg die Schuld tragen, werden kaum transparent – es sind im wesentlichen Privatgeschichten, die da erzählt werden. Welche Veränderung der Krieg bedeutet, wird dem Helden dieses Romans erst bewußt, als er merkt, daß seine ehemalige Freundin nun Frau eines Franzosen ist. Erst durch die Erneuerung dieser Liebesbeziehung wird ihm der Unterschied von 1937 und 1943 klar... Auch dieser Held (Milstrey) ist müde:

> Ich bin kein Held. Ich bin nur leidlich pflichtbewußt und angemessen stur. Wäre ich ein Held und wäre ich vollkommen pflichtbewußt, dann müßte ich jetzt nach Deutschland fahren und diesen Wahnsinnigen umbringen, der sich Führer nennt. [...] Ich habe keine Werte, weil ich keinen Grundwert habe, und weil sie alle lügen, die Grundwerte bieten.

Wenn es einen gibt, dann wäre es wahrscheinlich der Frieden. (Habeck 1951, 207)

Es geht nicht um eine Diagnose, warum es zum Krieg gekommen ist: Alle aitiologischen, analytischen Aspekte bleiben ausgespart – so als ob es in der Literatur nie und nimmer um Gründe, sondern mehr um die emphatische Feststellung des Seins ginge (auch hier wieder der Unterschied zu Brecht!).

Es gibt auch in dieser Literatur keinen konkreten Vorschlag, wie Frieden herstellbar wäre, es sei denn ex negativo: durch Verzicht auf jegliche Form der politischen Praxis, der öffentlichen Tätigkeit. Habecks Hauptfigur Milstrey wünscht sich nichts anderes in seiner Sozialutopie als ein »hübsches, flottes Boot« ohne I., aber auch ohne III. Klasse –: kurzum nur die II., der Mittelweg.

Der Politiker degeneriert in dieser Literatur zum bösen Menschen par excellence, in Habecks Roman ist es der Intrigant schlechthin, der beschließt, Politiker zu werden, doch haben die männlichen Hauptfiguren – und das gilt für Eisenreich wie für Habeck – das »harte« männliche Geschäft des Krieges hinter sich. Sie waren Helden, und wenn auch sonst nichts –: die Phantasie der Autoren nährt sich von jenen großen Abenteuern, deren Bankrott sie in den Texten gestalten. Der einzige Ausweg: Rückkehr ins Private, dessen solide Praxis sich unberührt, vorgeblich unberührt von den politischen Veränderungen zeigt. Die Welt wird heil durch das Desinteresse an den Interessen der Mächtigen.

Damit habe ich einen kurzen Ausblick auf zwei Romane der Generation jener unternommen, die nach dem Krieg hervortreten konnten. Allen diesen Romanen gemeinsam ist, daß die Objekte (wie bereits betont) von ihrem Symbolgehalt ihr Leben empfangen. Exemplarisch soll die Situation in allen drei erwähnten Büchern (Aichinger, Eisenreich, Habeck) sein: Immer geht es darum, ein anderes Ufer zu erreichen. Stern, Brücke, Haus, Ufer, Boot, Strom: Diese Worte wollen ihre archaische Bildfunktion in einer von den modernen Kriegsmaschinen zerstörten Welt wiedererhalten. Von der Natur – und das scheint mir höchst kennzeichnend – ist kaum mehr die Rede. Das Gespräch über Bäume ist gründlich unterbrochen worden. Natur ist keine Zufluchtsstätte (schon im Unterschied zu dem erwähnten Gedicht von W. Horwitz), sondern allenfalls Ort für ein trügerisches Idyll.

Die Entscheidung fällt für alle Figuren beim Überschreiten oder beim Erreichen einer Grenze (auch dies ein Wort aus dem Fundamentalschatz der Existentialisten): Valentin und Ellen sterben auf einer Brücke, und schwerverletzt erblickt Milstrey das weiße Boot, das den Inhalt seiner Wunschträume bildet. Diese evokationsmächtigen Vokabeln erinnern allesamt an die Expressionisten. Es bedarf, wie bereits betont, der konkreten Namen nicht mehr. Bei Eisenreich genügt die Bezeichnung »Stadt«, bei Aichinger ebenso. Ingeborg Bachmann hat einem (offenkundig nicht überlieferten) Roman den Titel *Stadt ohne Namen* gegeben, und aus einem erhaltenen Kapitel dieses Buches (IBW 2, 28–37) geht hervor, daß die Welt, die in diesem Roman beschworen wird, durchaus der Welt der anderen Romane entsprochen haben dürfte. (Für Bachmann wurde ja das Motiv »Grenze« zu einem Zentralmotiv ihres Werks, zu einer Bildkonstante.)

Es ist sinnvoll, die Kontraste aufzuzeigen, die sich bei Betrachtung der österreichischen Literatur ergeben. Heimito von Doderer hat diesen verschollenen Roman im Manuskript gelesen und ein gar nicht günstiges Urteil darüber gefällt. Er kennzeichnet den Stil dieser jungen Generation: »Es hat sich bei den jungen Literaten seit dem Kriege schon so etwas wie ein ›desperater Stil‹ herausgebildet; neue Kunstrichtung: Desperatismus.« (Doderer 1976b, 89 – Eintragung vom 17. Dezember 1951)

Einerseits vermisse ich bei Doderer das Verständnis für diese desperate Haltung einer Generation, die sich um ihre Jugend betrogen sehen mußte, andererseits ist die Befürchtung verständlich, daß durch diese Einstellung der Gegenwartsbezug gestört werden könnte. Doderers positivem und auf einläßlicher Reflexion basierendem Gegenwartsbezug konnten diese Vorstellung und diese Haltung nicht entsprechen: Er inkriminierte eben jenes vage und unbestimmte Gefühl, für das ja die »größere Hoffnung« nichts anderes als den Tod bedeutete.

Es scheint mir sinnvoll, zum Abschluß dieser Betrachtungen die hier besprochenen Romane gegen die Folie zu halten, die Doderers Werk anbot. 1951 war jener Roman erschienen, der mit dem Titel *Die Strudlhofstiege* schon anzeigt, daß es diesem Autor um die konkrete Wirklichkeit geht, um dieses so und nicht anders benennbare Diesseits. Dieser Roman hatte den Grundstein zu Doderers Erfolg gelegt und auch ganz andre Antworten gegeben als die genannten

Autoren, Antworten, die offenkundig viel besser in das restaurationsfreundliche Klima der frühen fünfziger Jahre paßten.

In seiner Theorie behauptete Doderer hartnäckig die Erzählbarkeit alles dessen, was uns betrifft – so die nötige Distanz dazu hergestellt ist. In der *Strudlhofstiege* suchte er den Beweis dafür zu erbringen, daß das gestörte Verhältnis zur Vergangenheit (und implizite zu der Gegenwart, in der die Vergangenheit anwesend ist) überwunden werden kann: Literatur als verkappte Therapie. Die Vergangenheit erscheint disponibel, der Exodus aus der Geschichte, bei Aichinger, Eisenreich und der jüngeren Generation eine schmerzvolle Vertreibung ins Niemandsland, ist bei Doderer die problemlose Rückkehr in die Heimatstadt. (Daß sie realiter für ihn keineswegs so problemlos war, beschäftigt uns in einem anderen Zusammenhang.) Glücklosigkeit beklagen vor allem die Figuren in Eisenreichs Roman. Am Ende der *Strudlhofstiege* gab Doderer hingegen eine perfekte Anweisung, ein glückliches Leben zu führen. Sie lautet:

> Glücklich ist nicht [...], wer vergißt, was nicht mehr zu ändern ist; so etwas kann überhaupt nur in einer Operette vorkommen. Eine derartige Auffassung würde nicht weniger wie ein Unterbleiben der Evidenz bedeuten, beziehungsweise als solches anzusehen sein. Glücklich ist vielmehr derjenige, dessen Bemessung seiner eigenen Ansprüche hinter einem diesfalls herabgelangten höheren Entscheid so weit zurückbleibt, daß dann naturgemäß ein erheblicher Übergenuß eintritt. (DS, 909)

Das ist mit den Sozialutopien, die vorher zitiert worden sind, durchaus kompatibel; bei Doderer ist das jedoch real, was offenbar durch die Karikierung der Beamtensprache angezeigt werden soll.

Ich möchte Doderer nicht auf den Märchenerzähler reduzieren, der zu einer vorschnellen Harmonisierung neigte, doch leistete er auch für die konkrete Gegenwart etwas, indem er seine Generation aus diesem »Niemandsland zwischen Verrat und Verkündigung« herausholte und in ein ideal replastiziertes Wien der jüngeren Vergangenheit versetzte. Den jungen Autoren schien der Gang in die Vergangenheit verwehrt; keiner wagte sich an den in der Zwischenkriegszeit so beliebten historischen Roman heran. Auch Doderer schrieb keine historischen Romane, aber er sorgte für den »Anschluß« an die »Tiefe der Zeiten«, er fühlte sich in seiner Kompetenz als Romancier als der echte Chronist, der die Kontinuität wahrt, indem er kulturgeschichtlich exakt das aufzubewahren sucht, was er für den Alltag hält (es war allerdings der Alltag seiner Gesellschaftsschicht, der bürgerlichen). Er handelt damit getreu der von Odo Marquard gerne zitierten Devise: »Zukunft braucht Herkunft«.

Es gab auch damals schon anderes auf dem Buchmarkt. Im Jahre 1950 verkündete der Klappentext des Romans *Das geheime Brot* den präsumtiven Lesern folgende Frohbotschaft:

> Während die meisten Werke der modernen Dichtung dem Leser die Ausweglosigkeit unserer heutigen Zeit vor Augen führen, läßt uns dieser Roman des jungen österreichischen Dichters die guten und aufbauenden Kräfte unserer Gegenwart erleben. Wenn auch der Ernst unserer heutigen Zeit erkannt und in Bildern von mitreißenden dichterischen Farben gestaltet ist, so wird die Fähigkeit des Autors, die hellen Augenblicke unseres Lebens zu sehen und wieder Mut, Vertrauen und Hoffnung zu geben, zum wertvollsten Eindruck dieser packenden Lektüre. [–] Mit der Verzweiflung eines jungen Menschen kurz nach Beendigung des zweiten Weltkrieges beginnt das Werk und schließt mit einer zukunftsfrohen Verlobung und dem glücklichen Aufbau eines gemeinsamen Heimes [...]. [D]ies alles ist so unmittelbar von der Atmosphäre unserer Gegenwart erfüllt und dabei so tief vom Glauben an das Gute und an ein Glück im Leben durchdrungen, daß dieses bewegende dichterische Bekenntnis jeden in seinen Bann zieht und wertvolle Stunden bereiten wird.

Auch in diesem Roman wird die Wiedereroberung der Dingwelt gepriesen: der volle Gabentisch zu Weihnachten wird herbeigezaubert, und ein heimeliges Glück versöhnt die Welten. Der Held findet zur Mutter seines – unehelichen – Kindes zurück, am 24. Dezember fallen die beiden einander in die Arme: »[Jakob Steiner] fühlte, wie eine große Glückseligkeit ihn überkam. [–] Er sah den alten verdorrten Rosenstrauch, der, halb vergraben im Schnee, neben der kahlen Kastanie stand und über und über bedeckt war mit leuchtenden Blüten.« Auch wenn dieser Schluß für uns heute das Musterbeispiel für eine Kitschfibel abgeben mag, er mochte um 1950 seinen Platz in einer umfassenden Therapie haben: Die Heimkehr an den Herd, Weihnachtsglocken läuten im Frieden, die Waffen schweigen.

Der Autor, der damals noch als österreichischer Autor galt und sich immer als Sozialdemokrat fühlte, der seinen Weg zu gehen begann, den österreichischen Weg von links unten nach rechts oben, war Johannes Mario Simmel (*1924). Doderer und Simmel – beide wollten dem »Desperatismus« Paroli bieten, beide wagen es, überschaubar zu erzählen, beide verlagern ihre Romane in ein konkret erfahrbares Wien, beide bieten die Hoffnung als Fenster mit Aussicht an: Ein in der Beschränkung erfahrbares Glück zeigt sich an. (Daß beide trotz dieser Verwandtschaft auseinanderzuhalten sind, braucht nicht eigens ausgeführt zu werden.)

4.2. Okopenko, Kräftner, Bachmann: Krieg und Gegenwart in der österreichischen Lyrik um 1950

Es gibt freilich andre Bilder als diese Glücksverheißungen, die damals einem verbreiteten Bedürfnis entgegengekommen sein dürften. Ich beziehe mich hier auf einige Gedichte oder Texte, die man auch als Gedichte gelesen hat oder lesen konnte und die dem Trend der damaligen Zeit irgendwie konträr gewesen sein dürften. Zunächst einmal Andreas Okopenko (*1930).

Der Text, den ich besprechen möchte, ist 1951 in den von Hans Weigel herausgegebenen *Stimmen der Gegenwart* erschienen (wovon noch zu reden sein wird), und zwar dort als Gedicht (*Konversation*), während er hier unter dem Titel *Prosa hinter dem Wahnsinn* behandelt wird:

> Sie müssen entschuldigen, gnädige Frau, wenn ich Ihnen andauernd in das Gesicht huste.
> Es widerspricht, wie ich wohl weiß, der guten Sitte unserer Konvention.
> Aber was sagt das heute, wo nicht einmal die Genfer Konvention uns zuverlässig zu schützen vermochte.
> Sie müssen entschuldigen, gnädige Frau, wenn ich Ihnen andauernd in das Gesicht huste.
> Aber seit dem letzten Bakterienkrieg ist meine Lunge, wie man sagt, etwas angegriffen.
>
> Vielleicht auch, daß der Mörtelstaub mir schadet an dem Morgen, als ich ein Stück Kohle mit meinen Fingern hervorkratzte unter meinem Wohnhaus.
> Ich brauchte das Stück Kohle nicht zum Heizen (es war ein warmer Frühseptembertag), sondern das Stück Kohle war meine Frau.
> Wollen Sie, Gnädigste, es nicht als Zurücksetzung empfinden, wenn ich hier nochmals betone: meine Frau war hübsch ... und so jung.
> Wie man sieht, kann gelegentlich der Fall eintreten, daß eine Photoaufnahme mehr Ähnlichkeit mit dem Originalobjekt hat als dessen eigene (nur umgewandelte) Substanz. So küsse ich zum Beispiel nie die Kohle, sondern immer das Papier.

> Sie gehen heute ins Theater?
> Sind Sie nicht auch, gnädige Frau, der Ansicht, daß Jean Paul Sartre einige Schuld am letzten Krieg zuzumessen ist? Sie würden sich gerne mit mir unterhalten darüber? Heute abend, wenn Sie allein sind, sagen Sie?
> Gnädige Frau, ich muß zutiefst bedauern, doch halten andere Verpflichtungen mich ab, von diesem Vorzug Gebrauch zu machen. Ich habe einen ganz bestimmten Tagesplan, an dem zu rütteln nicht in meiner Macht steht; abends zum Beispiel spucke ich meine Lunge aus.
> Oh nein, beim letzten Gartenfest war ich nicht zugegen. Drei Orchester, sagen Sie?
> Unter uns, gnädige Frau: Sind Sie von der Notwendigkeit eines vierten Weltkrieges überzeugt? (Okopenko 1980, 60)

Die Entstehung des Textes ist datiert mit dem 6./7. Juli 1950, paßt also ziemlich gut in das Umfeld der zuvor behandelten Prosatexte.

Wir merken, daß wir hier aber in einer ganz anderen Stimmung aufgehoben sind. Diesem Text (für den ich auch den Titel *Konversation* zutreffend halte) sind die aktuellen Beschädigungen nach dem verheerenden Krieg eingeschrieben. Die höfliche Diktion entspricht dem Gegenteil dessen, was der Text aussagt. Jemand entschuldigt sich, daß er dem anderen dauernd ins Gesicht hustet. Die Anrede »gnädige Frau« macht die Sache deutlich. Die beschädigte Physis zwingt den Redenden, gegen Konventionen zu verstoßen.

Es ist die Prosa, die hinter dem Wahnsinn gesprochen wird: der (die) Angeredete schaut durch den Wahnsinn auf den Redenden – dies wäre ein Vorschlag zum Verständnis dieses durchwegs nicht ganz einfachen Textes. In der ersten »Strophe« wird klar, daß der Wahnsinn auch seine sprachlichen Symptome hat: Der erste Satz wiederholt sich im vierten. Der Wahnsinnige perseveriert. (Dieses Wahnsymptom ist ja auch ein Symptom poetischer Rede ...: die refrainartige Wiederkehr: Wir erlauben uns diesen Rest an Wahnsinn im Gedicht.)

Die zweite Strophe enthält nun den erzählenden Kern: den individuellen Grund für die Verstörung des Mannes, der seine Frau als Stück Kohle aus der Ruine gegraben hat. Dabei schweift der Erzähler – in der für die Konversation typischen Manier – ab, fast ins Vortragshafte, die makabre Seite der Erinnerung so beinahe komisch überspielend. Der Schmerz geht unter in bizarrer Floskelhaftigkeit: »Wollen Sie, Gnädigste, es nicht als Zurücksetzung empfinden, wenn ich hier nochmals betone: meine Frau war hübsch ... und so jung.«

In der dritten Strophe bemüht sich der Redende dann wirklich, Konversation zu machen: Theater und Sartre; die Verallgemeinerung ist aufschlußreich: Sartre, der eben rezipierte Existenzphilosoph, soll schuld sein; die Frage ist aber durchaus – in einem wörtlichen Sinne – als Wahnsinn anzusehen: Der Redende ist konversationstüchtig, aber er zieht sich zurück, um seine Lunge auszuspucken. Zuletzt verliert sich das Gedicht im »party-small-talk«, um in der banal rhetorischen Frage von der Notwendigkeit eines vierten Weltkrieges zu enden, wo doch nicht einmal der dritte vor der Tür steht. Die Töne in dem Gedicht des damals neunzehnjährigen Autors sind für die österreichische Literatur dieser Epoche ungewöhnlich. Die Direktheit, der krude Realismus – er wird durch die Rede des als wahnsinnig Angesehenen erst deutlich. Freilich: es kann nur die Wunschphantasie eines Wahnsinnigen sein, der am Abend die Gnädige allein zu treffen hofft, sich aber lieber seiner Krankheit widmet. In diesen Texten bricht etwas auf, das den Versöhnungstendenzen und den Glücksversprechungen just dieser Tage so gut wie diametral gegenübersteht. Zugleich aber heben diese Worte ab, ins Surreale, wenn man so will; sie nehmen den Wahnsinn als Vorwand, um von der Realität zu berichten.

Die Zeitkritik ist evident: Während die einen schon wieder so tun, als ob nichts gewesen wäre, sich auf den Schauplätzen eines unbefragten Einverständnisses aufhalten – Theater, Gartenfest –, müssen die anderen noch an den Folgen tragen. Die Verstörung (späterhin ein Leitmotiv der österreichischen Literatur) spricht aus diesen Zeilen und benennt deutlich genug auch den Krieg als die Ursache.

Aber es ist auch festzuhalten, daß dieser Text sich als Rollenprosa geriert: Er verweist auf das Individuum dieses Einen, der spricht, zurück; es geht nicht um umfassende Zusammenhänge, um Erklärungen, um Kausalität.

Verstörung ist auch eines der Hauptmotive der Lyrik Hertha Kräftners (1928–1951), die sich, noch nicht dreiundzwanzigjährig, 1951 das Leben nahm. Sie schrieb Gedichte, die allesamt von den kleinen Katastrophen handeln, eine kleine Katastrophenkunde des Abendlandes.

In dem kurzen Gedicht *Freitag* beschwört Kräftner ein einprägsames Anti-Idyll der Nachkriegszeit, ein Text, in dem viel mehr an-

wesend ist an Geschichte, an historischer Erfahrung – ohne daß dies
denn auch explizit ausgesagt würde:

> Ein Steinmetz schlägt aus Marmor einen Engel
> für einen Knaben im Spital;
> die Närrin opfert Thymian vorm Portal,
> der Priester fleht für seinen Kirchensprengel.
>
> Der Wind verweht die Räucherstengel
> und bläst Ruinenstaub in den Kanal.
> Im Turm, vom Abend voll und vom Choral,
> erschlägt die Närrin sich am Glockenschwengel.
>
> (Kräftner 1963, 44)

Es entsteht eine zusammenhanglose Bilderfolge, freilich nur auf den ersten Blick. Der Leser vermag doch hinter alledem auch einen bedrückenden Zusammenhang zu erkennen, der sehr konkret so etwas wie ein staubiges Nachkriegsidyll mit dramatischem Schluß beschwört: Natürlich wäre es möglich, alles symbolisch zu lesen (Engel, Kirche, Knabe, Abend, Närrin), doch wäre eine eindeutige Auflösung der Bedeutungen doch verfehlt. Eine solche Bedeutungszuweisung verbietet meines Erachtens schon die Tradition (Rilke, Trakl), in der Kräftners Gedichte stehen. Es wäre »sinnvoll«, daß die Närrin gerade am »Glockenschwengel« sich erschlägt: Von der autoritären Macht Kirche niedergeschlagen, im religiösen Wahn vernichtet, so könnte man diese Stelle lesen. Doch abgesehen davon, daß damit der Text jede Form von Reiz verlöre und alles zu einem Auflösspiel, zu einer Dechiffrierjagd würde, verfehlte man damit die Dichte dieser Zeilen, die persönliche Befangenheit und die Apathie der Zeit erklären. Mit dem »Ruinenstaub« ist hinlänglich und eindrücklich die Zeitsituation angesprochen.

Noch stärker als diese Zeilen reflektieren die Texte der Ingeborg Bachmann (1926–1973) die historischen Prozesse, und es mag wohl auch darin liegen, daß sie sich in letzter Zeit eines solchen Zuspruchs erfreuen konnten, weil erkannt wurde, daß sie über den Grad der individuellen Betroffenheit und der allenthalben präsenten Sprachproblematik hinaus die Reflexion auf historische Prozesse enthalten.

Dies erfolgt jedoch in den einzelnen Schaffensphasen auf jeweils unterschiedliche Weise. Auf die philosophischen Voraussetzungen will ich in anderem Zusammenhang etwas genauer eingehen; hier jedoch interessiert die Stellung, die diese Texte im Nachkriegsösterreich einnehmen. Als »Schwieriges Erwachen« hat Albert Berger die Lyrik in Österreich der unmittelbaren Nachkriegszeit gekennzeichnet und gezeigt, wie sehr diese Autoren den traditionellen Schemata verhaftet waren. (Berger 1984, 190)

Mit Okopenko, Kräftner und Ingeborg Bachmann sind vielleicht (neben Erich Fried, 1921–1988, der in London lebte, und Paul Celan, 1920–1970, für den Wien nur Durchgangsstation nach Frankreich war) die Autoren genannt, denen es gelang, aus dieser Befangenheit in der Tradition herauszuführen, wenngleich gerade auch darin Traditionen – allerdings ungleich kreativer – anverwandelt werden.

Die zwei Gedichte der Ingeborg Bachmann, die ich hier besprechen will, handeln einerseits von dem Raum, dem sie sich verpflichtet fühlen, andererseits von der Rolle der Literatur nach der Katastrophe. Das Gedicht *Große Landschaft bei Wien* ist 1953 in den *Frankfurter Heften* (IBW 1, 59–61) erschienen. In die Komplexität des Gedichtes ist die prekäre Situation dieser Zeit eingegangen. Die emphatische Anrede bedingt eine Stillage, die das ganze Gedicht durchgehalten wird; ganz anders also als das ironische Spiel und die beklemmende Wechselrede in Okopenkos *Prosa hinter dem Wahnsinn*. Der Rhythmus zitiert die lyrische Hymnendichtung (Klopstock, Goethe, Hölderlin) immanent herbei, die meist daktylischen Wortfolgen geben dem Text ein »elegisches Gepräge«, dem durchaus auch die gleichlangen ersten vier fünfzeiligen Strophen entsprechen, in denen die Situation exponiert wird. Offenkundig ist das Sprechen ein kollektives Sprechen (»Wir« heißt es in der Strophe).

Etwas ist vorgefallen, Österreich hat sich verwandelt: Die Landschaft des Marchfelds – verzeihen Sie, daß ich mich so konkret zu werden genötigt sehe – hat sich verwandelt. Gerade 1953 war Österreich mit seiner Erdölindustrie populär, und die SPÖ warb bei den Nationalratswahlen dieses Jahres mit unzähligen Bohrtürmen auf den Plakaten und mit Modellen von Bautürmen auf den Straßen. Raffiniert wird dieser Wandel (2. Strophe) in ein (soi-disant) mythologisches Bild übertragen: »und es wacht / die Iris des Öls über den Brunnen im Land.« (IBW 1, 59) Noch keine Rede von Umweltverschmutzung; der Technisierung, den Erdölbohrungen eignet so etwas wie eine Naturnotwendigkeit, und so kann die dritte Strophe mit den Worten beginnen: »Was liegt daran?« (Ebda) Die fröhliche Apokalypse Wiens (H. Broch) ist vorbei: »Wir spielen die Tänze nicht mehr.« (Ebda) Österreich als das Land, das sich nur »noch mitmachte« (Musil), in dem es so etwas wie Küsse (= Liebe) gar nicht gibt, weil man vor den ersten Küssen schon die letzten gegeben hat. »Es gilt, mit dem Nachklang im Mund / weiterzugehn und zu schweigen.« (4. Strophe, ebda) Damit ist viel, vielleicht schon alles gesagt über die Möglichkeiten der Österreicher, sich zur Tradition zu »verhalten«.

Dann kommt (typisch auch für diese Epoche) der Aufschwung ins Mundane, in die große Welt (Parallele: Gerhard Fritsch): »Asiens Atem ist jenseits« (ebda), heißt es in einer einzelnen Verszeile, einem »Findling«, wie man mit der Terminologie der klassischen Metrik sagen könnte, und diese Zeile trennt denn auch das Gedicht. »[T]runkenes Limesgefühl« (ebda) fällt die Frau an, die da spricht: Gefühl der Grenze. (Das Gesamtwerk Ingeborg Bachmanns zeigt sich auch bestimmt von diesem Denken in Grenzen, in bildlichem Sinne und im Realsinne.) An diesen Grenzen stünde der Dichter: Wien, wo das »Limesgefühl« offenkundig möglich ist, ist daher vielleicht der ideale Standort für den Dichter. Die zwei achtzeiligen Strophen versuchen nun aus der »Tiefe der Zeiten« (Doderer) die Gegenwart zu rekonstruieren und zugleich die sich auf das Soziale konzentrierende Gegenwart davon abzuheben: »Alles Leben ist abgewandert in Baukästen, / neue Not mildert man sanitär, in den Alleen / blüht die Kastanie duftlos.« (IBW 1, 60) Sehnsucht nach einer Zeit, so scheint es zumindest mir, in der die Kastanien noch blühten: Schrumpfformel all jener, die die vergangenen Zeiten loben. In der dritten dieser achtzeiligen Strophen wird nun, ich wage den Ausdruck, auf die mystische Existenz des Einzelnen verwiesen. Nicht die Zahlen und Analysen gilt es zu beherzigen; sie »entzaubern«.

Der Schlußteil (ab »Dem Orkan voraus [...]«; ebda) enthält den Abschied des Individuums von der Geschichte, das voll ist von Geschichte. Die letzte Zeile umfaßt nochmals schmerzlich die Befähigung dieser Generation, den »Fall« zu hören. »Die Türme der Ebene rühmen uns nach, / daß wir willenlos kamen und auf den Stufen / der Schwermut fielen und tiefer fielen, / mit dem scharfen Gehör für den Fall.« (IBW 1, 61) Das redende Ich hat sich losgesagt von der »Zeit«, es will sich entmaterialisieren, es will einer von den Geistern sein, »die kommen«. (IBW 1, 60) Alles in allem: Dieses Gedicht enthält einen sehr – ich vermeide das Wort nicht – hehren Anspruch; es geht, aus dem Bewußtsein um eine gewaltige Vergangenheit kommend, in eine Zukunft, die Gegenwart erscheint als transitorisch, jener Wille zum Aufbau, zur Wiederherstellung, der Versuch, ein neues, anderes Österreich phrasenreich und mit zwiespältiger Tatbereitschaft zu begründen, wird abgetan als ein bloß sanitärer Versuch. Bei alledem bleibt der verhaltene Schmerz doch das überzeugende Relikt einer Erfahrung, eines Sinnes für Geschichte, die hier nicht in den leuchtenden Farben einer austriakischen Restauration geschildert wird. Fazit: »Gerettet ist keiner, getroffen sind viele.«

Noch deutlicher als dieses Gedicht enthält ein 1956 veröffentlichtes Gedicht die Besinnung auf diesen Rückzug aus der Geschichte und aus einer verwüsteten Welt: *Mein Vogel*. (IBW 1, 96 f.) Dazu meint Hans Höller:

> Das Gedicht *Mein Vogel* thematisiert nicht nur das dichterische Über-Ich und den dichterischen Schaffensprozeß, sondern führt ihn in der poetischen Bedeutungskonzeption selbst, in der semantischen Verdichtung und Überlagerung einzelner Sprach-Zeichen, im Aufbau komplexer Zusammenhänge und im Transparent-Werden alter philosophischer und literarischer Motive unmittelbar vor Augen. (Höller 1987, 47)

Diesen Ansatz führt Höller denn auch im Rahmen dieses Gedichts eindrucksvoll durch und vor:

> Das einleitende »Wenn« mit seinen Wiederholungen am Beginn und innerhalb der Strophen, imitiert grammatisch die Konzentration auf die Bedingungen dichterischen Sprechens, die Abwehr und Überwindung widriger Bedingungen und das Sich-Erobern neuer Bedingungen, wobei das immer neue Ansetzen die Anstrengung, die Unbeirrbarkeit und Zielbewußtheit zum Ausdruck bringt. (Ebda, 48)

Die mich verstörende Zeile »Was auch geschieht« will Höller nicht als »Gleichgültigkeit gegenüber jeglichem Geschehen« verstanden wissen, sondern als die Absicht, »sein Verhalten in der Welt als schreibendes Ich« zu bestimmen. (Ebda, 46) Als Gleichgültigkeit würde ich diesen »Refrain« auch nie und nimmer verstanden wissen wollen, sehr wohl aber als eine doch »elitäre« Positionsbestimmung des Dichters, des schreibenden Ichs. Der Vogel, der sich erheben kann, das ist das Alter Ego (= Über-Ich nach Höller), er will in die Höhe, über die Wälder, über die Türme hinaus, auf denen die Wächter stehen und den Schlaftrunk bereithalten. Der »Schlaftrunk« ist

übrigens ein treffendes Bild für die Beruhigungspolitik nach 1945 – man bittet um Nachsicht für solchermaßen direkte Auflösung der Bildlichkeit. Der Dichter hebt sich über die Welt, weil er offenkundig diese Gleichgültigkeit und diese Schlaflandschaft nicht mehr ertragen kann und will, er ist nicht gleichgültig, aber sein Schreiben übersteht, überdauert diese Gegenwart.
Vieles an alter Topik ist anwesend in dem Gedicht, und das hat es wohl auch bei den Interpreten so beliebt gemacht. Der Vogel als Alter Ego des Dichters, das Feuer als Kennzeichen der dichterischen Inspiration (die Flamme des Genius ist ein stehendes Attribut in klassischer Dichtung), und zuletzt die Eule, der Vogel der Minerva, der ja bekanntlich seinen Flug in der Nacht beginnt. Im Ich meint Höller – zusammen mit Marcuse – auch das »große traumatische Ereignis in der menschlichen Entwicklung« zu entdecken. (Zit. nach ebda, 50) Das ist richtig, die Verwundung zittert nach, doch läuft es darauf hinaus, daß der Dichter sich der Alltäglichkeit überhoben sieht, trotz seiner Verwundung. Ich verstehe das durchaus nicht nur negativ, wenn da von »elitär« die Rede ist. Sich elitär zu verhalten ist sehr oft auch die Folge eines radikalen Ausschließungsprozesses, der in der Unversöhnlichkeit von Alltag und Poesie, sofern sie eine kompromißlose Poesie ist, gründet. Insofern nehme ich Ingeborg Bachmann ernst und will auch als entscheidend erachten, daß sie ihr Dichtertum nicht als Feier eines sensiblen Ego versteht: Es geht ihr darum, »was auch geschieht«, dieses Dichtertum als solches zu erhalten, es aus den Schmerzen heraus wiederherzustellen. So tritt dieses Gedicht auch ein für die Restauration des Gedichts, des Dichtens – insofern ist es denn auch verwandt mit dem, was Hochwälder im Bereich des Dramas versuchte und Doderer vor allem in der doch reichlich zerstörten Erzähllandschaft.

4.3. ZEITSCHRIFTEN: *Stimmen der Gegenwart*

Es scheint mir angebracht, nun von einem Jahrbuch zu berichten, das für die Zeit von 1951 bis 1956 die wichtigsten Autoren versammeln konnte und das als die schlechthin repräsentative Kollektion der jungen österreichischen Literatur für die erste Hälfte der fünfziger Jahre gelten kann. Auch wenn Hermann Hakel sich rühmte, der Entdecker der jungen Literatur gewesen zu sein, und meint, Hans

Weigel hätte ihm diese Rolle streitig gemacht, so kann man Weigel immerhin nachsagen, daß er das Geschäft der Organisation verstand und – sieht man einmal von den Äußerungen zu Brecht ab – einen vergleichsweise toleranten Literaturbegriff hatte.

Gerade auf dem so oft unterbewerteten Gebiet der materiellen Produktionsbedingungen stellten die StdG auch eine ausgesprochene Innovation dar. Anthologien junger Autor(inn)en gab es bereits vorher, gibt es parallel zu ihnen, aber Weigel entwickelt bei seinem Unternehmen eine neue Form der Finanzierung, die, in modifizierter Form, Schule machen wird – ob zum Wohl oder zum Wehe von Kunst und Wissenschaft, bleibt zu diskutieren: die Publikation in einem etablierten Verlag, dessen Name und Know-how verwendet wird, der aber das finanzielle Risiko nicht trägt; dieses wird, im Fall der StdG, durch private, später meist durch öffentliche Subventionen abgedeckt. (Schmid-Bortenschlager 1985, 40 f.)

Vor allem waren es am Anfang »rote« Geldgeber, weil der SPÖ nahestehende Verlage (Jugend & Volk, Jungbrunnen), die das Risiko trugen, auch die Gemeinde Wien (Städtische Leichenbestattung), später mehrere Privatfirmen, nachdem das Unternehmen über den Dürer-Verlag zum Herold-Verlag gekommen war. Im wesentlichen ging es Weigel um ganz junge Autoren, also um solche, die vor dem Krieg noch nicht publizieren konnten.

In diesen Jahrbüchern kommen Ingeborg Bachmann, Ilse Aichinger, Andreas Okopenko, Milo Dor, Erich Fried, Jeannie Ebner, Gerhard Fritsch zum Zug. Aber auch Thomas Bernhard, Friederike Mayröcker und Ernst Jandl sind vertreten. Es sind 129 Autor(inn)en, also – so könnte man annehmen – eine durchaus repräsentative Auswahl. Sigrid Schmid-Bortenschlager hat aber auch auf die Lücken aufmerksam gemacht, die den Repräsentanzcharakter dieser Anthologie betreffen. Es fehlen die älteren Autoren – es wurden ja nur die jüngeren aufgenommen –, was sich im *Plan* nur zaghaft angekündigt hatte, wurde in den *Stimmen der Gegenwart* zum Prinzip.

Freilich verhalfen alle diese Versuche der jungen Generation nicht zum Durchbruch; aus unsrer heutigen Sicht sind diese Texte vor allem interessante Dokumente einer Entwicklung. Richtig auf den Buchmarkt kamen die Autoren doch erst zehn Jahre später – und zehn Jahre sind viel Zeit –, so lange brauchten viele, bis sie auf den deutschen Buchmarkt kamen. Einige waren schon schneller dort (Aichinger, Bachmann, Eisenreich), aber viele mußten sich noch gedulden (Jandl, Bernhard, Mayröcker).

Natürlich steht der Krieg noch thematisch im Zentrum, aber die Tendenz, die sich schon in den zuvor besprochenen Werken angekündigt hatte, findet da ihre Fortsetzung: Nicht um den konkreten Krieg geht es mehr, nicht um die konkreten Schlachthandlungen, etc. Diese Texte heben davon ab, in ein Allgemeines. Ich will mich hier nicht auf einzelne Texte einlassen, indes wären solche »Kriegsbilder« nach 1945 noch ein aufschlußreiches Gebiet für die Literaturhistorie; zu fragen wäre auch, worin sich diese österreichischen Kriegsbilder von den deutschen unterscheiden – und ob überhaupt.

Sigrid Schmid-Bortenschlager hat auch darauf aufmerksam gemacht, daß trotz der Bemühung um Autoren aus den Bundesländern (es findet sich da unter anderen der unvermeidliche – jüngst verstorbene – Humbert Fink ...) Wiener Autoren, oder solche, die in Wien leben, den Löwenanteil der österreichischen Literatur in den *Stimmen der Gegenwart* ausmachten. Auch dies läßt sich als Beobachtung verallgemeinern: Der österreichische Literaturbetrieb bleibt in den ersten fünfzehn Nachkriegsjahren zentriert auf Wien; der Dezentralisationsprozeß setzt erst viel später mit den Grazer *manuskripten* um 1960 langsam ein. Daß auch die Autoren kommunistischer Provenienz (um Ernst Fischer) den *Stimmen der Gegenwart* weitgehend ferne blieben, braucht nicht weiter wunderzunehmen. Sigrid Schmid-Bortenschlager faßt zusammen:

> Hans Weigel ist kein Entdecker von Talenten, kein literarischer Richtungsweiser und Anreger, kein Lehrer; diese Funktion haben in der unmittelbaren Nachkriegszeit, und auch noch parallel zu ihm Basil, Felmayer und Hakel ausgeübt; auch die Idee einer Anthologie österreichischer Autor(inn)en wurde schon vor und parallel zu ihm verwirklicht. Sein Verdienst besteht darin, daß er in einem wichtigen Zeitpunkt, wie er es selbst formulierte »viel Wirbel machte«, daß er seinen Zugang zur Öffentlichkeit, den er auf Grund seiner Biographie hatte, ausnützte zu einem eindeutigen Plädoyer für die Jungen; daß dabei auch etwas für seine eigene Person übrigblieb, liegt in der Natur der Sache. Weigels Grenzen in der Rezeption von Literatur sind weitgehend typisch für Österreich, sie sind weniger individuell – hierher gehört vielleicht seine Auffassung von guter Sprache – als vielmehr sozial bedingt zu sehen. Er hat aber, durch seinen Zugang zu den Medien und durch seine Förderung ihm entsprechender Autor(inn)en, hatte eine wichtige Schlüsselfunktion in der Etablierung und Verstärkung dieser österreichischen Möglichkeiten – im Sinn einer apolitischen, nicht-experimentellen Literatur. Die Aufnahme in seine Anthologie [...] führte zu einer kaum abschätzbaren Langzeitwirkung des Bildes von Literatur via Zeitschriften, Rezensionen, Kulturberichterstattung, Jurorentätigkeit. Auch

heute behaupten [1984, d. Hg.] noch viele Autor(inn)en in Österreich, daß gegen Hans Weigel wenig möglich sei, sich durch ihn aber nach wie vor geheimnisvoll viele Türen in Österreich öffneten. (Ebda, 47 f.) Diese prägnante Darstellung der Wirksamkeit Weigels sollte nicht als eine fromme Türhüterlegende gelesen werden, doch scheint mir daran kennzeichnend, wie sehr wir geneigt sind, diese Geschichte der österreichischen Literatur nach 1945 zu personalisieren. Das ist unumgänglich, selbst bei der Diskussion von Texten, und daß der Vermittler Weigel eine Schlüsselfunktion gehabt hat wie späterhin Friedrich Torberg als Herausgeber des *Forum*, ist nicht anzuzweifeln.

Die *Stimmen der Gegenwart* sind bestenfalls als innerösterreichisch wirksames Medium zu bezeichnen: Das Ganze hat den Reiz eines hervorragend bestückten Heimatmuseums, in dem sich die ersten Versuche großer Meister befinden, noch dazu – und das liegt im Geschmack des Herausgebers begründet – nicht einmal die interessantesten Gegenstände und nicht die, für die sie später nach Art und Weise berühmt werden konnten. Doch wäre es ebenso verfehlt, diese Produkte zu ignorieren, wie es auch verfehlt wäre, sie zu heroisieren.

In dieser Serie spiegelt sich auch die unglückliche Ausgangslage der Vermittlung österreichischer Literatur durch das Buch: Die österreichischen Bücher bleiben beschränkt auf den österreichischen Markt, eine fatale Perspektive, deren Konsequenzen bis heute fortwirken.

In diesen Werken spiegelt sich aber auch die unglückliche Rolle junger österreichischer Autoren, die zu dem beginnenden Wirtschaftswunder, zum Wiederaufbau nichts oder nur symbolisch beitragen konnten oder sich auch nur bedingt dazu herbeilassen wollten, weil sie um die Problematik des Unternehmens wußten.

Die Haltung, die wir zum Phänomen dieses Wiederaufbaus heute einnehmen sollten, darf sich nicht davon herleiten oder bestimmen lassen, daß damals gewiß vieles falsch gemacht worden ist, sondern sollte sich eher darum bemühen, die Produktion wie auch die Rezeption aus den Bedürfnissen der Autoren und der Leser abzuleiten, und zwar aus den für die um 1950 je spezifischen Bedingungen. Ich meine, daß sich solche Bedürfnisse (und im Kontext Habeck-Eisenreich-Doderer-Simmel habe ich das auch teilweise gezeigt) ganz gut auch aus den Texten rekonstruieren lassen.

Einer, dem das gelang, war Heimito von Doderer, dessen Roman *Die Strudlhofstiege* nun Gegenstand der Betrachtung sein soll.

4.4. HEIMITO VON DODERER (1896–1966): *Die Strudlhofstiege oder Melzer und die Tiefe der Jahre* (1951)

Heimito von Doderer darf nicht als der alleinige Repräsentant dieser Literatur der fünfziger Jahre gelten, gewiß nicht, aber seine Anstrengung um den Roman entspricht sehr wohl der Anstrengung der Menschen in diesem Zeitraum, alles in einen Ordnungszusammenhang zu bringen. So einfach aber läßt sich Doderer nicht auf einen Dichter der Ordnung reduzieren; viel eher ist zu beachten, welche historischen Prozesse den Romanen und der Autorfigur Doderer eingeschrieben sind.

Doderer, in Hadersdorf bei Wien in einem Sommerhaus der Familie 1896 geboren, ist nur – aber immerhin – um vierzig Jahre jünger als Freud, ist um vierunddreißig Jahre jünger als Schnitzler, zweiundzwanzig Jahre jünger als Hofmannsthal und Karl Kraus, sechzehn Jahre jünger als Robert Musil, zehn Jahre jünger als Hermann Broch, zwei Jahre jünger als Joseph Roth, fünf Jahre älter aber als Ödön von Horváth: Er könnte mit seinem Werk noch in die Erste Republik gehören; aber damals nahm man von ihm, obwohl er viel schrieb, so gut wie keine Notiz. Auch ist er nicht präsent in den literarischen Vereinen der damaligen Zeit, und für ihn spricht das Faktum, daß jemand zwanzig Jahre beim Handwerk des Schreibens blieb, ohne dabei Kompromisse übler Art einzugehen.

Seine Position in der österreichischen Literatur sollte auch einmal anders beurteilt werden, als dies in den meisten Literaturgeschichten erfolgt, die Doderer zu einem Teil der österreichischen Literatur der Jahrhundertwende werden lassen und sein Werk nach Vergleichspunkten mit den obengenannten Autoren absuchen, wobei man bei diesem Unterfangen unter Finderzwang steht, weil eben alle irgend etwas gemeinsam Österreichisches aufweisen müssen. Da urteilte Gütersloh schon vernünftiger, als er erklärte, daß Doderer weder aus dem Hofmanns- noch aus dem Zillertal stamme. Und Doderer selbst urteilte über sich: »Ich habe weder mit der österreichischen noch mit der deutschen Literatur einen Zusammenhang. Ich war in der Jugend viel zu dumm, als daß ich ihn hätte gewinnen können.

Später kam ich dann selbst.« (Tagebucheintragung vom 23. Februar 1965; Doderer 1986, 454)

Das stimmt und stimmt auch nicht, denn Doderer ist doch auch auf das angewiesen gewesen, was ich den »lokalen« Kontext nennen würde, und der von ihm – in durchaus problematischer Zuneigung – verehrte Gütersloh war auch ein Österreicher, der sich als Kind von Eltern der francisco-josephinischen Epoche verstand.

Ich halte mich nicht bei Biographica auf; jeder, der etwa *Die Dämonen* liest, kann sofort einige Vermutungen anstellen und meint, eine authentische Quelle zu haben – und hat sie doch auch nicht. Einige Figuren erinnern jedoch sehr stark an ihren Autor: Natürlich Kajetan von Schlaggenberg, der Schriftsteller, der bereits ein Buch über seinen Lehrer Scolander veröffentlicht hat – man erkennt dahinter leicht Doderers Monographie über seinen Lehrer Albert Paris Gütersloh (*Der Fall Gütersloh. Ein Schicksal und seine Deutung*, 1930), man erkennt dahinter auch das Scheitern der Ehe Doderers mit seiner ersten Frau Gusti Hasterlik; dann René von Stangeler, der Historiker mit einem Interesse an den Grenzfällen der Historie, der eine Reihe von Essays verfaßt hat, wie sie Doderer selbst in der Zeit des in Frage stehenden Zeitraums geschrieben hat; natürlich auch der Herr von Geyrenhoff, der gescheiterte Chronist, und mit Abstrichen auch die Idealfigur Leonhard Kakabsa, der edle Arbeiter. Doch davon später. Daß in diesem Roman vieles auf authentischer Erfahrung Doderers beruhte, ist jedem einsichtig, der die wichtigsten biographischen Fakten aus diesem Leben kennt. Natürlich enthält auch *Die Strudlhofstiege* (1951), auf die ich in der Folge näher eingehen werde, vieles aus dem Myzel dieses Lebens. Ich will hier aber keineswegs die Biographie übermäßig herausstellen, war es doch bei Doderer das durchaus respektable Ziel der Arbeit, daß das Leben des Autors (Schriftstellers) in seinem Werk gewissermaßen zu verschwinden habe, aus diesem nicht mehr herauszukommen brauche. Natürlich ist das auch Absicht: So entledigt sich auch der Schriftsteller der teilweise sicher unangenehmen Biographie. »Wer sich in Familie begibt, kommt darin um«, ist einer der frühen Leitsätze, dem Doderer in Leid und Freud des Familienlebens treu geblieben ist.

In jedem Falle – und das will ich nicht als Kritik verstanden wissen – merkt man Doderer seine großbürgerliche Herkunft an: Der Vater war ein bedeutender Bauunternehmer, der Großvater (1877 hatte dieser den Erbadel erhalten) Architekt und Professor an der Technischen Hochschule. Die Familie war wohlhabend, doch nicht so, daß sie diesen Reichtum nach außen gekehrt hätte: Wie der alte Stangeler in der *Strudlhofstiege* wohnte der alte Doderer auch in dem sehr bürgerlichen Stadthaus in der Stammgasse im 3. Bezirk und nicht in dem Bereich der Luxusvillen Döblings, Währings oder Hietzings. (Und wo wer wohnt, das spielt bei Doderer eine große Rolle; er verstand sich auf eben dieses Auratische der Stadtteile.) Nach der Matura 1914 war Doderer kurz an der juridischen Fakultät inskribiert, 1915 begann er, seinen Militärdienst abzuleisten, wurde im Rußlandfeldzug eingesetzt und geriet als Leutnant bereits am 12. Juli 1916 (ein Datum, das in seiner Biographie eine entscheidende Rolle spielte) bei Olesza in russische Kriegsgefangenschaft – das war in Ostgalizien, in der Nähe denn auch jener Gegend, in der Trakl eingesetzt war. Die vier Jahre Kriegsgefangenschaft entscheiden über Doderers weiteres Leben: Er entschließt sich, Schriftsteller zu werden. Er lernt den äußersten Osten Sibiriens (Gegend von Chabarowsk) und Mittelsibirien (Krasnojarsk) kennen. Er flieht 1920 aus der Gefangenschaft und kehrt über Petersburg nach einer Wanderung durch die Kirgisensteppe im Sommer 1920 zurück, vierundzwanzig Jahre alt, ein anderer geworden – in der Zwischenzeit war es in Österreich auch anders geworden: Doderer hatte allerdings den Umsturz von 1918 nicht vor Ort erlebt.

Er wechselte die Studienrichtung: Geschichte und Psychologie schienen ihm die einzigen Fächer, die einem Schriftsteller zuträglich sein mochten. Entscheidend wurde für ihn allerdings anderes; doch davon später. 1925 wurde er mit einer von Oswald Redlich betreuten Dissertation *Zur bürgerlichen Geschichtsschreibung* zum Dr. phil. promoviert. Doderer hielt sich in der Folge mehr schlecht als recht mit Feuilletons im *Tag* und *Abend* über Wasser – eine Tätigkeit, von der er sich später nachhaltig distanzierte. Eine Umorientierung bedeutete für ihn die Begegnung mit Gütersloh, die 1929 fast einem Akt der Bekehrung gleichkommt; dessen Schrift *Bekenntnisse eines modernen Malers* (1926) las er mit großer Begeisterung und verfaßte dann die bereits erwähnte Schrift über diesen Lehrmeister. 1930 heiratete Doderer die Tochter eines jüdischen Stadtphysikus namens Dr. Hasterlik; er hatte mit ihr ein Verhältnis über zehn Jahre unterhalten; zusammen lebten die beiden nur ganz kurz, etwa ein oder zwei Wochen, die Ehe scheiterte dann endgültig um 1932 und

wurde 1938 geschieden. Dieser Frau hat Doderer trotz aller Aversion immer höchste Bewunderung gezollt und sie in den Romanen in einen bösen (Camy Schlaggenberg) und einen guten Teil (Grete Siebenschein) gespalten; wenn das immer so einfach ginge.
Doderer wechselte in der Folge auch den Umgang. Er kam und suchte auch Kontakte zu solchen, die den Kreisen, zu denen Gusti Hasterlik ihm den Zugang eröffnet hatte, denkbar ferne waren; so kam es auch 1933 zum Eintritt in die NSDAP; 1936 übersiedelte Doderer in das Deutsche Reich, um dort ein Erbteil seiner Mutter zu nutzen, das nicht nach Österreich eingeführt werden konnte. Er erhoffte sich im Deutschen Reich auch bessere Möglichkeiten für seine schriftstellerische Arbeit. In diese Zeit fällt die immer deutlicher werdende Distanzierung von den Nazis; er lebte in Dachau, sah einiges. Doderer ließ sich nach dem Anschluß 1938 nicht mehr als Parteimitglied führen und trat 1941 endgültig aus der Partei aus. Er hat an diesem Schritt ein Leben lang getragen, vor allem auch – mag das eine oder andre auch daran geschönt worden sein – sich immer dazu bekannt, ein »Illegaler« gewesen zu sein. Daß auch solche Bewältigung der Vergangenheit möglich ist, sei hier einmal behauptet, daß Doderer sich dadurch auch heute der Kritik stellt, sei nicht verschwiegen. Und die kritischen Positionen, die gerade in bezug auf die *Die Dämonen* vorgebracht wurden, haken bei dieser Verfehlung Doderers ein. Ich werde mich noch auf diese kritischen Gegenstimmen einlassen.

Eines ist wichtig: Doderer ließ sich nicht einbinden in die NS-Ästhetik. Die Kontakte sind – trotz 1936 rasch erfolgtem Eintritt in die Reichsschrifttumskammer – nicht so, daß Doderer mit jenen unzähligen Nazischreiberlingen dieser Zeit mehr als die Parteizugehörigkeit gemein hatte. (Ihm ist, und das möchte ich doch betonen, jede Verherrlichung von Gewalt fern; er liest Kafka; er besucht die Ausstellung entarteter Kunst und notiert begeistert seine Eindrücke.) Freilich, ein Widerstandskämpfer war Doderer nicht, er hat sich allerdings auch nicht zu einem solchen stilisiert.

Doderer fühlt sich im Schreiben durch das für ihn kaum fortführbare *Dämonen*-Konzept blockiert, und um sich zu befreien, exponiert er – bereits unter dem ermutigenden Kontrakt mit dem C. H. Beck-Verlag in München (sein Romanfragment *Die Dämonen* wird noch nicht angenommen) – als eine technische Übung den Roman *Ein Mord den jeder begeht* und stellt diesen auch in der gewünschten Zeit fertig. In der Folge arbeitet er an *Die Menschwerdung des Amtsrates Julius Zihal* (erschienen 1951), eine Expertise, die den Wiener Hintergrund von den *Dämonen* übernimmt, zugleich aber bereits einen guten Teil des kleinbürgerlichen Personals der *Strudlhofstiege* vorführt.

Als *Ein Mord den jeder begeht* 1938 erscheint, sind die Bedingungen für eine Verbreitung nicht nachgerade günstig. Doderer wird als Hauptmann der Luftwaffe 1940 eingezogen; sein Stolz war es, den Kampfhandlungen so weit als möglich ausgewichen zu sein und seine Truppe geschont zu haben. Er gerät (nach Stationierungen in Frankreich, der Sowjetunion und Norwegen) schließlich 1945 in englische Kriegsgefangenschaft, kommt noch 1945 nach Österreich und schließlich 1946 nach Wien.

Er hat im Krieg einen neuen Roman begonnen, den er nun fertigstellt: *Die Strudlhofstiege*. Doderer hat sich vor allem mit den *Dämonen* während des Krieges auseinandergesetzt, dabei erkannt, daß das Buch so nicht weitergeführt werden konnte, und daher einen Roman geschrieben, mit dem er sich von der eigenen Vergangenheit salvieren konnte. Doderer absolviert noch den Kurs des Instituts für österreichische Geschichtsforschung – in der Hoffnung, als Archivar unterzukommen. Er erhält als ehemaliger Illegaler Schreibverbot, kann aber unter dem Pseudonym René Stangeler in Basils *Plan* publizieren.

Als die Kontakte mit Beck wieder aufgenommen werden können und *Die Strudlhofstiege* in Wien beziehungsweise München 1951 erscheint, ist auch für Doderer eine neue Epoche angebrochen. Der Erfolg scheint seine Einstellung zu legitimieren. Er wird zum Autor Österreichs und zum Repräsentanten nicht nur für den österreichischen Roman, sondern der österreichischen Literatur schlechthin; freilich: es war – und das ist für die fünfziger Jahre typisch – nicht die junge Generation, die zu Wort kam, sondern ein Autor, der durchaus einer anderen Generation angehörte. *Die Dämonen* erschienen 1956; 1963 *Die Wasserfälle von Slunj*, 1962 waren bereits *Die Merowinger*, eine Romangroteske, erschienen. 1952 hatte Doderer geheiratet, führte eine eher seltsame Form der Ehe; die Frau lebte in Landshut, Doderer in Wien. Wer Zusatzinformationen begehrt, sei auf die Lektüre der Tagebücher (Doderer 1976, 1986) verwiesen, worin sich allerdings wenig zur Biographie findet, wer aber zwischen den Zeilen zu lesen versteht, wird merken, daß Doderer,

1957 mit dem Großen Österreichischen Staatspreis ausgezeichnet, seinen Ruhm nur als ein äußerliches Akzidens verstehen konnte, unter dessen Schutz er, wie er sagt, sein Gewerbe betreiben wollte, und zwar trotz des Ruhmes einsam, isoliert, sich von Schreibkrise zu Schreibkrise schleppend; darüber mehr im Kontext der *Wasserfälle von Slunj*. Doderer starb am 23. Dezember 1966, knapp nach seinem siebzigsten Geburtstag, der ihm die höchsten Ehrungen und Auszeichnungen gebracht hatte.

Im folgenden bespreche ich *Die Strudlhofstiege oder Melzer und die Tiefe der Jahre* (1951).

Die Affären

Der Titel ist in gleicher Weise eine Beihilfe zum Verständnis wie zum Mißverständnis: Zunächst scheint er nahezulegen, daß die Handlung des umfänglichen Romans von den räumlichen Gegebenheiten her organisiert ist, an denen sie spielt. Die Strudlhofstiege »zu Wien ist eine Treppen-Anlage, welche die Boltzmanngasse [...] mit der Liechtensteinstraße verbindet« (DS, 43 f.), heißt es im Roman am Anfang ebenso beflissen wie auffallend beiläufig, und hinzuzufügen ist, daß, bevor Doderers Roman erschien, diese »Treppen-Anlage« auch guten Kennern Wiens kaum bekannt war. Verständlich sind daher auch die Bedenken des Verlags, der bei der Herstellung des Buches begründeten Anlaß zur Vermutung hatte, daß dieses als ein Heimatroman nur allzu vertrauter Prägung aufgefaßt werden könnte, und so kam es zu dem zweiten Titel »Melzer und die Tiefe der Jahre«, was wiederum bei den Interpreten die Schlußfolgerung ergeben würde, in dem Major Melzer die Hauptfigur oder gar den Helden des Romans zu erblicken, und über die Rolle Melzers ist es auch zu Differenzen in der Interpretation gekommen, die für die Bestimmung des Romans und der Romanästhetik Doderers von einiger Bedeutung sind und zugleich auch ein Zeugnis dafür, daß der Fall Doderer und im besonderen seine *Strudlhofstiege* noch lange nicht als erledigt zu betrachten sind.

»Ein Werk der Erzählungskunst ist es umso mehr, je weniger man durch eine Inhaltsangabe davon eine Vorstellung geben kann«, notierte Doderer 1966 in seinem *Repertorium* (Doderer 1969, 72), und jedem, der sich bei der *Strudlhofstiege* in einer Inhaltsangabe versucht, mag es scheinen, als hätte der Romancier alles darangesetzt, den Beweis dieses Grundsatzes durch die Komposition des Romans zu führen. Und doch scheint dieses Buch unerhört reich an Inhalten zu sein, an Histörchen und Anekdoten, an tragischen wie grotesken Episoden, an Intrigen und Gegenintrigen, an Berichten von Lebensläufen, an Zustandsschilderungen und hochdramatischen Ereignissen, die sich aber, ist man um ihre Rekonstruktion bemüht, als befremdlich banal erweisen und – auf den ersten Blick – nur schwer in ihrem Zusammenhang begreifen lassen. Daß die Qualitäten des Buches somit jenseits des Inhaltlichen liegen müßten, zugleich aber auf diese Inhalte nicht verzichtet werden kann, ist einer der ersten Widersprüche, die sich bei der Befassung mit diesem Roman einstellen und für eine nicht unbeträchtliche Verwirrung unter den Kritikern gesorgt haben.

Melzer hat eine Geschichte, doch scheint diese Geschichte kaum der Rede wert, würde sie der Autor nicht als Paradigma einer »Menschwerdung« – so einer der zentralen Termini in Doderers Lebenslehre – hinstellen wollen. Der Roman setzt mit einer Figur ein, die in Melzers Leben eine entscheidende Rolle spielt: »Als Mary K.s Gatte noch lebte [...] und sie selbst noch auf zwei sehr schönen Beinen ging (das rechte hat ihr, unweit ihrer Wohnung, am 21. September 1925 die Straßenbahn über dem Knie abgefahren), tauchte ein gewisser Doktor Negria auf, ein junger rumänischer Arzt, der hier zu Wien an der berühmten Fakultät sich fortbildete und im Allgemeinen Krankenhaus seine Jahre machte.« (DS, 9) Wie die Strudlhofstiege selbst erscheint auch das zentrale Ereignis des Romans, der Straßenbahnunfall der Mary K., samt genauem Datum nur beiläufig, in Parenthese: In ihr wird das hochdramatische Finale vorweggenommen. Mary K. und Melzer hätten 1910 ein Paar werden können, aber Melzers Inaktivität führte schließlich dazu, daß er von Mary einen Korb bekam; er sieht sie erst fünfzehn Jahre später, also nach gewaltigen historischen Veränderungen, wieder, und zwar just in dem Augenblick, da sie gerade von der Straßenbahn überfahren und ihr das eine Bein »über dem Knie« abgetrennt worden war. Geistesgegenwärtig rettet ihr Melzer das Leben, indem er die Wunde so abbindet, daß Mary nicht verblutet. Das Füllhorn der Zufälle ist dem Autor stets zur Hand: Thea Rokitzer, eine junge, vierundzwanzigjährige Dame, in die Melzer verliebt ist, ist – nicht verabredet – zur Stelle und steht ihm bei. So finden auch die beiden zueinander, und das Buch endet dort, wo die Komödien auch zu enden

pflegen: im Hafen der Ehe. Melzers Trennung von Mary und die
Wiederbegegnung mit ihr unter so bizarren Umständen – das sind
die beiden Pfeiler, die die riskante Brückenkonstruktion des Romans zu tragen haben.
Melzer selbst fungiert auch als Bindeglied der verschiedenen Gesellschaftsschichten: Einerseits hat er Kontakt zu den großbürgerlichen Kreisen der Familie Stangeler, deren Geschichte vor allem aus der Sicht des jungen Historikers und Sibirienheimkehrers René Stangeler erzählt wird. Renés Schwestern Asta und Etelka sind weitere Repräsentanten dieser Familie; vor allem ist es die Geschichte der Etelka, die ebenso markante Eckpunkte des Romans darstellt. Die Übermittlung der Nachricht von ihrem Selbstmord durch René an Melzer erfolgt unmittelbar vor dem Unfall der Mary K. Um es vereinfacht zu formulieren: Den großbürgerlichen Kreisen ist die Tragödie, und den kleinbürgerlichen, in denen Melzer schließlich landet, die Komödie zugeteilt.

In die Melzer-Handlung ist schließlich noch eine Zwillingsgeschichte eingebettet: Editha Pastré-Schlinger und ihre Schwester Mimi sehen einander zum Verwechseln ähnlich, und Editha nutzt dies auch aus, zuletzt zu einem außerordentlich dilettantisch geplanten Zigarettenschmuggel; gegen diese mit einem ihr unangemessenen Aufwand erzählte Geschichte wird aus den Reihen der Familie einer jungen Frau, die einst mit René befreundet war, wirksam opponiert. Auch wenn der Paula Pichler, geborener Schachl, in die vertrackten Intrigen noch die Durchblicke fehlen, so tut sie doch das Richtige, und sie ist es, die zuletzt auch die Fäden in der Hand hat, um Melzer aus den Umschlingungen der Schlinger-Pastré, die ihm gar übel mitspielen und seine Stellung im bürgerlichen Beruf als Amtsrat bei der österreichischen Tabakregie für ihre dubiosen Zigarettentransaktionen mißbrauchen wollte, letztlich zu befreien und der Thea Rokitzer zuzuführen. Freilich muß bei alledem auch der Zufall helfend einspringen, um alles zu einem guten Ende zu bringen.

Soviel einmal zu einer ersten Orientierung im reichlich komplizierten Handlungsgefüge des Romans. Keineswegs schämt sich Doderer jener Motive, denen so gerne ein Naheverhältnis zur Trivialliteratur nachgesagt wird; im Gegenteil, er spekuliert mit Grund und Erfolg damit, daß der Leser an derlei Gefallen findet, ja es scheint fast, als würde er eine Handlung umso sorgfältiger und lustvoller in

Szene setzen, je banaler und abgegriffener sie in ihrem Endeffekt anmutet. Die Reduktion auf die oben angedeuteten inhaltlichen Momente wirkt fast wie ein böswilliges Vorgehen gegen den Text, und man würde Doderer unrecht tun, würde man die Substanz des Romans mit der Lust am Erzählen solcher Bagatellhandlungen für ausgeschöpft halten.

Die Tiefe der Jahre

Daß es die Komposition ist, die in diesem Werk auch einen hohen Grad an Informationsqualität besitzt, geht vor allem aus den Schlußabschnitten hervor; auf den 21. September hin scheint die ganze Handlungsfülle des Romans fluchtpunktartig ausgerichtet, und es lohnt sich, das Buch nach der ersten Lektüre gerade vom Ende her nochmals zu lesen, und mit gutem Grund hat Dietrich Weber aus dieser Sicht formuliert: »Von ihrem Finalpunkt her liest sich die *Strudlhofstiege* als Roman im Grunde nur eines einzigen Tags mit seiner – nun allerdings – weitverzweigten und weit ausholend dargestellten Vorgeschichte und ein paar Ausläufern.« (Weber 1987, 48)

Die Vorgeschichte: Sie reicht zurück in die Zeit vor dem Ersten Weltkrieg, allerdings werden diese Partien oft übergangslos eingeblendet. Die Handlung setzt mit dem oben zitierten Satz – auch dies erfährt man nur beiläufig – im »Nachsommer 1923« (DS, 25) ein. Der erste Teil des Romans (DS, 9–164) führt aus dieser Zeit zurück in das Jahr 1910, dem Jahr der Begegnung Melzers mit Mary, dann ins Jahr 1911, wo es um einen Tag des Gymnasiasten René Stangeler und um die Einführung seiner Schwester Etelka geht; ein kurzer Einschluß in diesen Rückblenden führt allerdings bereits ins Jahr 1925 voraus (DS, 84–105), um die Situation Melzers nach dem Krieg zu exponieren: Für ihn hatte, wie für die meisten Helden Doderers, die Katastrophe von 1918 keine drastischen Konsequenzen. Er ist bei der Tabakregie als Amtsrat gut aufgehoben. So wird die Rolle des Militaristen Melzer der des Zivilisten Melzer präzise konfrontiert. Der zweite Teil (DS, 165–355) setzt mit dem Rückblick fort; es sind Melzers Erinnerungen, von denen offenkundig ausgegangen wird, aber der Erzählfluß emanzipiert sich zusehends von dieser Perspektive. Unvermittelt wird der Leser dann wieder in die Gegenwart von 1925 versetzt: »Melzer fuhr aus seinen Erinnerungen und warf dabei das Kaffeegeschirr um.« (DS, 295) Und von da sind der dritte (DS, 356–558) und vierte Teil (DS, 559–909), also weitaus mehr als die Hälfte des Buches, dem Sommer und Nachsommer 1925 gewidmet; nach den Katastrophen und Lösungen des 21. September 1925 folgt noch ein kleiner Epilog, vom Zuschnitt eines heiteren Nachspiels, und die Handlung endet mit der Verlobung Melzers und Theas am 7. Oktober, unter einem »Oktoberhimmel [...], in welchem ein reifes Gold stand wie Weinglanz«. (DS, 909)

Die von Doderer – und das gilt nicht nur für die *Strudlhofstiege* – bevorzugte Jahreszeit ist der Sommer; und wenn schon auf Grund des Datums nicht von Sommer die Rede sein kann, dann stellt einfach ein sommerlicher Tag den Hintergrund bereit, und so scheint das Wetter über die krassen Veränderungen im Leben der Menschen hinweg für Einheitlichkeit im Atmosphärischen (vgl. Weber 1987, 46–48) und zugleich auch für eine Konzentration der diffusen epischen Materie zu sorgen. »Die Zeit stand. Kein Zug der Absicht erzeugte einen Fluß in irgendeine Richtung«, heißt es über einen Tag im Sommer 1911 (DS, 277), und der vierte Teil – er spielt etwa zu Anfang September 1925 (DS, 564) – sucht gleichermaßen Zeitlosigkeit ins Bild zu bannen:

> Über der Stadt und ihren weit ausgestreuten Bezirken stand auf goldenen Glocken der Spätsommer, noch nicht Nachsommer, noch trat der Herbst nicht sichtbar ins Spiel.
> Die Windstille war eine so vollkommene, daß eine leichte schwebende Luftgondel, die man sich im schwindelnden Blau etwa genau über der Strudlhofstiege hätte denken können, durch Stunden wäre am gleichen Punkt dort oben verblieben, ohne abgetrieben zu werden [...]. (DS, 559)

Hinter alledem liegt indes auch eine Absicht, die nicht nur für das ästhetische, sondern sehr wohl auch für das ideologische Programm Doderers kennzeichnend ist. In diesem Abschnitt führt der Erzähler in die Wohnung Mary K.s, deren Mann Oskar im Februar des Vorjahres gestorben ist. Emphatisch wird der unveränderte Zustand beschworen: »Die lange Zimmerflucht lag, wie sie auch früher gelegen hatte. [...] Die Möbel standen, wie sie auch früher gestanden waren.« (Ebda)

Freilich ist die historische Zäsur von 1918 nicht leicht zu tilgen, aber Doderers auffällige Anstrengung dient eben dazu, die Konsequenzen solcher großen Umwälzungen im Vergleich zur Konstanz des Alltags als gering erscheinen zu lassen. Zwar haben die Figuren sich in bezug auf ihren Stand verändert; aus Asta Stangeler ist eine Frau Baurat Haupt geworden, aus der Etelka Stangeler eine unglückliche Frau Generalkonsul Grauermann, die eine intensive Liebesbeziehung zu dem ranghöheren ehemaligen Kollegen ihres Mannes Robert Fraunholzer eingegangen ist und, ehe sie diese hinter sich hat, schon neue eingeht; aus der Editha Pastré eine mittlerweile bereits wieder geschiedene Frau Schlinger; aus Renés Freundin Paula Schachl eine mit einem Werkmeister glücklich verheiratete Frau Pichler. Bei Stangelers hat sich einiges verändert; die dominierende Persönlichkeit des alten Baumeisters Stangeler hat sich zum leidenden Greis gewandelt. Bemerkenswert wenig verändert haben sich die Männer; Stangeler, der in den Rückblenden immer als Gymnasiast apostrophiert wurde, ist promovierter Historiker und brilliert als Kenner der Lokalgeschichte. Seine Braut Grete Siebenschein kennt Mary K., diese wiederum ist mit Lea Fraunholzer befreundet, wodurch die Verbindung Marys zur Familie Stangeler auch noch andersherum – wenngleich auch hier ohne direkten Kontakt – hergestellt wird.

Bemerkenswert ist, daß die große Wirtschaftskrise und vor allem die Inflation kaum Folgen für den Lebensstil der groß- wie kleinbürgerlichen Schichten haben; allenthalben scheinen die Verhältnisse einigermaßen stabil, und selbst der unter chronischem Geldmangel leidende René verfügt im Sommer 1925 durch gerade eingegangene Autorenhonorare über einiges Geld. Behutsam scheint das soziale Konfliktpotential ausgelagert; auch die Verluste an Menschenleben durch den Krieg werden kaum erwähnt. Eine gewichtige Ausnahme ist allerdings festzuhalten: Für Melzer gab es vor dem Krieg in der Person des Major Laska ein Leitbild und offenkundigen Vaterersatz für den unsicheren und vor Entscheidungen zurückschreckenden Melzer. Er findet nach dem Krieg in dem schnittigen, saloppen und doch auch einigermaßen dubiosen deutschen Rittmeister Otto von Eulenfeld, der wiederum die Verbindung hinüber zu den Pastré-Zwillingen herstellt, eine Bezugsperson: »Melzer übertrug ständig, und freilich ohne es zu wissen, seine eigenen Empfindungen und Einschätzungen aus dem Erinnerungsbilde, welches er sehr lebhaft von dem Major Laska besaß, auf Eulenfeld.« (DS, 97)

So gibt es auch dort, wo die Verluste am schwersten sind, die Neigung, sich anbietende Kompensationen auch anzunehmen. Problemlos ist der Übergang zum Zivilstand; schwieriger ist es für Melzer, in den Genuß des Zivilverstandes zu kommen. Und dieser Vorgang ist sicher eines der entscheidenden Subthemen des dritten und vierten Teils, wobei die ironische Schicksalsregie es mit sich bringt, daß Melzer seine entscheidende Tat – die Rettung Marys – gerade wieder »als ein Soldat vieler wechselnder Schlachten« (DS, 843) vollbringt. Melzer wird implizit zur Vorzeigefigur für Doderers Geschichtsauffassung. Entscheidend für dieses Verfahren der Rückblende, das ja seinen Ausgang meist von Melzer nimmt, ist die Form, in der der Erste Weltkrieg ausgeblendet wird; im Zusammenhang damit wird der Unwille des Autors, vom Kriege zu erzählen, evident und im Kontext auch begründet:

> Melzer hat 1914–1918 so ziemlich mitgemacht, was es da mitzumachen gab: Gorlice, Col di Lana, Flitsch-Tolmein – Nennbar Unvergeßliches! [...] Die Ernte wird innerhalb der Welt des legal-organisierten Schreckens nicht in den Kern der Person eingebracht, sondern ans Kollektiv zurückverteilt. Daher übrigens bei fast allen die besondere Neigung zu Erzählungen. (DS, 85)

Veränderungen werden zwar ad notam genommen, aber vor allem die Veränderungen im Alltag; auch Doderer versucht sich als Lokalhistoriker, und die Einengung auf das Lokale und das Lokal ist für ihn auch eine Herausforderung, die es anzunehmen gilt. Repräsentanten dieses Lokalen sind nicht die Kreise, denen der Autor entstammt; ihre Geschichte ist eben auch in der Geschichte der Familie Stangeler modifiziert nacherzählt, und bei einiger Kenntnis der biographischen Daten gehört nicht viel Phantasie dazu, in René Stangeler so etwas wie ein Selbstporträt des Autors als Gymnasiast und Historiker zu erblicken. Implizit ist in der *Strudlhofstiege* auch der konsequente Zerfall des Großbürgertums thematisiert, das mit der Autorität des alten Stangeler zusehends zu zerfallen scheint. Der Kreis um Paula Schachl ist jene Schicht, in der das, was in der Tiefe der Zeiten liegt, nicht nur aufbewahrt wird, sondern sich auch zu regenerieren vermag. Das Erbe ist an das Kleinbürgertum delegiert, in dem sich – nach der Formulierung Doderers – die »Genie[s] in Latenz« (DS, 725) befinden, die weder hüben noch drüben standen, die nicht zu dumm (Thea Rokitzer) und nicht zu klug (Paula Schachl) sein dürfen. Und der pensionierte Amtsrat Zihal formuliert auch diese Österreich-Ideologie und weiß aus dem Zerfall auch noch einen Nutzen zu ziehen:

> Sie wissen, ich war k. k. Beamter mit Leib und Seele, ein winziges Raderl, ein ganz kleiner Schabsel Ihrer Majestät. Sie ist abberufen worden.

Vielleicht sollen wir Ihrer derzeit gar nicht bedürfen. Wenn, wer immer, beiseite tritt, sieht man mehr. Der Herrscher ist gewissermaßen anonym geworden [...], sozusagen durchsichtig. [...] Wenn ich so sagen darf: die Republik ist vielleicht aus einem feineren, weniger sichtbaren Stoff gemacht als die Monarchie. (DS, 733 f.)

In so nobler Abstraktion verschwinden die schrillen Dissonanzen, die den politischen Diskurs der Ersten Republik beherrschten. Geblieben ist das Amt, geblieben ist das Ritual, das sich einer »wirklichen Ordnung« verdankt, von der man »beinah überhaupt nichts merken darf«. (DS, 733) Der Umgang mit der »Tiefe der Zeiten« ist nicht nur ein Mittel zur Wiedergewinnung des Gewesenen und der Vergangenheit, ein Versuch, den Erinnerungen in der Gegenwart ein angemessenes Wohnrecht zu sichern, es ist dies auch ein handfestes Programm, das der Zeit der Entstehung entspricht und zugleich auch ein Versuch, die eigene Haltung der Vergangenheit gegenüber zu legitimieren.

Die Entstehung eines Romans – ein Umweg

Die Schatten zweier andrer Werke Doderers ruhen auf der *Strudlhofstiege*: Einerseits der eines kleineren und freundlichen und bereits 1939 geschriebenen, und zwar *Die erleuchteten Fenster oder Die Menschwerdung des Amtsrates Julius Zihal* (erschienen 1951), andererseits der eines gewaltigen, 1931 begonnenen und 1936/37 aus ästhetischen wie politischen Gründen unterbrochenen Romans mit dem Titel *Die Dämonen*, der erst 1956 fertiggestellt werden und erscheinen sollte. Indes war das angesammelte Material so umfassend, die bereits geleistete Arbeit so groß, daß der Stoff wie die Problematik den Autor weiterhin nicht losließen. Dieses Werk sollte den Bruch in der österreichischen Gesellschaft und als dessen Konsequenz vor allem den Brand des Justizpalastes am 15. Juli 1927 sowie in der Folge die Situation Österreichs in den dreißiger Jahren darstellen.

Doderer war – wie oben bereits erwähnt – seit 1933 Mitglied der NSDAP, und einige Momente in dem Konzept waren seiner politischen Einstellung verpflichtet. Die Folgen seines Verhaltens in den dreißiger Jahren haben Doderer lange beschäftigt; er sprach später – 1946 – von seinem »barbarische[n] Irrtum«, der ihn »unterhalb des Maßes eines Schriftstellers [...] stürzen ließ«. (Doderer 1964, 443)

Ich bin auf die Vorgeschichte der *Strudlhofstiege* oben bereits eingegangen. Die komplexe Entstehungsgeschichte der *Strudlhofstiege* ist für das Verständnis von Doderers neuer Romankonzeption von zentraler Bedeutung und wurde bereits eingehend untersucht (zum folgenden vgl. Fischer 1975, passim). Daraus geht eindeutig hervor, daß Doderer vom Rande her begann: Weder Mary K. noch Melzer und auch nicht die Anlage der Strudlhofstiege sind in den ersten Stadien der Befassung mit der Materie dieses Romans präsent. Ausgangspunkt ist assoziatives, nach den Worten Doderers »unvorgeordnetes« Material: Seine Assoziationen kreisen Ende 1941 (er ist seit 1940 als Offizier der Wehrmacht eingezogen) im französischen Biarritz um ein Haus im Alsergrund, dem 9. Wiener Gemeindebezirk, der auch die wichtigsten Schauplätze für die *Strudlhofstiege* bereitstellt. Nun geht es um das Haus der »Miserowskyschen Zwillinge« in der Porzellangasse, in dem der »kleine E. P.« wohnt, ein Bekannter Doderers; die Beschreibung dieses Hauses, die sich in Doderers Tagebuch findet, hat ihre Entsprechung im Roman (DS, 38) und kann füglich als dessen »Epizentrum« angesehen werden. (Doderer 1964, 106 f.) Fünf Monate später – Doderer ist nun in Ryschkowo bei Kursk – wird am 16. Mai 1942 zum ersten Mal der Name Mary K. genannt und der Unfall erwähnt; allerdings ist von einem neuen Roman noch keine Rede. Dies alles könnte genauso gut sich auf die *Dämonen* beziehen.

Zwei Jahre vergehen, und 1944 wird der Etelka-Komplex noch im Zusammenhang mit den *Dämonen* erwähnt, allerdings soll der »Reife-Punkt« ihres Schicksals mit dem Brand des Justizpalastes verbunden werden. Entscheidend ist, daß Doderer von einem Formkonzept ausgeht und sich innerhalb dessen die inhaltlichen Momente als verschiebbar erweisen: Der Tod Etelkas wird statt an den Justizpalast an den Unfall der Mary K. herangerückt (Doderer 1964, 239), und am 8. Oktober desselben Jahres findet sich im Tagebuch der Satz, der später zum ersten des Romans wurde; daß er dies werden sollte, war Doderer damals allerdings noch nicht bewußt, und der Eintritt Melzers in den Raum der Imagination des neuen Romans vollzieht sich überhaupt erst gegen Kriegsende im März 1945, und es läßt sich in den Tagebüchern Doderers schön beobachten, wie diese Figur allmählich Konturen gewinnt. Doch ab Kriegsende geht trotz mancher Komplikationen mit dem teilweise verloren geglaubten Manuskript die Niederschrift des Textes zügig voran. Die Lebensbedingungen sind äußerst unangenehm: Doderer verfügte nach der Rückkehr aus der englischen Kriegsgefangenschaft 1946 kaum über ein Einkommen und war auf die Unterstützung von Freunden und Verwandten angewiesen; zudem hat er auf Grund der Parteimitgliedschaft Schreibverbot. Doch entsteht das Manuskript in fast ununterbrochener Folge im wesentlichen ohne große Änderungen im Konzept in der Zeit vom 7. Februar 1946 bis zum 20. Juni 1948. Einige wenige, nichtsdestoweniger wichtige Stellen werden erst 1948 bei der Textrevision interpoliert, so zum Beispiel die auf René beziehungsweise auf Melzer bezüglichen Partien des ersten Teils (DS, 24–46 und 99–105). Zu erwähnen sind auch die Versuche, den Handlungsverlauf graphisch in Skizzen zu fixieren, womit Doderer den chronologischen Ablauf exakt vorherbestimmen, widerspruchsfrei gestalten und zudem die synchronen Partien in ihrer kompositionellen Zusammengehörigkeit in bezug auf Stimmung und Erzähltempo kontrastieren oder analogisieren wollte. Dies gilt vor allem für das Finale, in dem alle Handlungsstränge miteinander mehrfach verknüpft werden sollten. Doderer sah in diesen Skizzen so etwas wie ein Apriori der Form vor dem Inhalt; auf Grundlage dieses dynamischen Gesamtbildes meinte er, die Form eines Gefäßes zu haben, das er mit Inhalten nur mehr zu füllen brauchte; die Form, so legte es Doderer sich zurecht und suggerierte dies auch seinen Interpreten, habe vor dem Inhaltlichen absoluten Vorrang. Die Analyse der Originalskizzen zeigt, daß Doderer oft solche Skizzen ex post entwarf oder gar »auf Lücke« konstruierte und seine Fahrpläne nicht selten wieder verwarf. »Aus der Perspektive der Konstruktionen gilt für die *Strudlhofstiege* noch nicht jener Satz von der Form als der Entelechie jedes Inhaltes, sondern dessen Umkehrung: Inhalt als Entelechie der Form.« (Fischer 1975, 303)

Die Priorität der Form vor den Inhalten kann in der Weise, in der Doderer sie sehen wollte, im Lichte der Genese der Werke nicht aufrechterhalten werden; doch ist bei der Gestaltung die höchst angestrengte Bemühung erkennbar, der Form diese Priorität immer wieder zusichern zu wollen. Daß neue Inhalte, die das Konzept überlagern, immer wieder einschießen, ist eine Erfahrung, die Doderer des öfteren machen mußte, deren Spuren er aber späterhin sorgsam verwischte und aus dem Hof seiner Theorie verbannt sehen wollte. Der Wille zur Form garantiert überdies, daß diesem Werk im

Inhaltlichen kaum Spuren jener Situation abzulesen sind, in der es entstand. Die epische Materie scheint sich gleichgültig zu Krieg und Nachkrieg und zur prekären ökonomischen Situation des Autors zu verhalten. Alles, was nach einer konkreten politischen Parteinahme oder weltanschaulicher Beeinflussung aussehen könnte, wird ferngehalten. Der Geburtsfehler, an dem die *Dämonen* kranken, soll penibel gemieden werden.

Die Affären und ihr Hintergrund

Daß dies so einfach nicht herstellbar war, ist einsichtig. Und selbst die Strudlhofstiege garantiert keineswegs die Unbelangbarkeit durch historische Veränderung voll und ganz. Der Historiker Stangeler erinnert daran, in welch gefährlicher Nähe dieses Bauwerk sich befindet: »Obendrein sind wir hier sozusagen mitten drinnen in der neuesten und unerfreulichsten Geschichte Österreichs«, und meint damit, daß dort einige Häuser dem ehemaligen Außenminister Graf Berchtold gehörten, »welcher den Ausbruch des Krieges von 1914 verschuldet hatte«. (DS, 493) Und Stangeler belehrt Melzer, indem er resümiert:

> Es gab nie eine europäische Situation, die früher oder später zum Kriege führen mußte. Das sind feierliche Erfindungen von Interessierten, von Berufspolitikern, Generälen, G'schaftlhubern oder Historikern, oder Ausdünstungen jener Leute, denen die Sprache der Zeitungen durch's Hirn schwappt, wie das Spülwasser durch eine Clo-Muschel. Damit bringen sie dann freilich immer alles hinunter. (DS, 495)

Orthopraxie in der Politik ergibt sich aus der Resistenz gegen eine Sprache, die die ideologischen Phantasmagorien errichtet; die Sprache der Zeitungen hingegen löscht genau das, was der echte Historiker, der eben keiner Absicht dient, sichern will. Die Nähe von Strudlhofstiege und Palais Berchtold symbolisiert mithin auch die Präsenz der Geschichte und zeigt so an, daß von purer Idyllik sehr wohl keine Rede sein kann.

Es wäre verfehlt, in der Strudlhofstiege nicht mehr sehen zu wollen als eine Anlage, die sinnbildartig die Umwege im Leben des Menschen zu verkörpern hätte. Gewiß ist Doderer in dem emphatischen Hymnus auf die Strudlhofstiege auch auf Sinnstiftung aus, die beweisen will, daß »Dignität und Dekor« (DS, 331) selbst in unserem Alltag allenthalben präsent sind, ja daß diese Prinzipien geradezu körperlich erfahrbar werden, indem ein »Gang [...] zur Diktion« (ebda) wird. Indes in der Strudlhofstiege nur ein Dingsymbol zu erblicken, das die Umwegigkeit des Lebens allein veranschaulichen sollte, würde die komplexe Funktion, die Doderers Raumgestaltung hat, allzusehr verflachen. Sie ist das Gegenteil der »Hühnerleiter formloser Zwecke« (ebda) und dient somit wohl auch dazu, das romaninterne Korrelat des Kunstwerkes zu sein, dessen sublime Absichtslosigkeit ja mehrfach durch die perennierende Windstille ihren Ausdruck finden sollte. Was ein Bauwerk sinnlich repräsentieren kann, das ist einem Roman auch möglich: Doderers imaginierte Räume sind prägnanter Ausdruck seines Willens zur Versinnlichung, der als stärkste Opposition zu jenen für Doderer unechten Abstraktionen zu gelten hat, die den Menschen irreleiten.

In diesem Sinne ist die programmatische Eroberung des Erzählraumes Wien für sein Werk ab den dreißiger Jahren kennzeichnend. Da geht es allerdings nicht um jene Maxima und Minima, die sich der Tourismus angelegen sein läßt, sondern um eine Schule des Sehens, eine Schule der »Apperception«, wie der einschlägige Terminus Doderers lautet. (Vgl. Schröder 1976, 58–99) Seine Romantheorie gründet – und das ist nicht die Marotte eines antiquarisch Gebildeten – in der Lehre des Thomas von Aquin, dessen »analogia entis« für eine positive Diesseitserfahrung argumentativ eingesetzt wurde. Doderer bricht bewußt mit der idealistischen Tradition und versteht den Romancier als jemanden, »der mit Platons Höhlengleichnis ebensowenig anzufangen weiß wie mit Kants Ding an sich« und der »innig die Erkennbarkeit der Schöpfung aus dem, was sie uns in wechselndem Flusse darbietet, umarmt«. Der Schriftsteller könne als »geborener Thomist« gelten, für den es keine Trennung von Innen und Außen gebe. Es ist also nicht die von Georg Lukács für den Roman so nachhaltig behauptete »transzendentale Obdachlosigkeit« (Doderer 1970, 166 f.), Doderers Helden befinden sich vielmehr geborgen in der »analogia entis«; der Ordo würde sich eben jenen erschließen, die mit den »sinnlichen Daten« einen sorgfältigen Umgang pflegten und sie nicht dem Moloch der Abstraktionen opferten. So ungefähr läßt sich in Kürze Doderers Programmatik zusammenfassen, die man nicht ohne Grund »einen Naturalismus Phase II« (Weber 1963, 7) genannt hat und der auch dazu diente, den Autor von den Vorurteilen zu befreien, die sich in den dreißiger Jahren zu gefährlichen Urteilen verhärtet hatten. Inwieweit dieser

Prozeß als aufrichtig und vor allem auch als gelungen zu bezeichnen ist, kann an dieser Stelle in extenso nicht diskutiert werden (vgl. Schröder 1976, Reininger 1975), entscheidend ist die Anstrengung, mit der dieser Versuch als der Versuch eines Schriftstellers unternommen wurde. Daß dabei dem Raum eine entscheidende Funktion zukommen sollte, macht die Besonderheit auch der Erzählkunst Doderers aus. Ungescheut verwendet Doderer mythologische Metaphern. Die Strudlhofstiege kennt ihren Genius loci, Paula Schachl wird zur Lokalgöttin, zur Dryas des Alsergrundes. Das »Alsergrunderlebnis« hat Doderer geradezu zelebriert. Die Geschichten, die nun auf der Strudlhofstiege sich zutragen, verblassen in ihrer Funktion und vor allem Sinnhaftigkeit über der Rolle, die das Lokal an sich hat. Vor allem der Skandal, der sich 1911 auf dieser Stiege abspielt (DS, 240–295), ist nur bedingt Voraussetzung für das Inhaltsgerüst des ganzen Romans, mögen dabei auch einige Hauptfiguren zueinander kommen und miteinander in Verbindung gebracht werden: Die hauptsächlich Betroffenen – der alte Schmeller, seine Tochter Ingrid und ihr Geliebter Semski – spielen in der Folge im Roman so gut wie keine Rolle. Asta Stangeler, ihr Bruder René, Melzer und Paula Schachl hingegen erhalten in der Gegenwart des Jahres 1925 noch deutlichere Konturen. Mary K. bleibt in diesem Falle so gut wie ganz draußen. Wichtig scheint indes, daß das erzählerische Arrangement dieses Skandals typologisch dem der Ereignisse um den Unfall der Mary K. verwandt ist: Es geht also nicht um stoffliche oder thematische Parallelen, sondern um die Anordnung durch die Regie des Erzählers, mit deren Hilfe die Vorgänge miteinander verknüpft werden. Die Erinnerung dieses Skandals ist bei den Figuren vierzehn Jahre später auch nicht mehr denn als ein zartes Echo vorhanden. Entscheidend ist der Rekurs auf das Bauwerk, doch bezweckt der Autor damit keine wie immer geartete Wiederholung von Ereignissen.

»Es hat jede Affär' ihren Hintergrund, ihr Milieu, wie man sagt, das Leben ist immer der beste Regisseur: die Kulissen stimmen unsagbar gut zu dem, was gespielt wird.« (DS, 146) Damit wird aber nicht nur auf die soziologische Dimension der Affären angespielt; auch wenn die einzelnen Räume den Figuren ihren Platz in der Gesellschaft anzuweisen scheinen, so ist dies nicht ihre Funktion. Deutlich ist die Kontrastwirkung, die durch die Opposition des großbürgerlichen Haushalts der Stangeler vor dem Krieg und des »Schachl-Gärtchens« nach dem Kriege erzeugt wird: Daß Stangeler nie in dieses Idyll kommt, auch wenn für seinen Besuch langwierige Vorbereitungen getroffen werden, gehört zu der subtilen Ironisierung, mit der er bedacht wird: Melzer darf den Raum betreten, für den der Erzähler mit seinen sympathielenkenden Hinweisen optiert. Im Schachl-Gärtchen endet auch der Roman, mit einer Nachfeier zur Verlobung, die gewiß ein ebenso konventionelles wie eindrucksvolles Finale sein soll; der gute Ausgang freilich wird ironisch durch den Erzählerkommentar unterlaufen, der das Paar mit einem Kommentar entläßt, der das Scheinhafte auch dieses Idylls sanft bewußt macht: »Wesentlich bleibt doch, daß die Ehe nie eine Lösung bilden kann, sondern immer nur die Aufstellung eines Problems, unter dessen neues Zeichen das betreffende Paar jetzt tritt [...].« (DS, 907) Und Zihal versucht sich zu guter Letzt in einer Definition des Glücks; der Satz, daß der glücklich sei, der vergißt, wird als Banalität aus der Operette abgetan; an seine Stelle tritt eine Definition, die der Beamtensprache abgelauscht ist und eine Aufforderung zur kalkulierten und vorwegnehmenden Bescheidenheit enthält. (Vgl. DS, 909) Das Schachl-Gärtchen ist auch der Ort, an dem eine solche Verklärung des Glücks doch für einen Augenblick möglich ist. In diesem Rückzugsraum scheint das Idyll statthaft; die Familie Stangelers bleibt ausgeschlossen, der Garten ist auch der Rückzugsraum aus der Metropole, die gerade in diesen Jahren einen so grundsätzlichen Wandel in ihrer Identität als Großstadt hatte erfahren müssen.

Daß diese Schlußvision heftiger Kritik exponiert ist, ist einsehbar. Anton Reininger hat von der »Erlösung des Bürgers« in den Romanen Doderers gesprochen; scheint der Ausdruck »Erlösung« problematisch, da Doderer schwerlich ein messianischer Anspruch unterstellt werden kann, so trifft Reiningers Urteil doch die grundsätzlich eudämonistische Tendenz der Romane Doderers. (Reininger 1975, 122–128) Dies erklärt sich auch aus der spezifischen Situation Doderers in der Zeit nach dem Zweiten Weltkrieg. Der schweren Destabilisierung in ethischer, ästhetischer und auch gesellschaftlicher Hinsicht nach dem Zweiten Weltkrieg setzte Doderer ein mit Nachdruck behauptetes Ordnungskonzept entgegen, das sich im komponierten Roman manifestieren sollte. Der Hintergrund, dem er trauen konnte, war das Lokal, die Stadt Wien, so wie er sie sah. Hier konnte er konkret sein und die konkret benannten Örtlichkeiten zu den aufeinander mehrfach bezogenen Punkten eines Kraftfeldes für den Ablauf seiner Aktionen machen. Der Erfolg dieses Romans zu Beginn der fünfziger Jahre schien Doderers Praxis zu bestätigen. Dieses Buch ist nicht ohne Grund für manche Wienbesucher zu einem literarischen Baedeker avanciert. Die Schule des Sehens kann so auch zu einer Schule des Gehens mit »Dignität und Dekor« werden. Daß die Kritik bei dem Historiker Doderer just das Fehlen jener Momente einklagte, die das politische Klima der Ersten Republik in Österreich so nachhaltig bestimmten, darf nicht weiter verwundern; für ihn bleibt entscheidend, was trotz dieser Veränderungen geschah und sich nicht in den Annalen als bemerkenswertes Ereignis findet. *Die Strudlhofstiege* machte Doderer auch Mut, sich an die Fortsetzung der *Dämonen* zu wagen; in diesem Roman sollte es mit dem Brand des Justizpalastes vom 15. Juli 1927 ja noch viel konkreter um die Geschichte Österreichs gehen; ebenso sollte in diesem Roman auch das Netz der Schauplätze in Wien weit über den Alsergrund hinaus ausgedehnt werden.

Die thomistische Diesseitsbejahung und die Intensität, mit der Doderer sich der sinnlichen Daten und der Außenwelt zu versichern suchte, markieren am deutlichsten den Abstand, der ihn von den jüngeren Autoren Österreichs trennt. Als er an der Jahreswende von 1951 zu 1952 in dem – verschollenen – Manuskript eines Romans von Ingeborg Bachmann mit dem kennzeichnenden Titel *Stadt ohne Namen* las, wird – wie oben bereits erwähnt – die Distanz, die er zur Einstellung dieser Generation einnimmt, evident: »neue Kunstrichtung: Desperatismus.« (Doderer 1976, 89. Vgl. oben). So zieht Doderer scharf die Grenzlinie zum Sprach- und Weltverständnis seiner jüngeren Kolleginnen und Kollegen.

Sprach- und Menschwerdung

Durch die »Genies in Latenz« sollte der Desperatismus überwunden werden. Ihnen sollte das glücken, was den andern versagt geblieben war. Die Figur, an der dies am deutlichsten exemplifiziert werden kann, ist Melzer, der am Ende unbeschädigt aus alledem hervorgeht. »Hauptsache, ohne die Hauptsache zu sein« – so hat Dietrich Weber die Geschichte Melzers bezeichnet. (Weber 1987, 48) »Was hat nun Melzer eigentlich gelernt?« fragt Reininger und beantwortet die Frage auch ganz eindeutig: »Nichts anderes als sich zu fügen: seinen Gefühlen, den konkreten Situationen, die ihm begegnen, den Aufforderungen zum Handeln, die sich ihm dabei aufdrängen.« (Reininger 1975, 122)

Ob damit sein erfolgreiches Handeln beim Unfall hinlänglich charakterisiert ist, scheint zweifelhaft, in jedem Falle aber ist für Melzer entscheidend, daß er die Rolle, die ihm das Leben zugedacht hat, annimmt und auch erkennt, daß dies das beste ist, was ihm zustoßen kann. Sein Glück ist untrennbar mit seiner geringen Fähigkeit zur elaborierten Reflexion verbunden. Weber bezeichnet das Resultat des Entwicklungsprozesses, den Melzer durchgemacht hat, als »Selbsterkenntnis und Selbstannahme«. (Weber 1987, 51) So wird Melzer – um Webers zuvor zitiertes Wort zu variieren – zur Hauptfigur, ohne die Hauptfigur zu sein. Er hat sich entwickelt, doch ist es kaum zutreffend, *Die Strudlhofstiege* deswegen kurzerhand zum Entwicklungsroman zu erklären. Melzer glückte zunächst einmal die Gewinnung des »Zivilverstandes«, dessen etappenweise Entstehung der Roman en passant vermittelt. (Vgl. Weber 1963, 89 f.)

Er hat seine Schule der Apperzeptivität absolviert; er ist seiner Berufung zum »Genie in Latenz« auch gerecht geworden. Das ist aber nicht ausschließlich sein Verdienst; Entscheidendes ist ihm hinzugegeben worden, und daß er zu dem wurde, als welcher er am Ende entlassen werden kann, verdankt er nicht zuletzt auch der Sprache, der er sich bedingungslos anvertraute. Er erfährt, wie wichtig die Sprache für ihn ist – und für Doderer war nach seiner Abwendung vom Nationalsozialismus die Sprache der Ort, an dem er angetroffen werden wollte, der Ort, der ihm Neutralität zu garantieren schien. Die Sprache wird als eine aktive Potenz verstanden, die nicht zuletzt auch Relevantes für Melzers Glück beiträgt. Da er seine Einsicht in das doppelte Vorhandensein der Editha Pastré der Paula Pichler (vormals Schachl) mitteilt, steigt er in eine neue Sprachsphäre auf, was sofort kommentiert wird:

> Also: unser Melzer ist Zivilist geworden; derlei gibt's überhaupt nur im Zivil-Verstand; aber – er wunderte sich doch über seine eigenen Ausdrücke, die jetzt auch schon außerhalb des Melzerischen »Denkschlafes« Macht gewannen; ja, es war, als zöge ihn die Sprache, die er fand, hinter sich her und in ein neues Leben hinüber: die Sprache stand vor seinem Munde, schwebte voran, und er folgte nach. (DS, 763)

Mit Melzer geschieht dies, weil es sein Schöpfer so will: Die Erklärung, sei sie psychologischer oder soziologischer Natur, entfällt, es sei denn, man wertet die durch Hermann Swoboda vermittelte Lehre Otto Weiningers von der Genialität als eine hinlängliche Begründung. Und die Einsicht in die Mechanik der Sprache ist es auch, die zu der Einsicht des radikalen Wandels, den Melzer mitgemacht hat, führt: Als er den Abschiedsbrief Etelkas und den Brief jener Frau, mit deren Mann diese ihre letzte Liebesbeziehung eingegangen war, liest, wird ihm bewußt, daß es die Sprache ist, die einen »Raum erstellte, in welchem allein all solche Fragen und Konflikte, ja, einschließlich von Ehebrüchen und Selbstmorden überhaupt möglich wurden«. (DS, 811) Früher hatte für Melzer nur das Erlebnis seines »Denkschlafes« gezählt, er hatte sich da immer auf den toten Major Laska, den väterlichen Freund, zubewegt; nun stimmt die Richtung: Unmittelbar nach dieser Erfahrung ist es ihm möglich, die entscheidende Tat seines Lebens zu setzen und Mary K. zu retten. Es ist ihm auch möglich, sich selbst, »wie losgebunden vom Pfahle des eigenen Ich« (DS, 859) wahrzunehmen. Daß Melzer – nach der Auffassung Anton Reiningers – nicht mehr vollbracht hat als eine Landung in der »bürgerlichen Konvention, die in Doderers Romanen noch einmal von der Aura des Sinnes umgeben ist« (Reininger 1975, 122), greift offenbar zu kurz.

Eine Lektüre der *Strudlhofstiege*, die Melzer im Zentrum haben will, ist gewiß angebracht; der Autor selbst hat einem solchen Ansatz nicht grundsätzlich widersprochen, jedoch am 1. November 1946 – also noch in der Anfangsphase der Arbeit – davor gewarnt, ihn als die Hauptperson zu bezeichnen: »Wollte man den Major als Hauptperson oder Helden bezeichnen, dann käme mir das so vor, wie man an einem Pakete den Spagat, womit es zusammengebunden ist, für das Wesentlichste hielte.« (Doderer 1964, 524 f.) Es ist nicht auszuschließen, daß Doderer sein Konzept modifizierte; doch sollte das Bild in jedem Falle ernst genommen werden. Das Paket, das der Autor schnürt, enthält eben mehr als die Personen und Handlungen. Es auf diese zu reduzieren, würde auch einen Verlust der Dimension, die dem Roman durch die Gestaltung des Raumes zuteil werden sollte, bedeuten. Zugleich wird durch eine Überbetonung der Melzer-Handlung auch die Vielschichtigkeit der zahlreichen anderen Aktionen verkannt. Nur der Melzer-Handlung ist es vergönnt, im Glück zu enden, und wer sich darauf einläßt, die geradezu plakative Verkündigung der Glücksideologie durch Zihal als die alleinige und sinnstiftende Botschaft des Romans zu vernehmen, ver-

fehlt eben auch das, was in dem Paket durch den Spagat zusammengeschnürt werden sollte.
Daß die Erfahrung und Gestaltung des Raumes den Leser vor allem in ihren Bann ziehen soll, wäre vorab einmal festzuhalten. Melzers Lebenslauf in aufsteigender Linie indes ist im Roman singulär; dem Gelingen in diesem Leben steht ein vielfältiges Mißlingen gegenüber. Zu verweisen wäre auf die unzähligen Kommunikationsstörungen, sei es durch Verwechslungen, Mißverständnisse, Lügen und Betrug. Besonders auffallend ist das Mißgeschick, das nahezu allen jenen widerfährt, die ihre Mitteilungen Briefen anvertrauen. Briefe kommen nicht an, werden irrtümlich oder mutwillig geöffnet, nicht aufgegeben, aufgefangen oder geben Anlaß zu Mißverständnissen und Unverständnis. Der Erzähler erhebt sich über das Chaos dieser vielen Episoden, die er alle zusammen als ein Paket schnürt. So entsteht für die Dauer des Romans Ordnung, eben dank der Autorität des Erzählers. Doch ist er vorbei, werden sie alle in das Chaos des Lebens entlassen, allen voran Melzer. Die Fülle der Bilder von dichter Sinnlichkeit erzeugt zwischen dem chaotischen Leben und dem geordneten Kosmos der Erzählung eine Spannung; von dieser erhält der Roman eine Dynamik, deren Wirkung über alle biederen Lebensrezepte, mit denen er freilich auch nicht geizt, weit hinausreicht.

4.5. GERHARD FRITSCH (1924–1969)

Mit diesem Autor wird eine Stimme in das polyphone Konzert gebracht, die als erste die Krise des österreichischen Bewußtseins zur Sprache bringt, so dezent und leise vorerst allerdings, daß sie kaum gehört wurde. Gerhard Fritsch gehört zu jenen Autoren, deren Werk der exakten Analyse harrt, die freilich auf eine Gesamtausgabe zurückgreifen können müßte, die es bislang noch nicht gibt. Gerhard Fritsch wurde 1924 in Wien als Sohn eines Gymnasialprofessors geboren. Er war im Krieg als Soldat, studierte nach dem Krieg Germanistik, war Bibliothekar, erntete als Lyriker Anerkennung, später auch als Romancier mit dem Roman *Moos auf den Steinen* (1956). 1967 schrieb er den Roman *Fasching*, der das Fortleben des Faschismus in Österreich zum Gegenstand hat. Aus dem Nachlaß hat Alois Brandstetter einen Band mit einem Romanfragment und anderen Texten herausgegeben (*Katzenmusik*, 1974).

Moos auf den Steinen wurde für Herbert Eisenreich zu dem Roman, der am besten über die Haltung der Generation, die nach 1945 zu schreiben begonnen hatte, Auskunft zu geben vermochte. Auf einem baufälligen Schloß im Marchfeld leben einsam, versponnen in ihr dem Verfall preisgegebenes Dasein, der alte adlige Besitzer und seine Tochter. Ein Verehrer des Mädchens, ein junger Dichter, vertraut mit den Mechanismen der offiziellen Schöngeisterei, will das Schloß, um es vor dem drohenden Ruin zu retten, in ein Kulturzentrum umgestalten lassen, mit Tagungen, Festspielen und ähnlichem Tamtam. Aber da nicht er, sondern ein gar nicht kulturbeflissener Freund die Liebe des Mädchens gewinnt, verfliegen seine Ambitionen alsbald. Doch auch dem jungen Paar ist kein dauerndes Glück beschieden: ein Unfall reißt den Mann von der Seite des Mädchens, das nun allein die schwere Erbschaft antreten muß. (Nach Eisenreich 1964, 90)

Das Schloß als der Ort, an dem sich die Geschichte entscheidet. Walter Weiss hat mehrfach auf die Bedeutung des Schlosses in der österreichischen Literatur hingewiesen: eine Art Metapher für die österreichische Situation schlechthin. In diesem Schlosse entscheidet sich nun das Schicksal nicht nur einer Figur, sondern vieler. In den Schlössern leben die Menschen, deren Schicksal sich überlebt hat.

Albert Berger hat in einer Studie zu Gerhard Fritsch die Filme aufgezählt, die sich in dieser Zeit mit der österreichischen Geschichte befaßten; in etwa als Spiegel der mentalen Voraussetzungen, mit denen man in dieser Zeit zu rechnen hat. Sie eignen sich gut als Folie für den Mythos, dessen Darsteller und auch Kritiker Gerhard Fritsch in seinem ersten Roman wurde:

1950: Erzherzog Johanns große Liebe. 1951: Verklungenes Wien, Schwindel im Dreivierteltakt. 1952: Saison in Salzburg, Wienerinnen, Die Fiakermilli. 1953: Kaiserwalzer, Der Feldherrnhügel, Kaisermanöver. 1955: Die Deutschmeister, Hofjagd in Ischl, Der Kongreß tanzt, Sissi. 1956: Kronprinz Rudolfs letzte Liebe, Opernball, Kaiserball, Sissi, die junge Kaiserin. 1957: Wien, du Stadt meiner Träume, Skandal in Ischl, Sissi – Schicksalsjahre einer Kaiserin, Der Kaiser und das Wäschermädel. 1958: Hallo Taxi; Wiener Luft, Hoch klingt der Radetzkymarsch. 1959: Rendezvous in Wien, Das Dreimäderlhaus. (Berger 1979, 70. Die Heimatfilme werden dabei nicht aufgezählt.)

Dieser Roman ist eines der besten Exempel für die Traditionsbildung in einem sehr österreichischen Sinne nach 1945: Die Erinnerung an die Donaumonarchie (wir erinnern an Ernst Fischers Gedanken aus dem Jahre 1945) konnte nach 1918 freilich nicht so gepflegt werden wie nach 1945. Es wäre falsch, Fritschs Position nur als die eines Verklärers zu beurteilen:

> Die Faszination, die *Joseph Roths* verklärende Vergangenheitsschau und *Ernst Wiecherts* Preis des »einfachen Lebens« auf Fritsch ausgeübt haben, enthüllt ihren kompensatorischen Charakter erst ganz, wenn man in *Moos auf den Steinen* die offene Abneigung und die unterschwelligen Aggressionen des Erzählers gegenüber Mehlmann und den Zeitgeist, den er vertritt, beachtet. »Dr. Mehlmann hat Seele« – diese Überschrift des Anfangskapitels erweist sich als durchaus ironisch [...]. (Ebda, 72)

> Das Moos verbreitet sich als Zeichen des Todes über die geschichtliche Welt, und es ist kein Zufall, daß der Erzähler ausgerechnet Mehlmann, der dieser Welt zunächst am fernsten steht, über die Grabinschrift auf einem Katafalk in der Gruft des Schlosses nachdenken läßt. Der Graf, so steht dort zu lesen, starb »fortissime ac pietissime [...] modo austriaco [...]. Er, Mehlmann, beschloß sich das zu merken: auf österreichische Art ...« (Ebda, 73)

Seiner Haltung, wie der Joseph Roths, ist ein kritisches Ferment beigemengt, das sofort auch die Vermarktungsstrategien durchschaut, denen der eben kreierte Habsburgische Mythos zum Opfer fallen sollte. Ob der Terminus »Faszination« zutrifft, sei hier dahingestellt, in jedem Falle ging es um eine Orientierung für das neue republikanische Österreich, und diese richtete sich nicht an der Tradition der Ersten Republik aus, nicht an der fortschrittlichen Bildungspolitik der Sozialdemokratie etwa, nicht an der christlich-konservativen Agrarideologie, sondern an dem von einem gewissen Sendungsbewußtsein bestimmten Rückblick auf das Habsburgerreich, dessen Übernationalität sehr gut mit der damals vor allem von der BRD und Frankreich forcierten Europa-Ideologie korrespondieren konnte: Das alte Österreich als Vorwegnahme des geeinten Europa.

Fritsch hat sich später (1967; vgl. Berger 1979, 74) von *Moos auf den Steinen* distanziert; sein nächster Roman *Fasching* ist einem ganz anderen Hintergrund verpflichtet; doch davon später.

Gerhard Fritsch ist das beste Beispiel dafür, wie diese neue Traditionsbildung auch auf die jüngere Generation übergegriffen hat. Doch ist es unrichtig, nur diesen Aspekt bei Fritsch sehen zu wollen. Ein anderer Text, Teil eines unvollendeten Romans, macht deutlich, wie problematisch es ist, Fritsch als eine Spätblüte des Habsburgischen zu stilisieren. Ich meine den Text *Kärntnerstraße* aus dem Jahre 1955 (Fritsch 1962, 29–31), der vielleicht kein sehr gelungener oder literarisch brisanter Text ist, in dem aber mentalitätsgeschichtlich zentrale Momente der fünfziger Jahre idealtypisch gebündelt sind:

Schlagzeilen blühen auf und sterben unter den Füßen. Ein Radio-Apparat geht träumend spazieren. Hüften wackeln über Stöckelschuhen, Unterröcke erzählen leise das Geheimnis ihrer chemischen Formeln. (Fritsch 1962, 29)

Die Gesellschaft ist unterwegs zur Konsumgesellschaft. Sie ist ein »schlecht gelungener Abklatsch der Vollkommenheit« (ebda, 29). In dieser Straße wird der »Tanz des Vergessens« getanzt; ein Ich, das da sprechen könnte, gibt es nicht. Zunächst wird keine Person greifbar, um die sich eine Erzählung kristallisieren könnte. Dann gibt sich das Ganze auf einmal als ein versuchter Romananfang, und mit ihm wird das Ich, eine offenbar teilnehmen wollende, aber nicht teilnehmen könnende Frau, greifbar, Hilde Radek. Dieses Ich sagt von sich: »Ich will so sein wie der Traum.« (Ebda, 30) Gerade das zeigt, wie wenig ihm die Teilhabe an irgend etwas vergönnt ist; es gibt lediglich die Teilhabe an einem Traum.

Die geglückte Strategie dieses Textes manifestiert sich darin, daß am Anfang offenkundig die Stimme eines gigantischen Kollektivs ertönt, in dem das eine Ich untergeht. Das Träumen ist die einzige Chance, in dieser Gegenwart zu bestehen, in der das steigende Warenangebot unerreichbar wird; deutlich wird, wie wenig auch der Schriftsteller Anteil haben kann an dem Besitz, der ihm vorgegaukelt wird.

Zuletzt kommt in das alles ein märchenhafter Ton; das Märchen von dem armen Kind, die Sterntalergeschichte etwa, stellt sich ein. Da ist auf einmal von der Kaiserin Soraya von Persien, einer Lieblingsfigur der Boulevardblätter, die Rede, die ihrem Mann ein Kind gebären soll und die – Unfruchtbarkeit sollte ihr Los bleiben – zur Identifikationsfigur aller Unglücklichen emporstilisiert wird: »Die Kaiserin von Persien träumt von einem Kind, Hilde Radek träumt von schönen Kleidern. Die hat die Kaiserin genug.« (Ebda, 31)

Die Verkaufshäuser werden zu Tempeln; aus den Tempeln der Macht kommt der Urteilsspruch: »Zu spät für Soraya.« (Ebda) Mit diesem kleinen Text trifft Fritsch exakt die Wunschphantasien der fünfziger Jahre und zeigt durch die Illusion hindurch die Konsequenz der Desillusion.

Es ist der Wandel der Nachkriegsgesellschaft in die Konsumgesellschaft. Der Radioapparat (von einem Fernseher war damals noch keine Rede) ist eines der Symbole dieses Wandels; er wird denn auch konsequenterweise personifiziert: »Ein Radio-Apparat geht träumend spazieren.« (Ebda, 29) Die Geschäfte sind Tempel, aus denen das Gesetz dieses Sommers verkündet wird.

In diesen wenigen Zeilen bekommen die fünfziger Jahre eine Physiognomie, wie sie diese kaum in irgendeinem anderen Text bekommen, wie sie kaum in gesellschaftsgeschichtlichen Studien faßbar werden: die Zeit des Nicht-mehr und Noch-nicht. Der Krieg und seine Folgen sind schon vorbei, doch ist der westliche Standard noch nicht erreicht, er ist aber erreichbar. Die Gemeindebauten der damaligen Zeit sind der deutlichste Indikator für diese Stimmung; man könnte den fünfziger Jahren nachsagen, daß sie vom Bekenntnis zum Funktionalismus leben und doch das Ornament herbeisehnen. Aus der Not und aus dem Mangel ergibt sich die Tugend der Sachlichkeit; Funktionalismus im Sinne von Loos ist hingegen das Produkt eines Überschusses. Deutlich zeigt dieser Text, wie notwendig in dieser Phase die Kompensation war: In diese Träume mußte die unglückliche Kaiserin von Persien treten, deren reichgeschmückter Pfauenthron ins Wanken gerät. Hilde fühlt sich als unerlöste Prinzessin; wir alle haben damals vom großen Glück geträumt. Freilich hat dieser Text von Fritsch mit den Liedern vom »großen Glück« genausowenig gemein wie sein Roman *Moos auf den Steinen* mit den Sissi-Filmen. Aber daß es Träume dieser Art gab, daran darf niemand vorbeisehen; und der Stoff, aus dem sie sind, war in vielen Fällen der gleiche. Es gab in jedem Falle eine andere Welt, die besser war; in der alles anders dimensioniert war; und vollmundig haben die berichtet, die dort waren. Das Schlaraffenland existierte. Erlösung hieß: Erlösung zum endlichen und unendlichen Wohlstand. Es wird einer Kulturgeschichte der Zukunft vorbehalten sein, diesen Wandel, der sich in den fünfziger Jahren vollzog, zu beschreiben; wie vieles selbstverständlich wurde, was vorher nur die Trauminhalte bevölkerte.

Unbedingt erforderlich ist die Untermalung durch Musik. Conny Froboess sang »Pack die Badehose ein« – ein Bekenntnis zum Diesseits. Das höchste an Sozialkritik im Schlager war »Die süßesten Früchte fressen nur die großen Tiere, weil die Bäume hoch sind und die Tiere groß sind« – ein Lied, dessen verquere Metaphorik ihm auch den letzten Rest gesellschaftskritischer Ingredienzen raubt. »I'll be home« sang Pat Boone, »Sail along a silvery moon« Ray Conniff, und uns allen wurde weh ums Herz. Bill Haley und Elvis Presley hatten andere Wünsche, die waren aber vergleichsweise zahm und damals doch Ausdruck höchster Kühnheit. Presley begehrte der Teddybär seines Babys zu sein, nicht dessen Tiger, weil dessen Schrei zu wild war. Vom Tiger läßt man sich gleich zum Teddybären zurechtstutzen. Und Peter Kraus sang es ihnen allen nach und forderte seine Freundin auf, statt Weiß Rot zu tragen, denn das sei die Farbe der Liebe.

Mit siebzehn fing damals erst das Leben an, und das war es: Man wollte siebzehn sein und einen Transistorradio haben, auf dem man bei »Vergnügt um elf« oder bei »Autofahrer unterwegs« einen dieser Gesänge zu erhaschen hoffte und nicht eine Gesangsgruppe aus St. Kathrein am Hauenstein, die despektierlich Volkstümliches zum besten geben würde. Nein, unsere Gouts waren international, und Englisch verstand man soweit, um mit Elvis »tutti frutti« zu singen. In der Oper sang unter Karajan di Stefano Arien und wurde akklamiert, im Wiener Stadion trumpfte mit Real Madrid di Stefano auf und bombte; nach 1956 schien die moralische Überlegenheit des Westens erwiesen, denn schließlich war Ferenc Puskas von Honved auch zu Real Madrid gekommen und vollführte dort Wunderdinge, und all das kam nach Wien, man konnte die Sternschnuppen bewundern und wollte dabeisein und mußte es doch nicht. Daß in der Zwischenzeit der Westen mit der EWG gewaltig davonzog und sich der Abstand in kultureller und ökonomischer Hinsicht vergrößerte, wurde in der Mitte der fünfziger Jahre kaum wahrgenommen. In jedem Falle war für jemanden, der Ende der fünfziger Jahre Österreich verließ, Deutschland plötzlich so eine Art Märchenland geworden, wohin man ziehen mußte, wenn man etwas erreichen wollte. Eine bedrohliche Revitalisierung dieses Mythos vom großen Bruder schien sich nun einzustellen, dem durch die Erfolge in Sport und Kunst kaum ein hinlängliches Gegengewicht geboten wurde.

1956 brachte für die ÖVP eine überraschend gute relative Mehrheit, 1957 hingegen den sozialistischen Bundespräsidenten Schärf; 1959 brachte die ÖVP wieder an den Rand der Niederlage, 1963 bedeutet wieder ein Erfolgsjahr für die konservative Partei. In dieser Zeit wurden – und Untersuchungen über den österreichischen Raum wären in diesem Zusammenhang besonders dringlich – die schöpferischen Künstler im Vergleich zu den nachschaffenden oder reproduzierenden Künstlern marginalisiert. Der Kult der Interpreten, dem Wien immer so huldigte, erreichte Ende der fünfziger Jahre eine Klimax, die bis in die sechziger Jahre anhalten sollte. Schwere Zeiten für Schriftsteller, läßt sich da nur sagen, die es ohnehin in Österreich immer schwerer hatten als anderswo.

4.6. ERNST JANDL (*1925)

Ernst Jandl und sein Frühwerk sind dafür das schlagende, das beste Beispiel. Jandl, heute einer der erfolgreichsten Autoren im In- und Ausland, konnte sich damals mit seinen Texten kaum vernehmlich machen. Seine später so bekannt gewordenen experimentellen Versuche wurden kaum wahrgenommen, und als die Mai-Nummer 1957 der für die Schulen bestimmten Zeitschrift des *Theaters der Jugend*, die *Neuen Wege*, eines dieser Gedichte (*ode auf n*) mit einigen Texten von Rühm brachte, gab es einen handfesten Skandal.

Ernst Jandl, 1925 in Wien geboren; seine Mutter starb früh, er wurde in den Krieg eingezogen, kehrte 1945 aus englischer Kriegsgefangenschaft heim, studierte hierauf Germanistik und schloß das Studium auch mit einer Dissertation (über Arthur Schnitzler) ab, gab seinen ersten Gedichtband *Andere Augen* in der von Rudolf Felmayer betreuten Reihe *Neue Dichtung aus Österreich* 1956 heraus. Darüber schrieb er später ein Epigramm: »beim berglandverlag / hab ich mein erstes / buch verlegt / und futsch wars« (1973). (Jandl 1985, 655) Die späteren Erfolge Jandls haben bewirkt, daß dieses Buch auch weiterhin futsch blieb.

Ich will hier vor allem einen Text herausgreifen, der zeigt, daß es in Österreich auch um die Mitte der fünfziger Jahre eine Lyrik gegeben hat, die anders war als die der Ingeborg Bachmann und doch auch ihre eigenen Töne kannte. Eines der Gedichte, auf die Jandl gerne zurückkommt, und das immer wieder als sein frühes programmatisches Gedicht schlechthin gelten kann, heißt *Zeichen*:

> Zerbrochen sind die harmonischen Krüge,
> die Teller mit dem Griechengesicht,
> die vergoldeten Köpfe der Klassiker ...
>
> aber der Ton und das Wasser drehen sich weiter
> in den Hütten der Töpfer. (Jandl 1985, 1, 48)

Dieses Gedicht ist von der Sprache und auch Materialästhetik Brechts bestimmt. Es setzt an mit dem Bild einer Zerstörung, der Zerstörung einer traditionellen Kunst. Es wäre leicht aus dem Gedicht abzulesen, daß damit auch die Klassiker in einem verurteilt wurden; doch sind sie – sei es durch Gebrauch, sei es durch wenig pflegliche Behandlung – obsolet geworden. Was aber weiter besteht, ist die Arbeit an der Kunst, aber nicht in irgendwelchen auserwählten Kreisen, sondern in den »Hütten der Töpfer«. Diese fünf Zeilen Jandls sind meines Erachtens der knappste und gewichtigste Einspruch gegen die Praxis der Restauration; es wäre natürlich möglich, das, was zerbrochen ist, wiederherzustellen, aber dies kann nicht die – alleinige – Aufgabe jener sein, die schaffen. Und gerade deswegen ist dieser Fünfzeiler so wichtig, weil er auf die konkreten, sehr konkreten Schaffensbedingungen Mitte der fünfziger Jahre verweist. Dieses Gedicht entkleidet den Anspruch der Kunst des pathetischen Anspruchs, den sie damals sich geben wollte, die Lyrik reduziert sich auf das Drehen der Scheiben in den Hütten der Töpfer. Das Trotzdem (»aber«) richtet sich sowohl gegen den Anspruch der nunmehr zerstörten Pracht als auch gegen jene, die die Kunst totsagen.

Es mag freventlich sein, aus einem solchen Fünfzeiler so viel heraushören zu wollen: aber in ihm ist viel mehr gesagt als in den umfassendsten Spekulationen aller Zeitgenossen und auch eine Diagnose über die Zeit um 1955 mitgeschrieben.

Der Titel *Andere Augen* ist symptomatisch: Er verweist darauf, daß wir die Dinge anders sehen, er verweist auch auf die Augen des anderen. Und Jandl sah die Dinge anders an. Zu einer Zeit, da alles darauf Wert legte, die Dinge wieder ganz zu machen, begreift Jandl sie in ihrer Beschädigung, in ihrem Fragmentcharakter, in ihrem Verschwinden, in ihrem Zerbrochensein. Sein Gedicht *Eine Aschantinuß für dich* (Jandl 1985, 1, 22 f.) ist ein Selbstporträt des Dichters als Aschantinußesser, der aus dem Mangel heraus dichtet und diesen sprechend macht. So benennen Gedichte wie das *Zehn-Jahre-Pamphlet* (ebda, 74 f.) auch sehr konkret die Situation in Österreich; ähnlich wie Artmanns *manifest*, deutlicher jedoch in der Stoßrichtung, verurteilt Jandl alle Bestrebungen, die sich nur irgendwie auf Wiederaufrüstung einlassen. Und dann schließt er wuchtig:

> Das sagen sich die bisher leer Ausgegangenen
> und verkünden das gleiche in einer zweiten Version

durch Rundfunk und Presse in patriotischem Jargon
und bewegen sich mit so großer Schnelligkeit
daß die ganze quallige Opposition
auf den Federn des Reichtums
unter den Käseglocken des Glücks
und im Fett verminderter Unzufriedenheit
feststellt: es rührt sich noch nichts.

Oder sollten zehn Jahre eine zu kurze Zeit gewesen sein
um sämtliche Straßen von Invaliden zu säubern
aus sämtlichen Zimmern die zuletzt in Uniform Photographierten zu entfernen
und in sämtlichen Empfängern der lakonischen Mitteilung
das Gesicht den Kuß die Hände den Gang
des nicht mehr Wiedergekehrten zu tilgen?

(Ebda, 74 f.)

Eindeutig ist es bei Jandl der Krieg, dessen Folgen sich nicht mehr wegschreiben lassen. Was es nun zu fassen gilt, ist das langsame Erwachen aus diesem Gesundschlaf der Restauration.

Die nun folgende Periode bedarf der eingehenden Aufarbeitung noch; ich meine gute Gründe dafür zu haben, eine Zäsur anzusetzen für die Zeit um den Staatsvertrag 1955/56, ich meine, daß sich in der Folgezeit langsam das Selbstverständnis der Schriftsteller wandelt, und daß dies nicht so erfolgt, daß es in einfachen Antithesen herauszupräparieren wäre. Zum anderen gibt uns doch der Umstand zu denken, daß just in diesen Jahren nach 1955 sich auch das konstituiert, was heute noch als österreichische Gegenwartsliteratur gehandelt wird (oder gehandelt werden kann). Ich meine weiters behaupten zu dürfen, daß sich bereits in der zweiten Hälfte der fünfziger Jahre die Ablöse von diesem typisch restaurativen Denken der vorangehenden Epoche deutlich bemerkbar macht und sich nun eine Opposition zu herkömmlichen Denk- und Formschemata erkennen läßt.

Ich gehe hier noch nicht auf die Tätigkeit und die Arbeit der legendären *Wiener Gruppe* ein, obwohl gerade da sich die Ansätze besonders bemerkbar machen.

Um der Komplexität gerade der medialen Situation gerecht zu werden, ist es sinnvoll – für den Bereich der Literatur –, wieder eine Zeitschrift genauer zu analysieren; ich habe schon zu Beginn der

Vorlesung auf *Wort in der Zeit* (abgekürzt *WiZ*) hingewiesen, in dem sich die Bewegung am deutlichsten ablesen läßt.

5. 1955/56 bis 1966

5.1. ZEITSCHRIFTEN: *Wort in der Zeit;* Voraussetzungen

Wort in der Zeit war vor allem deshalb gegründet worden, weil es kein Organ gab, das sich zur Gänze auf die Pflege eines radikalen Österreichbewußtseins verstanden hätte und diesem auch die bestmögliche Publizität gesichert hätte. Es gab keine Zeitschrift, damals, die so etwas wie gesamtösterreichische Interessen vertreten hätte. Ich habe schon die Zeitschrift *Neue Wege* erwähnt; die war aber mehr oder weniger auf den Schulbereich beschränkt (ab 1947, unlängst eingestellt). Diese Zeitschrift konnte aber nicht den Anspruch erheben, repräsentativ zu sein; und was benötigt wurde, war Repräsentativität. Die Lebensdauer von *Wort in der Zeit* von 1955 bis 1965 umschreibt auch noch exakt den Zeitraum, mit dem wir uns in dieser Vorlesung zu befassen haben. Ihre Gründung wie ihre Einstellung markieren die Bewußtseinsschübe, mit denen wir eben in diesem Kontext zu rechnen haben.

Ich gehe hier auf keine Einzelheiten ein; wer genau darüber Bescheid wissen will, der sei verwiesen auf die Arbeit von Wolfgang Hackl (Hackl 1988), worin einläßlich die Zeitschrift analysiert wird.

Als den ersten Impuls für diese Zeitschrift nennt der Herausgeber Rudolf Henz (1897–1987) immer wieder den Umstand, daß Friedrich Sieburg am 20. Jänner 1955 im Wiener Konzerthaus eine Rede hielt, in der er über *Literatur und Nation in der Deutschen Bundesrepublik* sprach, wobei er aber – ziemlich arrogant, wenn man Henz trauen darf – nicht auf Österreich einging, weil er dessen Literatur nicht kannte (vgl. Hackl 1988, 35). Die Herausgabe der Zeitschrift erfolgte über Inspiration und Spende durch das Ministerium, vor allem der später durch einen Skandal unrühmlich bekannt gewordene Sektionschef Weikert setzte sich nachhaltig dafür ein. Mit Henz war ein gläubiger Katholik zum Wortführer der österreichischen Literatur gemacht worden, ja mehr noch: Einer, der in der Ständestaat-Ära das Sagen auch im literarischen Bereich hatte, konnte da eine Schlüsselstellung einnehmen. Es war, nicht wie Basil (vgl. ebda, 37) meinte, nur ein »Edel-Hobby« von Rudolf Henz, eine Zeitschrift zu gründen, sie hatte auch missionarischen Charakter.

Österreich als kulturelle Großmacht, dieser kompensatorische Gedanke steht auf jeden Fall dahinter, da mit dem Staatsvertrag von 1955 endgültig Österreichs Status als Kleinstaat in seiner Blockfreiheit besiegelt schien.

Henz hat sicher in eigener Sache agiert, aber die Zeitschrift nicht nur zum Organ seiner persönlichen Ambitionen gemacht, sondern durchaus andere herangelassen. Henz selbst distanzierte sich allerdings zu dem Zeitpunkt, da sie virulent wurde, von der österreichischen Avantgarde. So etwa in einer Stellungnahme 1959:

> Gerade in einer Zeit, in der weniger der Gehalt denn Reklame und Betriebsamkeit entscheiden, täglich neue Richtungen Ausschließlichkeit fordern und Präpotenz weithin das Talent verdeckt oder ersetzt, ist ein Treffpunkt wichtig, der allen offen steht, die ein wesentliches Wort zu sagen haben, die sich den Sinn für das Echte in der Wirrnis der Meinungen bewahren. (Zit. nach Hackl 1988, 79)

Das ist für einen Konservativen von damals auch das typische Vokabular: Zum Schutze des Althergebrachten in Verteidigung des Echten wird die eigene Position zur demokratischen erklärt. Ich tue mir schwer bei der Beurteilung von Rudolf Henz, den ich so einfach nicht dem blinden und stockreaktionären konservativen Lager zuschlagen möchte, weil doch auch schon in dieser Zeit das, was als österreichische Avantgarde firmierte, bei ihm Unterkunft finden konnte.

Einige andere halfen Henz (Gerhard Zerling, Oskar Maurus Fontana), vor allem aber war es Gerhard Fritsch, der auf diesen Redaktionsposten angewiesen war und ab März 1959 mitmachte, ab 1960 als redaktioneller Mitarbeiter geführt wurde und ab 1962 bis zum Ende Redakteur war. Gerhard Fritsch gelang es, das Niveau der Zeitschrift entschieden anzuheben, das Ministerium hat ihm aber die Mitarbeit nie mit einem dementsprechenden Arbeitsvertrag gelohnt, und Fritsch wurde vom Verlag mit 30. Juni 1965 gekündigt.

Hackl hebt hervor, daß Fritsch am Anfang ziemlich auf der Linie von Henz gestanden sein dürfte, sich aber in der Folge doch mehr und mehr von dieser distanzierte. Er öffnete die Zeitschrift auch der Diskussion über Fragen der Verlagslandschaft, der Presse und der Medien. Er bemühte sich zunehmend um internationale Aspekte in der Literatur, vor allem aber brachte Fritsch jüngere Autoren in die Zeitschrift und damit ins Gespräch; und die Freunde von damals sind oft die Gegner von heute, aber immerhin war das *Wort in der Zeit* das Organ, das Autoren wie Konrad Bayer, Thomas Bernhard, Ernst Jandl, Friederike Mayröcker, Andreas Okopenko und Gerhard Rühm, aber auch Milo Dor, Reinhard Federmann und Peter von Tramin und auch den – älteren – Surrealisten Max Hölzer veröffentlichte. Zum anderen wurden Essays über die verschüttete österreichische Tradition gefördert, so zu Arthur Schnitzler, Franz Kafka und Fritz von Herzmanovsky-Orlando.

In jedem Falle, und daran möchte ich festhalten, war das Aus für die Zeitschrift nicht so sehr deshalb gegeben, weil sich darin die progressiven Autoren zu Wort gemeldet hatten und dies dem Ministerium ein Dorn im Auge war und man daher etwa ein Interesse am Verschwinden von Gerhard Fritsch gehabt hatte. Viel eher kam das Ganze durch die prekäre Situation des Stiasny-Verlages zustande, der durch seinen Leiter Gerhard Zerling in eine ausweglose Lage manövriert war. Einer der ersten großen Bestechungsskandale in der Zweiten Republik: Weikert, damals der zuständige Sektionschef für Kunstangelegenheiten, hätte von Zerling Geld (etwa 850.000 öS) bekommen; gegen Weikert wurde Ende 1965 ein Disziplinarverfahren eingeleitet; noch einmal versuchte er – diesmal mit Humbert Fink – die Zeitschrift hochzuziehen, das war aber nur von kurzer Dauer (ohne Henz, ohne Fritsch), er wurde dann – nach Untersuchungshaft und Freilassung – vor Gericht gestellt. Erst 1969 wurden Weikert und Zerling verurteilt, Zerling zu vier, Weikert zu sechs Monaten schweren verschärften Kerkers. Weikert trat die Haft erst im Jahre 1971 an; für Zerling bedeutete das Urteil das Ende seines in Millionenhöhe verschuldeten Verlags. Seine Frau, eine bekannte Rechtsanwältin in Graz, hatte noch versucht, mit ihr treuhändisch anvertrautem Geld den Verlag zu retten; auch das scheiterte und vergrößerte die Schuldenlast, und das Ehepaar nahm sich am 31. Juli 1969 in den Verlagsräumen das Leben.

> Im Rahmen des Ausgleichsverfahrens kam es dann am 23. 9. 1969 zum Anschlußkonkurs. Das Verlagshaus wurde mit dem gesamten Maschinenpark versteigert. Der Kaufmann Rudolf Leiner ersteigerte als einziger Interessent das Objekt zum Ausrufungspreis, womit die Schulden keinesfalls abzudecken waren. So meldete der *Kurier* am 12. 11. 1970, daß über 200 Gläubiger leer ausgingen, allein die Stadt Graz mit 3,8 Millionen Schilling. Den Erlös der Versteigerung, 7,2 Millionen Schilling, bekam zur Gänze eine Bank. 15 Millionen Schilling Schulden blieben. (Hackl 1988, 117)

Das nur, um anzudeuten, wie riskant der Umgang der Autoren mit Verlegern war, wie riskant auf der anderen Seite der Umgang von Verlegern mit der schönen Literatur war. Was da auf dem Schleichwege an Geld in den Stiasny-Verlag floß, hat, so möchte ich es heute sagen, einer guten Sache gedient, auch wenn dieses Verfahren keineswegs als eine seriöse Praxis angesehen werden kann und nicht Grundlage der wirtschaftlichen Führung von Unternehmen werden sollte, die sich mit Kunstangelegenheiten befassen.

Mit *Wort in der Zeit* war immerhin eine Basis für die österreichische Literatur in einem weiteren Rahmen gegeben. Auch wenn das Verlagshaus in Graz stand, so ist doch auffallend, daß immer noch Wien das Zentrum war: hier war der Redaktionssitz, auch die meisten Autoren kamen aus Wien. Letztlich waren es das Österreichbewußtsein von Rudolf Henz und die Aktivität Fritschs, die den Rang dieser Zeitschrift ausmachten. Ein Österreichbewußtsein, wie es Henz promulgierte, konnte zu Beginn für Fritsch noch die verbindliche Grundlage auch seiner Arbeit abgeben; später – und sein Roman *Fasching* ist das Zeugnis dafür – ging das nicht mehr. Immerhin war um die Mitte der sechziger Jahre die Notwendigkeit, eine literarische Zeitschrift zu führen, doch evident.

In diesem Sinne entschloß man sich, eine neue zu gründen; deren Programm glich dem von *Wort in der Zeit* in mancher Hinsicht. Wieder war Rudolf Henz federführend, vor allem aber gab ihr Fritsch das Gepräge, *Literatur und Kritik (LuK)*, ab Herbst 1966 das quasioffizielle Organ der österreichischen Literatur. Es diente auch der Propaganda im Sinne eines österreichischen Patriotismus, wurde an das Ausland verschickt (an germanistische Institute und österreichische Kulturinstitute) und existiert noch heute als das einzige Organ, das in größerem Rahmen Essays und Primärliteratur druckt. Heute wird die Zeitschrift in Salzburg von Karl Markus Gauß herausgegeben. Nach Fritschs Tod 1969 wurde Jeannie Ebner zur Redakteurin. Wir sind damit weit über den Rahmen unserer Vorlesung hinausgekommen, doch ging es mir darum, auch den Wurzelgrund der heutigen Autoren von Rang etwas deutlicher zu umreißen. Daß zum Beispiel 1964 ein Essay von Okopenko mit dem Titel *Der Anti-Lyriker Ernst Jandl* erscheinen konnte, belegt sehr deutlich, in welche Richtung nun die österreichische Literatur bereits gehen konnte.

Mit engstirnigem Patriotismus war es auch damals nichts, nur wurde die Kritik nicht in dieser Deutlichkeit artikuliert. Bis etwa 1956 war die Rückbesinnung auf die Tradition ein positives Ferment in der österreichischen Literatur, und es ist zum andren auch außerordentlich kennzeichnend, daß etwa in dieser Zeit Friedrich Torberg auf den Plan trat, zurückgekehrt aus den USA und ausgestattet mit Geld und Beziehungen und viel Instinkt für das, was gerade gefragt sein mochte – so gründete er die Zeitschrift *Forum*, die sich im Untertitel dem »europäischen Denken« verschrieb und so zum führenden Monatsblatt der österreichischen Bourgeoisie wurde. Torberg verlieh der kaum bemerkenswerten österreichischen Literaturkritik einen eigenen Schliff, und seine Vorbilder – Karl Kraus, Alfred Polgar – nannte er stets als solche.

Bezeichnend auch, daß Torberg die Reihe der Entdeckungen fortsetzte und mit der Neuausgabe von Fritz von Herzmanovsky-Orlandos (1877–1954) *Gaulschreck im Rosennetz* im Jahre 1957 eine Trouvaille veröffentlichte, die für das verkauzte österreichische Wesen, für alles Irrationale und Irritierende daran, die kurrente Münze werden konnte. Die Geschichte von dem unglücklichen Hofsekretär Jaromir von Eynhuf schlug ein, sein Grundeinfall, daß dieser der Majestät 25 Milchzähne arrangieren und ihr zum 25jährigen Regierungsjubiläum schenken sollte, die Geschichte von seinem grotesken Ende, das Salz der Kritik an diesen österreichischen Zuständen von einst, wurde zwar von vielen als grotesker Blödsinn verstanden und auch despektierlich behandelt, tatsächlich aber fühlte man sich angesprochen von diesem ins »Groteske gestülpten Kafka«, wie ihn Friedrich Torberg mehrfach apostrophierte. In jedem Falle war die Vergangenheit mit diesem 1928 zuerst erschienenen und bald verramschten Buch wieder lupenrein präsent, wenngleich in einer Verkleidung, für welche die Termini »skurril« und »grotesk« herhalten mußten.

Diese Kritik an Österreich – sie manifestiert sich bei Herzmanovsky-Orlando vor allem in der – fast karikaturistischen – Überzeichnung der österreichischen Beamtenwelt, die zum Sinnbild einer von absurden Kräften durchwalteten Ordnung wird – ermöglichte indes immer noch Identifikation. Hier, in diesem Zerrspiegel, meinte man, sich noch erkennen zu können. Mit Recht aber konstatierte Herbert Eisenreich »an der Oberfläche ein unbändiges Lachen, darunter ein entsetztes Grausen« (Eisenreich 1964, 142) –

einer der wenigen, der Herzmanovsky-Orlando nicht nur als Scherzlieferanten einstufte.

In der Folge hat Torberg dann weitere Werke in einer, was die Treue zu der Vorlage betrifft, problematischen, was die Wirkung betrifft, aber vorzüglichen Ausgabe auf den Markt geworfen: 1958 *Das Maskenspiel der Genien*, 1960 *Lustspiele und Ballette* und 1963 *Cavaliere Huscher und andere Erzählungen*. Im Residenz Verlag ist eine Neuausgabe der Schriften in zehn Bänden erschienen.

Die Schrulligkeit behagte nicht allen, mochten sie auch erkennen, daß dahinter doch auch mehr steckte als der skurrile, abstruse Einfall, sie konnte einfach auch als Blödsinn abgewertet werden, als Bagatelle. Wir sollten heute gerade *den* Herzmanovsky-Orlando wahrnehmen, der sich auch anders lesen läßt, der mit seinen Fragmenten, mit seinen Skizzen, seiner Dramaturgie Wege wies, in die österreichische Moderne, ins absurde Theater. Just um diese Dimension hat Torberg denn auch sein Werk verkürzt, wohlmeinend freilich auch um seine antisemitische Dimension, die manchmal in den Briefen durchschlug, eine Haltung, die aber nicht in einer etwa vorhandenen Nähe zum NS-Regime gründete, sondern durch eine höchst fragwürdige Privatmythologie und ein befremdliches Sektierertum (Lanz von Liebenfels) befördert wurde. Torberg hat dieses sacrificium intellectus im Dienste einer von ihm gewiß positiv verstandenen Betriebsamkeit begangen, die sich um das alte und gute Österreichische im neuen Gewande bemühen wollte.

In diese Zeit fällt auch die extensive Debatte um Brecht, bei der Torberg im Verein mit Weigel sich verpflichtet fühlte, Brecht, der ja schließlich 1953 das Regime der DDR nach dem Aufstand unterstützt hätte, den Zugang zu den österreichischen Bühnen zu verwehren. Und wir wissen, daß er erfolgreich war. Zu Weigels und Torbergs Aktivitäten und zur Brecht-Rezeption in Österreich gibt es die sehr genau dokumentierende kritische Studie von Kurt Palm. (Palm 1983, 133–177)

Über das Kapitel Torberg möchte ich hier nicht ausführlich handeln, obwohl mit diesem Namen eine Haltung begründet wird, die sehr typisch sein mag für den flotten und oft brillanten feuilletonistischen Umgangston. Torberg lobte sehr früh Handke, hielt aber die österreichische Moderne für kaum bemerkenswert.

Doch zurück zu Eisenreich und zu seinem Essay über Herzmanovsky, *Biedermeier-Dämonen* (1957). Darin vermerkt er: »Fände sich ein Autor, der dieses abstrakte Skelett mit Lebensstoff unserer Gegenwart bekleidet, entstünde ein realistischer zeit- und gesellschaftskritischer Roman von vollkommener Aktualität.« (Eisenreich 1964, 141)

Wie immer man zu dieser Aussage steht, Eisenreich mahnt ein Defizit ein, an dem zu leiden der österreichischen Literatur allenthalben nachgesagt wurde und wird: das Fehlen eines zeitkritischen Romans. Was immer das ist – meistens dachte man dabei wohl an Böll (1917–1985) (*Haus ohne Hüter*, 1954; *Billard um halbzehn*, 1959) oder an Grass (*1927), dessen *Blechtrommel* ja 1959 eine neue Ära des deutschen Romans eintrommelte.

Eisenreich selbst, gewandter, formbewußter Erzähler, trat als Autor zahlreicher Kurzgeschichten hervor, die (*Böse schöne Welt*, 1957) so in etwa den Bewußtseinsstand der »kleinen Leute« adäquat repräsentierten, er versuchte, schicksalshafte Vorgänge einzufangen, Geschichten von haarsträubenden Mißverständnissen in einer doppelbödigen bösen schönen Welt. Etwa *Erlebnis wie bei Dostojewski*, dessen Inhalt und dessen Herstellungsmethode symptomatisch für diese Epoche stehen möge: Eisenreich hat diese Geschichte über der Geschichte von Katherine Mansfield *A Cup of Tea* errichtet, ja er hat sie ergänzt und ihr damit so etwas wie eine moralische Pointe verliehen: Ein Mädchen bettelt eine vornehme Frau an um Geld für ein Stück Brot (bei Mansfield eine Tasse Tee), worauf die gute Frau sie einlädt, mit ihr eine Tasse Tee zu trinken (bei Eisenreich: Einladung in das Bahnhofsrestaurant). Bei Mansfield wird das Ganze zu einem Flop, bei Eisenreich auch. Der Mann der Frau – bei Mansfield – sieht das Mädchen, sie verspürt Eifersucht und ist froh, wie das Mädchen verschwindet; kein Gespräch wollte, konnte sich einstellen. Eisenreich läßt seine vornehme Dame das Mädchen zu einem Nachtmahl ins Bahnhofsrestaurant einladen, das Mädchen setzt sich nicht zur Wehr, läßt sich von der Wohltat überwältigen, obwohl vom Bahnhof gerade ihr Freund, ein (Besatzungs-)Soldat, abfährt, und ihm wollte das Mädchen noch einmal Adieu sagen...

Wir sehen: zwei Handlungen laufen nebeneinander her, zwei Menschen agieren, wobei der Mächtigere handelt und durch sein – gut gemeintes – Handeln das Unglück des anderen bedingt. Das hat freilich auch den Sinn einer Botschaft an die Leser, die wohl unter anderem auch sagen soll: Wer handelt, handelt wider die Interessen eines anderen, wohl oder übel; jede Tat tötet ein legitimes Interesse im – vielleicht auch legitimen – Eigeninteresse. Texte wie dieser legen denn auch das nahe, was wir als »Handlungsverzicht« im Register der Vorwürfe an die österreichische Literatur finden.

Doch noch deutlicher hat sich Eisenreich in einer Kriegserzählung zu Wort gemeldet; eine eindrucksvolle Schilderung aus der Sicht eines im Kriege schwer Verletzten ist seine Erzählung *Doppelbödige Welt*, in der der Ich-Erzähler mit peinigender Deutlichkeit die Stadien seines Heilungsprozesses registriert; und die Schlußpointe: Ein Mädchen spricht zu einem anderen an seinem Bett: »Schau dir diesen Jungen an! Schade um ihn.« (Eisenreich 1965, 169; der Text ist allerdings vor 1957 geschrieben worden.) Und dann kommt die »Pointe«:

[Sie] wandte sich dann ab: mit einem langsamen, engen Schwung, der einen endgültigen Verlust hinter sich ließ, der eine notwendige Abkehr von dem Unwiderruflichen enthüllte, jenseits von Trauer, Schmerz und Mitleid, aber aus einer tiefen natürlichen Erkenntnis des Unvermeidlichen, aus einer wahrhaftigen Einsicht, Einfühlung, Einordnung in den Lauf der Welt und ihrer Dinge, aus einem ehrlichen Einverständnis mit dem Schicksal, aus einer grenzenlosen Liebe heraus, welche außerhalb jeder männlichen Vorstellung, welche in Individuen denkt, ihr gedieh und in ihr waltete. (Ebda, 169)

Da sind freilich knüppeldick die Klischees von einem Leben vorhanden, das Mann und Frau radikal trennt in bezug auf Einsicht und Rationalität; auch entscheidend – und für den Erzähler der paradoxe Grund zur Heilung – ist die Einsicht in den Lauf der Dinge: wer sich dem überläßt, hat schon gewonnen. Wir wissen auch, daß Eisenreich sich damit weltanschaulich eindeutig auf die Seite jener geschlagen hat, die in der Hingabe an das Schicksal auch den Ort der Unschuld vermuten; daß das Vorgehen gegen einen Schaden mitunter auch lebensnotwendig sein muß, sein kann, scheint sich nicht als Einsicht breitzumachen. Dieser Fatalismus (Eisenreich berief sich auch auf solche, wie er meinte, fernöstliche Anschauungen) mag immerhin für sich das Positive haben, daß man aktiv keinen Schaden zufügen will, hat aber den Nachteil, daß er jenen, die Schaden zufügen wollen, freie Bahn schafft.

Ich habe diese Texte Eisenreichs kurz gestreift, weil sie meiner Meinung nach einen sehr guten Einblick geben in die Fundierung dieser apolitisch-passiven Österreich-Ideologie, weil sie auf der anderen Seite auch zeigen, wogegen sich die nun folgende Literatur abhob, und das nicht nur in weltanschaulicher Hinsicht, sondern sehr wohl auch in formaler, denn für einen Autor wie Eisenreich ist die Welt noch ganz in sich geschlossen, erzählbar, durch die Erzählung restituierbar.

5.2. HANS LEBERT (1919–1993): Die Wolfshaut (1960)

Ich wende mich zunächst einmal ganz kurz dem Werk Hans Leberts zu, eines interessanten Außenseiters und Einzelgängers, dessen Roman *Die Wolfshaut* (1960) uns hier aus einem anderen Grunde auch noch beschäftigen soll. Dieses Buch hat seinerzeit viel Aufsehen erregt, eine Zeitlang schien es völlig vergessen, doch die Neuauflage im Europa-Verlag von 1991 machte viel von sich reden. Nach der Waldheim-Affäre bekam Leberts Prosa einen neuen Stellenwert in der österreichischen Literatur, als erster und gewichtigster wie auch authentischer Beitrag zum Gespräch über die Persistenz des Nationalsozialismus in Österreich.

Der Text ist nach dem Muster eines Kriminalromans gebaut. In dem kleinen österreichischen Dorf Schweigen (!) deckt der Matrose Johann Unfreund (!) – ohne ursprünglich die Absicht zu haben – ein Verbrechen auf: die Ermordung von sechs Fremdarbeitern durch einige Dorfbewohner, kurz vor Kriegsende.»Der Matrose, ursprünglich den Ursachen für den Selbstmord seines – an der Ermordung der Arbeiter beteiligten – Vaters auf der Spur, und sein Gegen-Ich, der gleichfalls ortsfremde Photograph Karl Maletta, werden zu Instrumenten einer rätselhaften Vergeltungsinstanz, die als mythologischer ›Wolf‹ das Dorf einkreist, ihre Spur ›als Schlinge um das Dorf‹ legt.« (Fliedl/Wagner 1984, 309 f.)

Wir sind in einer Landschaft, die sich der mythischen Qualitäten ihrer Bewohner nur zu bewußt zu sein scheint: Das Motto aus Richard Wagners *Walküre* (Lebert war auch als Opernsänger erfolgreich tätig!) soll den Leser auf Mythisches und Archaisches einstimmen. Lebert selbst verstand sich keineswegs als realistischer Schriftsteller; kurzum wollte er den Zeitroman nicht realisieren, den Eisenreich erwartete, mag auch die Zeiterstreckung des Romans aufs genaueste (8. November 1952, drei Uhr morgens, bis 14. Februar 1953, sieben Uhr fünfzehn) eingegrenzt sein. Der Photograph wandelt sich (Lebert verwendet hier Originalmaterial aus dem 18. Jahrhundert, vgl. Fliedl/Wagner 1984, 310) zum Wolfsmenschen, zum Lykanthropos. Lebert verstand seine Romane als Bekehrungsromane im christlich-jüdischen Sinne, die Handlung spiele in einem »magischen Raum«. (Ebda, 312) Schauplatz ist, und das ist vielleicht besonders hervorzuheben, das Dorf. Freilich dürfen wir nicht gleich dahinter einen »Dorfroman« vermuten, doch ist festzuhalten, daß Lebert in diesem Roman das Modell des Dorfromans, wenngleich in Umkehr, herbeizitiert. Ist das Dorf sonst der Ort, an dem sich die Menschen regenerieren, so ist es bei Lebert der Ort einer vom Infekt befallenen Gemeinschaft: Diese Welt ist dem Untergang geweiht. Sie wird mit negativen Attributen beschrieben; Lebert selbst hat einmal gemeint, seine Romane wollten die Herrlichkeit der Landschaft zu den Menschen kontrastieren, die in ihnen leben. Die Landschaft ist, offenkundig weil sich das Übel in sie hineinbegeben hat, »parteibraun«. Das heißt, daß nur in der Negativfolie die Herrlichkeit erkennbar werden kann. »Fast zwanghaft wiederkehrende Beschreibungen übler Gerüche, ekelerregender Vorgänge und widerwärtiger Substanzen wie Eiter, Schleim, Auswurf und Fäkalien haben der *Wolfshaut* zu dem Ruf verholfen, ein unappetitliches und abstoßendes Buch zu sein.« (Fliedl/Wagner 1984, 313)

In jedem Falle läßt sich sagen, daß dieser Roman durch die Inversion des Schemas des Heimatromans auch so etwas wie kritische Potenz (ebda, 318) für sich beanspruchen kann. In diesem Sinne ist dem Buch auch besonderer Platz in der Literatur in Österreich nach 1945 zuzuerkennen.

Von da aus ist es, so meine ich, durchaus auch plausibel, die Brücke zu Thomas Bernhards *Frost* (1963) zu schlagen. Wir werden darauf noch zurückkommen.

Interessant ist die intensive Reaktion Doderers auf diesen Roman; er hat ihn zu einer Zeit, da er sich kaum mehr auf Buchkritik einließ, zweimal besprochen, den ersten Text aber, weil er ihm zu kritisch schien, zurückgehalten.

> Seit George Saiko's Roman *Der Mann im Schilf* ist eine so meisterhafte Darstellung subalpiner sogenannter »Bevölkerung« nicht mehr gegeben worden. [...] [-] Ein wirklicher Erzähler. Er hat sich manchmal noch ein bisserl zu gern. Aber es gelang ihm ein Roman, der zu den noch nicht zehn epischen Werken in deutscher Sprache gehört, die seit dem Kriege zählen. (*Symphonie in einem Satz*. In: Doderer 1970, 180–182, hier 181)

Doderers Einwand: »[D]ie Einheit der Aura von ›Schweigen‹ [...] hätte gesprengt werden müssen, oder überstiegen [...], um einen eigentlichen großen epischen Raum zu erstellen [...].« (Ebda, 182) Doderer rügte die Bindung an die Aura des Dorfes, die der Komplexität dessen, was er als Roman verstanden wissen wollte, nicht gerecht werden konnte.

Ein Thema dürfte ihn vor allem beschäftigt haben: die Erschießung der Fremdarbeiter, das Verbrechen, das entdeckt wird: Hier läßt sich ein Zusammenhang zu Doderers Roman *Der Grenzwald* herstellen, worin es ebenfalls um die Aufdeckung einer Schuld, und zwar die Erschießung Gefangener – allerdings im Ersten Weltkrieg – geht. Die Vergangenheit wird virulent, bei den Autoren schon um 1960, wobei das »schon« als Zynismus gedeutet werden könnte. »Der Oberförsterbart entschließt sich zur Rasur und wird dann Landtags-Abgeordneter« (ebda, 180), heißt es in Doderers Rezension, womit er prägnant die österreichische Praxis der Übernahme Belasteter in die politische Verantwortung nach 1945 ins Bild bringt.

5.3. INGEBORG BACHMANN (1926–1973): *Das dreißigste Jahr* (1961)

Von Lebert ergibt sich recht günstig, was den politischen Kontext angeht, der Übergang zu der Autorin, die wohl derzeit als die Repräsentantin der österreichischen Literatur dieses Zeitraums schlechthin gilt, die bei der Findung der weiblichen Identität hüben und drüben wesentliche Formulierungshilfe geleistet hat und deren Schriften in der letzten Zeit in erhöhtem Ausmaße auch als Diagnosen der Geschichte, historischer Prozesse herangezogen wurden.

Nach der kursorischen Beschäftigung mit zwei Gedichten (*Große Landschaft bei Wien* und *Mein Vogel*) möchte ich mich nun der Autorin näher zuwenden, einige Voraussetzungen ihrer Schreibweise kurz charakterisieren und versuchen, einige zentrale Aspekte in den Erzählungen des Bandes *Das dreißigste Jahr* in den Zusammenhang dieser Vorlesung einzubringen. Zunächst ist hervorzuheben, daß Ingeborg Bachmann derzeit auch im Zentrum der literaturwissenschaftlichen Forschung steht. Wir verfügen über zwei vor einiger Zeit erschienene Handbücher von Peter Beicken und Kurt Bartsch, die beide als Einführungen in das Gesamtwerk sehr brauchbar sind (Beicken 1988; Bartsch 1988). Ich stütze mich für allgemeine Fragen auf diese beiden Bücher, da darin eine Unzahl von Informationen überschaubar verarbeitet sind und dem neuesten Stand der Diskussion um dieses Werk Rechnung getragen wird.

Wenn ich hier ganz kurz auf das Leben eingehe, so auch deshalb, weil dadurch mehr sichtbar wird als durch einige biographische Daten. Ingeborg Bachmann wurde in Klagenfurt geboren; sie hat sich nie gerühmt, wenn ich recht sehe, eine Kärntnerin zu sein, sehr wohl aber betont, daß die Geburt an der Grenze ihre Existenz prägend beeinflußt habe.»So ist nahe der Grenze noch einmal die Grenze: die Grenze der Sprache – und ich war hüben und drüben zu Hause, mit den Geschichten von guten und bösen Geistern zweier und dreier Länder; denn über den Bergen, eine Wegstunde weit, liegt schon Italien.« (IBW 4, 301) Slowenien, Österreich, Italien – das Grenzmotiv ist eines der am intensivst variierten im Werk der Ingeborg Bachmann. Als entscheidend, als Riß in ihrem Leben bezeichnete sie den Einmarsch der Nazitruppen in Österreich (vgl. Bachmann 1983, 111). Von 1945 bis 1953 ist sie in Innsbruck und Wien. Sie studiert 1945/46 in Innsbruck Psychologie, Philosophie und Geschichte und dann in Wien, wo sie mit der Schrift *Die kritische Aufnahme der Existenz-Philosophie Martin Heideggers* bei Viktor Kraft 1953 zum Dr. phil. promoviert. Diese Dissertation ist indes auch ein Indikator für die intensive Auseinandersetzung mit Ludwig Wittgenstein, von dem aus zuletzt die Philosophie Heideggers kritisiert wird. Auch Carnap wird als Kritiker herangezogen, ein zu dieser Zeit sonst kaum im Bewußtsein der Autoren präsenter Denker; im philosophischen Diskurs in Österreich hat er damals so gut wie keine Rolle gespielt.

Das Baudelaire-Gedicht *Le Gouffre* (*Der Abgrund*) beschließt die Arbeit, und Bachmann bekennt:»Dem Bedürfnis nach Ausdruck dieses anderen Wirklichkeitsbereiches, der sich der Fixierung durch eine systematisierende Existentialphilosophie entzieht, kommt jedoch die Kunst mit ihren vielfältigen Möglichkeiten in ungleich höherem Maß entgegen.« (Bachmann 1985, 116) Hier sei gleich vorausgeschickt, daß Bachmann in einem Interview gesagt hat, sie hätte beim Schreiben an Ludwig Wittgenstein gedacht (Bachmann 1983, 82 f.), eine Aussage, die es gewiß zu beherzigen gilt, zum andren ist festzuhalten, daß zahlreiche Motive der Philosophie Wittgensteins sich auch bei ihr finden.

Ingeborg Bachmann beginnt zu schreiben, veröffentlicht in Hermann Hakels *Lynkeus* und Weigels *Stimmen der Gegenwart*, arbeitet beim ORF (damals Sender Rot-Weiß-Rot). 1953 erscheint ihr erster Gedichtband *Gestundete Zeit*. Von 1953 an lebt sie vorzugsweise in Italien (Neapel, Ischia), lernt Schriftsteller kennen (Gustav René Hocke, Marie Luise Kaschnitz). Von 1957 bis 1963 ist sie in München, Zürich und Rom, von 1963 bis 1966 in Berlin, um 1966 endgültig nach Rom zu übersiedeln. Bachmanns Ruhm hat sich gefestigt, auch wenn die Wogen von 1968 offenkundig ihr Schaffen – damals – ein wenig in den Hintergrund treten ließen und sie ja nie in dem Sinne Avantgarde sein wollte, in dem es so viele sein wollten.

Am 17. Oktober 1973 starb sie, nachdem sie schwere Brandverletzungen erlitten hatte; über diesen Tod ist viel geschrieben und gestritten worden. Man sprach von Unfall, Suizid-Versuch, aber es wurde auch Anzeige wegen Mordversuchs erstattet (Henze). (Vgl. Bartsch 1988, 184; Beicken 1988, 211 f.) In jedem Falle dürfte Medikamentenentzug eine entscheidende Rolle gespielt haben.

Die Erzählungen, die ich nun in den Mittelpunkt der Vorlesung stellen möchte, sind von unterschiedlicher Thematik. In allen ist jedoch ein Problem zentral, und zwar die Schwierigkeit, etwas in der Sprache zur Sprache zu bringen. Ich möchte daran festhalten, obwohl in der letzten Zeit sehr an dem Begriff der Sprachskepsis gerade im Zusammenhang mit Bachmann herumgekrittelt worden ist – wenngleich auch, wie bei Sigrid Weigel, mit gutem Grund.

Man wird also nicht davon ausgehen können, in Ingeborg Bachmanns Texten ausschließlich eine Reaktion auf Wittgensteins Sätze zu sehen; ich möchte aber doch darauf insistieren, daß bereits 1953 die Position in ihrem Wittgenstein-Essay (IBW 4, 12-23) – dem ersten Essay über Wittgenstein von Bedeutung in Österreich nach 1945 überhaupt – eine Grundlage geschaffen hat für ihre poetische Praxis, wenn es darin heißt:

> Von der klaren Darstellung des Sagbaren ausgehend, verweist Wittgenstein unvermutet darauf, daß die Philosophie damit das Unsagbare bedeute. Was ist nun dieses Unsagbare? Zuerst begegnet es uns als Unmöglichkeit, die logische Form selbst darzustellen. Diese zeigt sich. Sie spiegelt sich im Satz. Der Satz weist sie auf. Was sich zeigt, kann nicht gesagt werden; es ist das Mystische. Hier erfährt die Logik ihre Grenze, und da sie die Welt erfüllt, da die Welt in die Struktur der logischen Form eintritt, ist ihre Grenze die Grenze unserer Welt. So verstehen wir den Satz »*Die Grenzen meiner Sprache* bedeuten die Grenzen meiner Welt«. (5.6) (IBW 4, 20)

Und zum Abschluß ihrer Betrachtungen zu Wittgenstein stellt sie fest:

»Gott offenbart sich nicht in der Welt« (6.432) ist einer der bittersten Sätze des *Tractatus*. Aber läßt Wittgenstein uns nicht wissen, daß die sittliche Form, die wie die logische nicht darstellbar ist, sich zeigt und Wirklichkeit ist? »Wovon man nicht sprechen kann, darüber muß man schweigen«, sagt er am Ende und meint eben diese Wirklichkeit, von der wir uns kein Bild machen können und dürfen. Oder folgerte er auch, daß wir mit unserer Sprache verspielt haben, weil sie kein Wort enthält, auf das es ankommt? (Ebda, 22 f.)

In jedem Falle geht aus dieser Stelle eindeutig hervor, daß Wittgenstein nicht als »Einfluß« zu werten ist, sondern als unentbehrlicher Impuls, von dem aus die Autorin ihre Fragen in ihre Texte hineinformuliert.

Zentral ist das Bild von der »Grenze« (erinnern Sie sich bitte, daß ich zu Beginn der Vorlesung auf diese existentialistische Grundvokabel verwiesen habe, die nun in der Brechung durch Wittgenstein auch bei Ingeborg Bachmann vorkommt). Im Anschluß an den Satz 5.6 des *Tractatus* formuliert sie:

Diesseits der »Grenzen« stehen wir, denken wir, sprechen wir. Das Gefühl der Welt als begrenztes Ganzes entsteht, weil wir selbst, als metaphysisches Subjekt, nicht mehr Teil der Welt, sondern »Grenze« sind. (Ebda, 20 f.)

Diese Grenzmetapher zieht sich durch den Text, durch das Gesamtwerk, und es wäre sinnvoll, eben solche dominanten Bilder aus der Isolation in der Einzelforschung herauszulösen und sich zu fragen, was sie denn in einem umfassenden Kontext zu leisten haben und zu leisten vermögen.

Das Problem der Grenze, der Trennung wird uns auch an zentraler Stelle in jener Erzählung beschäftigen, mit der wir uns nun befassen wollen, vordringlich, weil sie die konkretesten und griffigsten Punkte enthält, mit deren Hilfe wir uns dem Problem der österreichischen Literatur in diesem Zeitraum nähern können. »In der Tat brauchen wir nur dort fortzusetzen, wo uns die Träume eines Irren unterbrochen haben, in der Tat brauchen wir nicht voraus-. sondern nur zurückblicken« – nicht ohne Grund hat diese bereits angeführte Devise Alexander Lernet-Holenias, geschrieben am 17. Oktober 1945 in St. Wolfgang im Salzkammergut, Karriere gemacht. Und diese Devise paßt als Kontrast gut zu der Erzählung

Unter Mördern und Irren (IBW 2, 159–186; DdJ, 82–109), entstanden offenkundig, laut Auskunft des Apparates der Werkausgabe, um 1956/57, also in der Zeit nach dem Staatsvertrag; es ist die fundamentalste und umfassendste Abrechnung mit der österreichischen Restauration nach 1945. Es ist eine Story, deren logischer Zusammenhang nur dann besticht, wenn man ihn denn auch vor dem Zeithintergrund versteht. Die Welt scheint gespalten in zwei Gruppen, in die Mörder und in die Irren. Am Ende der Geschichte steht ein Mord. Ein Mann, ein Außenseiter, behauptet von sich, ein Mörder zu sein, obwohl er im Krieg wegen der Unfähigkeit, Menschen zu töten, verurteilt worden ist. Gerade dieser Mann wird niedergeschlagen und tödlich verletzt. Offenbar hatte er ein paar Frontkämpfer, die in einem Lokal feierten, mit seiner Rede irritiert. Dieses Ereignis wirkt am Ende, als ob es nicht zu dem Ganzen gehörte, fast wie aufgeklebt; welche Rolle es für den Erzähler hat, wird noch zu erörtern sein.

Für uns ist nicht nur die historische Aussage dieses Textes wichtig, sondern auch seine ästhetische Organisation: Keine Geschichte, sondern eine Zustandsschilderung, könnte man sagen, oder: *Unter Mördern und Irren* enthält so viele Geschichten, daß es unmöglich ist, sie zu einer Geschichte zu bündeln. Offenbar ist es unmöglich, von diesen Ereignissen zu erzählen – so zu erzählen, als ob Erzählen möglich wäre. Es geht nicht um eine handfeste Story, um den Totschlag am Ende (als solches wird gewiß von den Richtern eingestuft, was da geschah).

Ein Kabinettstück der Erzählkunst stellt der erste Satz dar, in den mehr hineingepackt ist, als einer Kurzgeschichte für gewöhnlich guttut: »Die Männer sind unterwegs zu sich, wenn sie abends beieinander sind, trinken und reden und meinen.« (IBW 2, 159; DdJ, 82) Mit »Männer« wird sofort die Exklusivität dieser Gesellschaft angegeben, das Männerbündlerische markiert. Zudem finden die Männer zu sich, wenn sie »beieinander sitzen« – es geht um die Dominanz der Männerbünde, von den Freimaurern bis zu den Burschenschaften und den Fußball- und Kegelklubs: Männersache.

Das Patriarchat, das im Krieg ja einiges abbekommen hat, restauriert sich nun auf seine Weise: »Wir sind in Wien, mehr als zehn Jahre nach dem Krieg. ›Nach dem Krieg‹ – dies ist die Zeitrechnung.« (Ebda) Für Bachmann gibt es kein Verlöschen von Geschichte; das, was sich zugetragen hat, ist nicht löschbar, nicht tilgbar. Die Konstitution der Gruppe ist bezeichnend. Auch sie gehört zu diesen Männerbünden, Herrenrunden, wo die Männer »redeten und meinten und erzählten wie die Irrfahrer und Dulder, wie Titanen und Halbgötter von der Geschichte und den Geschichten«. (Ebda) Ich verweise auf die zweifache Verwendung des Wortes »meinen« auf der ersten Seite dieser Erzählung in ähnlicher syntaktischer Funktion: »meinen« verlangt für gewöhnlich ein Objekt; die Verwendung ohne Objekt charakterisiert die Verwendungsweise und semantische Leere dieses »Meinens«, das bloß der pathetischen Stärkung der eigenen Position dient. Es ist also nicht eine durch Argumentation erkaufte Überzeugung, sondern es ist die »Meinung«. Zugleich die Überhöhung ins Mythische, die ja gerade in der Zeit nach dem Krieg auch die Literatur bestimmte: Der Mensch sieht sich nach den radikalen Umwälzungen des Krieges am besten durch die Figuren des Mythos ausgedrückt, und da ist es natürlich Odysseus, aber auch die Titanen – je später es wird, umso titanischer war die Unternehmung im Kriege.

Die zweite Seite führt hinüber in die von der Erzählung verdeckte Welt, zu den Frauen.

> Mit den Gefühlen des Opfers lagen die Frauen da, mit aufgerissenen Augen in der Dunkelheit, voll Verzweiflung und Bosheit. Sie machten ihre Rechnungen mit der Ehe, den Jahren und dem Wirtschaftsgeld, manipulierten, verfälschten und unterschlugen. (IBW 2, 160; DdJ, 83)

In den Träumen lassen sie die Männer sterben.

> Sie weinten um ihre ausgefahrenen, ausgeritteten, nie nach Hause kommenden Männer und beweinten endlich sich selber. Sie waren angekommen bei ihren wahrhaftigsten Tränen. (Ebda)

Die Welt ist geteilt, die Männer und die Frauen; sie gehen nicht gemeinsam, die Frauen begreifen sich als Opfer; die Technik der Bachmann offenbart sich für mich am ehesten in ihrer Fähigkeit, mit dem zu operieren, was ich die »Grenzwörter« nennen möchte: Da gibt es Worte, welche sich in die vermeintlich realistische Erzählung einschleichen, die eine andere Ebene herbeizitieren; so hier, »wenn von den ausgefahrenen, ausgeritteten, nie nach Hause kommenden Männer[n]« die Rede ist. Das versieht den Mythos, den sich die Männer mit ihren Kriegserzählungen selbst schaffen, mit einem ironischen Akzent.

»Wir waren weit fort«, heißt es ironisch – man ist in derselben

Stadt, und doch fühlt man sich weit fort: Der Gasthausbesuch ersetzt den heroischen Ausritt. Es sind sieben Männer, die sich da treffen, und auch durch diese sieben (die wenig glorreichen Sieben) geht ein Riß. Vier gehören zu der Gruppe, die dabei waren: Haderer, ein ehemaliger Großnazi, nun Abteilungsleiter im österreichischen Rundfunk, Bertoni, ein Feuilletonchef, Ranitzky, ein Historiker an der Universität, und ein Kulturförderer und Verleger namens Hutter. Diese sind die Ehemaligen. Die andere Gruppe besteht aus dem Erzähler, Friedl und Mahler.

Einer dieser drei, Mahler (ein weiterer, der offenkundig zu ihnen gehört, Herzl, fehlt, ebenso Steckel), führt sofort, deutlich erkennbar, am Anfang die Zäsur ein: »Wir sind heute nur drei Juden«, sagt er (IBW 2, 161; DdJ, 84), womit er offenkundig nicht die Abkunft meint, sondern die Außenseiterposition dieser drei, auch der Unterton: Opfer klingt mit. Die folgende Partie läßt nun diese einzelnen Figuren Profil gewinnen; offenkundig kann sich Haderer heute stärker machen: Er redet und wandelt sich vom Irrfahrer und Dulder zum Titan. Die drei »Juden« stellen für ihn kein Hindernis dar. An so kleinen Details sieht man, wie überzeugend Bachmann die Situation der sich neu konstituierenden österreichischen Gesellschaft nach dem Kriege trifft. Die überlebenden, die überlebten Nazis können sich verstellen. Wenn die echten Juden da sind, die wirklichen Opfer, dann schweigen sie, um den Konsens, den sie zu ihrer Reintegration brauchen, nicht zu gefährden: die Verstellung als Mutter der Harmonie.

Bachmann operiert auch mit der Physiognomie; geschickt, technisch sehr geschickt ist die Einführung des Zeichners, der diese Gruppe zeichnet (IBW 2, 162; DdJ, 85). Und dann die Physiognomie Haderers:

> Mit Schmissen in dem kleinen Gesicht. Mit der zu straff an den Schädel anliegenden Haut. Grimassierend, ständig schauspielernd den Ausdruck. Peinlich gescheitelt das Haar. Einen Blick, der stechend, bannend sein wollte und es nicht ganz war. (IBW 2, 163; DdJ, 86)

Physiognomie enthält Urteile, unsere physiognomische Praxis ist voller Vorurteile; wir meinen, in den Gesichtern lesen zu können, und wir täuschen uns. Trotz allem können wir uns nie dem Eindruck entziehen, den eine Physiognomie auf uns macht.

Von Figur zu Figur wird ein Rückblick auf die Geschichte, die individuelle und zugleich die Österreichs gegeben. Besonders deutlich wird bei Bertoni, dem Feuilletonchef, wie auch er ein Gefangener seiner Sprache ist: Wenn von der Zeit »damals« die Rede ist, stellt sich eine Sprache ein, die offenbar Bertoni nicht loswerden kann:

> Es wurde dann eine Sprache benutzt, die Bertoni zu irgendeiner frühen Zeit einmal kopiert haben mußte, und nun hatte er keine andere mehr und war froh, sie wieder mit jemand sprechen zu können – eine leichte, flüchtige, witzige Sprache [...] der Andeutung [...]. Er deutete nicht [...] etwas an, um einen Sachverhalt klarzumachen, sondern deutete, über die Sache hinweg, verzweifelt ins Ungefähre. (IBW 2, 166; DdJ, 89)

Eben diese Ungenauigkeit ist es, die verstört. Sie ermöglicht es, die Vergangenheit zu verwischen. Ranitzky, das ist der Opportunist an der Universität; er hat seine »Geschichte Österreichs« umgeschrieben, aus »Opportunismus«. Er ist der Lächler (IBW 2, 168; DdJ, 91), der lächelte, wenn jemand in der Runde »ermordet wurde«, mit dem er morgen zusammentreffen mußte. An diesem Abend kreist, nicht zuletzt infolge der Abwesenheit einiger »Juden«, das Gespräch um den Krieg. Dieser erscheint als die echte Prüfung, die man nicht missen möchte; nur Friedl sagt, er hätte sie missen können. Schließlich geht im Alkoholdunst die Widerstandsfähigkeit des einzelnen unter, und Friedl ist schon dabei, mitten im Gespräch. Die Wahrheit kommt im Abseits, im wahrsten Sinne auf dem Abort, zum Durchbruch.

Friedl sieht sich als dreifacher Vater eingespannt in ein System, dem er nicht mehr entkommen kann. Die Überzeugung des Erzählers, daß »nach 45 [...] die Welt [...] geschieden [sei], und für immer, in Gute und Böse« (IBW 2, 173; DdJ, 96), mußte er für sich widerrufen. »[J]etzt sind wir wieder vermischt«, so benennt er diese eigentümliche Stimmung in dem Keller, der er auch nicht entkommen zu können meint. Friedl sieht sich in einer Kette der Opfer: »Mein Vater war ein Opfer der Dollfuß-Zeit, mein Großvater ein Opfer der Monarchie, meine Brüder Opfer Hitlers.« (IBW 2, 177; DdJ, 100) Geschichte erscheint nicht als eine Serie aufeinanderfolgender Großtaten, nicht als der endlich erfolgte Sieg der Unterdrückten über die Unterdrücker, sondern als eine Folge von Missetaten an den Opfern; Geschichte ist eine Geschichte der Opfer. Doch dient die Schilderung dieser Figuren lediglich der Exposition jenes Ereignisses, das den dramatischen Schluß der Story bestimmt. Da sitzt plötzlich einer am Tisch, der erzählt, daß er nicht töten konnte, daß er dafür in psychiatrische Behandlung genommen wurde.

Hutter, der vorher vom Erzähler als Barrabas freigesprochen worden war, stellt, weil er die Länge dieses Berichts nicht aushält, die zynische Frage: »Nun, und ist es dann gegangen mit dem Schießen, mein Herr?« (IBW 2, 184; DdJ, 107) Der Unbekannte wird dann tatsächlich erschlagen, von den »Frontkämpfern«, die schon wieder singen. Wie sich das ereignet hat, bleibt im Dunkeln: »...unbegreifliche Provokation... ich bitte Sie... alte Frontsoldaten...« (IBW 2, 186; DdJ, 109), heißt es da nur: In dem Wort »Provokation« steckt die bitterste Ironie; nicht das Treffen der Frontsoldaten, die ihre Lieder so singen, als wäre kein Tag vergangen, nicht in der Stimmung an diesem Stammtisch liegt die Provokation, sondern sie soll in dem Verhalten dieses offenkundig gestörten Menschen liegen. Aber nach der Ursache der Verstörung wird nicht gefragt.

Besonders problematisch scheint mir der Schluß; der Erzähler hat den Toten angerührt; er fühlt sich von dessen Blut, das er auf der Innenfläche seiner Hand wahrnimmt, verwandelt:

> Mir war, als hätte ich durch das Blut einen Schutz bekommen, nicht um unverwundbar zu sein, sondern damit die Ausdünstung meiner Verzweiflung, meiner Rachsucht, meines Zorns nicht aus mir dringen konnten. Nie wieder. Nie mehr. (Ebda)

Also Immunisierung, aber nicht, um von außen her etwas abzuwehren, sondern um von innen her das Erfahrene für sich zu behalten, nicht zum Morden; die Gedanken verzehren von innen her; sie schlagen nicht um sich. Ist es so, daß alle Opfer in ihrem Inneren das aufbewahren, was sie vernichtet, daß sie eine Haut haben, durch die das nicht durchdringt, was sie an vernichtenden Konsequenzen aus ihrer Einsicht in die Geschichte ziehen mußten?

Diese Erzählung ist deshalb wichtig, weil darin zum ersten Mal nach 1945 in der österreichischen Literatur – und der Entstehung nach noch vor dem Erscheinen von Leberts *Wolfshaut* – mit der österreichischen Geschichte und der Behandlung der Vergangenheit und Gegenwart kritisch umgegangen wird, und zwar sowohl inhaltlich als auch formal in einer sehr distinkten Weise. Es ist eine der Form nach – für diese Zeit – typische Kurzgeschichte; aber Modifikationen sind anzubringen: Es entsteht hier, gebannt um den Stammtisch, so etwas wie ein Panorama der österreichischen Männerwelt. Es ist die einzige Geschichte in *Das dreißigste Jahr*, in der die Beziehung zwischen den Geschlechtern (fast) keine Rolle spielt;

es sind also offenkundig auch die Männer, die diesen Schuldzusammenhang (es ist einmal auch die Rede von zweitausend Jahren bei Friedl; IBW 2, 177; DdJ, 100) erzeugen.

Die Geschichte von Ingeborg Bachmann markiert auch einen Punkt, an dem sich die Opfer mit den Tätern wieder zusammenschließen, an dem sie vielleicht sogar wieder Du-Brüderschaft trinken werden (IBW 2, 178 f.; DdJ, 101 f.), und es scheint, als gäbe es aus diesem Ablauf keinen Ausweg; die Welt ist nicht, wie die zukunftsfreundliche Annahme zuerst gelautet hatte, geschieden in Gut und Böse, sondern in Mörder und Irre. Die Mörder sitzen am Stammtisch zusammen, die Irren werden ausgegliedert, so wie der Mann, der nicht schießen konnte, und sie werden nicht nur ausgegliedert, sondern sogar ermordet. Es ist makaber, es sollte aber doch erwähnt werden, daß ja tatsächlich das erste politische Mordopfer der Zweiten Republik ein Rentner war, der von einem nationalen Studenten niedergeschlagen wurde, anläßlich der Borodajkewicz-Demonstrationen im Jahre 1965, wobei die Ursache just den Charakter dessen hatte, was die »Frontsoldaten« Provokation zu nennen sich erdreisteten.

Die Geschichte rechnet ab mit dem neu sich bildenden Einverständnis von Macht und Humanismus (IBW 2, 179; DdJ, 101), wo Generäle als besonders gute Kenner des Griechischen ausgegeben werden, wo die Bildung von jenen, die im Felde waren, usurpiert wird, ohne einen Augenblick darüber nachzudenken, daß ja den anderen just durch den Krieg die Möglichkeit verweigert wurde, diese Bildung zu erwerben.

Ingeborg Bachmanns Kurzgeschichte ist eine Abrechnung, und zwar eine Totalabrechnung mit der österreichischen Restauration, ja, ich meine sogar mit der für Österreich spezifischen Restauration. Von einer Suche nach konkreten Vorbildern für die einzelnen Figuren halte ich nicht viel, mag sich dem Kundigen auch der eine oder andre Name aufdrängen. Wichtig ist, daß, wie Kurt Bartsch formuliert, in dem Verhalten dieses Stammtisches und in dem Mord des Irren deutlich gemacht werden soll, wie sehr die Gefahr der Wiederbelebung solcher Tendenzen und Taten gegeben ist, wenngleich im Namen einer neu sich formierenden Gesellschaft; allerdings:

> Der historische Augenblick läßt das Gegenbild eines aggressions- und repressionsfreien zwischenmenschlichen Zusammenlebens »wahnhaft« erscheinen. Die Schlußperspektive der Erzählung deutet nur insofern

nicht ins Sinnleere, als sie trotz der Einsicht in die Notwendigkeit, im Kreis der Mörder und Irren weiterzuleben, und trotz des Unvermögens, die Grenzen dieser vorgefundenen Welt zu durchbrechen, die Entschlossenheit des Ich-Erzählers erkennen läßt, die mörderische Praxis nicht mitzumachen, allerdings um den Preis der Vereinzelung, der Abkapselung in sich selbst. (Bartsch 1988, 111)

Nicht zuzutreffen scheint mir die Interpretation von Peter U. Beicken: »Die Geschichte schildert den fast totemistischen Zauber einer Bluttaufe und Einweihung in den Kreis der Opfer und Märtyrer, eine Art Unverwundbarmachung gegenüber den Anfeindungen des Mörderischen und dem Wahnsinn der jüngsten Zeitgeschichte.« (Beicken 1988, 176)

Auch die formalen Aspekte sind wichtig. Es ist zwar eine Kurzgeschichte, doch wird durch die verflochtenen Lebensläufe eine weitere Perspektive erstellt als durch das Ausschnitthafte, das sonst der »short story« zukommt, freilich um den Preis der handfesten, knallharten »story«. Der Leser wird zwar am Ende durch den Mord für die »story« im engeren Sinne entschädigt. Er bekommt jedoch durch die parataktische Anordnung der Lebensläufe ein sehr eindringliches Ineinander österreichischer (Männer-)Biographien mitgeliefert. Die Verknüpfung dieser Figuren, ihr Zusammenkommen an diesem einen Stammtisch spiegelt denn auch exemplarisch die gesellschaftliche Situation wider, auf deren Analyse es Ingeborg Bachmann ankommt.

In kaum einer anderen Geschichte dieses Bandes hat Ingeborg Bachmann eine ähnlich kompakte und deutliche sowie zeitgeschichtlich fixierbare Deutung gegeben, ja dieser Text steht meines Erachtens in der österreichischen Erzählliteratur der späten fünfziger und frühen sechziger Jahre ziemlich vereinzelt da. Indes sind zahlreiche Themen und Motive aus dieser Geschichte auch in den meisten anderen Texten anzutreffen, auf die ich freilich nicht so ausführlich eingehen kann wie auf *Unter Mördern und Irren*.

Ich muß mich auf einige Hinweise beschränken; zentral ist durchgehend, daß Geschichte aufgearbeitet wird, allerdings immer aus der Sicht der Opfer, und es sind, wie vor allem aus zwei Texten sichtbar wird (*Ein Schritt nach Gomorrha*; IBW 2, 187–213; DdJ, 110–136, und *Undine geht*; IBW 2, 253–263; DdJ, 176–186), vor allem die Frauen. Das hat Ingeborg Bachmann ja zu einer der zentralen Autorinnen im Bereich der Forschung gemacht, die sich mit einer spezifisch weiblichen Literatur auseinandersetzen will. In der Tat ergibt sich von da auch eine Verbindungslinie zu Christa Wolfs *Kassandra* (1983), worin ja die Geschichte auch als dreitausendjähriger Schuld- und Verblendungszusammenhang begriffen wird.

Bachmann zeigt, daß der Faschismus nicht etwas ist, das man aus der Privatsphäre in die Öffentlichkeit abschieben zu können meint, sondern daß er gerade in der Familie und im besonderen in der Ehe »stattfindet«. So deutlich ist im Frühwerk dieser Standpunkt noch nicht benannt, doch ist auch der gesamte Erzählband durchdrungen von historischer Erfahrung, die von Mal zu Mal deutlicher transparent gemacht wird.

Jugend in einer österreichischen Stadt (IBW 2, 84-93; DdJ, 7-16) ist die Einleitung dieses Bandes; in diesem Text werden die historischen, in der Kindheit liegenden Wurzeln der Identität nicht nur der Autorin greifbar. Auch hier soll eine Breitwinkelperspektive aus der Sicht des Kindes entwickelt werden. Die Wirklichkeit soll durchlässig werden für einen utopischen Bereich, außerhalb der durch die Geschichte schwer belasteten Gegenwart. Die Kinder schaffen ihre eigene Sprache (IBW 2, 89; DdJ, 12), sie zeigen alles, was der Erwachsene tut, spielen aber noch im Unverbindlichen, und nur unsere Einsicht in die Folgen zeigt, wie verbindlich auch das Kinderspiel ist (war). »Es ist nichts. Diese Kinder!« (ebda), heißt es – und das ist wohl bitter ironisch gemeint.

Das dreißigste Jahr, die Titelerzählung, verfügt indes über einen handlungsstarken Schluß: Der Held stoppt ein Auto und wird bei einem Unfall, bei dem der unbekannte Fahrer getötet wird, schwer verletzt – dies ist nun tatsächlich so etwas wie ein Schlüsselerlebnis, das über den bloß ereignishaften Charakter hinausgeht. Aber auch hier ist die zeitkritische Dimension zugleich eine sprachkritische. Die biographische Situation (»Einen Baum pflanzen. Ein Kind zeugen.«; IBW 2, 106; DdJ, 29) ist krisenhaft determiniert: Entscheidungsunfähigkeit führt zum Dahintreiben und Sich-gehen-Lassen; die Umwelt ist auch nicht gerade dazu angetan, sich ernsthaft auf sie einzulassen.

Moll, das ist die Figur, die mit dieser Gegenwart und wohl auch mit dem Älterwerden und anderen Problemen mühelos zu Rande kommt: Die Schilderung Molls gehört zu den schärfsten und eindrucksvollsten Zeitsatiren, die nach 1945 je geglückt sind. (IBW 2, 120-122; DdJ, 43-45) Moll verfügt über die »Gaunersprachen«; an ihm wird deutlich, daß wir mit unserer Sprache verspielt haben, weil es kein Wort gibt, auf das es ankommt: »Wie vermeidet man Moll? Welchen Sinn hat es, dieser Hydra Moll ein Haupt abzuschlagen, wenn ihr an Stelle eines jeden wieder zehn neue nachwachsen!« (IBW2, 123; DdJ, 46) »Moll, der Unerbittliche, odi profanum vulgus, Moll, der die Sprache verloren hat und dafür mit zweitausend Pfauenfedern aus anderen Sprachen paradiert.« (IBW 2, 122; DdJ, 45) Die seltsame und verständliche Paradoxie ergibt sich aus der Konstitution dieses Mannes um die Dreißig: »Er möchte nicht gehen wie irgendeiner und nicht wie ein Besonderer. Er möchte mit der Zeit leben und gegen sie stehen.« (IBW 2, 130; DdJ, 53) Und wieder schlägt der utopische Aspekt durch: »Die Kündigung der Geschichte, nicht zugunsten der Anarchie, sondern zugunsten einer Neugründung.« (IBW 2, 132; DdJ, 55) Und – so heißt es in einem anderen Aphorismus dieses namenlosen Dreißigers: »Keine neue Welt ohne neue Sprache.« (Ebda) Die neue Sprache, das ist die Utopie, die es zu erreichen gilt.

Das wird noch deutlicher in der Erzählung *Alles* (IBW 2, 138–158; DdJ, 61–68), die wieder mit einem Keulenschlag des Schicksals endet: Das Kind einer Ehe, die auseinandergefallen ist – der Mann hat eine Freundin, die Frau reagiert darauf mit Verstummen. Die Geschichte, in ihrer Vielschichtigkeit schwer zu fassen, ist auch die Geschichte einer Bewußtwerdung: Gerade durch dieses Kind, das ein »schwerer Fall« ist und sich den pädagogischen Bemühungen der Eltern widersetzt, wird dem Erwachsenen bewußt, wie sehr wir mit unsrer Sprache verspielt haben:

> Und ich wußte plötzlich: alles ist eine Frage der Sprache und nicht nur dieser einen deutschen Sprache, die mit anderen geschaffen wurde in Babel, um die Welt zu verwirren. Denn darunter schwelt noch eine Sprache, die reicht bis in die Gesten und Blicke, das Abwickeln der Gedanken und den Gang der Gefühle, und in ihr ist schon all unser Unglück. Alles war eine Frage, ob ich das Kind bewahren konnte vor unserer Sprache, bis es eine neue begründet hatte und eine neue Zeit einleiten konnte. (IBW 2, 143; DdJ, 66)

Die Stelle ist auch geistesgeschichtlich aufschlußreich, spielt sie doch mit dem Topos des Erlöserkindes, das nun aber als Kind geschützt werden müßte, bis es zu sich selbst zu kommen vermöchte, ohne in den Schuldzusammenhang der Geschichte hineinverstrickt zu werden. So soll das Kind eine neue, eine große, eine Sprache vor dieser Geschichte lernen, eine Sprache, die mit den Dingen wieder so etwas wie Identität herzustellen vermag, die wirklich sagt, was die Dinge zu sein meinten. (Rilke)

> Und wenn die Bäume Schatten warfen, meinte ich, eine Stimme zu hören: Lehr ihn die Schattensprache! Die Welt ist ein Versuch, und es ist genug, daß dieser Versuch immer in derselben Weise wiederholt worden ist mit demselben Ergebnis. Mach einen anderen Versuch! Laß ihn zu den Schatten gehn! (IBW 2, 145; DdJ, 68)

Der letzte Satz ist in bezug auf das Schicksal des Kindes besonders doppelsinnig: Es geht ja wirklich zu den Schatten. Mit dem emphatischen Schluß habe ich meine Schwierigkeiten: Der Erzähler will nochmals Vater werden, so als hätte ihn, der sich nach Entdeckung des Ehebruchs impotent fühlte, der Tod des Sohnes wieder potent gemacht (IBW 2, 153; DdJ, 76):

> Wenn es Kinder gibt nach dieser Umarmung, gut, sie sollen kommen, da sein, heranwachsen, werden wie alle andern. Ich werde sie verschlingen wie Kronos, schlagen wie ein großer fürchterlicher Vater, sie verwöhnen, die heiligen Tiere, und mich betrügen lassen wie ein Lear. Ich werde sie erziehen, wie die Zeit es erfordert, halb für die wölfische Praxis und halb auf die Idee der Sittlichkeit hin – und ich werde ihnen nichts auf den Weg mitgeben. (IBW 2, 158; DdJ, 81)

Ob dieser Text nun tatsächlich ein vor allem mit pädagogischer Intention geschriebener ist, wie es die Lesart von Beicken (Beicken 1988, 173) nahelegt, möchte ich nicht entscheiden. Daß diese Komponente eine Rolle spielt und mit dem Schlußsatz tatsächlich der Schuldzusammenhang und der »Teufelskreis patriarchalischer Denkzwänge« (ebda) erkennbar wird, ist glaubhaft, doch wäre auch zu berücksichtigen, daß der Erzähler ja schon durch eine Hölle gegangen ist, und ich kann hier nicht nur wie Beicken ein maßloses, durch Selbstmitleid getrübtes Selbstverständnis sehen. (Vgl. ebda, 174) Etwas halbherzig-kritisch Beicken: »Der in *Alles* dargestellte Veränderungswunsch, alles von Grund auf anders zu machen, ist zwar als Erneuerungsrichtung anzuerkennen, bleibt aber in der unvollkommenen Anwendung höchst fragwürdig.« (Ebda) Fraglich ist, ob dieser Vater nicht eher auch als Opfer dieser Zwänge dargestellt wird und ob er nicht mehr ist als das Opfer eines Verblendungszusammenhanges, das sich in seiner fatalen, mythologisch benennbaren (Kronos!) Identität begreift.

Dieser Erzählung folgt *Unter Mördern und Irren*, was bereits besprochen wurde; darauf kommt *Ein Schritt nach Gomorrha*, just jene

Erzählung, die meist als die Flucht »aus einer konventionellen Ehe in eine lesbische Gemeinschaft« (nach: *Der Spiegel*, 26. 7. 1961) aufgefaßt wird. In der Tat ist damit auch der Versuch einer neuen Bindung jenseits der überkommenen Bindung von Mann und Frau als utopische Möglichkeit anvisiert; daß die Frau dem Manne mit einer andren Frau untreu wird, ist ja auch ein Topos (vgl. de Maupassants *La femme de Paul*). Karen Achberger hat diese Erzählung als »weibliche Schöpfungsgeschichte« und als »bewußten Gegenentwurf zur patriarchalischen Tradition des Juden- und Christentums« verstanden (nach Bartsch 1988, 122). Charlotte kehrt indes zurück; der Wahnsinn einer neuen Beziehung wäre noch gefährlicher als der einer alten.

Verwandt ist auch *Undine geht*, ein die Kritik höchst irritierender Text mit dem bekannten mythologischen Hintergrund: die Frau aus dem Wasser, die halb Mensch, halb Tier ist. Dieser Text (ähnlich wie der erste des Bandes) kann kaum für sich beanspruchen, daß in ihm tatsächlich und ausgreifend erzählt würde. »Die lyrische bildhafte Sprache soll eine Ahnung von einem möglichen anderen Wirklichkeitsbereich vermitteln.« (Bartsch 1988, 125) Dieser Text ist eine Scheltrede wider die Männer: »Ihr Ungeheuer mit Namen Hans! Mit diesem Namen, den ich nie vergessen kann.« (IBW 2, 253; DdJ, 176) Jeder ist Hans, jede Frau ist (wie) Undine, könnte man berechnend sagen. Freilich ist das Einfallstor der Kritik auch die Sprache, die – von den Männern offenkundig – entleerte Sprache. Die Sprache dient den Männern zur Konstitution ihres höchsteigenen, höchstpersönlichen Narzißmus:

> Nie war so viel Zauber über den Gegenständen, wie wenn du geredet hast, und nie waren Worte so überlegen. Auch aufbegehren konnte die Sprache durch dich, irre werden oder mächtig werden. Alles hast du mit den Worten und Sätzen gemacht, hast dich verständigt mit ihnen oder hast sie gewandelt, hast etwas neu benannt; und die Gegenstände, die weder die geraden noch die ungeraden Worte verstehen, bewegten sich beinahe davon. [...] Ach, so gut spielen konnte niemand, ihr Ungeheuer! Alle Spiele habt ihr erfunden, Zahlenspiele und Wortspiele, Traumspiele und Liebesspiele. (IBW 2, 262; DdJ, 185)

Wieder sind wir es, die mit unserer Sprache verspielt haben. Wieder wird auf eine neue, auf eine gültige Sprache gewartet. Die Frau entzieht sich; der Text hat ein offenes Ende: Die Sagenfigur Undine, die sich entzieht – ist sie nicht auch Signal für die Frau, die Selbstmord begeht, ermordet von Männern? »Es war Mord«, so lautet der letzte Satz des Romans *Malina*.

Dieser Text etabliert nochmals die Rede vom grundsätzlichen Mißverstehen zwischen Mann und Frau; die Welten sind geschieden, womit man diesmal beim Weininger von der anderen Seite angelangt wäre. So sehr Ingeborg Bachmann ihr großes Verdienst hat in der Einsicht in den jahrtausendealten Habitus, in dem die Frauen zu Opfern werden, nicht nur sie, aber vor allem sie, so sehr befremdet mich dieser Rückzug auf die Warte des Nicht-Verstehens; so sehr die Einsichten in die Sprachspiele jener, die mit der Sprache verspielt haben, gelten, so wenig vermag diese Emphase der Trennung zu überzeugen, die zu einer Fortsetzung dessen führen kann, was ich Ghettoisierung nennen möchte, Ghettoisierung der Geschlechter. Aber das sind Spekulationen, die weit über den Text hinausführen, den wir vor uns haben.

Eine Erzählung bleibt uns noch: *Ein Wildermuth*; in dieser sind, deutlich wie in kaum einem Text zuvor, die ethische und die sprachliche Problematik miteinander verknüpft: Der Richter Wildermuth meint, einen leichten Fall vor sich zu haben: Ein Namensvetter, mit dem er überhaupt nicht verwandt ist, wird des Vatermordes angeklagt. Der Richter, seiner Sache zunächst sicher, wird durch die Untersuchung seiner selbst unsicher, weil er an der Sprache irre wird. Seiner Familie (protestantischer Herkunft – und das in Österreich!) ist auf verhängnisvolle Weise das Wahrheitspostulat eingeschrieben, als Leitspruch: »Ein Wildermuth wählt immer die Wahrheit.« (IBW 2, 214; DdJ, 137) Dieser Satz, dem Kinde schon unsäglich-unzählig oft vorgesprochen, verdichtet sich zum quälenden Auftrag, dem der Richter nicht entrinnen kann. Fragwürdig wird er ihm gerade da, wo es um die Findung einer Wahrheit in dem Mordfalle durch die Gutachten geht. Gerade da wird die Frage nach der Wahrheit für den Richter brüchig: Sein Schrei, den er im Gerichtssaal ausgestoßen hat und der ihn zum Kranken machte, dieser Schrei wird Menetekel für alle jene, die weiter an der Wahrheit festhalten, die ermittelbar ist, die an das Gerede jener Fachleute glauben, die durch das Detail den Beweis für die große Wahrheit erbringen wollen.

Nach der inneren Wahrheit hätte er gesucht, »[n]ach dem bunten Fliegenpilz im tiefen Wald«. (IBW 2, 250; DdJ, 173) Sie sind alle Suchende, nach etwas offenbar, das nicht benennbar ist: In *Unter Mördern und Irren* heißt es von den Männern: »Und sie jagten das blaue Wild, das früh aus ihrem einen Ich gefahren war und nicht mehr

zurückkehrte, und solang es nicht zurückkehrte, blieb die Welt ein Wahn.« (IBW 2, 172; DdJ, 95)
Ein Problem besticht noch im Zusammenhang mit *Ein Wildermuth*: der Name. Dieser ist gleich; diese Identität führt nun dazu, daß der Richter, der sie am Anfang als Beiläufigkeit qualifiziert, dann offenkundig doch auch in dem Namensvetter so etwas wie eine tiefere Identität zu vermuten scheint: »Ich bin dieser Spiele und dieser Sprachen müde« (IBW 2, 247; DdJ, 170), sagt der Richter Wildermuth von sich, wieder einer von jenen, an denen erkennbar wird, daß wir mit der Sprache verloren haben.

Ich möchte nun nicht in den einfach immer wieder repetierten Tenor der Bachmann-Kritik verfallen, die in ihren Schriften einen Ableger der Wittgensteinschen Sprachphilosophie vermutet. Es ist gewiß richtig, daß Bachmann aus ihrem Respekt vor Wittgensteins Werk kein Hehl gemacht hat und ohne dessen Einfluß einige Sequenzen anders gefaßt hätte. Und doch ist mit dem Begriff Sprachskepsis – wie immer man den aus Wittgenstein wie aus Bachmann ableiten mag – nur ein Teil dieses Werks benannt. Für mich ist entscheidend, daß Ingeborg Bachmann dort fortsetzt, wo bei den anderen und bei Wittgenstein die Grenzen der Philosophie gelegt sind. Die Autorin versteht sich an einer Grenze, und die Texte greifen auf das Gebiet der Ethik über; jenseits jener, die mit der Sprache verspielt haben, besteht die Hoffnung auf eine Sprache, die anders ist, die gültig ist.

Doch wird, und das ist entscheidend für Ingeborg Bachmann, die Sprache nicht zum verfügbaren Material, das durch – experimentelle – Behandlung sich herausgefordert sähe, das durch Verwandlung anders werden würde. Diesen Schritt hinüber hat sich die Autorin versagt, damals und auch später, wo es ihr in dem Gedicht *Keine Delikatessen* (Erstveröffentlichung 1968) nicht angebracht erschien, die Syntax um eines Lichteffekts willen zu kreuzigen.

Auch in *Ein Wildermuth* wird die Geschichte mitthematisiert. Auf der einen Seite die Ordnung des Vaters (Wahrheitssuche), die genauso eine Erledigung erfährt wie der Vater des anderen Wildermuth: Während der Angeklagte seinen Vater real getötet hat, so hat dies der Richter in effigie besorgt, indem er dessen Wahrheitsfanatismus ad absurdum führt.

Wo die Sprache versagt, bleibt nur noch der Schrei.
Wir sind damit am Ende der Betrachtung von Ingeborg Bach-

manns *Das dreißigste Jahr* angelangt. Ich will zeigen, daß damit tatsächlich auch eine neue Sicht auf die Geschichte – im besonderen eben die Österreichs – literarisch thematisiert wurde. Mit der Versöhnlichkeit der restaurativen Ära hat dies wenig oder so gut wie nichts zu tun. Ingeborg Bachmann hat sicher das Verdienst, unseren Blick für historische Vorgänge und für den Faschismus im Alltag geschärft zu haben. In ihren Texten ist mehr anwesend, als die landläufige Kritik wahrhaben will. Sie lassen sich nicht einfach auflösen; ihre Texte enthalten, auch dort, wo es nicht greifbar wird, eine sehr konkrete und nachzeichenbare Auseinandersetzung mit der Gegenwart und der Geschichte. Freilich versteht sich diese Prosa nicht als eine Handlungsanweisung; in keinem Falle wird – wie etwa in Doderers *Dämonen* mit dem Arbeiter Kakabsa – ein leuchtendes Exempel vorgeführt, an das wir uns zu halten hätten. Es ist der Ton der Klage, auf den diese Prosa herab- oder hinaufgestimmt ist. In der Klage jedoch wird der Umriß einer – utopischen – Möglichkeit erkennbar. So ungefähr, und ich bin grob genug, versteht sich die Bachmann-Forschung unserer Tage, die sich mit Emphase auf die Seite der gequälten und hoffenden Figuren ihrer Dichtung stellt, die aus dem »Widerspiel des Möglichen mit dem Unmöglichen« noch immer den Funken der Utopie zu schlagen vermeint.

Ich meine, daß diese Verehrung der Autorin eher geschadet als genützt hat: Ich fürchte, daß diese Autorin damit zu einer der zur ewigen Hoffnung verdammten Schriftstellerinnen wird, die das Vage der Utopie der Auseinandersetzung mit einer konkreten Gegenwart vorzuziehen scheint. Was für mich die Leistung der Bachmann ist, ist nicht diese Erzeugung einer neuen Transzendenz, sondern die scharfe Diagnose der Gegenwart und der Vergangenheit. Meinetwegen mag es eine Utopie sein, vor der diese Figuren so herb kritisiert werden. Zutreffend ist auch die Einsicht von Sigrid Weigel, die feststellt:

> Die Sprache der Literatur enthält nun sowohl das Vorgefundene als auch das Erwünschte. Literatur als Utopie erfordert daher ein paradoxes Umgehen mit Sprache. Der Verzicht auf das Ideal einer schöneren Sprache (und Welt) [...] markiert den Übergang von einer sprachkritischen Position im ideologiekritischen Sinne zu einer Untersuchung der Funktion von Sprache für die gesellschaftliche und psychische Ordnung. (Weigel 1984, 62)

Das vollzieht sich, so Sigrid Weigel, in *Das dreißigste Jahr*. Mit dem *Dreißigsten Jahr* war ein Schritt hinüber getan; ich würde nicht, wie die gegenwärtige Bachmann-Forschung es gerne tut, darin nur eine »Vorstufe zum Romanzyklus *Todesarten*« sehen, sondern meine, daß diesem Gebilde eine eigene Qualität zukommt, die vor allem in der Wandlung und Abkehr vom Erzählen liegt. Entscheidend ist nicht mehr die knallharte Story, sondern die fast lyrische Beschwörung einer Krise; am deutlichsten manifestiert sich dieses lyrische Sprechen in *Undine geht*, und da am Ende, wo die Prosa förmlich zum Gedicht mutiert. Sigrid Weigel stellt denn auch fest, »daß der Begriff Sprache eigentlich zu eng geworden ist für das, was die Autorin damit verbindet«. (Weigel 1984, 75) Es soll nicht für die Opfer geschrieben werden, es soll nicht über sie geschrieben werden, sondern es muß eine Sprache gefunden werden, die ihnen gerecht wird.

Gerade dieses offene lyrische Sprechen ist Indiz für die mitunter etwas strapazierte – ich erinnere an das Gedicht *Mein Vogel* – Erhöhung des Dichterischen, für dessen elitäre Substanz. Zugleich verwischen sich dadurch die Präzisierungen, die Ingeborg Bachmann sonst gerade in der Geschichte vornimmt. Manche halten solche Verwischung von Konturen für das Poetische, und gewiß freuen sich die Literaturwissenschaftler, weil sich von da aus deuten läßt und Bedeutungen ausgemacht werden können. Ich für meine Person bin da anderer Meinung; ich meine, daß Bachmann gerade dort gewinnt, wo sie der scharfen Beobachtung das Recht einräumt, dort aber verliert, und nicht nur den Boden unter den Füßen, wo ihre Texte sich öffnen und Bedeutungen zulassen, die den Interpreten genehm sind. Ingeborg Bachmann hat ihre Texte vom Flunkern der Metaphysik Heideggers befreit und in das Vakuum die historisch präzise Beschreibung der Erfahrung des Leids eingelassen, zugleich aber diese Erfahrung schmerzhaft mit dem Flittergold der Utopie ausgestattet, ohne die Folgen abzusehen: daß sich unter diesem Begriff die irrationalistischen Strömungen gerne versammeln, ohne sich der eigenen Irrationalität bewußt werden zu müssen.

5.4. H. C. Artmann (*1921)

Sprache ist für die österreichischen Autoren seit der Jahrhundertwende ein zentrales Thema; und so kommt es auch zu dem voreiligen Schluß, in der österreichischen Literatur vor allem eine sprachbezogene Literatur erblicken zu wollen, mehr noch: Wittgenstein avanciert mit seinen Schriften zur Zentralsonne dieser Literatur, zu einer fundamentalen Intelligenz- und Wasserscheide. Es ist sicher richtig, daß die Autoren in Österreich gerade die Sprachreflexion im Schnitt intensiver betrieben haben als ihre deutschen Kollegen. Das würde eine lokale Konstante ergeben und zugleich die These von der im wesentlichen undialektischen Sicht österreichischer Autoren auf die Welt untermauern.

In jedem Falle ist die Sprachreflexion einer der besten Zugänge zur österreichischen Literatur, wobei man sich zugleich auch bewußt sein sollte, daß damit nicht der einzige Zugang gegeben ist.

Experimentierfreude war nicht das Signum jenes Abschnittes, den wir mit 1956 enden ließen. In dieser Phase schien es nötig, das Vertraute wiederherzustellen. Ich habe das besonders an Autoren wie Doderer und Eisenreich, aber auch Hochwälder und anderen dingfest zu machen gesucht. Indes erschöpft sich damit die Analyse der Literatur dieser Epoche keineswegs. Bereits durch den Hinweis auf Jandl und Okopenko ergaben sich andere Perspektiven, und in der Folge wäre dieses Trennungsschema – hie experimentell, avantgardistisch, dort traditionalistisch und formbewußt – gerade im Hinblick auf einen Mann wie Doderer zu befragen.

Aber die Literaturgeschichte lebt davon, daß sie solche Polarisierungen vornimmt, die sich später oft als ungültig oder unbrauchbar erweisen. Sie erfüllen ihren Zweck meist nur in rasch vorzunehmenden Differenzierungen. Vor allem täuschen sie vor, als bewege sich die Literatur auf ein Ziel zu; als wäre dies eine Entwicklung wie die von den Primaten zum Menschen. So wäre Literatur teleologisch organisiert wie die Technik; daraus ergeben sich dann Urteile wie das größere Avancement Goethes vor Herder, während diesem wiederum die Romantiker folgten. Demgegenüber ist manchen die Romantik die finsterste Reaktion; die besonders Schlauen differenzieren dann zwischen Fortschritt in politischer Hinsicht und Rückschritt in ästhetischer, oder umgekehrt.

Dies nur als notwendige Einleitung, denn Ingeborg Bachmann,

die heute so vielen als eine in die Zukunft weisende Dichterin gilt, war in den sechziger Jahren aus der Sicht der Innovation, dem aufschlußreichen wie verhängnisvollen Schlagwort ab Mitte der sechziger Jahre, kaum einzuordnen. Ihren Texten schien Innovation fremd, ja selbst das Prinzip als solches untauglich. Demgegenüber mußten in der Folge die Autoren der *Wiener Gruppe* nun geradezu als modern gelten, damals, nicht ahnend, daß ja auch Poesie wiederum obsolet werden kann und doch wieder regenerationsfähig ist.

In jedem Falle sind wir auf solche Denkkürzel angewiesen – oder meinen, auf sie angewiesen zu sein: wie »Avantgarde«, wie »Konservatismus«, wie Gruppen- und Frontenbildung, womit die Literaturgeschichte oft zu einem Anekdotenrepertorium verkümmert. Auch dies ein Problem der Literaturgeschichte wie jeder geschichtlichen Darstellung: Was tun mit den Anekdoten?

Auch dies eine Vorüberlegung zu einem Autor, der gerne die Anekdoten herausfordert, der ein Opfer derselben ist und sie doch unentwegt in die Welt setzt: H. C. Artmann, der sich selbst mystifizierte, der aus dieser Mystifikation heraus dichtete, um zu guter Letzt zu sagen, daß ohnehin alles klar wäre und es so etwas wie Mystifikation nicht gebe – der Trottel ist der Leser, der dran glaubt, oder der Leser ist ein Trottel, weil er dran glaubt usw.

Mit solchen Thesen kommt man Artmann nicht bei; ich möchte auf sein Werk eingehen, ehe ich mich auf eine Besprechung der sogenannten *Wiener Gruppe* einlasse, denn ich bin nach wie vor der Meinung, daß dieser Autor – wie ja auch die anderen – nicht unter dem Slogan *Wiener Gruppe* vereinnahmt werden dürfte.

Die Voraussetzungen Artmanns sind freilich nun ungleich anders als die der Ingeborg Bachmann. Seine Texte sind einem ganz anderen Traditionszusammenhang verpflichtet, sie beziehen ihre Energien aus ganz anderen Quellen als die der Ingeborg Bachmann. Wir werden ihm nur dann gerecht, wenn wir diese Textproduktion anhand der von ihm gewählten literarischen Formen beschreibbar machen.

Dieser Autor läßt sich nicht festlegen. Ähnlich wie Doderer scheint er die Schriftstellerpersönlichkeit aufzulösen in eine Unzahl von Personen mit unterschiedlichen Interessen und Ambitionen. Mit großer Deutlichkeit hat Artmann just das undeutlich gemacht, was sonst als lineare Entwicklung herausgearbeitet werden könnte; er hat Spuren gelegt und zugleich verwischt. Viel zu denken gegeben hat die Mystifikation des Geburtsortes (»St. Achatz am Walde, ei[n] Waldgeviert im Waldviertel«, Artmann 1975, 381), die auch in zahlreiche Lexikonartikel treuherzig übernommen wurde. Eine Unzahl von Interessen weist der *Zettelkasten für ein Nachwort zu H. C.* aus. (Artmann 1975, 381–388) Seine Lektüre zeigt an, daß Artmann sich selbst offenkundig als Produkt dieser Lektüre versteht; diese Liste verweist bereits auf den für Artmann symptomatischen Prozeß der Trivialisierung des Poetischen und Poetisierung des Trivialen: Von Tom Shark (Tom Schack) bis zum Gesamtbarock, und in der Tat kann man die Spuren all dieser Lektüren, der kanonischen wie der abseitigen, in seinen Texten wiederfinden. Ich würde im Falle von Artmann am ehesten von Sprachmasken sprechen, die er auf- oder absetzt, je nach Bedarf.

Dieser Bedarf ergibt sich aus einer umfassenden Theorie der Poetisierung selbst des alltäglichsten Alltags, Poesie wird zur umfassenden Qualität des Lebens schlechthin, unabhängig von der Seriosität des Schreibaktes. Seine mit 1953 datierte *Acht-Punkte-Proklamation des poetischen Actes* (ebda, 363 f.) ist nicht zu verwechseln mit einem politischen Manifest, sondern macht auch jene poesiefähig, die niemals zu den Schriftstellern sich gerechnet sehen wollten. Ich weiß nicht, ob damit auch eine im engeren Sinne zielführende Betrachtung der Poesie überhaupt und der Artmanns im besonderen gefördert wird, meine aber, daß diese *Acht-Punkte-Proklamation* selbst wiederum ein relevantes Indiz just jener Poetizität ist. »Es gibt einen Satz, der unangreifbar ist, nämlich der, daß man Dichter sein kann, ohne auch irgendjemals ein Wort geschrieben oder gesprochen zu haben«. (Ebda, 363) Dieser »poetische Act« emanzipiert sich von jeder Form der Mitteilung; er ist »Dichtung um der reinen Dichtung willen«, er lehnt »jede Vermittlung durch Sprache, Musik oder Schrift« (ebda) ab. Niemals soll man mich befragen, wie dieser »poetische Act« denn auch konkretisierbar ist. Dafür interessiert sich ein Autor wie Artmann so gut wie gar nicht, erwiesenermaßen hat er aber die Vermittlung durch Musik, Sprache und Schrift nicht abgelehnt.

Ich meine, daß dem Thema »Schriftlichkeit« in der österreichischen Literatur eine große Bedeutung zukommt, und daß im Gefolge Derridas und Blumenbergs tatsächlich wesentliche Beiträge zur Funktion von Schrift und Schriftlichkeit zu verfassen wären, erkenntnisfördernd insofern, als es auch darum ginge, das Mißtrauen der Autoren in die Schrift und damit die Transzendierung jenes Moments zu fassen, das über die Poesie hinausweist. (Ingeborg Bachmann formuliert einmal: »Ein Ende mit der Schrift. Ein andrer Anfang«; IBW 3, 443 – eine Formel, die Sigrid Weigel als Titel für ihren Bachmann-Essay gewählt hat; Weigel 1984.) »Zu den verehrungswürdigsten Meistern des poetischen Actes zählen wir in erster Linie den satanistisch-elegischen C. D. Nero und vor allem unseren Herrn, den philosophisch-menschlichen Don Quijote« (Artmann 1975, 364) – so treibt Artmann Unvereinbares zu Paaren, womit aber auch Bewußtseinskonstanz in der abendländischen Literatur vermittelt wird: Der Bereich des unbezwingbar Unbewußten, ja Bösen, eben den satanistisch-elegischen Nero, der ja einen poetischen Akt, ein Happening übelster Sorte veranstaltete, als er Rom in Flammen aufgehen ließ, nur um dieses Schauspiel besingen zu können, und Don Quixote, der mit seinen Taten, die ja aus Literatur geboren sind, von Mal zu Mal neue Impulse gibt. Man sage aber nicht, daß dieser Spielcharakter der Literatur ein Vorort des Inhumanen wäre, da er so etwas wie Nero positiv registriert, mag sich auch mancher Moralist dabei bedenklich angesprochen fühlen. Artmanns Verneigung vor Nero weist ihn nicht als einen Satanisten aus, vielmehr sind auch aus dieser Grenzzone menschlichen Verhaltens Energien für die Poesie zu gewinnen.

Ich möchte auch darauf insistieren, daß Artmann in dieser Proklamation die »alogische Geste« fordert; das unterscheidet ihn doch sehr deutlich von Jandl, dessen Gedichte untereinander auch als Teile einer umfassenden Argumentation für etwas zu lesen sind. Einer solchen umfassenden Argumentation durch das Gedicht verschließt sich Artmann, sofern dieser Argumentationszusammenhang sich weg vom Gedicht, hinaus aus diesem bewegen soll. Immerhin macht er in dieser Proklamation kein Hehl daraus, daß er Poesie im Sinne einer poésie pure, im Sinne des l'art pour l'art realisiert sehen mochte. Ob das nun zu rechtfertigen ist oder nicht, möchte ich hier nicht ausdiskutieren – immerhin ist gerade in diesem Bekenntnis zur poésie pure so etwas vorrätig wie ein Moment des Widerstands wider jede Einvernahme: Poesie soll nicht von irgendwem für irgendwen in den Dienst genommen werden. H. C. Artmann fühlt sich als Brechmittel der Linken und ein Juckpulver der Rechten und sagte dies, als es gerade chic zu werden begann, sich links zu fühlen und zu wähnen, man hätte immer schon so gedacht. Als dieses Phänomen in der Bundesrepublik sich einstellte, spielte Artmann auf Dracula.

Ein weiteres Manifest zeigt, daß diese Poesie durchaus nicht mit dem Verdikt des Unpolitischen a priori verurteilt werden kann; die meisten Leser verlangen ja in ihrer Naivität immer eine direkt umsetzbare politische Aussage, eine literarisch gegebene Wahlempfehlung; das kann ein Schriftsteller reinen Gewissens ja gar nicht machen, nicht einmal in Deutschland – er kann höchstens darstellen, daß die von ihm empfohlene Partei deswegen den Vorzug verdiene, weil sie weniger schlecht sei als die andere und daher auch mit dem Epitheton »besser« versehen werden kann – ein einfältiges Spiel mit Relationen.

Ähnlich wie Jandl hat sich Artmann gegen die nach dem Staatsvertrag geforderte Neueinrichtung des Bundesheeres mit seinem *Manifest* (1955) gewendet, einem Text, dem man Gültigkeit immerhin auch heute noch wird bescheinigen müssen. Freilich argumentiert Artmann nicht gegen das Heer, dieses Manifest scheint viel eher die bildlich fixierte Erfahrung einiger biographisch feststellbarer Unannehmlichkeiten zu reproduzieren, die es transparent macht. (Artmann 1975, 367 f.)

Berühmt geworden ist Artmann freilich nicht durch diese Art von Produktion, diese Texte waren erst viel später tragbar. Der Durchbruch gelang ihm 1958 mit dem Gedichtband *med ana schwoazzn dintn*, der ein Vorwort des Kunsthistorikers Hans Sedlmayr enthielt, das einerseits offenkundig die Tendenz dieser Gedichte mißverstand und darin die Fortsetzung großer Traditionen wähnte, zugleich aber Artmann die Landung im Lyrikbetrieb erleichterte. Die Genese dieser Form von Lyrik – Dialektlyrik – freilich ist grundsätzlich verschieden von simulierter Bodenständigkeit, wie sie vor allem die Lyrik zwischen den Kriegen auszeichnete und die auch die Gedichte eines Weinheber – mit Modifikationen – prägte. Artmann, so Doderer, sei ein echter Sänger der Banlieue, und in der Tat ist bei Artmann die Verflochtenheit mit dem Lokal weitaus stärker gegeben als bei allen anderen Autoren dieser Gruppierung, von denen wir noch in der Folge sprechen wollen.

Der Dialekt ist, und darauf will ich insistieren, nur eine der vielen Sprachmasken Artmanns, wenngleich die erfolgreichste. Seine Sammlung *med ana schwoazzn dintn* ist zu Recht berühmt geworden, und die darin abgehandelten Themen sind tatsächlich auch als

Themen der Lyrik auszumachen, über die Jahrhunderte hinweg. Erträglich wird indes diese oft schon obsolete Thematik durch die Umgestaltung, die sie durch den Dialekt erfährt, und da ist Artmann zweifellos ein Eingriff in die Sprache gelungen, wie wir ihn zuvor kaum antreffen werden. Seine Themen (Blaubart, Kindermörder und Kinderverführer, der »tote« Sonntag) verknüpfen balladeske Motive mit der Trivialität des Alltags. (Ebda, 36–38, 41 f.) Die Texte bedürfen der dialektalen Verfremdung; jede Übersetzung in die Prosa macht sie unerträglich banal und stellt eine komische Distanz zur Vorlage her. Zum anderen kommt es bei ihnen nicht mehr an auf irgendeine Form der Sinnkonstitution – gerade das zu suchen, wäre verfehlt.

Eben auch im Falle Artmann: Diese Texte sind aber nicht nur als Sprachspiel zu betrachten, das der Beliebigkeit unterworfen ist. Auch wenn ich mich weigere, in Artmanns Poesie so etwas wie Sinnkonstituenten anzunehmen, so meine ich doch, darin den vielfältig eingekleideten Ausdruck einer Verweigerung wahrzunehmen, der sich der Form des Gedichts, das ein Erlebnis hautnah nachzugestalten vorgibt, durch seine Künstlichkeit verweigert: Den Gedichten Artmanns ist das Odium des (aus der Sicht seiner Tadler) Artifiziellen schwer zu nehmen, und Artmann verhält sich tatsächlich als Autor, der für die Künstlichkeit seiner Gebilde denn auch einsteht. Sie unterwerfen sich, weil es keine andre Anordnung gibt, der Künstlichkeit einer willkürlich gesetzten Ordnung, zum Beispiel dem Alphabet, einer jener Anordnungen, die über verschiedene Kulturkreise hinweg die Gültigkeit zu bewahren vermochten.

Wenn es zum Beispiel in der autobiographischen Notiz mit dem Titel *Sprachen, die er spricht bzw. liest* (ebda, 382) heißt: »arabisch, bretonisch, chaldäisch, dalmatinisch, estnisch, finnisch, [...] wendisch, xuatl, yukatanisch, zimbrisch«, wobei »ottakringisch« eine Mittelstellung beansprucht, so wird uns klar, daß dies auch eine Form des »poetischen Actes« ist. Durch das Prinzip der »Reihung«, des Eintretens in eine vorgegebene Ordnung, die man für natürlich hält, weist sich diese dann auch in einem engeren Sinne als künstlich aus.

Das Erzählprinzip Artmanns ist auch auf jene erzählerischen Vorordnungen angewiesen, die sich durch die Gattungen ergeben. Musterbeispiel für diese Anlehnung an eine Vorlage und deren gleichzeitige Auflösung ist *Dracula. Dracula. Ein transsylvanisches Aben-

teuer (1966), das in aller Kürze so etwas wie den Dracula-Roman Bram Stokers nacherzählt – und doch auch nicht. Artmann demonstriert, daß er mit einem wesentlich geringeren Umfang sein Auslangen finden könnte als dieser Schmöker. Damit haben wir auch einen wesentlichen Punkt der Poesie berührt: Sie zitiert die Tradition herbei; das ist aber kein Anlaß zum Triumph für Traditionalisten, sondern dient dazu, diese Tradition zu löschen und nur in diesem Zustand ihre Gültigkeit zu behaupten. (Vgl. Artmann 1975, 300–310) Sehr gut paßt zu alledem auch das Gedicht *wos an weana olas en s gmiad ged* (ebda, 47 f.), das auch vom Prinzip der Reihung lebt. Diese Reihung (enumeratio) hat in der Rhetorik ja auch die Funktion, den Eindruck der Totalität entstehen zu lassen. Ähnlich funktionieren auch die Dramolette Artmanns, die man kaum in ihrem Inhalt wird wiedergeben können, Formen der sublimen Bagatelle, die sich ihres Bagatellcharakters keineswegs schämen. Die mit Aufwand erzeugte Spannung fällt in das Nichts zusammen, das sie ist: *Erlaubent, Schas, sehr heiß bitte!* (ebda, 169–179) kann natürlich auch als Konversationskomödie (im Gegensatz etwa zu Hofmannsthals *Schwierigem*) oder als Volksstück (im Gegensatz zu Nestroys *Einen Jux will er sich machen*, zum Beispiel) gelesen werden, so man dazu Lust und Laune hat.

Ich verzichte auf die Wiedergabe dieses Stückes, in dem ein Herr Lackl sich die im Titel aufscheinende Spezialität bestellt, in dem jede normale Rede zur Fäkalienrede verdreht wird, in das plötzlich auch Herr Hitler eintritt, allerdings in einem ziemlich verlotterten Zustand, heruntergekommen, in dem einer Geige spielt und eine Wiener Vorstadtdame sich als »Nubierin aus Präuschers panoptikum« (ebda, 176) vorstellt. Hitler (Doiferl, Dolferl) verkümmert zur Schießbudenfigur, und aus alledem ist kein Bedeutungsstaat zu machen. Die Kategorien, mit denen Dramen beschrieben werden, greifen nicht mehr.

Ich bin zunächst etwas ausführlicher auf Artmann eingegangen, weil er für sich beanspruchen kann, in dieser Zeit der erste gewesen zu sein, der so viele Verfahren angewendet hatte, die kaum von irgendwelchen anderen Autoren damals überhaupt verstanden wurden. Daß es zu dieser Zeit eine Reihe von Autoren bereits gegeben hatte, die sich sehr wohl auch auf das literarische Experiment verstanden (Jandl, Okopenko) habe ich bereits angedeutet. Zu erwähnen wäre noch René Altmann, der in der von Hans Weißenborn veröffentlichten Zeitschrift *alpha* am meisten veröffentlicht hat. Doch drei, später vier andere Autoren wurden nun im Zusammenhang für Artmann wichtig, nämlich Friedrich Achleitner (*1930), Konrad Bayer (1932-1964), Gerhard Rühm (*1930) und Oswald Wiener (*1935).

5.5. DIE WIENER GRUPPE

Diese *Wiener Gruppe* erhielt ihren Namen erst, als es sie im engeren Sinne nicht mehr gab, und doch ist sie zum Markennamen für die Wiener Avantgarde der fünfziger Jahre schlechthin geworden, für eine Avantgardegruppe, die erst zehn Jahre später (1967) wahrgenommen wurde, als Gerhard Rühm den Sammelband *Die Wiener Gruppe* (Rühm 1985) ediert hatte. In seiner Einleitung hat Rühm auch die Geschichte dieser *Wiener Gruppe* erzählt: 1952 sein Zusammentreffen mit Artmann, in der Folge stoßen Bayer, Achleitner und Wiener dazu, Artmann erregt einiges Aufsehen mit seinen poetischen Akten, Vorformen jener Happenings, die dann zentral für die Ereigniskultur des Wiener Aktionismus wurden und die man vor ein paar Jahren in der läppischen Festwochengestalt wiederzubeleben meinte: »Schubert lebt. Die Oper bebt.«

> [A]m 20. juni 1957 manifestierten wir unsere gemeinsamen bestrebungen und damit uns als »gruppe« in einer monsterlesung, für die uns gerhard bronner in einer dankenswerten laune das *intime theater* in der liliengasse 3 zur verfügung stellte. achleitner, artmann, bayer, rühm, wiener. das plakat trug unter unseren namen nur den schlichten titel *dichtung*. [...] [–] 1957 begann eine nicht mehr abreissende kette von veranstaltungen und lesungen in wien und ab 1959 auch in graz. [...] [–] in einem zeitungsartikel über uns tauchte erstmals die bezeichnung *wiener dichtergruppe* auf (dora zeemann im *neuen kurier* vom 23. 6. 1958). heimito von doderer, der sich uns aufgeschlossen und wohlwollend zeigte, wollte uns seine wöchentliche literaturseite, die er im *wiener kurier* redigierte, zur freien verfügung stellen. doch ein verantwortlicher redakteur, der die schon gesetzten druckfahnen zufällig zu gesicht bekam, zog sie augenblicklich zurück, worauf doderer, erfolglos auf seiner zugesicherten autonomie bestehend, die redaktion der literaturseite niederlegte; eine haltung, der man nicht allzuoft begegnet. (Rühm 1985a, 25 f.)

Nach dem Erfolg der *schwoazzn dintn* löste sich Artmann, über Nacht zum Bestsellerautor avanciert, von den Freunden mehr und mehr und ging seiner eigenen Wege. Dem Sammelband *hosn rosn baa* mit Mundartgedichten von Artmann, Rühm, Achleitner (1959) war hingegen kein Erfolg beschieden, obwohl man Heimito von Doderer bemüht hatte, ein einsichtiges Vorwort zu verfassen, das die Besonderheit dieser Gruppe hervorhob. Im Gegenteil, die Rezensionen waren vernichtend, man lobte zwar den kräftigen Artmann, hielt aber Achleitner und Rühm, die sich weitaus mehr auf das Experiment eingelassen hatten, für fatale Rohrkrepierer. Das waren allerdings die Zeitumstände, die gerade noch Artmann passieren lassen wollten, nicht aber mit der eher trockenen und nicht so effektvollen Poesie eines Achleitner oder Rühm zu Rande kamen. Damit war, Ende der fünfziger Jahre, denn auch das Ende der *Wiener Gruppe* angesagt, ehe sie in gedruckter Form das Licht der Medienöffentlichkeit erblicken konnte.

Wie sich nun die *Wiener Gruppe* von der anderen, damals ja auch in Wien arbeitenden Avantgarde unterschied, ist eine Frage, die nicht so leicht zu beantworten ist. Ernst Jandl zum Beispiel wähnte sich dazugehörig, wurde aber enttäuscht, als er nicht zu einer gemeinsamen Lesung 1958 eingeladen, ja nicht einmal davon verständigt wurde. (Vgl. Pfoser-Schewig 1987) Pfoser-Schewig hebt mit Recht hervor, wie Jandl in seinen Texten stets, und damals schon, auf eine Pointe abgezielt hätte, die sich der sprachimmanenten Verfahrensweise entgegenstellte, was gerade für einen Autor wie Rühm zu »humoristisch«, zu effektvoll war und zu sehr über das Experiment hinauswies, um dessentwillen die Sprachbewegung erzeugt worden war. Ich will damit nicht unterstellen, daß die Autoren der *Wiener Gruppe* nichts zu sagen hätten, nichts zu sagen gehabt hätten, aber im Vergleich zu Jandl exerzieren sie purer das Verfahren vor, sind in der Anwendung der poetischen, ich betone: poetischen Modelle radikaler, sperren sich stärker dem Leser, der sich in seinem Anspruch auf eine nachvollziehbare Gedankenführung betrogen, vielleicht aber auch um eine Methode reicher, erhoben sieht.

> Die *Wiener Gruppe* hatte von der Sprache her einen Anarchismus entwickelt, der nicht nur über sprachliche, sondern auch über gesellschaftlich-moralische Konventionen hinwegschreitet (literarische cabarets, poetische acte), ein Anarchismus, der sich nicht zuletzt in der *achtpunkte-proklamation des poetischen actes* zeigt, in der Ablehnung jeder Vermittlung durch Sprache oder Schrift, im Verzicht auf Publikum, Rezeption, Kritik und Anerkennung. Im Zentrum der Jandlschen Dichtung stand auch nach 1956, als sich der Autor nahezu ausschließ-

lich dem sprachlichen Experiment widmete, stets die »Vermittlung durch Sprache und Schrift«. Immer wieder betont Jandl die Bedeutung der Publikation für das weitere Schaffen. (Pfoser-Schewig 1987, 79) Allerdings verzichteten auch die Mitglieder der *Wiener Gruppe* nicht auf die Vermittlung, worauf unter anderem das mehrfach kundgetane Eigeninteresse Rühms verweist. Viel eher würde ich die Sache – bei voller Würdigung der Darstellung des Sachverhalts durch Pfoser-Schewig – so lesen, daß die *Wiener Gruppe* ihre Konsequenz daraus zog, daß sie nicht als vermarktbar galt; diese Verweigerung ist also, wenn ich so sagen will, die Konsequenz der Tatsache, daß ihr der literarische Markt der fünfziger Jahre a priori verschlossen schien.

Immerhin hatte man vor, eine Operette mit 365 Mitwirkenden zu inszenieren, und zwar *der schweißfuß*, eine Gemeinschaftsproduktion von Bayer und Rühm:

> wir fragten uns, ob es uns überhaupt möglich sei, ein stück zu schreiben, das uns gefiele und trotzdem aussicht auf einen breiteren erfolg hätte. wie müßte so ein stück denn beschaffen sein? was erfolg bringt, das müßte sich doch, sozusagen als ein konzeptioneller aspekt des unternehmens, kalkulieren lassen. als gattung stand für uns gleich die operette fest – nicht ohne boshafte anspielung auf unsere traditionsselige heimatstadt. das stück mußte viel aktion haben, theaterwirksam sein, eine einfache, allgemeinverständliche, also möglichst banale handlung haben, gewürzt mit eingängigen melodien, um an einem solchen vorhaben noch spaß zu finden, hypertrophierten wir diese »grundforderungen« des populären erfolgsstückes bis zur augenfälligen absurdität. um die allgemeinverständlichkeit auf die spitze zu treiben, werden immer wieder ausführliche erklärungen eingestreut, um die schaulust zu befriedigen, wird schließlich die ganze illusionsbühne in bewegung gesetzt, auch für erotische reize ist gesorgt, und wenn schon die gefühle des publikums geweckt werden sollen, dann doch gleich alle – auch die unangenehmen. die banalität der handlung läßt genugend spielraum für überraschende einfälle und entgleisungen. das genre überschlägt sich in ein neues totales theater. [–] es geht in dieser operette um zwei hauptprobleme, die sich später verknüpfen – gewissermaßen um ein privates und um ein soziales problem: um den schweißfuß, der eine ehe bedroht, und die hotelbettennot, die allgemeine verwirrung stiftet. die ganze operette spielt im flur eines hotels, wo zwei notbetten stehen – sogar vor der ersten reihe des zuschauerraumes ist ein notbett aufgestellt. der erste akt, die exposition, endet noch ungetrübt mit dem *lied vom lob der zweisamkeit.* [–] im zweiten akt tritt als träger der dramatischen kollision hinter dem rücken der zuschauer mit viel getöse ein konkurrenzunternehmen auf. hinterhältig schleicht, als geist verkleidet, der direktor des konkurrenzunternehmens mit seiner frau – in diesem

stück treten nur ehepaare auf, denn es ist ein anständiges stück – nachts auf die bühne, um in diesem hotel so lange die schuhe der schlafenden gäste zu vertauschen – einer von ihnen hat schweißfüße –, bis eine allgemeine schweißfußepidemie ausgebrochen ist. er wird dabei schließlich überrascht und entlarvt und unter heftigem kriegslärm durch den zuschauerraum wieder verjagt. aber zu spät. unter sich immer unerträglicher ausbreitendem gestank sinken alle hotelbewohner mit dem textierten trauermarsch *es stinkt* resigniert in sich zusammen. [...] [–] nach der großen pause bringt der letzte akt durch das unvermutete auftreten des arztes mit der heilsalbe ein abruptes happy-end. die ganze maschinerie des theaters wird zu einer hypertrophen schlußapotheose entfesselt. eine silberschaukel sinkt vom sternenhimmel herab, es beginnt zu schneien, das christkind tritt mit einem riesenpaket auf, aus dem als amerikanische schönheitskönigin in flitterbadekostüm frau sylvester zum vorschein kommt – ein geschenk für den edlen retter. (Rühm 1987, 206–208)

So Gerhard Rühm in der Selbstdarstellung; freilich wird da etwas produziert, das den herrschenden Theaterpraktiken ins Gesicht schlägt. Es werden wieder Schemata benutzt – die Operette steht als Genre von Anfang an fest, sie liefert das Muster und denunziert zugleich den Mief, dem sie gefällt. Die Unappetitlichkeit ist der Gegenentwurf zur simulierten Appetitlichkeit dieser Epoche. Kaum sonst hat sich die *Wiener Gruppe* so nahe an Inhalte herangewagt wie in dieser letzten Gemeinschaftsarbeit, die den Erfolg, den sie anstrebt, schon im vorhinein aufgegeben hat. Rühm braucht man hier nicht zu glauben – er hätte damit einen »Erfolg« inszenieren wollen –, mag auch die Sehnsucht nach einem solchen in der Negation des Erfolgsprinzips erkennbar sein: eben durch den Versuch, das Populäre unpopulär zu machen, die Operette zum Spektakel, das zugleich auch eine Parodie auf alle Unternehmungen André Hellers ist – in einer kühnen Antizipation allerdings.

Ich habe mit Absicht diesen letzten gemeinsamen Text gewählt, weil er sehr deutlich illustriert, wie sehr sich gerade in dieser Zeit die Isolation avantgardistischer Produktion in der Literatur bemerkbar machte.

Zwar wird die *Wiener Gruppe* als ein Mythos gehandelt, ohne deren Aktionen das, was sich im ästhetischen Bereich 1968 in Österreich getan hat, nicht möglich, ja nicht einmal denkbar gewesen wäre. Und die Wirkung der *Wiener Gruppe* reichte in der Folge weit über die Kunstszene hinaus: Doch die Texte sind kaum bekannt, noch weniger analysiert. Populär sind gewiß einige Gedichte von

H. C. Artmann – überdauert hat der »Markenname«. Dieser Umstand ist nicht zuletzt auch in der Widersetzlichkeit dieser Literatur begründet. Der Salzburger Historiker Georg Schmid hat in seiner Studie zu diesem Thema unter anderem festgestellt: »Solange wir dem Kulturbetrieb (seinen wohlbestallten Wächtern, Richtern und Bütteln) zugestehen, er könne eine Kriteriologie aufrichten, derzufolge sich feststellen lasse, was – etwa – Literatur sei und was nicht, wird sich [...] eben dieser Kulturbetrieb auf die Kosten seiner Opfer selbst feiern können.« (Schmid 1987, 13) Ein Opfer war Konrad Bayer; die anderen, die überlebt haben, sind heute mit den »Wächtern, Richtern und Bütteln« unsrer Gegenwart selbst Teilhaber an diesem Betrieb. Dazu Schmid an andrer Stelle:

> Die (kulturelle) Situation im Wien der 1950er-Jahre war von weniger Mimikry bestimmt, die Verhältnisse traten deutlicher sichtbar hervor als sie es heute tun. Die Wiener Gruppe belegt deutlich, wie radikal angesichts dessen die Ablehnung solcher Gesellschaft sein konnte – und welch erstaunliche Konstruktivismen (im Gegenzug, als Kontra, als positiv-utopische Gegenentwürfe) »die Literatur« hervorzubringen imstande ist. Nicht daß die Wiener Gruppe damals in irgendeiner Bedeutung des Wortes »dominant« gewesen wäre – aber sie war immerhin vorhanden. Heute [d. h. 1985, WSD] indessen haben wir allenthalben den [...] Regreß in wesentlich frühere Muster zu diagnostizieren, die allerdings der herrschenden (symbolischen) Macht genehmer sind als die korrosiven Arbeiten von A, B, A, R, W und den anderen. Jede Kultur züchtet sich den Betrieb, den sie braucht.« (Ebda, 25)

Und schon 1979 hatte Franz Schuh mit Bezugnahme auf Konrad Bayer festgestellt: »Literatur von der Art Bayers begnügt sich damit, etwas anderes als der Journalismus zu sein, und ist deshalb dessen schärfster Gegner.« (Schuh 1981, 78, im Original gesperrt.) Oder: »Bayers Literatur denunziert die Ordnung, die in ihren ästhetischen Widerspiegelungen aus großen repräsentativen Einheiten erbaut erscheinen möchte, schon dadurch, daß sie sich in kleine ineinander übergehende und zugleich auseinanderstrebende *Texte* auflöst.« (Ebda, 78, im Original gesperrt.)

Gerade diese Auflösung in kleine Einheiten kann als ein Merkmal der Avantgardekunst in Österreich (man denke vor allem an Elfriede Gerstl) angesehen werden. In diesem Sinne bekommen Texte, die anekdotenhaft wirken (ohne freilich Anekdoten zu sein!) auch ihre Gültigkeit. Sie sind Blöcke, die sich gegen übermächtige Sinnkonstruktionen richten.

In diesem Sinne habe ich denn auch zwei Texte Bayers ausgewählt, die in ihrer Machart durchaus einsehbar sind. Ich will hier nicht einen Sinnmechanismus unterstellen oder verlangen, daß man sie interpretiert im landläufigen Sinne. In diesem Sinne wird auch jede Literaturpädagogik gerade anhand der Gebilde eines Konrad Bayer auf die härteste, auf die unangenehmste Probe gestellt.

Die hier vorliegenden beiden Texte sind einander komplementär, vielleicht auch, weil das Verfahren, das Bayer anwendet, durchsuchbar ist. Der Text *flucht* wurde ja bekanntlich 1962 bei einer Ausstellung in Berlin auf einen Zylinder geschrieben, der sich drehte. Damit sind auch die dem Text noch inhärenten Bedeutungsmomente in der Drehung manifest; der Text eliminiert das Verbum in seiner finiten Form, er baut den Erzählvorgang in einer Radikalität ab, wie wir sie bis jetzt noch kaum hatten, er reduziert den Bericht von der Flucht auf die Unmöglichkeit, davon zu berichten. Die Dinge scheinen ihre Konturen zu verlieren, indem denn auch die Worte ihre Konturen verlieren. Die Worte gehen ineinander über. Es beginnt mit:»gewehrlaufschrittweisendrahtverhau...« und es endet mit »gesteingrabtöten«. (Bayer 1977, 276) Boshaft würde ich sagen, daß sich so etwas auch im Fremdsprachenunterricht »mißbrauchen« läßt – um Vokabel zu drillen. (Das ist gar kein Mißbrauch indes – wie könnte man eine fremde Sprache besser lernen als durch ihre Poesie, noch dazu durch eine Poesie, die so zentral auf die Sprache eingestellt ist wie die Konrad Bayers?)

Den Gegensatz dazu stellt der Text *karl ein karl* dar (Bayer 1977, 261–263). Und das läßt sich so an und geht dann über drei Seiten:

> der verzweifelte karl greift zum karl. aber schon hat karl karl genommen. da erscheint karl mit karl auf dem karl und wirft karl auf karl in den karl. karl kommt und findet karl. da stösst karl auf karl und karl verstösst karl. karl stösst auf. über karls karl knallt sich karl über karl. aber karl gibt nicht auf.
> karl weiss was er will. (Bayer 1977, 261)

Man könnte diesen Text zu einem weitläufigen Spiel philosophischer Ambitionen machen – etwa jede Form der Identitätsphilosophie sich daran austoben lassen. Ich kann mir sehr gut vorstellen, daß damit die Richtung zu einer mystischen Auffassung gegeben sein könnte. Alles in einem, eines in allem. Hen kai pan, wie es griechisch heißt. An diesem Vergnügen will ich niemanden hindern, und es wird sich auch niemand hindern lassen. Indes ist einmal die linguistische Operation in Rechnung zu stellen: Ist bei *flucht* das Verbum entmachtet und damit jener Teil des Satzes außer Dienst gestellt, durch den das Vorhandensein von Syntax in unserer Sprache primär garantiert wird, so wird hier durch ein anderes, aber analoges Verfahren auf der semantischen Ebene Vereinheitlichung erzielt, indem der Nominalbereich auf den Eigennamen »karl« reduziert erscheint. Damit erinnert der Text nicht von ungefähr an einen Kinderreim: »Wenn euer Bub zu unserm Bub immer Bub sagt, sagt unser Bub zu eurem Bub solange Bub, bis euer Bub zu unsrem Bub nicht mehr Bub sagt.« So entsteht ein verhängnisvoller Zirkel des Benennens, und das Bub-Sagen wird nie aufhören. Mit Recht hat Ulrich Janetzki aber darauf aufmerksam gemacht, daß der Eigenname auch Funktion hat und nicht beliebig ersetzbar ist:

> Der Text weist Beziehungen aus, die eine personale Anbindung verlangen, sie sogar suggerieren [...]. Gleichzeitig läßt die häufige Verwendung des Wortes »karl« eine solche Anbindung nicht immer zu. Das Ganze wird so in einer Spannung gehalten, die einerseits auf der Multivalenz der möglichen Einlösungen und andererseits auf dem tonalen-rhythmischen Moment basiert. (Janetzki 1982, 44)

Der Leser, der nun bis zur Bewußtlosigkeit hinter den Bedeutungen für »karl« einher sein kann, wird müde.

> Aus dieser Unteilbarkeit des Sinns, seiner Nicht-Mitteilbarkeit vermag die Produktivität einer Literatur zu entstehen, die nun, in allerdings bloß selbstbezogener Freiheit, die Sprache in Poesie verwandelt, d. h. sie von allen Schranken ohnedies nur vermeintlicher Verständigung befreit. Was dann bleibt, ist ein Spiel, entweder selbst beliebig und regungslos, oder ein die Regelhaftigkeit anderer, sich als Spiel bloß verstellender Formen (Chansons) überführendes spielerisches Verfahren. (Schuh 1981, 80)

> Wenn die Modernität durch den Übergang von Kunst in Antikunst definiert ist, so ist Bayer ein besonderer Künstler, weil die Qualität seiner Art *überzugehen* in der deutschen Literatur bisher noch nirgends sonst zu lesen war. (Ebda, 81)

Und Franz Schuh hat ein trauriges Verdikt für jede »sekundäre Rede« angesichts solcher Texte parat: Da wir uns dem Sinn ja nicht verweigern können, müssen wir einsehen:

> Die rebellische Verweigerung, am allgemeinen Sinn teilzuhaben, bleibt jeder sekundären Rede verschlossen. Manchmal verfälscht diese auch den originären Sinn, so wie im Fall des Sprachzweifels, der in den se-

kundären Fassungen aus der Perspektive einer nicht erfüllbaren Kommunikationsutopie jede Unmittelbarkeit des Sprechens theoretisiert. (Ebda, 82)

Ist *karl ein karl* nach dem Muster einer Geschichte gestrickt, die immer ganz gefährlich nahe dem Sinnverdacht kommt, so ereignet sich bei der Montage etwas anderes, doch nicht unbedingt Unähnliches.

magische kavallerie (Rühm 1985, 206–209) heißt eine solche Montage, die von Artmann, Bayer und Rühm verfertigt wurde, wobei die Angabe der Quelle fehlt, denn das zunächst bemühte Lehrbuch der böhmischen Sprache von Heinrich Terebelsky, das Artmann ausgegraben hatte, ist hier nicht funktional geworden. Wie immer auch: man lehnt sich an an solche Texte, die Ordnungen enthalten, Anordnungen für eine Hinrichtung, Grammatiken, Exerzierreglements – all dies Mustertexte, die Entwürfe enthalten, streng geregelte Anweisungen, denen zu entsprechen denn auch das Leben bedeutet – vor allem aber die Poesie ist es, die dieses Leben wieder zu einem Leben zu machen vermag. Die formale Interpretation der *magischen kavallerie* wäre ein reizvolles Unterfangen, weil sie analoge grammatische Muster paart, analoge Vorgänge verbal fixiert.

Franz Schuhs Rede über Bayer enthält geradezu eine kafkaeske Anweisung an unsere Praxis: »Gib's auf!« – das ist der Grundtenor meines Erachtens aller bislang vorgebrachten seriösen Erörterungen zu Konrad Bayer. Selbst die außerordentlich kenntnisreiche Studie von Ulrich Janetzki verharrt in einer gewissen Ambiguität. »Inkommensurabilität ist auch ein wesentliches Merkmal der Literatur, die ich besonders schätze«, verkündet Klaus Ramm (Drews/Ramm 1981, 25), wobei er dann allerdings den Satz einfach umdreht, Bayers Literatur für kommensurabel erklärt, seinen Diskurs hierüber dagegen nicht.

> Das Defizit, das in der traditionellen Literatur durch Interpretation aufzufüllen ist, gibt es in den Texten Bayers kaum, auch dann nicht, wenn sie vorgeben, wie traditionelle Literatur auszusehen. [...] Sie [sc. die Texte, WSD] sind perfekt, manchmal bis an die Grenze des sprachlich Möglichen, nicht, weil sie die Sprache überschätzen – die Welt etwa als Welt aus Sprache ausgeben wollen –, sondern weil sie das restlos in Sprache abzuarbeiten suchen, was gewöhnlich »hinter« Literatur gesucht und als »Sinn« oder was auch immer gewöhnlich gefunden wird. (Ebda, 31)

Ist damit nun wirklich gesagt, daß wir mit dieser Literatur nichts mehr machen können, daß uns die sekundäre Rede versagt ist? Die Bayer-Interpreten meinen, im Gefolge auch von Helmut Heißenbüttel, daß es eine Literatur gibt, die auf Unterhaltung, Vergnügen, Delectamentum aus ist, auch im hohen akademischen Sinne, zum anderen aber, daß es eine Literatur gibt, die es auf Erkenntnis, radikale womöglich, abgesehen hätte, die somit auf der Höhe der jeweiligen Zeit und ihrer Wissenschaft ist. Ich sehe mich ungern vor solche Entscheidungen gestellt, die durch die Entscheidung für das eine mich des anderen berauben, zumal in der Kunst, die doch auch die Freiheit des Wechsels haben und kennen müßte und nicht die der bedingungslosen Kapitulation in ein bestimmtes System. Bei allem Respekt, der einem so kompromißlosen Umgang mit der Materie Literatur zu zollen ist: Er könnte sich doch auch gegen die Literatur und ihre eigene Konstitution richten, indem er die Freiheit, die sie zu garantieren oder wenigstens zu ermöglichen scheint, schon beim anderen im Ansatz untergräbt. Von der Gefahr einer bedenklichen Sektenbildung, die nur das zuläßt, was ihr gültig erscheint und dogmatisch nach außen ihre kanonischen Satzungen festschreibt, will ich schon gar nicht reden, obwohl sie realiter sich ereignet.

Zum anderen muß eines klar gesagt werden: Es waren nicht die Autoren, die sich ausschlossen und die »elitär« sein wollten. Die Bedingungen für Gemeinschaft, ja auch für Zugehörigkeit zur Elite waren festgelegt. Bayers Texte, und auch sein Roman *der sechste sinn* (1966 von Gerhard Rühm herausgegeben), von dem ich hier aus Zeitmangel kaum sprechen kann, sind bis heute kaum einläßlich und durchwegs erschlossen. In jedem Falle ist festzuhalten, daß dieser Roman Bayers mit einer der wichtigsten Tatsachen des Romans bricht, nämlich mit der Figurenidentität, das heißt also die Metamorphose als Dauerprogramm installiert (vgl. Janetzki 1982, 139); zugleich stellt sich Wirklichkeit als gleichbleibender Verlauf dar. Das bedrohte Ichsein zieht sich zurück »in die Behauptung subjektiver Wahrnehmung«. (Ebda, 144) »Die Annahme eines ›sechsten Sinnes‹ fungiert bei Bayer als Begründung für eine versuchte Grenzüberschreitung (: Traumphantastiken mit dem Status Realität zu versehen.)« (Ebda, 146)

Mit dem *sechsten sinn* ist ein singuläres Werk angesprochen, das sich den Interpretationsversuchen noch mehr entzieht als andere Texte Bayers; die Bemühungen, die Welt in die Sprache zu bannen, sind zum Scheitern verurteilt, indes nicht im Sinne einer einfachen Sprachskepsis; Sprache ist immer noch das Mittel, das bleibt. In der Verurteilung und Kritik an der Sprache zeigt sich deren Unhintergehbarkeit.

Das hängt natürlich eng zusammen mit der Sprachphilosophie der *Wiener Gruppe*, die sich – dem äußeren Urteil nach – vor allem auf Wittgenstein berufen hätte. Hier hat Oswald Wiener ein klärendes Wort gesprochen und gemeint, daß jedenfalls auf ihn der Einfluß Wittgensteins tief und undeutlich gewesen sei. (Wiener 1987, 46) Wiener charakterisierte die überragende Rolle der Sprache im Diskurs vor dreißig Jahren. Die *Wiener Gruppe* zeigte sich somit auch als Vorkämpfer von Theorien, die erst zwanzig Jahre später ernsthaft akademisch und öffentlich im Zusammenhang mit Literatur diskutiert wurden. Einfluß hatte Wittgensteins Werk auf jeden Fall, und das hat seine gute raison d'être, als ein literarisches Werk:

> es beeinflußte, förderte und behinderte die ideen der verschiedenen temperamente in der *Wiener Gruppe* in dreifacher hinsicht: es war ein fundamentales poetisches werk, es hatte etwas über eine philosophische grundhaltung zu sagen, die einige von uns ernsthaft in betracht zogen, nämlich über den solipsismus, und es schien dichtung und solipsismus mit möglicherweise profunden einsichten in das funktionieren der sprache und in die natur der zeichen zu verbinden. (Wiener 1987, 49)

Und schließlich der erlösende Final-Satz Wieners: »von anfang an war für einige von uns die *Sprache* das ›fremde‹, das instrument, die maschine. aus annäherungen an diese problematik entstanden *der stein der weisen, der sechste sinn* und *die verbesserung von mitteleuropa*.« (Ebda, 58 f.)

Die Sprache als das Fremde – das dürfte wohl auf Artmann nicht passen, der seinerseits die Sprache als das ihm schlechthin Vertraute behandelt und deren Kostümcharakter betont. Mit gutem Grund hat daher Albert Berger die »Freisetzung des Sprachmaterials in der avantgardistischen Literatur« als eine »Art revolutionärer Umkehr der Evolution der Sprache« bezeichnet:

> Unter dem Aspekt ihres Materialcharakters sind alle sprachlichen Elemente (wie immer sie im einzelnen definiert werden) zunächst gleichwertig. Ausgezeichnet werden sie erst durch die Selektion und durch die Art ihrer Zusammensetzung in der künstlerischen Praxis. Insofern unterscheidet sich die avantgardistisch-experimentelle noch nicht von der symbolisch-repräsentierenden Literatur. (Berger 1987, 33)

Die avantgardistische Literatur widersetzt sich diesem evolutionären Denken, weil sie gerade darin eine Behinderung der Ausdrucksmöglichkeiten sieht. Die Kunst wird in ihrer Machbarkeit bewußt gemacht; eine »zweite Natur« wird nicht simuliert.

Wir haben damit beileibe nicht alle theoretisch interessanten Aspekte dieser Literatur abschreiten können, vielleicht aber ist die Aussage erlaubt, daß die sekundäre Rede doch zulässig ist, solange man von den Verfahren spricht, solange man sich auf diese einläßt und die Versuche charakterisiert, die aus allen möglichen Beschränkungen, die sonst verfahrensimmanent sind, herausführen wollen. Und darin mag wohl auch das große Verdienst dieser Literatur liegen, ohne die es nie zu jenem Durchbruch der Avantgarde in den sechziger Jahren gekommen wäre. Die alberne Lesart aller »experimentellen« Literatur lautet (ich weiß, wie problematisch der Begriff ist, zumal dann, wenn er wörtlich genommen wird), daß sich jedes Experiment einmal erübrigen müßte, wäre es doch nur im Vorfeld aller ästhetischen Bemühungen zu sehen: Es müßte das Experiment ein Ende haben, wenn es den richtigen Weg gezeigt habe. Gerade deshalb ist der Ausdruck »experimentelle Literatur« grundfalsch, weil er eben nur ein Hilfsausdruck ist, ein leider (fast) unentbehrlicher. Ich sehne mich nach einem Zustand, in dem wir ein neues Wort für diese Literatur gefunden haben werden.

Die Widersetzlichkeit einer Literatur ist eines ihrer Markenzeichen. Ich bin überzeugt, daß die *Wiener Gruppe* diese Widersetzlichkeit in einem beispielhaften Verfahren uns vorexerziert hat, daß sie sich den Kategorien, mit denen wir jahraus jahrein zugange waren – so da sind »Experiment«, »konkrete Poesie«, »Verfremdung«, »Surrealismus«, »Montage« –, widersetzt hat. Unentbehrlich sind sie alle, diese Termini, aber zusammengezählt geben sie noch immer nicht die Literatur, von der wir sprechen. Als Konrad Bayer 1963 bei einem Treffen der *Gruppe 47* las, waren die Kritiker alle recht angetan, Erich Fried selbst kapitulierte, lobte aber auch. Erich Fried: »Aber ich bin noch nicht ganz überzeugt, ob das zusammengeht, wenn die Gedichte doch ein Ganzes bilden. Aber das hohe Niveau ist natürlich nicht zu bezweifeln.« (*Gruppe 47. Kritik nach einer Lesung Konrad Bayers.* [1947] In: Rühm 1981, 83–88, hier 86) Und auch Ernst Bloch war mehr oder weniger ratlos; er zog eine Verbindungslinie zu Nestroy und Karl Valentin und hatte damit auch mittelbar recht. Und doch steht da – nach einer Assoziation zu

James Joyce hinüber – ein bemerkenswerter Satz, der sich auf diese ganze *Wiener Gruppe* beziehen läßt:»Und die Sphären sind eingestürzt, das Verabredete hört auf. [...] Also eine neue Form, von der die Philosophen manches lernen können.« (Ebda, 87 f.)

5.6. ALBERT PARIS GÜTERSLOH (1887–1973): *Sonne und Mond* (1962)

Unsere Vorlesung kann es sich zum Vorteil auslegen, daß sie nicht Sukzessionen herstellt, sondern vielmehr von der Gleichzeitigkeit des Ungleichzeitigen zu handeln sucht, wenngleich ich so etwas wie das zu einer bestimmten Zeit herrschende kollektive Bewußtsein heranziehen und nach Möglichkeit auch dingfest machen möchte.

Wenn ich nun von Albert Paris Gütersloh spreche, so um einem Manne Gerechtigkeit in einer Bewegung widerfahren zu lassen, die ihm von Bewunderern wie auch Gegnern abgesprochen wurde, indem ihn die einen in alle möglichen Höhen emporhoben und die anderen nicht verstanden oder ignorierten. Gütersloh ist als Schriftsteller in die Kunst- und als Maler in die Literaturgeschichte eingegangen.

Der 1887 Geborene mischte schon vor dem Ersten Weltkrieg in der Kunstszene gewaltig mit.

Gütersloh war nicht nur Maler und Schriftsteller, sondern auch Bühnenbildner (unter anderem für Max Reinhardt), er trat (gemeinsam mit Franz Blei) in der Expressionistenszene auf, sein Roman *Die tanzende Törin* (1911) wurde sogar als die Inauguration des expressionistischen Romans gefeiert usw. Er heiratete die Schauspielerin Anna Berger (1914), 1914 erschien eine Sondernummer der Zeitschrift *Die Aktion* zu Gütersloh, 1918/19 gab er gemeinsam mit Franz Blei die Zeitschrift *Die Rettung* heraus. In der Folge schrieb er einige Erzählungen (unter anderem *Kain und Abel*), erhielt 1922 den Fontane-Preis für *Innozenz*. 1925 lernte er Heimito von Doderer kennen, der 1930 eine Monographie über ihn: *Der Fall Gütersloh. Ein Schicksal und seine Deutung* veröffentlichte und sich – bis zum Erscheinen von *Sonne und Mond* (1962) – als Schüler Güterslohs bekannte.

1931 wurde er an die Kunstgewerbeschule in Wien als Professor berufen, 1917 war er zum Witwer geworden, 1921 hatte er die Tänzerin Vera Reichert geheiratet (die Ehe wurde 1932 getrennt). 1938 wurde er aus dem Lehramt entlassen, 1945 wieder eingesetzt.

1946 erscheint sein Roman *Eine sagenhafte Figur*, 1947 *Die Fabeln vom Eros*, 1961 erhält er den Großen österreichischen Staatspreis für Literatur. Bezeichnend für seine Rolle im Nachkriegsösterreich ist seine Funktion als Präsident des *Art Club* (ab 1946), zu dessen Mitgliedern Paul Flora, Ernst Fuchs, Friedensreich Hundertwasser, Wolfgang Hutter (Güterslohs leiblicher Sohn), Alfred Kubin und Kurt Moldovan gehörten. Dort begannen bekanntlich auch die Mitglieder der *Wiener Gruppe* mit ihrer Tätigkeit. Am 16. Mai 1973 starb Gütersloh in Baden bei Wien.

Seine Entdeckung steht noch immer aus und steht immer wieder bevor; auch hier wird es nicht gelingen, diesen *Inneren Erdteil* (so der Titel eines »Lexikons« zu dem Roman *Sonne und Mond*, den wir hier besprechen wollen) zu entdecken. Doch sei es gewagt, wenigstens an diesen Autor heranzuführen und vielleicht auch das legitime Interesse an ihm zu wecken.

Gütersloh ist einer jener Autoren, die aus dem Raster der jeweils probaten Literaturgeschichten gefallen sind. Immer wurde ihre Bedeutung mit hohem Marktwert angegeben, warum man aber zu solchem Urteil kam – das hat kaum einer vernünftig gesagt. Das von Jeremy Adler 1986 – anläßlich des 100. Geburtstages – herausgegebene Buch *Allegorie und Eros* vereinigt eine Reihe von Stellungnahmen (Musil, Broch, Doderer, Kraus, Blei), die allesamt von der Bedeutung Güterslohs zeugen, aber eine längere diskursive Herleitung seiner Rolle im literarischen und ästhetischen Leben dieser Zeit fehlt, nicht zuletzt, weil sich dieser Autor zu den anderen Größen seiner Zeit (auch der Malerei) auf Distanz hielt. Insofern mag es kein Zufall sein, daß ein so individualitätsbesessener Autor wie Doderer sich auf ihn einschwor.

Der schwungvolle Name Albert Paris (von) Gütersloh, den er sich, von drei Damen angebetet, zulegte (1921 erfolgte die offizielle Namensänderung), gab dem Autor eine a priori andere Aura als das bescheidene Albert Conrad Kiehtreiber.

Doch bei solchen Vordergründigkeiten wollen wir uns nicht aufhalten; es geht vielmehr um den Roman *Sonne und Mond*, der füglich als Güterslohs Hauptwerk angesprochen werden kann, weil der Autor daran schon seit etwa 1935 arbeitete, und wenn man verschiedenen Berichten Glauben schenken darf, so ist das ganze Ma-

nuskript noch viel umfangreicher als das, was wir nun vor uns
haben, und das ist fürwahr lang genug. Noch dazu – der Text ist
alles andre, als was normalerweise als Roman bezeichnet wird.
Die Vergleiche liegen natürlich sofort auf der Hand, aber dieses Auf-der-
Hand-Liegen ist immer etwas, das zu einfach ist: Vergleiche mit
James Joyce, Robert Musil, Hermann Broch (und dazu als schärfste
Gegenposition der Schüler Doderer – doch davon später).
Es geht auch nicht um psychologisch motivierte Handlungszu-
sammenhänge, nicht um einen Gesellschaftsroman, und experimen-
tell (wie etwa Bayers *der sechste sinn*) ist der Text auch nicht.

Äußerlich manifestiert sich Universalität im Aufmarsch von über fünfzig Personen und im zeitlichen Spielraum vom Jahr 1213 bis 1933/34
und später. [...] [–]
Vergröbernd gesagt sind mit *Sonne und Mond* die zwei Haupthand-
lungsträger mit den verdeutlichenden Namen Till Adelseher und Graf
Lunarin gemeint. – Der alte Baron Enguerrand hat dem Grafen Lunarin sein abgewirtschaftetes Schloß vermacht. Er will den vagabundie-
renden Lunarin damit zur Seßhaftigkeit zwingen. Lunarin eilt aus
schweren und chronischen Finanznöten herbei, um sich am Schloßbe-
sitz zu sanieren. Er trifft auf eine ehemalige Geliebte namens Benita
und verläßt mit ihr – bevor er sein Erbe auch nur gesehen hätte – für
ein Jahr die Gegend. Vorher hat er mit leichter Hand dem Großbauern
Till die Verwaltung für drei Tage übergeben.
Till Adelseher hat die Schlüssel übernommen und bezieht mit den vom
Grafen angeworbenen sechs Dienstboten das Schloß. Er setzt aus eigenen Mitteln das Schloß und die zugehörige Wirtschaft instand und
führt sein Werk nach Ablauf der drei Tage erfolgreich fort. Der Graf
läßt auf sich warten, und Tills Barmittel sind aufgezehrt. Till beansprucht die Hälfte von Herrn Murmelstegs Vermögen. Doch das Geld
des Butlers außer Dienst genügt auch nicht. Er will das Erbgut seiner
Ahnen dem jüdischen Antiquar Brombeer verkaufen. Daran hindert
ihn [...] Ariovist von Wissendrum. Dank des von Brombeer angebote-
nen Darlehens kann Till die Schloßverwaltung mit Erfolg weiterfüh-
ren. – Erfolg hat er auch bei Melitta Rudiger, in deren Gunst er den
Maler Obdeturkis ablöst. Als Liebesnest wählen Till und Melitta den
sogenannten »Turm«. Der Geschichte dieses »Turms« und der näheren
Umgebung, einer verlassenen Kartause und einer Burgruine, ist ein
eigenes Monsterkapitel von über zweihundert Seiten gewidmet. –
Überraschend kommt Graf Lunarin nach einem Jahr Abwesenheit
zurück. Großzügig vermacht er das eigentlich schon nicht mehr ihm
Gehörige dem Stellvertreter. Als Erlös fällt ihm die Stellvertretung Tills
bei Melitta zu.
Damit ist im Groben das Geschehen um die zentralen Figuren Lunarin
und Till Adelseher skizziert. Aber auch die Sippe der Wissendrums
und Ariovist werden ausführlich präsentiert, ebenfalls Oberst Rudigier

samt dessen für Doktor Torggler verhängnisvoller Frau Laetitia (der Mutter Melittas). In der Vorgeschichte zu all dem erfährt man Genaueres über die Eltern Tills sowie über die abenteuerlichen Lunarins. Der Spion aus Berufung, Mullmann, spielt eine zeitweilig große Rolle, auch über des Butlers Murmelsteg Vorleben und seine Familie wird berichtet. Zur weiteren Vorgeschichte gehört das Schicksal des Malers Andree und seiner Gönner Baruch und Genia Mendelsinger. In Andrees Geschichte wieder ist der »Turm« von einschneidender Bedeutung. Dieser »Turm« steht in Zusammenhang mit Benedikta Spellinger, die in der nahen Kartause ein Wunder erlebt. Allerdings im Jahre 1887. Die Geschichte der Kartause hängt mit dem Leben des Kreuzfahrers Graf Heinrich zusammen. Er hat zu Lebzeiten als Wüstling einen Turm für seinen Harem gebaut und wie's ans Sterben kam, als Pendant 1213 die erwähnte Kartause gestiftet. (Thurner 1970, 111 f.)

In der Tat: eine Inhaltsangabe ist sinnlos, die meisten sind auch falsch, so etwa die – aus mir unerklärlichen Gründen – der Ausgabe noch immer beigefügte Einleitung Helmut Heißenbüttels, der das Buch offenkundig nicht bis zum Ende gelesen hat. Das Buch ist also ein Meisterwerk der Digression, der Abschweifung. Jede Inhaltsangabe verfehlt das Buch notgedrungen auf eine Weise, so daß man sich fragt, ob es überhaupt noch statthaft ist, von Inhalten zu sprechen. Aber irgendwie drängt sich doch die Frage auf, wie diese Figuren allesamt zusammengehören, noch mehr: Wo soll das Ganze in Gestalt eines Romans sein Unterkommen finden? Die Untersuchungen zu diesem Text sind zwar sehr einläßlich, aber wir stehen trotz einiger guter Ansätze (Lüdtke 1973) noch immer am Anfang der Gütersloh-Forschung.

Schon das von Heraklit stammende Motto (»Ein Haufen auf's Geratewohl hingeschütteter Dinge ist die schönste Ordnung«) sollte die Interpreten warnen, dieses »Geratewohl« durch das zu ersetzen, was sie für die eigene Ordnung halten – vielmehr ginge es um den Beweis, warum dieses »Geratewohl« eben die schönste Ordnung zu erzeugen imstande ist. Schließlich arbeitet ja der Roman an der Herstellung dieser Ordnung gerade durch das Geratewohl; er führt einige Personengruppen vor, deren Handlungsweisen nicht psychologisch motiviert werden; Gütersloh entfernt sich bewußt vom Roman des Bewußtseinsstroms, vom Prinzip der Montage, er hält sich auch von der Romankonstruktion, wie Doderer sie pflegte, ferne. Ein Prinzip der Prosa Gütersiohs scheint vor allem die Erfassung der Figuren unter dem Prinzip der Allegorie zu sein; die einzelnen Reden, Dialoge, die Örtlichkeiten (Schloß!) erhalten eine allegorische Funktion, die Handlungen der einzelnen Figuren sind aufzulösen als allegorische (nicht symbolische!) Vorgänge, in denen sie gewissermaßen zu sich selbst und über sich selbst hinausweisen. »Der Teufel hole die Bücher, die einer versteht!« heißt es in dem Roman selbst (SuM, 414), womit gewissermaßen auch für dieses Buch die Maßstäbe vorgegeben sind. Der Leser braucht sich nicht auf das mehr oder weniger schäbige Geschäft des »Verstehens« einzulassen, auf die glatte Lektüre, oder auf die Verknüpfung der Vorgänge durch Kombination. Wer den Bau des Ganzen – mit der oben erfolgten Inhaltsangabe etwa – überblickt, der hat auch einen recht guten Ausgangspunkt für alle weiteren Erörterungen, er kann sich auf die einzelnen Stellen einlassen, deren jede eigentlich nur Anlaß für eine überbordende Reflexion ist. An keiner Stelle gibt sich (wie man es erwarten könnte) Gütersloh dem Nachpinseln sinnlicher Eindrücke hin, vielmehr wird jede konkrete Beschreibung auf eine mehr oder minder bizarre Art ins Abstrakte ausgeweitet. Alle Figuren scheinen eine zweite (meist mythologisch umschriebene) Identität zu haben. Daher hat Gütersloh auch ein Buch mit dem Titel *Der innere Erdteil. Das Wörterbuch zu »Sonne und Mond«* (1966; Neuauflage 1987, ergänzt [Gütersloh 1987]) veröffentlicht, wo er allen Figuren nochmals so etwas wie eine allegorische Identität zuteilt.

Ich weiß, daß es unmöglich ist, von dem Ideenreichtum Güterslohs eine auch nur halbwegs adäquate Vorstellung zu geben; und so muß auch jeder Versuch der Kritik an diesem Opus aus dieser Position als verdächtig und unangemessen erscheinen. Ich möchte doch nicht verhehlen, daß dieses zweifelsohne hochinteressante Werk auf mich einen höchst ambivalenten Eindruck macht. Ein Eindruck, der nicht zuletzt auch bedingt sein mag durch die Haltung, die Doderer gegenüber diesem Werk einnahm: Zunächst war Doderer diesem Werk voller Ergebung und Faszination entgegengetreten, doch bei der Lektüre dürfte sich seine Stirn zusehends umwölkt haben, entsprach doch das Werk so gar nicht mehr dem, was er in der mühevoll erarbeiteten Romantheorie als das Prinzip dessen erfaßt zu haben meinte, was ein Roman in seinen Augen war. Doch kam noch etwas hinzu: Er erkannte sich, er mußte sich plötzlich ertappt fühlen, in einer der Figuren – und das kann natürlich auch als eine sublime Form der Frechheit gegenüber dem derzeit so erfolgreichen Schüler (Doderer war erfolgreicher als Gütersloh zu diesem Zeitpunkt, 1962) gedeutet werden: Gütersloh hatte ihn in der reichlich unsympathischen Figur des Ariovist von Wissendrum (schon der Name sagt einiges!) porträtiert: »Ariovist von Wissendrum nennt er ihn, und auch ich könnte ihn so nennen. Gut gezeichnet, leider auch, unfair genug, deutlich be-zeichnet (als ›Bogenschütze‹). Man muß das quittieren«, schreibt Doderer am 21. Dezember 1962 in sein Tagebuch (Doderer 1986, 350), schlicht resignierend. Und Ariovist ist tatsächlich eine üble Figur, derjenige, der verhindern möchte, daß es jüdisches Geld ist, welches das Schloß rettet; er ist Repräsentant einer Adelsclique.

Im *Inneren Erdteil* häufen sich dann noch die Vorwürfe gegen diesen Ariovist und gegen seine Sippe, die Wissendrums, die als die Egoisten und Antisemiten schlechthin dastehen. »Weil der Egoismus eine uneinnehmbare Burg ist, kann der Burgherr nie jemals aus ihm befreit werden« (Gütersloh 1987, 358), oder:

> Wenn du auf deinem Lebenswege der verkörperten Beziehungslosigkeit zu allem Menschlichen, das um sie herum weset, begegnest, dem einzigen also, der noch nie unter die Räuber gefallen ist und auch nie je fallen wird, denn auch der Räuber ist nur ein Mensch, so wirst du, weil du ein Samariter bist – nicht von Verdienst, sondern von Natur – dem auf hohem Rosse Reitenden doch, als wäre er ein Niederer und Unglücklicher, alles unbedurft Gute tun und erst viel später, wenn ums Verrecken nicht er dir die kleinste Wunde zeigen will, ihm eine zufügen, mit chirurgischem Bedachte natürlich und nur zu dem Zwecke, Öl und Wein in sie zu träufeln. Aber auch das gutgemeinte Böse wirst du vergeblich tun, denn: für Gaben, welcher Art immer, hat er keine Hände, und unter der Haut trägt er einen Panzer unbekannten Metalls. (Ebda)

Gütersloh ist ein Meister in der Vermeidung jeder Art von Klartext. In der Erzählung wird schon in jedem Satz der erzählerische Duktus durch die Parenthese zerstört, in der Abstraktion wird alles durch eine wuchernde Bildlichkeit verdeckt. Dies ist ein Verfahren, an dessen Legitimität seit Jean Paul wohl niemand so recht zweifeln kann; so ein Verfahren hat aber in der zweiten Hälfte unseres Jahrhunderts gewiß andere Funktionen als vor mehr als zweihundert oder vor hundert Jahren.

Es liegt quer zu der von Doderer versuchten Restauration des Erzählens, es ist aber nicht zu vergleichen mit dem Verfahren der *Wiener Gruppe*, die sich der Mitteilbarkeit verweigert, denn Gütersiohs Roman macht – man denke an die Geschichte vom Schloß, das aus den Händen der Adeligen in die eines Bauern kommt – auch in sozialpolitischer Hinsicht Sinn. Sinn: aber welchen, kann man sich auch fragen, denn was mit einer einfachen Parabolik (etwa: Schloß = das adlige Österreich, das Österreich der Monarchie, das in die Hände des agrarideologisch regierten Österreich fällt; die Arbeit wird 1935 im Ständestaat begonnen!) gegeben wird, ist doch etwas zu einfach und verfügt über zu viel an Plausibilität, um tatsächlich auch plausibel zu sein.

Und so ist es leider meistens auch ein etwas unqualifiziertes Herumgerede, das sich Gütersloh und die anderen in Zusammenhang mit diesem Buch gefallen lassen müssen; die meisten Äußerungen, die Jeremy Adler in *Allegorie und Eros* zusammengestellt hat, sind denn auch oft nicht mehr als Bekenntnisse zu Gütersloh oder distanzierte Abrechnungen, wie etwa die Doderers, der sich damit endgültig von seinem Meister trennte. Für ihn, Doderer, war das kein Roman, kein Universum mehr, nicht mehr der Versuch, die »analogia entis« im Diesseits nachzubilden. »Ich habe gelesen und ich habe ausgelernt. Man kann aus *Sonne und Mond* so ziemlich alles lernen, was zur Literatur gehört. Unter anderem auch, was ein Roman ist, als Werk der Kunst, und, was er nie sein kann und darf« (*Rede im P.E.N.-Club zu Wien am 18. Dezember 1962.* In: Adler 1986, 125–126, hier: 126) – so Doderer 1962. Und: »Güterslohs und meine Position in Sachen Roman sind heute vollends unvereinbar geworden. Ich kann also in der Diskussion Gütersloh nicht vertreten. Ich müßte ihn sogar bekämpfen« – so Doderer in einem Brief an Armin Mohler. (In: Adler 1986, 127–128, hier: 127)

Die Verweigerung des Erzählens beziehungsweise dessen Auflösung durch die Abschweifung macht denn auch die ästhetische Substanz dieses Buches aus, macht das Moderne daran aus, und das in einem sehr weitgehenden Sinne. Es geht nicht um den Anschein jener zu restaurierenden Wirklichkeit (das wird schon – allegorisch – durch die Restauration des Schlosses besorgt), es geht auch nicht um eine Lehre, eine abstrakte Sicht auf dieses Diesseits, sondern um den Erweis, daß das Faktische, das wir dinglich durch die Erzählung vermitteln zu können meinen, auch anders anwesend gemacht werden kann, daß Diesseitigkeit nicht nur durch die Herstellung des schönen Scheins einer Erzählung bestätigt wird (wie dies Doderer meinte), sondern daß diese Diesseitigkeit immer eines Kommentars bedürfe, der jedem Ding seine höhere Weihe mitteilt, jeder Person ihre mythologische oder allegorische Funktion.

Das ist ein freilich sehr aufwendiges und für den Leser nicht immer erquickliches Verfahren; jeder Satz erfordert eine überlange Nachdenkpause, jeder Satz muß einmal aus der verqueren, latinisierenden Syntax rückübersetzt werden in eine verständliche Abfolge, und dann gilt es immerhin noch den Versuch zu machen, aus alledem so etwas wie einen Klartext zu erstellen; vielleicht ist es aber andererseits gerade die Unmöglichkeit dieses Versuchs, den Klartext zu erstellen, die den Rang von Güterslohs Kunst ausmacht: Der Text verweigert sich so der Einvernahme in ein wie immer geartetes Inhaltliches. Und das erklärt auch, warum die Interpreten mit diesen Büchern nicht viel weiter gekommen sind. Wenn H. G. Adler die Abschweifung nicht mehr als Abschweifung stehen lassen will, sondern dahinter weiß Gott was vermutet, ja sogar die Hauptsache, dann bleibt doch für uns immer noch der Ordo der Syntax bestehen, dem sich Gütersloh ja gebeugt hat, indem er den einen Gedanken dem Hauptteil des Satzes zugeordnet hat, den anderen der Parenthese (dem Schaltsatz). Nach H. G. Adlers Meinung würde der »erzählte Stoff gleichsam polarisiert«, und daher sei es illegitim, »von Abschweifungen zu sprechen«. (Brief an Heimito von Doderer vom 20. April 1963. In: Adler 1986, 232 f.) Es gilt also, die Weltsicht Gütersloh zu akzeptieren und von daher zu erklären, was die Hauptsache ist und was nicht.

Wie dem auch sei: wir sind bei Gütersloh nicht viel weiter gekommen; sein Werk sperrt sich dem Leser, es bleiben in den Händen: Episoden und Aphorismen, es bleibt der aufs Geratewohl hingeschüttete Haufen. Gegen den Ordnungswillen Doderers setzte Gütersloh die Anarchie, und das ist sein Hauptverdienst: Schluß gemacht zu haben mit dem restaurativen Schein, den das Erzählen verbürgte, und dies nicht zuletzt durch die tiefgründige Ironie des Erzählers, der sich gleichsam ironisch von dem zu Erzählenden distanziert, der ein epistemologisch geschulter Beobachter ist, der alles auf seinen mythologisch-allegorischen Nenner bringt, der aber jede Rückführung in die konkrete Lebenswirklichkeit vermeidet. In bezug auf Raum und Zeit werden wir (trotz der oft übergenauen Zahlenangaben) im unklaren gelassen, absichtsvoll im unklaren gelassen, und das scheint uns wesentlich: Gütersloh benötigt nicht die exakte Rückführung auf eine historisch konkrete Wirklichkeit, die Künstlichkeit der von ihm erzeugten Welt bleibt ihm bewußt und soll den Lesern auch durchgehend bewußt bleiben.

Auf der anderen Seite aber erspart Gütersloh sich – anders als Doderer –, dingfest gemacht zu werden für sein Verhalten, für seine Einstellung. Die Allegorie ist – und das durch die Jahrhunderte – der Ort der intellektuellen Unschuld, nicht zuletzt dank ihres Spielcharakters. Und so sind sie alle Figuren in einem großen Bühnenspiel, von dem Baron Enguerrand über Lunarin bis zu Adelseher: Sonne (Adelseher) und Lunarin (Mond).
Die Art dieses Buches kann vielleicht auch am besten durch die Arten der Interpretation charakterisiert werden. Wenn zum Beispiel Peter Härtling in einer Rezension schreibt:

> Man wandert durch sein Buch wie durch ein Märchen, in dem tausend Spiegel aufgestellt sind, welche die Wahrheit spiegeln, und man ist angehalten, sich unablässig zu fragen, was nun die Wahrheit sei. Gütersloh meint, daß es die Erfahrung sei. Wenn man sich seiner Erkenntnis bemächtigt, ist man reicher und skeptischer in einem. (*Das Spiegelreich des Albert Paris Gütersloh. Anmerkungen zu seinem Roman ›Sonne und Mond‹.* [1962] In: Adler 1986, 216–222, hier: 222)

Das ist sehr schön und zugleich nichtssagend genug gesagt. Der ohnehin schon metaphernreiche Roman wird durch eine Metapher erklärt, die Metapher potenziert den ohnehin schon metaphernreichen Roman noch mehr. Ich meine, daß Gütersloh in seinen Roman genug Hebel und Vorrichtungen eingebaut hat, die jeden Hermeneuten hinauswerfen. Wer sich da aufs Interpretieren eingelassen hat, ist ein Interpret auf Schleudersitz: er wird hinausgeworfen, ehe er Platz nehmen konnte. In dieser Verweigerung einer Überführung in den Diskurs, wie wir ihn zur Literatur kennen und lieben, besteht – trotz der meines Erachtens unabsehbar vorhandenen Schwächen – die Leistung dieses Romans.

5.7. DODERERS ROMANTHEORIE und
    Die Wasserfälle von Slunj (1963)

Ich habe zu zeigen versucht, daß sich Doderer, der ja seinem Gütersloh-Erlebnis so viel zu verdanken meinte, allmählich von seinem »Meister« Gütersloh distanzierte. Daß von Gütersloh der Weg direkt zur österreichischen Avantgarde führt, ist sicher mehrfach behauptet worden, vor allem wäre die österreichische Malerei, die Schule des Wiener phantastischen Realismus, ohne Gütersloh sicherlich nicht denkbar. In der Haltung dem Erzählen gegenüber macht Gütersloh auch einen Schritt in Richtung auf jene Kunst, die das Erzählen für ein eher unerhebliches Beiwerk hält. Läßt sich ähnliches von Doderer sagen? Von ihm scheint kein Weg zur österreichischen Moderne, zur *Wiener Gruppe* zu führen, er scheint – nicht nur weltanschaulich – ganz radikal getrennt von jenen avantgardistischen Tendenzen zu schreiben, wie sie um die Mitte der fünfziger Jahre in Wien aufzubrechen begannen. Dieser Eindruck täuscht, und doch auch nicht.

Im folgenden möchte ich das einfache Erklärungsmodell, das man sich für die Dynamik der österreichischen Literatur in den sechziger Jahren zurechtgelegt hatte, etwas befragen und kritisch prüfen. Da heißt es etwa: Hie die Restauratoren (Doderer, Hochwälder, Henz), dort die Avantgarde, also die *Wiener Gruppe*, Jandl, Okopenko und die anderen. Für die Beschreibung der österreichischen Literatur nach 1945 bot sich ein Dualismus an, ein Gegensatz, der sich sehr wohl mit dem Paar Konvention und Moderne fassen läßt und den Walter Weiss in seinem grundlegenden Aufsatz *Die Literatur der Gegenwart in Österreich* prägnant faßte:

> Die Autoren, die mit ihrem Leben und Werk die Verbindung zum alten Österreich und zu den österreichischen Klassikern der Moderne bewahrten, traten nach und nach ab: Saiko starb 1962, Doderer 1966, Csokor 1969, Urzidil 1970. Zwischen den führenden Autoren der mittleren und der jüngeren bis jüngsten Schriftstellergeneration gibt es mehr Spannung und Entfremdung als Harmonie und Verständnis. Zwischen Herbert Eisenreich, Ingeborg Bachmann, Christine Busta auf der einen Seite und Autoren wie Peter Handke, Michael Scharang, G. F. Jonke auf der anderen Seite liegen Klüfte. Gerhard Fritsch, der sie von der mittleren Generation her überbrücken wollte, ist nicht mehr. (Weiss 1971, 396)

In einer Neuauflage dieses Aufsatzes von 1971 konnte Weiss 1981 die Formulierung beibehalten, nur setzte er sie ins Imperfekt. Die Zäsur, die hier zum Tragen kommen soll, war 1966, mit dem Auftritt Peter Handkes in Princeton: A star was born. Diese Zäsur soll auch der Endpunkt dieser Vorlesung sein. Eine Trennungslinie scheint gezogen, durch die die einen zu Traditionalisten gebrandmarkt erschienen und die anderen zu Erneuerern verklärt wurden: so las man es zumindest um 1970 und später. Stimmt das? Ging diese Demarkationslinie genau so zwischen den beiden Lagern? Trennten sich die beiden so exakt, wie es die um Übersicht bemühten Literaturhistoriker wollten? Ist die Bewegung bei den älteren Autoren (zum Beispiel bei Doderer) zum Stillstand gekommen? Ist Ruhe eingetreten?

Diese Bewegung läßt sich nicht in der Beschreibung so einfach umschreibbarer Abläufe fassen, wie dies die Literaturhistoriker, um ihre schöne Ordnung bemüht, wollen. Ist diese Kluft in ästhetischer Hinsicht, in weltanschaulicher Hinsicht tatsächlich so unüberbrückbar gewesen?

Ich möchte nun zu einer Besprechung der letzten Werke Doderers überleiten und von da aus die unterschiedlichen Positionen der anderen Autoren charakterisieren: Vor allem wird es mir gegen Ende der Vorlesung um die Analyse von Bernhards *Frost* (1963) und Handkes *Hornissen* (1966) gehen, zwei Büchern, in denen sich gewiß so etwas ergibt wie eine neue Stillage, und zu denen, so glaube ich zumindest, doch einige Wege von Doderer hinführen.

Nach dem Erfolg der *Dämonen* (1956) trat bei Doderer eine Phase der Erschöpfung und in der Folge auch eine heftige private Krise ein. Theoretische Arbeiten bestimmen nun zunächst einmal das Interesse des Autors. Im Jahre 1959 erscheint die Schrift *Grundlagen und Funktion des Romans*, eine Summe aus den gewonnenen Erkenntnissen der Arbeit an der *Strudlhofstiege* und den *Dämonen*.

> Die Wieder-Eroberung einer auf weite Strecken hin in einer zweiten Wirklichkeit erblaßten Außenwelt ist also die heutige Funktion des Romans, und sie ist dem Schriftsteller wohl deshalb anvertraut, weil dieser Feldzug bei ihm einem unwiderstehlichen echten Zwange entspringt. Sein empirisch verfaßter Geist sieht in den Fakten eine letzte Autorität – facta loquuntur – und er kann auf die äußeren und ihre Kompetenz so wenig verzichten wie auf sein Inneres, auf seine mit jenen Fakten correspondierende Mechanik des Geistes: anders: er weiß, daß Romanhandlungen oder handlungsreiche Romane [...] möglich, universal und repräsentativ sind, sobald die immer wieder auftretenden Vacua der zweiten Wirklichkeit sozusagen von einer ersten Wirklichkeit eingekesselt und umgeben bleiben [...]. (Doderer 1970, 169 f.)

Das ist Gütersiohs Stil, aber nicht Gütersiohs Denken; Doderer geht es also um handlungsreiche Romane – sie sind möglich, Musil zum Trotz, der den Roman in den Essay hinein aufgelöst habe, Proust zum Trotz, der sich den Impressionen ausgeliefert habe, und auch James Joyce zum Trotz, dessen Praxis mit einem »Salzburger Schnürlregen der Assoziationen« (ebda, 165) verglichen wird. Geschickt weiß Doderer sich von diesen Romangiganten auf Distanz zu halten. Immer wieder hat die Kritik hervorgehoben, daß Doderer ja mit Proust, Joyce und Musil den Rang nicht teilen könne. Das mag zutreffen, aber es ist zu berücksichtigen, daß Doderer den Kampf mit den Besten aufnimmt und sie auch an der Seite trifft, wo sie verwundbar waren. Wenn von der »gewaltige[n] Dynamik der Langeweile bei Marcel Proust« (ebda) die Rede ist, so ist das ein ganz schön hartes Urteil, gegen das offenkundig die eigene Fähigkeit, durch den Roman Spannung herzustellen, gesetzt werden soll.

Es geht wieder um die Herstellung eines erzählerischen Kosmos: das ist es, was Doderer unter Universalität versteht, der Roman will also noch einmal das (von Goethe initiierte, von der Romantik theoretisch postulierte) Unternehmen der Universalität wagen, ein kühnes Wagnis gewiß, dessen Konsequenzen nicht absehbar sind.

Und dieses Konzept ist ein Wagnis, ein Postulat und zugleich eine gewaltige Hypothek für die eigene Arbeit, die sich in einem neuen Konzept nicht so leicht wird realisieren lassen. Und diese Hypothek belastet Doderer nun auf der Suche nach einem Roman, nach einem Sujet, das seinen Expertisen gerecht werden könnte. Aus der Erstarbeit an den *Dämonen* wurde nun schon alles ins Groteskrevier der *Merowinger* (1962) abgedrängt, einer kuriosen Fabel eines von Omnipotenzphantasien geplagten Freiherrn, Childerich III. von Bartenbruch, der durch eine ausgetüftelte Heiratspolitik sein eigener Großvater werden will und den diese Überpotenzierung seiner Männlichkeit teuer zu stehen kommt durch die an ihm vollzogene Kastration: die vollkommene Depotenzierung, könnte man sagen. Doderers *Merowinger* sind *auch* (nicht nur) eine Satire auf den Männlichkeitswahn, der vor allem ein Machtwahn ist. Die *Merowinger* verdienen auch insofern Erwähnung, als sie die Basis für einen Avantgardefilm von dem vor einiger Zeit verstorbenen Ernst Schmidt jun. abgeben konnten; schließlich hat auch Oswald Wiener das Kapitel über das Prügelfest *purim* in seinem Roman *die verbesserung von mitteleuropa* (1969) »Dr. Heimito von Doderer« gewidmet.

Um Doderers Verfahren etwas deutlicher zu charakterisieren, möchte ich auf drei kleinere Texte eingehen, Nebenwerke gewissermaßen, in denen er sich von dem übermäßigen Ordnungsanspruch seiner früheren Werke gewaltig distanziert und worin er Schluß macht mit dem Erzählen, wie er es selbst früher gepflegt hatte. Die meisten der *Kürzestgeschichten* Doderers gehören in die Nähe der

Merowinger, im besondren ein Kabinettstück unter dem Titel *Erzählung* aus dem Jahre 1964, worin ja letztlich auch das Prinzip des Erzählens, wie wir es aus den großen Romanen kennen, widerrufen wird. Doderer hat sein eigenes Verfahren somit grundsätzlich problematisiert:

> Ohne daß es irgend wäre im voraus zu vermuten oder auch nur zu ahnen gewesen, urplötzlich, Knall und Fall, und, nicht genug an dem, zur allerfrühesten Morgenstunde, voll Hohn, Haß und Bitternis –
> Ja, was denn nun eigentlich?!!
> Ja – das weiß ich nicht. (Doderer 1976a, 345)

Sonst spielt bei Doderer die Finalisierung einer Erzählung eine wichtige Rolle, also der Blick auf einen Schlußpunkt hin, die Entsorgung des Schlusses um eine Pointe, könnte man fast formulieren. Was aber in den *Kürzestgeschichten* passiert, ist nichts anderes als der radikale Widerruf einfacher handlungsstarker Geschichten. Der *Erzählung* im besondren ist die Suspendierung jeglichen Kausalzusammenhanges eigen, der Verzicht, aus allem einen Grund abzuleiten. Realistisches Erzählen kann seine diagnostische Kraft ja davon herleiten, daß es einen Handlungszusammenhang simuliert, so tut, als gebe es einen Kontext, der durch das Erzählen zu beglaubigen oder herzustellen wäre. Die Autoren sind also mit der Feder nicht hinter den Phänomenen, sondern hinter der Kausalität her, die diese Phänomene verbindet.

Ehrfurcht vor dem Alter funktioniert dabei noch nach dem gängigsten Modell:

> Durch eine alte Dame mit kleinem Hund, welche infolge ihrer Umständlichkeit die Abfertigung am Postschalter verzögerte, zur äußersten Wut gebracht, schlug er – da ihm denn die Ehrfurcht vor dem Alter hier jede direkte Ausschreitung verwehrte – mit einer schweren, zum Teil eisenbeschlagenen Keule, welche der Angeklagte damals für solche Zwecke stets bei sich zu führen pflegte, die Front des gegenüberliegenden Hauses ein, wodurch drei Wohnungen beschädigt und sechs Personen zwar nicht erheblich, immerhin aber derart verletzt wurden, daß sie ärztliche Hilfe in Anspruch nehmen mußten. (Doderer 1976a, 310)

Hier ist ein Grund noch glaubhaft, ein Gegengrund wird auch noch glaubhaft gemacht (in Parenthese: »Da ihm denn die Ehrfurcht vor dem Alter hier jede direkte Ausschreitung verwehrte«; ebda), aber warum der Wutanfall sich gerade gegen die Front des gegenüberliegenden Hauses richtet, warum die Aktion so disproportioniert zu ihrer Ursache steht – all das erfahren wir nicht, brauchen wir auch nicht zu erfahren, damit verschont uns der Erzähler.

In jedem Falle wird aber der erzählerische Aufwand in dem Text *Die Mitteilung* noch nachhaltiger widerrufen.

»Wann ist denen die Sache mitgeteilt worden?« – »Gegen halb zwölf.« – »Haben die was gesagt, haben sie eine Wut gekriegt?« – »Nein. Kein Wort haben sie gesagt, haben sich überhaupt nicht gerührt. Keinerlei Äußerungen wurden getan.« – »Und weiter? Und sonst nichts?« – »Doch. Gegen sechs Uhr abends sind sie alle zugleich aus ihrem Bau gefahren und haben die Leute entsetzlich verprügelt, ja, geradezu gedroschen. Alles ist gelaufen, die Leut' haben nur geschaut, daß sie weiterkommen, um nicht auch noch erwischt und verdroschen zu werden ...« – »Ja, was für Leute haben denn die verhauen?« – »Nicht jemand bestimmten. Wer halt grad vorbeigekommen ist. Einen kleinen alten Mann haben sie derart getreten, daß er mit dem Gesicht aufs Kanalgitter gefallen ist. Es war fürchterlich.« – »Und was ist denen eigentlich um halb zwölf mitgeteilt worden?« – »Das weiß ich nicht.« (Doderer 1976b, 310)

Das ganze Textgebilde basiert auf dem Zauber der Negation: Zunächst wird eine Scheinpräzision erzeugt: »Wann ist denen die Sache mitgeteilt worden?« – »Gegen halb zwölf.« (Ebda) Doderer hat damit exakt erkannt, wie sehr Erzähler mit solchen Mitteln der Präzisierung arbeiten, um damit den Anschein der Genauigkeit zu erzeugen, ja nicht nur den, sondern auch den der möglichst exakten Realitätsvermittlung. Der Text ist zur Gänze auf der Negation aufgebaut; es bleibt am Ende nur ein Nichts übrig. Was alles in Bewegung hält, bleibt unbekannt. Die Erregung der Wut ist nicht relevant; relevant ist, daß gehandelt wird.

Noch empfindlicher trifft diese Herstellung der Scheinkausalität der Text *Erzählung* (ebda, 345), der in seiner Kürze den Widerruf des ganzen Romanœuvres Doderers zu enthalten scheint. Diese »Erzählung« operiert mit nahezu allen Ingredienzen einer Erzählung (quis, quid, ubi, quibus auxiliis, cur, quomodo, quando), wobei das »Wer« ausscheidet, ebenso das »quid« (»was«), wie auch das »ubi«. Hingegen wird das »Wie« und das »Wann« betont und extensiv präsentiert, das »Was« bleibt am Ende nur als Frage bestehen. Texte dieser Art unterlaufen den ganzen erzählerischen Aufwand jeder Form von Erzählung, den Surplus, den sich jeder bemühte Erzähler tagaus tagein leistet, indem er eine Menge von Dingen hinzufügt, die eigentlich so gut wie gar nichts, sagen wir: gar nichts Wesentliches in diesem Zusammenhang auszusagen haben. Natürlich läßt sich dieser Text auch anders interpretieren als eine innerpoetologische Abrechnung mit der Literatur, mit dem Erzählen, aber wenn das Erzählen – und das war es für Doderer – eine substantielle Qualität des Menschen und das Ziel des Romanciers ist, dann weist natürlich gerade so etwas wie diese Hypertrophie der Akzidenzien (quomodo, quibus auxiliis) auf die Überheblichkeit des Erzählerischen an sich hin.

Ich habe diese Texte Doderers zitiert, um sie einem Verfahren seines »Schülers« Eisenreich gegenüberzustellen, der mit dem hübschen Text *Eine gelungene Überraschung* sich zwar formal genau an die Vorschriften Doderers hält, in dieser Form der Anekdote aber sehr wohl die Pointe schlechthin anstrebt, der sich Doderer ja mit Bedacht verweigert:

> Wie geht man weg, am Morgen? Man kann ja nicht gut »Tausend Dank!« sagen, und noch viel weniger kann man tausend Schilling auf den Nachttisch legen, man war ja bei einer Freundin und nicht bei irgend so einer von Graben und Kärntnerstraße. Also, was tut man? Na, zum Beispiel: man malt, während sie nebenan den Kaffee kocht, mit ihrem Lippenstift auf ein Blatt Papier in großen Blockbuchstaben »Ich liebe Dich« und schiebt dieses Blatt Papier zwischen Überwurf und Kopfkissen des immer noch warmen, doch schon gemachten Bettes. Er, jedenfalls, tat das, nach seinem ersten Besuch bei ihr.
> Der aber, und eben deswegen, sein einziger bleiben sollte. Sie nämlich hatte einen Freund, und mit diesem Freund war sie ziemlich zerkracht, und nur deshalb auch hatte sie jenen andern zu sich auf ihr Zimmer genommen, na ja. Und abends dann kam dieser Freund und wollte im Grunde schon nicht mehr so recht, und wollte halt doch noch, nur streiten wollte er nicht, er wollte nur, daß sie ihn wieder liebe, ihn liebe wie eh und je, und sie, nicht friedlich, nur müde (und wohl auch ein bißchen vom schlechten Gewissen geplagt), sie also, während sie nebenan duschte, sagte zu ihm, er solle das Bett aufschlagen, und als er das, eigentlich immer noch hoffnungslos, tat, da lag auf dem Kissen ein Blatt Papier, und auf dem Papier stand lippenstiftrot in großen Blockbuchstaben »Ich liebe Dich«, und er faltete hastig das Blatt und schob es, als teures Andenken, in seine Tasche, und war dann, die ganze Nacht lang, sehr glücklich darüber, daß sie ihn also doch immer noch liebte, und deshalb liebte er sie jetzt viel mehr noch als eh und je, und er machte sie glücklich wie nie zuvor, und sie versöhnten sich sehr und blieben noch lang lang zusammen. (Eisenreich 1973, 92 f.)

Diese Anekdote dient mit ihrer Pointe ja auch einer Ideologie: der Ideologie des gepflegten Mißverständnisses. Wir erreichen nicht das, was wir mit unseren Absichten zu verwirklichen suchen, und wenn etwas dabei herauskommt, so läuft dies unseren Absichten zuwider: Das also wäre die Moral, die aus dieser Geschichte insgesamt herauszulesen wäre. Ich halte Eisenreichs Text für außerordentlich dicht, für außerordentlich gelungen, aber er verkündet, er erzeugt Kausalität, er tritt argumentativ für ein Anliegen ein: nicht zuletzt darin zeigt sich auch die Position Eisenreichs, der an der sinnstiftenden, also überhaupt an der »stiftenden« (wenn Sie wollen: »gründenden«, »begründenden«, »fundierenden«) Funktion von Literatur festhalten will.

Dies nur als notwendiger Exkurs zum späten Erzählwerk Doderers, dem ich damit so etwas wie eine Rampe schaffen möchte, von der aus das Neue daran wahrzunehmen ist. Ich habe zu zeigen versucht, daß manches am Werke Doderers sich als Krise, als Ausweg aus der Krise anbahnt. Jedes Werk ist Produkt einer Krise, es ist die Lösung der Krise und produziert auch die neue, die nächste Krise.

Die Entstehung des nächsten Werkes, des *Romans N° 7/I* und *II* kann als ein Musterbeispiel künstlerischer Genese angesehen werden, interessant weit über den konkreten Fall Doderer hinaus.

Doderer erzeugt seine Texte nicht aus einem vorhandenen Potential von Figuren, sondern aus dem Ort, aus dem, was Benjamin die »Aura« nannte. Und Doderer läßt sich da durchaus mit jenen Kategorien erfassen, mit denen Benjamin in seinem *Passagen-Werk* dem Baudelaireschen Flaneur gerecht zu werden suchte. So in den *Dämonen:* da schreibt einer von den Dämonen, die ihn allenthalben bedrohen, aber nicht in dem Sinne, daß er diese vorerst personalisiert hätte: Es sind die loca, aus denen die personae erwachsen. Doch überwiegt – ich kann darauf hier nicht näher eingehen – bei den *Dämonen* das stoffliche Detail; Doderer macht sich nun auf die Suche nach der idealen Komposition – in seiner Romantheorie hat er ja immer wieder betont, daß die Romanform in bezug auf ihre Konstitution noch weit hinter der Konstitution der Form der Symphonie einherwanke.

Doderer gibt auch vor, daß er nun die Absicht habe, ein dynamisches Gesamtbild einer Komposition zu entwerfen, in das die jeweiligen Inhalte – wie ein leeres Gefäß – einzuschießen hätten. Das ist freilich Fiktion; die berühmten Skizzen zum Roman, die Doderer nach dem Muster von Fahrplänen dienten, wurden zwar entworfen, aber die Fülle des Materials machte – nicht nur bei den *Dämonen* – die Konzeption wieder fraglich.

Entscheidend aber ist nun, daß Doderer gerade nach der Fertigstellung der *Dämonen* hoffte, ein dynamisches Gesamtbild, eine leere Form, ein leeres Gefäß gleichsam konstruieren zu können, in das nun einige Inhalte würden einschießen können. Er nannte dieses Gebilde einmal *D VIII* (das achte *Divertimento*) und begann Material zu sammeln, das dieser Form einzupassen wäre. Ein durch zahlreiche Tagebuchnotizen beglaubigter Vorgang, der etwa um 1957 stattfand. Diese Zeit ist auch die Zeit einer großen persönlichen Krise (Krise einer Beziehung zu Dora Zeemann und seiner Frau, die erstere in dem Buch *Jungfrau und Reptil*, 1982, anschaulich aus der Außenansicht dargestellt hat). Doderers Krise aber wird fruchtbar, indem er Wien und einigen Bezirken neue Qualitäten abzugewinnen sucht. Besonders interessant wird nun die Grenze, der Donaukanal: der Blick hinüber auf das andere Ufer, eine Grenze, die Kakabsa in den *Dämonen* schon einmal überschritten hatte. In dem neuen Werk kreisen die Assoziationen, die sogenannten »freistehenden Vorstellungen«, um jenes Viertel des dritten Wiener Gemeindebezirks, das ganz nahe am Donaukanal liegt, zudem karrt Doderer viel Material aus einer Zeit an, da er sich noch als »Nichtschriftsteller« (also noch nicht als »Anti-Schriftsteller«, zu dem er später wurde) sah: Bis zu seinem fünfzehnten Lebensjahr fühlte er sich eben als »Nichtschriftsteller«, unbelastet und vielleicht fähig, sich der Apperzeption, der Kunst des Schauens hinzugeben.

Da ist einmal von zwei englischen Herren die Rede (Doderer 1986, 127); das ist im April 1958, doch ergeben diese frühen Skizzen noch nicht viel. Ein Erweckungserlebnis war schließlich der Anblick eines Gemäldes bei Bekannten, des »Mühlen-Katarakts«, den er dort am 9. August wahrnimmt. Und unmittelbar darauf ist denn auch schon das Schicksal der Hauptfigur fest umrissen: Er hat nun die Absicht, diese Familie Clayton und deren Schicksal darzustellen: »Das Schicksal von Clayton Sohn ist stigmatisiert dadurch, daß seine Mutter das Wasser senkrecht gesehen hat. Er stirbt auf einer Mühleninsel unmittelbar neben der Wasserswucht – einer glatten – rein vor Entsetzen, ohne verletzt zu sein oder zu ertrinken. Man holt ihn – er ist schon tot.« (Ebda, 68 f.)

Das ist, so könnte man sagen, der novellistische Kern dieses neuen Gebildes, das nun plötzlich als *Roman N° 10*, später *N° 7* gehandelt wird. Doch bis zu dessen Fertigstellung ist es noch ein weiter Weg. Immerhin bedeutet das Heurisma der *Wasserfälle von Slunj* den Beginn einer konsequenten Arbeit und mit diesem Beginn auch die Überwindung einer Krise, die so lange suspendiert ist, solange die Arbeit an dem neuen Buche nun einmal währt. Doch kombiniert Doderer diesen »englischen« Hauptstrang mit einem anderen Strang, eben mit seinen Assoziationen aus dem damals als reichlich verworfen geltenden Erdberger Viertel, wo die Erinnerungen an die frühen Besuche bei seltsamen und armen Prostituierten ins Gedächtnis gerufen werden. Daraus ergibt sich so etwas wie ein zweites »Epizentrum«, von dem aus der Roman anzugehen wäre, ohne jedoch die Zielrichtung im vorhinein schon zu verraten.

Für Doderer war es immer wichtig, sich von den herkömmlichen, in der Schulpoetik vorgegebenen Kategorien zu trennen; er will keinen Roman schreiben, obwohl dafür im Augenblick keine andere Bezeichnung als »Roman« zur Verfügung steht. So entfernt sich Doderer von den landläufigen Termini, sucht seine Freiheit gegenüber der Materie zu gewinnen. Also: nicht mehr mitzuteilen, sondern die Komposition wirken zu lassen. Im Erdberger Milieu taucht nun die (positive) Figur Chwostik auf, ein in die Gegenwart dieses Romans hineingetauchter Leonhard Kakabsa, vielleicht etwas glaubwürdiger, aber immer noch phantastisch genug. »Grundprinzip für Comp: alles spielt sich hinter dem Wissen der Figuren ab! (wie bei Chwostik).«

Damit wird das Prinzip inthronisiert, demzufolge der Leser die Handlungsstränge verbinden soll. Dieser wird damit in die Rechte versetzt, die sonst der Autor für sich in Anspruch nimmt: um seine Figuren zu wissen, sie bei der Regie zu begleiten, über sie und in sie hineinzublicken. Besonders intensiv wird 1960 am Werk geschrieben. Dieser Donald ist der Nichthandelnde, erotisch zutiefst deperzeptiv, er nimmt die Gelegenheiten, sich zu betätigen, sich im besondren erotisch zu betätigen, nicht wahr: so etwa, als Monica ihn verführen will (WvS, 233-237): er tut nichts, es ist der Sturzregen, der ihn hindert, die Wasserwand, die vor ihm niedergeht, die auch *sein* Ende bedingt.

Er leistet diesem Ende keinen nennenswerten Widerstand, und so kam es, daß für Doderer auch der Roman zu schnell zu einem Ende kommen mußte; er sah sich daher genötigt, um einen etwas umfänglicheren Roman schreiben zu können (schließlich wollte der Verlag ja nicht nur so etwa 200 Seiten, sondern mehr), einfach noch einige Komplexe einzuschieben, und das wurden dann der Pipsi-Harbach–Paul–Harbach–Ergoletti-Komplex mit der »Liebeskonserve«, die retardierende Budapester Episode und das Idyll von Moson.

Diese Dinge sind in Rechnung zu stellen; man sieht, daß die vorgefaßte Konzeption so gut wie gar nicht bis ans Ende ausgetragen werden kann, daß da einfach noch das eine oder andere dazu muß, daß diese Konzeption für sich genommen einfach viel zu wenig ist. Im Februar 1961 ist das Buch fertig, es beginnt die Revision des Textes, bei Doderer immer ein sehr langwieriger Vorgang. Das Buch erscheint dann erst nach langen Verzögerungen 1963, nachdem die *Merowinger* zum Abschluß gebracht werden konnten. Eine glatte Geburt eines schönen Buches, so sieht es nach außen aus, nach innen waren nur die Jahre der intensiven Textarbeit euphorisch und krisenfrei. Und nach der Fertigstellung des Buches stellt sich erneut eine Krise ein, die nicht ganz zu unrecht auch als die »Gütersloh-Krise« anzusprechen ist und die Doderer in seinen letzten Lebensjahren einige Beschwerden bereitet haben dürfte.

Wenden wir uns nun diesem Roman zu, der der erste (symphonische) Satz des *Romans Nº 7* hätte sein sollen: Die Anlage ist klar. Der Roman gibt vor, in Analogie zu einer Symphonie (Beethovens Siebente ist das mitgemeinte Vorbild) gebaut zu sein. Entscheidend also die kompositorischen Vorbilder, bei möglichst hoher Vernachlässigung des Mitteilungscharakters. Kann Doderer diesem an sich selbst gestellten Anspruch auch gerecht werden, und wenn, dann wie?

Wir haben es im Roman – wie zuvor auch bei den *Dämonen* – mit mehreren Epizentren zu tun. Es ist aber nicht mehr – wie bei den Dämonen – die Technik, vom Rand in die Mitte vorzustoßen. Doderer bemüht sich vielmehr um eine Technik, die als ein Verfahren, das in medias res führt, zu kennzeichnen wäre. Der Roman setzt ein mit der ersten Begegnung von Robert Clayton und seiner späteren Frau Harriet, also dem potentiell ersten fixierbaren Punkt der – mentalen – Präexistenz des Donald Clayton.

So ist der Held (wir werden uns noch mit ihm befassen) bereits vom ersten Satz an mitgedacht. Und gleich setzt der Roman mit Bewegung ein, mit einer Dynamik, die von diesem Punkt wegführt nach Wien, von Wien zu den Wasserfällen und zurück. In der Zwischenzeit hat der Roman aber in Wien Wurzeln geschlagen (Milohnić), und über das Relais Chwostik (WvS, 19) kommt allmählich die Wiener Gesellschaft ins Bild, die andere, die anrüchige, aber auch die kleinbürgerlich tüchtige. Und dann taucht schon Donald auf, Donald als Gymnasiast, Donald als junges Firmenmitglied: ein sehr schnelles Erzähltempo herrscht bis zur Vorstellung Donalds, den wir beim Einsatz der Haupthandlung schon als einen ergrauten Helden kennenlernen – eine rigide Abrechnung mit dem Helden, dem die Jugend nicht gegönnt wird. Die Österreicher nehmen die Engländer wahr (WvS, 21), Vater und Sohn erscheinen als Brüder. Diese Konvergenz gründet in der Jugendlichkeit des einen, im frühen Altern des andren. Chwostik ist die Überleitung zu der skurrilen Nebenhandlung, zu den beiden Trampeln Finy und Feverl, die bei ihm wohnen, eines jener Fenster, die Doderer so gerne aus der Monade der Haupthandlung herausbricht. Und von denen geht es hinüber zu Monica Bachler, die später nicht zur Geliebten Donalds, dafür aber zu der Roberts wird. Auch Chwostik nascht nebenbei einmal an ihr, ein kurzes Abenteuer, so zwischendurch, ohne Folgen, nicht wissend, daß es just seine Untermieterinnen waren, die dieser Monica das Leben retteten, und sie, die nicht weiß, daß ihre Lebensretterinnen just aus diesem Milieu kommen (kamen), dem Chwostik zu entfliehen suchte. Wir sehen: keine Figur wird eingeführt, die nicht irgendwie mit einer oder mehreren anderen in Beziehung stünde. Chwostik beim Rechtsanwalt der Firma Clayton und Powers: ein »blaues Bild«, ein Mädchen, Schwester jenes Dr. Eptinger, Frau des Zahnarztes Dr. Bachler sowie, das kommt hinzu, Geliebte des Dr. Keibl, des Hausbesitzers von Chwostik, und Mutter des Kindes Monica, eben durch den Dr. Keibl. Damit erzeugt der Autor jenes »fatologische« Gewebe, jenes Beziehungsnetz bereits auf den ersten Seiten: die Figuren sind unwissend, sie wissen nicht um ihr Schicksal, sie wissen nicht, wie sie eingebettet sind in den fatologischen Pallawatsch, wenn man so sagen kann.

Ich habe damit nur einige der zentralen Vernetzungen angedeutet, ich lasse mich auf die weiteren Verknüpfungen, in denen reigenartig das familiäre und erotische Ineinander des Wien der Jahrhundertwende präsent wird, nun gar nicht mehr in diesem Ausmaß ein. Zu alledem noch werden so marginale Figuren wie Münsterer zentral, der überraschend in der Schlußszene begegnet, da Chwostik das Telegramm aufgibt, um den Vater vom Tod Donalds zu benachrichtigen.

Diese Familienmyzel, dieses Beziehungsgewebe kann auf den ersten Blick als eine durchaus trivialliterarische Angelegenheit wirken.

Ich bin aber der Meinung, daß Doderer dieses Ineinander zur Demonstration übergeordneter Zusammenhänge benutzt, um ein schicksalhaftes Ineinander, den Übergang der Sphären, der gesellschaftlichen vor allem, zu zeigen, zugleich aber auch, um – fast parabolisch – anhand der Figuren ihre Ahnungslosigkeit und Befangenheit in fremden Schicksalen nachzuweisen. In diesen komplexen Rahmen ist nun Donalds Schicksal eingebettet. Die Defizite Donalds – sind sie mehr als die Defizite des Erben? Doderer hat mit dieser Figur den idealtypischen, spät kommenden Erben geschaffen, der sich der Zeit verweigert und dem sich die Zeit verweigert. Das Fenster will Doderer nun schließen: Finy und Feverl müssen hinaus, die Arabeske wird ihm, dem an Arabesken so reichen, letztlich doch zu viel. Sie kommen aber wieder, die trojanischen Pferdchen!

Sie merken schon: es ist kein Roman, der sich mit einfachen Kategorien beschreiben läßt, er hat eine Fülle von Episoden, die allesamt sich als erweiterungsfähig erweisen. So etwa die Geschichte vom Nachtkastl (WvS, 128–130), ein tragisches Finale, in dem zunächst Geld gefunden wird, das der Verbrecher Okrogelnik dort gelassen hat, in dem aber noch mehr Gold stecken wird. Dieses Nachtkastl wandert aus, um in einem zweiten Roman unterzukommen, nämlich in *Roman N° 7/ II – Der Grenzwald*. Solches hatte Doderer an dieser Stelle im Sinn, also wird dieses banale Ding zu einem Verbindungsglied zu einem plötzlich in den Roman hereinragenden neuen Roman.

Der Roman wäre zu einfach und nicht hinlänglich charakterisiert, würde man ihn bloß als einen Roman der Figuren fassen, als einen Roman, in dem das Schicksal einzelner Figuren abgehandelt würde. Dies würde entschieden zu kurz greifen. Indessen ist an dem Schicksal einer solchen Figur wie Donald nicht vorbeizugehen. In ihm manifestiert sich mehr als ein schwacher Held. Dietrich Weber hat mit Recht vermerkt (Weber 1987, 113), daß Doderer mit Donald auf seine frühen Helden Manuel Cuendias (*Ein Umweg*; 1940) und Conrad Castiletz (*Ein Mord den jeder begeht*; 1938) zurückgreift. Er ist die »dunkle Strähne«, die sich durch das Buch zieht, einer, der am Leben vorbeigeht, im wesentlichen vorherbestimmt durch seine Mutter Harriet. Seine Defizite liegen darin, daß er die Bahnen seines Charakters nicht verlassen kann, daß er sich in diesem Charakter vorgeprägt fühlt, keine Abweichung kennt oder wahrhaben will.

Seine Tragik: er verliert die Geliebte an seinen Vater; ein Sieg der Vätergeneration über die Söhne, er verliert den Vater. Kontrapunktisch sind Vater und Sohn einander gegenübergestellt.

Bei der Fahrt über den Semmering zeigt sich der apperzeptive Robert begeistert von der Bergfahrt, er nimmt sie wahr, die Bewegung der Bahn wird für ihn zum analytischen Ereignis, zu einem Fest der Apperzeption: Harriet versagt, Monica hingegen vollzieht, ohne über den Berg zu fahren, das Abenteuer mit Robert genuin nach. (WvS, 245) Damit scheidet Donald aus; er ist es, der in der Entscheidung versagt, sowohl bei Monica als auch später bei Margot – eine groteske Veranstaltung: Er wird, überdeutlich, von dieser Frau verführt, deren Mann denn auch, ehe es zum Vollzug der Verführung kommt, zurechtkommt und der auch schießt, allerdings erst, als Donald den Gewehrlauf abgewehrt hat und so der Schuß beim Fenster hinausgeht. Auch hier ein Versagen Donalds: Wenn er nicht versagt, wird ihm der Genuß versagt. Dies ist das Porträt des Verlierers, des »Wurstigkeits-Lulatsch« Donald.

Dieser Roman Doderers würde sicher, wenn er nur inhaltlich und nach dem Schicksal der einzelnen Figuren (»schicksalshaft« ist eines der verdächtigen Lieblingswörter Doderers!) analysiert würde, den Leser mit dem Gefühl eines gewaltigen Defizits zurücklassen. Die Stärke besteht denn auch nicht in den zahlreichen vertrackten Konstruktionen und konfusen Querverbindungen, in den schicksalshaften Verflechtungen, sie besteht auch nicht in den inhaltsgebundenen Mitteilungen über die Clayton-Familie; sie besteht auch nicht in den vielen kulturhistorischen Details, die Doderer dankenswerterweise mitteilt. Obwohl alles das auch Qualitäten des Romans ausmacht.

Dieses Buch versucht nicht, durch Inhalte zu wirken; obwohl wir uns alle auf solche Inhalte natürlich einlassen, setzen wir uns damit auseinander: Vom Schicksal Donalds läßt sich nicht abstrahieren, auch nicht von dieser Gesellschaft des österreichischen Fin de siècle. Worum es aber Doderer in diesem Roman ging, war die Aufgabe, Fehler aus den früheren Büchern zu vermeiden. Dies bedeutet, mehr und mehr auf Mitteilung zu verzichten und an deren Stelle ein Beziehungsgewebe zu setzen. Der Roman empfängt so seine gesellschaftliche Dimension nicht durch die einfache Darstellung, Abschilderung, Porträtierung, sondern vielmehr durch die kompositorische Verknüpfung. Es geht nicht um die Gesellschaft, um die Kritik an der Gesellschaft, sondern um deren Erfassung in ihrer Beziehungslosigkeit. Wenn Monica Bachler nicht weiß, wer ihr Vater ist, wenn Donald alle Intrigen verborgen bleiben, die um ihn gesponnen werden, wenn Tausende Absichten den eigenen in die Quere kommen, sie fördern oder hemmen: dann heißt dies, daß unser Handeln durchaus nicht beanspruchen darf, unserem Willen zu gehorchen. Es ist der Erzähler, der durch seine Regie alles der Zweifelhaftigkeit überführt, was geschieht.

In diesem Sinne ist Doderers Roman längst kein Werk mehr, das im Sinne einer prästabilierten Harmonie Ordnung herzustellen scheint, Anweisungen gibt (wie dies ja noch durch Kakabsa und die anderen Personen in den *Dämonen* gewährleistet worden wäre), sondern es ist lediglich eine Apologie des Romanciers, der – zumindest für die Dauer der Lektüre und für den von ihm erzeugten Kosmos – so etwas wie Durchblicke auf einen Zusammenhang hin zu gewährleisten scheint.

Was die ästhetische Struktur der Romane Doderers betrifft, so verdanken wir in dieser Hinsicht einiges der Schrift von Georg Schmid (Schmid 1978), der sich mit einiger Verve gegen eine allzu realistische Lesart Doderers wehrt. In bezug auf den bereits behandelten Text *Erzählung* moniert er, daß wir es hier mit »dem signifikatlosen Sprechen des Textes mit sich selber« zu tun hätten. (Ebda, 141)

Damit gewinnt er (im Gegensatz etwa zu Reininger 1975 und Schröder 1976) für die Lektüre ein ganz andres Okular. »Man kann also Doderer auch anders lesen: nicht nach den Prinzipien des Referentiellen, der Mimesis oder des Realismus, sondern geleitet von einer Art *Transrealismus*, der in seiner spezifischen Literarizität die Welt nicht abbildet, sondern eine textuelle schafft.« (Ebda, 78)

Das ist sicher eine neue Lesart Doderers, und ich bin Georg Schmid höchst dankbar, daß er den Autor aus dieser Einengung auf das Thematische mit großer Konsequenz und auch viel Intelligenz herausgeführt hat. Freilich – und dessen war sich Doderer auch bewußt –, auch er konnte den Inhalten, den Themen nicht entkommen. Das wird sich nun bei einem kurzen Blick auf das Ende von *Die Wasserfälle von Slunj* auch zeigen, wo ja tatsächlich zahlreiche Hinweise durchaus nicht mehr als Inhalte gelesen werden dürfen. Die raffinierte Intrige des Laszló und Tibor, deren Opfer Donald und Margot werden, steht im Dienste eben der Weltsicht, mit der Doderer die Ahnungslosigkeit der Menschen über ihr Schicksal transparent machen möchte. Aber dabei ist durchaus nicht nur das, was in der Folge mit Donald passieren soll, interessant – es ist der Weg zum Tod, das wohl –, entscheidend ist aber, daß sich von da aus viele andere Motive der Erzählung öffnen, etwa die Geschichte des Museumswärters Illek, die tatsächlich nicht mehr ist als – wie Doderers Metaphorik heißt – ein »Fenster«: Illeks Erlebnis eines Manövers läßt die Schrecken des Krieges vorausahnen.

Es wird mittlerweile auch klar, warum Doderer so viel einbringt, das gar nicht mehr der Fallrichtung gleichgeschaltet ist, die Donalds Schicksal nimmt. Ich weise weiters auf das seltsame Spiel mit den Stiefeln hin, mit denen die beiden Trampeln Finy und Feverl dann doch wieder auktorial aus der Geschichte entfernt werden sollen. (WvS, 356 f.) Doderer wollte damit eine Fülle von Anknüpfungspunkten für die Fortsetzung des Werkes haben, für den zweiten Roman, der dann nach der Gütersloh-Krise in Angriff genommen wurde: *Roman N° 7/ II: Der Grenzwald*, in dem die in den *Wasserfällen von Slunj* entwickelten Prinzipien geradezu verabsolutiert werden sollten. Ich kann im Rahmen dieser Vorlesung auf diesen Text nicht näher eingehen. Gerade in diesem Roman hätte der Erzähler völlig zurücktreten sollen – es sollte ein »roman muet« werden, ein »stummer Roman«.

»Zerfall der Lage« heißt eine jener eigentümlichen Chiffren, mit denen Doderer Situationsberichte vornahm: die Dinge zerfallen, die Lagen zerfallen, »Anatomie des Augenblicks« ist eine andre Chiffre. So »anatomisiert« Doderer (anders gewiß als Joyce) den Augenblick, das, was in einem historischen Kontinuum für erzählenswert erscheint, er versucht, jedes Ereignis durchsichtig zu machen und damit den Hintergrund, vor dem es steht. »Tempo 0« ist eine seiner Formeln, jene Momente, in denen die Zeit angehalten werden kann, zu fassen, eine erzählerische Möglichkeit, sich gegen die Veränderung zu behaupten: Wir werden älter, wir werden anders, aber in der Sprache kann das aufbewahrt werden, was sonst den Abhang der Geschichte hinunterkollert. In diesem Sinne ist »konservativ« bei Doderer zu verstehen.

Für uns ist entscheidend, daß das Bild vom »Realisten« Doderer, vom Vertreter des »G'schichtl-Erzählens«, wie Broch es kritisiert hat, Doderer eindeutig verfehlt. Doderer ging nicht so weit wie die *Wiener Gruppe*, die ihre Texte gegen inhaltliche Deutungen absicherte, er hat diesen Schritt aber nicht aus Bequemlichkeit nicht vollzogen, sondern aus Vorsicht und weil es ihm doch um die »Wiedereroberung der Wirklichkeit« ging. Daß er ihn nicht vollzogen hat, macht ihn und sein Werk widersprüchlich, sowohl für die Vertreter der einen Ansicht (Avantgarde) als auch für die Vertreter des konventionellen Erzählens. In diesem Sinne gilt es, die Janusköpfigkeit Doderers herauszustellen, ihn nicht bedenkenlos für die Avantgarde in Anspruch zu nehmen, ihn aber auch nicht in der Nische platter und muffiger Konservativität abzustellen.

Doderer wurde lange Zeit als *der* Repräsentant der österreichischen Literatur nach 1945 angesehen; ihm eilte dieser Ruf voraus, und oft erzeugt ein vorauseilender Ruf auch einen vorauseilenden Gehorsam. Vielen war er unbefragte Autorität, und das hat man ihm später heimgezahlt. Mir sind Doderers Laster allemal lieber gewesen als die Tugenden seiner Kritiker, und wenn er auch sein Anliegen nicht erreicht hat, als Person hinter dem Werk zu verschwinden, und jetzt noch durch die Anekdotenlabyrinthe Wiens als unverwüstlicher Wiedergänger geistert, so sollte man doch seine Absicht, an der Selbstaufhebung der Person zu arbeiten, ernst nehmen: »Sofort und jetzt lasse alles und du wirst über die Composition alles erfahren, wessen du bedarfst!« (20. August 1963; Doderer 1986, 383)

5.8. THOMAS BERNHARD (1931–1989): *Frost* (1963)

Es ist sinnvoll, nun jenen Autor zur Sprache kommen zu lassen, der vielleicht den markantesten Gegensatz zu Heimito von Doderer darstellt und der vielleicht der einzige der bis jetzt behandelten Autoren ist, dessen Werk bis heute noch ähnlich wirksam ist wie damals: Thomas Bernhard. Sein Roman *Frost* (1963) erschien fast zur gleichen Zeit wie Doderers *Die Wasserfälle von Slunj*, und doch war damit eine ganz andere Welt angesprochen, ein schönes Beispiel für die Gleichzeitigkeit des Heterogenen. Dennoch sind die Konvergenzen auffallend, auffallender aber die unterschiedliche Lösung der Themen und Probleme.

Wer Thomas Bernhard war, wollen alle wissen. Wie muß ein Mensch beschaffen sein, der so grausliche Bücher schrieb – das ist die (recht einfältige) Frage, die sich die meisten Leser stellen und deren Antwort sie schließlich in der fünfbändigen Autobiographie gefunden zu haben meinen: es wäre ihm als Kind schlecht gegangen, und das hätte er in seiner Literatur abgearbeitet – so in etwa eine der (doch recht einfältigen) Antworten. Die Flut von Bernhard-Memoiren hat den Konjunktur-Gipfel indes bereits hinter sich.

Mit Bernhard ist eine andere Tonlage in die Literatur gekommen, nicht nur in, sagen wir: im weitesten Sinne politischer Absicht. Gut fünfundzwanzig Jahre verstörte und verschüchterte Bernhard seine Leser. Dieser Autor, der 1970 in einem Interview erklärt hat, daß alles in seinen Büchern künstlich sei, hat mit diesen am meisten in unsere Lebenswirklichkeit eingegriffen; kaum ein anderer Autor, kaum einer, der sich mit realistischer Schreibe an seine Zeitgenossen heranmachen und sich so ihnen insinuieren wollte, hat es auf ähnliche Weise geschafft, als Diagnostiker österreichischer Befindlichkeit im In- und Ausland zu gelten. Es hat sich eingebürgert, in Thomas Bernhard den »Übertreibungskünstler« zu sehen, ebenso hat sich eingebürgert, ihm trotz der Übertreibung recht zu geben, indem der Akzent bei diesem vom Autor selbst gewählten Substantiv eben auf »Künstler« gesetzt wurde.

Ich kann mich auf die Wirkung Bernhards, die sich ja in den letzten zehn Jahren nicht zuletzt durch die zahlreichen Theateraufführungen noch intensiviert hat, im einzelnen nicht einlassen; ich möchte nur darauf verweisen, daß von allen bis jetzt besprochenen Autoren keiner die Form der Verweigerung ähnlich triftig und zugkräftig inszeniert hat wie Bernhard: je mehr er sich dem Publikum zu verweigern schien, um so nachhaltiger insinuierte er sich diesem. Indem er sich durch sein Testament den Österreichern entzog, hat er sich diesen als Repräsentant geradezu aufgedrängt.

Begonnen hat es bei dem 1931 Geborenen mit Gedichten (*Auf der Erde und in der Hölle*, 1957; *In hora mortis*, 1958; *Unter dem Eisen des Mondes*, 1958), diese Texte verraten freilich noch einen anderen Bernhard, dem die gepriesene Radikalität des Spätwerks abgeht; indes lassen sich sehr wohl auch hier schon Brücken zu den großen Erzählungen der späteren Zeit schlagen.

Aber die Gedichte möchte ich hier beiseite lassen, nicht aber die 1957 entstandene und 1969 publizierte Kurzprosa *Ereignisse* (Bernhard 1991), die meines Erachtens sich sehr gut eignet als ein Bernhard für Anfänger.

Darin findet sich ein Text, der mit den Worten *Eine Maschine* beginnt (Bernhard 1991, 37 f.), und in ihm hat man zumindest den frühen Bernhard in einer Nuß. Diese Maschine, die wie eine Guillotine funktioniert, schneidet von einer Gummimasse regelmäßige Stücke ab; diese werden dann von Arbeiterinnen verpackt; einmal kommt statt des Gummistückchens ein Mädchenkopf; auch er wird – gewohnheitsmäßig – verpackt.

Hans Höller hat diese Geschichte als eine klassische Parabel von der Verfremdung interpretiert, eine Interpretation, der man sich wird anschließen können, zugleich aber ist auch zu behaupten, daß Bernhards Texte immer wieder unzählige Möglichkeiten offen lassen und gerade dann, wenn man meint, eine einsinnige Lösung gefunden zu haben, sich eine Vielzahl von Deutungen einstellt, und so kommt es auch, daß unter den mittlerweile sehr zahlreichen Bernhard-Exegeten kaum Eintracht in der Bewertung wird herzustellen sein. Höller:

> »EINE MASCHINE« ist Mittelpunkt und beherrschende Gestalt des Textes. »Sie« unterwirft sich die arbeitenden Menschen, obwohl sie selbst ein Produkt menschlicher Arbeit ist. Das tote Ding nimmt im Verhalten der Menschen mythische Dimensionen an, es erscheint als »beseeltes Ungeheuer«, während die arbeitenden Menschen zu seinem mechanischen »Zubehör« werden. Der kurze Prosatext [...] stellt am einzelnen Fall mit seinen grellen Bildern zugleich einen allgemeineren gesellschaftlichen Sachverhalt vor Augen. Denn tatsächlich wird im kapitalistischen Verwertungsprozeß die lebendige Arbeit von der toten, vergegenständlichten Arbeit, dem Geld und den Maschinen, vereinnahmt. Zu den Prinzipien dieser umfassenden ökonomischen Maschinerie gehört ihre blinde Effektivität: der Zirkulationsprozeß darf nicht unterbrochen werden, genauso wie die einzelne Maschine ununterbrochen in Bewegung gehalten werden muß. Die Arbeiter müssen dabei selbst präzise wie Apparate funktionieren, denn das Unvorhergesehene erweist sich als tödlich. Das abschließende Bild [...] zeigt die Arbeiterinnen im Erschrecken ganz preisgegeben an die monotonen Bewegungen ihrer Arbeit an der Maschine, fixiert als bewußtlose Anhängsel eines unabhängig von ihnen ablaufenden Mechanismus [...]. (Höller 1979, 9 f.)

In seiner interessanten Untersuchung, die die sonst übliche banale Auflösung Bernhardscher Texte in etwas übertrieben formulierte gesellschaftskritische Ausfälle einer kranken Seele weit hinter sich läßt, gelingt Hans Höller auch die Überleitung zu den Welten, in denen sonst die Bernhardschen Protagonisten angesiedelt sind – in ihre Einsamkeit:

> In Thomas Bernhards literarischer Welt konstatieren seine Figuren die Herrschaft apparatehafter Mächte [...], auch dann noch, wenn sie sich

aus der Welt der Arbeit und der gesellschaftlichen Wirklichkeit insgesamt zurückgezogen haben und eingesperrt hinter alten Burgmauern und in überkommenen hierarchischen Standesschranken leben. [...] Maschinerien und Apparaturen können sich dergestalt in der gesellschaftsfernen Vorstellungswelt verselbständigen, daß schließlich die Maschinerie selbst zum Furchtbaren wird und nicht so sehr ihre bestimmte gesellschaftliche Anwendung. (Ebda, 11 f.)

Und, so folgert Höller weiter: »Es liegt deshalb eine gewisse Konsequenz darin, wenn Thomas Bernhards Kritik auf vorindustrielle aristokratische Utopien zurückgreift, oder wenn sie der Unausweichlichkeit der ›Industriegesellschaft‹ eine noch unausweichlichere Gewalt entgegenstellt: den Tod als agrarisch-feudalen Maschinenstürmer.« (Ebda) Hier verläßt Höller freilich die konkrete Basis seiner sonst so konkret wirkenden Untersuchung, wenn der Tod – allegorisch eingekleidet – als Maschinenstürmer erscheinen soll.

Für uns ist damit der Übergang zum Roman *Frost* gegeben, der sich ja von Anfang an als so etwas wie ein Anti-Heimatroman liest. Man fährt auf das Land, um zu gesunden, und was erlebt man: man wird erst recht krank. Das wäre die einfache Formel. Was zuvor angepriesen wurde, das ist nun verhängnisvoll, ja vernichtend. Die Ratlosigkeit mit diesem Buch wird durch die versuchten Inhaltsangaben ganz gut veranschaulicht. Dabei gehen die Kritiker wie die Germanisten in die »Inhaltsfalle«, die Bernhard aufgestellt hat: Sie tappen förmlich hinein, denn zu Beginn scheint es ja so, als wollte Bernhard mit der Figur des Malers Strauch eine Art Rätselfigur aufbauen, hinter deren erschütterndes biographisches Geheimnis man kommen müßte. So operieren ja alle Reiseromane, wenn sie sich auf ein trivialliterarisches Muster einlassen: Der Held betritt einen Raum, dessen Rätsel sich ihm zusehends auflösen, er befreit die Prinzessin oder die Tochter des Hauses. Selbst Stifters *Nachsommer* erzählt ja von so einem alten Sonderling, der sich dann am Ende auch als einer offenbart, der gelitten hat. Und so wird die Lesererwartung denn auch hier angespannt: Gemeinsam mit dem Famulanten kommt der Leser nach Weng, in ein Wirtshaus von eher dubiosem Charakter, dessen Wirtin sich vor ihrem gewalttätigen Manne zu fürchten hat, die aber andererseits auf unappetitliche Weise begehrlich ist.

Zu einem Gespräch zwischen dem Famulanten und Strauch kommt es nicht, obwohl der Maler sich genug ausläßt, allerdings werden die konkreten Ursachen für die Verstörung dieses Mannes nie explizit namhaft gemacht, mag der Leser auch noch so sehr darauf warten. Dieses Werk irritiert, es irritiert die Erwartungshaltung des Lesers, selbst eines solchen, der von einem wie immer auch ähnlich gearteten Werk wie etwa Leberts *Wolfshaut* herkommt, wo er doch immerhin mit einer sehr deutlichen Geschichte von einem Verbrechen belohnt wird.

Der Leser sieht sich um die Geschichte, die er erwartet, betrogen, was natürlich nicht heißt, daß er nicht auf eine andere Weise entschädigt würde; und Entschädigung fließt reichlich bei Thomas Bernhard, nur muß man sich einstellen auf die Form, in der dies bei ihm zu erfolgen pflegt. Es bedeutet dies aber auch, sich auf die Sprachwelt dieses Autors einzulassen.

Ich kann hier keine Globalinterpretation des Romans geben, möchte aber drei Punkte kurz streifen, mit deren Hilfe ich glaube oder hoffe, der Besonderheit dieser Erzählprosa oder dieses Romans auf der Spur zu sein. Zunächst einmal gehe ich auf die bereits angesprochene Wirkung ein, die ja immerhin hilfreich sein kann für die Form der über diesen Text zu erstellenden Diagnose.

Begeistert waren viele, vor allem ein älterer Autor, nämlich Carl Zuckmayer, der in seiner Stellungnahme von »eine[r] der stärksten Talentproben [...], die seit Peter Weiss von einem Autor der jüngeren Generation vorgelegt worden sind« sprach. (Zit. nach Dittmar 1990, 51) Und dann redet Zuckmayer noch vom »Zerfallen aller menschlichen Zusammenhänge«, aber auch von »einer klaren, zuchtvollen, bildkräftigen Sprache« (ebda), und er kommt schließlich zum Resultat: »Es ist eine Endstation, ein Verlies, in dem sich einer selbst eingeschlossen und den Schlüssel durchs vergitterte Fenster hinausgeworfen hat: aus Angst vor allem, was ihm draußen widerfahren würde«. (Ebda, 53)

Anders urteilt Peter Jokostra: »Der Autor aber hat die Chance verpaßt, diesen großartigen Stoff, der ihn in die Nachfolge Kafkas und dessen Vorbild Kubin verweist, wirklich aus der Rohfassung eines klinischen Berichtes in eine auch für Laien lesbare und verständliche Erzählung zu übertragen.« (Ebda, 54)

Humbert Fink: »Dieser *Frost* ist ein Debüt, das zweifellos Genie verrät; es ist der Prosatext eines jungen Autors, der uns von der Zukunft dieses Autors überzeugt; die Zukunft des Menschen freilich, die wir hier erfahren haben, ist deprimierend.« (Ebda, 55)

Den Vogel schießt, allerdings zehn Jahre später, Eckhard Henscheid ab: »Ein total verwirrtes Romanpersonal – ein gigantischer Verwirrer als ihr Beschreiber. Ein Autor, der ganze Scharen Berufskritiker auf den Holzweg führt und vielleicht selber nicht einmal weiß, was er da Verheerendes anrichtet. Anzuraten ist, dem Mann vorerst einmal kein Wort aufs Wort zu glauben.« (Ebda) Da hat man es: es gibt kaum einen Fluchtpunkt, auf den sich die Perspektivlinien dieser Kritiken bringen ließen. Die Texte lassen – und verantwortlich ist dafür der Autor – keinen einheitlichen Befund zu, sie sperren sich der Diagnose im landläufigen Sinn, nicht zuletzt auch dadurch, daß Bernhard selbst eine Reihe von triftigen Ambivalenzen parat hält, mit denen er den Leser verwirrt.

Ich komme daher auf den zweiten Punkt zu sprechen, indem ich Bernhards zugegebenermaßen reichlich verwirrendes Sprachmaterial teste. Jeder, der einmal einen Text Bernhards gelesen hat, wird wahrnehmen, wie verwirrend seine Aussagen sind. Man braucht ihm kein Wort zu glauben, aber man sollte die Art, mit deren Hilfe er seine Aussagen trifft, ernst nehmen. Denn bei diesem Autor, bei dem die Lüge ja die Wahrheit sein will, ist es wirklich nicht ratsam, die Aussagen wörtlich zu nehmen, sie müssen ja, legt man streng die Formen einfachster Logik an, miteinander in Kollision geraten. Und das hat seine Ursache in dem Sprachmaterial, das Bernhard ungescheut verwendet. Ich würde am liebsten von einem Vokabular der Ausschließlichkeit oder der Superlative sprechen. Keine Qualität, kein Attribut wird bei Bernhard im Stadium des Positivs belassen, er hebt immer ab auf den Superlativ; die Menschen sind nicht schrecklich, sie sind »die schrecklichsten«; alles ist immer, überall und andauernd. »Weng ist der düsterste Ort, den ich jemals gesehen habe« (F, 10), heißt es gleich zu Beginn von *Frost*. An die Beschreibung des Düsteren oder Düstersten macht sich Bernhard nicht.

In dieser Sprache der Superlative relativiert sich vieles aneinander, es gibt aber solche Begriffe, unter denen sich vieles subsumieren läßt, die für sich genommen weitaus radikaler sind als die anderen. Der radikalste Begriff ist natürlich der »Maschinenstürmer« Tod, dem sich offenkundig das ganze Erzählwerk unterordnet; aber Vorsicht: Bernhards Prosa und Drama ist deswegen keine Literatur, die im Heideggerschen Sinne von der Todesverfallenheit des Menschen handelt, von einem Sein zum Tode, obwohl ihm gerade diese Todesreflexionen unter den Freunden Heideggers Freunde und unter den Feinden Heideggers Feinde gemacht haben. Es läßt sich dieses Werk leicht auch im Sinne des »Jargons der Eigentlichkeit« (Adorno) mißbrauchen oder brauchen – und es wird selbst an diesem Mißbrauch ja nicht ganz schuldlos sein. Der viele Wald, der in seinen Werken vorkommt, macht ja vielen die Vermutung akzeptabel, hier die Bildlichkeit von Heideggerschen Holzwegen anzunehmen, aber solche Waldgänger sind auf dem Holzweg von vornherein, denn es gibt bei Bernhard kein Sein, das irgendwo in der Unverborgenheit liegt, es gibt schon gar keine Transzendenz, mit der hier operiert würde. Der Tod erscheint vielmehr als der Faktor, angesichts dessen alles lächerlich wird. »[E]s ist alles *lächerlich*, wenn man an den Tod denkt« (Bernhard 1989, 409), hat Thomas Bernhard 1968 in seiner berühmten und so oft inkriminierten Staatspreisfestrede proklamiert, und diese Banalität wurde von unzähligen Germanistenmündern unzählige Male nachgeplappert, und auch wir tun das hier, weil wir es nicht besser können: Es ist die Operation, die Bernhard mit seinen Begriffen vornimmt: Anhand dieses einen Absolutums Tod wird alles lächerlich (nur daß in den frühen Schriften meines Erachtens der Akzent eher auf »Tod« zu liegen scheint, in seinen späten Schriften eher auf dem Lächerlichen, so daß allmählich sogar einigen Kritikern bewußt wurde, daß es sich bei Bernhard auch um einen Komiker handeln könnte: und ich gestehe, daß ich immer zu Bernhard greife, wenn ich deprimiert bin).

Bernhards Texte konstituieren meines Erachtens zudem Umspringbilder, ich würde fast von »Umspringtexten« sprechen, denen sich die Frage: »Ist es eine Komödie? Ist es eine Tragödie?« applizieren läßt. Angesichts dieses Absolutums Tod (dem sich in gewisser Abstufung auch Natur und Wissenschaft und Kunst beigesellen ließen), werden die Unterschiede zwischen den Begriffen fließend, die Worte verlieren ihre semantischen Konturen, die Figuren verlieren ihre Identität. So im Brief des Famulanten an den Assistenten, den Bruder des Malers: »*Sie sind* ihr Bruder, Sie sind es *nicht*...« (F, 305) Die Spekulationen über diese Begriffsoperationen ließen sich noch weitertreiben, ich möchte damit nur erweisen, daß Bernhard sich durch diese Verabsolutierung seinen eigenen (erzählerischen) Kosmos schafft, seine Welt abschottet gegen jede begriffliche Anfechtung von außen, gegen jede Überführung in unseren Alltagsdiskurs, in dieser (und ich betone: nur in dieser) Hinsicht denn auch verwandt solchen Autoren wie denen der *Wiener Gruppe*.

Wenn es vom Maler heißt, daß er in einer »begrifflosen Begriffswelt« lebe, so ist eines jener Paradoxa angesprochen, die auch die Bernhardsche Welt konstituieren und denen er und seine Figuren nicht entrinnen können, und die auch zu guter Letzt die Homogenität dieser Prosa erzeugen, einer Prosa, die sich von Werk zu Werk kaum unterscheidet, so daß man von einer Variation des Identischen, Identität des Variierten und auch von einer Identität der Variation sprechen könnte – ein recht bizarres Unterfangen alles in allem.

Bernhard selbst hat seine Werke mit einer weißen Wand verglichen, in der man, wenn man sich ihr genauer widmet, tatsächlich Sprünge, Risse und Unebenheiten merkt; und tatsächlich sollten uns diese Werke zwingen, genauer hinzuschauen; statt dessen begnügen sich die Kritiker (und Germanisten) – und das gilt nicht nur für die Beschäftigung mit Thomas Bernhard – mit der Formel des »déjà vu« – jeder angestrengtere Blick auf diesen Gegenstand würde verstören.

Und so entsteht auch der Verdacht, wir hätten es mit einer Kunstwelt zu tun, mit Kunstfiguren, denen jede triftige Aussage über uns, unsere Welt und unsere Bedingtheit verwehrt würde. Vielleicht wäre aber gerade Bernhards Werk dazu angetan, jene Simulation, mit der wir »realistisch« zu erzählen meinen, kritisch abzubauen: besser noch als jene Texte, die Sprache eben nur als Sprache vorführen, radikaler, eindeutiger. Bernhard operiert auch hier nach dem Prinzip des Umspringbildes: Weng gibt es wirklich, und das weckt unsere Aufmerksamkeit, jedoch wird jeder Versuch einer einfachen Anagnorisis im vorhinein abgebogen, zerstört, aufgelöst.

Dabei fängt es ja so gut an; ich habe schon von dieser Leserfalle, von dieser Realitätsfalle gesprochen, mit der Bernhard operiert: immer dann, wenn der Leser (vor allem der Kulturjournalist) meint, endlich die im fiktiven Werk vorkommende Figur identifizieren zu können, läßt Bernhard die Mechanik des Umspringbildes funktionieren und beharrt auf der Künstlichkeit seines Gebildes.

Der nächste Aspekt, den ich heranziehen möchte, ist der Naturbegriff. Das ist nicht zuletzt ja auch in dem Werk angelegt, das ja offenkundig in einer Natur spielt, und zeigt, wie der Held (Strauch) dieser Natur ausgesetzt ist. Ich kann hier nicht über den Naturbegriff im besonderen handeln und möchte mich darauf beschränken, was sich aus der großen Geschichte dieses Begriffes auch für unsere vergleichsweise kleinen Zusammenhänge ergibt:

Die Natur als positive Leitinstanz, der wir uns anvertrauen, der wir gehorchen, die uns die Gesetze gibt, der wir folgen, wenn alle menschlichen Gesetze versagen, auf die wir uns berufen: davon leben wir alle unbewußt seit vielen Jahren, davon leben der Alpenverein und die Grünen, auch heute noch. Die Natur, das ist die große Mutter, an der wir alle liegen und von der wir uns ernähren. Sie rächt sich, sie wirkt hinter allem, sie ist mächtig; *deus sive natura* schlug ja Spinoza vor, zur Natur zurückkehren wollte Rousseau und wollten die Grünen.

Und da sieht Bernhard die Dinge doch anders, sahen viele Autoren die Dinge doch auch anders. Ich will nicht moralisieren, aber es empfiehlt sich doch bei alledem, einen differenzierten Naturbegriff walten zu lassen. Doderer hat sich schon in der *Strudlhofstiege* über jene lustig gemacht, die angesichts der »spinatgrünen Erhabenheit« in alle möglichen Ausrufe ausbrechen; er hat andernorts Genauigkeit gegenüber der Natur gefordert. Im Jahre 1968 verkündete Hermann Painitz, daß die Natur abzuschaffen wäre, um die Menschen aus ihrer Abhängigkeit zu befreien, ein durchaus origineller Vorschlag. Ein Vorschlag aus einer Zeit, die noch mit der Fähigkeit des Menschen, alles machen zu können, kokettieren wollte.

Doch nun zurück zu Thomas Bernhard, dessen Naturerfahrung ich für eine schlechthin, ja perfekt antagonistisch konstruierte Natur halten möchte: Und mit dieser Gegennatur operiert Bernhard in seinem Text. Es ist, als würde sich die Natur zur Gänze gegen den Menschen stellen. Ich meine, daß wir mit diesem Punkt zumindest teilweise jene gesellschaftliche Erfahrung überschreiten, die Hans Höller mit gutem Grund allen Texten Bernhards eingeschrieben sah. Oder – und auch dies wäre zu erwägen – ist diese Naturerfahrung Bernhards auch gesellschaftlich determiniert? Ich würde zumindest beide Seiten in Betracht ziehen, einerseits nämlich die negative Naturerfahrung als gesellschaftsbedingten Prozeß zu sehen, andererseits aber auch als eine Erfahrung, die über die bloß gesellschaftlich fixierbare Erfahrung hinausreicht: denn dort, wo der Mensch seiner gesellschaftlichen Bedingtheit entfliehen will, hindert ihn auch die Natur, diesen Ausweg nehmen zu können.

Der Roman *Frost* ist durchgehend determiniert von der Naturerfahrung. Es ist ein Aufgerieben-Werden zwischen den Gegensätzen: »Das Zimmer ist so klein und so ungemütlich wie mein Famulantenzimmer in Schwarzach. Rauschte dort der Fluß neben ihm unerträglich, ist es hier unerträglich still.« (F, 9) Der Mittelweg ist so gut wie unmöglich. »Flüsse atmen den Geruch der Verwesung ihres ganzen Flußlaufes aus. Die Berge sind Gehirngefüge, an die man stoßen kann, sind bei Tag überdeutlich, bei Nacht überhaupt nicht wahrnehmbar.« (F, 15) Entscheidend ist bei alledem der Traum des Malers, in dem diese Natur ihre Identität verliert. Doch davon später. »[D]ie Natur schweigt!« verkündet der Maler, sie »resigniert«. (F, 38) »Die Natur ist auf viele Zentren aufgebaut, aber hauptsächlich auf das Zentrum des Schmerzes. Dieses Zentrum des Schmerzes ist, wie alle anderen Zentren der Natur, auf dem Überschmerz aufgebaut, es beruht, kann man sagen, auf dem Monumentalschmerz.« (F, 42) Der Schneefall nimmt übermäßige Ausmaße an, er beunruhigt, er verstört. Das Landvolk gilt als Muster der Korruption; gerade die von der Rustikalität sonst so gerne garantierte Gesundheit wird widerrufen:

> »Morbid«, sagte der Maler, »ist alles auf dem Land, speziell hier ist alles morbid. Es ist doch ein großer Irrtum, anzunehmen, die Landmenschen seien mehr wert: die Landmenschen, ja! Die Landmenschen, das sind ja die Untermenschen von heute! Die Untermenschen! Überhaupt ist das Land verkommen, heruntergekommen, viel tiefer heruntergekommen als die Stadt. [...]« (F, 153)

»Manchmal dreht einem auch die Natur den Hals um, *die Natur ohne Einfachheit*, man sieht dann: diese unendliche Kompliziertheit der fürchterlichen Natur.« (F, 190) Und als der Maler etwas über den »Stumpfsinn« murmelt, »der in Gebirgstälern herrscht«, schließt er mit einem negativen »Vater unser«. Gott wohnt in der Hölle:

> »Vater unser, der du bist in der Hölle, geheiligt werde kein Name. Zukomme uns kein Reich. Kein Wille geschehe. Wie in der Hölle, also auch auf Erden. Unser tägliches Brot verwehre uns. Und vergib uns keine Schuld. Wie auch wir vergeben keinen Schuldigern. Führe uns in Versuchung und erlöse uns von keinem Übel. Amen. So geht es ja auch«, sagte er. (F, 208)

Die Ambivalenz aller Begriffe wird am deutlichsten an dem ebenfalls durch nichts zu belegenden, aber auch schwer zu widerlegenden Satz des Malers: »Die Kälte ist der scharfsinnigste Naturzustand.« (F, 247) Und: »In der Sommerhitze (wie in der Winterkälte) sind die Menschen schrankenloser, weil hilfloser.« (F, 249 f.) Dann: »Frühlingslandschaften werden zu Pestzentren«. (F, 257)

Was besagen nun diese Stellungnahmen? Zunächst einmal: hier wird einer Tradition, einem Selbstverständnis aufgekündigt; das bedeutet das Ende der Naturideologie, dem sich ein guter Teil der Menschheit verschrieben hat und immer noch verschreibt. Natur – das ist eines jener Konsensmaxima, gegen welche sich Bernhard mit Intensität wendet. Zugleich aber ist damit nicht die Botschaft erschöpft, mit der er seinen Naturbegriff an die Leser heranträgt. Denn jeder Gang in die Natur hat auch gesellschaftliche Konsequenzen: die Hinwendung zur Natur bedeutet auch das Heraustreten aus historisch bedingten Zusammenhängen. Und dies wird besonders in dem Traum des Malers deutlich. Im positiven Sinne könnte ja Hinwendung zur Natur bedeuten: wir stellen sie still, wir lassen sie ruhen, die Bewegung: Wir erkennen in der Natur das Immergleiche, die Natur läßt alles wiederkommen. Im Traum des Malers (F, 36–38) erscheint die differenzierende Funktion der Natur sistiert; die Jahreszeiten sind eben auch nur mehr in Form der Negation anwesend. Das Leben der Menschen soll ja dem Ablauf des Jahres gleichen: Dem Erwachen und Sterben der Natur; dieser uns allen tief eingesenkte Topos verliert hier seine Gültigkeit.

Zugleich aber wird damit auch die historische Differenzierung aufgehoben: Die Figuren verlassen die Geschichte, es ist (hier wie bei Stifter und bei Doderer) diese undialektische Anschauung der Geschichte festzustellen, die sich einem negativen Naturbegriff verschreibt. Die Desorientierung, die der Maler in seinem Traum erlebt, der Verlust der differenzierten Natur, die Zerstörung alles Naturgemäßen, der Übergang in eine Künstlichkeit, die noch von keiner Kunst erreicht werden konnte, ist radikaler als die der kühnsten Science-Fiction-Story.

Die Natur ist nicht mehr lesbar, wir können nicht mehr im Buch der Natur lesen. In den Code, in dem sich die Menschen mit der Natur geeinigt zu haben meinen, ist völlige Verwirrung getreten. Versteht die Poesie sich sonst als ein Instrument, dem Menschen das Buch der Natur lesbar zu machen, die Hieroglyphen, in der sie ihre Gesetze niedergelegt hat, einsehbar zu machen, so zerstört Bernhard gerade diesen hermeneutischen Akt, den die Poesie sich sonst zumutet. Damit ist Bernhards Text nicht ausgeschöpft, aber immerhin eine Perspektive angedeutet, die seine Texte in einer erregenden Begriffsgeschichte orten läßt.

Bernhards Figuren begreifen die Natur in einem Verfallsprozeß, der einem historischen Verfallsprozeß entspricht. Seit fünfzig Jahren sei Österreich herabgestürzt von einer den Erdball überstrahlenden Höhe, verkündete Bernhard in seiner *Politischen Morgenandacht* von 1966 (*Wort in der Zeit* 1966, H. 1, 11–13). Und so leben nun diese seine Helden in den Rückzugsräumen, auch ein in einem gewissen Sinne »konservativer« Aspekt, der seiner Prosa eigen ist. Seine Figuren haben sich entfernt aus der Geschichte, sie konservieren.

Gerade solche Stellen haben es den Bernhard-Gegnern leichtgemacht, in ihm den Reaktionär zu vermuten: Er verweigere sich dem Sinn, er anerkenne das »konkrete historische Subjekt« nicht, ihm sei, in der Hingabe an eine alles beherrschende Todesmetaphysik, auch der Tod schließlich egal – er rede vom Tod wie ein anderer von einer Semmel, hat er 1979 in einem Interview gesagt – eine Aussage, die ihn als Meister in der Beschwörung der Egalität erscheinen läßt.

Die Bernhard-Forschung, mittlerweile zu einem betriebsamen Gebiet der Germanistik geworden, hat dem Autor gegeben, was des Autors ist: sie ist, teilweise zumindest, zur klassischen Bestätigung des rezeptionsästhetischen Ansatzes geworden, demzufolge die literaturwissenschaftliche Interpretation nicht mehr als ein »kultiviertes Leseerlebnis« (Wolfgang Iser) darstelle. Und so tönt bei allen Interpretationen immer das Echo des Interpreten heraus, und die Texte Bernhards haben bei alledem die dankenswerte Funktion übernommen, das zu bestätigen, was der Interpret denkt. In diesem Sinne sind die Texte Bernhards von einer bezwingenden Offenheit, sie öffnen dem Interpreten eine Unzahl von Möglichkeiten des Umgangs, und jeder kann sich darin selbst bespiegeln.

Natürlich kann und will ich mich nicht aus diesem Interpretenreigen ausnehmen, und ich gebe zu, daß die Grenzen des eigenen Vermögens gerade angesichts einer solchen Literatur wie der Bernhards am deutlichsten fühlbar werden.

Ich habe mich in dieser Vorlesung nur auf den frühen Roman *Frost* einlassen wollen und bin dabei doch unmerklich herübergeschlittert in die Wirkung Thomas Bernhards – wieder ein Beweis dafür, daß seine Texte in ihrer Qualität erst erfaßt werden, wenn man die verwickelte Rezeption mitreflektiert. Die Autorperson Bernhard hat sich gewaltig vor das Textcorpus geschoben, er ist sicher auch nicht schuldlos dran.

Ich bekenne, daß für mich immer noch der sinnvollste und praktikabelste Zugang zu Bernhards Werk über die Sprache führt. Ich habe von der Sprache der Ausschließlichkeit und Verabsolutierung gesprochen, und es ist diese fortwährend vorgenommene Denkoperation, die Bernhards Texten auch ihre Einmaligkeit verleiht. In *Frost* versucht Bernhard, sich auch den landläufigen Praktiken des Erzählens zu entziehen. Zu Beginn des Romans steht noch ziemlich eindeutig die Story da, erwartet wird die Aufklärung eines Ereignisses, eines Zustandes; der Leser, der auf Kausalität aus ist, wird lange Zeit hingehalten, bis er zuletzt erfahren muß, daß dieser Maler eine Wand errichtet, die sich als nicht hintergehbar erweist.

Im Gegenteil, allmählich verfällt der Famulant selbst der Tonlage des Malers, er wird, so habe ich den Eindruck, zu dessen Adepten. Er bricht allerdings die Famulatur am Ende ab, nachdem er im *Demokratischen Volksblatt* gelesen hat, daß die Suche nach dem vermißten Maler eingestellt worden wäre.

Die Natur besorgt ihr Werk; sie ist allmächtig, scheint es, aber sie ist auch der Tod. Die Sätze, die der Maler von sich gibt, werden immer rätselhafter: Es sind Aphorismen, die Philosophie verweigert sich jedem System, möglich ist nur noch die Äußerung lapidarer, möglichst kurzer Aphorismen. In den abschließenden Reflexionen des Malers meine ich die nachhaltigste Stütze für diese These zu finden. Der Zerfall ist es, der die Energien freisetzt. So wäre das letzte geschlossene Kapitel mit dem Titel *Die Felsschlucht* zu interpretieren: Ein fingierter Mensch, ein nicht konkretes Wesen, soll der Begleiter in dieser Schlucht sein:

> Also, wir haben jetzt einen Menschen auf dem Weg in die Hölle in Bewegung gesetzt, erschaffen und in Bewegung gesetzt, in einer Zeit, die man den siebten Entschöpfungstag nennen könnte, den letzten und allerletzten Entschöpfungstag ... Sie müssen sich vorstellen, daß die Luft allein noch existiert, alles andere in diesem Menschen ist nur mehr lächerliche Extravaganz [...]. (F, 291)

Ich gebe zu: diese Rede ist dunkel, aber sie macht doch »Sinn«, wenn man ihre ästhetische Funktion erfaßt hat: Im Zentrum steht »Entschöpfungsgeschichte«, nicht »Erschöpfungsgeschichte« oder gar die »Schöpfungsgeschichte«, das wäre zu banal. In diesem Sinne ist das Werk Bernhards auch zu lesen: als der Versuch, etwas rückläufig zu machen, die Weltgeschichte rückläufig zu machen, die Schöpfung zu negieren, sie aufzuheben. Dieses gewagte Konzept hat jedoch sehr wohl auch seinen, wenngleich leicht mißbräuchlich verwendbaren, historischen Sinn: Erst durch diese »Entschöpfung« wird ja die Schöpfung sichtbar. Freilich läßt sich diese keinesfalls mehr restaurieren (erinnern Sie sich bitte des Anfangs der Vorlesung!), die »Entschöpfung« ist also nicht Wiederherstellung, kein Zurück zu einer Natur, die man dann, anders als die Rousseaus, eben negativ erfährt: Dieses Zurück erzählt nochmals von der Natur, allerdings im Zeichen der Unwiederbringlichkeit. Dies ist, so meine ich zumindest, eines der besten Mittel, Bernhards Verfahren zu kennzeichnen: Was ist, wird erst erfahrbar, indem es gelöscht ist. Alles Sein, alles Seiende bestätigt sich erst als dereinst wirksam, indem auf sein Nicht-mehr-Sein hingewiesen wird. Erst in der Tilgung, in der Auslöschung, in der Korrektur wird das Leben überhaupt greifbar. Der Maler: »[E]in Viertel meiner Existenz ist der Begriff der Belehrung, ein Viertel ist der Begriff der Abscheu, ein Viertel ist der Begriff der Hinfälligkeit und ein Viertel ist der Begriff des Nichtsmehrundnochnichts.« (F, 292) Diesen Raum des »Nichtsmehrundnochnichts« haben Bernhards Protagonisten besiedelt, anderswo können solche Figuren nicht leben.

Die Natur schweigt, die Natur kann hier nicht mehr antworten; ihr ist die Rede versagt: »Natura loquitur« – ein mächtiger Topos, der hier widerrufen wird. Im Buch der Natur kann man nicht mehr lesen; die Natur kehrt den Tod hervor, es sind immer getötete Tiere, auf die Bernhards Helden stoßen. Die Natur ist tot, sie ist vertiert. Makaber die Erzählung von den toten Kühen und von den toten Pferden und Soldaten: diese Natur wird entdomestiziert, und wo die Menschen in sie eingreifen, treiben sie den Vernichtungsprozeß an, der der Natur immanent ist.

Diese Natur läßt sich nicht mehr pflegen; was die Geschichte an Eingriffen in diese Natur vorgenommen hat, das ist nichts. Geschichte gibt es nicht; im Gegenteil, es gibt nur Vernichtungsvorgänge, die von der Natur gesteuert werden. Der Lehrer (und was könnte eher für den Optimismus, den geschrumpften Optimismus, durch Bildung Herr über die Natur zu werden, stehen als ein Lehrer?) wird zum Abschluß zur bemitleidenswerten Symbolfigur dieser Vernichtung der Geschichte durch die Natur:

> Sehen Sie: jetzt ist der Lehrer eingeschlossen in seine eigene unheilbringende Phantasie, langsam wird er von seinem Denken in sich hineingezwängt, in den Begriff des »Unaufhörlichen Schnees« ... Man soll sich hüten, ein solches Vorgehen »Geschichte« zu nennen. (F, 293)

Im Schnee (schlechthin metonymisch für diese Naturgewalt) erscheint die Umwelt eintönig und undifferenziert: der Natur stößt das zu, was den Begriffen bereits zugestoßen ist: Sie haben ihre Konturen verlieren müssen, die Sprache schließt den Menschen ein, es gibt keinen Ausweg.

Ich weiß nicht, ob sich Bernhards Werk so einfach »auflösen« läßt; was ich beabsichtige, ist lediglich der Versuch, einige Bewegungen sichtbar zu machen, die diese Texte Bernhards anzeigen, Abläufe, Strukturen.

Ich habe bei der Behandlung dieses Werkes nie eine eindeutige Auflösung dieser Irritationschiffren vorgeschlagen, sondern lediglich zu zeigen versucht, wie sehr Bernhard versucht, die Löcher im System anzupeilen, die dieses Absolutheitsvokabular zudeckt. Bernhard hat sich, so sagt es zumindest die üppige Literatur zu seinem Werk, als der schlechthin Unvergleichliche erwiesen: er ist zwar immer wieder verglichen worden, aber diese Vergleiche »greifen« nicht, wie es in den einzelnen Stellungnahmen immer wieder heißt.

In der Tat: Vergleiche greifen nie, sie entfernen immer von dem Gegenstand, mit dem wir uns befassen, sie bestehen für sich, sie existieren für sich, sie sagen wenig oder so gut wie nichts aus über den Autor. Das ist eine ungeheuerliche Behauptung, denn die Literaturgeschichte geht ja immer davon aus, daß sie es mit vergleichbaren Größen zu tun hat. In diesem Sinne ist die Literaturgeschichte auch von vornherein eine Fiktion, eine notwendige allerdings. »Res comparabiles et incomparabiles simul«, hat Doderer einmal gesagt, und in der Tat: wenn wir lesen, so erinnern wir uns immer an ein anderes Werk, an viele andere Werke: Wir können gar nicht anders, und je mehr Werke wir gelesen haben, umso qualvoller wird diese Sucht des Vergleichens, umso mehr Werke zitieren wir heran, schleppen wir heran, umso intensiver wird das Gewebe, das wir um das gelesene Werk herumlegen – um es überspitzt zu formulieren: Ein wirklich glücklicher Leser ist nur derjenige, der sein erstes Buch liest, und da liest schon die ganze Umwelt und die Lebenserfahrung mit.

Anhand der Schriften Bernhards werden Probleme akut, seien sie innerästhetischer Natur, seien sie ökonomischer oder politischer Natur. Indem er von Mal zu Mal die Übertreibungsschraube stärker anzieht, werden diese Fragen akut. Und so werden wir aufmerksam, welche Grenzen unseren hermeneutischen Verfahren (oder unserer Diskursanalyse) gesetzt sind: Und das ist sicher das Verdienst jener

Autoren, die wir schätzen können und müssen, daß an ihnen die Fragen, die unsere Disziplin ausmachen, sich als noch ungelöst erweisen. Solche Autoren wie Thomas Bernhard erhalten dann so etwas wie ein Diskursmonopol für einzelne Interpreten; sie fallen immer wieder auf sie zurück oder gegen sie aus. Die Ratlosigkeit dokumentiert sich in den Scherzformeln (»Unterganghofer« oder »Alpenbeckett und Menschenfeind«) oder in den hilflosen Kategorisierungen; ich habe zum Beispiel erlebt, daß ein ernstzunehmender Schriftsteller Bernhard mit Staberl verglich, und ein anderer, nicht minder ernstzunehmender, meinte, daß Bernhard Arien sänge, während Staberl kläffe: auch dies zwei Perspektiven, die anzeigen, wie komplex der Umgang mit diesem Werk geworden ist.

Und doch: Ich möchte diesen Autor nicht »enthistorisieren«, den Roman *Frost* nicht herausnehmen aus der Nische, in der er vom Autor 1963 abgestellt wurde. Er hatte damals zweifellos Funktion als ein Text, in dem alles widerrufen wurde, was über Österreich gesagt werden konnte, als man sich behaglich im Kleinstaat einzurichten begann. Gegen die Bemühung dieser Selbstetablierung wurde ein bislang unbefragtes Positivum, nämlich die Natur, herangezogen: Frost als Negation. Freilich, man erachtete die Natur schon des öfteren für dämonisch, aber das war alles irgendwie widerrufbar. Die Konsensbereitschaft, doch über alles Elend hinweg den Weg zu einem positiv verstandenen und von der Natur garantierten Ziel anzuerkennen, war, als *Frost* erschien, noch da, allenthalben da, und sie vertrug sich auch mit dem uns heute schon unverständlichen Optimismus, der im Ausbau der Straßen und Atomenergie tatsächlich die Garantie einer gesicherten Zukunft sah.

Und so kommt gerade diesem Text Bernhards die Kassandra-Rolle zu: Ehe es sich in den Hirnen massenmedialer Repräsentanten auch als Gedanke aussprechen konnte und so auch existent im kollektiven Bewußtsein wurde, schrieb Bernhard seinen *Frost*, und dieses Buch signalisierte einen neuen Bewußtseinsstatus, der sich in der Folge als ausbaufähig erwies. In der Umgebung gedieh wenig, was diesem Werk irgendwie in der Wirkung den Rang abgelaufen hätte; ein Autor wie Eisenreich, der sich der Rekonstruktion und Restauration Österreichs verpflichtet fühlte und vieles in diesem Sinne tat, lehnte Bernhard kompromißlos ab. Es sei erlaubt – trotz der soeben erfolgten Polemik gegen das Vergleichen –, auf ein Werk zu verweisen, das sich einem ähnlichen Bewußtsein verpflichtet fühlt und doch ganz anders ist. Ich meine Marlen Haushofers Roman *Die Wand* (1963), der auf den ersten Blick wenig, bei genauerer Betrachtung aber doch einiges mit Bernhards Buch gemeinsam zu haben scheint.

5.9. MARLEN HAUSHOFER (1920–1970): *Die Wand* (1963)

Marlen Haushofer bekam zu Lebzeiten zwar einige respektable Preise, tatsächlich bekannt geworden ist sie, trotz intensiver Bemühungen Hans Weigels zum Beispiel, nicht sonderlich. In den achtziger Jahren begannen sich größere Verlage um diese Autorin zu kümmern, als es chic wurde, vergessene Frauen wiederzuentdecken. Claassen und auch Zsolnay begannen da zu arbeiten. Inzwischen sind die meisten Werke Haushofers als Taschenbücher erhältlich (vor allem bei dtv).

Diese Wiederentdeckung erfolgte allerdings nur zögernd, da ja Ingeborg Bachmanns Ruhm den der Haushofer weit überstrahlte; und doch scheint die begonnene Auseinandersetzung intensiver zu werden, und das nicht ohne Grund.

Der Vergleich mit Thomas Bernhard ist nicht ganz ohne Pikanterie: Ist doch das ein Autor, der als Musterbeispiel des Antifeminismus schlechthin gelten kann – man konnte sogar Spurenelemente von Gedanken Weiningers bei ihm entdecken – was heißt Spurenelemente: die Saat scheint bei ihm erst so recht aufzugehen: so macht Ria Endres' Buch *Am Ende angekommen* (1980) aus Bernhard den letzten Anwalt des Patriarchats, was ein sehr origineller Gedanke ist, auch wenn er partout nicht stimmt: denn das Patriarchat ist dort nicht einmal mehr metonymisch oder metaphorisch präsent, weil Bernhards Texte jede Arche zerstören, mit Ausnahme der des eigenen Ego...

Marlen Haushofers Roman *Die Wand* indes stellt eine durchaus parallele Situation zu Bernhards *Frost* her: Es ist auch ein Austritt aus der Geschichte, eine Story, die, erzählt man sie nach, beinahe etwas kitschig wirkt, und daher auch hier: Es gilt, das Buch nicht nur von seinen inhaltlichen Voraussetzungen her zu lesen.

Eine Frau, die Ich-Erzählerin, macht einen Jagdausflug, bleibt allein auf einer Jagdhütte zurück, vereinbart mit den Freunden, sie würden sie abholen. Doch niemand kommt; die Frau steigt ab von der Alm, und da, am Ende der Schlucht, gibt es plötzlich eine Wand, an der der Hund sich die Schnauze blutig stößt, eine Wand, durchsichtig, aber niemand kann durch sie hindurch. Nun beginnt ein Roman, der sich am ehesten mit einer Robinsonade vergleichen läßt, allerdings ist dieser Robinson eine Frau. Sie ist auf einem Stückchen Erde eingekesselt; dieses Stückchen ist genau abgegrenzt, es gehören die Alm und das Tal und die Jagdhütte dazu.

Die Elemente dieser Erzählung erinnern haarklein auch an jenes Buch, das so viele Gemüter beschäftigte und das wie kaum ein andres in der deutschen Literatur massenhaft Wirkung fand: Defoes *Robinson Crusoe*. Dazu gehört auch der berühmte Blick durchs Fernrohr. Die Erzählerin sieht, daß die Außenwelt tot ist. Da sind bewegungslose Menschen, Kühe, die friedlich daliegen. In dem für sie ausgegrenzten Raum gibt es Leben: Da gibt es Wild, da gibt es den Hund Luchs und die Katze Tiger, vor allem aber, als Milchproduzent unentbehrlich, die trächtige Kuh Bella, die tatsächlich auch einen Stier gebiert, der zeugungsfähig ist: Ödipus im Sensengebirge, könnte man maliziös formulieren. Die Szenerie entwickelt sich beinahe zum Idyll durch Regreß in primitive Formen des Landbaus: Die Vorräte gehen aus und erzwingen die Autonomie; in dieser Einsamkeit scheint trotz verzweifelter Rückfälle das Leben fortsetzbar: Die Beschreibung insistiert auf der sich verbessernden Fähigkeit der Ich-Erzählerin, mit dem ländlich-beengten Lebensraum auszukommen, bis die Idylle durch den Einbruch eines Mannes gestört wird: dieser hat den jungen Stier getötet, ermordet Luchs mit dem Beil und wird von der Erzählerin selbst mit dem Gewehr erlegt.

Die Rekapitulation der Menschheitsgeschichte erfolgt hier durch eine Frau, die auch den ersten Mord begeht: am Mann, der in diese Welt eingedrungen ist, in der sich so etwas wie weibliche Autonomie zu konstituieren scheint. Nach ihrer Tat – der Mann wird begraben, der Hund wird begraben – verläßt die Erzählerin die Alm und läßt den Leser über den Fortgang der Geschichte im Ungewissen: »Alles, was ich nicht unbedingt brauchte, liegt heute noch auf der Alm, und ich werde es nicht holen. Oder vielleicht wird dies auch vorübergehen, und ich werde die Alm wieder betreten können.« (DW, 225)

Eines ist gewiß: der historische Prozeß ist unterbrochen, er ist sistiert, manches erinnert an Bernhards »Entschöpfungstag«. Einziger Schönheitsfehler: die Entstehung der Wand. Das ist so ein irrationaler, symbolischer Rest, zu deutlich, um denn auch tatsächlich glaubhaft zu wirken oder zu überzeugen, oder besser: um dem Buch das Thesenhafte zu nehmen. Ich will dieses »Thesenhafte« denn auch gar nicht inkriminieren, es ist legitim genug, aber an die Stelle der zwingenden Argumentation tritt nun, ähnlich wie auch bei Thomas Bernhard, die Bildhaftigkeit, mit der die These durchgefochten werden soll.

Die These lautet: Wir leben alle isoliert, im besonderen ist es der Frau nicht vergönnt, diese Isolation zu durchbrechen. Das wundersame Ereignis – die Herstellung dieser Wand – läßt nur längst vorhandene Realität explizit wirksam werden. Diese Frau lebt in der Einsamkeit ein kommunikativeres Leben, als es ihr zuvor in der ungestörten Lebenswelt unserer Tage vergönnt gewesen war. Die Frauen der Marlen Haushofer haben ihre Einsamkeitsräume, sie sind ausgesetzte Individuen, durch einen Mangel herausgehoben, im positiven wie im negativen Sinne. Und da stellen sich die Vergleiche, ja die zwingenden Vergleiche zu Bernhard in überreichem Ausmaße ein, Vergleiche, die allerdings die geschlechtsspezifische Schreibweise der Marlen Haushofer überspielen mögen, die mir jedoch für den Rang dieses Buches aufschlußreich zu sein scheinen und dem Text erst allmählich das Gewicht geben, das er haben mag. Ich will Marlen Haushofer nicht durch einen Vergleich mit Thomas Bernhard aufwerten (oder umgekehrt), mir geht es vielmehr darum, die exemplarische Gültigkeit dieser Gebilde im Vergleich zu demonstrieren.

Zunächst einmal das Moment des Monologisierens. Bernhards Roman ist abgestellt auf die Zerstörung des Dialogs durch das Erzählen; der Famulant verliert seine Kommunikationsfähigkeit; bei Marlen Haushofer ist diese von vornherein unterbunden. (In der *Mansarde* von 1969 ist die Hauptfigur taub!)

Die Situation, in welche sich die Erzählerin versetzt sieht – die Trennung von der »normalen« (vielleicht bereits toten?) Welt durch die Wand – ist exemplarisch: sie ist auch die Situation jener, die schreiben, die zu dieser Schreibarbeit sich verurteilt sehen:

> Ich schreibe nicht aus Freude am Schreiben; es hat sich eben so für mich ergeben, daß ich schreiben muß, wenn ich nicht den Verstand verlieren will. Es ist ja keiner da, der für mich denken und sorgen könnte. Ich bin ganz allein, und ich muß versuchen, die langen dunklen Wintermonate zu überstehen. Ich rechne nicht damit, daß diese Aufzeichnungen jemals gefunden werden. Im Augenblick weiß ich nicht einmal, ob ich es wünsche. (DW, 7)

Es ist eine Landschaft wie in Bernhards *Frost*: das Ende der Welt, ein Talschluß, Hochgebirge, Schneefall. Die Natur verneint sich, aber, und das ist der Unterschied, sie restauriert sich wieder. Bei Bernhard entsteht der Eindruck, als ob es immer kälter würde: Erfrieren von außen und von innen. Hier jedoch ist es gerade der Jahreskreislauf, der für die Schreibende so etwas wie Halt verbürgt. Dazwischen entstehen die hin und wieder angesprochenen idyllischen Momente. Der Text antizipiert jedoch jene Katastrophenvisionen, wie sie im Zusammenhang mit den Folgen atomarer Katastrophen konzipiert wurden – oder reproduziert er Visionen, wie sie im Gefolge von Orwells *1984* entstanden sein mußten?

Das Problem, daß dieser Text den Regreß auf agrarökonomische Grundlagen darstellt, aber sie nicht fragwürdig macht, sollte noch einmal ausführlicher behandelt werden. Indes: es handelt sich nicht um eine Idealisierung; das Idyll als solches ist ja die Folge einer Katastrophe. Relativ schmerzlos ist denn auch die Abkoppelung von der eigenen Familie; die Erinnerung an den Mann ist gelöscht, über die Kinder heißt es:

> Wenn ich heute an meine Kinder denke, sehe ich sie immer als Fünfjährige, und es ist mir, als wären sie schon damals aus meinem Leben gegangen. Wahrscheinlich fangen alle Kinder in diesem Alter an, aus dem Leben ihrer Eltern zu gehen; sie verwandeln sich ganz langsam in fremde Kostgänger. (DW, 33)

Und so verwundert es auch weiter nicht, daß die Menschen durch Tiere substituiert werden: »Um ernstlich an Selbstmord zu denken, war ich nicht mehr jung genug. Hauptsächlich hielt mich auch der Gedanke an Luchs und Bella davon ab und außerdem eine gewisse Neugierde.« (DW, 34)

Die Lösung von der menschlichen Zivilisation ist eine Lösung von der Geschichte der Menschheit, eine Menschheitsgeschichte à rebours. Akutes Zahnweh verdeutlicht diese Lösungsschwierigkeiten (DW, 67 f.), und die Stärke des Buches liegt nicht zuletzt darin, daß die Schwierigkeit solcher Robinsonaden heute anschaulich gemacht wird. Aber das Buch handelt nicht davon, wie ein weibliches Individuum zum Bewußtsein seiner (prometheischen) Individualität kommen kann, sondern vielmehr davon, wie problematisch diese Identität auch wird. Halb Robinson, halb heiliger Franziskus, schlägt sich unsere Heldin durchs Leben.

> Wenn ich heute an die Frau denke, die ich einmal war, die Frau mit dem kleinen Doppelkinn, die sich sehr bemühte, jünger auszusehen, als sie war, empfinde ich wenig Sympathie für sie. Ich möchte aber nicht zu hart über sie urteilen. Sie hatte ja nie eine Möglichkeit, ihr Leben bewußt zu gestalten. Als sie jung war, nahm sie, unwissend, eine schwere Last auf sich und gründete eine Familie, und von da an war sie immer eingezwängt in eine beklemmende Fülle von Pflichten und Sorgen. [...] Von vielen Dingen wußte sie ein wenig, von vielen gar nichts; im ganzen gesehen, herrschte in ihrem Kopf eine schreckliche Unordnung. Es reichte gerade für die Gesellschaft, in der sie lebte, die genauso unwissend und gehetzt war wie sie selbst. Aber eines möchte ich ihr zugute halten: sie spürte immer ein dumpfes Unbehagen und wußte, daß dies alles viel zuwenig war. (DW, 69)

Geborgenheit in den Jahreszeiten: Doch auch dieser Zauber kommt zu seinem Ende: eine schwere Krankheit (Parallele: Robinson) hindert die Heldin daran, ihre Chronologie genau aufrechtzuhalten. Das Gerüst der Daten geht verloren, damit zugleich auch die Hoffnung, mit diesen Daten die eigene Geschichte in den Griff zu bekommen. Die Jahreszeiten sind unterschieden, aber die zeitliche Ordnung versagt, sie schert aus der menschlichen Chronologie aus:

> Wenn die Zeit aber nur in meinem Kopf existiert und ich der letzte Mensch bin, wird sie mit meinem Tod enden. Der Gedanke stimmt mich heiter. Ich habe es vielleicht in der Hand, die Zeit zu ermorden. Das große Netz wird reißen und mit seinem traurigen Inhalt in das Vergessen stürzen. Man müßte mir dafür dankbar sein, aber niemand wird nach meinem Tod wissen, daß ich die Zeit ermordet habe. (DW, 195)

Stillstand der Zeit: Protest gegen die alles vernichtende Macht der ordnenden Chronologie – Zeit als nur durch das Subjekt erlebt, als etwas, das auch überwunden wird, zunächst durch den Gleichklang, dann durch die Gleichgültigkeit.

Die Abkehr von der Menschengesellschaft bedeutet die Hinwendung zur Tierwelt; Tiere bekommen daher in diesem Kontext eine andre Bedeutung, sie sind beileibe keine Fabelwesen, sondern vielmehr Chiffren für jenes Undeutbare und doch Körperliche, für jenes Nahe, das uns verwandt ist bis ins organische Detail und das doch anders ist. Das Tier ist ausgegliedert aus dem Bereich der Menschen, da es nicht über die Sprache verfügt. Die Erzählerin lernt daher die Zeichen lesen, mit denen die Tierwelt zu ihr spricht, aber es entsteht nicht das, wodurch sie vorher befangen war.»Wenn ich Bella striegelte, erzählte ich ihr manchmal, wie wichtig sie für uns alle war. Sie sah mich sanft aus feuchten Augen an und versuchte, mir das Gesicht abzuschlecken. Sie hatte keine Ahnung, wie kostbar und unersetzlich sie war.« (DW, 155)

Die Tiere übernehmen die Rolle der Mitmenschen, doch fühlt sich die Erzählerin durch das Los der Tiere viel nachhaltiger betroffen, als sie es durch ihre eignen Kinder (s. o.) war. Bella brüllt; es sind ihre Geschlechtsnöte, die »Stier«, ihr Kind, zu stillen zunächst noch zu jung und dann wie gerufen ist. Kommentar der Erzählerin: »Oft genug verfluchte ich in den folgenden Monaten den Kreislauf von Zeugen und Gebären, der meinen friedlichen Mutter-Kind-Stall in eine Hölle der Einsamkeit und des anfallsweisen Wahnsinns verwandelt hatte.« (DW, 193)

Hier begegnet eine Skepsis, wie sie schon in bezug auf die Familie zu erkennen war. Ich meine, daß die Familienideologie ein ganz wesentliches Moment bei der Konstitution der Zweiten Republik war. Im Tier realisiert sich das Andere, das doch an das Menschliche gemahnt. Das wird in der Schilderung von Perles Tod (DW, 101 f.) deutlich.

Dieser Roman verweist auf die Situation der Frau, vor allem der Frau, die sich der Kommunikation verweigert, die durchschaut, in welche Dienste sie genommen wird. Die Wand ermöglicht es ihr, unter Schmerzen, sich anders zu realisieren, als es ihre Umgebung zuläßt. Aber nicht nur dies: Das Buch ist auch eine Zeitdiagnose, die sich einem unreflektierten Opportunismus sperrt. Der Traum des Malers in *Frost* und die Welt hinter der Wand im Roman Haushofers sind die Antworten auf eine Welt, die sich so völlig dem Realitätsprinzip verschrieben hatte, daß sie die eigene Rede darüber für die einzig mögliche hielt und keine andere Stimme mehr neben sich dulden wollte.

5.10. GRAZ – *Forum Stadtpark* und *manuskripte*

Es ist im Rahmen dieser Vorlesung sicher aufgefallen, daß wir meistens Wien gemeint haben, wenn wir von Österreich gesprochen haben. Damit schrieb sich (zum Unterschied von der Zeit zwischen den beiden Weltkriegen) ein Zustand fest, der für die Autoren bedeutete, daß ihre literarische Karriere über Wien lief: Selbst jene Autoren, die aus der sogenannten Provinz kamen, mußten ihren Weg zur Anerkennung auf dem Literaturmarkt auch der Bundesrepublik über Wien nehmen, so etwa auch Thomas Bernhard und Marlen Haushofer. Dieses Paradigma hatte nicht immer Gültigkeit, wenngleich Wien tonangebend war. Im 19. Jahrhundert konnte die Steiermark ihre Welthaltigkeit bereits unter Beweis stellen: Peter Roseggers Weg zum Staackmann-Verlag nahm seinen Umweg nicht über Wien. Das Ressentiment ist bekannt: Wien hat nicht viel übrig für die sogenannte Provinz, und umgekehrt: die sogenannte Provinz schöpft Verdacht gegen alles, was aus Wien kommt.

Daß die österreichische Literatur in den sechziger Jahren, vor allem in deren zweiter Hälfte, wesentliche Impulse aus der Steiermark erhielt, ist mittlerweile eine ziemlich breitgetretene Tatsache geworden, ist aber eben doch eine Tatsache.

Die Bedingungen für die Schaffung eines literarischen Zentrums Graz, das noch dazu die moderne Literatur in ihre Obhut nehmen sollte, schienen von den Prämissen her außerordentlich ungünstig. Das Kulturleben schien dort in beispielhaft reaktionären Händen; überwintert hatten dort auch unzählige Skribenten aus der Naziära, und sie hatten auch ihr Publikum dort – das kann man ohne denunziatorischen Eifer feststellen.

Es gab dort einen *Steirischen Schriftstellerbund* (gegründet 1950) und den *Bund steirischer Heimatdichter* (gegründet 1956) – der einzige organisatorische Rückhalt für die Autoren in diesem Bereich. Freilich schuf gerade diese außerordentlich lebendige Reaktion für die neuere Literatur und für avantgardistische Tendenzen vergleichsweise günstige Voraussetzungen: So gab es etwas, von dem Distanzierung durchaus angebracht schien. Es waren zunächst einmal die bildenden Künstler, die auszogen und gegen Ende der fünfziger Jahre die eher lockere Organisation des *Forum Stadtpark* ins Leben riefen. Ein erstes Ansuchen an den Stadtrat wurde abgewiesen, ein zweites führte dazu, daß die Stadtväter den Antrag dadurch gegenstandslos zu machen suchten, daß sie das beanspruchte Gebäude einfach abreißen lassen wollten; doch da hagelte es Proteste, so daß man einem Umbau des Gebäudes zustimmte, dieses umgebaut wurde und Ende 1960 seiner Bestimmung übergeben werden konnte.

Dieser Verein *Forum Stadtpark* hatte denn auch seine Statuten, man wollte sich parteipolitisch, ideologisch und konfessionell nicht gebunden fühlen und wissenschaftlichen und künstlerischen Disziplinen verschiedener Provenienz offen sein. Offenheit ist das Kennzeichen dieser Konzeption, und darauf konnte sich auch der Autor berufen, der nun zur tragenden Säule, zur Integrationsfigur dieser Grazer Literatur wurde: Alfred Kolleritsch (*1931).»Literarisches Universalgenie« nannte ihn der Schweizer Schriftsteller Jürg Laederach anläßlich des Erscheinens der 100. Nummer seiner Zeitschrift *manuskripte*.

Die erste Nummer der *manuskripte* erschien Ende 1960 – hektographiert, unter Schülern verteilt, in der Schule hergestellt, eine von jenen unzähligen Zeitschriften, die ihre Entstehung solcher Privatinitiative verdankten. Kolleritsch aber verfuhr konsequenter, er verstand vor allem aus der tiefen Rückständigkeit heraus zu agieren, er erkannte, daß Österreich den Anschluß an die internationale Kultur- und Literaturszene in den fünfziger Jahren verpaßt hatte. Alles, was irgendwie den modernen Tendenzen dienlich war, wurde in den Bereich dieser Zeitschrift hereingeholt, auch wenn es der Literaturkonzeption des Herausgebers widersprach.

> Die inhomogene Zusammensetzung des Gründungskomitées, die divergierenden Auffassungen und Motive der Beteiligten, verhinderten eine einseitige Akzentsetzung von vornherein. Übereinstimmung herrschte in der Ansicht,»daß es bitter notwendig sei, sich mit den neuesten Ausdrucks- und Darstellungsformen der einzelnen Kunstzweige zu beschäftigen, daß man sich selbst und das Publikum konfrontieren müsse mit der mannigfaltigen geistigen Aussage unserer Zeit, um auf diesem Weg zu einem Bekenntnis zu gelangen, das dem wirklichen Wert des Geschaffenen gerecht wird«. (Emil Breisach im Eröffnungsprogramm; Wiesmayr 1980, 3 f.)

In diesem Sinne bemühte sich Kolleritsch um die österreichische avantgardistische Tradition (Raoul Hausmann), um die, die solche Literatur schrieben (*Wiener Gruppe*, Ernst Jandl, Friederike Mayröcker; zunächst Okopenko, der dann aber diesen Tendenzen in der Folge eher fern stand): Artmann, Konrad Bayer, Achleitner, Rühm waren bereits in der zweiten Nummer zu finden, was immerhin zur Folge hatte, daß sich die Bank, die geholfen hatte, als Sponsor zurückzog.

Die Organisation dieser Gruppe läßt sich auch nach dem Muster der Boheme fassen, deren verbindendes Moment nach Helmut Kreuzer (Kreuzer 1971, 170–172; Zitat 172) meist in der Negation des Bestehenden besteht:»Der Kreis bleibt offen für Verbündete; die Exklusivität gegenüber Andersdenkenden und der Zusammenhalt wächst jedoch mit dem Maß der Interaktion und Kooperation, vor allem aber mit dem Maß der Feindschaften und Angriffe, die die Aktivität der Gruppe hervorruft.«

Damit ist auch im wesentlichen skizziert, wie sich die Grazer verhielten, bis ihre Anerkennung erfolgte, bis der Weg von der Subkultur zur offiziellen Kultur beschritten war. Der harte Kern dieser »Grazer Gruppe« (Kolleritsch prägte diesen Ausdruck erst 1966) ist mit dem Zentrum und der Integrationsfigur Kolleritsch benannt, mit Wolfgang Bauer (*1941), Gunter Falk (1942–1983), Barbara Frischmuth (*1941), Peter Handke (*1942), W. Hengstler und Klaus Hoffer (*1942).

Die Unterschiede zur Wiener Gruppe hat Elisabeth Wiesmayr exakt benannt: es fehlte den Grazern weithin die Neigung zur theoretischen Auseinandersetzung. Auch wenn es Anknüpfungspunkte beim Wiener Aktionismus gab (*happy art and attitude*), so ist das doch nur eine der vielen Facetten dieses literarischen Betriebs.

Nicht zu vergessen (und dies im Zusammenhang mit *happy art and attitude*) ist der Einfluß, den die Entdeckung der Sprachphilosophie des Wiener Kreises auf die einzelnen Gruppenmitglieder ausübte. Das Manifest von *happy art and attitude* ist ganz nach dem Stil des Wittgensteinschen *Tractatus* aufgebaut. Hier ist denn auch die größte Nähe zur *Wiener Gruppe* festzustellen; auch hier der Versuch, sich nicht mehr dem Sinnhaften zu verschreiben. Das Spiel des Bürgerschrecks haben Falk und Bauer am intensivsten getrieben. Stellt man die Texte Kolleritschs (Lyrik) und die seines bekanntesten Adepten Peter Handke in Rechnung, sieht man, daß diese experimentelle Literatur tatsächlich ja nur eine der Möglichkeiten war, sich von dem bestehenden (im besonderen steirischen) Kulturbetrieb zu distanzieren.

Zum anderen hat ein Autor wie Ernst Jandl dem Herausgeber der *manuskripte* immer dafür dankbar zu sein, daß er ihm und seiner Literatur dort eine Publikationsmöglichkeit geboten hatte; Graz avancierte zur »unheimlichen Literaturhauptstadt« (dabei ist freilich auch ein guter Schuß Selbststilisierung dabei, zu der Reinhard Peter Gruber, von dem diese Kennzeichnung stammt, in den siebziger Jahren nicht unwesentlich beitrug).

Nochmals: Kolleritsch fühlte sich keinem wie immer gearteten Konzept verpflichtet; in seinem Statement von 1965 erklärte er (und dabei ist ein Schuß von Indoktrination durch den Wittgenstein-Experten und Kolleritsch-Freund Rudolf Haller für mich erkennbar):

> Literatur, heißt es für *manuskripte*, ist das, was wir Literatur nennen: Literatur nennen wir das, für das wir Grund haben (glauben Grund zu haben), es Literatur zu nennen. *manuskripte* stellt Literatur vor. *manuskripte* stellt nicht das vor, von dem alle glauben, daß es Literatur sei: *manuskripte* stellt das vor, von dem wir glauben, daß nicht alle glauben, daß es Literatur ist. *manuskripte* stellt das vor, für das wir (und wir sind jeweils wir und wir) Grund haben, es Literatur zu nennen. (*manuskripte*, H. 13, 1965 – zit. nach Wiesmayr 1980, 34)

Das ist freilich kein Programm, sondern der Versuch, die Literatur aus den definitorischen Zwangsjacken zu befreien, und das gelang Kolleritsch doch mit respektablem Erfolg. In den *manuskripten* haben viele Autoren veröffentlicht, nahezu alle (mit Ausnahme Thomas Bernhards), die in der Folge auch den Ruf der österreichischen Literatur bestimmten und diese in den siebziger Jahren zu der spektakulären jungen österreichischen Literatur machten.

Der Kontakt lief nicht mehr über Wien; Graz verstand sich und versteht sich immer noch als die Stadt der literarischen Volkserhebung, wobei ich natürlich alle peinlichen Konnotationen unterdrücken möchte.

Die Verdienste sind unbestritten; auch der Roman Oswald Wieners erlebte seine erste Veröffentlichung als »work in progress« in den *manuskripten – die verbesserung von mitteleuropa* lief also in diesem Sinne sehr wohl über die Grazer Literatur, die zu diesem Zeitpunkt denn auch mit Kompetenz das Erbe der Wiener Avantgarde verwalten wollte. Freilich: Das oben zitierte Konzept von Alfred Kolleritsch ließ sehr wohl den Verdacht aufkommen, daß diese Literatur in ihrer Auffassung eben auch außerordentlich solipsistisch wäre, daß ihre Autonomie eine Scheinautonomie wäre. Immerhin brachte aber diese mit Nachdruck vertretene Etablierung des Scheins auch den großen Erfolg Ende der sechziger Jahre, um 1968 und danach: Als die deutschen, bundesdeutschen Autoren (wie aber etwa auch Falk) die österreichische Literatur für irrelevant erklärt hatten, da fanden die jungen Grazer Autoren, die immer noch »Literaturliteratur« produziert hatten und sich hartnäckig dem politisch-soziologischen Diskurs widersetzten, im deutschen Publikum einen Abnehmer vor – denn schließlich richtet sich die Bedürfnisstruktur auch der Literatur auf so etwas wie Bedürfnisbefriedigung, wie denn auch das Publikum nicht immer nur politisch erbauliche Botschaften vernehmen wollte. Kurzum: es gab eine Marktlücke auf dem deutschen Büchermarkt, und diese füllten die Grazer Autoren mit ihren Texten, die noch dazu ein modernes Styling hatten und auf der ästhetischen Ebene revolutionäre Bedürfnisse befriedigten, was für viele eine immer noch gängige Kompensation für jede revolutionäre Praxis ist.

Wie dem auch sei: Der Autor, der am spektakulärsten in die Lücke eintrat, die durch das bundesdeutsche Vakuum geschaffen war (übrigens begann sich die Stimmung gegen die Literatur schon lange vor 1968 zu orientieren), war Peter Handke. Er wurde, und er hat sich nicht dagegen gewehrt, zur Symbolfigur eines neuen (und auch progressiven) Literaturverständnisses, das Schluß zu machen suchte mit den überkommenen Mustern, das aber (und einer seiner frühen Aufsätze heißt ja *Die Literatur ist romantisch*) sich in neuer Gewandung doch wieder als Literatur präsentierte.

5.11. PETER HANDKE (*1942): *Die Hornissen* (1966)

Mit seinen Auftritten hat sich Peter Handke einen Ruhm erworben, der mehr diesen zuzuschreiben war als seinen literarischen Texten. Schon früh hat er den Aufstand geprobt. Er kritisierte bei einer Veranstaltung im *Forum Stadtpark* den Vortragenden Herbert Eisenreich, der über das Erzählen sprach, und als dieser die Rückfrage stellte, wer denn heute richtig erzählen könnte, habe er, so heißt es, ungerührt, geantwortet: »Ich«. Das war 1963, und diese Anekdote macht plausibel, was sich drei Jahre später in Princeton zutrug, als Handke vor der *Gruppe 47* las, und es ihm gelang, weniger wegen des von ihm gelesenen Textes als wegen seiner radikalen Attacken wider die zur Anwendung gelangenden Verfahren seine Hörer zu verunsichern. Das war 1966, und in diesem Jahr war denn auch der Roman *Die Hornissen* bei Suhrkamp erschienen, ein Buch, das die Kritik von Anfang an verunsicherte. Und immer noch finde ich zu diesem Buch keine gültige, keine umfassende Interpretation, sieht man von dem Versuch Manfred Mixners einmal ab, sich auf einem Umweg, nämlich über die gescheiterte Rezeption, diesem Werk zu nähern. (Mixner 1977)

In der Tat zeigt sich darin, wie wenig die Literaturwissenschaft und vor allem auch die professionelle Kritik auf so ein Werk vorbereitet war. Mixner tastet sich auf dem Umweg über die verschiedenen Lesungen an diesen »Roman« heran, freilich kann auch er keine verbindliche Lesart vorschlagen. Und wir sind bei diesem Buch, sehe ich recht, denn auch heute nicht viel weiter; in einer jüngeren Arbeit findet sich indes ein recht brauchbarer Ansatz, der aber auch nicht viel zur Bestimmung der Besonderheit dieses Werks beiträgt.

> Will man die Affäre des Romans – wohl unstatthaft – auf einen sehr knappen Nenner reduzieren, ergäbe sich folgende Geschichte: An einem Samstag im November spielen die Brüder Hans und Matthias Benedikt im Grafenbachergraben hinter Altenmarkt [...], Matthias ertrinkt dabei, Hans versteckt sich zunächst, ehe er ins Trauerhaus heimkehrt; Bomber fliegen, der dritte Bruder Gregor, Held und Erzähler des Buches, erblindet auf der Suche. Der Vater bringt auf einem von einem Pferd gezogenen Leiterwagen aus dem Griffner See Gras auf seinen Hof. (Widrich 1985, 28)

Gewiß, das ist unstatthaft, wie der Verfasser selber anmerkt, aber hilfreich. Wir haben die Story, um deren Zerstörung es Handke ging, die er aber zugleich in einem merkwürdigen Doppelsinn »aufhebt«: Denn in ihrem Verschwinden wird ja die Geschichte erst zu ihren Konturen gebracht. Der hier zitierte Versuch dient – 1985! – einer Spurensicherung: Handkes Heimat – Griffen und Umgebung – wird in den *Hornissen* agnosziert, ein Unterfangen, das jedem Lokalhistoriker Ehre machen würde. Leider bleibt der kenntnisreiche und redliche Aufsatz ohne reale Konsequenzen für die Literaturwissenschaft und den Text Handkes, denn das hätte man auch ohne die Lokalautopsie sagen können: Handke hat sein dörfliches Anschauungsmaterial aus einem Dorf in Kärnten bezogen – wie denn sonst kämen die zahlreichen slowenischen Anspielungen (etwa auf den Kreuzweg) in den Text?

Ich meine, daß jede Inhalte koordinierende Analyse von vornherein zum Scheitern verurteilt ist, weil in diesem Werk auch die Figuren keine strenge Identität wahren müssen.

> Die Diskontinuität in der Anordnung und Gestaltung der Textabschnitte verstellt auch den Blick auf das, was man gemeinhin unter Handlung und Personen der Handlung in einem Roman versteht. Bei der ersten Lektüre ist der Zusammenhang einer aus den Textabschnitten rekonstruierbaren gewöhnlichen/gewohnten Geschichte nicht gleich erkennbar. (Mixner 1977, 3)

Es ist, als würde nach einigen Sätzen, die einen Zusammenhang erzeugen, sofort dessen autoritativer Widerruf durch eine übergeordnete Instanz erfolgen, und wenn das nicht der Fall ist, dann arbeitet sich der Erzähler daran ab, daraus nur eine fragmentarische Geschichte zu machen. Gewiß, zu Beginn haben wir einige Abschnitte, die eindeutig anzeigen, daß eine Geschichte erzählt wird: Zunächst aber muß das, was die Erzählung garantiert, gehörig problematisch gemacht werden: *Das Einsetzen der Erinnerung* – so heißt der erste Abschnitt, in dem sich so ziemlich alles erledigt, was späterhin als Story auftauchen sollte.

Doch schon darin entsteht der Eindruck einer nachhaltigen Kommunikationsstörung, und zwar sowohl in bezug auf die Rede als auch in bezug auf die optische Wahrnehmung. Mitunter werden auch traumhafte Situationen erzeugt:

> Die Tür klopfte laut und leiser und leise an das Geländer; schleifend rieb sich das Holz an dem Holz; dann strömte und kam die Stille wieder zu mir herein.
> Ich rief in sie und in die Finsternis einen Namen, den ich, kaum daß ich ihn ausrief, schon nicht mehr verstand. Mein Bruder vernahm den Ton der Stimme, die rief; was es war, das ich rief, blieb ihm unbekannt [...].
> (DH, 9)

So sind nahezu alle Stellen symbolisch für das Verfahren, das in diesem Roman zur Anwendung kommt: Sie zeugen von dem Scheitern der kontinuierlichen Erzählung; Kontinuität ist nicht mehr möglich.

Wir sind hier bei einem Basisproblem der Behandlung neuerer Literatur überhaupt angelangt, nämlich beim Problem der sogenannten negativen Kategorien, die sich seit Hugo Friedrichs berühmtem Buch über die *Struktur der modernen Lyrik* ja als legitime Kategorien durchgesetzt haben und deren Anwendung erlaubt ist, nicht als wertende, sondern als beschreibende Kategorien. Per negationem soll nun definiert werden, was moderne Literatur ist; es ist für den Anfang sicher ganz hilfreich, zu sagen, was etwas *nicht* ist, damit ist aber lange noch nicht gesagt, was etwas *ist*. In der Tat wird man aber zugeben müssen, daß so ein Werk wie Handkes *Hornissen* auf dem gründet, was es nicht ist, von dem es sich distanziert; denn dieses Buch baut die Erbmasse der Literatur ab, löst sie auf. Auf den entscheidenden Dekompositionseffekt, der in dem Werk denn auch enthalten ist, hat Manfred Mixner aufmerksam gemacht. Der dritte Abschnitt hat den Titel *Die Verheimlichung der Nachricht*, worin sich folgende höchst kennzeichnende Passage findet, die für dieses Dekompositionsverfahren beispielhaft steht:

> Dadurch aber, daß ich die Nachricht über die Lippen bringen würde, könnte ich diesen natürlichen Ablauf verändern, und es würde anders kommen. Die Worte fielen mir jedoch, bevor ich sie aussprach, zu Silben und Buchstaben auseinander, die ich zu fassen nicht mehr imstande war; ich konnte nicht voraussehen, was sie [sc. die Schwester, WSD] tun würde, wenn ich es ihr sagte, ich konnte weder die Gebärden ihres Erschreckens voraussehen, noch die Laute der hastigen Fragen, noch die Bewegungen, mit denen sie davonstürzen würde; und daß ich es nicht voraussehen konnte, mochte ich mir auch mit Worten die Bilder einreden wollen, ließ mich hinter ihr über ein so dünn vereistes Wasser gehen, daß ich die Nachricht verschwieg. (DH, 13)

Natürlich liegt hier der Verweis auf Hofmannsthals berühmten *Chandos-Brief* auf der Hand, worauf denn auch Mixner hinweist. Mehr noch liegt für mich der Akzent auf der Negation der Rede, ja der Worte; die Texte zerfallen, die Worte zerfallen in ihre Silben, in ihre Laute. Die Sprache verliert offenbar ihre semantische Dimension. (Hier ist auch das Verfahren der Entstehung der konkreten Poesie angedeutet, der Zerfall der Sprache macht ihren Materialcharakter evident.)

Und so ist ein Titel nach dem anderen denn auch in einer gewissen Weise irreführend; die Titel wollen nicht mehr die glatte Hinführung zu einem deutlich faßbaren Thema sein. Denn die Geschichte vom *Transport des ertrunkenen Bruders* wird darin mitnichten erzählt.

Es ist für mich kaum möglich, nun kapitelweise (oder: sagen wir besser abschnittsweise) diesem Roman im einzelnen zu folgen, obwohl dies eine der wenigen Möglichkeiten wäre, der Sache gerecht zu werden. Die Wahrnehmungsstörung (Blindheit des Erzählers) schlägt als Motiv hin und wieder durch und wird vor allem Anlaß, sich der Erfassung der Wirklichkeit zu widmen. So werden nun zusehends Sicherheiten erzielt, die auf der Darstellung von Ritualen beruhen. Besonders kennzeichnend ist dabei für mich *Die Liturgie* (DH, 61-64); dies dient dazu, die Stereotypie von Vorgängen zu erfassen.

Damit ist aber auch ein Grundmotiv der österreichischen Literatur angegeben, das sich thesenhaft noch an gegebenem Ort ausführlicher darstellen ließe: Die meisten der nun in den Vordergrund tretenden Autoren sind durch das katholische Internat gegangen, haben an sich die Liturgie in ihrer Funktion als eine der ersten Ordnungsmächte erfahren, die außerhalb ihres privaten Bereiches lag, haben die Sprache der Liturgie vor allem als eine erfahren, die außerhalb der pragmatischen Alltagszwänge lag, denen sie sich sonst ausgesetzt sahen.

Handke schildert mit penibler Genauigkeit zunächst eine Schweineschlachtung, um dann, beinahe übergangslos, vom Meßopfer zu reden und in der Folge mit einer ebensolchen Genauigkeit eine Meßfeier darzustellen, die im Gegensatz zur Schweineschlachtung, die im Präsens steht, in das Plusquamperfekt versetzt ist.»[E]s war jedoch nichts geschehen« (DH, 63), heißt es in der letzten Zeile dieser Schilderung: Auch hier diese Aufhebung der Kommunikation. Es war unerhört viel getan worden, viel hatten die Leute untereinander, miteinander getrieben, sie hatten ein ganz festes, verfügbares Ritual miteinander abgespult, aber nichts war de facto geschehen, es waren nur Rituale abgespult worden. Bezeichnend nachher die Darstellung des Kreuzweges in slowenischer Sprache (DH, 64), und in der Folge *Das geordnete Verlassen der Kirche* (DH, 64–66), auch hier die Wiederholung eines Rituals. So erscheint das Leben des Menschen eingeengt von Ritualen: Schlachtritualen, sakralen Ritualen, Sprachritualen.

In diese Mustersatzwelt schlägt jedoch auch die Natur mehr und mehr hinein, vor allem die Tierwelt (*Das Wespennest*, DH, 76–79, *Die Ameisen*, DH, 89–72, *Die Wespen*, DH, 98–100, und zuletzt *Die Hornissen* als der 65. Abschnitt, DH, 145–148). Wer aber meint, daß er in diesem Abschnitt endlich erfahren könnte, warum dieser Roman so heißt, der irrt: Es handelt sich lediglich um Sätze, die Anweisungen (Regieanweisungen), wie wir sie aus dem Stück *Kaspar* kennen, präsentieren. Natürlich ist hier eine symbolisierende Auslegung möglich: etwa zu sagen: Die Sätze sind wie Hornissen, sie stechen. Aber gerade solche Trivialisierungen will dieser Text meines Erachtens nicht zulassen.

Dann wird der Autor endlich die Katze aus dem Sack lassen: *Die Entstehung der Geschichte* ist das vorletzte Kapitel, worin auch so etwas wie eine Inhaltsangabe gegeben wird, aber offenkundig von dem Buch, das einer gelesen haben will, ehe er erblindete. Aber auch darüber heißt es:

> Jedoch weiß er nicht mehr, wie er zu dem Buch gekommen ist. Was ihm davon jetzt gewärtig ist, scheint durch die Gegenwart verworfen und abgeändert; die Protokolle in seinem Gedächtnis sind beschlag-

nahmt, das Urteil über jenes Buch, ob es zu lesen sei oder nicht, ist getilgt worden, dadurch, daß er den Urteilsspruch vergessen hat. (DH, 148)

Und dann: »Das Buch erzählt von zwei Brüdern, von denen später der eine, als er allein nach dem abgängigen zweiten sucht, erblindet; es wird aus der Erzählung nicht ganz klar, durch welches Ereignis der Knabe erblindet; es wird nur mehrmals gesagt, daß ein Kriegszustand herrsche; die näheren Angaben über das Unglück jedoch fehlen, oder er hat sie vergessen.« (DH, 149) Und das trotz der eindeutig vorhandenen »Ertrinkungsgeschichte«! Hier zu einem eindeutigen Ergebnis zu kommen, ist unmöglich. Mir scheint das Buch manchmal so konstruiert, als würde sich der Autor einen Bremsklotz gegen die eigene Fähigkeit der poetischen Rede, im besonderen der Erzählung, einlegen, als würde er zum Stillstand bringen wollen, wovon er sonst redet, reden möchte. Es ist, als ob es nicht auf das Getriebe, sondern auf den Sand darin ankäme. Natürlich nicht sehr erquicklich für einen Leser, der ja mit einer passenden Story konfrontiert werden möchte. Handke aber zerlegt in diesem Text unsere Lesegewohnheiten, unsere Wahrnehmungsgewohnheiten in ihre Bestandteile.

In diesem Sinne haben wir es mit einer analytischen Leistung von hohem Rang zu tun. Es ist, als ob eine von uns geschlossen wahrgenommene Oberfläche (Mosaik, Puzzle) plötzlich nicht mehr geschlossen wahrnehmbar ist; wir haben kein Mosaik vor uns, wir haben Sätze vor uns. Es ist, als würden Sätze Adalbert Stifters plötzlich in eine andere Folge gebracht, die sinnvoll zu erwartende Finalisierung jeder Geschichte fehlt daher.

Wir sollen uns aber nicht der Magie der einzelnen Sätze hingeben, die mitunter den Eindruck herstellen, als würden wir haarklein vor uns Wirklichkeitspartikel sehen, so etwa im letzten Abschnitt, der füglich *Das Aussetzen der Erinnerung* (DH, 151) heißt. Ich meine, daß Handke sicher auch mit diesem Mittel der Auflösung arbeitet, der Zerstreuung in viele kleine Wirklichkeitspartikel. Aber nicht dies ist das Entscheidende, entscheidend ist, daß in diesem Text ein Verfahren aufgezeigt oder enthüllt werden soll, es geht eben nicht nur um die Kritik an der Sprache als Kommunikationssystem, sondern auch um Kritik aller literarischen Systeme, auch des Erzählens, Kritik der Erinnerung. Und diese literarischen Verfahren sind auch Verfahren, mit denen wir Wirklichkeit (was immer das ist) erfassen und weitergeben.

So ist (und das kann seit der Romantik als ein Signum von Literatur überhaupt ausgegeben werden) Verwandlung der Theorie in Poesie und der Poesie in Theorie das literarische Verfahren schlechthin. Das heißt: Poetik ist die Poesie, Poesie ist die Poetik. Erst wenn wir begriffen haben, daß diese beiden nicht geschieden sind, nämlich Poesie und Poetik, haben wir so etwas wie einen Zugang zu dieser Form von Literatur.

Ich bin damit am Ende der zu besprechenden Texte angelangt, zugleich am Anfang der Literatur eines Peter Handke. Dessen Wege sind ja seltsam geworden, in einem ist er sich treu geblieben, nämlich in der stets regenerierbaren Suche nach einem neuen Verfahren. In bezug auf dieses soll kein Buch dem anderen ähneln, ein anspruchsvolles Programm, gewiß. Handke ist sich auch darin treu geblieben, daß für ihn Literatur das sensibelste Medium geblieben ist, mit dem es um die Erfassung unserer Wirklichkeit ginge, wobei mehr und mehr – wohl in markiertem Gegensatz zur Frühzeit – der Akzent auf dem emphatisch gesetzten heiligen Wort ruht.

Doch dies war damals nicht abzusehen. Diese Literatur war auf den Namen des Protestes getauft. Damit holte sie sich ein ganz anderes Sozialprestige, als sie es zuvor hatte; sie schien plötzlich Diskussionsgegenstand, obwohl die politisch bewußten Kritiker sofort dahinter her waren und – nicht ganz ohne Grund – Handke einen unumschränkten Narzißmus vorwerfen konnten. Kurzum, der Vorwurf, die österreichische Literatur wäre narzißtisch, selbstbezogen geschichtsfeindlich, dieser Vorwurf ließ sich an Handke, wenngleich nicht nur anhand seiner Schriften, trefflich wiederholen. Und so soll es in Österreich auch die Literatur geben, in der nach der Formulierung Ulrich Greiners der »habsburgische Mythos stirbt«. (Greiner 1979, 52)

Bücher wie das Handkes, Jandls im selben Jahr erschienenes *Laut und Luise*, der Sammelband der *Wiener Gruppe*: das alles schien Österreich mit einem Status von Modernität zu versehen; mit einem Male hatte sich ein literarisches Entwicklungsland zur Avantgarde der deutschen Literatur gemausert. Das war der Vorklang zu einer Ära, die Österreich für eine Zeit als Musterstaat im Völkerkonzert erscheinen ließ: Die schweren Konflikte schienen vermieden, Fortschritt schien möglich, eine Liberalisierung schien sich anzukündigen. Waren das alles falsche Prognosen?

II

1970–1980

1. Einleitung

Seit 1968 ist es ein Gemeinplatz, das, was man auf akademischem Boden tut, in Frage zu stellen; die Fragen sind meist rhetorisch, denn sie werden gestellt, um die Infragestellung grundsätzlich zu verneinen und nur an älteren Verfahren Kritik zu üben, sehr wohl aber um dann doch, wie der Zauberer die erwarteten Kaninchen, altbekannte Weisheiten aus dem Sack zu lassen. Auch ich kann nicht umhin, diese »Infragestellung« an den Anfang dieses Unternehmens zu stellen und dabei so etwas wie eine geheime Rechtfertigung desselben zu erhoffen. Denn Literaturgeschichte verheißt der Titel, ja noch dazu eingeteilt, pedantisch geradezu, eingeteilt in Dekaden. Was gibt es Schöneres als so eine handfeste Literaturgeschichte, wo alles seinen Platz und seine Ordnung hat? Wo eine Entwicklung mit solcher Regelmäßigkeit ex post beschrieben wird, wie man es vom Blühen der Blumen in einem Treibhaus sagen kann? Das Unternehmen wird begehrt; Verlage haben entdeckt, daß solche Literaturgeschichten etwas unerhört Marktgängiges sein müssen, so etwas wie Polyglott-Reiseführer, die auch in aller Kürze sagen, wovor sich der kühne Fremdling zu hüten hätte. Die Sehnsucht nach Übersicht ist im Wachsen begriffen. Der sensible Buchmarkt reagiert mit einem Überangebot von Sekundärliteratur auf das Überangebot der Primärliteratur; wenn es nach den Germanisten ginge, wäre für Vollbeschäftigung im Druck- und Verlagsgewerbe gesorgt. Die Presse preßt den Autoren, den primären wie sekundären, Artikel ab. Die Vornehmheit des Literaturwissenschaftlers würde verlangen, daß er sich aus alledem herauszuhalten habe und sein Scherflein lieber dort spende, wo es nur seinesgleichen, nicht aber die Öffentlichkeit interessiert. Und in der Tat: dort versammeln sich auch die Köpfe der Germanistik, befallen von der Tagungssehnsucht, und erzählen sich von Dingen, die nur ihresgleichen interessieren. Gegen diese Art von gehobener Stammtischdiskussion wäre nun wirklich nichts einzuwenden; sie bringt die Leute zueinander, die zueinander passen. Desgleichen vereinigen sich auch die, die sich mit Gegenwartsliteratur befassen wollen, in Symposien; es gehört heute schon zum guten Ton unter den Germanisten, mit zeitgenössischen Autoren befreundet zu sein, ihre Werke zu rezensieren. Manche Autoren halten sich ihren Hausgermanisten wie früher die Adeligen ihren Hauskomponisten; von einem Germanisten zu Lebzeiten in einer Dissertation behandelt zu werden, kommt für manche einer Heiligsprechung gleich. Andere wiederum wenden sich ab, empört über das gelehrte Getue, nur um ängstlich heimlich hinzuhorchen, wo man in der Literaturwissenschaft Kenntnis nimmt von ihnen. Thomas Bernhard, sicher einer der souveränsten Interviewpartner, meldet über Ria Endres, die eine Dissertation über ihn geschrieben hat, in einem *Spiegel*-Interview folgendes an. (Zu bemerken allerdings, daß diese Dissertation sich gegen Thomas Bernhard richtete und ihn – unter dem Titel *Am Ende angekommen* [1980] – als den heruntergekommenen [abgehausten] Vertreter eines noch immer dominanten Patriarchats erfaßt.)

Das Interview:

Spiegel: Was hält Thomas Bernhard von seinem Publikum, von seinen Lesern?
Bernhard: Ich kenne es gar nicht und will es auch gar nicht kennen.
Sp.: Da gibt es keine Ausnahmen?
B.: Wenn das solche sind wie die, wie heißt sie, Ria Endres, die über mich geschrieben hat, na ja, das hat auch einen Sinn, die hat ihren Doktor gemacht, die hätte das auch über einen anderen machen können, aber da war zufällig ich da.
Sp.: Ria Endres hat sie als Male-Chauvinisten, als Frauenverächter dargestellt. Und in der Tat sind Ihre Frauen die dummen, unterwürfigen Opfer tyrannischer Männer.
B.: Es gibt auch in Wirklichkeit viele Frauen, die glücklich sind, wenn sie nur die Kotze von sozial Benachteiligten aufwischen dürfen. Für die Probleme von Ria Endres bin ich nicht verantwortlich. Wahrscheinlich wäre ihr geholfen, wenn sie, meinetwegen, nach Mexiko ginge und sich nackt auf einen Berg setzte. Aber es ist schön, daß sie mit mir ihren Doktor machen konnte.
Sp.: Wenn Sie schon die Welt nicht verbessern, verhelfen Sie doch beispielsweise Frau Endres zum Doktortitel.
B.: Man hilft vielen Leuten zur Beschäftigung und, wie es so schön heißt, zu Brot und Wasser. Bühnenarbeitern, Druckern, Papierfabrikanten.
Es ist nicht nur so, daß alles, was man macht, in der Luft hängt.
(*Der Spiegel* 34, 1980 / Nr. 26, 182)

Setzen wir nun diesen gespenstischen Leerlauf, den Thomas Bernhard schonungslos decouvriert, bloß fort, wenn wir über Literatur reden, akademisch abgesichert, einigermaßen gestützt auf das Interesse einer teils subventionierten, teils noch mit eigenem Risiko arbeitenden Marktbranche, gerechtfertigt durch einen haarsträubenden Studienplan, der Ablegung von Prüfungen über Veranstaltungen wie diese vorschreibt, statt über den Sinn und Unsinn derselben einmal nachzudenken, geschmeichelt durch das Interesse eines halbbelesenen Bürgertums, das immerhin manchmal Genaueres über Handke und Bernhard und Turrini und Canetti und Artmann hören möchte, das immer noch in Österreich dominiert und gerne Klatschspalten nun auch über Dichter gefüllt sehen möchte, und schließlich ist all das wirkungslos, weil in dem Raum einer Universität gesprochen, in der man von vertrauten Freunden eingeimpft bekommt, es sei ratsam, so rasch wie möglich alles zu vergessen, was man hier gehört und gesehen, wenn man in die wie immer geartete Praxis kommt?

Am Anfang dieses Unternehmens steht also nicht die Sinnhaftigkeit eines solchen Unterfangens, sondern vielmehr der Rat, sich nicht darauf einzulassen. Es gilt, so könnten wir sagen, gerade wenn wir uns auf Literatur einlassen und sie ernst nehmen, keine der Voraussetzungen, die wir vorher angeführt haben. Daß uns, oder besser: mich Literatur interessiert, nicht losläßt, daß sie mich, auch wenn sie mir zuwider ist, immer wieder beschäftigt, mich mehr interessiert als die Leitartikel der Zeitungen und die Wirtschaftsberichte, mich mehr interessiert als mein Blutbild und die Verkehrsprobleme der Stadt Wien, daß es nur wenig gibt, vor dem dieses Interesse haltmacht, daß ich alles, was darüber hinausgeht, wie etwa Not und Leiden der anderen, durch die Literatur noch schwerer und nachdrücklicher erfahre als durch die Vermittlung jener sogenannten Medien, die meinen, das Tatsächliche gepachtet zu haben und doch nur sich selbst und die Sachen vermitteln, von denen sie zu reden vorgeben. Das führt, ich gebe es zu, ab von dem ursprünglich gefaßten Plan der Vorlesung, auch von der Thematik derselben. Die Rechtfertigung kann nicht durch eine subjektive Polemik erfolgen, sie kann aber auch nicht dadurch erfolgen, daß für die Literatur nun rhetorisch Gründe bemüht werden, die sie zu rechtfertigen versuchen. Abgesehen davon, daß es bedenklich ist, der Literatur die Existenzberechtigung abzusprechen – man könnte ja so auch mit dem Tennisspielen, Briefmarkensammeln und Angeln verfahren –, sind für die Literatur die Gründe ihrer Existenz, die Beweise für ihre Notwendigkeit nicht von außen zu erbringen, sondern in ihr begründet. »Der Beweis des Puddings ist im Essen.« Der Beweis für die Literatur ist im Lesen – so könnte man durch die Analogie schließen. Dann wäre allerdings Simmel der Autor, der sich neben Konsalik am besten »beweisen« ließe. Richtig ist an der Aussage, daß sich die Literatur nicht von einer bestimmten Position her oder von einer bestimmten konkreten Aufgabe her erklären läßt, daß es immer andere und vielleicht auch sinnvollere Lösungsmöglichkeiten für Probleme gäbe als durch Literatur. Entscheidend ist, daß die Literatur sich behauptet, obwohl ihr kein Grund bislang für ihre Existenzberechtigung gegeben werden kann, so rührend auch die Bemühung der Theoretiker in dieser Hinsicht sein mag. Der Grund für die Existenz der Literatur liegt nicht außerhalb, liegt nicht im Wesen der Herren Unseld (Suhrkamp) oder Schaffler (Residenz); die ökonomische Zwangsverkürzung solcher Fragen ist die Antwort der Ratlosigkeit, die die Banalität als die immer noch tauglichste Antwort inthronisieren möchte.

Indes, wenn ich sage, daß Literatur rational nicht erklärbar ist, daß nicht erklärbar ist, warum, so heißt das: bislang nicht erklärbar ist.

Auch Wissenschaft lebt vom Geist der Utopie, einmal erklärbar zu machen, was heute nicht erklärbar ist, und auch davon, solche verkürzten Modelle der Erklärung zu verurteilen.

Das alles führt nun nur zum Scheine ab von der eingangs geforderten radikalen Problematisierung dieses Unternehmens, ermöglicht vielleicht, auch eine Plattform zu betreten, auf der diese Fragen erst beantwortbar werden. Die Literaturwissenschaft neigt dazu, in literarischen Werken die Antworten auf gestellte Fragen zu erblicken. So sucht man zunächst nach der Frage und betrachtet dann den Text als die Lösung dieser Frage, quasi als die Lösung einer in einem Lehrbuch gestellten Aufgabe. Wie wäre es nun, den Text einmal als die Antwort auf eine nicht gestellte Frage zu begreifen oder als Vorwegnahme einer Frage, die zu stellen gewesen wäre? Damit habe ich eine andere Position gewonnen, als wenn ich vom Text ausgehend zurückrechne und von dort aus zu ermitteln suche, was denn die gestellte Frage hätte sein können. Daß Kunstwerke etwas im Vorgriff behandeln, ist eine Binsenweisheit, die Adorno auch zu stilisieren verstand. Indes ist zu beachten, daß sich daraus die Aufgabe für den Leser erst ergibt, im besonderen für den literaturwissenschaftlich interessierten oder geschulten Leser: er hat den Text als das Rätsel zu begreifen, nicht um die Bedeutung zu enträtseln oder den Sinn herauszupräparieren, sondern um sich zu fragen, warum der Autor diesen Text schrieb. Die banale Antwort: »Weil er Geld brauchte«, ist so unberechtigt nicht, verdeckt aber doch die wichtigeren Teile der Antwort, weil es sicher bessere Möglichkeiten gibt, zu Geld zu kommen (der schlechtere Verdienst also nur mit Dummheit zu erklären wäre), und weil sie die spezifisch gestaltete Wirklichkeit dieses Textes, der so und nicht anders ausgefallen ist, außer acht läßt. Die Frage auf die Antwort: »Warum erzählt Handke in *Wunschloses Unglück* vom Schicksal seiner Mutter? Warum erzählt Bernhard in *Der Keller* von seiner Kindheit?« ist aus dem Text zunächst zu holen. Nur so kann Literaturwissenschaft fundiert werden, daß sie zuerst den Text auf der Suche nach einer Antwort abschreitet und nicht das »Umfeld«. Fatal wäre es, daraus eine Restauration der Werkimmanenz abzuleiten, ebenso fatal, das Werk aus den historischen Zusammenhängen herauszunehmen, denen es oft die primären Impulse seiner Entstehung verdankt.

2. Literatur nach dem Tod der Literatur

Wenn wir nun versuchen, die Literatur der letzten zehn Jahre aus Österreich zu »behandeln« (mir ist der Doppelsinn bewußt), so steht jeweils die Absicht im Hintergrund, die Frage, die in dem Text nur durch die Negativform der Antwort greifbar wird, zu erfassen. Das ist ein gewagtes Unterfangen, und man könnte nun über das hinaus Einwände bringen. Ich mobilisiere diese Einwände alle, weil sie das notwendige Korrektiv sein müssen, das uns die ganze Vorlesung über begleitet.

Zunächst will ich davon ausgehen, daß diese Texte in uns jeweils eine Unruhe erzeugen können, nach deren Ursachen wir zu fragen haben.

Hierauf ist zu fragen, ob diese so erzeugte Unruhe auch ihre Gründe außerhalb der Literatur hat, wie diese namhaft gemacht werden können und in welche Beziehung sie zum Text zu setzen sind. Hierauf ist zu fragen, warum uns gerade die Literatur aus Österreich beschäftigt, warum aus diesem Zeitraum und welche Folgerungen sich daraus für die Vorgangsweise ergeben.

1. Ich betrachte die Möglichkeit, über Literatur zu lesen, nicht als eine pädagogische Notwendigkeit, als eine Zwangsveranstaltung, sondern als die Chance, über etwas zu reden, was sonst anders verwertet werden und erledigt werden kann; als Chance, einem Gegenstande nach-zudenken (»nach« auch temporal verstanden), der sonst mit dem Konsum durch den Leser verbraucht erscheinen könnte.

2. Warum Literatur aus Österreich? a) Einerseits hat sich im Gefolge der Erfassung von Nationalliteraturen die Frage nach der Existenz beziehungsweise dem Wesen einer »österreichischen Nationalliteratur« ungehörig in den Vordergrund geflegelt; b) ermöglicht die Nähe eine etwas exaktere Analyse solcher Befindlichkeiten und solcher Texte; c) ergeben sich Zusammenhänge, die der genaueren Betrachtung wert sind.

3. Die Wahl des Zeitraums erweckt auf den ersten Blick den Eindruck der Willkür. Die einleitenden Ausführungen sollen dazu dienen, diesen Eindruck zu verscheuchen. – Ich wende mich nun also dem Verfahren, und zwar dem konkreten Verfahren in dieser Vorlesung zu.

Es geht mir zunächst darum, die Notwendigkeit dieser Texte durch deren Präsentation begreifbar zu machen: »Der Beweis des Puddings ist im Essen.« Das ist ein theoriefeindlicher Satz, der jede Theorie nur umso notwendiger macht.

Der Ort, den diese Vorlesung innerhalb der Tätigkeitsbereiche des Literaturwissenschaftlers haben kann, liegt daher im Bereich der Literaturgeschichte, das heißt also nicht im Bereich der (reinen) Literaturtheorie und nicht im Bereich der Poetologie. Literaturgeschichte ist, wie ich des öfteren darzutun versuchte, nicht zu trennen von den anderen Tätigkeiten des Literaturwissenschaftlers, sie ist integrierender Teil der Arbeit, die wir alle tun, sie ist vor allem integrierender Bestandteil der hermeneutischen Arbeit. Der Beginn jeder Historie ist die Annalistik, das heißt die jahrweise Aufzeichnung dessen, was in der Geschichte vorgefallen ist. Ein chronikalisches Prinzip, und nicht ein Prinzip, das die Entwicklung in überschaubare Bereiche untergliedert, das Entwicklungen und Höhepunkte registriert, vor allem überschaubar macht, was sich in der Folge der Zeiten auch zugetragen hat. Annalistik bedeutet die Aufzählung einzelner Fakten und Daten, ohne eine Zusammenschau auf das Ganze zu gewährleisten. Das ist ein Vorteil, da die distanzlose Betrachtung der Ereignisse möglich wird. In knappen Sätzen, zu knappen mitunter, zu sagen, was geschehen ist. Sätze, an denen nicht zu rütteln ist, die keinen Leerraum für eine Interpretation zulassen und keine Unsicherheit diesbezüglich beim Leser erwecken können. Solche Sätze nun zur Literatur von sich zu geben, ist so gut wie unmöglich. Gewiß könnte aufgezählt werden, welche Bücher österreichischer Autoren erschienen sind, man könnte erzählen, welche Bücher viel und welche wenig und welche gar nicht besprochen wurden usw. All dies würde aber eine bedenkliche Einengung bedeuten. Das, was literarische Werke so wichtig macht, so interessant und zugleich auch diskussionswürdig, das kann in einer solchen Auflistung in chronologischer Folge nicht geschehen. Dies wäre der Tod der Literatur – obwohl der Anfang der Wissenschaft. Mir ist klar, daß zwischen dem Anspruch der Wissenschaft, ein System zu liefern, das alles erfaßt und begreifbar macht, und der Funktion der Literatur, die alle die Ansprüche eines solchen Systems oft unterlaufen kann, ein nicht aufzuhebender Gegensatz besteht. Wir indes sind angewiesen, gegen dieses Chaos, das die Literatur in sich trägt, etwas zu unternehmen, wenngleich ich mir bewußt bin, daß der Literaturwissenschaftler im Vergleich zur Literatur immer den kürzeren ziehen wird müssen. Und das ist gut so. Aber er ist oder kann es werden oder kann den Raum schaffen, im Rahmen der möglichen Institutionen, daß Literatur überhaupt diskutiert wird. Ich erblicke in dieser Möglichkeit die Chance der Literaturwissenschaft, zugleich auch deren Notwendigkeit.

Ich weiß, daß diese allgemeinen Stellen der Vorlesung die angreifbarsten, die verletzlichsten sind. An dem Anspruch kann alles gemessen werden, und ich kann aber nicht mehr leisten, als diesen Anspruch überhaupt erst einmal aufzustellen. Indes ist auch ein tragbares Verfahren zu wählen, ein Verfahren, das sich durchziehen läßt und allen zu ihrem wenngleich schmalen Recht verhilft. Ich versuche also in dieser Vorlesung von einzelnen Texten auszugehen. Als Prinzip habe ich nun ein chronikalisches, beinahe annalistisches ausgewählt, wobei ich für jedes Jahr in etwa ein Buch in das Zentrum der Diskussion stelle. Das ist nicht als eine in etwa nachgeholte Diskussion unter dem Titel »Das Buch des Jahres« zu sehen, sondern als Möglichkeit, Etappen zu markieren, Etappen auf einem Weg. Ich unterstelle aber damit nicht Entwicklung, sondern Bewegung; Literaturgeschichte nicht als eine auf ein Ziel gerichtete, sich entwickelnde Bewegung, sondern nur Bewegung, deren Ziel ungewiß bleibt. Also nicht: Goethe als Vorform Handkes. Nicht Teleologie, die ja besagen würde, daß wir allmählich immer besser werden, uns auf ein Buch hinentwickeln, das das Buch aller Bücher zu sein hat, sondern Überwindung einer früheren Phase, ohne deren Existenz die jetzige nicht möglich wäre. Das chronologische Verfahren ermöglicht zunächst einmal eine solche Vorgangsweise, das annalistische Verfahren. Ich bewege mich nicht auf ein im Endlichen bestimmtes Ziel zu, sondern ich versuche, eine unaufhörliche, zumindest in unserem biographischen Kontext nicht eingebremste Bewegung in ihrem Voranschreiten begreiflich zu machen, zugleich auch die Rückschritte oder das, was so scheint, faßbar zu machen. Die Idee des Fortschritts in der Literatur hat ihre Berechtigung, obwohl sich dieser Fortschritt in der Literatur freilich anders ausdrückt als in den Naturwissenschaften. Doch darüber zu reflektieren steht uns an dieser Stelle nicht zu.

Ich möchte nun das Programm dieser Vorlesung im Überblick charakterisieren, wobei ich von der Voraussetzung ausgehe, daß einiges über die österreichische Literatur bekannt ist. Zugleich sehe ich mich genötigt, auf einiges einzugehen, das zu referieren ich für den Beginn als notwendig erachte.

Ein einleitender Abschnitt befaßt sich also mit der Situation der österreichischen Literatur um 1970, wobei ich nicht alles dazu erläuternd vorzubringen gedenke, sondern mir einiges aufspare. Es sollen hier jedoch einige Aspekte geboten werden, die zur Illustration des Unternehmens nützlich sind. In der Folge will ich dann zehn Werke besprechen und ihre österreichischen Implikationen. Dabei sollen zunächst (1) gewürdigt werden der innovatorische Charakter dieser Schriften, die besondere Qualität, die diese Texte auszeichnet vor anderen Schriften, die Begründung, warum gerade dieser Text herausgegriffen wurde. Dem soll eine (2) Erfassung des Themas folgen, worauf wiederum (3) exemplarisch zusammenzufassen ist, was der Text in seiner besonderen, historisch konkreten Situation geleistet hat. Dies kann nur durch die Herstellung der Adäquanz von Gestaltung und Inhalt erfolgen. Ich habe nun Texte ausgesucht, die einerseits repräsentativ für den genannten Zeitraum sind, die darüber hinaus repräsentativ für die österreichische Literatur sind.

Zugleich ist aber im Umfeld das Geschehen in der österreichischen Literatur darzustellen, also die Entwicklung der Organisation der österreichischen Literatur. Die Auseinandersetzung mit den einzelnen Texten erfolgt nun Jahr für Jahr, dabei ist aber zu berücksichtigen, daß diese Texte nicht nur im Gesamtkontext der österreichischen Literatur zu sehen, sondern auch in ihrer je individuellen Entwicklung zu analysieren sind, in der Entwicklung, die das Werk von Phase zu Phase bei den einzelnen Autoren relevant macht. Die nun zu bietende Skizze dient lediglich als Einführung in die nun folgende Reihe von Interpretationen. Sie beansprucht keine Vollständigkeit, sondern will nur einige Grundpositionen abklären.

Ich gehe nun von folgender Feststellung aus: Jede literaturgeschichtliche Betrachtung sieht sich vor die Notwendigkeit der a) Periodisierung, b) Auswahl und – davon teils bereits bestimmt – c) Wertung gestellt. Diese drei Kriterien seien nun berücksichtigt.

a) Periodisierung. Warum beginnt die Vorlesung gerade bei 1970? Bloß weil man so schön von den siebziger Jahren sprechen kann? Ja, das ist ehrlich gestanden auch der Hauptgrund. Realistisch hätte das alles *Literatur ab 1968* heißen können. Denn wenn ein Jahr sich in das Bewußtsein eingesenkt hat, dann war es das Jahr 1968. Hier kann man – zumindest für das Bewußtsein denkender und schreibender Zeitgenossen – eine Orientierungspause ansetzen. Ich berühre damit eine Frage, die auch die Frage nach den Besonderheiten der österreichischen Literatur ist. Man hat besonders in der Bundesrepublik Deutschland dieses Jahr als das Jahr einer Umorientierung erfassen zu können gemeint. Gilt das auch für Österreich? Vergleiche in der politischen Geschichte drängen sich auf: In der Bundesrepublik wird der Umbruch zweifach markiert. Zunächst tritt nach 1966 eine große Koalition SPD/CDU-CSU ins Amt, eine Koalition, die sich auf die Mehrheit der Wähler zwar stützen konnte, die aber eine andere Bewegung freisetzte: war zuvor die SPD immerhin der Ort gewesen, an dem sich die unzufriedenen Intellektuellen treffen konnten, die Partei, mit der sich die Intellektuellen identifizieren konnten, so wurde sie nun für viele durch das Bündnis mit der CDU/CSU fragwürdig, zumal obendrein viele Spitzenpolitiker der CDU sich durch ein, milde ausgedrückt, seltsames Engagement im Nationalsozialismus verdächtig gemacht hatten, allen voran der damalige Kanzler Kiesinger. Die Folgen sind bekannt: Solidarisierung jener Kräfte, die mit der SPD als Koalitionspartner der CDU/CSU nicht mithalten konnten, in der sogenannten außerparlamentarischen Opposition. Vor allem die Studenten werden zu Trägern dieser Politik, die Universitäten werden zu Zentren der Unruhe. Der 2. Juni 1967 – eine Demonstration fordert das erste Todesopfer auf seiten der Studenten: der Berliner Student Benno Ohnesorg wird von einem Polizisten getötet, bei einer Anti-Schah-Demonstration. Dieses Ereignis radikalisiert die Gegensätze noch mehr, der Tod des Studenten wird, symbolisch gefaßt, zum Anlaß für eine radikal obrigkeitsfeindliche Haltung unter den Studenten. Die Revolution von 1968, die sich vor allem im Generalstreik in Frankreich nachdrücklich bemerkbar machte, ist – und das kann heute ohne Übertreibung gesagt werden – keine Bewegung gewesen, die sich in der Bundesrepublik auf eine breite Unterstützung der Bevölkerung stützen konnte. So spektakulär die Unruhen waren, sie konnten die Studenten nicht mit der großen Masse der Bevölkerung solidarisieren, mit der arbeitenden Bevölkerung. Die Anliegen der Studenten blieben den Arbeitern fremd; die Solidarisierung, oft angestrebtes Ziel, war im wesentlichen rhetorisch. Die Konsequenzen sind bekannt: die in ihren revolutionären Bemühungen enttäuschten Studenten hatten zwei Möglichkeiten, was sie auch wahrgenommen haben: die einen integrierten sich in den Betrieb, vor allem in den Lehrbetrieb der Universitäten, und nützten die damaligen guten Berufsaussichten aus. Viele der Demonstranten von einst sind heute wohlbestallte Beamte geworden. Sie tragen die Haare länger als ihre Vorgänger und bewohnen schicke Apartments, in denen sie – um auch ihre Entschuldigung für den Gesinnungswechsel zu haben – nur den Herrgottswinkel ändern: statt des zuvor schon unbeachteten Kreuzes hängt dort ein etwas vergilbter Che-Guevara-Poster. Und auch Mao, einer der Spruchbandtextlieferanten von einst, tut das nicht mehr, was er versprach. Die andere Möglichkeit war nach 1969, als die SPD mit der FDP die nationalliberale Koalition gründete, der Untergrund. Seit 1970 sieht sich die deutsche Öffentlichkeit bedroht: bedroht durch Terroristen, die sich zum Bruch der Rechtsnormen bekennen und die die Gewalt als legitimes Mittel zur Durchsetzung legitimer Interessen befürworten. Die Kraft dieser Bewegung, die Deutschland in Atem zu halten verstand, und die vor allem die arbeitende Bevölkerung gegen die Studenten des weiteren mobilisierte, bestimmte die innenpolitische Diskussion von 1972 bis 1977, bis zu den Tagen von Mogadischu und Stammheim. Die Umrisse dieser Ereignisse sind ablesbar in dem von

Jürgen Habermas herausgegebenen Sammelwerk *Stichworte zur geistigen Situation der Zeit*, deren hervorragende Einleitung eben von Jürgen Habermas stammt.

In diesem Sammelband hat Martin Walser deutlich auch jene Ermüdungserscheinungen unter den deutschen Intellektuellen porträtiert, die seine Generation bestimmen; er hat diese auch von den Soziologen konstruierte Ghetto-Situation angeprangert und festgestellt: »Ich habe ein Bedürfnis nach geschichtlicher Überwindung des Zustands Bundesrepublik. Von Grund auf sollten wir weiter. Aber die herrschende öffentliche Meinung, das herrschende Denken, der vorherrschende Sprachgebrauch nennen dieses Bedürfnis *obsolet*, obsolet heißt veraltet; ich glaube nur, es sei alt.« (Habermas 1979, 50)

Das ist der Status quo. Doch nun zurück zu der Situation in Österreich. Abgesehen davon, daß hierzulande Politik immer schaumgebremst behandelt wurde, hat sich auch eine andere politische Konstellation bemerkbar gemacht. Die österreichische Bundesregierung war, und dies im bewußten Kontrast zur Entwicklung vor 1938, eine Koalitionsregierung, eine Regierung, die bis 1966 den Kanzler von der ÖVP stellte, den Vizekanzler von der SPÖ. Dieses von vornherein auf Ausgleich bedachte Regiment paralysierte radikale Aktivitäten auf beiden Seiten. Ehe es zu Unstimmigkeiten da oder dort kommen konnte, wurde der Kompromiß geschlossen, oder man hatte, wie es Erhard Busek formulierte, hierzulande die Kompromißformel in der Tasche, ehe es überhaupt zum Konflikt gekommen war.

Nun wurde 1966 die Koalition durch die Alleinregierung der ÖVP bis 1970 abgelöst. Seit 1970 regiert die SPÖ, zuerst mit einem Minderheitskabinett bis 1971, dann mit absoluter Mehrheit, auch bei den Wahlen von 1975 und 1979.

Ich will nun nicht sagen, daß Literaturgeschichte einzig als ein Ableger der politischen Geschichte zu sehen ist, was so zu lesen wäre, daß der Bundeskanzler auch als der Chef-Inspirator der Dichter aufzutreten habe. Indes kann die Literaturgeschichte, ich betone: die Literatur*geschichte*, nicht völlig abgelöst werden von der politischen Geschichte. Und: in der Literatur stecken, wie bereits angedeutet, Antworten auf Fragen, die nicht gestellt wurden. Die Ausgangssituation ist in den genannten Lagern unterschiedlich gewesen. Sie ist in der Bundesrepublik anders als in Österreich gewesen. Zunächst die

Politisierung der Literatur in Deutschland. Auf einmal schien Politik das Gebot der Stunde, ja es ging sogar so weit, daß man sich von der Literatur zurückzuziehen begann. Die Literatur erschien als unnötiges Beiwerk. Wortführer war Hans Magnus Enzensberger, der 1968 eine Gastdozentur in den USA abbrach, um nach Kuba zu gehen, um dort längere Zeit zu arbeiten. Allerdings zog er von dort ab, ohne großen Eindruck hinterlassen zu haben. Immerhin: er proklamierte, daß die Kunst eine »gräßliche Selbsttäuschung« sei, die nur »Entlastungs- und Ersatzfunktionen« habe und nicht darüber hinauskomme. (Kursbuch 15, 1970) Mit der »Parallelisierung und Gleichsetzung von formaler und gesellschaftlicher Innovation« (ebda, 194) sei endlich Schluß zu machen. Und: Im nur-noch-kulinarischen Kunstwerk und Kunsterlebnis lassen sich Poesie und Politik nicht mehr verbinden, es sei eine Degenerationserscheinung. Die Distanzierungsversuche Enzensbergers von dieser Position, die auch flott als wieder einmal proklamierter »Tod der Literatur« festgehalten wurde, kann man nachlesen in dem von W. Martin Lüdke herausgegebenen Buch *Nach dem Protest. Literatur im Umbruch.* (1979)

In einem Gespräch mit Alfred Andersch (1914–1980) hat der ältere Autor dem jüngeren die Berechtigung der Poesie, ja auch des schöpferischen Solipsismus vorgehalten und gemeint, daß in einer arbeitsteiligen Gesellschaft auch das Schreiben von schöner Literatur gerechtfertigt sei, und sich über Enzensbergers Satz von 1968 geärgert:»Wer Literatur als Kunst macht, ist damit nicht widerlegt, er kann aber auch nicht mehr gerechtfertigt werden.« (Lüdke 1979, 94) Enzensberger selbst hat aus seinem Rückzug nach dem Umweg über die Dokumentarliteratur kein Hehl gemacht: er gab eine Zeitschrift für gehobene Ansprüche, *Transatlantik,* heraus, die nicht von ungefähr in demselben Verlagshaus wie *Lui* betreut wurde.

Die Zickzackwege der Autoren, und zwar anderer bundesdeutscher Autoren, ließen sich ähnlich beschreiben. Was sich nach 1972, der sogenannten Tendenzwende, eigentlich ein Begriff aus der Börsensprache, an politischem Engagement der Autoren feststellen läßt, ist meist nur ein Grollen, das aus der Ferne von 1968 wirkt. Zwar wird Politik immer noch großgeschrieben, aber der Abschied von der Literatur wurde nicht oder nur kaum vollzogen. Eine reichlich zickige Bewegung, die in der Folge die Germanisten auch mitgemacht haben, als sie entdeckten, daß es Wichtigeres gebe als Literatur, nur um doch festzustellen, daß sie zu kaum etwas anderem taugten, als doch nur über Literatur zu reden.

Dies hat in den letzten Jahren, wie ich meine, zu einer Annäherung von Positionen in der BRD und in Österreich geführt. Doch war die Situation in Österreich grundsätzlich anders. Literatur stand nie in demselben Ausmaß im Blickpunkt einer wie immer beschaffenen Öffentlichkeit, und eine der führenden Frauen des kulturellen Lebens, Frau Coudenhove-Kalergie, startete in der Kulturzeitschrift *Wort in der Zeit* eine Umfrage, die die Relation der österreichischen Literaten nach der Politik bestimmte. Das war 1966. Hat sich grundsätzlich etwas geändert? Aufschlußreich ist, daß in Österreich die Antwort der Literaten ganz anders ausfiel als in der BRD, aber daß nichtsdestoweniger gerade die Literatur in diesen Jahren zu einem Kriterium der Feststellung einer österreichischen »Besonderheitsidentität« werden konnte. Ich würde für die sechziger Jahre formulieren: Statt Revolution im politischen Bereich Revolution im ästhetischen. Also: Revolution im innerliterarischen Bereich, Revolution im Oberbau. Statt Veränderung der Literatur und Veränderung des Literaturbegriffs von außen erfolgte eine Veränderung der Literatur von innen.

Statt Reflexion auf die gesellschaftliche Funktion der Literatur wird die literarische Praxis reflektiert. Veränderung auf dem Umweg über die Kunst, nicht umgekehrt.

Auf diese Formel lassen sich nun zahlreiche Werke gerade aus jener Epoche der späten sechziger Jahre bringen. Wie es dazu gekommen ist, will ich nun an einigen Beispielen demonstrieren.

Es ergibt sich aus den nun vorgeführten Beispielen eine sinnfällige Periodisierung oder die Annahme einer Zäsur um das Jahr 1966 bis 1968. Diese Jahre bedeuten eine wesentliche Umorientierung für die Autoren. Das legitimiert es etwa, das Jahr 1970 als einen auch von der Zäsur her legitimen Ansatz erscheinen zu lassen.

In einem zweiten Schritt greife ich nun ein paar Strömungen heraus, um mit deren Hilfe auch die Signale jener Wende Mitte der sechziger Jahre zu charakterisieren.

Medien, Publikationsmöglichkeiten

Kursorisch sei hier von den Medien und den Publikationsmöglichkeiten gesprochen, die österreichischen Autoren zur Verfügung standen. Eine Revue der österreichischen Zeitschriften liefert ein bedrückendes Ergebnis. Das heißt: der Vorraum, das Vorfeld, auf dem die Autoren Möglichkeiten sehen konnten, ihre Werke zu veröffentlichen, war äußerst beschränkt.

Ganz kurz sei in Erinnerung gerufen, daß es einmal eine Zeitschrift für Schüler gab, und zwar die *Neuen Wege*, in der seit 1945 junge Autoren ihr Forum gefunden hatten. Diese Zeitschrift brachte bereits in den frühen Jahren – ab 1950 – die Werke sogenannter progressiver Autoren, bot einem Artmann und Jandl Unterschlupf, was 1957 zu dem ersten Skandal führte: von da ab war nur wieder in Ordnung befindliche Literatur geduldet. Eine zweite Zeitschrift, *Wort in der Zeit*, redigiert von Rudolf Henz (1897–1987) und Gerhard Fritsch (1924–1969) bot auch ähnlichen Tendenzen Zuflucht, aber auch da kam es 1965/66 zu einem Krach, der zum Untergang dieser Zeitschrift führte. Diese wurde fortgesetzt nach 1966 unter der Ägide von Gerhard Fritsch und Rudolf Henz. Anderes war eingegangen, so zum Beispiel *alpha*, eine Zeitschrift, in der die sogenannte *Wiener Gruppe* und andere Avantgardisten geschrieben hatten.

Die Zeitschrift, die in der Zwischenzeit über Österreich hinaus Geltung erlangt hatte und die heute als das bekannteste Organ für die Publikation von Gegenwartsliteratur bezeichnet werden kann, sind die in Graz ab 1960 erscheinenden *manuskripte*, über deren Bedeutung bereits in der vorangehenden Vorlesung gesprochen wurde. Mit dem Erscheinen der *manuskripte* ist ein entscheidender Wandel in der österreichischen Literaturszene gegeben, nämlich ein seit den sechziger Jahren einsetzender Dezentralisationsprozeß. Die Diskussion, die in dieser Zeitschrift und um diese Zeitschrift herum geführt wurde, kann – auf die Grundpositionen reduziert – als die entscheidende Diskussion um Grundfragen der Literaturproduktion und Literaturrezeption in Österreich angesehen werden.

Zwangsläufig hatten die *manuskripte* natürlich auch mit Kritik in ihren eigenen Reihen zu rechnen. So gab es eine Debatte, und zwar wurde diese Position, die am besten als pluralistische Konzeption (unter Ausschaltung neofaschistischer Tendenzen) zu werten ist, von Michael Scharang in einem bemerkenswerten Essay von 1969 attackiert. Scharang hat damit als einer der wenigen jene in der BRD so nachhaltig wirksamen Tendenzen von einer Verwandlung der Literatur gepredigt.

Scharang kritisiert das »fürchterlich zurückgebliebene Bewußtsein« der Kunstproduzenten, das zwar von »Veränderung« spricht, trotzdem aber im Bereich von Scheinproblemen verbleiben muß, solange es nicht der »einfachsten sozialistischen Forderung« nachkomme: der, sich als Produzent die Produktionsmittel anzueignen. Gerade diese Geschiedenheit von den Produktionsmitteln mache die reale Situation der Autoren aus, die überwunden werden müsse, um reale Veränderungen erreichen zu können: als ersten politisch ernstzunehmenden Schritt müßten auch die Schriftsteller sich organisieren, eventuell Institutionen wie Rundfunk- und Fernsehanstalten oder Theater besetzen etc. (Wiesmayr 1980, 44)

Es zeigte sich aber, daß diese Debatte folgenlos blieb: Handke reagierte darauf, neben anderen, verwarf die Position Scharangs als nicht sensibel genug: »Außerdem interessiert es mich immer weniger, irgendwie überprüfbar effektiv zu werden, Hauptsache, ich selber mache Erfahrungen beim Schreiben und beim Machen und dann Veröffentlichen von Büchern.« (manuskripte 26, 1969) Und Kolleritsch erklärte 1970: »Die Literatur kann hier noch das leisten, was man ihr anderswo längst abgesprochen hat.« (manuskripte 29/30, 1970) Handelt es sich hier also bloß um eine Illusion, eine Illusion, die bereits erfolgreich – ohne wesentliche Subventionen – in ihr dreiundzwanzigstes Jahr geht? Eine Illusion, die davon lebt, daß sie auf dem Umweg über die Literatur Veränderung für möglich hält? Die *manuskripte* sind das erste Beispiel für einen solchen Versuch. Es folgten dann, bereits wesentlich besser gestützt, 1966 in Wien die von Otto Breicha herausgegebenen *Protokolle*.

Indes ließ eine Gegengründung nicht lange auf sich warten. Helmut Zenker gab ab 1969, also genau ab dem Jahr der Kontroverse in den *manuskripten*, eine neue Zeitschrift heraus, *wespennest*, die schon im Untertitel das quasi Anti-Manuskripte-Programm trägt: *zeitschrift für brauchbare texte*. »Brauchbar« – das heißt nun, eine andere Verbindlichkeit gewinnen zu wollen: wir wissen, wo Helmut Zenker nun seine Verbindlichkeiten gewinnen konnte: beim Fernsehen. Aber 1969 war es noch ein weiter Weg bis dahin. Damals war das Papier noch schlecht, die Moral hingegen gut. In der Zwischenzeit hat man sich angepaßt und begonnen, jene, die man zuvor attackierte, zu veröffentlichen. Wenn es nicht so zynisch wäre, könnte man darin das Schicksal jeder Revolution erblicken. Gegründet wurden um 1970 herum viele Zeitschriften – literarische Zeitschriften, offenkundig drückt sich darin das Bedürfnis aus, sich literarisch intensiver oder auch anders zu artikulieren als früher. – Ein nicht uninteressantes Bedürfnis.

Ich nenne einige Namen: *Asthma* (1971), *Eselsohr* (Nachfolgezeitschrift von *Eselsmilch*) (1972), *Aha* (1971) kündigen ausschließlich Texte junger Autoren »progressiven Inhalts« an, ebenso *Frischfleisch* (1971). Niederösterreich schlug ebenfalls zu – *Podium* (1971) und *Das Pult* (1969). Damit hatte sich die Literaturszene völlig verändert: die Antwort von der Gegenseite fiel reichlich wenig koordiniert aus. Der Versuch Reinhard Federmanns (1923–1976), mit der *Pestsäule* 1972 eine Replik auf die Entwicklungen zu geben, hat nicht lange vorgehalten – ein Jahr nach dem Beginn mußte die *Pestsäule* ihr Erscheinen einstellen. Festzuhalten ist, daß mit diesen Zeitschriften eine Vielzahl an Möglichkeiten für rein literarische Publikationen gegeben war, daß Literatur nun wenigstens ein Forum hatte – daß diese Zeitschriften allerdings kaum von der Bevölkerung gelesen und zum Publikumserfolg wurden, steht auf einem anderen Blatt.

Wichtig ist darüber hinaus, daß der Dezentralisationsprozeß, also weg und los von Wien, durch diese Zeitschriften intensiviert wurde. Die Steiermark mit *Sterz* (1977), *Nebelhorn* (1976), Salzburg mit *Salz* (1975) und *Projektil* (1975–1980), Kärnten mit *Fettfleck* (1976) – diese Zeitschriften markieren Mitte der siebziger Jahre diese neue Welle intensiver Zeitschriftengründungen.

Darüber hinaus ist die Frage nach den Verlagen in Österreich zu stellen.

Eine Verlagsgeschichte der Zweiten Republik – das wird einmal ein spannendes Kapitel der Literaturgeschichte sein. Zusammenfassend: nach 1968 änderte der einzige Verlag, der mit dem bundesdeutschen Betrieb konkurrieren kann und konnte, der Salzburger Residenz Verlag, auch sein Programm. In seinen Sog gerieten vor allem jene Autoren, die in Graz begonnen hatten (Handke, Kolleritsch, Frischmuth, Eisendle), in der Folge vor allem jene, die gegen die Literatur und gegen das Einverständnis angeschrieben hatten, in dem sich die österreichische Gesellschaft nach 1955 (Staatsvertrag) zu befinden schien, also Hans Lebert, Gerhard Fritsch und vor allem Thomas Bernhard.

Diese Änderung oder Neuorientierung im Verlagsprogramm, die um die Mitte der sechziger Jahre alle Verlage, auch die bundesdeutschen, vollzogen, hat ihre Ursachen in einem gewandelten Publikumsinteresse, das seinerseits auf die geänderte Bewußtseinslage der meisten Autoren zurückzuführen ist. Zugleich boten diese Texte eine Fülle von neuen Themen beziehungsweise deren andersartige Auffüllung.

Wichtige Hinweise für den zuvor behandelten Stoff finden sich bei Wiesmayr (1980), Ruiss/Vyoral (1978), Hans F. Prokop (1974) und Peter Laemmle und Jörg Drews (1975).

3. Umorientierung 1968

Gleichgültig, wie man darüber denkt und wie man die Grazer Szenerie bewertet (sie wird zweifellos aus der Ferne überbewertet), so ist doch zu sagen, daß dadurch die literarische Praxis in Österreich umgekrempelt wurde. Die Kritiker wurden indes nicht müde zu betonen, daß diese Veränderung nur eine scheinbare gewesen sei, daß sie nicht mit der Sprengkraft einer echten literarischen Revolution gleichzusetzen gewesen wäre, daß sich hier eine überlebte Avantgarde austobe, die ihre Existenz eigentlich schon mit dem Hintritt des Dadaismus verloren habe und die ihr Reservoir an Themen bereits dort ausgeschöpft habe. Die Avantgarde wurde denunziert als Neuauflage, der im Unterschied zum Dadaismus der zwanziger Jahre die Konsequenz abgehe. Es ist daher nicht unangebracht, auf jene Punkte einzugehen, die die Literatur der Zeit ab Mitte der sechziger Jahre von der Literatur davor trennen, zugleich aber auch kurz darauf einzugehen, wie diese Literatur von der Avantgarde der zwanziger Jahre zu unterscheiden ist.

Ich mache dies ein wenig hanebüchen, indem ich auf die Entwicklung der Lyrik, des Dramas und Romans, der Erzählung in Österreich ganz kurz eingehe und die ästhetischen Positionen skizziere, denen diese Umorientierung verdankt wird. Dies läßt sich ganz rundweg beschreiben als eine negative Auffüllung der zuvor vorgegebenen Muster. Die positiven Setzungen werden stets negativ aufgefüllt. Grundsätzlich natürlich ist festzustellen, daß radikal – wie in der Literatur des deutschen Sprachraums sonst nirgends – die formalen Voraussetzungen gewandelt wurden und von den herkömmlichen Begriffen der Lyrik, des Romans und des Dramas abgegangen wurde. Doch wurde an den Bezeichnungen Drama, Lyrik (Gedicht) oder Roman festgehalten. Ich gebe für alles in nun gebotener Kürze Beispiele:

3.1. Lyrik

War bis zu Beginn der sechziger Jahre kaum Lyrik von den Normen abgewichen, waren Trakl und Rilke das Kühnste gewesen, was man sich als Verstoß gegen die Regelhaftigkeit erhoffte, waren es Weinhebers Formkunststücke, so setzt man nun dem einen radikalen Eingriff nicht nur in die Syntax, sondern auch in die Lautstruktur entgegen.

Was Ernst Jandl 1966 – nach einer Odyssee von Verlag zu Verlag – mit *Laut und Luise* fertigbrachte, was im Bewußtsein der *Wiener Gruppe* lange zuvor schon tonangebend gewesen war, sorgte für eine Verwandlung dessen, was als Gedicht zu begreifen war.

Für die *Wiener Gruppe*, deren Existenz in die Mitte der fünfziger Jahre fällt, trat das Experiment in den Vordergrund. Damit wurde etwas vollzogen, auf das in der Literatur bereits James Joyce aufmerksam gemacht hat: Sprache wurde nicht als Mittel der Kommunikation verstanden, sondern als Mittel, das sich selbst darstellt, das auf sich selbst zeigt. Doch ist dieses »Zeigen auf sich selbst« nicht zu verwechseln mit Distanzierung von der Wirklichkeit. Indem sich Sprache kompromißlos auf ihre Künstlichkeit beruft, verweist sie nur umso nachhaltiger auf die zu inkriminierende Wirklichkeit.

Jandls *Laut und Luise* signalisiert – noch nachhaltiger als die Publikationen der *Wiener Gruppe* – eine weit darüber hinausgehende Bereitschaft zur Provokation: Provokation auf Grund der Systematik. Das übliche Verdikt, daß diese Literatur nicht Literatur sei, daß diese Literatur seriell herstellbar sei – dieses Verdikt wurde nun gegen diese Literatur mobilisiert. In der Tat bedurfte diese Literatur und die in ihrer Folge entstehende Literatur der Rechtfertigung, sofern nicht schon, wie im Falle Jandl, der Beweis des Puddings im Essen lag, nämlich darin, daß Jandl durch seine Stimme diese Gedichte ideal zur Repräsentanz brachte. Immerhin: das Buch *Laut und Luise* signalisierte in mehrfacher Hinsicht einen Umbruch. Otto F. Walter (damals Lektor im Walter-Verlag) berichtet davon, daß der zunächst konservativ-katholische Verlag in seinem politischen Programm immer progressiver geworden sei. Zu einem Zerwürfnis mit dem Familienclan kam es indes jedoch nicht wegen dieser Bücher. Aufschlußreich ist eine Bemerkung Otto F. Walters in einem Interview mit W. Martin Lüdke:

Interessant war, daß das alles zunächst vom Verlag und vom bürgerlichen Lesepublikum akzeptiert wurde. Erst ein Buch, das als völlig formalistisch denunziert werden könnte, führte dann zur wirklichen Auseinandersetzung: das Buch *laut und luise* von Ernst Jandl, das von Heissenbüttel und mir herausgegeben worden war. Das hat dann jenen Kanon ganz grundsätzlich im Bereich des scheinbar nur Formalen verletzt.

Und der Interviewer merkt an:

Das halte ich für einen sehr interessanten Fall, weil sich hieran zeigt, daß auch die literarische Modernität, die literarische Form als solche, jenseits der politischen Inhalte so etwas wie einen politischen Kern hat, der damals vermutlich noch gar nicht als politisches Faktum erkannt wurde, wobei Sie [= Otto F. Walter] aber wahrscheinlich (dunkel) ahnten, daß da auch politische Zusammenhänge aufgebrochen waren. (W. Martin Lüdke, 1979, 108)

Inwieweit nun diese stark formalisierten Verfahren gerade mehr verstören, das Verständnis der bürgerlichen (oder wie immer man das nennen mag) Lebensform herausforderten, ist in dieser Vorlesung implizit auszudiskutieren. Daß dieser Rückzug auf eine quasi subjektlose Lyrik nicht unproblematisch ist, sei gleich vorweggenommen, es ist indes für unseren Begründungszusammenhang wichtig, daß nicht die politischen Inhalte, die etwa um 1970 herum sehr deutlich in den marxistisch orientierten Ansätzen und Aufsätzen Michael Scharangs und in den Texten Helmut Zenkers im *wespennest* zum Ausdruck kamen, eine vergleichbare Unruhe auszulösen vermochten – vor allem aber eines nicht zuwege brachten, nämlich die Literaten zu verwirren, zu verstören. Bezeichnend auch, daß man sich erst 1979 dazu bereit fand, einem solchen formalisierten, in dieser Hinsicht sorgsam reflektierten Verfahren auch eine politische Bedeutung zuzusprechen.

3.2 Drama

Weniger vielschichtig, aber offenkundig ebenso vorhanden sind die Umkehrungen und Neubewertungen im Bereich des Dramas. Was zunächst in der Sphäre des Theaters praktiziert wurde, führt zurück auf die *Wiener Gruppe*, etwa auf Gerhard Rühms *Ophelia und die Wörter*, auf die Dramen von Konrad Bayer, auf Wolfgang Bauers *Schweinetransport* und seine *Mikrodramen*, vor allem aber die Erneuerung des Volksstücks, in der Nachfolge des kritischen Volksstücks eines Ödön von Horváth und Jura Soyfer und der Marieluise Fleißer. Virtuos kombiniert wird die sozialkritische Note des Volksstücks mit sprachkritischen Verfahren in Turrinis *rozznjogd* (1967 entstanden; Buchausgabe 1971) und in *sauschlachten* (1972), in Harald Sommers *A unhamlich storka obgang* (1971). Parallel dazu ist ja in der Epik die Umkehr des positiv verstandenen Heimatromans zu sehen. In jedem Falle – das gilt auch für die Dramen der *Wiener Gruppe* und Bauers und das Volksstück: wir haben es mit der Auffüllung von vorgegebenen Ordnungsmustern zu tun, mit deren meist negativer Auffüllung. Mit der radikalen Reduktion, mit der radikalen Verwandlung des Vorgegebenen, blieb aber immer noch so viel übrig, daß etwas erkennbar war, und zwar verstörend erkennbar von dem Ganzen einer literarischen Form, von dem es sein Dasein bezog.

Reduktion der Aktion auf der Bühne bis zu dem Nullpunkt, Aufhebung des Dialogs etwa in Thomas Bernhards *Ein Fest für Boris* (entstanden 1967, publiziert 1969, Erstaufführung 1970 in Hamburg), in dem auf den Dialog als Mittel der Kommunikation verzichtet wird; die Monologe und Selbstgespräche überwiegen überdeutlich im gesamten Drama.

Zu guter Letzt hatte bereits Handke in *Publikumsbeschimpfung* (1966) und *Kaspar* (1968) jene dialogische Grundsituation abgebaut, welche die Figuren eines Dramas dazu zwingt, daß sie zueinander sprechen. Handke hatte seine Figuren um 90 Grad gedreht und in das Publikum hineinsprechen lassen. Damit war eine radikale Verwandlung der Sprechsituation gegeben.

Natürlich ist in diesem Zusammenhang auch der Revitalisierung des Dialekts in einem Sinne zu gedenken, der weit weg führt von jenem Prinzip der Mimesis der Umgangssprache, um das Lokalkolorit zu unterstreichen. Dialekt dient (Artmann, Rühm und Achleitner in *hosn rosn baa*) der Sprach- und Sprechmaske. Dialekt gerade in nicht mimetischer Funktion.

Daß sich gerade diese Formen des Dramas als unwiederholbar erwiesen, ja daß auch die Bühnen in der letzten Zeit – sieht man von Handkes Spitzenschlager *Kaspar* ab – nicht immer wieder freudig auf diese Produktionen zurückgriffen – dies sollte uns skeptisch stimmen, auch wider die Theaterpraxis. Handke gelang es immerhin, auf-

bauend und zugleich sich von Brecht distanzierend, den Zuschauer
zu einem neuen Verhältnis zum Bühnengeschehen zu bringen.

3.3. ERZÄHLENDE PROSA

Die späten sechziger Jahre sind von einer ins Grundsätzliche gehenden Polemik gegen das Erzählen bestimmt. Es stellte sich bei den Autoren eine polemische Grundeinstellung gegen das Erzählen ein, die dazu führte, daß man meinte, durch das Erzählen würde die Wirklichkeit verfälscht. Als der beste Text in dieser Hinsicht, beispielhaft und programmatisch in einem, kann Michael Scharangs *Schluß mit dem Erzählen und andere Erzählungen* herangezogen werden. Darin wird nur die Außenwelt beschworen, es wird nichts anderes getan, als daß das Muster einer Erzählung präsentiert wird. Vor allem in dem Text *Ein Verantwortlicher entläßt einen Unverantwortlichen und hält aus diesem Anlaß eine Rede / die hier / rekonstruiert und konstruiert und reproduziert und / produziert wird um / den Zorn aller die ihre Verantwortlichen satt haben / zu schüren*. (Erstdruck 1969 in den *manuskripten*, dann 1970 in Buchform.) In einer in der deutschen Literatur nicht mehr erreichten Konzentration wird hier ein formalisiertes Verfahren in sozialkritischer Hinsicht bewußt gemacht. Es bleibt keine andere Möglichkeit als dieses bewußtseinsbestimmende und bewußtseinserweiternde Verfahren. Nur darin drückt sich aus, was zu sagen ist, um den Zorn aller jener »zu schüren die ihre Verantwortlichen satt haben«. Darin hat Scharang idealtypisch gezeigt, wie so ein Verfahren nicht nur steril auf sich selber zurückverweist, sondern anders als ähnliche Verfahren oder realistische Erzählverfahren, in denen Wirklichkeit (oder Scheinwirklichkeit) beschworen wird. Was heißt »*Schluß mit dem Erzählen*«? Der Untertitel von Scharangs Buch lautet ja *und andere Erzählungen*. Im Imperativ ist auch involviert, daß mit dem Erzählen nicht Schluß gemacht wurde, indes sehr wohl mit einer spezifischen Form des Erzählens. Scharangs Verfahren ist unwiederholbar, doch läßt sich die Literatur dieses Zeitraums sehr wohl auf diesen Nenner bringen, der eine implizite Polemik gegen das Erzählen enthält, und zwar in mehrfacher Hinsicht. Mit dem Erzählen endgültig Schluß zu machen, ist gewiß unmöglich, aber die Notwendigkeit, es kritisch zu prüfen, hat man vom Beginn des Jahrhunderts an eingesehen. Er versteht seine Polemik nicht als ein bloß formal relevantes Verfahren. Scharang ist darüber weit hinausgegangen. Wie seine Position zu erklären ist, will ich in einem anderen Zusammenhang noch dartun. In jedem Falle ist eine radikale Kehrtwendung in der Epik festzustellen, eine deutliche Abkehr von dem Erzählen. Das beginnt schon bei Rilke im *Malte Laurids Brigge*, wo deutlich die Klage zu hören ist, daß jene Gabe des Erzählens seiner Generation nicht mehr gegeben ist. Die Gabe jenes in sich gerundeten, geschlossenen Erzählens. In der deutschen Literatur des 20. Jahrhunderts ist in diesem Kontext ferner unbedingt Alfred Döblin zu erwähnen, der mit seinem *Berlin Alexanderplatz* ja am deutlichsten einen Beweis dafür geliefert hatte, daß anders zu erzählen wäre. Am radikalsten hat sich allerdings Hermann Broch gegen das »Geschichtel-Erzählen« gewandt, so in einem Brief an Friedrich Torberg, zweifellos, wenn man an die *Tante Jolesch* denkt, an die richtige Adresse, gefruchtet hat's nichts, aber: und das ist darüber hinaus entscheidend, Broch ging es bei seinen Feststellungen um kritische Prüfung des Erzählens, vor allem, darüber hinaus um Abstraktion. Nicht das Ereignis, das verwechselbare, sei zu erfassen, sondern das Allgemeingültige, nicht das Sonnenlicht über Pötzleinsdorf an einem bestimmten Tage, sondern das Sonnenlicht schlechthin.

Am radikalsten hat Robert Musil diese Polemik gegen das Erzählen in seinen Schriften gestaltet und in dem Roman *Der Mann ohne Eigenschaften* auch mitthematisiert. Musil erkennt, daß das Erzählen stets das Hineinführen in eine »Scheinwirklichkeit« bedeute. Er spricht von jenen, die sagen können: Wohl dem, der sagen kann, »als«, »ehe« und »nachdem« von jenen, die alles in ein geordnetes Nacheinander bringen können. Er sieht im Erzählen – die zentrale Passage dazu findet sich im 122. Kapitel (*Heimweg*) des *Mann ohne Eigenschaften* – die Sucht des Menschen, über die Wirklichkeit hinwegzutäuschen, die Wirklichkeit und die Vergangenheit beruhigend zu verfälschen. Wer die Dinge, die sich zugetragen haben, in ordentlicher Folge hersagen kann, dem wird – so Musil – so wohl, »als schiene ihm die Sonne auf den Magen« (vgl. dazu Schmidt-Dengler 1980).

Es ist verständlich, daß in der Literatur nach 1945 nicht der Bedarf gegeben war, nicht zu erzählen. Freilich: die jungen Autoren, allen voran Ilse Aichinger, wollten zunächst nicht erzählen, es verschlug ihnen den Atem, der Strom des Erzählens – so Ilse Aichinger in ihrer berühmten *Rede unter dem Galgen* (1952) – sei ein reißender Strom, mit weggerissenen Ufern... Doch gefragt war anderes, und so kamen nach 1950, und zwar auch in der BRD, die auf den Plan, die wieder erzählen konnten, die wieder eine Wirklichkeit zu etablieren verstanden, die jenseits der trüben Erfahrungen standen. Davon profitierten solche Autoren wie Johannes Mario Simmel (*1924), der sich seine ersten Lorbeeren hierzulande verdiente, und Heimito von Doderer (1896–1966). Beide setzen wieder auf das Erzählen, auf die »Replastizierung« der Wirklichkeit durch das Erzählen. Ein ungebrochener Bezug zwischen der erzählten Realität und der Wirklichkeit wird von Doderer in seiner Romantheorie behauptet, gewiß nicht zu unrecht, aber wir wollen uns hier damit nicht beschäftigen, wie es zu diesem Prozeß kam. Entscheidend ist, daß nach dem Krieg in Deutschland zunächst die Restauration des Erzählens an der Tagesordnung war. Das trifft auch zu für einen Romancier wie Günter Grass. Also: in der Zeit der Stabilisierung, des Ausgleichs waren solche Experimente, wie sie die *Wiener Gruppe* vornahm, nicht gefragt, sie schienen den einen obsolet, weil bereits von den Dadaisten praktiziert, sie waren den anderen krankhafte Avantgarde, auf keinen Fall Kunst. Es zählte das »handfeste Erzählen«, es zählte auch das filigrane Erzählen, wie es Herbert Eisenreich (1925–1986) in einigen seiner Kurzgeschichten virtuos demonstrierte. In jedem Falle waren es formale Exerzitien, auf die sich der österreichische Roman auch eingestimmt sah. Über die Grundlage dieser formalen Exerzitien, die ich für die Literatur aus Österreich so wesentlich erachte und die nicht als pathologischer Formalismus abzustempeln sind, will ich später einmal genauer sprechen. – In Österreich vollzog sich der Aufstand als ein Aufstand gegen das Erzählen in einigen Werken, die hier kurz zu streifen oder die kurz vorzustellen sind:

Die *Wiener Gruppe* lieferte bereits solche Texte, in denen alte Erzählformen grundsätzlich über den Haufen geworfen wurden. So etwa präsentiert Artmann einen Dracula-Roman (*dracula dracula*), in dem auf etwa fünfzehn Seiten das geboten wird, was Bram Stokers 500-Seiten-Schmöker an Spannung zu bieten imstande ist.

Schlagwort: Reduktion. Reduktion nicht nur des Umfangs, sondern des geradezu Autorität heischenden Anspruchs, mit dem die Form des Romans, zumal wenn sie als eine klassische sanktioniert erscheint, auftritt. In jedem Falle: man schließt an, an das, was irgendwo geformt erscheint, man baut Gegenmuster dazu auf. Nur in diesem Sinne erscheint Erzählen dem Wahrheitsgehalte nicht abträglich. – Die Distanz, die zum bekannten, trivialen Muster hergestellt wird, diese Distanz legitimiert auf den ersten Blick die literarische Praxis, die Position, die man einnimmt. Davon später genauer. Das Werk, das am deutlichsten eine Form kopierte und zugleich die fundamentalen Voraussetzungen derselben, die im Erzählen liegen, vernichtete, war Handkes Roman *Der Hausierer* (1967), der auf die in ihrer Art weniger radikalen *Hornissen* (1924) folgte. Mit diesem Buch war Handke etwas gelungen, was als perfekte Nachahmung jener formalistischen Prinzipien gedeutet werden kann. Handke hat später auch einmal erklärt, daß dieses Buch nicht unbedingt in dem Sinne zu seinen Büchern zu gehören habe wie die anderen, es könnte raus aus der Reihe seiner Werke. Was geschieht nun darin? *Der Hausierer* ist der klassische Anti-Kriminalroman. Nur wird nicht erzählt, was sonst in einem Kriminalroman geboten wird, sondern wir haben es mit dem bloßen Muster eines solchen zu tun. In den zwölf Phasen werden uns zunächst die Etappen eines Kriminalromans allgemein geboten, die einzelnen Punkte einer solchen Handlung aufgegliedert: Handke zerlegt den Roman in zwölf Phasen, die alle ohne viel Mühe auf das Schema des klassischen Kriminalromans übertragbar sind. Diese Phasen lauten: 1. Die Ordnung vor der ersten Unordnung; 2. Die erste Unordnung (= der erste Mord); 3. Die Ordnung der Unordnung; 4. Die Entlarvung der anfangs gezeigten Ordnung; 5. Die Verfolgung; 6. Die Befragung; 7. Die scheinbare Wiederkehr der Ordnung und die Ereignislosigkeit vor der zweiten Unordnung (= dem zweiten Mord); 8. Die zweite Unordnung; 9. Die falsche Entlarvung; 10. Die Ruhe vor der Entlarvung; 11. Die Entlarvung; 12. Die endgültige Wiederkehr der Ordnung. Die erzählerische Ordnung ist für Handke in diesem Roman bloß eine Scheinordnung, die Kausalität, welche diese Vorgänge verbindet, bloß eine Scheinkausalität. Die Legitimation, die dazu führt, daß der Text auch »Roman« heißt, kann der Autor nur daraus ableiten, daß er sich auf die höchst allgemeine Struktur des Kriminalromans bezieht. In diesem Buch hat Handke gründlich mit dem Erzählen Schluß gemacht. Wie, das demonstriert eine kleine sprachliche Beobachtung, nämlich der Gebrauch der Tempora in diesem Buch. Hierfür kann die von Harald Weinrich fruchtbar gemachte Unterscheidung von erzählter und besprochener Welt angewendet werden. Darin unterteilt Weinrich die Haltungen eindeutig: besprochene Welt wird in das Präsens, Perfekt und Futurum gefaßt, erzählte in das Imperfektum, Perfekt und Futurum II sowie den Conditionalis. (Weinrich 1977) Wie immer man dazu steht, bei der Betrachtung der Literatur, die sich so gegen das Erzählen an sich wendet, ist diese Distinktion von entscheidender Bedeutung. Ein Rückzug vom (deutschen) Imperfekt bedeutet eine geradezu eindeutige Absage an das traditionelle Erzählen, wobei eben dadurch die Distanz zum zu Erzählenden aufgehoben wird. Das Imperfekt, so hat man den Eindruck, verfälsche, untergrabe die Authentizität. (Der Gebrauch des historischen Präsens in zahlreichen historischen Romanen, oft durchgehend, hängt auch damit zusammen.) Nun verwendet Handke in diesem Buch durchwegs dieses Präsens, mit einer kleinen Ausnahme, die unbedeutend ist. Aber durchgehend bleiben wir sonst in der Tempusgruppe I. Aufschlußreich der Schluß der 11. Phase – *Die Entlarvung,* in der nun das Ende der Geschichte gekommen ist. Nach einer Folge von Sätzen, in denen sich der Zustand des Sterbenden (irgendwie) manifestiert, steht der Satz, der deutlich anzeigt, daß nicht erzählt worden ist: »Wenn es geschneit hätte, hat es jetzt aufgehört zu schneien.« (Handke 1970, 118) Hier kollidieren die beiden Tempora: Tempusgruppe II (Conditionalis, gehört der erzählten Welt an) und Tempusgruppe I (deutsches Perfekt, woraus nun klar wird, daß es nicht geschneit hat, daß also nicht erzählt wurde, daß nicht in diese Scheinwirklichkeit hineingeführt wurde).

Dies ist entscheidend für unsere Geschichte, führt sie doch ins Zentrum unserer Fragestellung: die Ablehnung des Erzählens im herkömmlichen Sinne ist in diesem Buche Handkes mit äußerster Konsequenz vollzogen.

Als weitere Beispiele wären nun noch zu nennen: Konrad Bayers *Der sechste Sinn* (1966), in dem ebenfalls die Auflösung der traditionellen Romanhandlung mit der Auflösung auch der Figuren einhergeht; hier hat man das Verfahren nicht gerade so didaktisch plakativ, wie das Freund Handke in schöner Deutlichkeit besorgt hat. Hier ist ein viel stärkeres Ineinander verschiedener Tendenzen beobachtbar; in jedem Fall ist das geordnete, die Wirklichkeit dem Scheine nach adäquat wiedergebende Erzählen nicht mehr gefragt. Ein markanter Satz in Handkes Text lautet denn auch: »Wenn ein Toter noch so eingehend beschrieben wird, kann er doch nicht wirklich tot sein!« (Handke 1970, 102) Noch radikaler, die Kunstform noch deutlicher zerstörend ist Oswald Wieners *die verbesserung von mitteleuropa, roman* (1969) anzusehen. Dieses Buch leugnet den traditionellen Werkbegriff überhaupt. Es erschien in den *manuskripten* von 1965 bis 1969 als »work in progress« und hatte in seiner inneren Programmatik die Auflösung der Kunst zum Ziel. Ich kann hier nicht auf dieses alles überwindende Kunstwerk genauer eingehen, aber ich möchte nur andeuten, daß darin ebenso der Werkbegriff zu Fall gebracht wird. Zu Fall gebracht wird vor allem die Sprache, die hautnah an die Wirklichkeit herangezwungen werden soll. So ergibt sich aber auch für Wiener, daß es außerhalb der Sprache keine Wirklichkeit geben kann, obwohl diese Sprache insuffizient ist. Provokant ist im Untertitel das Wort *roman*, denn gerade diese durch den Begriff vorgegebene Handlungseinheit erfüllt das Buch nicht. Es proklamiert den Aufstand, der Aufstand gegen die Sprache ist auch ein Aufstand gegen die Gesellschaft. Andrerseits: »man wird von der sprache vergewaltigt, die sprache geht nämlich zu weit, das ist ein Beispiel wie die sprache dich einschränkt.« (manuskripte 13/1965, 32; Buchausgabe, Wiener 1969, XII) »die organisation der wirklichkeit durch die sprache ist unerträglich« (ebda, LII). Dieser Aufstand gegen die Sprache wird somit zu einem Aufstand gegen die Wirklichkeit. Proklamiert wird die Herrschaft einer doch noch positiv zu verstehenden Künstlichkeit. Die Ablehnung der Wirklichkeit, das ist ein Bekenntnis, das konsequenterweise auch zu einer Apotheose der Künstlichkeit führen muß.

Ein anderes, leider viel zu wenig bekanntes Beispiel ist Andreas Okopenkos Roman *Lexikon-Roman einer sentimentalen Reise zum Exporteurtreffen in Druden* (1970). Okopenko (*1930) kann als ein Autor bezeichnet werden, der allen Gruppen jener Avantgarde zwar freundschaftlich verbunden war, aber doch den Grazern und der *Wiener Gruppe* einigermaßen skeptisch gegenüberstand. Er ist ein Einzelgänger, dessen Werk einmal einer eingehenden Untersuchung bedürfte. Hier erscheint die Sukzession, die der Roman noch vorspiegelt, aufgelöst zu einer alphabetischen Sukzession, das heißt die Ordnung der erzählerischen Sukzession (wie immer unterbrochen durch Einschübe, Rückblenden, Vorausdeutungen etc.) wird als eine fragwürdige entlarvt durch die Etablierung einer Gegenordnung, entlarvt als willkürlich, eben als ebenso willkürlich wie die durch das Alphabet bereitgestellte Ordnung. Man kann darüber denken wie man will: aber es entstehen dadurch unerhört witzige Effekte, wenn man sich davon leiten läßt. Der Autor kündigt in seiner Vorbemerkung an, man könnte sich daraus einen eigenen Roman basteln. Das kann man denn auch wirklich machen: mit Hinweispfeilen, die man übergehen kann oder nicht, kann man sich durch den ganzen Roman turnen, kann man Zusammenhänge aktivieren. Nun zielt also dieses Buch ganz systematisch auf ein geändertes Leseverhalten. Der Leser wird aktiviert, er kann das Buch nicht in der sonst angeforderten und gewünschten und autoritativ verordneten Sukzession der Seiten lesen: So entsteht von Anfang an eine unendliche Fülle von Lesemöglichkeiten. Der Leser ist freigesetzt, zugleich kann er unzählige Kombinationen finden, die mit bereits erstellten Kombinationen zurückgekoppelt werden können. Gewiß, das ist kein populäres Buch, aber es ist gut zu lesen.

Jemand, der auf seine Weise mit dem Erzählen Schluß gemacht hat, ist Thomas Bernhard gewesen, der da wirklich einiges Geschick an den Tag legte. Er verkündete 1970 als »Geschichtenzerstörer«:

... bin ich natürlich auch kein heiterer Autor, kein Geschichtenerzähler, Geschichten hasse ich im Grund. Ich bin *ein Geschichtenzerstörer, ich bin der typische Geschichtenzerstörer*. In meiner Arbeit, wenn [...] ich irgendwo hinter einem Prosahügel die Andeutung einer Geschichte auftauchen sehe, schieße ich sie ab. Es ist auch mit den Sätzen so, ich hätte fast die Lust, ganze Sätze, die sich möglicherweise bilden könnten, schon im vorhinein abzutöten. (Bernhard 1971, 152)

Dieses radikale Nein ist symptomatisch nicht nur für Bernhard, sondern für die ganze Generation: ein Nein der Sprache, der Ordnung, der Autorität gegenüber.

Bernhard hat etwa in seinem Roman *Verstörung* (1967) in der Praxis vorgeführt, wie er sich die Destruktion des Erzählens vorstellt. Dieser Roman beginnt mit der sich spannend anlassenden Erzählung von einer Fahrt, der Visite, die ein Landarzt vornimmt. Der Erzähler ist der Sohn, das alles hört sich gut an und läßt sich an als spannende Schilderung pathologischer Zustände, doch dann, und gut drei Fünftel des Ganzen einnehmend, folgt nur mehr ein Monolog, der nur durch die »inquit-Formel« (»sagte der Fürst«) unterbrochen wird. Der Fürst hält auf seinem Sitz, Hochgobernitz, eine endlose Rede, in der er mit gleichbleibenden Bildern die Verstörung beschreibt, gestaltet. Das Erzählen versandet, es kann nicht mehr, es kann nicht weiter erzählt werden. Jede Schließung der Erzählung ist unmöglich, sie kann nur in Repräsentanz, in Besprechung eines dauernden, durch nichts zu unterbrechenden Irritationszustandes übergeführt werden. Diese Überwindung der Literatur des Erzählens ist ein markanter Zug. Es richtet sich eindeutig gegen ein vorher erprobtes Konzept, das Konzept der Gestaltung von Wirklichkeit durch eine ungebrochene, für sich bestehende, erzählerische Ordnung. Man wird diesen Texten schwer nachsagen können, daß sie populär geworden sind. Man wird schwer sagen können, daß sie jenseits dessen, was Literaturinteressierte beschäftigt, auch Anklang finden. Das ist wichtig. Und es ist bedauerlich, daß ein gewandeltes Literaturverständnis sich nicht durchsetzen konnte.

4. Zwischenbilanz

Man hat die Zeit von etwa 1965 bis 1970 als die Zeit des formalen Aufstands, des formalen Spektakels charakterisieren wollen. Heute scheint diese Etappe in der Bewegung der österreichischen Literatur, wenn man den Aussagen vieler Autoren Glauben schenken darf, nicht nur überwunden, sondern sie wird geradezu negiert. Wenn wir nun zusammenfassen und versuchen, den Status dieser Literatur in den Griff zu bekommen, so können wir nun folgendes sagen: Damit ergibt sich auch die Bewertung dieser Literatur, eben im Unterschied zu früheren Tendenzen. Worin liegt nun die Leistung der österreichischen Literatur?

Zunächst wird darauf aufmerksam gemacht, daß es in der Literatur nicht um die Wirklichkeit, um eine Wirklichkeit geht, die der wirklichen Wirklichkeit quasi Satz für Satz müßte entsprechen können. Erinnern Sie sich bitte an den Satz aus Handkes *Hausierer*: »Wenn ein Toter noch so eingehend beschrieben wird, kann er doch nicht wirklich tot sein!« Das heißt, diese Literatur setzt an zu einem radikalen Bruch mit der klassisch-realistischen Tradition. Vor allem darauf hat Walter Weiss aufmerksam gemacht, daß nämlich die klassisch-realistische Literatur durch diese experimentelle Schreibweise in Frage gestellt würde. Nicht mehr die Wirklichkeit als eine nachzugestaltende steht im Vordergrund, sondern die Eigenwirklichkeit der Kunst. Es gilt den berühmten Satz Schönbergs zu zitieren, daß er keinen Stuhl male, sondern ein Bild. Also setzt sich hier eindeutig der Akzent auf das Machen, auf den Prozeß des Schaffens, auf die Poiesis, nicht auf die Mimesis. Die Autoren schreiben keinen Text über etwas, sondern sie schreiben einen Text.

Die Gefahren liegen auf der Hand und sind auch mehrfach moniert worden. Die Literatur befreit sich so aus dem Zwang, von irgendwem in den Dienst genommen zu werden, sie emanzipiert sich aber so radikal von allem, was für unsere lebensweltliche Praxis relevant ist, daß wir den Bezug zu ihr nur schwer herstellen können. Die Freiheit, die ein Oswald Wiener in seinem Totalaufstand verspricht, könnte nur durch die völlige Destruktion des Vorgegebenen eingelöst werden, und zwar müßte kompromißlos alles, was vorgegeben ist, zerstört, aufgehoben und seiner Verbindlichkeit entledigt werden. Wer kann sich aber so weit versteigen? In dieser Revolutionspraxis, die eben nur eine innerliterarische Revolte ist, zeigt sich die Problematik auch dieser Phase. Indes beharren die Künstler nachhaltig auf ihrer Hoffnung, daß die Künstlichkeit, das Gemachte, das sie herstellen, der ideale Gegenwurf gegen eine Wirklichkeit ist, daß die Sprache nur auf sich selbst zeige, daß die Leiden an der Sprache die einzigen seien, die es geben kann, weil Sprache und Wirklichkeit (in einem wohl fundamentalen Mißverständnis Wittgensteins) zusammenfallen. »In meinen Büchern ist alles künstlich«, hatte Thomas Bernhard 1970 erklärt. (Bernhard 1971, 156) Wie nun diese sich ihrer selbst bewußte Künstlichkeit in der Folge sich auswirkt, sei von Fall zu Fall diskutiert. Bemerkenswert ist jedoch, daß es kaum eine Phase in der Literatur gab, in der so nachhaltig die Kunst sich als künstlich empfinden wollte. In der sie nachgerade darauf aus war, dies kompromißlos bewußt zu machen, daß nämlich Natur und Kunst nichts miteinander zu tun hätten, daß also stets der Charakter des Nachgeahmten zu vermeiden, der des Gemachten indes in den Vordergrund zu stellen sei. Also eine durch und durch antiaristotelische Einstellung.

Exemplarisch für eine solche Einstellung sind auch die Erklärungen einiger bildender Künstler, so zum Beispiel von Hermann Painitz, der 1968 in den *manuskripten* ein Manifest veröffentlichte unter dem Titel *Die Gegensätze Kunst und Natur oder konstruktive Vorschläge zur Abschaffung der Natur,* worin er die Abschaffung der Natur proklamierte. Die Menschen seien zu bewahren vor der Natur, vor dem eintönigen Blau des Himmels, vor der Langeweile, die von der Natur in ihrer Ganzheit ausgehe... Das ist freilich ein gewagtes Unterfangen gewesen. Indes ist diese Entwicklung zu einer Kunst-Kunst in der deutschsprachigen Literatur als etwas Einmaliges festzuhalten, zumindest in seiner Konsequenz und Unerschütterlichkeit. Painitz hat sich 1970 noch einmal gegen die Natur gewendet. »Die Sonne ist abzulehnen«, heißt es da. »Es hat aber wenig Sinn, der Natur zuzustimmen und seine eigenen Fähigkeiten zu verkleinern.« Und dann wird gesagt, was die Natur alles Schlechtes mit uns macht. Das ist typisch für diesen Optimismus der sechziger Jahre, der heute keinesfalls mehr geteilt werden kann und in der folgenden Aussage wohl den denkbar größten Abstand zu dieser Zeit von einst reflektiert: »Sollten wir eine Sonne nötig haben, werden wir uns eine mit Hilfe von Kunst, Technik und Wissenschaft selber machen.« Das ist freilich der radikale Gegensatz zu dem, was früher überhaupt möglich gewesen war, das bricht mit jenem Prinzip, das in allem menschlichen Tun eine defiziente Natur sieht. Es kann zugleich als Ausdruck eines arroganten Bewußtseins gedeutet werden, das sich zum Schöpfer aufwirft, das nicht mehr die Göttlichkeit in der Natur wahrnehmen will, sondern selbst dieser Natur etwas entgegenzusetzen hat. Ich meine, daß die Widerstände gegen diese Kunst vor allem daher kamen, daß hier die Überwindung eines Topos proklamiert wurde, der bis in die unmittelbare Gegenwart hinein für viele oder für alle Gültigkeit hatte. (Vgl. Blumenberg 1981, 57 f.) Das führt weit hinein in ästhetische Probleme, die abstrakt zu diskutieren hier nicht möglich ist. In jedem Falle ist zu beachten, daß in der österreichischen Literatur mit dieser Radikalität, mit der auf Künstlichkeit gesetzt werden konnte, und in der Konsequenz, ja geradezu Systematik, mit der hier vorgegangen wurde, ein wesentliches Moment dieser Kunsthaltung und Kunstpraxis zu erblicken ist. Darin lag Provokation, Provokation wider alles, was bisher sich durchgesetzt hatte und sich auch weiter durchsetzen ließ. Mag man dieser Phase sonst keine Wirksamkeit zuschreiben, so ist ihr doch Radikalität darin zu attestieren, daß sie ernst machte mit der Künstlichkeit der Kunst.

Kunst versus Natur: Wer denkt da nicht auch an Gert F. Jonkes *Geometrischer Heimatroman* (1969), in dem quasi die Natur in ein Kunstwerk übergeführt wurde. Die Natur wurde als eine antagonistische entlarvt, wenn Sie so wollen, sie wurde als etwas erkannt, das es zwar gibt, das aber nicht von sich aus Positivität verbürgen kann. Die Romane Bernhards, aber auch die Romane Gerhard Fritschs,

Fasching (1967), Leberts (1919–1993) und Alois Brandstetters (*1938) frühe Prosa, wie die *Ausfälle. Natur- und Kunstgeschichten* (1972), gründen in einem gewandelten Verständnis der Natur, auch Barbara Frischmuths (*1941) *Tage und Jahre. Sätze zur Situation* (1971). Welche Folgen dieses gewandelte Verhältnis zur Natur hatte, wird an den Texten eines Franz Innerhofer (*1944) unter anderem noch genauer zu zeigen sein. Zugleich spricht sich in diesem Kunstoptimismus auch ein Optimismus in bezug auf die Technik aus. Gebrochen wird mit der Technikfeindlichkeit. Die Texte erscheinen machbar, die Aufforderung, sie zu machen, liegt also in der Materie selbst, in der Sprache. Die Sprache als Material bietet dem Schriftsteller eine stete Provokation. Es wäre nun wichtig, die Gründe anzugeben, warum es gerade in Österreich Mitte der sechziger Jahre zu diesen doch bemerkenswerten, überindividuell erkennbaren Entwicklungen gekommen ist. Ich fasse dies nun zusammen, damit punktweise eine Art Überblick erzielt werden kann, eine Absprungbasis geschaffen ist, um in der Folge die Texte zu diskutieren, um zu sehen, daß es über diese Literatur hinaus, die mit der Literatur in dem landläufig praktizierten Sinne Schluß machen wollte, Literatur gab und daß es nach dieser Revolte in Graz und Wien, die sich ein wenig selbstgefällig zu stilisieren verstand, auch Möglichkeiten zu schreiben gab.

Ich fasse zusammen:

1. Füllung der vorgegebenen Muster durch neue Sprache. Es bleiben das Gedicht, das Drama, der Roman bestehen, nur wird bei dem Leser gerade der Anspruch nicht eingelöst, den er durch die Erwartung an diese literarische Form hat.

2. Natürlichkeit versus Künstlichkeit. Verzicht auf den Anspruch, durch Kunst eine Wirklichkeit schaffen zu wollen, die der Wirklichkeit strukturgleich wäre. Dies erfolgt systematisch.

3. Thematisierung der Sprache. Die Sprache zeigt auf sich selbst. Es sind Sätze, die ausgestellt werden, nicht die Objekte, auf welche diese Sätze verweisen.

4. Positionen der Negativität, in denen sich die Autoren einnisten.

Das Volksstück, das mit einem positiven Begriff von Volk rechnete, das diesem zumindest versus der Zivilisation Ursprünglichkeit zu attestieren bereit war, wird nun zum Ausdruck der Negativität. Auch der Heimatroman wird »problematisiert«, was eng mit dieser Negativierung des Naturbegriffs bei Thomas Bernhard zusammenhängt.

5. Analogisierung von Sprache und Gesellschaft. Gesellschaftskritik kann nur durch Sprachkritik erfolgen. Auf die direkte Bezugnahme wird verzichtet. Die Kunst erscheint als der notwendige Umweg, den man zu gehen hat, um die Strukturen der Gesellschaft sichtbar zu machen.

Das wären in aller Kürze einige Positionen, die sich nun aus einer synthetischen Erfassung jener Texte ergeben, die um 1970 die Dynamik der Literatur bestimmten. Man kann sich nun mit Recht fragen, wieso es dazu gekommen ist.

Ich biete dafür zwar einige Erklärungen an, kann aber damit nicht erklären, wieso es allenthalben zu solchen Bewegungen gekommen ist.

1. Zunächst ist es die Aufarbeitung von Vergangenheit und Erfahrungen, die darin mündet, daß jenes Einverständnis, das für die Harmonisierung der Konflikte notwendig ist, ein Einverständnis ist, das auf dem Verschweigen von Unrecht beruht. Das heißt: die Attacke richtet sich gegen die Repräsentanten der Österreich-Ideologie der Großen Koalition, die um den Preis der Unaufrichtigkeit einen Konsens als notwendige Basis angenommen hatten. Nun erst entdeckte man, wie viel sich hinter dem Namen Österreich verbergen konnte. Das ist deswegen wichtig, weil nun erst im literarischen Bereich die Aufarbeitung der Vergangenheit einsetzte.

2. Die Aufarbeitung, diese Identitätssuche lief aber nicht – und das ist mit der in Österreich überbetont formalisierten Erziehung zu erklären – über die konkrete Polemik, sondern über die Reflexion auf das Medium, mit dessen Hilfe man die Literatur macht: eben über die Sprache. Die Störung der Konvention bleibt an eben diese Formalisierung und Ritualisierung und Konventionalisierung gebunden.

Dies einmal im Kontext zu begründen, daß nämlich bei vielen österreichischen Autoren die Priorität der Verfahrensweise vor der inhaltlichen Priorität gegeben ist, daß selbst der Glaube an den künstlerischen Gestus dort nicht verstummt, wo es der Ernst der Situation verbietet, dies im Zusammenhang darzustellen, wäre einmal eine lohnende Aufgabe.

3. Die Literatur konnte zum ersten Mal eine Eigendynamik entwickeln.

Der steigende Wohlstand hätte ja, wäre eine einfache Widerspiegelung anzunehmen, gerade dazu führen müssen, daß man nun eben

das Steigen des Lebensstandards nach 1960 zum Thema hätte machen können. Statt dessen wird gerade nun das Interesse auf die Außenseiter gelenkt.
Statt dessen wendet man sich denen zu, die einst und die nun gegen diese Wirklichkeit »konstruiert« sind (wie es vom Fürsten Saurau in Bernhards *Verstörung* heißt). Die Geschichte Österreichs erscheint nicht mehr als die Geschichte eines kleinen Völkchens, das sich munter und allen Widerwärtigkeiten zum Trotz behaupten hat können, sondern wird aufgefaßt als die Geschichte von Verrat, Verstellung und Perseveration des Bösen.

4. Österreich hat seine Identität als Kleinstaat gefunden. Vorbei ist das, was Kolleritsch die »austriazensische Selbstbespiegelung« genannt hat, die im wesentlichen in der Kontinuität und Fortdauer des immateriellen Vielvölkerstaates seine Gültigkeit hatte. Die Literatur scheint nun beziehbar auf dieses kleine Österreich; es ist eine Literatur, die auch ihre innerösterreichisch lokale Kontinuität leugnet. (Evident wird das an den *manuskripten*: man greift andere Traditionen auf, so etwa den Dadaismus, beruft sich aber zugleich auf lokale avantgardistische Traditionen.) In jedem Falle schien Österreichs Literatur nun in der Öffentlichkeit präsent. Sie schien auch vom Ausland her wahrnehmbar, und als beim Literaturfestival 1969 des Steirischen Herbstes Hans Mayer sprach, konnte sich die österreichische Literatur legitimiert von einem ausländischen Kritiker sehen. Dieser erklärte, daß Österreich nun nicht mehr auf Doderer und Lernet-Holenia angewiesen sei – und diese Namen riefen unter den Anwesenden auch Lachen und Lächeln hervor. Mit einem Schlage war passé, was vorher so anerkannt war. Mit einem Schlage schien vergessen, was vorher an Literatur produziert war. Im Jahre 1971 stellte Walter Weiss in seinem Essay *Die Literatur der Gegenwart in Österreich* zu Recht fest:

> Zwischen den führenden Autoren der mittleren und der jüngeren bis zur jüngsten Schriftstellergeneration gibt es mehr Spannung und Entfremdung als Harmonie und Verständnis. Zwischen Herbert Eisenreich, Ingeborg Bachmann, Christine Busta auf der einen Seite und Autoren wie Peter Handke, Michael Scharang, G. F. Jonke auf der anderen Seite liegen Klüfte. Gerhard Fritsch, der sie von der mittleren Generation her überbrücken wollte, ist nicht mehr. (Weiss 1971, 396)

Fritsch ist bekanntlich 1969 aus dem Leben geschieden. In der Neuauflage des Buches 1981 (*Deutsche Gegenwartsliteratur. Ausgangs-*

positionen und Entwicklungen, 1981, ebenfalls von Durzak herausgegeben), schrieb Weiss dieselben Sätze und setzte sie aber vorsorglich ins Imperfektum. Er konnte also nur mehr die Sache erzählen: (»gab es mehr Spannung« usw.) Weiss muß auch feststellen, daß der damals fixierte Status durchaus nur für diesen Zeitpunkt Gültigkeit hatte, daß sich solche literarhistorischen Konfrontationen zwischen progressiv und konservativ nicht einfach auf die Literatur übertragen lassen und die Oppositionen nicht nur durch unterschiedliche literarische Konzepte erklärt werden können.

Im Gegenteil. Bald sollte sich – und ein Vorklang dazu war ja schon die Kontroverse Scharang–Kolleritsch – vor allem bemerkbar machen, daß die Schriftsteller es satt hatten, sich in den von Handke mit viel Publizität bezogenen Elfenbeinturm zurückzuziehen. Im Gegenteil: überprüfbar aktiv werden, das wollten nun Autoren wie Elfriede Jelinek und Michael Scharang und Peter Turrini. Dies wird uns noch in den Einzelheiten zu beschäftigen haben. In jedem Falle war diese extreme Formalisierung der Literatur, diese von Sprachskepsis und Formstrategien bestimmte Phase nur eine – wenn auch wesentliche – Durchgangsphase, aber auch, und das ist in der Folge zu zeigen, notwendige Durchgangsphase.

5. INGEBORG BACHMANN (1926–1973): *Malina* (1971)

Wenn ich mich nun Ingeborg Bachmann zuwende, so aus einem ganz bestimmten Grund. Läßt man sich auf ihren Roman *Malina* ein, wird man feststellen können, daß diese hier angedeuteten Voraussetzungen auf den ersten Blick nicht gegeben sind und in eine ganz andere Richtung gewiesen wird. Dies besagt ja auch das von Walter Weiss zitierte Statement.

Die Literatur läßt sich nicht so einteilen wie Reb- oder Perlhühner. Der Literaturhistoriker ist kein Linné, und die Dichter sind zwar Pflanzen, aber keine solchen mit ober-, mittel- oder unterständigem Fruchtknoten. Kurz: so einfach, mit einer Teilung in »anciens et modernes« um 1970, geht es nicht, obwohl die Worte, als sie damals ausgesprochen wurden, sehr ins Schwarze trafen. Allein, die Fronten konnten nicht so einfach abgesteckt werden. Überholt schien das Werk der Ingeborg Bachmann, überholt schien, was und vor allem wie sie gestaltete. Ingeborg Bachmann hatte sich nicht auf die Experimente eingelassen.

Ingeborg Bachmann starb am 17. Oktober 1973 in Rom an den Folgen von schweren Brandwunden. So makaber es klingt: Zahlreiche Stellen in *Malina* werden durch unser Wissen um diesen Tod zur bedrückenden Vorausdeutung. Auffallend ist, daß die Hauptpublikationen der Bachmann vor allem in die fünfziger Jahre fallen, zunächst die beiden Gedichtbände *Die gestundete Zeit* (1951) und *Anrufung des Großen Bären* (1956). Das Hörspiel *Der gute Gott von Manhattan* (1958) und die Sammlung der Erzählungen *Das dreißigste Jahr* (1961) gehören noch in diese frühe Schaffensperiode. Die Lyrikerin Bachmann hat nach 1956 nur mehr wenig von sich hören lassen. Es ist ganz wenig, was sie da produzierte. Es vollzog sich also die Absage an das Gedicht, vor allem an das in der Sprache der frühen Nachkriegszeit produzierte Gedicht, aber auch keine Hinwendung zu neuen Möglichkeiten des lyrischen Sprechens. Nach dieser Pause (1964 war ein Auswahlband erschienen, der einiges zusammenfaßte) trat die Autorin mit einem Roman an die Öffentlichkeit, der offenbar das Interesse, das man sonst solcher gehobenen Literatur entgegenzubringen pflegte, weit überstieg. Doch auch davon später. 1972 veröffentlichte sie ein schmales Bändchen mit Erzählungen: *Simultan,* meines Erachtens eines ihrer besten Bücher.

Es kommt mir nun darauf an, zu zeigen, daß dieser Roman der Bachmann, obwohl er von einer Autorin stammte, die durchaus nicht als modern im Sinne der »roaring sixties« gelten konnte, daß dieser Text durchaus das, was in der Zwischenzeit an experimentellem Vorstoß, an Veränderung in der Romanform geschehen war, einholte.

Zunächst ist festzuhalten, daß die Ausgangspunkte durchaus verwandt waren: Ingeborg Bachmann hatte unter dem Eindruck einer Ablehnung begonnen zu arbeiten, und zwar einer kritischen Ablehnung Heideggers. Ihr Statement zu Wittgenstein, und zwar nicht primär zum Erkenntnistheoretiker, ist bereits in ihrer Dissertation von 1950 zu finden, das sie dann in einigen Essays wiederholt hat. Ingeborg Bachmann ist also diejenige, die als erste den *Tractatus* Wittgensteins ernst nahm, für ihre eigene Philosophie und für ihr Schreiben. 1953 erschien ein Essay unter dem Titel *Ludwig Wittgenstein – Zu einem Kapitel der jüngsten Philosophiegeschichte,* der auf ihrer Dissertation fußt. (IBW 4, 12–23) Dieser Essay endet mit der markanten Frage:»›Wovon man nicht sprechen kann, darüber muß man schweigen‹, sagt er am Ende und meint eben diese Wirklichkeit, von der wir uns kein Bild machen können und dürfen. Oder folgerte er auch, daß wir mit unserer Sprache verspielt haben, weil sie kein Wort enthält, auf das es ankommt?« (IBW 4, 23) Während andere Autoren diese Feststellung sowie den Kernsatz des *Tractatus,* daß die Grenzen meiner Sprache auch die meiner Welt bedeuteten, ernst nahmen und vor allem wörtlich, polt die Bachmann diese Sprachkritik um und gibt ihr eine ethische Dimension. Vor allem aber zieht sie nicht, wie die *Wiener Gruppe,* die Konsequenz, die Sprache nun an die Grenzen dieser Welt anrennen und dort zertrümmern zu lassen. Sie bewahrt, obwohl sie weiß, daß wir mit unserer Sprache verspielt haben, die Sprache, so wie sie ist, und kommt damit auch dem späten Wittgenstein näher, der ja in den *Philosophischen Untersuchungen* proklamiert hatte, daß die Alltagssprache in Ordnung sei. Allerdings ist sie es nicht – für die Bachmann – in einem ethischen Sinne.»Die Sprache ist die Strafe«, heißt es 1972 in der Rede zur Verleihung des Wildgans-Preises der österreichischen Industrie. In ihr gebe es die »kristallinischen Worte nicht«, vor allem nicht in den Reden. (IBW 4, 297) Ich kann nun natürlich nicht auf diese Implikationen der Sprachkritik eingehen, wichtig ist, daß Bachmann trotz der Skepsis an der Mitteilungsfunktion der Sprache und trotz des Zweifels, den sie an der Funktion derselben hat, und trotz des Mißbrauchs, der die Sprache ethisch entwertet hat, daß sie trotzdem annimmt, daß in der Literatursprache diese kristallinischen Worte gesucht und auch gefunden werden könnten.

Wir haben zuvor davon gesprochen, daß sich der Aufstand gegen die Sprache bei den jüngeren Autoren verquickte mit einem Aufstand gegen die Autorität des Staates, gegen jedwelche Autorität, daß dieser Aufstand gegen die Sprache quasi auf einem Umweg zu einem Aufstand gegen die Autorität führen sollte. Kritische Prüfung der Sprache, aber auch: Überprüfung der Vergangenheit. Ingeborg Bachmanns Erzählungen sind eine solche klare und deutliche Aufarbeitung der Vergangenheit, vor allem ihre Erzählung *Unter Mördern und Irren* in *Das dreißigste Jahr* (entstanden 1956/57), in der ganz kurz zusammengefaßt die Fortdauer nicht nur der Ideologie, sondern der handgreiflichen Brutalität jener beklagt wird, die im Krieg in der Nazizeit das Sagen hatten. Ein junger Mann wird zusammengeschlagen, einer, der im Krieg nicht auf Menschen schießen konnte, und das mehr als zehn Jahre nach dem Krieg. (IBW 2, 159) Mit dieser Erzählung hatte die Bachmann mehr als nur eine Pflichtübung in Sachen Vergangenheitsbewältigung abgegeben. Dieser Text ist für sich genommen ein handfestes und auch einigermaßen durchschaubares Stück Kritik an der Form der österreichischen Vergangenheitsbewältigung, einer Form, die uns ja bis heute zu denken gibt.

Die beiden Komponenten, die wir zuvor als bestimmend für die Umorientierung der Literatur und als deren Kennzeichen angegeben hatten, waren also in der Position der Bachmann bereits Mitte der fünfziger Jahre in überzeugendem Vorgriff vorgebildet, auch wenn sie nicht die Mittel der Innovation verwendete, selbst um den Preis, veraltet zu wirken. Als ein dritter Punkt sei hier erwähnt, daß ihr die Problematisierung der eigenen schriftstellerischen Tätigkeit durchaus bewußt war, wie dies etwa in der Rede zur Verleihung des Wildgans-Preises sehr deutlich wird. Darin hat sie bereits wieder – offenkundig nach der Fertigstellung des *Malina*-Romans, einen positiven Bezug zu ihren Texten gefaßt, zu ihrer Tätigkeit. Darin heißt es unter anderem:

> Es ist unwichtig zu wissen, welche skurrilen oder noblen, weltfremden oder [...] Ideen manche Dichter hatten, die dennoch große Werke hinterlassen haben. Sie sind wirklich geblieben.
> Ihre Bekenntnisse hätten sie sich sparen können. – Ich kenne nur meinen Schreibtisch, der mir verhaßt ist, aber ich würde ihn doch nicht verlassen, [...] Ein Schriftsteller hat die Phrasen zu vernichten, und wenn es Werke auch aus unserer Zeit geben sollte, die standhalten, dann werden es einige ohne Phrasen sein. (IBW 4, 295)

Also wieder: die instrumentalisierte Sprachskepsis. In den wenigen Gedichten, die während der sechziger Jahre entstanden sind, wird klar, wie schwer sich die Autorin die Arbeit gemacht hatte. Diese Gedichte – man denke vor allem an *Keine Delikatessen* – machen bewußt, wie sehr sich Ingeborg Bachmann genötigt sah, auf jeglichen Wortprunk zu verzichten. Die Reduktion des Ich, des konkreten geschichtlichen Subjekts, die darin vorgenommen wird, bringt dieses jedoch keineswegs so zum Verschwinden, wie dies in der experimentellen Literatur möglich gewesen ist oder der Brauch war (und ist): »Mein Teil, es soll verloren gehen.« (IBW 1, 172–173) Sie ist aber auch nicht bereit, das Zerstörungswerk mitzumachen, quasi

Hand an das eigene Werk zu legen: Dieser Text wurde vermutlich 1963 geschrieben; als er – noch dazu in Hans Magnus Enzensbergers *Kursbuch* – 1968 veröffentlicht wurde, traf er exakt die Situation jener radikalen Verleugnung der Literatur. Nicht darum geht es, die »angezettelten Wortopern« – im Klartext wohl: das prunkende lyrische Werk – wegzuspülen, sie zu vernichten. Die Konsequenz ist ganz bitter: es wird den anderen überlassen, diese Wortopern zu vernichten, wenngleich in Klammern. Sprache ist immer noch brauchbar, es gibt Worte, die man nicht verändern kann: »Ich habe ein Einsehn gelernt / mit den Worten, die da sind / (für die unterste Klasse) // Hunger / Schande / Tränen / und / Finsternis« (IBW 1, 172) – da sind die Worte noch gültig, daran zu zweifeln, das wäre Luxus. Sorgsam und dezent zeigt die Autorin, daß das Gedicht nicht ein Verbrechen, kein Verschweigen wäre, wohl aber als ein Luxus aufgefaßt werden kann. Sie sieht aber keine andere Möglichkeit, über sich hinauszukommen, es sei denn, sie bleibt bei der Stange, sie bleibt bei der Schreibarbeit: »Ich vernachlässige nicht die Schrift, / sondern mich.« (IBW 1, 173) Die anderen – die wüßten sich mit »den Worten zu helfen«. Formulierungen wie »die Libido eines Vokals«, das könnte ganz konkret auf jene Vertreter der experimentellen Literatur gehen, etwa auf Gerhard Rühm, die dem Dialekt besondere Valeurs, lautlicher Natur zumeist, abzulocken verstanden. Es geht nicht um die »Liebhaberwerte unserer Konsonanten«. So besehen, bestehen Ingeborg Bachmanns Bedenken zu Recht, wenn man sie gegen die Konkrete Poesie in Anwendung bringt. Es überrascht nun, daß die Bachmann nach 1970 gerade einen Roman brachte, wo doch bei ihr jene Skepsis an der Sprache, aber auch am Erzählen, sich schon früh in den ersten Texten durch die Wahl der Perspektive bemerkbar gemacht hatte.

Erzählen nach der großen Krise des Erzählens: Wie kann nun ein Roman beschaffen sein, der sich nach diesen radikalen und auch ernstzunehmenden Attacken auf das Erzählen an sich nun wieder in der Lage sieht, doch zu erzählen, doch wieder als Roman sich zu präsentieren?

Ich möchte zeigen, daß das, was als Bewußtseinsstand in der Literatur um 1970 verfügbar war, in den Texten der Bachmann, vor allem in *Malina*, auch seinen Niederschlag zu finden vermochte. Ich versuche nun, in drei Schritten zu zeigen, worin 1. die Leistung des Textes in seiner Zeit bestand, worin 2. die Thematik des Buches zu

suchen ist und 3. welche Probleme und Fragen der Text beantwortet, ohne daß sie in so eindeutiger Weise gestellt worden wären.
Zunächst treibt die Autorin mit dem Leser ein beachtliches Verwirrspiel – wir erhalten die Personen in deutlicher Weise vorgestellt, wobei die beiden Männer eindeutig fixierbar sind, ja es liest sich fast wie eine exakte Personenbeschreibung. Dieser Text hat also konkrete Figuren; ja, sie sind schon ganz genau umrissen in ihrer Tätigkeit, doch versagt sich die Autorin dann immer eine ganz exakte Festlegung. Da heißt es von Ivan, daß er mit Geld zu tun habe, doch sei das Institut, in dem er arbeite, nicht die Creditanstalt. Noch undifferenzierter ist die Angabe bei der mit Ich bezeichneten Figur, wobei der Leser natürlich sofort kurzschließt und die Identifikation mit der Autorin vornimmt, obwohl an keiner Stelle gesagt wird, daß es sich um ein weibliches Wesen handelt! Der Ort ist eindeutig mit Wien fixiert, die Zeit mit »Heute«, ein ziemlich gewagtes Beginnen, diese Zeitangabe so zu setzen, darauf folgt ja gleich die Rechtfertigung. Und nun wird der Interpret vor eine Menge von Schwierigkeiten gestellt, denen er sich kaum entziehen kann. Denn er sieht sich mit diesen Personen, über deren Identität das Vorwort so ausführlich zu informieren schien, alleingelassen. Das Sicherheitsnetz der »Story«, in der alles seine erzählerische Ordnung hat, gibt es nicht mehr. Das »Heute«, das als Handlungszeit angegeben wird, verpflichtet den (die) Erzähler(in) auf das Präsens, das auch bis zum Ende durchgehalten wird. Hereingeholt in den traditionellen Tempus-Rahmen des Erzählens wird man nur durch den letzten Satz: »Es war Mord.« (IBW 3, 337)

Daß man mit dem Text Schwierigkeiten bekommt, wenn man ihn in der Form einer Inhaltsangabe zu fassen versucht, darf uns nicht weiter verwundern, und doch wurde das mehrfach versucht. So etwa in dem intelligenten Buch von Kurt Batt, *Revolte intern*. Darin liest man zum *Malina*-Roman:

> Die Ich-Erzählerin, wie die Autorin in Klagenfurt geboren, in Wien ansässig, sieht sich dem fünfunddreißigjährigen Ivan ausgeliefert, einem vielbeschäftigten Mann, den sie lieben möchte, zwischen dem und ihr aber die Schranken der Alltäglichkeit stehen: die Unmöglichkeit zu lieben korreliert mit der Unmöglichkeit von Poesie in der bürgerlichen Gesellschaft. Schließlich taucht ein Dritter auf, Malina, der beides zu gewähren scheint, bis sich herausstellt, daß er nichts anderes als ein alter ego der Ich-Erzählerin ist. Die Identitätsproblematik, die im Gang des Erzählens versteckt gehalten wird, tritt erst am Ende hervor: Das

erzählende Ich scheint Selbstmord begangen zu haben oder, was das gleiche wäre, wurde durch den imaginären Malina getötet, der nun den Schluß niederschreibt. (Batt 1975, 127 f.)

Das ist nun ein klassisches Beispiel für eine Leerstellenfüllung: ich verweise, daß Malina nicht als »Dritter« dazukommt, sondern schon da ist: alles scheint eingespielt: Malina stößt nicht auf Ivan. (IBW 3, 87)

Statt daß das offene, völlig unklare Ende zum Problem wird, wird es in Richtung auf eine handfeste Handlung hin aufgelöst, diese Auflösung wird lediglich durch die sanfte Formulierung »scheint« ein wenig unterbunden. Wieso dann die Vermutung aufkommen kann, daß es Malina ist, der das Buch zu Ende schreibt? Das ist nur möglich, wenn ein Erzähler am Realismus, an der eindeutig abschließbaren und aufzulösenden Story, an der Schließung des Plots so festhalten kann und muß, daß er keine andere Lösung zuläßt. Zudem scheint mir diese geradezu alberne Auflösung der Identität Malinas als der des Namenlosen Ichs am Ende durch nichts in dieser hier vorgebrachten Eindeutigkeit gerechtfertigt.

Noch naiver und daher auch ganz in die Rezeption passend, zugleich aber auch diese Rezeption illustrierend, ist eine Besprechung von Jörg Ulrich:

> Ingeborg Bachmanns Roman hat viel mehr mit Fontane und mit Schnitzler zu tun als mit irgend etwas Gegenwärtigem – auch wenn sie ihn in der 1970er Weise erzählt mit Einschüben von Briefen, Legenden und Zwischenschnitten und Träumen. Es bleibt Effi Briest, es bleiben der Mann, der seinen Nebenbuhler zur Strecke bringen will, und der schöne, schweifende Liebhaber, der rechtzeitig entflucht. (*Münchner Merkur*, 31. März 1971)

Da kann man nur sagen: Jedem das Seine. An der Literatur hat jeder nur das, was er begreift. Er sieht also nichts anderes als eine Fontane- oder Schnitzler-Tragödie. Geglückt ist, wie aus solchen Stellungnahmen ersichtlich, auf jeden Fall das Verwirrspiel, das die Bachmann mit dem Leser vorhat. Dieser meint, daß er sich auf die »story« verlassen kann, und es sieht am Anfang auch danach aus. Malina und Ich leben zusammen, aber dann gibt es noch diesen Ivan, den sie liebt. Also tatsächlich so etwas wie eine gute alte Dreiecksgeschichte, die immer irgendwie weitergeht.

Und das muß es wohl auch gewesen sein, was die Leser anlockte und das Interesse an der Handlung gewinnen ließ. Das Buch war nicht festlegbar. Es löste zunächst dem Stoff nach (und die einzelnen Einheiten sprechen auch dafür) viele solche Ereignisse aus unserer Lebenswelt in der Erinnerung aus. Da ist viel nachvollziehbar geblieben, kleine Handlungsdetails, diese bleiben immer im Gedächtnis. Eine Heimfahrt mit Ivan. Es ist eine Technik, die man am ehesten als Segmentierung bezeichnen könnte. Doch daß etwas auf dem Faden der Erzählung aufgereiht würde, ist nicht auszumachen, auch wenn diesem »Heute« eine gewisse Dynamik und auch eine Sukzession von Ereignissen eignet. Tatsächlich gibt es aber das nicht, was Musil einmal das »erzählerische Rinnen« genannt hat. Treten wir einmal kurz zurück von dem Text: es zeigt sich, daß für die Verfahrensweise diese Problematisierung des Erzählens bei der Bachmann durchaus anzutreffen ist. Auch hier – wie bei Handke – die Gestaltung der Vorgänge durch das Präsens. Auch hier der Verzicht auf die Geschichte, die »story«, die dann doch wieder gegen Ende durch die Kriminalromanreminiszenzen evoziert wird. Zuletzt wird auf die Figur auch verzichtet. Im allgemeinen konnte das Buch unter der Sigle »Es wird wieder erzählt« (so der Titel der Rezension von Wolfgang Kraus, *Kölnische Rundschau*, 24. Juni 1971) angepriesen werden, ein Verfahren, das das Buch marktgängiger machen konnte als die Schriften jener, die sich auf die radikale Revision jeglicher Erzählprozeduren eingelassen hatten. Das erklärt den beinahe auffallenden Erfolg: der Leser sah sich doch wieder an die Hand genommen von einer willigen Erzählerin, aber er mußte sich auch von ihr wieder verlassen sehen. Da war kein Faden, an dem die Ereignisse aufzufädeln wären. Die Leistung des Buches besteht nicht zuletzt auch darin, daß es die Revision der siebziger und sechziger Jahre ernst nimmt, daß es nicht zurückkehrt zum Story-Erzählen von früher.

Besteht die Leistung des Textes nicht zuletzt darin, daß er das konkrete historische Subjekt wieder einführt, dieses Ich, das sich uns zunächst geschlechtslos präsentiert? Lediglich solche Fakten wie der erste Kuß, den einmal die Erzählerin am Wörthersee von einem männlichen Wesen bekommt, lassen moderate Schlüsse auf ihr Geschlecht zu ...

Das, was in jenen frühen Texten der Bachmann auch teilweise zum Verstummen gebracht oder zumindest in seiner Konsistenz fraglich geworden war, scheint zunächst intakt am Beginn dazusein: ein Ich, das spricht, das aber am Ende verschwindet. Es verschwindet, es wird aufgehoben, es entfernt sich, es entkonkretisiert sich wieder. Es war ein fiktionales Ich, ein Ich, das zunächst lange den Leser an der Nase einer Dreiecksgeschichte herumführen konnte. Die bis jetzt vorgelegten Deutungen des Romans sind ratlose Versuche, diesem Dreiecksspiel gerecht zu werden, diesem Ich doch eine konkrete Existenz zuzusprechen, zugleich aber auch das Ich als einen Teil der Figur Ivans als auch Malinas zu erklären. »Ich habe in Ivan gelebt und ich sterbe in Malina« (IBW 3, 335) – was soll das heißen? Symptomatisch ist die Ratlosigkeit auch der Rezensionen, die in diesem Ich den perfekten Rückzug auf das Individuum sahen, heraus aus dem Allgemeinen, heraus aus allen uns bedrängenden Fragen. So liest man in der Rezension von Rudolf Hartung in der *Zeit* vom 9. April 1971:

> Vergessen aber kann man [...] nicht, daß es reichere und tiefere Möglichkeiten des Menschseins gibt, als dieser Roman sie schildert, und in der Welt andere und härtere Formen des Schmerzes und des Elends. Das Versponnensein in die eigene Subjektivität, das grenzenlose Wichtignehmen der eigenen Gefühle und Schmerzen, so daß die Wirklichkeit kaum mehr wahrgenommen wird und keine disziplinierende Wirkung mehr ausüben kann – das Leiden der Erzählerin dieses Romans besteht wesentlich darin.

Die Rebellion gegen die Gesellschaft, so der Rezensent, wirke »ohnmächtig«. Vertrauen hat er da nur in die »monomanische Wut eines Thomas Bernhard«. Ja, gewiß: da spielt sich ein Ich hoch, ein Ego, das sehr ernst genommen werden möchte, das seine Sensibilität marktschreierisch geradezu zu verkaufen, zu vermarkten scheint: der Preis der Leiden des Ich, andere Leiden stellvertretend auf sich nimmt, ein Martyrium vielleicht. Aber ist es das auch? Ist es tatsächlich nur das Ich, das hier leidet? Dieser Rezension ist gleich das Interview entgegenzuhalten, das Ingeborg Bachmann gab, um sich gegen solche Anwürfe abzusichern:
»Das Weltgeschehen ist eine Pflichtübung. Ich schreibe keine Programm-Musik.« Im Klartext: In einer Phase, in der von den Autoren der Basso continuo zum Weltgeschehen geliefert werden sollte, wehrt sich Ingeborg Bachmann, Sätze zu schreiben, die verbaliter auf die Krise der Zeit Bezug nahmen. Damals war die Presse mit Recht voll vom Vietnam-Krieg. Sie nimmt in diesem Interview auch auf eine zentrale Formel des Romans Bezug:

Für mich wäre es wichtiger, daß beschrieben wird, wie aus dem Schwarzen Markt der Nachkriegsjahre der wirkliche Schwarze Markt geworden ist – der damals gar nicht so schwarz war wie der heutige. Das hat natürlich nichts mit einer Analyse der Wirtschaftsstrukturen zu tun, müßte sie aber auf eine andere Weise treffen. Denn auf diese andere Weise trifft man die universelle Prostitution, die Prostituierung des Menschen in allen Zusammenhängen und in der Arbeit. (*Die Zeit* vom 4. Juli 1971)

(Der/die Interviewer[in] verstand diese Antwort nicht und ging gleich zu einer anderen Frage über ...)

Entscheidend für mich ist nun, daß der Roman der Bachmann gerade an dieser Stelle eine andere, eine wesentlichere, eine zeitkritische Dimension gewinnt. Allerdings ist das »auf andere Weise« nicht explizit dargestellt, nur ist der Ingeborg Bachmann klar, daß die Kritik an der Befindlichkeit dieser Gegenwart auf einem Umweg erfolgen müßte, nicht auf die direkte Art. Der Roman der Bachmann versucht auf dem Umweg über dieses überbetonte Ich die »universelle Prostitution« einzufangen (IBW 3, 78 und 260). In der Zusammenschau ergibt dieser Text so etwas wie eine Deutung der westlichen, meinetwegen kapitalistischen Welt. Wenn man die Äußerung der Bachmann aus dem Interview ernst nimmt – nämlich die Bezugnahme auf den »Schwarzen Markt« der Nachkriegszeit, dann versteht man die zwei Stellen (ebda) besser. Da wird eine Erinnerung aus jenen Tagen geschildert, in denen die Menschen hofften, ein neues Leben zu beginnen. Es war aber – und diese Eindrücke werden in einem Gespräch des Ich mit Malina aus der Sicht des Ich höchst subjektiv vermittelt – »der Anfang einer universellen Prostitution«. (IBW 3, 260) »Jeder, der arbeitete, war, ohne es zu wissen, ein Prostituierter, ...« (Ebda) Das ist die schärfste Diagnose, die von der Autorin über diese Welt, diese Lebenswelt gestellt wird, die von den Menschen etwas verlangt, was sie sonst bei anderen verächtlich betrachten: Prostitution, Verkauf des inneren Wesens. Das Wort »universell« steht in akzentuiertem Gegensatz zu der überbetonten Subjektivität. Da nun Malina, der Historiker, doch auch etwas von den positiven Anfängen der Geschichte nach dem Kriege wissen will, agiert Ich mit einer radikalen Verweigerung. Ja, sie hätte zwar eine Arbeit in einem Büro gefunden, nicht viel verdient, ihr Auslangen damit gefunden, aber: »Ich erzähle nicht, ich werde nicht erzählen, es ist mehr als eine Störung in meiner Erinnerung.« (IBW 3, 261) Nur wenn man in Rechnung stellt, wie sehr dieses Ich die Geschichte mitreflektiert, wie sehr die allgemeine Betroffenheit in diesem Ich aufgeht, zersetzt, aufgelöst, verwandelt wird: nur dann wird man auch diesem Text gerecht. Sonst bleibt es – wie es auch die Sekundärliteratur nahelegt – ein erzähltheoretisch interessantes Spiel: ein Spiel, in dem das Ich zum Verschwinden gebracht wird. In der Einheit der Räume, in der Einheit der Zeit scheint sich die historische Dialektik zu verlieren, hinwegdisputiert zu sein. Das kann man ohne viel Mühe nachweisen. Zweifellos liegt in der Auflösung der traditionellen Erzählhaltung auch eine der Hauptleistungen des Buches, das Innovatorische gewissermaßen.

Fassen wir nun zusammen, worin die Bedeutung dieses Buches zu sehen ist: Ingeborg Bachmann gelingt es, über die Künstlichkeit hinaus doch die Geschichte mitzudenken und in ihrem Roman zu verarbeiten. Am deutlichsten wird dies in dem Mühlbauer-Interview (IBW 3, 88–101), worin sie sich von jenen Phrasen löst, von jenen Klischees, mit denen Geschichte als überwindbar bezeichnet wird. »In einer Entwicklung bleibt ja nichts ohne Folgen, und dieser tägliche Brand des Justizpalastes...« (IBW 3, 90) Natürlich plappert der Interviewer eifrig dazwischen: »(Flüstern von Herrn Mühlbauer: 1927, 15. Juli 1927!)«. Doch beharrlich bleibt die Erzählerin bei ihrem Thema: »Der tägliche Brand eines so gespenstischen Palastes mit seinen Kolossalstatuen, mit seinen kolossalen Verhandlungen und Verkündigungen, die man Urteile nennt! Dieses tägliche Brennen...« (ebda). Diese Stelle ist für das Geschichtsverständnis der Ingeborg Bachmann entscheidend: die Geschichte erscheint nicht folgenlos, sie erscheint auch nicht als überwindbar. Sie erscheint als Prozeß, der in die Gegenwart hineinreicht, ein einmal gelegter Brand kann nicht aufhören, die Urteile, die gesprochen werden, sind bedingt durch jenes ewige Brennen.

Der Roman wird auch zu einer Deutung der – wenn man so will – nationalen Identität der Hauptfigur, des Ich. Ihr Bekenntnis zu diesem »Haus Österreich«, das sie als traumhafte Rückerinnerung empfindet, ist ein Bekenntnis zu der in der experimentellen Phase und in der politisierten Literatur verschütteten Periode eines großen Österreich, das über die Grenzen des kleinen Deutschösterreich hinausgeht.

Aber es ist nicht die Restitution von Reichtum und Macht, sondern es ist der Versuch, die Geschichte zu biegen zu einem Ganzen, zu einem Integralen, zu etwas, das nur traumhaft erinnert werden kann.

1952 notierte Ingeborg Bachmann in einer autobiographischen Notiz: »Im Grunde [...] beherrscht mich noch immer die mythenreiche Vorstellungswelt meiner Heimat, die ein Stück wenig realisiertes Österreich ist, eine Welt, in der viele Sprachen gesprochen werden und viele Grenzen verlaufen.« (IBW 4, 302; vgl. IBW 4, 523) »Traumhaft« und »Grenzen« – das sind Leitworte für das Wirklichkeitsverständnis Ingeborg Bachmanns, gleichgültig, was man unter Wirklichkeit versteht. Die Realität wird nicht ernstgenommen, wenn sie nicht durch die traumhafte Entrückung sich legitimieren läßt. Ingeborg Bachmann wird so zur Sachwalterin eines übernationalen »habsburgischen Mythos«, einer gewissen Übernationalität, in der nicht mehr eine Sprache im Ohr dröhnt, sondern in der sich die Einheit einer Sprache auflöst in ein vielstimmiges Ineinander. Rückwärtsgewandte Utopie: gewiß schreibt oder schrieb Ingeborg Bachmann fort an dem, was einst Hofmannsthal und Roth zu etablieren versuchten: ein übernationales Österreich, überregional. Die Namen Altenwyl und Trotta (in *Drei Wege zum See* aus *Simultan*) sind als dezente Reverenz an diese literarische Tradition zu deuten: über die Literatur, so kann man formulieren, wird der Bachmann erst die österreichische Identität greifbar. Das ist nicht verschmocktes Bildungszitat, was Ingeborg Bachmann da bietet, sondern ist viel mehr der Versuch, eine Kontinuität zu behaupten, die jenseits einer steten Veränderung zum Schlechteren sich behaupten konnte. »Die Gesellschaft ist der allergrößte Mordschauplatz« (IBW 3, 276) – das ist das Resümee einer Folge selbstkritischer Beobachtungen, einer Auflistung anekdotischer Kurzberichte von Verhältnissen, gescheiterten Ehen. Damit wird die Gesellschaft zu einem Schauplatz degradiert, der zu nichts andrem taugt als zu Mord. Die Leistung dieses Buches liegt auch darin, daß hier zwar ein großer Figurenbereich angeschnitten wird, diese Figuren aber nie wirklich in den Roman hineinragen, sondern nur als Zitat, als Allusion präsent sind (Altenwyl, Trotta, aber auch Leo Jordan usw., Figuren, die Werken Roths, Hofmannsthals, aber auch der Bachmann selbst entstammen). Es entsteht so eine Folge von abenteuerlichen Querverbindungen, der Roman grenzt an eine Unmenge anderer Ereignisse an, der Roman, der in einem Zyklus *Todesarten* stehen sollte – einmal ist dieses Wort seltsam verschrieben zu »Todesraten«. Allerdings ist nur der *Malina*-Roman fertiggestellt worden.

Wie immer man von diesem Text denkt – trotz seiner mitunter ärgerlichen Anpreisung des Subjekts, des Ich, das sich hier in den Vordergrund drängt und beschwatzt: trotz dieser outrierten Akzentuierung ist hier der Versuch unternommen worden, so etwas wie einen Konflikt einzufangen und zu bändigen: »Übernimm du die Geschichten, aus denen die große Geschichte gemacht ist. Nimm sie alle von mir«, sagt Ich zu Malina. (IBW 3, 332) Ist das Flucht aus der Geschichte und damit die typische Resignation vor der Geschichte? Flucht in zeitloses Etwas, das überdauern kann? Minime. Die Autorin hat einen Roman geschrieben, der der Überwindung der Geschichte dienen soll: sie stirbt, aber sie will über diese Geschichte hinaus leben: sie überwindet die Geschichte, für sich, sie verarbeitet die Geschichte, sie reflektiert die Geschichte, aber sie überläßt sie dem Historiker zur Dokumentation.

Der Roman *Malina* ist zum Teil ein überzeugender Schritt hinaus über die problematisch subjektlos gewordene Prosa und Erzählpraxis der späten sechziger Jahre, es ist der Verzicht auf die manchmal zum Spiel deformierte Literatur der experimentellen Phase. Es restituiert sich aber hierin nicht ein problematischer Erzähler; die Liquidation des Ich entspricht der Liquidation des traditionellen Erzählers. Das Ich erzählt sich zu Tode. Damit hatte Ingeborg Bachmann einen höchst aufschlußreichen Zwischenstatus erreicht: auf der einen Seite verzichtet sie auf die avantgardistische Lösung, auf die experimentelle Romanform, in der auf das Erzählen verzichtet wird, sie verzichtet aber zugleich auch auf die traditionelle Lösung. Keine Restauration des Erzählens in herkömmlicher Hinsicht, keine Herstellung von Identitäten und Scheinrealitäten.

Freilich ist dieser Text nicht einfach überführbar in die politische Realität; nicht überführbar in die Alltäglichkeit, doch ist davon mehr eingefangen, gestaltet, als durch oberflächliche Betrachtung der Literatur eingefangen werden kann. Ich versuchte dies durch die Hinweise auf den Brand des Justizpalastes in der Geschichte und die Kontinuität dieses Ereignisses zu zeigen. Was als übermäßige Subjektivität empfunden wird, wird so übergeführt in ein kollektives Leid an der Geschichte, in eine Empfindung, die jedoch nur durch die Sprache und das Sprechen des einzelnen überhaupt zur Sprache kommen kann.

Ingeborg Bachmanns Roman scheint mir ein wichtiges Dokument in dreierlei Hinsicht zu sein:
1. Es wird hier bewußt eine Divergenz zwischen der formal

orientierten und durch die Zersetzung der Form andere Qualitäten anstrebenden Literatur angesteuert. Man halte zum Vergleich etwa die Romane eines Okopenko, Handke (*Hausierer*), Bayer, Wiener und – mit Abstrichen – auch Thomas Bernhards dagegen. Die Künstlichkeit, die dazu führt, daß Sprache auf sich selbst zurückverweist, scheint hier überwunden. Sprache ist nicht ein selbstgenügsames und bedenkliches Spiel, sondern wird vor allem von der Verantwortung des Schreibenden her, der mit dem Wort und der Verfügbarkeit über dieses auch eine Aufgabe übernommen hat, gesehen.

2. Zugleich wird eine konkrete Realität in bezug auf Raum und Zeit eingeführt. Wien und die Zeit bleiben erkennbar: ein Heute, das jedoch nicht vor dem Zweiten Weltkrieg und nicht nach 1971 liegen kann, also etwa um 1970 liegen muß (müßte). Aber diese Realität wird immer aufgehoben, es will kein Lokalroman (etwa im Sinne Doderers) werden, in dem das Lokal, die Örtlichkeit, auch völlig präsent ist. Es ist auch kein Zeitroman, in dem eine bestimmte Periode porträtiert würde und auch diagnostiziert. In der steten Aufhebung dieser Realität, in der bewußten Konzentration auf einen engen Raum, in diesem Fall auf das »Ungargassenland«, wird evident, daß das Raum-Zeit-Kontinuum, sonst substantielles Gliederungsprinzip, auch wenn durchbrochen, hier nicht gültig und zugleich doch wieder gültig gemacht werden soll. Also: nicht Fisch und nicht Fleisch. (Ich meine, daß dies die ästhetische Eigenart, zugleich auch die Unentschlossenheit des ganzen Buches ausmacht.)

3. Der Roman entzieht sich der Stellungnahme zur Aktualität, die Ingeborg Bachmann auch in ihrer zitierten Wildgans-Preis-Rede abgelehnt hatte, weil sie sich den Phrasen entrücken will, sich entrückt sehen will, weil sie eine Sprache schreiben will, die Gültigkeit hat: Gerade in dieser Verweigerung, die Aktualität einzufangen, sich in der Sprache, die von der Autorin gewünscht wird, auch kommunizierbar zu machen, gerade diese Weigerung macht die Stärke des Textes aus. Es sind Sätze über die geschichtliche Bedingtheit des Menschen zu sagen. Wenn Ingeborg Bachmann die Stellungnahme Wittgensteins so deutet, daß wir – »Wovon man nicht sprechen kann, darüber muß man schweigen« – mit unserer Sprache verspielt haben, dann geht die Stoßrichtung dieses Textes dahin, daß trotz dieses Bewußtseins (daß wir mit unserer Sprache verspielt haben und wie die Papageien das, was man von uns hören will, nachplappern) zu sprechen ist. Christa Wolf hat ja die Gedanken Ingeborg

Bachmanns weitergeführt, in ihrem Roman *Kindheitsmuster* (1976), indem sie die Formulierung Wittgensteins erweiterte: »Wovon man nicht sprechen kann, darüber muß man allmählich zu schweigen aufhören.« Damit ist der Ort markiert, an dem auch dieser Roman zu stehen kommen soll, der aus der Sprachskepsis die Konsequenz zieht, zugleich aber nicht in eine totale Resignation der Sprache gegenüber mündet. Darin liegt denn auch das Dilemma des ganzen Buches: die Unfähigkeit, die auch dem Entsetzen entspringt, all das zu benennen, was zu benennen ist.

Allerdings empfahl sich dieser Roman dem Publikum bald und gehört auch heute noch zu den Dauerbrennern österreichischer Literatur – und das trotz der reservierten Rezeption unmittelbar nach dem Erscheinen des Buches. »Ich schreibe keine Programmusik« – erklärte sie in einem Interview vom 9. April 1971. Es ist die »universelle Prostitution«, welche die Autorin mit einem Impetus anprangert, der dem Buch sonst gar nicht anzumerken ist. Das Buch der Ingeborg Bachmann läßt sich nicht eindeutig bewerten: gewiß verstört das Ich, das sich hier in den Vordergrund spielt, jedoch ist die Verantwortung, die die Erzählung auf sich nimmt, nicht nur ein leeres Pathos. Es ist nicht Karikatur einer Gesellschaft – wie Ingeborg Bachmann in dem zitierten Interview erklärt: »Das Lächerliche an den Menschen ist für mich etwas, das nur zur Fassade gehört. Und solange nur die Fassade beschrieben wird, sind die meisten Menschen, auch das Ich, oft lächerlich. Nur hinter dieser Fassade ist kein Mensch lächerlich.« Es sind diese Erörterungen für einen anderen Zusammenhang wichtig: Dilettanten in der Literaturbetrachtung haben oft das »Lachen und Lächeln« in der österreichischen Literatur von heute vermißt. Wäre es nicht denkbar, daß den Autoren Lachen und Lächeln vergangen ist?

6. Peter Handke (*1942): *Wunschloses Unglück* (1972)

Ein Autor, dem das Lachen auch vergangen sein dürfte, ist Peter Handke. Von der Ironie hält er nicht viel, und auch auf Musil ist er deswegen böse. Der Kontext zwischen Bachmanns *Malina* und dem Buch Handkes, das ich hier besprechen möchte, läßt sich zwar nicht äußerlich auf Grund der Gestaltung und der Thematik herstellen, sehr wohl aber durch die gewählten literarischen Verfahren, durch den Bezug zur Politik und durch die Integration der Reflexion auf die Sprache. Peter Handke gehört zu jenen Autoren, über deren Werk man geteilter Meinung sein kann, ja sein muß, da es in der Entwicklung meines Erachtens einander ausschließende Positionen umfaßt, aber doch mit der nur diesem Autor eigenen Begabung. Wie wichtig Handke für die Charakterisierung der Entwicklung der österreichischen Literatur ist, geht aus der Nennung seines Namens in jedem Zusammenhang hervor, der auf das Totale dieser österreichischen Gegenwartsliteratur zielt. Mit ihm scheint sich nahezu jedesmal eine Neue Welle angekündigt zu haben, er hat sich auch selbst das Prinzip gesetzt, mit jedem Werk einen neuen Stil oder eine neue Position zu beziehen, in jedem Werk auch ein anderes Verfahren zur Sprache zu bringen. Das legt den Autor auf das (vielleicht verhängnisvolle) Prinzip der Innovation fest. Ich habe Handkes Texte zuvor mehrmals zitiert, vor allem im Kontext mit der Polemik gegen das Erzählen und der Erneuerung dramaturgischer Praktiken.

Heute, aus der Distanz von etwa fünfzehn Jahren, läßt sich leichter das ermessen, was Handkes Leistung denn nun ausmacht. Als er 1966 in Princeton antrat, um die dort versammelten Literaten zu beschimpfen, paßte dies gut in den Stil der sechziger Jahre, in denen nun endlich auf die Provokation eines bestehenden Literaturverständnisses zu setzen war. Man kann mit Recht sagen, daß Handke in seinen kurzen Statements ein sich sicher fühlendes und auch politisch engagiertes Literaturverständnis fragwürdig gemacht hatte. Zwar versuchten die Autoren herunterzuspielen, was Handke ihnen da vorgeworfen hatte, evident war zugleich, daß die dort praktizierten literarischen Verfahrensweisen und Rituale nicht gültig waren, daß ein Betrieb, der nur Insider zu Wort kommen ließ, nicht die Sprache im Auge hatte, sondern eine Realität, die sich, für Handke, als Fiktion erwies, weil man nicht die Sprache analysierte, durch die sie vermittelt werde. *Ich bin ein Bewohner des Elfenbeinturms* heißt ein 1972 erschienener Sammelband, in dem die Stellungnahmen aus dieser Zeit denn auch versammelt sind. Darin zeigt sich Handke ganz auf einer Linie mit Ingeborg Bachmann: »Mir ist während dieser Tagung aufgefallen, daß formale Fragen eigentlich moralische Fragen sind.« (Handke 1972a, 34) Das stellte ihn in eine Linie mit Karl Kraus und anderen: nur die Sprache wird als Qual empfunden, als etwas, gegen das man sich zur Wehr zu setzen hätte, als eine Einengung: »In Sätzen steckt Obrigkeit.« *Die Literatur ist romantisch* (Handke 1972a, 35–50), so lautet der gleichfalls provokante Titel eines Essays aus demselben Jahr, in dem Handke Worte wie »engagiert« nach ihrem Bedeutungsgehalt abklopft und zu dem Resultat kommt, daß es keine »engagierten Schriftsteller, aber engagierte Menschen« gebe. (Ebda, 43) »Die Literatur ist unwirklich« – das ist der provokante letzte Satz dieses Essays, der ganz in das »Künstlichkeits-Programm« der Avantgarde um die Wende der siebziger Jahre paßte. »Eine engagierte Literatur«, so meint Handke, »sollte es jemals eine solche geben, müßte jedes spielerische, formale Element aus der Literatur entfernen: sie müßte ohne Fiktion auskommen, ohne Wortspiel, ohne Rhythmus, ohne Stil.« (Ebda, 50) Wichtig ist für Handke, daß durch die Literatur eben jedes Engagement eine Verfremdung erfährt, ein Grundsatz, dem man schwer Gültigkeit absprechen wird können. Man wird auch daraus folgern können, daß in der Literatur Engagement nur bedingt zur Sprache kommen kann, was konsequenterweise bedeutet, daß Literatur auch zum Hemmschuh dieses Engagements werden kann (negativ) oder auch zu dessen notwendigem Korrektiv (positiv). Die Attacken gegen Handke, von den Anfängen an bis in die Gegenwart, lassen sich auf zwei Formeln bringen: »Sterile Exerzitien« (Jörg Drews) und Erneuerung der Innerlichkeit. Das hat hat Reinhard Lettau in einem Gedicht auch kenntlich gemacht: Es sind Spottverse: »Der Dramatiker Peter Handke, / unterwegs nach einem Interesse / begegnet / der Sprache, / dann dem Senator Franz Burda aus / Offenburg, endlich / sich selbst, / ›Nach innen‹, seufzt er, ›geht / der geheimnisvolle Weg.‹« (Zit. nach Scharang 1972, 308)

> Handkes frühe Werke, seine Behandlung der Sprache als konstruierendes Element für die Wirklichkeit der Menschen, haben an der Entwicklung zumindest einer Dimension der neuen kulturellen Situation mitgearbeitet. Neben der Provokation des existierenden Kulturbetriebs war es zu Beginn vor allem sein monomanisches Insistieren auf der Frage, wie die Menschen mit Hilfe von Kommunikation ihre Alltagswirklichkeit einrichten, wodurch Handke sie herausforderte. Das Herr-Knecht-Verhältnis oder das Aktiv-Passiv-Schema stellte Handke nicht als Teile einer Gesellschaftskritik, etwa im Rahmen einer Kapitalismus-Kritik dar, sondern er versuchte, diese Handlungszusammenhänge von innen heraus zu rekonstruieren. Seine Stücke verstehen sich nicht als exemplarische Wiedergabe einer durchschauten gesellschaftlichen Totalität. Sie wollen vielmehr Ausschnitte aus einer Wirklichkeit nachstellen,

deren Regeln und Konstruktionsprinzipien erst aus ihnen gewonnen werden sollen, und so sind sie die Produkte einer veränderten Perspektive: der des staunenden Außenstehenden, dem die kleinsten Details der Lebenswirklichkeit der Mitteleuropäer fremd sind und der sie in ihren direkten und unverstellt zu beobachtenden Zusammenhängen wahrnehmen will. (Hüppauf 1979, 11 f.)

Vor allem sein *Kaspar* von 1968 zeigte, wie so ein Mensch durch die Sprache aufgebaut ist. Was die Leistung Handkes in diesen frühen Texten – und das ist der literarhistorische Ort nicht allein, der dadurch markiert wird – war, ist das Alltägliche plötzlich als das Unvertraute, das Nicht-mehr-Selbstverständliche, das Verfremdete und Verfremdbare begreiflich zu machen. Alles, was sonst »natürlich« (denken Sie an Hermann Painitz' *Manifest*) ist, wird dieser Natürlichkeit beraubt, alles, was als Sinn und Plan der Geschichte ausgegeben wird, wird dieser Planhaftigkeit entkleidet, erscheint nicht Produkt eines von lange her geplanten Sinnes. Das ist auch die Leistung des *Kaspar*. Hier hat Handke zu zeigen versucht, wie ein Mensch aus der Sprache »aufgebaut« werden kann. Kaspar kommt nur mit einem Satz auf die Bühne, den er vor sich her sagt, allmählich machen die Einsager dann aus ihm den Menschen. Entscheidend war dabei vor allem, daß ein Mensch in seiner Manipulierbarkeit gezeigt wurde, daß er heteronom ist. Das ganze Stück eine glänzende Metapher für die Manipulierbarkeit und Fremdbestimmung des Menschen. In der ersten Fassung hatte Handke auch den Schlußsatz in diese Sentenz münden lassen: »Ich bin nur zufällig ich«, heißt es da, der aber später ersetzt wurde durch »Ziegen und Affen« – ein Shakespeare-Zitat aus *Othello*. Handke hatte also diesen zu emblematischen Schluß getilgt. Natürlich ist das alles recht abstrakt vermittelt: es ist ein Modellfall, und Kaspar das Musterbeispiel für eine Kunstfigur. Man hat nun – um 1970 – daran kritikabel gehalten, daß doch das Gesamte der menschlichen Gesellschaft irgendwie in den Blick bekommen werden müßte, und Martin Walser sprach von einer »ontologischen Turnstunde« und davon, daß der Springer-Konzern Interesse daran haben müßte, daß so allgemein von ihm geredet wird. (Vgl. Mixner 1977, 74) Handkes Text ist gerade aber, so könnte man heute sagen, deswegen gültig, weil er die didaktische Funktion der Parabel doch idealtypisch wahrnimmt und einige wichtige Momente des Spracherlernungsprozesses aufzeigt. Damit wird der Text nicht nur auf eine gesellschaftliche Totale transponierbar, sondern auch für jede Lebensgeschichte adaptierbar.

Der Einwand, daß Kritik hier nur abstrakt vermittelt wird, daß nur derjenige, der auch gewillt ist, sich auf diese Abstraktionen einzulassen, an solchen Gebilden Geschmack finden kann, läßt sich nicht so leicht wegwischen: Es fehlt jenes Moment, das die Fiktion sonst verbindlich machen kann: die konkreten Berührungspunkte mit unserer Lebenswirklichkeit. Es verhält sich Handkes *Kaspar* zu einem »echten« Drama so wie die Grammatik zum Sprachlehrbuch, in dem auch nette Geschichtchen und nicht nur die Deklinationen aufgezeichnet sind.

Diese extreme Abstraktion erwies sich zwar als recht eindrucksvoll, aber nicht wiederholbar. Was hier vorgeführt wird, ist der Mensch auf einer Art Experimentalstation. Es wird mit einem Schema dem Menschen das abgepreßt, was überindividuell gültig sein soll (zu sein hat).

Das alles bleibt abstrakt, unvermittelt: darin liegt die Gefahr. Es ist überindividuell gültig, nicht an das eine oder andre Detail gebunden: das ist das Positive.

Daß Handke nun in den nächsten Werken versuchte, dieses Verfahren nach einem Muster (oder Ritual) auf Lebenswirklichkeit abzutasten, diese aber im Detail noch nachhaltiger aufleuchten zu lassen, ist für die nun folgende Erzählprosa kennzeichnend.

Wie konnte jemand, der den *Hausierer* geschrieben hat, nun überhaupt noch erzählen? Darauf geben zunächst die beiden nächsten Werke, *Die Angst des Tormanns beim Elfmeter* (1970) und *Der kurze Brief zum langen Abschied* (1972), Antwort. Hatte der *Hausierer* das Modell des Kriminalromans vorgeführt, so bietet nun der *Tormann* die Story des Kriminalromans ohne dessen Struktur. Er füllt nun nicht die Muster auf, sondern bietet, was nach Abzug der Muster bleibt. Ein Monteur wird entlassen, streunt durch Wien, ermordet eine Kassiererin, die sich mit ihm eingelassen hat. Verläßt Wien; das Netz scheint sich hinter ihm zusammenzuziehen. Aber wo bleibt das spannende Finale? Es gibt kein Kontinuum, keinen »Zusammenhang«, es bleibt das Detail, das die Story überwächst. Es bleibt bei den Wahrnehmungen des Monteurs, an dem sich mehr und mehr Symptome der Schizophrenie bemerkbar machen. Ähnliche Akzentuierung erfährt das Detail auch in *Der kurze Brief zum langen Abschied*. Das ist – so Handke – die »Fiktion eines Entwicklungsromans« – also wieder ein Muster, das indes nicht systematisch ausgebeutet wird, sondern Fiktion bleibt.

Was Handke in diesen »frühen« Texten vor allem anstrebte: die Geschichten zu zersetzen, anzuzeigen, daß der Mensch keine planmäßig abrollende Geschichte habe. Was nun in der Erzählung *Wunschloses Unglück* vorgeführt wird, ist der Versuch, die Geschichte einer Frau zu erzählen und zu zeigen, wie diese Geschichte doch wiederum keine Geschichte ist, die sich für die Erzählung eignet. Der situative Kontext dieser Geschichte, ihr Umfeld, paßt natürlich auf den ersten Blick nicht in das der anderen Handke-Bücher, in Bücher, in denen vor allem die Fiktion großgeschrieben werden konnte oder ein Muster präsentiert wurde.

Versuchen wir einmal den Umweg über die Rezeption zu gehen. Der Bundeskanzler, damals schon Kreisky, hat das Buch in einer Nacht gelesen, wie es in Pressemeldungen hieß, was ja noch kein Qualitätsurteil bedeutet. Die Rezensionen indes überschlagen sich vor Begeisterung, bis auf eine, nämlich die von Marcel Reich-Ranicki, die unter dem Titel *Die Angst des Peter Handke beim Erzählen* (Zeit, 15. Oktober 1972) erschien und in der der ungeheuerliche Satz zu lesen ist: »Aber was als zeitgeschichtlicher und gesellschaftlicher Hintergrund in die Erzählungen einbezogen werden soll, ist meist nur blaß und bleibt, ohne daß dies etwa angestrebt wäre, schemenhaft. Handkes Darstellungsweise ist, zeigt sich, der realen Welt, der er hier beikommen will, nicht ganz gewachsen.« Man muß also der realen Welt gewachsen sein – wer ist das schon? Die Bankmanager. Noch radikaler ist das Verdikt von Michael Springer: »Freilich ist die Geschichte vom Leiden und Tod einer Mutter ergreifend; entdeckte man sie als Bericht eines Unbekannten, so gäbs kein Sträuben gegen die Ergriffenheit. Sieht man aber außer dem, was Handke macht, auch noch das, was er aus sich machen läßt, so muß man sich dagegen wehren, wie hier aus dem Sterben der Mutter das Image des Sohnes gemacht wird.« (*Neues Forum* 19, 1972, H. 225, S. 60) Man sieht, daß es bei Handke unmöglich geworden ist, von der Person des Autors zu abstrahieren. Es wäre wirklich wünschenswert, wenn wir einmal so weit kommen könnten, die einzelnen Figuren der Romane nicht mit den Autoren zu verrechnen, indes gerade die Literatur fordert zu der Frage heraus, deren Legitimität wir kaum nachprüfen: wie muß der ausschauen, wie muß der sein, der so etwas schreibt? (Franz Blei hat einmal vorgeschlagen, daß man Literaturgeschichten unbedingt Photos beigeben müsse, um daraus Verbrecheralben mit Steckbriefen zu machen.) Zunächst müssen wir uns durch die Kritik provoziert sehen: Ist das nicht der Fall einer unerhörten Indezenz, das Schicksal seiner Mutter so verkaufsträchtig auszunützen? Wieder schlägt das moralische Urteil zu! Ist es nicht bedenklich, aus diesem Fall einen Fall wie jeden anderen zu machen, an dem aber den Autor interessiert, wie er ihn zur Literatur machen kann? Das sind die Einwände, die man oft wird hören können gerade in bezug auf dieses Buch. Das heißt aber auch in meinen Augen, die dem Text immanenten Wertsetzungen und Zielvorstellungen einfach zu übersehen, bloß weil man das, was in der Rezeption als das Marktgängige herausgestrichen wurde, angepriesen sehen will. Die Leistung eines Textes wird verrechnet mit dem persönlichen Naheverhältnis zu dem Autor: aus einer Fülle von Sympathien und Antipathien wird ein Ensemble von Kriterien gewonnen, gestützt auf Äußerungen zu dem Werk, die vom Autor selbst stammen. Und Handke hat mit klugen und präzisen Kommentaren zu seinen Schriften ja nicht gespart.

Indes war der Erfolg von *Wunschloses Unglück* so eindeutig, daß ihm dieser nachher immer wieder vorgehalten wurde. Hier war auf der einen Seite das Verfahren, das zuvor im Zentrum der Reflexion gestanden hatte und das sich auch selbst präsentierte (*Hausierer, Kaspar*) endlich mit einem konkreten historischen Subjekt (Subjekten) gefüllt. Es war sogar so, daß die Geschichte der Figur eingebettet werden konnte in einen konkreten historischen Rahmen.

Exkurs: Handke und die Geschichte. Wer Handkes Werk aufmerksam liest, der wird darin eine noch stärkere Aversion gegen die Auffassung vom Menschen als eines in seiner geschichtlichen Bestimmtheit bestimmten Wesens erkennen, als in vielen anderen Werken, selbst der österreichischen Literatur. Man könnte sagen, daß Handkes Polemik dem geschichtlichen Verständnis und Selbstverständnis des Menschen gilt, ein zum Teil höchst problematisches Unterfangen. Die markantesten Absagen an die Geschichte hat Handke in seinem Journal *Das Gewicht der Welt* (1977) vorgenommen. Darin wird – auch wenn das später entstanden ist – die Geschichte verurteilt. Nun haben wir schon die Geschichten als verurteilt erfahren; man könnte aber so das Urteil erweitern und eine Proportion aufstellen: Detail: Geschichte = Geschichten: Geschichte. Die Weigerung Handkes, sich historisch oder politisch irgendwie definiert zu sehen (ja: geradezu das Wort »definiert« stört ihn), ist ein starker Impetus zu schreiben, um gegen diese Klassifikation des Individuums durch eine sich als Tyrannis (oder: System) gerierende Wissenschaft zur Wehr zu setzen. Ich meine, daß diese Position zumindest ernst zu nehmen und auch zu respektieren ist. Gerade im *Wunschlosen Unglück* bedeutete Flucht aus der Geschichte noch nicht Geschichtslosigkeit, sondern Akzentuierung der individuellen Bedürfnisse. Die Geschichte sollte zu keinem universalen Panoptikum gerinnen, in dem der einzelne dann auch seinen wie immer gearteten Platz einzunehmen habe, zur Folie, in die er sich einpassen müsse. Geschichte ist für ihn das »Asyl für die Seins-Nichtse« (Handke 1977, 20) – also damit würden alle Historiker gemeint, die die Welt erklären. »Die blutsaugerische Sehnsucht nach Geschichte überall!« (Ebda, 199) Das sind zwar spätere Zitate, aber der Fluchtpunkt der Bewegung Handkes aus der Geschichte heraus. Ein Beispiel soll das erläutern: Wie Handkes Mutter den Nationalsozialismus erlebt. Handke sieht sich nicht genötigt, auf der großen Geschichte quasi parasitär die eigene Geschichte (oder die seiner Mutter) zu errichten, sondern erzählt diese Geschichte gegen den Strich: gegen den Strich der großen Geschichte (aber mit dieser wohl im Hinterkopf) wird gegen die großen Zusammenhänge angeschrieben. Eine Fülle kulturhistorischer Details, offenkundig auch aus Quellen zusammengetragen, wird summiert (Handke 1972d, 20–24), um dann in den lapidaren Satz zu münden: »Diese Zeit half meiner Mutter, aus sich herauszugehen und selbständig zu werden.« (Ebda, 24) Also eine Diagnose, die im Gegensatz zum landläufigen Befund der Historie im besondern über diese Epoche steht: Gerade hier, wo die Unselbständigkeit so groß war und der Rückzug auf das Individuum, die Privatisierung das Optimum war, gerade an diesen Stellen wird im Falle der Mutter das Gegenteil zur landläufigen Auffassung herausgestellt. Es wird Geschichte gegen die Geschichte geschrieben.

Aus dieser einmaligen Hoch-Zeit resultiert die Alltäglichkeit. »Den Ehemann vergaß sie... [...] Sollte es das schon gewesen sein? Seelenmessen, die Kinderkrankheiten, zugezogene Vorhänge, Briefwechsel mit alten Bekannten aus unbeschwerten Tagen, Sich-nützlich-Machen in der Küche und bei der Feldarbeit, von der man immer wieder weglief, um das Kind in den Schatten zu legen; dann die Sirenen des Ernstfalls...« (Ebda, 29 f.) »Sie war also nichts geworden, konnte auch nichts mehr werden, das hatte man ihr nicht

einmal vorauszusagen brauchen.« (Ebda, 34) Die perfekte Desillusion, eingefangen in die Geschichte.
Individuelle Geschichte gegen allgemeine Geschichte. Die einzelnen Regungen, denen diese Frau unterliegt, sollen sich als stärker und zwingender erweisen als das, was wir in der Geschichtsschreibung mit Termini umstellen: also etwa Faschismus, Klassenkampf, Spaltung in Ost und West. Indes entgeht Handke hier nicht der Notwendigkeit, auch historische Differenzierungen vorzunehmen. Auch Geschichten lassen sich nicht gegen die Geschichte erzählen. Doch diese Flucht aus der Geschichte, die wieder in die Geschichte zurückführt, wird sofort registriert als die einzige Möglichkeit, den historischen Zustand bewußt zu machen: Handke »schildert« Ehezwistigkeiten – »Am nächsten Morgen machten sie sich dann das Frühstück selber, während der Mann ohnmächtig im Bett lag und die Frau neben ihm sich mit geschlossenen Augen schlafend stellte« – und vermerkt nach diesem Satz:

> (Sicher: diese Schilderungsform wirkt wie abgeschrieben, übernommen aus anderen Schilderungen; austauschbar; ein altes Lied; ohne Beziehung zur Zeit, in der sie spielt; kurz: »19. Jahrhundert«; – aber das gerade scheint notwendig; denn so verwechselbar, aus der Zeit, ewig einerlei, kurz, 19. Jahrhundert, waren auch noch immer, jedenfalls in dieser Gegend und unter den skizzierten wirtschaftlichen Bedingungen, die zu schildernden Begebenheiten. Und heute noch die gleiche Leier: am Schwarzen Brett im Gemeindeamt sind fast nur Wirtshausverbote angeschlagen.) (Ebda, 54 f.)

Da läßt sich Handke auf eine historische Diagnose ein: er beschreibt die Rückständigkeit dieses Landesteils, nur um dann sofort zu sagen, daß die Darstellungsform dies rechtfertige. Was also nun: Ist die Darstellungsform abhängig von dem sozio-kulturellen Kontext oder umgekehrt? Dieses Problem wird nicht ausdiskutiert, obwohl es höchst relevant wäre. In dem Haus finden sich »Gegenstände aus einem vergangenen Jahrhundert« (ebda, 59): wieder Anlaß, um diese Rückkehr in die Vergangenheit sprachlich zu durchleuchten. »Auch die BEHÄBIGE Waschrumpel« usw. gehört dazu.

Auch der langsam sich einstellende Wohlstand, wenn man so überhaupt sagen darf, geht nicht spurlos an der Mutter vorüber. Doch damit werden, wiederum paradox, die Kurzschlußhandlungen zunehmen. Immer mehr stellt sich nun diese Dissoziation ein. Sie wird zwar mehr sie selber, sie gewinnt schrittweise ihre Identität (nicht zuletzt durch die Literatur; vgl. ebda, 63), sondert sich aber dadurch auch ab von den anderen.

»Allmählich kein ›man‹ mehr; nur noch ›sie‹.« (Ebda, 68) Dieser Überwindung des »man« scheint das Buch in seiner Gänze gewidmet zu sein. Es scheint keine Stelle zu geben, an der diese Überwindung nicht durchgesetzt werden sollte, selbst um den Preis, eine Geschichte gegen die Geschichte erzählen zu müssen. Es wäre nur zu fragen, ob nicht dieses Auseinanderklaffen von persönlicher und überindividuell erlebter Geschichte eben zu dieser Krise führte. Die Krise, die hier dargestellt wird, ist der Anlaß, daß überhaupt wieder erzählt wird. Es ist, wie im Werk der Ingeborg Bachmann auch, der Versuch, das Schweigen an einer Stelle zu überwinden und doch noch aus den Möglichkeiten der Sprache das herauszuholen, was in ihr ist. Der sowjetische Sprachwissenschaftler Wygotski (1896–1934) hat einmal formuliert:»Das Bewußtsein spiegelt sich im Wort wie die Sonne in einem Wassertropfen... Das sinnvolle Wort ist der Mikrokosmos des Bewußtseins.« Und Handke scheint in diesem Werk stets auf der Suche nach diesem Wort zu sein. Und so findet sich gerade in der Mitte des Textes eine längere reflektorische Partie, in der der Autor deutlich dartut, wieso er wiederum zum Erzählen kommt. Ist am Anfang nur das Bedürfnis »über sie zu schreiben« so stark da, und zwar so stark, daß es verhindern konnte, daß es sich nicht in »stumpfsinnige Sprachlosigkeit zurückverwandelt« (ebda, 7), so setzt Handke in der Folge anders an: Es gilt, den Vorgang unter Kontrolle zu bekommen. Nicht die Worte zu suchen, sondern sich zu fragen, was in unserer funktionierenden Sprache für das Leben eines Menschen vorgesehen ist. Es geht ihm darum, aufzuzeigen, wie ein Mensch strampeln kann, um nicht von diesem »man« so völlig absorbiert zu werden, daß nichts mehr von ihm bleibt. Gegen diese Absorption des Menschen durch die Abstraktion richtet sich nun dieser Text. Ich meine, daß Handke hier zwar die Verfahren seiner ersten Texte angewendet und reflektiert, zugleich auch ihre Gefährlichkeit erkannt hat. Dieses Verfahren macht den Menschen nicht sprechend, es zeigt an, daß ihm zum Sprechen nur diese eine Sprache zur Verfügung gestellt wurde:

> Ich vergleiche also den allgemeinen Formelvorrat für die Biographie eines Frauenlebens satzweise mit dem besonderen Leben meiner Mutter; aus den Übereinstimmungen und Widersprüchlichkeiten ergibt sich dann die eigentliche Schreibtätigkeit. Wichtig ist nur, daß ich keine

> bloßen Zitate hinschreibe; die Sätze, auch wenn sie wie zitiert aussehen, dürfen in keinem Moment vergessen lassen, daß sie von jemand, zumindest für mich, Besonderem handeln – und nur dann, mit dem persönlichen, meinetwegen privaten Anlaß ganz fest und behutsam im Mittelpunkt, kämen sie mir auch brauchbar vor. (Ebda, 43)

Das ist gut Wittgensteinisch gedacht: und zwar, wie die Wittgenstein-Forschung sagt, nach dem Wittgenstein II, der die Sprache des Alltags für in Ordnung befindlich erklärt. Es geht nicht um die gesuchte Sprache, es geht darum, den Gebrauch der Sprache zu kontrollieren, in möglichst großem Einklang mit dem Gebrauch in der Umgangssprache. Die Aporie des Erzählens beruht gerade darin, daß Handke sich freimachen muß, gegen die konventionelle Sprache anzuschreiben, daß er sich dazu bequemen muß, die Sprache des Alltags, den »allgemeinen Formelvorrat« erneut zu verwenden, daß er auf der anderen Seite Angst hat, nun wieder gegen das Prinzip, unter dem er angetreten ist, zu verstoßen, nämlich gegen das Prinzip, die Klischees wieder lebendig zu machen, am und im Detail zu erneuern, die Lebenswirklichkeit nicht mit dem vorgesehenen Formelvorrat zu erfassen, kurz, er muß vermeiden, daß er bloße »Zitate hinschreib[t]« (ebda, 43). Auch muß er vermeiden, »daß die Geschichte nicht zu sehr sich selber erzählt« (ebda, 85). Das ist eine Art Mechanismusprophylaxe, die eingebaut ist. Daß man dieser Klischees, dieser präfabrizierten Formeln, nicht entraten kann, wenn man überschaubar sein will, wenn man denkend in das Chaotische des Lebens und des Lebenslaufes jene Ordnung und Übersicht bringen will, das ist die Einsicht, die Handke akzeptiert.

Man hat dieses Buch etwas leichtfertig mit der für 1972 lokalisierbar gemachten Tendenzwende in Zusammenhang gebracht; leichtfertig, weil hier ein Rückzug auf das konkrete Subjekt, auf den Realismus im Erzählen, ja auf das Erzählen überhaupt stattgefunden hat.

Walter Weiss hat diesen Text Handkes in den Zusammenhang der Realismus-Debatte gestellt und gezeigt, daß das, was man vorher als eindeutige Fronten auszugeben meinte, nämlich die zwischen Realismus und Formalismus, sprich: Lukács und Brecht, Thomas Mann und James Joyce, Reich-Ranicki und Handke, daß diese Fronten doch gar nicht als solche bestehen, und diejenigen, die man als Formalisten denunzierte (Brecht und Handke), im Gegenschlag ihre Kritiker als Formalisten mit durchaus guten Gründen angreifen können. (Weiss 1975, 459) Der Rückschlag von Reich-Ranicki war dementsprechend – zwar nähere sich Handke nun dem, was er, Reich-Ranicki, unter Literatur verstehe, doch hätte er aus dem Thema viel mehr machen müssen. Noch radikaler als in *Malina* bilanziert Peter Handke, weil selbst Partizipant dieses Aufstandes, die Konsequenzen aus diesem. Ich meine, die Bedeutung von *Wunschloses Unglück* in literarhistorischer Hinsicht liegt nicht in der Lösung des Problems, »wie schreibe ich eine Frauenbiographie?«, sondern darin, daß es die Schwierigkeiten, die Aporien des Schreibens aufzeigt. Als Grundgegensatzpaare scheinen mir individuelle Geschichte und allgemeine Geschichte in dem Text eingelagert zu sein (vgl. die Äußerung in *Malina*), der Gegensatz von lebenswirklichem Detail und synthetisierend Erkenntnisse förderndem Abstraktum, mir scheint ferner kennzeichnend, daß Handke in diesem Text auch nicht aussöhnen kann zwischen einer unmittelbaren Sprache, die keine Vermittlung kennt, nichts vorschiebt, und dem notwendigen Klischee. Gerade indem es die Aporien des Erzählens aufzeigt, zugleich auch auf dessen Notwendigkeit hinweist, als eine der wenigen Möglichkeiten, uns wechselseitig überhaupt über unsere Identität klarzuwerden; so liegt das Gelingen des Buches nicht in einzelnen Fortschritten, sondern darin, daß es bewußt macht, daß in der Sprache der Literatur noch etwas zu sagen ist, was in der Sprache der Wissenschaft nicht möglich ist, weil diese, so Handke in einem Brief an Dieter E. Zimmer, »kastengebunden« sei. Durch die Literatur könne aber etwas, das uns betroffen macht, mitgeteilt werden, ohne daß man den Eindruck hat, von der Wissenschaft angeklagt zu werden. Mit koketter Provokation hat Handke Freud und Marx als »Staatsanwälte gegenüber dem Leben« bezeichnet. Ein gewiß hartes Verdikt, aber doch nicht unzutreffend, wenn man bedenkt, welche Postulate aus diesen Lehren abgeleitet werden. In der Literatur, so Handke, spreche endlich der »freie Angeklagte«. Das ist ein Bekenntnis zur Funktion der Literatur trotz und gegen die Wissenschaft, das ist die Einsicht, daß in der Literatur etwas sagbar ist, was in der Sprache der Wissenschaft nicht sagbar ist. Diesen Traditionszusammenhang, der ja zu Beginn des Jahrhunderts zu einer intensiven Beschäftigung mit der Wissenschaft geführt hat – Musil, Broch –, hat in jedem Falle auch zu einer Rückkehr zur Literatur – und zu dem etwa auch von Einstein gegebenen Befund – geführt, daß mit der Literatur etwas mitteilbar sei, was sonst nicht gesagt werden könnte, weil es dafür keine Sprache, kein Organ gebe. Diese Leistung Handkes hat der Literatur einiges an Möglichkeiten und Prestige im öffentlichen Leben zurückgewonnen, und es erhellt daraus auch, daß das Schreiben und Lesen von Literatur in den Lebenszusammenhang einzubringen sei, daß durch Literatur etwas sprechend gemacht werden kann, was in der Sprache der Medien keine Sprache hat. Insofern, so meine ich, überrundet dieses Buch Handkes doch auch *Malina*, indem es das, was das Individuum erleidet, zu objektivieren versucht.

Dem entspricht auch das Ende des Buches: Der Schluß von Handkes Text weist voraus auf eine eigenartige Entwicklung, die seine Texte selbst genommen haben: er hat keinen Abschluß. Er fällt auseinander in einzelne Sätze, deren Kohärenz nicht mehr ersichtlich ist. Was vorher sich als ordentliche Frauenbiographie geben wollte, wird durch diesen Schluß wieder aufgelöst. (»Natürlich sind das Anekdoten. Aber wissenschaftliche Ableitungen wären in diesem Zusammenhang genauso anekdotisch. Die Ausdrücke sind alle zu milde«; ebda, 95) Was bleibt, sind kurze, schmerzliche Erinnerungen, Momente. Die Diskontinuität triumphiert über den in der Erzählung mühsam gewonnenen Zusammenhang. An seine Stelle tritt ein Nacheinander, das nicht mehr chronologisch, nicht mehr systematisch faßbar ist.

Das einzige, was ich gegen dieses Buch habe, sind die Folgeerscheinungen. André Heller nannte es in ungeschminkt burschikoser Weise ein »Jahrhundertbuch«. Und vor allem: die Literaten begannen, sich und ihre Familien zu entdecken. Freilich nicht nur auf Handkes Buch hin; Selbsterfahrung lag in der Luft. Und Erfahrungshunger wird dann auch zum Schlagwort. Daß indes diese Form der Selbsterfahrung noch lange keine Literatur abgibt, wäre schon an Handkes Buch doch wenigstens partiell abzulesen gewesen. Statt nun von allgemeinen Problemen zu erzählen, erzählte man von sich selber und von den Sorgen, die man mit diesem erregenden Gegenstand hatte. Die verschlüsselte Autobiographie wird wieder zur Mode, die Memoiren, auch die der alten Herren, erfreuen sich plötzlich wieder großer Beliebtheit und verkaufen sich auch gut. Die Subjektivität wird angepriesen, denn sie ermögliche endlich wieder, sich mit dem zu befassen, was man unter den Schlagworten wie Studentenrevolte und Vietnam irgendwie hatte vergessen können. Es kommt in der Literatur doch auch darauf an, wie man es macht, diese Binsenweisheit ist aus der Flut der autobiographischen Stemmübungen zu ziehen. So ist etwa auch Brigitte Schwaigers Buch *Wie kommt das Salz ins Meer* zu lesen, das hier nur um des Kontrastes willen besprochen werden soll. Dieses Buch ist 1977 erschienen, doch sei es erlaubt, es etwas vorzuziehen, weil sich daraus ersehen läßt, wie diese Erfahrungshysterie plötzlich in ihr Gegenteil umschlägt. Natürlich auch hier: auch wenn kein Schlüsselroman, so ist das Buch doch angelegt auf Erkennbarkeit, daß man also hinter dem Ich-Erzähler auch das Ich der Autorin erkennen kann.

Dieser Text sei einmal als Gegenstück zitiert, nur um zu zeigen, daß zwischen Popularität und Popularität doch ein Unterschied besteht und die Wertschätzung eines Textes nicht nur notwendig ein Vorurteil der Germanisten ist.

Dabei ist der Vorwurf, den sich Brigitte Schwaiger genommen hat, durchaus legitim: das Scheitern einer Ehe darzustellen, darzustellen, wie eine Frau aus einer Unmündigkeit in die andere gerät: aus der Erziehung in einem autoritären Elternhaus in eine Ehe mit Rolf, der wiederum diese Frau zu nichts anderem bringt als zu einem Geschöpf, das mit sich selbst nichts anfangen kann. Die nichts gelernt hat, weil man sie nicht läßt.

Wen aber bei der Lektüre dieses Buches nicht bald die gerechte Wut ergreift, dem ist nicht zu helfen. Ich konfrontiere dies absichtlich mit Handkes Buch, weil sich hier – trotz der so stark akzentuierten Subjektivität, trotz der Akzentuierung des Einzelschicksals – mehr von einem Allgemeinen ausspricht als in der Prosa dieser Frau.

Was hier geschieht, ist ein Identitätsverrat. Unter dem Deckmantel, der Frau zur Identität zu verhelfen, ihr Ausgeliefertsein an eine von männlichen Klischees dominierte Welt zu zeigen, sie als das Opfer zu präsentieren, weint sich hier eine Seele aus, für die sich im männlichen Hinterkopf allmählich, ich gestehe es, das Wort Ganserl einstellt. Die ökonomischen Möglichkeiten (Arzttochter: daher wird das Werk in Freistadt und Umgebung auch gerne als »Schlüsselroman« gelesen) sind gut, allerdings regt sich die Dame auf, daß man offenkundig in der Familie irgendwelche Glücksvorstellungen hat, die sie nicht teilt. Alles paßt ihr nicht, was besonders bei der Berufswahl deutlich wird. Diese Stelle denunziert eindeutig alle jene Frauen, die sich dem Berufsleben stellen, die Stelle über das Lehramt auch Sie.

Das Klischee eines Lebens, in das diese Frau eingezwängt ist, wird durch literarische Klischees domestiziert, die niemandem, vor allem dem Bildungsbürgertum, weh tun. In diesem Roman hat gerade das noch Platz, oder besser: nur das Platz, was solche Klischees zulassen. Es wird dann noch eine Ehebruchsgeschichte eingebettet, die die ganze Sache auch nicht besser macht. Ein Ehebruch, für den der Partner dafür genau so arbiträr gewählt wird wie das Studium. Was hier kenntlich wird, ist eine Literatur, die sich Emanzipation, Freiheit und Aufklärung erschleichen will. Am Ende, bei der Scheidung, ist sie die beklagte Partei: nicht die Beschuldigte, der Beschuldigende ist schuldig, das soll wohl die dünnflüssige Moral sein, die man heraushört. Diese Darstellung von Ehe und Liebe hat nichts verloren in der Literatur. Es zeigt an, wie sehr sich das, was man Selbstfindung nennt, zum Klischee komprimieren ließ, wenn nicht die Phrasen, mit denen dies erfaßt wird, kontrolliert werden. Das Buch der Brigitte Schwaiger verrät die Frauen, denen sie doch helfen will. Dieses Buch bewirkt genau das Gegenteil von dem, was es will: Denn – und dazu muß man gar nicht besonders böswillig sein: wer dieses Buch gelesen hat, kann sich des zynischen Urteils nicht erwehren: recht geschieht ihr. Wo bei Handke gerade kompromißlos die Phrase aufgedeckt, das notwendige Wort gesucht wird, wird bei Brigitte Schwaiger das bequem verfügbare Klischee etabliert. Hier ist nichts mehr greifbar von einer Betroffenheit, die in den miserablen ökonomischen Zuständen gründet, die in einer Psyche gründet, welche alle beklemmenden Zustände unseres Daseins sorgsam registriert. Es ist vielmehr die blasierte Klage der Bourgeoisie, daß das Leben nicht so einfach ist, wie man es sich erhofft hat. Und dazu wird der Deckmantel der Emanzipation benutzt, und Emanzipation ist die beste Mimikry.

Und doch: dieses Buch ist wertvoll. Es ist wertvoll als Indiz für jene Geisteshaltung, die mühelos aus dem bourgeoisen Bewußtsein in ein anderes wechselt. Das die gerechte Argumentation der anderen zur Argumentation einer eigenen flauen Sache benutzt. Wenn man das Buch später einmal lesen wird, unbefangen, wird man wissen, woran, an welcher Charakterlosigkeit dieses Österreich (heute) krankt und woran es wohl einmal wird zugrunde gehen müssen.

7. WOLFGANG BAUER (*1941): *Gespenster* (1973)

Die Welt war wieder erzählbar geworden – war sie aber deswegen wieder darstellbar geworden? Gab es schon wieder Möglichkeiten, von dieser Welt zu sprechen, die eine auf der Bühne darstellbare wäre? Wie sieht es überhaupt mit dem Theater in Österreich seit 1945 aus? Hier ist freilich auch wieder eine Revision anhängig; es müßte das österreichische Drama endlich wieder in seinem formgeschichtlichen Kontext ganz und eindringlich gelesen werden. Ich spreche hier noch nicht von der Revitalisierung des Volksstücks, die vor allem parallel mit der Neuentdeckung des Horváthschen Œuvres lief... Dieses Œuvre erfreute sich nach 1945 – etwa um 1950 – einer gewissen Popularität, man suchte damals auch (Hans Weigel) diesen Autor populär zu machen, indes gab es kaum einen Erfolg. Die Bedeutung war erst ab Mitte der sechziger Jahre gegeben, als durch mehrere Rundfunk- und Fernsehaufzeichnungen das Werk Horváths wiederentdeckt wurde, für ein größeres Publikum freilich.

»Horváth ist besser als Brecht« – mit diesem Satz, mit dem er den Mund ein wenig voll nimmt, hat 1968 Handke seine Vorliebe für Horváth proklamiert (abgedruckt 1972 unter dem bescheideneren Titel *Horváth und Brecht*). (Handke 1972a, 61 f.) Was sich darin zeigt: für Handke ist Brecht geradezu das Musterbeispiel eines auf didaktische Wirksamkeit ausgerichteten Theaters. Die Lösung, die Brecht böte – Kennmarke: »unkompliziert« –, sei eine Lösung ohne Widersprüche. (»Ich konnte ihn nie leiden, weder seine früheren genialischen Kraftmeiereien noch seine vorsichtigen, gehemmten Lehrstückchen [!] der mittleren Periode, noch seine letzten abgeklärten chinoiden Teekannensprüche.«) Man mag sich zu Handkes Urteil stellen, wie man will: es ist die markante Phase der Spätrezeption Brechts, in der nun dieses Theater, das (didaktisch) auf Veränderung der Wirklichkeit zielt, diese Wirklichkeit nicht in den Griff bekommt. Handke denunziert am Ende Brechts Stücke als »reine Formspiele«. Er ziehe, so Handke, Ödön von Horváth vor und dessen »Unordnung und unstilisierte Sentimentalität«. Das heißt nun ein ganz anderes Verständnis des Theaters, wohl unmittelbar nach dem *Kaspar*, der doch auch irgendwie so etwas wie ein »Formspiel« gewesen sein konnte und doch auch den Einfluß von Brecht nicht verleugnen konnte. Als der Dramatiker der Stunde erwies sich jedoch damals für das literarische Geschehen Wolfgang

Bauer, dessen Stücke eben unter der Sigle der Horváth-Nachfolge rezipiert worden und auch als eine Revitalisierung des Volksstückes verstanden worden waren – ein wenig fruchtbares Mißverständnis, das indes in der Kritik so gut wie unausrottbar weiterlebte – bis zu den *Gespenstern*, die im Erstdruck in den *manuskripten* 41/1973 erschienen. Ein Stück, das für das Verständnis dieses heute kaum in seiner Bedeutung gewürdigten Dramatikers von zentraler Bedeutung ist. Womit hatte es angefangen – und so wollen wir bange fragen: womit endete es bei Bauer? Was Handke an Horváth schätzte: »diese IRREN Sätze« – das ist es auch, was die Stärke dieser Dramatik ausmachte. Das Werk Bauers ist charakteristisch für den Status der österreichischen Gegenwartsliteratur um etwa 1970, weil sich darin eben jener Aufbruch in eine exotische Anarchie spiegelt, der gedacht war als Gegenentwurf zu einem Weltverständnis, das die ältere Generation vorgegeben hatte. Wolfgang Bauer avancierte zum Skandalautor, weil darin schonungslos die Lebensformen einer sogenannten Boheme nach außen gekehrt worden waren. Dies provozierte eine Öffentlichkeit, die nun auf einmal sich nicht einem Gegner gegenübersah, dessen politische Position faßbar gewesen wäre, sondern der die Sinnhaftigkeit jeglicher Positionen zu leugnen schien.

In der Tat: wer versucht, Anweisungen für seine Lebenspraxis aus den Dramen Bauers destillieren zu wollen, ist schlecht beraten. Hier ist nichts, was sich in den Stücken verwerten läßt, in einem didaktisch-pädagogischen Sinne. Wenn man Bauers Dramen heute liest, hat man den Eindruck, daß die Probleme dieser Gesellschaft uns nur bedingt betreffen können. Das ist jedoch nur dann eine legitime Lesung des Textes, wenn man darauf aus ist, daraus auch den exakten pädagogischen Sinn destillieren zu wollen, die Verwertung für die Unterrichtspraxis. Schullektüre Wolfgang Bauer? Dafür stehen die Chancen (leider) noch immer schlecht.

Wolfgang Bauer war angetreten unter der Hoffnung einer Literatur, die so etwas wie Verwirklichung zuließe. Es war – dies im Anschluß an die *Wiener Gruppe* – die Zeit der Manifeste. Erinnern Sie sich bitte an Painitz' tollkühne Vorschläge. Ähnliches hatten Gunter Falk (1942–1983) und Wolfgang Bauer auch versucht mit einem Manifest, das nun im Jahr 1965 proklamiert wurde und in der Anordnung der Sätze nach Wittgensteins *Tractatus logico-philosophicus* gebaut ist. Satz 2: »HAPPY ART & ATTITUDE ist vermutlich die bedeutsamste Bewegung seit dem Christentum.« In dieser Tonlage geht es weiter:

2.2.6 »Die Haltung gegenüber dem Tod ist die der Endhandlung (›consummatory act‹, Endhandlung eines Instinktverhaltens, lustbetont, z. B. Orgasmus). (HAA löst also das Problem des Todes, seine vermeintliche Unlustbetontheit, so wie sie alle Lebensprobleme löst. Damit ist auch die zentrale Unterdrückung spielerisch abgefangen! Doch ist HAA klug genug, nichts über das, ›was nach dem Tode ist‹ oder sein soll, auszusagen.)« (Bauer 1978, 2–4) Solcherlei könnte angesichts des Ernstes, den der Tod hat, weil er mit dem Leben ernst macht, heute verärgern, da es alle Probleme nicht ernsthaft thematisiert und sie lächerlich macht. Da wird auf einmal naiv dahergeblödelt, so als ob es keine Probleme gäbe, oder man meint zu spüren: der Autor blödelt die Probleme weg.

Seine Stücke wurden zuerst – weil in einem Jargon verfaßt, der nicht der Hochsprache zugeordnet werden konnte – als Volksstücke rezipiert und damit auch abqualifiziert. Denn was sich in der Zwischenzeit etabliert hatte, im Bereich des Volksstücks, sah anders aus: Horváth-Rezeption, Radikalisierung dessen, was dort geschehen war, Aufzeigen von Befangenheiten in antiidyllischer Umgebung. Denken Sie an Turrinis *rozznjogd* (1967; Uraufführung 1971) und *Sauschlachten* (1972 Uraufführung, Buchausgabe 1974). Damit hatte Turrini ganz andere, sozial gewiß relevantere Probleme angesprochen. Die Bühnenwirksamkeit schien ebenso garantiert. Allerdings kann das nicht mit Wolfgang Bauers Versuchen in einem Atem genannt werden, so verführerisch auch das erste aufführbare Drama (denn die Mikrodramen gehören ja im strengen Sinne nicht dazu) dies anzubieten scheint: *Party for Six* hat den Untertitel *Ein Volksstück*. Allerdings scheint dies geradezu ironisch herauszufordern; was das Volksstück nicht leistet, wird darin angezeigt. Es ist – lange vor Jandls *Aus der Fremde* (1979) eine Darstellung der »chronik der laufenden ereignislosigkeit«. Fery, Franzi, Fifi, Friedrich, Fanny, Frieda, ein Hausmeister und die Stimme des Herrn, des Hausherrn: das ist alles. Entscheidend aber bereits der Blickwechsel. Dieses Drama spielt sich nicht dort ab, wo die Party stattfindet, sondern im Vorzimmer. Der entscheidende Bühneneinfall beruht darin, daß das Ereignis, auf das sich das voyeuristische Interesse des Zuschauers richtet (»Wie geht es bei der Jugend zu?«), nicht befriedigt wird. Durch das Vorzimmer geht man auf die Toilette, oder, wie es bei

Bauer ehrlicher heißt, aufs Klo. Bauer reduziert damit die Erwartungen der Zuschauer, er spielt mit einer bestimmten Erwartungshaltung, die er jeweils unterläuft. Schon der Titel – Englisch hat er offenkundig gern – gibt vor, was nicht eingehalten werden kann. Statt der erwarteten Mondänität tritt die Grazer Banalität auf. Was Bauer in den zwei folgenden Stücken, die neben den *Gespenstern* zu seinen bekanntesten Werken gehören, in Szene setzt, ist diese Inthronisierung der Banalität, die plötzlich, wenn sich ihr die Menschen überlassen, ihre verhängnisvolle Kehrseite zeigt. Die Banalität – in *Party for Six* präsentiert sie sich noch harmlos – wird in den folgenden Stücken tödlich. *Magic Afternoon* ist ein Vierertreff an einem Nachmittag, an dem plötzlich mit dem Messer gespielt wird, wo Joe Birgit, die schon ein Messer hat, immer mehr reizt, bis sie zusticht und Joe tötet: »Mit dem Messerl geht's besserl«, hatte dieser Joe vorher noch gewitzelt. Doch nicht nur in diesem hochdramatischen Schluß besteht die Leistung der frühen Stücke Bauers. Sie besteht in der Präsentation auch des Absichtslosen. Des Beiläufigen, dessen, was so geschieht, was uns begleitet, was keine symbolische Bedeutung hat. Hier knüpft Bauer – wie Handke beobachtet hat – eben an die Tradition eines Horváth an. *Change* (1969) bietet sich noch viel mehr zu einer weltanschaulich getönten Interpretation an. Da wird – auch hier wieder Spiel – der aus St. Pölten kommende Schlosser Blasi von Fery »aufgebaut«: aus dem Amateurmaler wird auf einmal durch die Kunstcliquen ein bedeutender Maler gemacht, natürlich erzeugt durch Manipulation, sprich: »manipuläschn«. Fery rechnet damit, daß sich dieser Blasi Okopenko am Ende aufhängt, da er einsehen muß, daß er zum Opfer einer Intrige in der Kunstszene wurde. Aber genau das Gegenteil ist der Fall: Nicht Blasi hängt sich auf, sondern Fery. Es siegt der Manipulierte über den Manipulator. Dieser dramaturgische Trick, dieser Überraschungseffekt, der ein Spiel tödlich ausgehen läßt, garantiert auch die Stärke der paradox-inversen dramatischen Konstruktion. Auch hier wieder die Umkehrung der Erwartungshaltung. Aus dem Spiel wird immer Ernst. Was sich so als »Happy Art and Attitude« anließ, ist so happy gar nicht, vielleicht auch nicht »Art« im landläufigen Sinne.

Es ist klar: die Kritik schloß aus den Stücken: das ist die Welt Wolfi Bauers, und mancher, vor allem mancher biedere Grazer Bürger, wandte sich mit Grausen. Der Detailrealismus täuschte darüber hinweg, daß die Figuren offenbar unter Zwängen stehen, die nicht dem Milieu anzulasten sind, dem die Figuren entstammen. Bauer hat dieses Milieu der Kunstszene nur gewählt, weil er es kennt, weniger weil er es kritisieren will. Was wäre denn auch Kritik an einer Handvoll versoffener und verhaschter Künstler und Intellektueller, gesamtgesellschaftlich gesehen, wert? Die Szene ist so interessant nicht, wie jene Kritiker vermuten, die in diesen Stücken Bauers eben eine Kritik dieser Szene vermuten wollen. Bauer wählt das Milieu, weil er in diesem Erfahrungen hat.

> Einige Leute haben sogar gedacht, daß ich mit dem Tonband die Sachen aufnehme, einige Kritiker haben das sogar mit Sicherheit zu wissen geglaubt, aber das ist natürlich völlig falsch, das würde mich wahnsinnig hemmen. Das führt zu nichts. [...] In jedem Stück sind ein bis zwei Rollen von mir, jetzt rein von der Sprache her, belebt. [...] Es ist natürlich so, daß diese Figuren gelegentlich ganz konträr reagieren, als ich reagieren würde, weil das ist ja ein ganz anderes Spiel, wenn das losgeht. (Bauer 1978, 8 f.)

Also nicht Dokumentation, sondern Befreiung von Ängsten:

> [...] ich habe [...] furchtbar Angst, daß ich mich mit nichts mehr identifizieren kann, daß ich die Identität verliere; die meisten Figuren, die von mir aus projiziert sind, sind eigentlich so Angst- oder Schreckensbilder, die ich loswerden kann durchs Schreiben oder die ich als Höllenmalerei, als warnende Bilder hinstelle: so möchte ich nicht werden oder so möchte ich nicht sein. (Ebda, 9)

Nur wenn man diese Worte beherzigt, hat man einen adäquaten Zugang zu diesem Autor. Nur dann wird der zum Überdruß auch für die österreichische Literatur bemühte Spielbegriff auf sein gehörig ernstes Grundmaß gebracht. Nur dann hat es überhaupt Sinn, diese Stücke interpretieren zu wollen. Es sind – und hier schlägt immer ein beängstigend unrealistisches Bild durch – Stücke, in denen die Figuren am Ende in eine traumhafte Zwangssituation geraten. »Ich habe ganz gern einen Toten drinnen« (ebda, 9), sagt Bauer brutal. Dies ist die Ernstfarbe, die das von der Kritik sonst gern als Bagatelle abgetane Œuvre doch in eine andere Dimension rückt. Das Spiel erhält seinen Ernst dadurch, daß es auf die Identität eines jeden einzelnen zielt – und nicht nur die einer relativ unbedeutenden Künstlerclique. Zentral ist allemal dieses Rollenspiel, dieses Wechseln der Rollen. *Change* bedeutet keine Befreiung aus den Zwängen, sondern liefert die Figuren diesen noch mehr aus. »Fery erhängt sich im Klo, nicht nur, weil er zuletzt selber die Rolle spielen mußte, die er eigentlich Blasi zugedacht hatte, sondern vor allem aus der Einsicht heraus, daß er im Modus dieses Rollenspiels eben jenes System des Bestehenden reproduziert, auf dessen Transzendierung sein individuelles Wollen abzielte.« (Melzer 1981, 108) Ich übergehe hier *Das Massaker im Hotel Sacher* (1971) und *Film und Frau oder: Shakespeare as a Sadist* (1971), obwohl beide Werke rein dramentechnisch einige Aufmerksamkeit verdienten.

Das Stück *Gespenster* kommt ohne einen Toten aus, hat aber am Ende eine ähnliche Katastrophe wie *Magic Afternoon* und *Change*. Noch deutlicher als die anderen Stücke ist dieses Drama von der Problematik des Rollenspiels her konzipiert. Bauer selbst hat das Programm dafür in einem Interview kundgetan:

> Die Idee für ein Stück mit dem Titel *Gespenster* habe ich schon 1969 gehabt, geschrieben habe ich ein Stück mit dem Titel *Gespenster* 1973, also vier Jahre später erst. Die erste Idee für das Stück *Gespenster* war die, daß ich mit Ibsen das Stück beginnen lassen wollte und daß die Figuren der Ibsen'schen *Gespenster* während der Aufführung immer mehr ihre Rollen verlieren sollten; diese Idee wurde dann in meinem »Gespensterstück« nur mehr zitiert. Das theatralische Modell des Rollenverlustes an Hand der *Gespenster* zu erklären, das habe ich nicht geschafft. [...] 1973 wollte ich das dann unbedingt wieder neu machen und ich habe einfach aus Wut die Geschichte umgepolt zunächst in ein realistisches Stück, bin aber dann durch die Hintertüre wieder auf das Thema des Rollenverlustes zurückgekommen, aber auf einer ganz anderen Basis. Das erste Stück wäre ein total absurdes Stück geworden und jetzt ist es eigentlich ein realistisches Stück geworden, einfach weil ich etwas von außen her überblicke und etwas zeichne von weitem sozusagen, oder die Methode im Detail beschreibe. (Bauer, 11)

Auch diese Selbstinterpretation ist gut, um als Einstieg zu dienen. Es ist also wieder das Problem des Rollenverlustes, das den Motor für diese Handlung abgibt. Natürlich auch hier wieder die für Bauer typische Gesellschaft. Robert 33, Fred 34, Magda 29, Christa 24, Fritzi 25, Lore 28, Edi 52. Das besagt das Personenverzeichnis. Dann durchaus das Insistieren auf dem Fiktionscharakter des Stückes: »Jede Ähnlichkeit mit lebenden oder verstorbenen Personen wäre purer Zufall.« Die Bühne: ein chaotischer Raum: in der Mitte befindet sich ein Haufen verschiedener Gegenstände, den die ausziehende Frau Freds, Christa, in der Mitte des Zimmers mit einem Stück nach dem anderen vergrößert. Fred und Robert sind unbeteiligte Zuschauer. Robert, Soziologe: »de Wissenschaft zipft mi scho an« (55; Seitenangabe nach dem Abdruck in den *manu-*

skripten). Beide sind Säufer. Fred: »...a Flascherl Williams pro Tag putz i weg wie nix.« (55) So Roberts Definition des Abhängigkeitsverhältnisses. Das Stück setzt ein mit der Problematisierung der literarischen Tätigkeit. Man hat das Gefühl, daß sowohl Fritz als auch Robert neben ihren Rollen stehen. Das Stück demonstriert zudem den totalen Zerfall aller Bindungen. Die Ehe ist in beiden Fällen im Zustande völliger Auflösung. »So lauft des auseinander und zammen... i find des schön...«, kommentiert Robert (60) das Verhältnis seiner Frau zu seinem Freund Dr. Theo (der nicht auftritt) sowie seiner und Freds mit Lore, die wiederum Theos Freundin ist. Sie sind alle, wie es in dieser Sprache heißt, miteinander »verschwägert«. Hier leistet Bauer natürlich auch dem Voyeurismus einigen Vorschub. Er zeigt seine Frauen gleich nur im Slip oder völlig unbekleidet. Das ist natürlich shocking, aber wenig genußvoll. Denn in dieser Gesellschaft lebt jeder neben seiner Identität, neben seiner Rolle. Er kann keine vernünftige Rolle mehr spielen. Nicht im Beruf, nicht in der Familie. Ein Zurück gibt es nicht mehr. Es gibt wenig Autoren, bei denen dieser Zerfall der Kommunikation so beklemmend und zugleich mit soviel Detailrealismus erfaßt ist. Dieser Realismus betrifft vor allem die Szenen aus der Boheme oder was man dafür hält. Die traditionellen Ausflüchte des Genies scheinen verschlossen. »Wahnsinnig wern nur mehr die Ehrgeizigen«, diagnostiziert Fred. (56) Und alle wollen sie heraus aus diesem Zirkel, aber es sind immer nur Spiele, mit denen dies bewerkstelligt werden soll. So etwa im ersten Akt, ein dramaturgisch glänzender Einfall, die Partie »Free Schach«, worin beide auf einem Tisch einander mit allem, was auf dem Tisch steht, als Figur bekämpfen. Gerade der Versuch, ein Spiel, das durch seine exakten Regeln bekannt ist, zu spielen und die Regeln zu verhöhnen, signalisiert diesen Ausbruch aus der verhaßten Regelwelt. Aber dieses Lachen nach der Partie des »Free Schach« ist kein befreiendes Lachen.

Die erste Szenenfolge zeigt das für Bauer typisch geschlossene Milieu einer solchen Gruppe, in welche dann von außen jemand eindringt. Zunächst kommt im ersten Akt zu Robert, Fred und dessen Frau Christa die Schweizerin Magda, eine leicht gestörte, sehr fragile und freundliche Person, die Robert und Fred in ihren Krisen auch behilflich sein will.

Allerdings wird man bald aufmerksam, daß dieses homogene Gefüge, in dem alle neben ihrer Rolle stehen und sich eigentlich in

dieser Dissoziation von sich selber recht wohl fühlen, nun gestört ist.
Magda bringt eine Sprache von außen in diese (für Bauer auch durch Schauplatzkonstanz angezeigte) geschlossene Welt. Magda, durch einen Flugzeugunfall, den ihr Vater, ein Trinker, hatte, schwer traumatisiert, versucht nun, Ordnung in diese Bude zu bringen. Da kommt der nächste von außen herein, der quasi den »Überschmäh« in dieser Gruppe hat. Der 52jährige Edi, der Meister des »unreinen Reims«. Noch mehr als durch die vorangehenden Auftritte wird nun die Homogenität gestört. Edi vergewaltigt die arme Magda sofort, wobei Vergewaltigung vielleicht ein etwas zu rauher Ausdruck ist. Sie läßt das hinter dem Haufen der aus der Wohnung mit Hab und Gut ausziehenden Christa ruhig geschehen. Auch Lore, Freds jetzige Freundin, hat sich eingefunden, zieht sich aber bald zurück. Christa wiederum telephoniert mit ihrem Liebhaber in Griechenland. Ein bunter Reigen. In diesen Aporien entschließt sich diese Gesellschaft, wieder zu früheren Normen zurückzukehren und noch einmal ein Spiel zu spielen, das früher gespielt wurde: ein gutbürgerliches Nachtmahl. Fritzi, Roberts Frau, sowie Robert, Christa, Freds Ex-Frau, sowie dieser – das ist das Vierergespann, und Magda muß sich dazu hergeben, den Dienstboten zu spielen. Die verlorenen Konventionen werden im vierten Akt nun wieder aufgenommen, wenngleich parodistisch. Das ist gewiß eine glänzende Parodie auf die Konversationsformen der Gesellschaft und soll anzeigen, daß die Anti-Konversation der vorangehenden drei Akte eigentlich die einzige Konsequenz aus diesem Kommunikationsverlust in der Gesellschaft sein kann. Es geht ganz gut, das Spiel läßt sich an zur Erheiterung der Spieler. Doch nun sind sie zurückgekehrt in ihre Rollen, und da müssen sie sich nun so verhalten, wie diese es vorschreiben. Zunächst weisen sie Magda vom Tisch: es sind fünf Teller aufgedeckt. Zu gut spielen die Frauen ihre Rollen, der Anschein, daß sie nicht leicht in diese wieder zurückfallen könnten, stellt sich nicht ein. Magda, der man Alkohol eingeflößt hat, erleidet einen schweren Anfall von Paranoia. Aber sie kann nicht anders, die andern können auch nicht mehr anders. Sie können nicht mehr zurück aus dem Spiel. Schon lösten sich die Konversationsformen, schon wurde die Konversation obsolet. Da hat Magda ihren Auftritt. Sie entkleidet sich und attackiert die vier Anwesenden. Zu allem Überfluß kommt noch Edi herbei. Die vier sehen sich

genötigt, ihre Rolle ernst zu nehmen. Was sie eingangs zu spielen begonnen hatten, müssen sie nun mit erbitterter Konsequenz zu Ende spielen. Magda wird von der Rettung abgeholt: es wird so getan, als ob nichts gewesen wäre, als ob dies kein Spiel gewesen wäre. Die Schlußszene zeigt an, daß die beiden, nachdem diese Figur von außen entfernt ist, nun mit ihrem verhängnisvollen Spiel fortfahren werden: Magda muß in eine geschlossene Anstalt eingeliefert werden.

Schon die eher dürre Inhaltsangabe macht evident, daß Bauer mit diesem Stück etwas geglückt ist, das über die Problematik der österreichischen Intelligentsia um einiges hinausführt. Durch das Ende wird »der absurde Teufelskreis à la Beckett [...] geschlossen«. (Buddecke/Fuhrmann 1980, 230) Gewiß richtig. Diese Gesellschaft kann zu ihrer Identität zurückkehren. (Der Schluckauf vom Anfang meldet sich wieder bei Robert am Ende.) Damit erhält dieses Stück eine Dimension, die zweifellos auf gesamtgesellschaftliche Zusammenhänge hinweist. Wie weit man daraus aber nun folgern darf, daß hier die extreme Auflösung der Konvention ähnliche »Gespenster« hervorbringt wie bei Ibsen die Bewahrung der Konvention, sei dahingestellt: »Dem vergeblichen Kampf gegen die Gesellschaft bei Ibsen korrespondiert bei Bauer der ebenso vergebliche Kampf gegen die Langeweile. Wenn jede moralische und soziale Verbindlichkeit aufgehoben ist, wird schlechterdings alles Handeln, das nicht dem puren Lustprinzip gehorcht, beliebig und gleichgültig.« (Ebda, 230) Gerade das ist die moralische Botschaft des Stückes nicht. Sie liegt vielmehr darin, so es eine solche gibt, daß eine Rückkehr zu den Normen von einst nicht möglich ist. Daß diese Normen so bedingungslos zerstört sind, daß sie nicht restituierbar sind und nur in Katastrophen für die anderen münden. Die zerfallene Gesellschaft in den *Gespenstern* Bauers ist die konsequente Antwort auf die geschlossene und identitätssichere Gesellschaft der *Gespenster* Ibsens. In ihr liegt noch – wie der vierte Akt beweist – ganz gut gespeichert, was sich in dieser Gesellschaft als Ritual von einst gehalten hat. Mühelos kann sich diese Gruppe zurückverwandeln, mühelos schließt sie sich zusammen zu einer Tischgesellschaft, die den Außenseiter von ihrem Tisch jagt. Das Ritual als Revenant. Die Leistung Bauers besteht in dieser Partie auch darin, die Macht der Phrase, der Worte aufzuzeigen, die eben diese übergestülpte Redeweise über die einzelnen Personen bringt. Gerade dieses Experiment

kehrt sich auch gegen die Initiatoren, wie Ferys Manipulation mit Blasi. Allerdings können sie sich in diesem Falle aus der Schlinge ziehen, um den Preis, daß sie Magda ins Irrenhaus bringen. Der starke Schluß bestätigt sehr schön, daß die Form, in der diese Gesellschaft lebt, die einzig ihr angemessene und damit auch ehrliche ist. Freilich läßt sich gegen dieses Stück und auch gegen diese Deutung vieles einwenden.
Einwand: Bauer zeigt nur gruppenspezifische Probleme auf. Die beiden leben ja in materieller Sorglosigkeit. Bauer wählt nur einen Ausschnitt aus der Gesellschaft. Das trifft gewiß zu. Gewiß ist dies keine Totale der Gesellschaft, gewiß sind diese Figuren wie Magda und Edi auch als Einbruch aus einer anderen, durchaus nicht realistisch erfahrenen Welt zu sehen. Gewiß gestaltet Bauer auch innerkünstlerische Probleme, wie aus dem Gespräch zu Beginn des dritten Aktes hervorgeht. Gewiß ist die Weigerung Bauers, sich auf ein Spiel mit politischen Positionen überhaupt einzulassen, recht bedenklich. Doch die zwingende Durchführung des Finales erweist die Gültigkeit des Stückes über das rein Gruppenspezifische hinaus. Hier wird die Lebenslüge wieder etabliert. Und die bittere Konsequenz: dieses Leben geht weiter, so wie es ist.»So besehen begründen die ritualisierten Verhaltensweisen bürgerlich/spätbürgerlicher Provenienz da wie dort eine Art ›Wirklichkeitsprinzip‹, dessen Wahn letztlich resigniert zur Kenntnis genommen wird.« (Melzer 1981, 132) Das ist nun gewiß die resignative Botschaft dieses Textes, der nicht an einer Stelle das Licht einer Hoffnung aufleuchten läßt. Bauer hat mit diesem Stück einen wichtigen Beitrag dazu geleistet, zu einem neuen Literaturverständnis vorzustoßen. Den ursprünglichen Plan zu dem mehr oder weniger abstrakten Modell der Ibsen-Verfremdung hatte er fallengelassen; dabei kam – so Bauer selbst – so etwas wie ein »realistisches« Stück heraus. Dies zeigt deutlich auch jene Kurve an, die die meisten Autoren so um 1970 herum zu kratzen suchten. Und Bauer selbst hat im Stück ja dessen Verfahrensweise reflektiert. Wir haben also auch bei Bauer diese experimentelle Phase als notwendige Durchgangsstufe: ihre Überwindung ist angezeigt in *Magic Afternoon* und *Change*, besonders aber wird sie zum konstitutiven Prinzip der *Gespenster*. Auf der einen Seite das Bewußtsein, von einem abstrakten Grundmuster auszugehen, einen quasi-experimentellen Vorwurf zu haben, um diesen dann aufzufüllen mit Erfahrungen und Gestaltung von Angsterfahrungen.

Das Ende von *Gespenster*, auch wenn da der »Tote« fehlt, entlarvt noch viel deutlicher als die anderen Stücke den Schrecken, die Gefahr, die diese Gesellschaft in sich birgt.

Eines kann man Bauer nicht vorwerfen: während bei Handke und vor allem bei der Bachmann der Blick auf das Ich, das sich als stellvertretend für die Gesellschaft in ihrem Leid anbot, sich allzusehr in den Vordergrund zu spielen schien, so übt dieses Ich bei Bauer eine geradezu extreme Zurückhaltung aus, was diese Selbstdarstellung betrifft (ganz zu schweigen von der Schwaiger!). Was Bauer uns zeigt, sind Bilder der Angst; was er leidet, sind keine subjektiven Wehwehchen, sondern ziemlich stark erfahrene Schmerzen, die dem Versuch entspringen, sich in dieser Gesellschaft »freizusetzen« (man beachte die ökonomische Unabhängigkeit der Figuren!). In dieser Gesellschaft, in der alles zum Spiel verkommen ist, in der Anarchie die einzig legitime Grundlage ist, ist das Subjekt am gefährdetsten. Die unheimliche Mechanik der Stücke liegt also nicht darin, daß hier das Spiel sich allzusehr verselbständigte, sondern vielmehr darin, daß diese Gesellschaft das Spiel nicht mehr erträgt. Die Rituale, denen man sich ausgeliefert sieht, werden so dominant, daß ihnen nicht zu entrinnen ist. Es scheint fast, als ob dies auch das Gesetz wäre, unter dem der Schriftsteller Bauer steht: Er entrinnt den Ritualen, den Formen nicht, denen er sich selbst ausgeliefert hat. Die Form, das Ritual als letzter Aufbewahrungsort für eine Anarchie, der man sich ausgeliefert hat, um sich vor dem Leben der Begriffe zu retten. Insofern scheint es mir auch bedenklich, die Texte Bauers so streng auf eine bestimmte Lebenslage, auf eine bestimmte Gesellschaftsschicht (»Subkultur« schon gar nicht) fixieren zu wollen.

So hält sich auch die Interpretation gerne an das vom Autor vorgegebene Prinzip der Anarchie, sofern man Anarchie als Prinzip überhaupt gelten lassen kann. So etwa auch die Ausgabe der Schriften unter dem Titel *Die Sumpftänzer* (1978). »Ordnung dieser Unordnung«, so hilft man sich aus der Schwierigkeit. Melzer, in seiner grundlegenden Analyse der Schriften Bauers, entschuldigt sich quasi beim Autor über den »Maschendraht der Begriffe« hinweg in seinem Vorwort, so als ob es unanständig sei, sich mit Bauer oder über ihn mit literaturwissenschaftlichen Begriffen zu verständigen oder diese überhaupt anzuwenden. (Ähnlich reagiert ja auch die Forschung auf Autoren wie H. C. Artmann, der sich einer solchen

»Einvernahme« zu widersetzen scheint.) So berechtigt die Zurückhaltung auch sein mag, sie ist doch ein etwas verdächtiges Moment, das die Autoren vor sich her schieben oder auf das sich die Germanisten einlassen, indem sie sich darum herumdrücken und auf den Autor berufen: er würde sich der Analyse sperren.

Die eingeplante Verweigerung dieser Autoren kehrt sich gegen sie selber. Das riskante Spiel der Anarchie kehrt sich gegen die Autoren, die ihre Freiheit nicht in die Lebenspraxis umsetzen können, sondern nur im engen Bereich bewahren können, der ihnen zugemessen ist. Das Scheitern dieser Illusion – dafür ist Wolfgang Bauer ein spektakuläres Beispiel. Indes: ihm kann und will ich meinen hohen Respekt nicht versagen. Seine Attacke auf die Vernunft ist in ihrem Wert gedeckt durch ein Potential an Texten, deren Kraft jenen rationalen Dialog der Wissenschaft immer wieder an den Rand des Absurden führt: »Tanzend über dem Sumpf / Sprachen sie von Vernunft« – dieser Zweizeiler, der mit seinem kläglichen Reim die Kläglichkeit des wissenschaftlichen Diskurses entlarvt, markiert den Punkt, an dem sich der dramatische Diskurs Bauers von dem rationalen Diskurs der Wissenschaft entfernt und zwischen denen nun einmal der »Maschendraht der Begriffe« aufgezogen ist.

8. Umorientierung: Ein Intermezzo

Wolfgang Bauers Stück *Gespenster* halte ich in seiner dramatischen Konzeption als die entscheidende Absage an ein experimentelles Theater, wobei – wie bereits betont – der experimentelle Kern des Textes in dem Stück selber zitiert wird. Das Jahr 1973 zeigt nun auch den Vollzug dieser Umorientierung in einer anderen Hinsicht an: die Avantgarde, die sich durch den *Steirischen Herbst* mehr und mehr in den Vordergrund spielen konnte, die auch jene Autoren stellte, die nun als neue österreichische Literatur sich machtvoll begrüßen ließen: diese Avantgarde hatte nun, begreiflicherweise, das Bedürfnis, sich zu organisieren. Der P.E.N-Club, die einzige Organisation, die österreichische Literatur auch vertrat, und zwar international, hatte sich beharrlich geweigert, diese Avantgarde, in der Zwischenzeit auch durch das Ausland sanktioniert, nun anzuerkennen, ja überhaupt in ihre Reihen aufzunehmen. War vorher diese Avantgarde auf sich selbst angewiesen gewesen, hatte sie sich auch selbst durchsetzen können und hatte auf dem Umweg über das deutsche Ausland, also vor allem durch die Verlage Suhrkamp und Luchterhand, sich bemerkbar machen können, so antwortete nun darauf auch das Bedürfnis, sich wieder einmal auch in der Gemeinschaft durchsetzen zu können, anderen Autoren und sich selber einen organisatorischen Rückhalt zu geben. Trotz zahlreicher Ansätze: die Phänomenologie dieser Schriftstellerorganisationen ist noch nicht geschrieben, müßte noch einmal geschrieben werden.

Bezeichnend scheint mir in diesem Zusammenhang, daß das Bedürfnis nach Organisation gerade in diesem Augenblick stark wird, in dem die verstörenden Prinzipien dieser Innovation, die zu der Umorientierung geführt hatten, nicht mehr gelten. Ich habe zu zeigen versucht, daß die experimentelle Literatur oder Schreibweise nun immer mehr in den Hintergrund getreten war und daß eben Autoren wie Handke und Scharang das Zeug zu flicken suchten, das sie zuvor so schön zerrissen hatten. Daß ich diesem Prozeß eine gewisse innere, vor allem innerliterarische Notwendigkeit und Stringenz zusprechen muß – ja auch gegen die Autoren selbst dies vornehmen muß –, habe ich ebenso mehrfach betont. Auf der anderen Seite ist es nun das Bedürfnis, das einmal Erreichte auch durch die Institution zu festigen, die Avantgarde quasi zu institutionalisieren. Welche Probleme sich daran knüpfen, ist in einem anderen Zusammenhang darzutun. In jedem Falle, und das ist wichtig, organisierten sich nun die Autoren gegen den P.E.N.-Club. Dies begann 1972, als Alexander Lernet-Holenia (1897–1976) als Präsident der österreichischen P.E.N.-Sektion zurücktrat, weil der Nobelpreis an Heinrich Böll verliehen worden war. Diese Handlung kann als etwas überstürzt bezeichnet werden: Sie war begründet in dem politischen Engagement Bölls, weniger in der – immerhin möglichen kritischen Distanz zu Bölls Texten in ästhetischer Hinsicht, worauf Ernst Jandl heftig reagierte und den P.E.N.-Club attackierte.

Helmut Zenker (*1949) und Gustav Ernst (*1944) haben in einem Artikel in *wespennest* Nr. 14, Mai 1974, 25–32 versucht, die Geschichte dieser Grazer Autorenversammlung (*Zur GAV*) in ihren Anfängen aufzuzeichnen. Ende Februar 1973 versammelten sich an die fünfzig Autoren in Graz, um gegen die Machinationen des P.E.N. zu protestieren. Dazu gehörten F. Achleitner, H. C. Artmann, W. Bauer, G. Bisinger, O. Breicha, B. Frischmuth, K. Hoffer, A. Logothetis, F. Mayröcker, O. Mühl, G. Nenning, H. Nitsch,

H. Pataki, R. Priessnitz, P. Rosei, G. Roth, G. Rühm, M. Scharang, H. Sommer, M. Springer, P. Weibel, P. Handke, Oswald Wiener, und andere kamen später hinzu, nur um später wieder auszutreten (1978 und 1979). »Peter Turrini, noch beim Wiener P.E.N., versuchte zu vermitteln, ehe er im Sommer 73 aus dem Wiener P.E.N. austrat und in der darauffolgenden Generalversammlung der AV als neues Mitglied gewählt wurde.« (Zenker/Ernst 1974, 27) Ziel dieses Unternehmens war es, als eigenes autonomes P.E.N.-Zentrum mit Sitz in Graz vom internationalen P.E.N. anerkannt zu werden. Das scheiterte 1973 bei der internationalen Tagung in Stockholm, obwohl der Antrag von Heinrich Böll unterstützt wurde. Allerdings hatten – so wie Reich-Ranicki in der *Zeit* berichtete – die dort anwesenden Delegierten für diesen Bruderzwist in Österreich kaum Verständnis. Daß es nach Zenker/Ernst auf Grund eines »Versäumnisses hinsichtlich der Bestimmungen der Geschäftsordnung« zu keiner Abstimmung in Stockholm bezüglich der GAV kam, scheint gemäß ihrer Auffassung nach einer massiven Intrige auszuschauen. Die GAV setzte sich indes als Verein fest; der erste Präsident wurde H. C. Artmann, Gerhard Rühm und Alfred Kolleritsch wurden zu Vizepräsidenten nominiert: später kamen Ernst Jandl und Andreas Okopenko auf diese Posten.

Tatsache ist nun, daß in der Öffentlichkeit eine vehemente Kampagne gegen diese Autoren einsetzte. Das sicherste Mittel bürgerlicher Diffamierung wurde angewendet: vor allem denunzierte man diese Autoren als Kommunisten, worin sich besonders die sozialistische Wiener *Arbeiter-Zeitung* hervortat. Man war natürlich auf der anderen Seite auch nicht zimperlich. Zugleich ist anzumerken, daß auf der Seite der GAV tatsächlich in ideologischer Hinsicht eine große Uneinheitlichkeit herrschte und sich von einer ziemlich apolitischen Mitte bis zu einem marxistisch-kommunistisch engagierten Flügel für die konkrete Aktion unter den Schriftstellern ein großes Einverständnis herstellte, während auf der anderen Seite sich die meist auf die Sozialdemokratie eingeschworenen Remigranten (Friedrich Torberg allen voran) und die alten, konservativen Herren ein munteres Stelldichein gaben. Man wird festhalten müssen: Die Zugehörigkeit zu den einzelnen Schriftstellerorganisationen ist nicht fixiert auf eine Zugehörigkeit zu einer bestimmten politischen Richtung. Allerdings wäre die radikale Politisierung, so wie sie noch 1973 festzustellen war, im Bereich des P.E.N. undenkbar gewesen.

Torberg hatte dabei ein ganz geschicktes Prinzip: divide et impera. Er pries Handke, für den er sich »stark gemacht« habe, »entdeckte« eine junge Autorin namens Brigitte Schwaiger, die nun eben jene Verfahren der anderen publikumsgängig adaptiert hatte. In der *Wochenpresse* hieß es: »Kommunisten jubeln!« Roman Roček formuliert: »Die persönlichen Interessen eines Rabaukentums, das auf sich aufmerksam machen möchte.« Die andere Seite war freilich auch nicht maulfaul. In einer *Marginalie* verkündeten Klaus Hoffer und Alfred Kolleritsch Folgendes über den P.E.N.: »Fast alle haben Rang, wenige haben Namen.« (*manuskripte* 39/1973, 3) Torberg wird »CIA-Schützling« und »heimischer Brecht-Verhinderer« genannt. Franz Schuh schrieb eine glänzende Polemik gegen die *Pestsäule*, die 1973 ins Leben gerufen worden war, worin er die dort praktizierte Form der Polemik auf die Sprache jener zurückführt, die eine Sprache der Untermenschen sein soll. In der folgenden Nummer der *Pestsäule* wurde Franz Schuh von Federmann attackiert, und zwar wurde der Name Schuh von diesem für ein Pseudonym Jandls gehalten, was diesen wiederum zu einer witzigen Entgegnung in den *manuskripten* 40/1973 veranlaßte.

Alle anderen Attackierten prozessierten gegen die *manuskripte*, und Kolleritsch und Jandl sahen sich zu Entgegnungen genötigt. In den *manuskripten* 43/1974 mußten Kolleritsch und Hoffer mit dem Ausdruck des Bedauerns ihre Bemerkung über Torberg zurücknehmen, allerdings hielten sie fest, die Zeitschrift *Neues Forum* sei durch Gelder des CIA (ohne Torbergs Wissen) finanziert. Es hätte schon Sinn, diese Kontroverse einmal genauer aufzuzeichnen, zumal ja einige der Opponenten (Torberg, Tramin, Federmann) in der Zwischenzeit verstorben sind, zumal sich nun auch diese Opposition nicht mehr als so virulent erweist und zumal sie meines Erachtens eine der wenigen – allerdings zunächst wirklich eine auf die Innenseite der Literatur beschränkte – Kontroversen war. Doch war dies nicht nur eine unpolitische Kontroverse, wie man es in gewissen Kreisen sicher gerne sähe. Die *Pestsäule* suchte nun noch einmal das zusammenzufassen, was sich an positiven Werten gegen diese experimentelle Phase behaupten ließ. Dabei wollten sie für eine im wesentlichen realistische Literatur plädieren, konnten aber nun – da der sogenannte Realismus wieder einmal anlief – nicht Schritt halten, da ihnen die theoretischen Grundlagen einfach fehlten. Es ist nur zu verständlich, wenn Franz Schuh solche Sätze wie den

Györy Sebestyéns aufspießte: »Das Tempo steigt, die Mobilität durchpulst alle Bereiche des menschlichen Zusammenlebens, selbst noch die Trägheit hat etwas Fiebriges – doch weiß niemand, warum er sich beeilt.« (*Pestsäule* H. 4, 330) So witzig diese Polemik auch im einzelnen sein mag, so sehr darin sich auch Gruppeninteressen aussprechen und jegliche Polemik dann doch an einen Familienstreit erinnert: so wichtig war es doch, daß einmal diese Trennungslinie gezogen wurde. In der Zwischenzeit hat es allerdings dazu geführt, daß eine Menge von einzelnen Autoren wieder auf Umwegen zueinander gefunden haben, und Ernst Jandl hat 1981 zum Tode Peter von Tramins ein schönes Gedicht in der *Furche* veröffentlicht:

ein wenig schon
ein wenig schonung
hätten wir brauchen können, üben sollen

du, toter freund
den ich erst jetzt
so anzusprechen mich vermesse

und wir, die überlebenden
nämlich jene, die
zu deinen freunden du nicht zählen konntest (Jandl 1985, 2, 616)

Entscheidend indes, daß der Kampf um die Positionen im Rundfunk begann. Der Rundfunk als das Mittel, in dem die Durchsetzung literarischer Interessen am ehesten möglich ist. Gerade die Posten der Kulturredakteure wurden hier kräftig umstritten. Die *Marginalie* in den *manuskripten* 39/1973 nennt die Namen: Dr. Rudolf Bayr, Prof. Ernst Schönwiese, Dr. Alexander Giese, Janko von Musulin, Jörg Mauthe, Dr. Hans Heinz Hahnl, György Sebestyén, Dr. Kraus, Otto F. Beer, Dr. Felix Hurdes – Namen, die noch lange einige Geltung im Kulturbetrieb haben sollten und haben.

So paradox dies alles sein mag, es ist für die folgende Entwicklung sehr aufschlußreich. Beide Vereine suchten nun auch Einfluß zu gewinnen. Sie erweiterten ihren Mitgliederkreis, indem sie unter anderem nun auch vor allem Leute aus anderen Fachbereichen aufnahmen, die aber eine gewisse Stellung im öffentlichen Leben hatten. Das führte natürlich (gerade als es um die Aufnahme von Germanisten ging) zu einigen heftigen Kontroversen. In der Zwischenzeit haben sich auch beim P.E.N. einige Avantgardisten heimisch gemacht. Das Koalitionsmodell hat sich auch auf diesen Gegensatz ausgewirkt: das Ministerium subventioniert beide Seiten gleichmäßig, so daß niemand dem andern etwas vorzuwerfen hat. Entscheidend aber ist, daß sich bis zum Schriftstellerkongreß von 1981 immerhin eine gewisse Gesprächsbereitschaft herausgebildet hat, die dazu führte, daß Interessen wieder gemeinsam verhandelt werden konnten. Allerdings war dann nur mehr von Gewerkschaftsfragen und kaum mehr von der praktizierten Literatur die Rede. Die von der Zeitschrift *wespennest* vertretene Richtung drang nun auf Wirkung in der Öffentlichkeit. Hier wurden durchaus verdienstliche Impulse gesetzt, die eine Veränderung des Literaturverständnisses bewirken sollten. Etwa Wilhelm Pevny, der in *wespennest* 14/1974 einen Brief an den Unterrichtsminister Sinowatz veröffentlichte, in dem er seine Wirkungslosigkeit beklagt und eine Änderung des Subventionsmodus vorschlägt: eine Kultur der Mehrheit wird gefordert. »Richtiges, Utopisches und Ehrliches in jenem Kunterbunt kostenloser Kühnheit, die zu nichts verpflichtet«, schrieb darauf Hans Heinz Hahnl in der *Arbeiter-Zeitung* vom 27. Februar 1974. Nun hat sich auch ein Mechanismus der Polemik eingespielt.

Ähnliches wie Pevny forderte Turrini (»obisteign«); die Bewegung, die in einem Kampf gegen die »Hochkultur« mündete und schließlich in der Arena-Bewegung von 1976 ihren Ausklang und Höhepunkt fand, trat an der Wende von 1973/74 in das Bewußtsein einer größeren Öffentlichkeit. Interessant, daß dieses Jahr so in etwa auch zu dem Scheidepunkt der einzelnen Autoren wurde. Gerade in den Heften der *manuskripte* wird dies erkennbar. In den *manuskripten* 41/1973 etwa tritt Handke mit dem Filmskript *Falsche Bewegung* die Goethe-Nachfolge an, Bauer schreibt seine *Gespenster*, doch meldet sich mit Karin Struck, Harald Sommer, Michael Scharang, Ingram Hartinger, Gustav Ernst nun eine ganz andere Gruppe zu Wort. Auch Elfriede Jelinek (*1946) und Franz Innerhofer (*1944) präsentieren ganz andere Tendenzen als das Heft davor in der Mehrzahl seiner Texte. Wir sind nun auf einer ganz anderen Welle, wenn der Ausdruck gestattet ist. Das Titelblatt zeigt nun Karin Struck, eine deutsche Autorin. Eine andere Generation schreibt.

Die Losung, die ausgegeben wird, bezieht sich vor allem darauf, durch die Literatur wirksam zu werden. Hintangestellt wird (und das steht im Gegensatz zur Literaturdebatte von 1969) das Literaturverständnis.

Einer, der diese Entwicklung mit sehr viel theoretischem Grundwissen ausgerüstet, begleitet hat, Michael Scharang, verfocht nun in seinen Texten die Absicht, die Realität unserer Arbeitswelt in den Griff zu bekommen. Sein Roman *Charly Traktor* von 1973 ist ein deutliches Adieu an seine frühere experimentelle Phase. Es ist nun nach *Schluß mit dem Erzählen und andere Erzählungen* die »andere« Erzählung, die Scharang erzählt – die Geschichte des Arbeiters Charly Traktor: Dieser Charly Traktor wird so genannt nach einer Mütze, einem Werbegeschenk einer amerikanischen Traktorfirma. »Auf dem Schirm war ein Traktor abgebildet. Darüber stand der Name der Firma.« (Scharang 1973, 17) Die Verteidigung der Schirmmütze, die von den Mitschülern des Charly gefordert wird in einem Tauschgeschäft, diese Verteidigung durch ein Küchenmesser, ist Anlaß für Charlys Sonderstellung. Allerdings ist die Rückeroberung der Mütze für die anderen mit diesem Küchenmesser nicht mehr möglich: Die Mutter hat gemerkt, daß er sich mit ihrem Küchenmesser bewaffnet hat. Das ist die Ausgangssituation, die uns die Geschichte einer Entfremdung erzählen will, uns erzählt, wie dieser Charly aneckt, wie er versucht, mit seiner Freundin Elfi (zweimal geschieden) ein eigenes Leben anzufangen. Diese Freundin Elfi, extrem durch Depressionen gefährdet, ist die Zentralfigur. Es ist so eine Geschichte wie die vom *Grünen Heinrich*, dessen Variante im sozialistischen Realismus.

Charly muß erkennen, daß er nicht allein mit dem Kopf durch die Wand kann, daß er sich solidarisieren muß. Ein kommunistischer Betriebsrat und dessen Frau sind seine großen Lehrer. Was zuvor als Schilderung eines seelischen Desintegrationsprozesses begonnen hatte, endet als klassenkämpferische Didaxe. Letztes Bild: Charly Traktor im Überschwemmungsgebiet, in der Hand ein Handbuch: *Handbuch für Arbeiter und Angestellte*. Zuletzt noch eine Spitze gegen ein Wort: »›Sozialpartnerschaft‹ – Wenn ich das nur höre«, denkt Charly. (Scharang 1973, 140) Das also wurde zum Ziel der Attacken. Das stabile System der Sozialpartnerschaft wird von diesen Literaten konsequent attackiert. Nun dringt in die Literatur dieses Moment der Kritik an den bestehenden Zuständen ein und benennt diese auch konkret.

Didaxe: das wird nun großgeschrieben, und damit auch der Rückgriff auf die didaktische Literatur. So etwa der bemerkenswerte Text von Scharang mit dem Titel *Das Märchen vom Recht das nicht nur*

vom Volke ausging / sondern auch wieder zu ihm zurückkehrte.
(*manuskripte* 42/1974)
   Darin ist vom Recht die Rede, das ein König für sich beschlagnahmt hat, das aber nächtens aus dem Königsschloß ausbricht und das Volk gegen die Soldaten des Königs mobilisiert, der das Recht lebendig fangen will. Ein sehr klug didaktisch umfunktioniertes Märchen. Das Märchen – also »erzählte Welt par excellence« (Harald Weinrich) – wird nun mit einer Lehrfunktion aufgefüllt. Es erhält dadurch Gleichnischarakter: bewaffnet euch zum Widerstand gegen jene, die euch das Recht wegnehmen wollen. Scharangs Position aus dieser Zeit steht in diametralem Gegensatz zu der Wolfgang Bauers: die Unfähigkeit oder der Unwille, durch die Literatur aufklären oder belehren zu wollen, die Abwälzung dieser Aufgabe zur Gänze auf den Rezipienten. Auf der anderen Seite die klare Kampfansage Scharangs, der am Ende jedoch mit einer seltsamen offenen Wendung sein Märchen vom Recht beenden muß: »Das Volk läßt mitunter   s i c h   mit Füßen treten, niemals aber sein Recht. Denn auf dieses wird es bei Gelegenheit zurückkommen.« Dieses »bei Gelegenheit« ist natürlich die Leerstelle, die vom Volke wohl zu füllen ist, früher oder später.
   Dieser Text Scharangs signalisiert sehr schön die Aporien jener Literatur, die nun nach diesem »experimentellen Aufstand« sich der konkreten Aufgaben annehmen möchte. Die alten Formen, sie haben sich nicht überlebt. Sie setzen dem Leser, geschult durch die Lesegewohnheiten in der Schule, die geringsten Schwierigkeiten entgegen, sie empfehlen sich besser der Verwertbarkeit, der politischen Strategie als die experimentellen Texte, die ja allesamt zu schwer sind und den naiven Empfänger oder den uneingeweihten von vornherein verstören müssen. Allerdings ist gerade das Unternehmen Scharangs dort gescheitert, wo er den Realisten machen wollte. Je abstrakter, desto besser: was ihm im Märchen glückt, bleibt ihm im *Charly Traktor* und in *Der Sohn eines Landarbeiters* (1976) und erst recht in *Der Lebemann* (1980) versagt. So wichtig das Anliegen Scharangs ist: nämlich auf die Formen der Ausbeutung aufmerksam zu machen, abstrakte verfügbare Erkenntnismodelle auch zur Verfügung zu stellen, so wenig überzeugen seine Lösungsvorschläge in der literarischen Gestaltung. Das unbestimmte Gefühl, daß Theorie und Empirie hier nicht zusammengehen wollen, beschleicht manchen Leser. Die Texte Scharangs sind allerdings wich-

tig für den zuvor umrissenen Prozeß, der dazu führen sollte, die Literatur aus dem Ghetto der ästhetischen Selbstgenügsamkeit herauszuführen. Ihre Konsequenz begründet auch ihr Scheitern. Was bei Bauer zu viel an Anarchie war, das ist hier zu wenig: der Erzähler hat sich in der Kontrolle und übt eine beklemmende Selbstzensur aus.

Empirie: unter diese Sigle stellt sich nun die Literatur. Sie wahrnehmbar zu machen, Erfahrung, Selbsterfahrung, biographische Erfahrung, darauf sind nun die Autoren aus, die in der Folge ihre Schreibe in den Dienst jener Sache stellen wollen, in deren Dienst Scharang sie stellen wollte.

9. Franz Innerhofer (*1944): *Schöne Tage* (1974)

Im Jahre 1974 erschien auch ein Roman, der nun diese Probleme, die Scharang zuletzt doch recht abstrakt vermittelt, konkret anzudeuten und zu gestalten versuchte. Franz Innerhofers Roman *Schöne Tage* wurde am nachhaltigsten als Korrektur des Klischees vom schönen Landleben rezipiert, obwohl die fürwahr in der österreichischen Literatur zuvor die beste Tradition hatte. Ich meine, daß mit Brochs *Bergroman* (besser: *Die Verzauberung*) nun eine ganz neue Romantradition begonnen hatte, die in der Folge sich auch in Leberts *Die Wolfshaut* (1960) und *Der Feuerkreis* (1971) sowie in den Romanen Fritschs, *Fasching* (1967), und Bernhards, *Frost* (1963) und *Verstörung* (1967), vor allem fortsetzte. Die nicht mehr schöne Natur, die Antiidylle, der problematisierte Heimatroman. Zugleich bestätigten diese Werke, daß dem Ambiente der Heimat nicht zu entrinnen wäre, daß man auf sie angewiesen wäre, auf Gedeih und Verderb quasi.

Zugleich wurde die Heimat auch – wenn man so sagen kann – quasi geometrisiert. Jonkes *Geometrischer Heimatroman* (1969) verwandelt die Vielschichtigkeit und Differenziertheit der Landschaft zu geometrisch beschreibbaren Mustern. Bei Bernhard und bei Jonke tritt nun diese Verwandlung der Natur ein: sie wird umgeformt, sie wird verwandelt zu einer Poesie aus Ziffern und Zahlen (Bernhard), sie erscheint nicht mehr als natürlich, sondern als künstlich. Ähnliches bietet auch der 1973 erschienene *Steirische Roman mit Regie* des 1947 geborenen Reinhard P. Gruber, *Aus dem Leben*

Hödlmosers, der die Geschichte des Georg Hödlmoser erzählt, wobei dieser Roman durchaus – wenn man ihn auf sein inhaltliches Skelett reduziert – die Muster einlöst, die man von einem Heimatroman erwarten kann. Aber es gibt zu jeder Episode auch Regieanmerkungen, Anweisungen, in denen die Szene durchdacht werden kann. Gruber ging dabei von einer Anregung des Wiener Philosophen Fridolin Wiplinger aus, der vorschlug, man sollte verschiedene Ereignisse in verschiedenen Fachsprachen oder Fachjargons beschreiben. In diesem Falle hat Gruber alle möglichen Sprachen für die Geschichte seines Hödlmoser Franz, seiner Fanny und beider Sohn Schurl, der außerehelich gezeugt wurde, weil es in der katholischen Provinz so der Brauch ist. Dieser Text ist als Kontrastbeispiel zu Innerhofers Buch sehr gut zu verwenden. Was Gruber, und ähnlich wohl auch Brandstetter (*1938) in ihren Texten auflösen und gestalten, das ist auch Innerhofer der thematische Vorwurf.

Aus den gleichen Materialquellen wie bei Brandstetter, Gruber und Lebert nährt sich auch das Erzählsubstrat. Und nur wenn Innerhofers Buch in diesem Kontext gelesen wird, der Reflexion auf die Form und damit die Akzentuierung der Künstlichkeit zuläßt, nur dann wird man auch dieser Erzählung den richtigen Stellenwert in der innerliterarischen Entwicklung zusprechen können.

Franz Innerhofer, als unehelicher Sohn einer Landarbeiterin 1944 geboren in Krimml (Salzburg). Mit sechs Jahren kommt er auf den Bauernhof seines Vaters, dort lebt (und arbeitet) er von 1950 bis 1961, anschließend Schmiedelehre, Militärdienst; ab 1966 besucht er das Gymnasium für Berufstätige, danach Studium der Germanistik und Anglistik in Salzburg; seit 1973 freier Schriftsteller, lebte 1978 in Arni bei Zürich (Schweiz). So etwa liest sich der Lebenslauf Innerhofers im *Kritischen Lexikon der Gegenwartsliteratur*, worin nun auch die drei Romane dieses Autors, die sich allesamt von der autobiographischen Erfahrung nähren, in einer zusammenfassenden Deutung von W. Martin Lüdke vorgeführt werden.

Schöne Tage (1974), *Schattseite* (1975), *Die großen Wörter* (1977) – diese drei Romane haben als stoffliche Grundlage das, was die einzelnen Etappen dieses Lebenslaufes denn auch ausmacht.

Holl, ein uneheliches Kind, kommt im Alter von sechs Jahren auf einen Bauernhof, den Bauernhof seines leiblichen Vaters, wo dieser mit einer anderen Frau und deren Kindern regiert. Und Holl erfährt hier die Wirklichkeit des bäuerlichen Alltags. Die Rezensionen sind kennzeichnend, kennzeichnend für das festgeschriebene Verständnis, das Texten dieser Art entgegengebracht werden mußte. Einige Titel: »Eine merkwürdige Entdeckung« (Edwin Hartl, *Die Presse*), »Das Paradies als Inferno. Ein Antiheimatroman« (*FAZ*, Hans Weigel), »Auf dem Lande. Menschenfinsternis« (*Süddeutsche Zeitung*, Baumgart). »Ein Woyzeck unter den Menschen« (Kurt Kahl, *Wort am Sonntag*), »Für die Arbeit gezeugt« (Karin Struck, *Spiegel*). Besonders intensiv wurde der Text natürlich dort rezipiert, wo man vertraute Konstellationen wiedererkennen zu können meinte.

Bejubelt wurde Innerhofer vor allem als einer, der aus jener Sprachbezogenheit herausführte, die vorher die österreichische Literatur dominiert habe. Dies in dem Artikel von W. Martin Lüdke, der in Innerhofer geradezu den Anti-Wittgenstein (und damit wohl auch den Anti-Handke) erblicken wollte. »Innerhofers Protest gegen Wittgensteins Ansicht trifft in den Kern des Sachverhalts. Während man woanders lange über Belanglosigkeiten redet, schweigt man bei uns über das Ärgste.« Dieses Schweigen aufzubrechen, das Ärgste zur Sprache zu bringen, ist nicht, was Wittgenstein meinte. »Wenn auch gemeinhin darüber geschwiegen wird, darüber muß man nicht schweigen.« (Lüdke in seinem Artikel im *KLG*.) Ich halte diesen Ansatz Lüdkes für verkehrt. Innerhofer geht hier keinen anderen Weg als Wittgenstein und Handke in *Kaspar* und *Das Mündel will Vormund sein*.

Als Zugang zu diesem Buch bietet sich zunächst auch die Frage an, wie dieser Held durch die Sprache zu sich selber kommt, wie er seine Identität durch die Sprache gewinnt. Das Buch enthält keine Dialoge, sondern nur Zitate: und da dominieren die Befehle. (»Da gehst her!«, »Dort bleibst!«, »Ruhig bist!«) Die Sprachlosigkeit, die Handke sich in seinem *Kaspar* zur theoretischen Ausgangsbasis gewählt hatte, wird hier in ihrer konkreten Genese beschrieben. Innerhofer läßt seine Figuren weiter in ihrer Sprachlosigkeit befangen. Er zeigt, wie sie aus ihrer Haut nicht heraus können. Wie sie fixiert sind auf diese Sprache, die nur Befehle kennt. Die Grenzen der Sprache sind bald erreicht: wo die Befehle aufhören, fängt die Prügelei an. »Er wollte sich nicht von einem Menschen, den er Vater nennen mußte, die ganze Welt, die von der Mutter aus erlaubt war, auf einmal verbieten lassen.« (Innerhofer 1974, 12) Die Peinlichkeit wird nach außen gekehrt: das Bettnässen des Kindes, auf dem Hof Gegenstand des Gelächters der vielen, während es daheim nur die Mutter sah.

In dieser Welt, die zur Sprachlosigkeit verurteilt ist, erlebt Holl seine Entwicklung, oder was immer man dafür ausgeben will. Interessant ist für mich nun nicht so sehr, was Innerhofer uns zu erzählen hat, sondern wie diese Biographie arrangiert ist, wie diese Jugend auf dem Lande geboten wird. Es beginnt mit der Ablieferung des Sechsjährigen und endet mit dem Entschluß des Siebzehnjährigen, sich von zu Hause abzusetzen, um bei einem Schmied in die Lehre zu gehen. Das ist immerhin eine Entwicklung. Die Entwicklung ist bedingt durch die Verweigerung: der Held verweigert sich, die Unglücksangebote anzunehmen, die ihm von Familie, Dorfgemeinschaft und Kirche, als Glücksangebote getarnt, gemacht werden.

Am Ende findet sich auch kein Einpendeln in die Dorfgemeinschaft: Holl verläßt diese Dorfgemeinschaft. Typisch für die regionale Literatur ist nun diese Aufsteigerproblematik, nicht nur das Faktum, daß jemand aus der Gemeinschaft aufsteigt, sondern auch, in welche Richtung sich dieser Aufstieg vollzieht: über die Lehre (*Schattseite*) hin zum Studenten der Anglistik und Germanistik (*Die großen Wörter*).

Doch auch hier: dieser Aufstieg muß aus der Desperation in die Desillusion führen. Holls Aufstieg, der sich auch durch seine Kleidung (»Böcke«) und andere Accessoires dingfest machen läßt, ist nicht ein Aufstieg, der Befreiung bedeutet, doch soll damit nicht die bessere Welt denunziert werden, sondern der Grundstein für diese Desillusion war gelegt in der Kindheit dieses Helden.

Interessant ist, wie Innerhofer das macht: er erzählt uns keine Geschichte, deren Übergänge markiert, deren Risse geflickt würden. Es sind kurze Sequenzen, kurze Passagen. Es ist eine Biographie in einzelnen Vignetten, in der sich kein Ganzes spiegelt, sondern nur eine abgerissene Folge von Anekdoten, Episoden. Episoden, die allesamt auf ein Zentrum zielen: auf die Tödlichkeit einer Umwelt, die alles darauf angelegt hat, diesen Holl zu vernichten.

Die totale Negativität, die bei Bernhard nur ein Kunstprodukt zu sein schien, wird hier lokalisiert in den Salzburger Bergen, ja beinahe auch mit dem Vokabular dieses Autors. Negativ, antagonistisch ist die Natur. Es ist entweder zu heiß oder zu kalt. Negativ die Tierwelt, die störrisch und nicht gehorsam ist, negativ die Erfahrung des eigenen Körpers (Bettnässen). Negativ die sozialen Erfahrungen: Familie, Kirche, Schule, Dorfgemeinschaft – sie bilden eine kompakte Einheit, die sich – so legt es zumindest die Sicht des Erzählers nahe – zu einem Komplott gegen diesen zusammengeschmiedet hat. Die Menschen sind gegen die Gesetze der Natur konstruiert: Harmonie mit dieser Natur stellt sich nie und nimmer ein. Dies hatte die idealistische Ästhetik der Antike gefordert, im Menschen ein zur Natur passendes Individuum, sich ihr einfügen wollendes Individuum zu erblicken. Die Maxime des »natura convenienter vivere«, das Maß für die Lebenspraxis an der Natur zu nehmen, war eine unbefragte Maxime.

Für Holl ist die Natur das Gegenmaß. Alles scheint gegen die Natur zu wirken. Jede Willenshandlung wird von der Natur unterbunden.

»Das Pferd stampfte mit den Vorderbeinen und schlug mit den Hinterbeinen aus.« (Innerhofer 1974, 16) Innerhofer zeigt, wie die Menschen sich diese Bösartigkeit der Natur zunutze machen, um die anderen Menschen zu unterjochen. Man macht sich die schlimme Natur untertan, nur um sich andere Menschen untertan zu machen.

In dem gewandelten Naturbegriff sehe ich die Hauptursache für die Eigenart dieser Texte. Ich habe von der Vertreibung der Natürlichkeit aus der Literatur gesprochen, von dem Versuch, Natürlichkeit gegen Künstlichkeit zu mobilisieren. Und das hat auch Innerhofers Buch *Schöne Tage* als Voraussetzung. Die negativ erfahrene Natur. So ein Buch wie das Innerhofers ist erst möglich, wenn der Naturbezug seiner Positivität einmal entkleidet ist. Wenn die Natur auf dem Lande nicht mehr als die positive Begleiterin des Menschen erscheint, sondern als dessen Feindin, die es partout darauf angelegt hat, den Menschen an jeder möglichen Form der Individuation zu hindern. Das von Hegel noch anerkannte »Naturschöne« ist aus diesen Texten verjagt. Die Natur ist kein Gegenbeispiel gegen das, was man in der Schule zu lernen verurteilt ist: sonst der gängige Topos, gegen das gedruckte Buch das Buch der Natur zu halten. Die Natur antwortet nicht. Der arme Holl erhält von ihr kein Zeichen, ja, er hat sich von Anfang an darauf eingestellt, aus dieser Natur keine Zeichen zu bekommen.

Als Holl einmal – 1959 – weg will von zu Hause, da hat er keine Schuhe, die ihm passen. Da gibt ihm die Bäuerin die Schuhe des Bauern, die ausgetragenen. »Ein Höllengefühl, aber einen Tag von 48 [die Hausnummer] weg sein, war ihm so viel wert, daß er auch diese Erniedrigung auf sich nahm. Jetzt war er endlich ein richtiger

Leibeigener, einer von den *Leibeigenen*, 1959, in der Republik Österreich.« (Ebda, 179) Das also ist die bittere Antwort, welche diese jungen Autoren auf die Frage nach der Tradition in Österreich geben: Es bleibt die Leibeigenschaft. Schon von Beginn an wird dieses Wort leitmotivisch eingesetzt: »Holl war eingeschüchtert und stumm bis zu den Zehen wie alle *Leibeigenen*.« (Ebda, 22) Das ist die Symbiose der Zeiten: nicht eine den Menschen beglückende Kontinuität einer Kultur und nicht Geborgenheit, sondern über allen Wandel hinweg die Persistenz sozialer Strukturen. Das für die österreichische Literatur so oft bemühte Moment des Konservierens, des Aufbewahrens, des Pflegens, des Schützens vor der Zeit und vor der Macht ihrer Veränderung – all dies erfährt bei Innerhofer seine negative Auffüllung. Hier ist viel aufbewahrt, aber nichts verändert. Konserviert wird die Negativität, konserviert sind mittelalterliche Zustände. Wenn das Land noch die liebliche Idyllik präsentiert, so will Innerhofer sagen, um welchen Preis diese Unberührtheit erfolgt. (Heydemann 1979, 83–97) Diese Leibeigenschaft verhindert auch, daß ein Autor wie Innerhofer einen positiven Bezug zu den Dingen bekommen kann. Die Dingwelt erscheint daher auch nicht im Text plastisch. Die Beschreibung des Gegenstandes – genüßlich, beruhigend –, das gibt es alles nicht: die Objekte sind Qualobjekte. Die Gegenstände, die Freude an ihnen, sonst durchziehendes Merkmal der Literatur vom ländlichen Leben (man will dem Städter dies so richtig schmackhaft machen als etwas geradezu Exotisches), diese Freude kennen solche Texte naturgemäß nicht.

Innerhofers wichtigen Büchern gebührt ohne Zweifel das Verdienst, ein Österreich zu präsentieren, das eben das andere Österreich ist, anders als es von denen gefordert wird, die für dessen Ruhm zu sorgen haben.

Was sich sonst als das Positive an Österreich zeigt, wird hier als das Negative demonstriert. Es ist die Konstanz, das Aufbewahren, die Unveränderlichkeit. Der Kleine solidarisiert sich, soweit dies in der Sprachlosigkeit überhaupt möglich ist, mit jenen, die für die Veränderung eintreten oder von der Veränderung bestimmt sind.

So etwa mit einem Arbeitersohn, mit denen, die nicht in die Kirche gehen. Am Ende zeigt sich als Perspektive die Befreiung: der Gang in die Lehre. Das Ende des Buches verkündet so etwas wie: »Arbeit macht frei!« Das Buch *Schattseite* (1975) soll erweisen, daß hier nur die eine Knechtschaft mit der anderen vertauscht wurde: aus der einen Leibeigenschaft in die andere. Aus der einen Sprachlosigkeit in die andere.

Das dritte Buch *Die großen Wörter* (1977) ist von der Kritik ungleich ungünstiger aufgenommen worden als die beiden ersten:

> Der Roman *Die großen Wörter* zeigt unübersehbar ein Dilemma: der Weg der Trilogie aus der sprachlosen Ohnmacht Holls in die Welt der großen Wörter verringert die Distanz zwischen Schreiber und Beschriebenem immer mehr. Wo sie so gering wie im letzten Buch, bietet sich als angemessene Form die Aufzeichnung subjektiver, persönlicher Erlebnisse und Wahrnehmungen an, die nicht vorab den Anspruch auf Objektivität anmeldet. (Greiner 1979, 118 f.)

Zu dieser Äußerung Greiners mag man stehen, wie man will. Für uns aber scheint eine andere Frage entscheidend: dieser Befreiungsakt Innerhofers führt heraus aus der Sprachlosigkeit und der Leibeigenschaft über die Katastrophe des Studiums: es führt zum Schreiben, zur Schriftstellerei. Wird hier nicht ein Illusionsmodell vorgeführt: Befreiung durch Schreiben? Die aufgezeigte Perspektive am Ende von *Die großen Wörter* ist die der Verweigerung: Verweigerung der Sozialpartnerschaft. Verweigerung, adressiert an eine Gesellschaft, in der Ausbeutung an der Tagesordnung ist. Hier gerät alles ins Lehrhafte und Doktrinäre. Auch wenn die direkte Zuwendung zu einer Partei in der Gestalt des Kommunisten Stürzl und im Anschluß dann auch von Holl behauptet wird, so ist doch zuletzt alles im Konjunktiv zumindest als Devise verfügbar: »Ein verirrter Mensch müsse sich an Lenin halten. Der Klassenkämpfer dürfe sich nicht von Hegel abbringen lassen. Die Industrie setze die Menschen in Bewegung. Die Bauern seien nur Diener der Industrie. Ein Buch zweimal zu lesen, sei überhaupt ein Irrtum.« (Innerhofer 1977, 172) Das ist eine Einsicht, die auch bei Thomas Bernhard stehen könnte.

10. H. C. Artmann (*1921): *Aus meiner Botanisiertrommel. Balladen und Naturgedichte* (1975)

Von den hier behandelten Texten hat Innerhofers Roman heraus aus diesen formalen Exerzitien geführt: er hat hin zu seiner hautnahen Betrachtung von Abhängigkeitsverhältnissen geführt, zugleich aber auch aufgezeigt, wie solche Themen, wie Natur als Gegenwelt, wie

Sprachlosigkeit und Sprachwerdung doch in einem Traditionszusammenhang mit anderen Texten gesehen werden können.

Die Selektion aus der Realität und Segmentierung überführt diejenigen, die von Realismus sprechen wollen, des Irrtums, denn Innerhofers Selektion läßt sich allenfalls als der Versuch verstehen, Teile aus dieser so fragwürdig gewordenen Welt zur Sprache zu bringen.

Was bei Innerhofer, der seinen Holl aus dem Archaischen der Bergwelt in die Gegenwart der Industrie, aus einem Status der Unveränderlichkeit in eine industrielle Gegenwart führt, bleibt, ist die Andeutung einer Veränderung (oder Bewegung) im Konjunktiv.

An Innerhofers Werk ist vielleicht – wenn wir hier eine Wertung wagen wollen – der erste Band der beste, weil er diese Momente der Starre, der Immobilität festhält. Ich stelle kritisch dagegen, daß diese Momente der Stille, der Immobilität auch in den anderen Büchern die Grundstruktur abgeben, aber sie sind darin nicht thematisch überlagert, sondern werden durch immer substanzlosere Debatten hinwegdisputiert. Wenn wir Artmanns Gedichte in dem Band *Aus meiner Botanisiertrommel* dagegenhalten, so wird man wohl auf den ersten Blick kaum Gemeinsamkeiten entdecken. Innerhofer und Artmann scheinen einander konträr. Und doch findet sich in Artmanns *Nachrichten aus Nord und Süd*, einer 1978 erschienenen autobiographischen Plauderei, auf die noch in einem anderen Zusammenhang einzugehen sein wird, eine nicht nur ironische Reverenz vor diesem:

> die kunst ist eben ein beinharter job freunde nichts wird einem da geschenkt oder gar in die wiege gelegt die zeit der guten feen ist lange schon in ein anderes land übersiedelt nach düsseldorf vielleicht nach antibes oder nach memphis tennessee mir hat man als ich drei jahre war einen teddybären und einen brummkreisel unter den weihnachtsbaum gelegt aber eine kunst nein da muß man schon mozart heißen oder peter handke herrgott beneide ich all diese begnadeten ein innerhofer müßte man sein oder ein james joyce ein franz xaver kroetz oder ein ödem [!] von horváth eine mischung aus turrini und pevny mit einem schuß hochhuth in der unsterblichen seele allein was sollen solch törichte wünsche ... (Artmann 1979, 3, 446)

Da macht sich einer klein, auf daß er erhöht werde. Er liefert zugleich eine Speisekarte der respektablen Personen, ein Stück fast ausschließlich »österreichischer« Tradition. (Ebda, 446) Dieses Sich-gehen-Lassen, Sich-gut-und-wohlbehalten-Fühlen, dieser Versuch: ich bin ich, aber ich habe keine Kunst, scheint auch in diametralem Gegensatz zu dem Versuch zu stehen, mit dem sich Artmann sonst als der Verwalter des Poetischen schlechthin in einer verwalteten Welt geriert und damit die Anarchie in die Literatur einschleust. (Vgl. ebda, 434 f., über die Germanistik!) Das Buch, das ich nun bespreche, versteht sich auch ganz in dieser Tradition, in der auf den Sänger Artmann gesetzt wird. Welchen Stellenwert hat nun dieses Buch in der Literatur? Welche Rolle spielte es bei dem Erscheinen?

Ich habe zuvor gezeigt, wie durch die experimentelle Literatur so etwas wie ein neues Verständnis dessen aufgebracht werden konnte, was man Lyrik heißen kann. Zugleich aber scheint die lyrische Produktion – sieht man von Friederike Mayröcker und Julian [Jutta] Schutting ab – zu Beginn der siebziger Jahre durchaus nicht im Vordergrund zu stehen, kaum ein Buch wird sich finden lassen, das als Wegmarke fungiert. Es scheint mir auch schwer, Lyrik jenseits der Hermetik zu produzieren, die doch als Signum Mayröckerscher Lyrik gilt. (Wenngleich auch diese Zuordnung zur Hermetik außerordentlich problematisch ist!) Es ist auffallend, daß Artmanns Buch von der Sekundärliteratur kaum zur Kenntnis genommen wurde, die Artmann auch eher stiefmütterlich zu behandeln pflegte. In dem von Klaus Weissenberger herausgegebenen Sammelband *Die deutsche Lyrik 1945–1975* wird Artmann nur en passant erwähnt!

Ich habe den Eindruck, daß dies eine gewisse Kontaktscheu ist. Man will und kann sich nicht mit diesem Lyriker einlassen, den man für einen »launigen equilibristen«, »sprachfex« und »tausendsassa« hält. Nun hatte H. C. Artmann mit seinen eigenen Gedichten, vor allem *med ana schwoazzn dintn* (1958) und seinen Barockcamouflagen und ähnlichem Maßstäbe gesetzt. Darüber hinaus waren auch durch Ernst Jandl und andere, vor allem Bayer, Rühm, Achleitner und Okopenko, neue Dimensionen für die Sprache der Lyrik erschlossen worden. Wie nun das Gedicht herstellen und wiederherstellen? Ist gedankenschwere Lyrik noch möglich? Kann man Gedichte wie Sarah Kirsch heute noch schreiben? Etwa:»Die versunkenen verwachsenen / Feldherren in ihren Sträuchern / Recken gebieterisch Hand und Degen / Bevor der Turm mit der silbernen Kugel / Sich mächtig ins Bild schiebt [...]« (Aus Sarah Kirsch: *Erdreich*. Stuttgart: Deutsche Verlagsanstalt 1982, 44) Ist so etwas noch möglich, tragbar, dies Elegische, dies Metaphorische, diese historische Patina? Und gerade diese historisierende Kostümierung ist es, die auch bei Artmann anzutreffen ist, wenngleich ganz anders. Man muß, so meine ich, die Gedichte Artmanns von der aporetischen Situation der Mitte der siebziger Jahre her lesen, wo Gedichte nicht nur dieser Art obsolet, verdächtig, ja verbraucht scheinen konnten. Artmanns Versuch *Aus meiner Botanisiertrommel* ist daher von der Zeitsituation als ein besonderes Wagnis zu werten, das freilich als einmalig und unwiederholbar gelten muß. Als Zeichen für eine Verbrauchtheit der »Konkreten Poesie« und experimentellen Literatur evident zu werden begannen, und dies auch in der Sekundärliteratur festgeschrieben wurde (Hartung 1975, 103), als Ernst Jandl zwar mit *serienfuss* (1974) noch einmal in diese Richtung tendierte, aber mit *dingfest* bereits eine ganz andere Art von Publikation (unter Rückgriff auf ältere Versuche) vorgelegt hatte, da versuchte Artmann nun noch einmal, Lyrik so herzustellen, als ob sie formal unbefragt wäre. Nun sind die Formen, die Artmann verwendet, schon so hohl und so verbraucht, daß keine Diskussion darüber überhaupt noch bestehen kann. Wer nicht genauer hinhört, der kann diese Gedichte nicht von denen eines Ludwig Uhland oder gar Emmanuel Geibel unterscheiden. Also Romantik und Postromantik, Butzenscheibenromantik. Uhlands Balladensound: »Herr Goldmar ritt mit Freuden / Vor seinem stolzen Zug / Einen roten Mantel seiden, / Eine goldne Kron' er trug.« (Uhland: *Der junge König und die Schäferin*, Werke 1. Bd., Berlin, Leipzig, Wien, Stuttgart: Bong o. J., 132) Das geht so weiter und ist auch fortsetzbar. So beginnt eine Artmannsche Ballade: »BEI ROTWEIN und legenden / sitzt minstrel hadubrand, / blickt in die laue donau, / der weibchen vaterland. // und hebt er an zu singen / von wasserfeyn ein lied, / von veilchendunklen augen / in sommerschwülem ried.« (Artmann 1975, 7) Nun reproduziert Artmann die Grundlage dieser romantischen Lyrik vor allem im Tonfall. Wenn ich recht sehe, sind die Lizenzen, Abweichungen, Unregelmäßigkeiten in der romantischen Lyrik vom Typ *Des Knaben Wunderhorn* von der Volksliedstrophe usw. nicht so erregend, daß sie jenseits der Lizenzen und/oder der Gedichte stünden. Im Gegenteil: die Gedichte sind metrisch sorgfältig gebaut. Sorglosigkeit gerade in dieser Hinsicht scheint unserem Autor fern. Die letzte Strophe des Widmungsgedichts, auch dies traditionell, fängt nun ein, was das poetische Programm dieses Buches sein könnte: »wodans linkes aug sieht wieder, / flugs s monokel eingeklemmt, / donar zupft vom lila flieder, / frischgestärkt sein rosa hemd, / die valkyrien lächeln leise, / feen aus mythomania, / und ich taufe meine weise: / artmann an germania.« (Ebda, 6) Artmann widmet sein Gedicht also Germanien, er stellt sich damit ebenso bewußt wie ironisch in die lyrische Tradition, und zwar in die zuvor umrissene romantische Tradition. Doch sind die Gedichte nicht Auffüllungen bekannter vorgegebener Muster – trotz gelegentlicher Allusionen (z. B.: »auf dem regungslosen weiher«, ebda, 15; Lenau: »Auf dem Teich, dem regungslosen«) Oder: »freiheit, schöner göttergatte, schinken aus elysium« – das erinnert zu deutlich an Schillers *Lied an die Freude*. Oder: »er ist entdecker / und sie seine braut / müßig zu fragen, / wer sie wohl traut / kein dompfaff ist es, / [...]« (Ebda, 61) Oder: »ES FÄLLT aus alten briefen / so manches gilbe wort...« (Ebda, 95) Das ist natürlich ein Adieu an alle sterile Montagetechnik und erzeugt durch das Zitat und vor allem durch die Art des Zitats bereits die Distanz zu dem Gegenstand. Auf der anderen Seite ist ohne den Rückgriff auf diese Formen diese Produktion nicht denkbar und könnte nie und nimmer bestehen. An solchen Texten fällt uns eines auf, und es wird ein Defizit in unserer Forschung schmerzlich spürbar: Wir haben keine Grammatik der lyrischen Sprache, keine Auflistung jener Sprachsignale, die unverkennbar und evident uns lehren: hier wird Lyrik gemacht. Ich meine eben solche Wendungen wie »das ist wohl schön gesungen«, »so mancher holde Mann« solche Wortstellungen, die – ohne daß es uns stören würde – die Wortfolge im Deutschen empfindlich verletzen. Artmann (70): »ein jeder asenhelde / die mütze vor ihm zieht.« (Statt »zieht vor ihm...«) Was da in der Lyrik unaufhörlich passiert, ist, strenggenommen, stets ein Verstoß gegen ganz grundlegende Gesetze der Grammatik, doch ist durch die Erziehung offenbar unser Empfinden so gebaut, daß es uns nicht mehr stört, wenn, wie hier, es ein Gedicht ist. Man ist aufgerufen, eine solche »Grammatik der lyrischen Sprache« (oder besser: Idiomatik) zu schreiben. Abweichungen von der Norm – sie sind toleriert, wenn man weiß, daß es sich um ein Gedicht aus einer bestimmten Periode handelt. Wir tolerieren solches auch sehr bald in fremden Sprachen, deren Grammatik wir nur langsam erlernen: wir lernen sehr bald, die poetische Lizenz zu respektieren. Freilich auch Stoff für manche heitere Satire. Wie nun Artmann diese Dichtersprache zur seinen macht, wie er diese Sprachmaske (wie ja auch in seiner anderen Lyrik) nutzt, dies müßte man einmal in einem anderen Zusammenhang aufzeigen, exakt aufzeigen. Denn gerade daß er diese Lizenzen und Stereotypen (ich würde eben am liebsten von einem »lyrischen Stereotyp« sprechen) virtuos verwendet und integriert und funktionalisiert, macht die Leistung in diesen Gedichten aus, die formale Leistung.

Das alles sind nun Balladen oder »Naturgedichte«. Doch sind dies nur Decknamen für längst verloren Geglaubtes und für verloren zu Erachtendes. Keine der Balladen kann in ähnlicher Weise jene Kohärenz beanspruchen, die selbst die Uhland-Balladen, die magischen Balladen der Romantik auszeichnet. Das gilt vor allem für den ersten Text, wo von einem »minstrel hadubrand« die Rede ist. Der Inhalt der Ballade (ebda, 7–9) kann so gut wie gar nicht nachgezeichnet werden. Vor allem wird er in der letzten Strophe aufgehoben. Am ehesten läßt sich noch »DREI MOHREN stehn im felde« als Ballade bezeichnen, aber auch darin wird ja auf die Klärung der Mordtat verzichtet; es erfolgt keine Enthüllung des Rätsels. Am Ende wird noch eine Pseudomoral eingebracht: »das hat ein ara gesungen, / rebellischer papagei, / sein buntes lied der arbeit / macht alle menschen frei.« (Ebda, 28)

Mit dem Begriff Ballade ist im herkömmlichen Sinne nichts zu machen.

Auch der Begriff »Naturgedichte« hilft nicht weiter: Auch dort stößt man auf die ähnlich markante Inkohärenz. Während sonst das Naturgedicht zwar auf keine logische und entwickelbare Kausalität abgestellt ist, aber doch darauf, zwischen dem Sprecher und der Stimmung einen Zusammenhang herzustellen, verzichtet dieses Gedicht vorab darauf, und zwar zur Gänze. Klassisch wäre das Gedicht »GANZ VERSTECKT im wilden wein [...]« (ebda, 75), ein Gedicht nahezu durchgehend gegen jede Art von Kausalität geschrieben. »Witwe sein voll müh und plag, / ist kein schöner namenstag« – gewiß, ein Philologenhirn kann darin einen Zusammenhang erkennen. Etwa den, daß für Witwen Namenstage nicht erfreulich sind. Aber das ist so restlos banal, daß es nicht einmal Artmann zuzutrauen wäre. Diese Banalität indes, auf diese wird der Leser irgendwie festgelegt.

Gegen diese Gedichte läßt sich einiges sagen: nicht aber, daß sie von einem wären, der sein Metier nicht verstünde. Artmann versteht es dazu noch, dieses bemühte poetische Vokabular, das lyrische Stereotyp mit einer Sprachschicht zu überziehen: ich möchte diese einer Klarsichtfolie vergleichen, die das, was er uns sagen will, auch quasi haltbar macht. Es sind dies Fremdworte, eingebaut in den Reim, jähe Abstürze ins Komische (»schinken aus elysium«), Katachresen wie »lackbeschuht der tag vergeht« (ebda, 34) usw. usw. Die Fremdworte im Reim haben einen besonderen Stellenwert im Deutschen, der einmal auch gesondert zu untersuchen wäre. (»eiscafé« – »orgie«) usw. usw. Doch bei Artmann ist das nicht die Ostentatio der Bildung, sondern vielmehr der Versuch, dem Fremdwort neue Lautwerte abzulocken und damit eine Restitution des Reimes zu ermöglichen. Der Banalität braucht er sich daher nicht zu schämen, es ist die geradezu gewaltsam herbeizitierte Banalität. Und so reimt er einmal auch unverfroren »herz« auf »schmerz«. In der Form- und Sprachgebung liegt die Provokation dieses Textes beschlossen. Die zitierte Literatur, das zitierte Formgefüge aufgefüllt durch die Anarchie tollgewordener Inhalte. Eben in dem »herzschmerz«-Reim.

Sind die Texte auch nicht zu werten als inhaltlich bedeutsame Aussagen, so ist in ihnen doch etwas gespeichert, was über diese bloße Inhaltlichkeit entschieden hinausgeht. Sie sind vor allem bildintensiv. Die exquisiten Worte, die über dieses romantische Sprachinventar gezogen sind, dienen dazu, die Weltfülle einzufangen. Vor allem ist der Ortsname prunkendes Reimwort, dem Zwecke geweiht, auch die Welthaltigkeit und Weltläufigkeit Artmanns zu erweisen. Und zuletzt schreibt er, sich wieder von dieser weltmännischen Pose recht hübsch distanzierend, munter auf den Kempner-Effekt zu, die eingestandene und die beherrschte Banalität. Bewußt also ein »schlechtes« Gedicht. Denn so etwas bewußt zu fabrizieren, ist schwerer, als es scheinen mag. Dieses genaue Verfehlen der Pointe. »Afrika, du bist ein wald, / niemals ist es in dir kalt; / alle schwarzen, groß und klein, / rufen dich: oh heimat mein!« (Ebda, 40) Ärger geht's nimmer; nur aber wenn man akzeptiert, den Kalauer auch als Bedeutungsträger anzuerkennen, nur dann kann man dieser Poesie sich auch legitim nähern. Aber bekommt so eine Dichtung nicht etwas Unverbindliches?

Diese Gefahr sehe ich bei Artmann als durchaus gegeben an. Der schöne Schein, den jene Gedichte bereiten, in denen selbst in bitterer Ironie und kühner Persiflage, selbst im jähen Mißlingen des Verses und im schiefen oder manierierten Bild (»oh, wär ich gleich ein rehbock / in efeufinstrem tann«; ebda, 48) doch so etwas wie Geborgenheit in der Sprache gesucht wird, so etwas Schatzkästleinder-Poesie-Artiges von Artmann und nichts Dämonisches: in diesen Texten nun nach der Verbindlichkeit zu suchen, die jenseits der formalen Lösungen – bestechenden Lösungen – liegen kann, scheint mir bedenklich.

Außer man akzeptiert, daß sich in der formalen Lösung eben ein Bewußtsein und ein Wissen um lyrische Gehalte spiegeln: ein Bewußtsein, das anderen Gesetzen gehorchen will, als es das Schema von Themenstellung und Durchführung bietet.

Wenn ich nun zuletzt versuche, die Leistung zu erfassen, so kann ich an zuvor Geäußertes anschließen. Der Gewinn des Textes liegt für mich darin, daß Artmann hier eine Antwort gibt auf die Frage, wie er als Subjekt überhaupt noch Lyrik von sich geben kann. Indem die Tradition herbeizitiert wird, wird auch die Lyrik in ihr aufbewahrt. Die Tradition selbst ist, würde ich sagen, unverbindlich geworden. Es lohnt sich nicht einmal mehr, den von ihr kommenden Effekt drohend zurückzuschlagen. Es lohnt sich nicht, ihr mit dem Tiefschlag der Parodie und Persiflage den Garaus zu machen. Diese Sprache hat keine Rechte mehr, in der Poesie nicht, in der Umgangssprache schon gar nicht. Wir sind schon so distanziert, daß sie zu einer neuen Kunstsprache geworden sein kann. Eine Kunstsprache, die wiederum in sich Wertigkeiten enthält, um deren Verlust es schade wäre. So ist der Versuch, diese Kunstsprache solcherart zu konservieren, das vordringlichste Anliegen dieses Restaurationsversuchs.

Doch das kann nicht allein der Sinn des Unterfangens sein. Es geht noch darüber hinaus. Denn wir haben sehr wohl auch ein Ich, das sprechend gemacht wird. Es lohnt sich nun, besser und nachhaltiger als früher Artmann festzulegen in seiner Sängerrolle. »bunt flattern wimpel, standarten / von echten burgen am strand, / ach, mir ist der rheinstrom ein garten, / eine heimat, ein vaterland!« (Ebda, 74): Wir sehen, daß Artmann durchaus die positiven Seiten der deutschen Tradition hervorkehren will, allerdings ist ihm die Restitution nur auf seine Weise möglich. »im weißkohl haust der hase miaut ein deutsches lied [...]« (Ebda, 51) Die Schlußverse dieses Gedichtes sind auch das poetische Programm des Buches: »Ich zieh auf meine weise / die sprachbewegung nach, / verführt, auf wilder reise – / noch liegt so vieles brach...« (Ebda, 51) Die deutsche Dichtersprache: genauer – die Sprache der romantischen Lyrik, das brachliegende Gut: objet trouvé. Artmann macht sich heran.

Er kann sich heranmachen, weil er das Gehör für diese Verse hat. Den Verdacht der Epigonalität muß man mit dem der Koketterie vertauschen. Denn kokett spielt Artmann auch mit der Konstanz des habsburgischen Mythos in diesen Gedichten: »NOCH IST ein kaiser da / mit seiner runden krone, / er weilt auf habsburgs thron [...]« Bis daher: ein Gedicht für Otto von Habsburg? Minime. Der letzte Vers zerstört die Illusion: »bei szepter und citrone«. Die »citrone« mag einen tieferen Sinn haben, ich weigere mich, ihn zu suchen. Wenn: er wäre banal. Das Gedicht erweist durch seine Thematik zugleich die Intention, das Gewesene zu erhalten, die Abstürze in den Reimen (»gotterhalter«), in den eigenen Wortprägungen (»laxenburgos«) sind jedoch der nötige Rückhalt, um diese Sprache vor dem Verdikt des Konservativen, ja Reaktionären zu bewahren. In der Tat: Artmann ist es ernst um diese – meinetwegen habsburgische – Tradition. Er zitiert sie herbei auf seine Weise. Sein Programm will sich nicht als politisches im Sinne der Restauration verstehen, tatsächlich aber arbeitet er an dieser Restauration durch die Restauration der Sprache. Daß er sich jedoch bewußt, überbewußt ist, wie wenig damit realpolitisch unmittelbar wird merkbar werden, daß er dieses Programm als Programm einer politischen Anarchie verstehen kann, indem die Ordnung, die er behauptet, nur mehr in der Fiktion existiert, er ihr aber doch noch Gültigkeit zumißt, hebt ihn entschieden ab von jeglichem morosen Kulturnobismus.

Wie Innerhofer – allerdings unter anderem Vorzeichen – beschwört er, nun geradezu wieder heimisch geworden in der alten, schönen Sprache, das Konstante, das sich der Veränderung sperrt. – Man könnte nun sagen, daß Artmanns Gedichte doch nicht so ernst gemeint sein können: da wäre, höre ich Sie raunen, einer mal ganz witzig, eine Gelegenheitsarbeit. Man sollte solchen Argumenten nicht trauen. Der Blick auf den Text widerlegt es.

11. THOMAS BERNHARD (1931–1989): *Der Keller. Eine Entziehung* (1976)

Von allen Autoren, die als paradigmatisch für die Entwicklung der österreichischen Literatur angesehen werden, hält sich Thomas Bernhard beharrlich in der Hitparade, mal als Nummer 1 vor oder als Nummer 2 hinter Peter Handke. 1975, als der erste Band seiner

Autobiographie unter dem Titel *Die Ursache* erschien, da wurde sein Buch neben dem Handkes (*Stunde der wahren Empfindung*) in der *Zeit* aus Anlaß der Buchmesse besprochen. Das signalisiert, daß aus Österreich eben jene Literatur kommt, die man in der Kritik gerne konsumiert. Und auch solche, die sich früher als Gegner ausgaben, waren zu ihm übergelaufen. Ich habe auf Bernhard in anderem Zusammenhang hingewiesen, vor allem: als Anwalt der Künstlichkeit. Berühmt die Erklärung: »In meinen Büchern ist alles künstlich.« Wie nun, wenn sich dieser Autor plötzlich seiner Person erinnert, die er schwerlich als Kunstfigur begreifen kann wie alle jene Protagonisten, wie den Maler Strauch aus *Frost* (1963), den Fürsten Saurau aus *Verstörung* (1967) oder den Naturwissenschaftler Roithamer aus *Korrektur* (1975), die doch allesamt irgendwie an Bernhard erinnerten oder deren Aussagen zumindest in Einklang mit Bernhards Äußerungen zu bringen waren? Ein wenig auszuholen sei gestattet. Zunächst gehört Bernhard – in Absehung von Peter Handke – wie kaum ein anderer Autor ins Bewußtsein dessen, was man als literarische Öffentlichkeit bezeichnen kann – auch wenn er nicht für Humanic Reklame macht. Das begann mit der berühmten Vergabe des Förderungs-Preises 1968 und setzte sich vor allem durch gezielte Aktionen bei den Salzburger Festspielen fort, die er Jahr für Jahr düpierte, die aber ebenso Jahr für Jahr von ihm ein Stück wollten. Bernhards Kunst, beleidigend zu wirken, hat durchaus Anziehendes. Gegner wie Freunde Bernhards finden sich in allen Lagern. Auch unter den Germanisten, er hat dort Freunde wie Feinde. Auch unter den Politikern. Und das macht Bernhard sympathisch. Er wehrt sich gerade in dieser Hinsicht gegen jede Einvernahme, und die Literaturwissenschaftler, die froh sind, haben sie eine Etikette gefunden, unter der sie ihn rubrizieren können, stürzen sich mit Vorliebe auf seine Schriften, nur um dann feststellen zu müssen, daß die Begriffe, mit denen man seine Texte zu rubrizieren suchte, nicht viel taugen.

Thomas Bernhard steht im Zentrum der Diskussion. Der Suhrkamp-Verlag liefert denn nun auch eilig seine Materialienbände nach. Der erste (*Über Thomas Bernhard*) erschien 1970; 1981 kam ein unerhört praktikables Buch *Werkgeschichte* (hrsg. von Jens Dittmar; zweite Auflage 1991) auf den Markt, wo Sie alles gut zusammengefaßt haben, was Sie für und über Thomas Bernhard benötigen. Auf diese Materialsammlung kann man sich in Ruhe stützen und zugleich mit Schrecken bemerken, wie viel dieser Mann publiziert hat. Das ist auch der Punkt, an dem einem der Autor suspekt werden könnte. Es sind derzeit 41 Buchpublikationen, die, mit geringen Abstrichen, einander nicht überschneiden, wobei natürlich auch solche zu finden sind, die doch den Standard seiner späteren Arbeiten nicht erreichen können, wie die Publikation der Gedichte unter dem Titel *Ave Vergil* von 1981, die Gedichte aus der Zeit 1962/63 enthält. Diese Vielzahl an Publikationen weckt einen Verdacht – ein Autor, der so gut schreiben kann und so viel, muß ein automatisiertes inneres System haben, mit dessen Hilfe er diese Texte ununterbrochen »generiert«. Ich meine, daß es so etwas wie eine Bernhardsche Grammatik, ein Bernhardsches Stereotyp geben muß, als dessen Projektionen seine Sätze angesehen werden können. Ich meine daher, daß eben dieser Mechanismus, mit dem Bernhard unentwegt seine Texte »generiert«, das ist, was uns interessieren müßte, und nicht so sehr, welcher Tendenz dieser oder jener Text zugeschlagen werden könnte. Denn der Versuch, ihn für eigene Zwecke einzuvernehmen, ist von allen gemacht worden, von der Theologie auch, denn in einer negativen Theologie hat das Werk sehr wohl seinen Platz. Man kann in ihm den Gesellschaftskritiker, den Österreich-Kritiker, den politischen Autor schlechthin sehen. Man kann in ihm den Anwalt einer jener für die österreichische Literatur so oft bemühten Tendenz erblicken: daß alles unveränderlich sei, nicht wandelbar, nur im Negativen. Man kann in ihm den Verwalter eines dekadenten Dandyismus erblicken usw. »Alpenbeckett und Menschenfeind« oder »Untergangshofer« hat man ihn scherzhaft genannt, und »Bernhardiner« seine Jünger, die sich von seinem Ernst, aber nicht von seinem Humor haben anstecken lassen. All dies mag hingehen, es gehört in den noch wenig systematisch aufbereiteten Bereich der weitgestreuten Bernhard-Rezeption.

Ich greife in dieser Vorlesung nur einen kleinen Teil heraus, einfach weil mir Bernhard in diesem Kontext äußerst wichtig erscheint.

Und zwar den Autobiographen Bernhard. Um nun zu einer adäquaten Beurteilung der Texte Bernhards zu kommen, scheint mir der Umweg über die Rezeption unerläßlich. Man hielt diesen Texten stets eine zu negative Sicht der Welt vor und meinte, daß der Autor zwar einiges träfe, aber so schlimm wäre es doch nicht. Die Selektion aus der Wirklichkeit sei so, daß sie nicht zuträfe, zumindest nicht zuließe, dies als ein Psychogramm, Pathogramm oder Soziogramm der Gesellschaft und der Region, in besonderem meist der österreichischen Gesellschaft und der Gegend um Gmunden, gelten zu lassen. Ich meine, daß dies in den frühen Texten damit zusammenhängt, daß es sich allenthalben um Kunstfiguren handelt, die nicht vorhanden sind, die nur auf dem Papier existieren, in das sie straflos wieder hineinverschwinden können; und Bernhard beschert uns eine Fülle solcher Kunstfiguren. Das trifft sicher zu für die Schriften – Erzählung und Drama – bis zur *Ursache* von 1975. Ist Bernhard nun auf einmal zum »Realisten« geworden? Gehört er auf einmal zu jenen, die nun sich auch dem »Erfahrungskitsch« anschließen, die auch den Erfahrungshunger ausbreiten? Ist dies auch eine Abkehr von der Künstlichkeit? Sind damit die Positionen der Radikalität, die allein schon durch das Sprachmaterial gegeben waren, widerrufen? Als Anfang 1977 ein Thomas-Bernhard-Symposium in Triest stattfand, wurde der Autor sofort zum Gesellschaftskritiker par excellence hochgejubelt, nicht zuletzt wegen der Schilderung der Scherzhauserfeldsiedlung in *Der Keller*. Ich möchte nun davon ausgehen, daß dieses Wort nur mit Bedacht im Zusammenhang mit Thomas Bernhard zu verwenden ist. Warum? Seine Schriften bis 1975 sind gewiß gekennzeichnet von einer immer radikaler werdenden Künstlichkeit, die sich gegen jene im Realismus vermittelte Position wendet. Ich gebe hier nicht die Titel an, die für die Kenntnis des Bernhardschen Werkes unerläßlich sind, weil dies nur ermüden würde. Ich möchte Sie aber darauf hinweisen, daß der Bernhard der Autobiographie nicht abgelöst werden kann von dem Bernhard der frühen Epoche. Er ist damit fest verwachsen, wenn ich so sagen darf. Diese autobiographische – wenn man so will – »Pentalogie« besteht nun aus stattlichen fünf Bänden, die aber allesamt nicht sonderlich umfangreich sind und auch sinnvoll einmal in dieser Abfolge – als ein Band – herauskommen sollen.

Die Schriften heißen:
Die Ursache. Eine Andeutung (1975); *Der Keller. Eine Entziehung* (1976); *Der Atem. Eine Entscheidung* (1978); *Die Kälte. Eine Isolation* (1981); *Ein Kind* (1982).

Umreißen wir daher kurz den Inhalt der fünf Bücher. Das ist ganz leicht, denn viel wird nicht erzählt. In *Die Ursache* ist es die Schuljugend Bernhards, zunächst unter den Nazis, dann in der Zeit nach 1945. Wobei sich zwischen dem Nazi Grünkranz und dem Aufseher

Onkel Franz (katholisch) so etwas wie eine verhängnisvolle Kontinuität herstellen läßt. Das Buch schließt mit dem Austritt aus der Schule und dem Beginn der Lehre bei Podlaha, was ja auch den Anfang von *Der Keller* ausmacht. Dort erlebt nun Bernhard seine glückliche Zeit. Er verkühlt sich aber und muß im nächsten Buch *Der Atem* ins Spital, woran das nächste Buch *Die Kälte* durch einen Aufenthalt in einem Lungensanatorium anschließt. Der letzte Satz dieses Buches, der einen Zirkel bewußt macht, in dem Bernhards ganzes Leben sich bewegt, lautet: »Aber ich weigerte mich und fuhr nicht mehr hin.« Damit scheint der Schlußstrich unter den autobiographischen Bericht gezogen. Doch er setzt noch einmal fort, und zwar schließt er mit der zeitlich am weitesten zurückliegenden Periode *Ein Kind* (1982). Das setzt mit dem achten Lebensjahr ein, allerdings ist dieser Text am meisten von allen durch die zahlreichen Vor- und Rückgriffe bestimmt.

Von der großen Flut an Autobiographien hebt sich diese Folge autobiographischer Schriften deutlich ab. Bernhard hat damit ein Genre gewählt, dem auch andere sich verpflichtet fühlten, indem sie das Ich, das konkrete historische Subjekt zum Sprechen brachten, allerdings, und das ist für mich entscheidend: Bernhard hat den Bericht völlig in den Bereich seiner Sprache hereingezogen.

Der Keller ist zwar nur ein Teil dieser Autobiographie, aber es ist vielleicht eine entscheidende Phase, weil darin greifbar wird, was Bernhard am ehesten mit dieser Autobiographie zu leisten imstande war. Bernhard betont nachdrücklich, daß es ihm nicht darum ginge, eine Autobiographie zu schreiben, sondern es wären »Möglichkeitsfetzen von Erinnerung« (Bernhard 1978, 87), nur »Bruchstücke«. Zwar könnte sich, so Bernhard, der Leser ein Ganzes daraus machen, aber er nicht. Für ihn genügen diese Fragmente. Der Anspruch, ein Ganzes, ein in sich geschlossenes Werk hinzustellen, den gibt es schon lange nicht mehr, vor allem nicht mehr in der Autobiographie. Diese Form fordert doch sonst gerade ein Kontinuum. Nur das Kontinuum scheint die geschlossene Biographie zu garantieren, die einzige Form, die eines Genies würdig ist.

Mit diesen und ähnlichen Vorstellungen räumt Bernhard nun auf. Ihm geht es keineswegs um eine lineare Entwicklung. Alles besagt, daß das, was an Angeboten in dieser Gesellschaft vorgesehen ist, von ihm ausgeschlagen wird. Wie bei Innerhofer steht die Verweigerung im Mittelpunkt.

Die Bewegung bestimmt zu Beginn und am Ende jedes der Bücher. Der Titel einer sogenannten Erzählung Bernhards lautet ja auch *Gehen* (1971). In allen seinen Texten spielt die Bewegung, das Gehen eine große Rolle. Es ist aber kein Gehen in eine bestimmte Richtung, sondern eher ein Treten auf der Stelle, ein Hin und Her. Konfinierung im Räumlichen, Perpetuierung im Zeitlichen: Das ist die Bestimmung aller Personen Bernhards. Sie sind eingeschlossen, sie gehen auf und ab. Und das ist die Antwort, die sie auf eine Welt geben, in der Gehen, Fortschreiten, Fortschritt als positiv gefeiert wird. Die Bewegungslosigkeit wird bei Bernhard ersetzt durch eine Kreisbewegung. Es gibt Bewegung, aber sie hat ihr Ziel nur in sich selbst. Es ist so, daß jeder Zustand, in dem sich eine Figur befindet, von ihr selber wieder eingeholt wird, nachdem er verlassen wurde. Und mit dieser Form der Bewegung scheinen nun die autobiographischen Schriften Schluß zu machen. Hier setzt die Geschichte mit einer Bewegung ein. »*Die anderen Menschen* fand ich *in der entgegengesetzten Richtung*, indem ich nicht mehr in das gehaßte Gymnasium, sondern in die mich rettende Lehre ging [...]« (Bernhard 1976, 7) Er tut dies »gegen alle Vernunft«. Die Bewegung ist nun die, die Bernhards Leben zu bestimmen scheint. Immer geht es in die entgegengesetzte Richtung.

Das Wort ist für ihn zum Leitwort geworden. Es gibt keine andere Richtung als die entgegengesetzte. War sonst eine Bewegung eine Bewegung in eine bestimmte Richtung, die man mit allen gehen konnte oder mußte, so wandelt sich dies nun zu einer Bewegung in die entgegengesetzte Richtung. Bernhard geht mit Absicht in diese entgegengesetzte Richtung, weil die Richtung, in die alle gehen, keine Richtung ist. Es gibt nur die entgegengesetzte Richtung, wobei man nicht weiß, was in der nicht entgegengesetzten Richtung liegt. Diese absolute Verweigerung der Richtung ist der Ansatz dazu, seine eigene Richtung zu finden.

Dies führt in die Scherzhauserfeldsiedlung, die als der häßlichste Teil von Salzburg gilt. Dorthin will niemand. Alle wollen weg von der Scherzhauserfeldsiedlung. Nicht so Bernhard. Der Umweg ist kein Umweg. Über die Scherzhauserfeldsiedlung kommt man zum Residenz Verlag, allerdings nur bildlich! Setzen wir die Besprechung Bernhards in der nun angedeuteten Weise fort, laufen wir Gefahr, das von Bernhard selbst geschaffene System zu perpetuieren. Das sind die Fehler der meisten Bernhard-Analysen: sie lassen sich be-

dingungslos auf das vom Autor gegebene Material und Vorstellungspotential ein und repetieren damit nur die darin angelegten Strategien.
Sie nehmen ihn vor allem von der inhaltlichen Seite und nehmen auch die darin anzutreffenden Inhalte wörtlich. Da man dabei aber leicht in eine seltsame Kreisbewegung kommt, kann es passieren, daß man durch dieses Wörtlich-Nehmen sich und den Autor lächerlich macht. Was in dem Kontext des Bernhardschen Œuvres noch glaubhaft wirkt, das wirkt in der Nacherzählung bereits unerhört lächerlich. So schirmt man sich davor ab, indem man (vor allem in den Rezensionen) sagt, was Bernhard nicht ist.
So etwa Harald Hartung in seiner Rezension im *Tagesspiegel* (12. Juni 1977):

> Wer in dem Buch nach ausgebreitetem Lebensstoff verlangt, wird freilich noch weniger auf seine Kosten kommen als in dem vorangegangenen Erinnerungsbuch. Bernhard ist kein Soziologe, der eine Feldstudie über ein Elendsviertel vorlegt, kein Psychologe, der den Entwicklungsproblemen eines Heranwachsenden nachgeht, auch kein erinnerungssüchtiger poetischer Registrator auf der Suche nach der verlorenen Zeit – er ist vielmehr ein Betroffener, der sich Wut und Schmerz von der Seele spricht, wieder und wieder, ohne daß die Erschöpfung des Reservoirs in Sicht wäre. Nicht das Berichtete ist wichtig, sondern der Ton, in dem berichtet und gerichtet wird. [...] wer diesen Autor auf Oberflächentreue festlegen möchte, geht fehl. Schreiben ist nicht distanziertes Schildern, sondern Existenznotwendigkeit.

Hier ist beachtenswert, daß sich dieser Kritiker um das Problem der Wirklichkeitshaltigkeit zunächst dadurch herumdrückt, daß er sagt, was Bernhard nicht ist, also kein Soziologe, kein Psychologe. Auch kein Memoirenschreiber (wir werden solche noch kennenlernen). Dafür wird alles in den Bereich der »Betroffenheit« verbannt. Ich möchte einmal ganz entschieden gegen dieses Wort polemisieren, weil es stets herausführt aus jeder klärenden, rationalen Debatte. Es gibt den Punkt, von dem an man betroffen zu sein hat durch Literatur, und dann ist es aus mit dem Analysieren – das ist die bequeme Hermeneutik der Betroffenen. Sie setzt einfach eine Grenze, von der weg sie sich auf keine Debatte mehr einzulassen braucht. »Existenznotwendigkeit«, das ist die Legitimation, die man für dieses Schreiben hat, so als ob Bernhard nicht ganz gut ohne dieses Schreiben leben könnte, von Speck und Linsen, Wasser und Brot und grünem Salat. In dem Nebel der Betroffenheit läßt sich gut unterbringen, was konkret zu sagen zu mühsam wäre. Man erspart sich die Mühe, die Texte Bernhards zu spezifizieren. Weil es dem Autor die Rede verschlagen hat, wie man meint, kann man es sich auch leisten, nichts zu sagen. Oder man erklärt einfach das Buch als unglaubwürdig, wie dies Jürgen Jacobs im *Kölner Stadtanzeiger* (11. März 1978) getan hat: »Dieses merkwürdige Buch ist angreifbarer als Bernhards Romane, die sich in ihrer fiktiven Welt abschließen und höchst kunstvoll und künstlich ihren eigenen rabenschwarzen Kosmos aufbauen. Hier, im *Keller*, dringt durch den lebensgeschichtlichen Bezug Wirklichkeit in die Erzählung ein und macht Bernhards radikale Verurteilung der Welt unglaubwürdig.« (Zit. nach Dittmar 1990, 180) Auch das ist eine Möglichkeit, mit den Texten zu Rande zu kommen. Die Gegenpositionen, sehr schön durch die Stellungnahmen von Hartung und Jacobs markiert, zeigen an, wie wenig man diesen Texten gerecht werden kann und je gerecht werden wird können. In dem einen Fall wird der Text unbefragt zur Kenntnis genommen, in dem anderen wird das eigene Wirklichkeitsverständnis gegen den Text ausgespielt, mit dem Bemerken: nein, so ist es doch wirklich nicht.

So ist es nicht, ist es so nicht? Frage ich. Denn nur wenn man den Text genau liest, merkt man, daß Bernhard auf diese Stellungnahmen in dem Text die Antworten gegeben hat. Das heißt, die Frage, ob er nun die Wirklichkeit seines Umfeldes in den Griff zu bekommen scheint oder nicht, ist in dem Text selbst behandelt. Bernhard hat lange genug über das Erzählen nachgedacht, um zu wissen, wie schwer es ist, von sich selber zu erzählen. In den Text ist daher, wie auch in Handkes *Wunschloses Unglück*, die Frage nach dem Erzählen, nach der Erzählbarkeit der Welt integriert.

> Das Gedächtnis hält sich genau an die Vorkommnisse und hält sich an die genaue Chronologie, aber was herauskommt, ist etwas ganz anderes, als es tatsächlich gewesen ist. Das Beschriebene macht etwas deutlich, das zwar dem *Wahrheitswillen* des Beschreibenden, aber nicht der Wahrheit entspricht, denn die Wahrheit ist überhaupt nicht mitteilbar. Wir beschreiben einen Gegenstand und glauben, wir haben ihn wahrheits*gemäß* und wahrheits*getreu* beschrieben, und müssen feststellen, es ist nicht die Wahrheit. [...] Die Wahrheit, die wir kennen, ist logisch die Lüge, die, indem wir um sie nicht herumkommen, die Wahrheit ist. Was hier beschrieben ist, ist die Wahrheit und ist doch nicht die Wahrheit, weil es nicht die Wahrheit sein kann. Wir haben in unserer ganzen Leseexistenz noch niemals eine Wahrheit gelesen, auch wenn wir immer wieder Tatsachen gelesen haben. [...] Letzten Endes kommt es nur auf den Wahrheitsgehalt der Lüge an. (Bernhard 1976, 44–46)

Damit ist auch schon gesagt, wie problematisch für Bernhard die Auseinandersetzung mit der eigenen Geschichte ist. In dieses Paradox ist nun der ganze Bericht von der Scherzhauserfeldsiedlung eingespannt. Es ist nicht die Schilderung einer Befindlichkeit, es ist nicht das konkrete Salzburg, sondern es kommt lediglich darauf an, was der Autor hier zu sagen hat, nicht darauf, wie intersubjektiv die Befindlichkeit dieser Scherzhauserfeldsiedlung überhaupt zu formulieren wäre (ist): »Nicht Kritik, sondern Provokation« – auf diese Formel möchte der Innsbrucker Germanist Sigurd Paul Scheichl dieses Buch Bernhards bringen. (Scheichl, 1979) Das ist gewiß richtig, fraglich ist nur, ob sich die kritische Substanz bei Bernhard auch in der Provokation erschöpft.

Betrachten wir die Thematik des Textes, so sehen wir uns einem Autor ausgeliefert, der jegliche Formel eben als absurd durch den Text selbst erweist, das heißt, der Text eliminiert jede Formel aus sich selbst heraus, auf die er festgeschrieben werden könnte. (Ich übergehe dabei das Problem, wie man einen Text überhaupt auf eine Thematik fixieren kann.) Die Texte Bernhards sind im engeren Sinne aber keineswegs athematisch; auch dies wäre ein falscher Zugang, wie etwa zu unterstellen: in der Saugkraft dieses Vokabulars würde auch aufgesaugt, was sich als Thema offerieren könnte. Ich möchte sagen: Bernhard hat einen geradezu unerhörten Themenverschleiß. Immer wird ein Thema nach dem anderen aufgetan, nur um es in der Folge in einer Fülle von nicht endenden Paradoxien zu Tode zu martern. Es beginnt mit der entgegengesetzten Richtung. Es beginnt mit der Ablehnung des traditionellen Bildungskanons, es beginnt mit der Ablehnung der Gymnasien. Dieses Thema wird unmerklich übergeführt in die Kontrastierung Scherzhauserfeldsiedlung / Salzburg. Dies ist ein dankbares »Thema« für jeden Naturalisten. Ein Thema, das sich förmlich offeriert für eine Diagnose, die es auf die moralische und gesellschaftliche Befindlichkeit einer Generation abgesehen hat. Jedoch nicht in eine Diagnose artet dies aus, sondern in eine Statuierung der wechselseitigen Befangenheit: »Die Salzburger Gesellschaft betrachtete insgesamt die Bewohner der Scherzhauserfeldsiedlung als die Bewohner eines Aussätzigenlagers, wie die Bewohner selbst, als ein Straflager, wie die Bewohner selbst, als ein Todesurteil, wie die Bewohner selbst.« (Bernhard 1976, 48)

Es gibt also keine unterschiedlichen Standpunkte, sondern nur einen Standpunkt. Die Diskriminierung durch die anderen entspricht der an einem selbst vorgenommenen Diskriminierung. Es gibt keine Alternative, keinen Standort der Analyse oder Kritik. Was sich anläßt als Beschreibung zweier gesellschaftlicher Bereiche, was zu verkürzen wäre auf unterschiedliche Positionen und hergeleitet werden könnte aus einer konkreten geschichtlichen Entwicklung, wird verwandelt zu einem nicht wandelbaren Status, in dem die Diagnose von auswärts nur durch die eigene Diagnose bestätigt wird. Die Scherzhauserfeldsiedlung ist der »locus terribilis«, an dem sich nichts verändert. (Vgl. dazu Obermayer 1981, passim) Dieser »locus terribilis«, diese Beschränkung auf einen engen Raum, das ist auch durchgehend in den autobiographischen Schriften Bernhards geradezu leitmotivisch: Während sonst Entwicklung Bewegung von einem Ort zu einem anderen erfordert, während sonst gerade durch die Ortsveränderung ein Übergewicht an Erfahrung eingebracht wird, während sonst die Ortsveränderung die entscheidenden Phasen einer Entwicklung und vor allem Befreiung markiert, bedeutet Ortsveränderung bei Bernhard nur die Einengung auf den Status der Unbeweglichkeit. Bernhard zeichnet seine Figuren unablässig im Status der Immobilität: »[...] fortwährend starrten sie ihre eigene Katastrophe, die sie als Nachkriegskatastrophe bezeichneten, an und waren untätig. Sie waren schon halbverrückt vom Anstarren ihrer Katastrophe, ihrer Nachkriegskatastrophe.« (Bernhard 1976, 68) Das ist das von Magris so getaufte »Pathos der Immobilität«, jener Zustand, in dem sich Kafkas Gregor Samsa befindet, da er am Morgen, zu einem ungeheuren Ungeziefer verwandelt, erwacht. Und diese Situation ist die Situation der Figuren Bernhards. Die Tätigkeit im Keller Podlahas sorgt in der Folge für die Auflösung der Familienbeziehung. Mit einer geradezu krankhaften Insistenz wird darauf beharrt, daß Bernhard seinen Großvater weiter verehren kann. Doch zur Familie: »Vom sechzehnten Lebensjahr an keine Dankbarkeit mehr. Dafür bin ich dankbar. Lieber bin ich in die Vorhölle oder, besser, in die Hölle gegangen, als im Gymnasium zu bleiben und auf die Meinigen angewiesen zu sein.« (Ebda, 69 f.) Aus der Liebe zum Paradox wird nun verwiesen auf die Berufsschule, als einer echten Alternative zum Gymnasium: »Was hier verlogen war, war nicht so verlogen wie im Gymnasium, was hier gelehrt wurde, war unmittelbar brauchbar gewesen, [...]« (Ebda, 77 f.) Doch führt diese seltsame Apotheose des Gemischtwarenhandels sofort über in eine Verdammung des vom »démon ennui« geplagten menschlichen Lebens: »Der Samstag ist fürchterlich, der Sonntag furchtbar, der Montag bringt die Erleichterung.« (Ebda, 88 f.) »Und was ist andererseits fürchterlicher als ein Samstagnachmittagsspaziergang als Verwandten- oder Bekanntenbesuch, auf welchem die Neugierde befriedigt und das verwandtschaftliche oder bekanntschaftliche Verhältnis zerstört wird.« (Ebda, 89) Die Destruktion der vorgezauberten Idealität im Podlahaschen Laden folgt auf dem Fuß: immerhin ist dies nur die Vorhölle – sein Zuhause ist die Hölle. (Vgl. ebda, 94 f.) Es ist also alles relativ. Immer wieder wird das Zentrum dieses Ich beschworen, das sich als der Bewohner der Hölle schlechthin ausgibt. Es gibt, wie ich dies nennen möchte, nur Höllen, die als Kontrasthöllen zu den anderen Höllen fungieren: »Mit Reis und Grieß hatte ich mich ohne Widerstand eingelassen, mit dem sogenannten russischen Tee und mit dem brasilianischen Kaffee jedenfalls mit weit weniger Abscheu als mit Alexander, Caesar, Vergil und so fort.« (Ebda, 97) Rache für eine schlechte Lateinnote? Das wäre die Antwort des enttäuschten Pädagogen. Es ist die entgegengesetzte Richtung. Die entgegengesetzte Richtung führt in die Apotheose der Musik, die als ideales Komplement zum Gemischtwarenhandel begriffen wird. Plötzlich offenbart sich das merkantile Talent unseres Freundes Bernhard: er will ein Kaufmann gewesen sein, wie sein Urgroßvater der »Schmalzsepp« (ebda, 129). Diese seltsame Herleitung von den Ahnen hat auch Funktion. Meint man nun, daß sich Bernhard endlich losgesagt hat von der Familie, daß er nichts mehr damit zu tun hat, deklariert er voll Stolz: »...das Wort *Schmalzsepp* macht den Flachgauern, wenn sie wissen wollen, wer und woher ich sei, im Augenblick und mit dem größten Respekt meine Herkunft klar.« (Ebda, 129) Die Paradoxie wird Fleisch in der Figur des verehrten Podlaha, der, verhinderter Musiker, der Kunst nur in der Freizeit frönt. Darin wieder das Vorbild für den Erzähler; er gleicht den Gegensatz aus zwischen seiner banalen und hier geradezu verklärten Tätigkeit als Handlungsgehilfe und der Musik. Bach und Kartoffelsäcke, das wird zum Gegensatzpaar, das aber in der Person dieses Autors seine Aufhebung erfahren kann. Er lernt nun Gesang. Hier die strengste Schulung, ein nicht geringer Preis des Ich. Und dann die Krankheit, die er sich durch eine »eklatante Dummheit« (ebda, 149) holt. Noch fiebernd geht er ins Geschäft – vier Jahre Aufenthalt in Krankenhäusern und Heilstätten, das ist die

Folge. So wird der Sprung zur Genialität durch Dummheit, sagen wir Selbstverstümmelung, zurückgenommen. Gerade das Organ, mit dem nun die Realisation einer neuen Existenz möglich scheint, die Stimme, ist angegriffen. Und auf diese Desperation hin wird nun die Serie dieser paradoxen Antithesen beendet durch eine Sequenz von Aphorismen, die in die Egalität alles Erlebten münden. So erhält auch dieser Teil seine Abrundung, seine Schließung. Aus diesem Hin und Her bleibt die Isolation als einzige Antwort übrig.»Um die Moden zu überstehen, sind die Isolation und die Unbeirrbarkeit des Geistes die einzige Rettung.« (Ebda, 151)»Die gemeinen Restverwerter sind immer am Werk« (ebda, 151) – das kann auf uns alle gehen.»Der Überlebende muß sich einen günstigen Winkel im Abseits schaffen für seine Eroberungen. Die Luft ist dünn, aber ich bin sie gewohnt. Das Entweder/Oder befindet sich schon längere Zeit im Gleichgewicht. Was ist höher einzuschätzen, die Phrase oder das Elementare? Es bleibt beim *Unsinn*.« Dem wäre nichts hinzuzufügen, aber Bernhard wagt es dennoch. Für ihn gerinnt alles zu einer Theater-Metapher (ebda, 157). Man vergleiche die Persistenz dieses Topos, von dem Ernst Robert Curtius in seinem grundlegenden Werk über *Europäische Literatur und lateinisches Mittelalter* ausführlich gehandelt hat.

In dieser fulminanten Schlußpassage des Bernhardschen Erlebnisberichtes wird die Wirklichkeit, die erlebte Wirklichkeit, wieder in eine Kopfwirklichkeit, in eine Theaterwirklichkeit hineinverwandelt. (Ebda, 157–160) »Wir sind alles und nichts.« Doch in einer Koda wiederum wird diese Kunstwirklichkeit noch einmal anekdotisch aufgelöst. Die Begegnung mit einem Bekannten aus der Scherzhauserfeldsiedlung. »Es ist gleich, ob einer mit seinem Preßlufthammer oder an seiner Schreibmaschine verzweifelt. Nur die Theorien verstümmeln, was doch so klar ist, die Philosophien und die Wissenschaften insgesamt, die sich der Klarheit in den Weg stellen mit ihren unbrauchbaren Erkenntnissen.« (Ebda, 166) Die Begegnung mit diesem Mann liefert ihm ein Wort, das als Devise nun Gültigkeit haben soll: egal. »Es ist das Wesen der Natur, daß alles egal ist.« (Ebda, 167) »Ein schönes, ein klares, ein kurzes, einprägsames Wort: *egal*.« (Ebda, 165) Und dann das endgültige Finale: »Manchmal erheben wir alle unseren Kopf und glauben, die Wahrheit oder die scheinbare Wahrheit sagen zu müssen und ziehen ihn wieder ein. Das ist alles.« (Ebda, 168) Damit ist das Wahrheit/Lüge-

Thema, das die poetologische Grundlage des Ganzen bilden mußte, einem Ende zugeführt. Bernhard zieht seinen Kopf ein.

Worin besteht nun die Leistung dieser eigentümlichen Biographie, der wir, fast bis zur Selbstverleugnung, paraphrasierend gefolgt sind? (Ein Verfahren, von dem bei jeder wissenschaftlichen Analyse sonst sehr abzuraten ist!) Durch die Paraphrase ist jedoch so etwas wie ein Prinzip kenntlich geworden, das sich in allen Texten Bernhards feststellen läßt. Es ist dies das Prinzip, das jede Einvernahme (außer durch die Verlage) unmöglich machen soll. Zunächst die Topostradition: wir haben es mit einer Fülle von Topoi zu tun, Gemeinplätzen, die uns aus der Literatur vertraut sein mögen: Herakles am Scheidewege, allerdings geht man in die entgegengesetzte Richtung, also keine der beiden Alternativen wird angenommen. Dann die Jugend des Helden – der Knabe im Kellerschlupf, die unfreundliche Kindheit des Helden; die Lehrjahre des Helden; der »locus amoenus«, der Keller, der der üblichen Beschreibung nach eigentlich ein »locus terribilis« sein müßte; und zuletzt der Topos der Bescheidenheit: just nachdem eine so massive Kanonade auf alles losgelassen wurde. Es ist nicht Toposflucht, also eine avantgardistisch-innovatorische Anstrengung, die Bernhard zu seinen diversen Eskapaden beflügelt, sondern der Versuch, die eigene Biographie zur Legitimation des Verfahrens heranzuziehen, das Bernhard sonst als Schriftsteller zu verwenden sich genötigt sieht.

Genau das Gegenteil von dem, was man vorgeben oder annehmen möchte: es wird nicht das Schreiben aus der Biographie erklärt (»so bin ich geworden«), sondern: ich baue meine Biographie nach dem, wie ich bin. Die Biographie wird auf den Kopf gestellt. Das wage ich, trotz des Elends, das Bernhard mitmachen mußte, zu behaupten. Denn in diese Biographie ist nicht nur der individuelle Lebenslauf Bernhards eingebettet, sondern, wie ich provokant meinen möchte: es ist die Biographie des Österreichers nach 1945 schlechthin. Der Versuch, in die »entgegengesetzte Richtung« zu gehen, entspricht genau dem österreichischen Nachkriegspragmatismus, der einer bewußten Verachtung des herkömmlichen Bildungsgutes entspricht und in der naiven, unkomplizierten Arbeit die Lösung der anstehenden Probleme erblickt.

Doch denunziert diese Geschichte die positiven Folgen des Wiederaufbaus, indem alles unter die Sigle der immerwährenden Gleichheit und der Unveränderlichkeit gestellt erscheint. Diese Welt hat keine Verbesserung zugelassen. Das Theater wird weitergespielt; in dem Ergebnis wird die Identität des Variierten erkennbar. So wird diese Geschichte des Individuums Bernhard überführt in die allgemeine Geschichte eines Menschen, dem alles egal ist. Er schreibt zwar, aber es ist egal, ob man schreibt oder hinter einem Preßlufthammer »verkommt«. Die Affirmation dieser Egalität mündet aber nicht in einem Lob des Bestehenden, sondern in der erzählerisch begründeten Resignation an den Zuständen. Das Erzählen führt bei Bernhard konsequent zu der Einsicht, daß die Welt nicht verändert werden kann. Daß dieser Requisitenstaat Österreich dasselbe Schauspiel nur mit anderer Besetzung uns jahraus, jahrein und über alle Zäsuren der Geschichte hinweg zumutet.

Hier sind einer ideologiekritischen Germanistik zweifellos breite Angriffsflächen geboten. Selbst in der Negativität steckt Affirmation, es gibt keine positive Alternative. Die Antwort, die Bernhard auf die Situation in Österreich gibt, ist in ihrer Art noch radikaler als die Innerhofers: dieser entwirft, wenngleich im Konjunktiv, am Ende so etwas wie eine Perspektive – eine Perspektive auf eine kampfbetonte Antwort auf die Unterdrückung in dem Landleben, in der Arbeit, beim Studium. Was bei Innerhofer als das Kontinuum erscheint, wird bei Bernhard zu einem Diskontinuum verwandelt. Ein Absturz, ein Abstieg. *Am Ende angekommen* – insofern besteht der Titel von Ria Endres' Buch doch zu Recht.

Damit löst sich aber auch die eingangs angeschnittene Paradoxie: wie kann ein Autor, der immer darauf aus war, seine Texte so künstlich wie möglich zu gestalten, nun plötzlich dazu übergehen, seine Biographie zu erzählen, wobei es doch nicht ganz gut gehen kann, wenn er sich nur auf diese Künstlichkeit einläßt. Die Erfahrung der Ausweglosigkeit von Welt (vgl. Höller 1981, 48), die allen anderen Kunsttexten so deutlich abzulesen ist, wird hier übertragen auf die eigene Biographie. Diese Biographie ist in hohem Maße Kunstbiographie. »An die Stelle der klassischen bürgerlichen Utopie der organischen Ganzheit und Harmonie des Menschen und seiner Welt setzt Thomas Bernhard deren Auflösung, Zerstörung und unwiderrufliche Todesverfallenheit.« (Höller 1981, 49) Doch hieße dies, Bernhards Werk nur als den Gegenentwurf zu einem harmonischen, organischen und von der Vision einer Ganzheit bestimmten Weltbild zu sehen. Die Leistung Bernhards besteht darin, daß er diese Vision überhaupt nicht mehr nennen muß und ganz radikal auf den

Trümmern dieser zerstörten Ganzheit sein negatives Universum aufbauen kann. Deprimierend die Gleichgültigkeit gegenüber der Geschichte, deprimierend die Annahme, Veränderung nur am Verfall zu erkennen. (Vgl. Höller 1981, passim) Die Glücksangebote tauchen hier zwar in der als absolute Größe gesetzten Ausübung der Kunst auf, nicht aber im sozialen Bereich. Die Relativierung erfolgt nur hin zu einem Schlechteren; es gibt kein relativ Besseres, sondern nur ein relativ Schlechteres. Es gibt neben der Vorhölle nur die Hölle. Das ist die Richtung, die Thomas Bernhard eingeschlagen hat. »Wir stellen die Frage nach dem Glück oft, weil sie die einzige ist, die uns lebenslänglich und immer beschäftigt, ohne Unterlaß. Aber wir beantworten sie nicht, wenn wir klug sind, wenn wir uns nicht mit unserem eigenen Schmutz noch mehr beschmutzen wollen, als wir schon beschmutzt sind. Ich suchte die Veränderung, das Unbekannte, vielleicht auch das Erregende und Aufregende, und ich fand es in der Scherzhauserfeldsiedlung.« (Bernhard 1976, 118 f.) Die Figur Bernhards wandelt sich zu einer Kunstfigur, sie gestaltet sich nach den Figuren des eigenen Opus. Die Sprache, im besonderen jene alles einvernehmenden und verabsolutierenden Superlative, haben Verfügungsgewalt über die Biographie des Autors gewonnen. In diese Negativität wird die Biographie hineingezogen. Das Schreiben dieses Textes dient dazu, die Differenzierung, die Unterscheidung, auf die wir, als unterschiedliche Menschen, doch so stolz sind, aufzuheben, und uns einander immer mehr und mehr ähnlicher zu machen. Das Schicksal des erfolgreichen Schriftstellers Bernhard wird mit dem eines Straßenarbeiters zusammengeführt. Der Straßenarbeiter scheint mit dem Heroen eins zu werden. Zusehends zerfällt die Geschichte; die akzentuierten Topoi verweisen auf diese hartnäckig behauptete Künstlichkeit, auf diese Gegenwelt zu einem Salzburg, das sich in seinem Selbstverständnis schön dünkt. Die Scherzhauserfeldsiedlung als säkularisiertes Inferno, als Opposition zu dem von Alexander von Humboldt gepriesenen Salzburg: als Opposition zur Vereinigung des Kunst- mit dem Naturschönen. – In dieser Egalität verliert selbst der zu Beginn so emphatisch kundgetane Entschluß, in die »entgegengesetzte Richtung« zu gehen, seine Relevanz. Es ist immer dieselbe Richtung.

Bernhards Buch macht Schluß mit dem »Erfahrungskitsch«, der sich in der Folgezeit so verhängnisvoll breitmachte, Schluß mit dem Erfahrungshunger, der in der Form einer wechselseitig durchgeführten Beichte und in einem peinlichen und dann auch langweiligen Intimvoyeurismus mündete. Es ist nicht Bosheit meinerseits, wenn ich nun als Gegenbeispiel ein anderes Modell, mit seiner Biographie haushälterisch umzugehen, vorstelle, aber man könnte mir Boshaftigkeit nachsagen, denn: den Elias Canetti, den mag der Bernhard nicht.

12. ELIAS CANETTI (1905–1994): *Die gerettete Zunge* (1977)

Das Buch Canettis stellt nun den Versuch dar, von einer anderen Warte aus die Vergangenheit wiederzugewinnen. Elias Canetti, den Nobelpreisträger von 1981, so mir nichts, dir nichts der österreichischen Literatur zuzuschlagen, geht nicht: Geboren ist er im Gebiet des heutigen Bulgarien, aufgewachsen in Wien, Zürich und Frankfurt, wohnhaft in Zürich und London, Sprache: deutsch – all dies liefert nur wenig Anhaltspunkte, Canetti in den Kontext der österreichischen Literatur einzubeziehen, ja es weckt vielmehr den Verdacht, hier handle es sich um eines jener unrühmlich bekannten Annexionsverfahren à la Kafka, Rilke oder Celan. Doch gerade der Text, den wir nun in der Folge behandeln wollen, weist auf diesen Bezug zu Österreich hin, und zwar in einer Weise, wie er explizit gar keinen Anlaß zu dieser Vermutung gäbe.

Canetti hat in Wien ein paar Jahre die Schule besucht. Er hat auch hier studiert und 1929 aus dem Fach Chemie an dieser Universität promoviert.

Sein erster Roman *Die Blendung*, sollte auch sein einziger bleiben. Das 1935 erschienene Buch wurde erst bei seiner Neuauflage 1963 im deutschen Sprachraum gewürdigt. Canetti gehörte lange Zeit zu den vergessenen Figuren, zu den kaum bekannten. Erst gegen Ende der sechziger Jahre vermochte sich sein Werk durchzusetzen. Canetti gehört einer ganz anderen Generation an als die zuvor behandelten Autoren.

Darin liegt auch die Crux der Behandlung eines Autors wie Canetti in diesem Zusammenhang. Zunächst einmal: ob er wohl zu diesem bis an das Extrem der Übelkeit diskutierten Zusammenhang »österreichische Literatur« zu schlagen ist, ob er überhaupt Platz in dieser Vorlesung, in diesem Bereich illustrer Geister haben darf. Ich würde die Frage sofort und radikal bejahen, zugleich aber auch die entscheidenden Modifikationen anbringen. »Literarisch bin ich Wiener«, hat Canetti einmal erklärt, und, als er den Nobelpreis zugesprochen bekam, nannte er in seiner Dankesansprache vier Autoren, denen er sich verpflichtet fühlte, die an seiner Stelle dort stehen müßten, lebten sie noch, und zwar Kafka, Musil, Karl Kraus und Hermann Broch: diese wären seine legitimen Ahnen, freilich eine nicht ganz schlechte Ahnenreihe. Gewiß spricht sonst nicht alles für eine einfache Zuordnung dieses gefeierten Altstars in unsere österreichischen Zusammenhänge, aber vielleicht liefert der Text noch das eine oder andre Moment. Zunächst aber: mit Canetti ist eine ganz andere Generation angesprochen als die zuvor behandelte, und es verdient angemerkt zu werden, daß er rund zwanzig Jahre älter ist als Bachmann, rund fünfzehn Jahre älter als H. C. Artmann, die ältesten der zuvor behandelten Autoren, daß er also zu jenen gehört, die bereits vor dem Weltkrieg als Literaten begonnen hatten. Um nun den literaturgeschichtlichen Ort der *Geretteten Zunge* zu bestimmen, ist es erforderlich, diesen Kontext, vor allem aber: diese Herkunft zu berücksichtigen. Zugleich macht die Hinwendung auf das Werk Canettis sichtbar, wie sehr sich die Vorlesung bei den letzten Autoren »verösterreichert« hatte, wie sehr die Probleme des Kleinstaates Österreich in den Mittelpunkt gerückt waren. Hatten die sechziger Jahre durch die Präsenz solcher Autoren wie Doderer, Lernet-Holenia und Gütersloh immerhin noch den Anschluß an diese Vergangenheit bewahren können und waren diese Figuren damals auch dominierende Persönlichkeiten der Literaturszene, so beherrscht ab 1968 doch eine ganz andere Generation das Bild, und die Schriften Canettis waren im engeren Sinne nicht mehr als literarisch anzusehen, was nichts über ihre Bedeutung aussagt. Es ging vor allem um Kafka, um das Problem von *Masse und Macht* in seinem neben der *Blendung* bedeutendsten Werk, also im allgemeinen vorwiegend um theoretische Grundfragen und nicht um Erzählung. Lediglich zu erwähnen sind die kurzen Vignetten *Der Ohrenzeuge* (1973), ein Buch, das allerdings auch nicht mehr, so wie *Die Blendung*, als »Roman« oder Erzählung angesprochen werden kann, sondern Charakterskizzen eben in der subtil variierten Manier des Theophrast oder La Bruyère darstellt. Im allgemeinen also eine typische Kunstliteratur, deren exaktere Behandlung einmal durch einen Literaturwissenschaftler oder Psychologen oder Linguisten durchaus verdienstlich wäre. Wie schreibt nun einer, der so kritisch über andere denkt, über sich selbst? Auszugehen ist vor allem einmal davon, daß Canetti nun tatsächlich nicht in den engen Kontext der Zweiten Republik hineinpaßt, sich aber sehr wohl zur Aufstockung ihres geistigen Etats in den Dienst nehmen ließ (und läßt). Das Werk Canettis ist bestimmt durch eine sehr vielschichtige biographische Erfahrung, es ist bestimmt durch eine wechselvolle Kindheit, durch verschiedene Stationen in seinem Leben, doch dürfte die markanteste Epoche dieses Lebens eben der Abschnitt seines Aufenthaltes in Wien gewesen sein. Hier erfolgte eine Zäsur in seiner Bildung. Darauf wird später einzugehen sein.

Ich versuche nun zu zeigen, wie Canettis Werk vor dem Horizont seines Erscheinens in dem spezifisch österreichischen Kontext um 1977 zu sehen ist. Ich habe von der virulenten Opposition der jungen gegen die älteren Autoren gesprochen, von der Unlust der jüngeren, jene Remigranten (Torberg, Weigel) als Autoritäten zu akzeptieren, jene verfängliche Ironie als Stilprinzip zu dulden. Mit Canetti ist das anders. Canetti hatte hier von Anfang an eine Ausnahmestellung, eben weil er (Wohnort: London oder Zürich) sich nicht in die Remigrantenszene eingefügt hatte. Zugleich stellte er durch seine Person einen glaubwürdigen Traditionsbezug her: 1975 war *Das Gewissen der Worte* erschienen, ein Buch, in dem der Autor in einem Essay seine Verbundenheit mit der österreichischen Geschichte vor allem durch die Schilderung des Justizpalastbrandes dargetan hatte, dem ja auch, wie er mehrfach betont hat, unbewußten Wurzelgrund des Brandes in dem Finale der *Blendung*, worin der Sinologe Kien Feuer an seine Bibliothek legt. Zugleich war darin auch eine Abrechnung mit Karl Kraus, dem zuvor bewunderten Vortragenden, erfolgt, der, so Canetti, allerdings eine Tyrannis über ihn ausgeübt hätte. Ein Kafka-Essay von 1969 stellt diesen Bezug zu dem verehrten Erzähler her, und das Buch *Masse und Macht* (ein Text, der ebenfalls die Herkunft vom Brand des Justizpalastes nicht verleugnen wollte) erschien 1960 und erinnert mehr oder minder deutlich an die Studien des Freundes Hermann Broch über die Massenwahntheorie. Wenn ich die Prosa und die Dramen von Canetti vor 1977, vor der *Geretteten Zunge*, betrachte, so fällt auf, daß darin das Ich, das Subjekt des Autors, kaum eine Rolle spielt, sondern geradezu verschwunden scheint. Das gilt vor allem für die *Blendung*, worin das Ich des Erzählers auch kaum vermittelt vorkommt. Und nun setzt mit einem Schlage eine Entwicklung ein, deren Legitimation man kaum aus den anderen Texten geradewegs wird herleiten können, und in der nun dieses Ich Canettis zur Sprache kommt, deutlich wie noch nie zuvor. Es sei darauf verwiesen, daß um 1977 gerade dieser neue Authentizitätszauber einen Boom erlebte, also nicht mehr von jemand anderem oder in der Maske eines anderen von sich zu erzählen, sondern dies ganz ungescheut zu besorgen und sein Ich vorzustellen. Beispielhaft dafür neben Canetti vor allem Manès Sperbers autobiographische Trilogie *All das Vergangene ...*, deren erster Band *Die Wasserträger Gottes* 1974 erschienen war, dem 1975 und 1977 zwei weitere folgten. Zu denken an den Verkaufsschlager der Hildegard Knef, wenn man an das Schlimmste denken will. Die Memoirenliteratur feiert gerade in diesem Zeitraum eine neue Welle, offenbare Reaktion auch auf diese künstliche Literatur, offenbar auch Sehnsucht, es wieder mit einem konkreten, in seiner Geschichtlichkeit erfahrbaren Subjekt zu tun zu haben. Bezeichnend für den Widerhaken, der in dieser Zeit eingelagert ist, ist Handkes Aversion gegen diese Definition des Subjekts durch die Geschichtlichkeit: in diesem Jahr erscheint sein Journal *Das Gewicht der Welt*, gleichsam eine Antwort auf alle die Versuche, den Menschen in seiner historischen Herleitung zu verstehen und zu entschuldigen. Indes nicht so simpel dürfen alle diese Memoiren verstanden werden.

Auch Handke und Sperber und Bernhard und vor allem Canetti sind sich der Problematik dieser Erinnerungsarbeit bewußt, ja, man könnte sagen, daß diese Erinnerungsarbeit gerade zum Movens des Schreibens wird, daß die Erinnerung und die Mühe, die man mit deren richtiger Verwendung hat, oft den Kern des Mitzuteilenden dick übermalt. Wie nun erzählen, und zwar von sich, nachdem die Form der traditionellen Autobiographie souverän liquidiert war, unter anderen von Doderer, der 1966 einen seiner *Neunzehn Lebensläufe* so beginnen ließ:

> Ich bin im Jahre 1896 zu Unkel am Rhein als Sohn einfacher, aber unappetitlicher Leute geboren. Da meine Eltern nicht die Mittel hatten, mir eine höhere Bildung angedeihen zu lassen, war es mein gütiger Onkel Wilhelm Albrecht Beschorner, welcher mir den Besuch des altehrwürdigen Gymnasiums zu Hildburghausen ermöglichte, wo ich, zu Füßen Friedrich Albert Schröters sitzend, zum ersten Mal den Duft antiker Kultur in mich einsog ... (Doderer 1966, 9)

Und Doderer stellt resigniert fest: »Das geht so keinesfalls. Ich bitte darum, das einsehen zu wollen.« Und dann, sarkastisch den geringen Wahrheitsgehalt der Memoirenflut streifend: »Obendrein: es ist alles nicht wahr.« In seinem Tagebuch fällt er am 16. November 1955 apodiktisch das Urteil: »Aber Anekdota hat jeder, und die ganze Schreiberei von Jugend-Erinnerungen oder Memoiren ist formlose Fadheit.« (Doderer 1976b, 472) Mit Anekdota, mit dem – so die Bedeutung des Wortes – »Nicht-Herausgegebenen«, wird ebenso jener Punkt berührt, der diese Memoiren allesamt fragwürdig macht. Auf der einen Seite neigen die Memoirenschreiber dazu, ihre Fakten planvoll zu ordnen, so daß ihr Lebenslauf so aussieht, als wäre es alles durch Schicksal und Zufall gefügt und geführt und die Karriere das Werk der Vorsehung (und des Fleißes), oder sie reihen Anekdoten aneinander, um die Lebendigkeit zu simulieren, sich neben den Leser hinzustellen, hemdsärmelig, und zu sagen: »Schau her, ich bin ein Mensch wie du und ich, aber ich war dabei, und du nicht.« Es gilt also für den ernsthaften Schreiber, seine Memoiren so zu organisieren, daß sie nicht im Anekdotischen stecken bleiben, dort erstarren und davon aufgesaugt werden. Nur so kann man dem Memoirenwerk Canettis gerecht werden: wenn man es nicht nur von der inhaltlichen Seite her liest, sondern zu zeigen versucht, wie es dem Autor gelang, sich und die Erinnerung, mit der er zu leben hat, zu problematisieren. Es geht nicht – so Handke in *Wunschloses Unglück* – um die »Ordentlichkeit eines üblichen Lebenslaufschemas«. Denken Sie an Bernhards Motto zum *Keller*, das von Montaigne stammt: »Alles ist unregelmäßige und ständige Bewegung, ohne Führung und ohne Ziel.« Canettis Memoiren sind aber in den Besprechungen ausnahmslos als inhaltlich relevante Botschaft verstanden und nicht nach ihren Formqualitäten analysiert worden, es sei denn, man hat die Sprache gelobt. Überhaupt überrascht, wie wenig gerade dieses Werk von der Forschung ernst genommen wurde, das heißt untersucht nicht als Quellenwerk, sondern als Versuch, das Genus »Autobiographie« in den Griff zu bekommen. Daß ich dies nicht für unwesentlich halte, erhellt wohl daraus, daß man allen Autobiographien sonst meist so etwas wie eine läppische Literarisierung und damit Verfälschung der Inhalte nachsagen kann.

Die Inhalte sind gebunden an die Form der Mitteilung, das gilt für wenige Texte so wie für die Autobiographie.

Die nun folgende Darstellung widmet sich Canettis *Geretteter Zunge*, indem die Verschränkung von Form und Inhalt besprochen wird, was das Verfahren, das die Erinnerung als solche speichert, analysierbar macht. Ich betone, daß diese Memoirenwerke nicht durch die Sicherheit, mit der sie die Erinnerung vorbringen, ihre Authentizität erreichen, sondern gerade dadurch, daß sie jede Form dieser Erinnerung von Mal zu Mal problematisch machen. Canetti betont gleich zu Beginn seines Werkes: Zwar sind dem Autor die Ereignisse – wie er sagt – »in aller Kraft und Frische gegenwärtig« (Canetti 1977, 19), aber sie sind ihm nicht gegenwärtig in der Sprache: es sind Szenenfolgen, die ihm in einer Sprache präsent sind, die ihm zu der Zeit, als er sie erlebte, nicht geläufig war, im Deutschen. Er trüge alles, was er bulgarisch, nach seiner Geburt vernommen habe, nun in der deutschen Sprache in seinem Kopf. »Wie das genau vor sich ging, kann ich nicht sagen. Ich weiß nicht, zu welchem Zeitpunkt, bei welcher Gelegenheit dies oder jenes sich übersetzt hat. Ich bin der Sache nie nachgegangen, vielleicht hatte ich eine Scheu davor, das Kostbarste, was ich an Erinnerung in mir trage, durch eine methodisch und nach strengen Prinzipien geführte Untersuchung zu zerstören.« (Ebda, 19) Dies scheint der Prüfung der Erinnerung nur konträr zu sein. Diese Erinnerung muß durch den Sprachfilter gebracht werden, sie muß Sprache werden, was sich als kräftiges Bild erhalten hat, besagt noch lange nicht, daß es auch als Sprachbild Präsenz beanspruchen darf.

Und so ist das Buch in seiner Gesamtheit abgestellt auf die Spracherfahrung; es ist die Geschichte einer Sprachwerdung. Canetti lehnt gleich jenes Verfahren, das Stendhal in seiner autobiographischen Schrift *La Vie de Henry Brulard* verwendet: die Erinnerung durch Zeichnungen zu unterstützen, ab: »[...] zu meinem Leidwesen war ich immer ein schlechter Zeichner.« (Ebda, 19) Die Aufbewahrung der Erinnerung erfolgt allein durch das Wort. Das Deutsche ist die fremde Sprache, die das Kind nicht lernt, aber hört, die es nicht versteht, wenn die Eltern sie sprechen: es ist die Sprache der Vertrautheit zwischen den beiden. Zugleich aber wird diese Sprachkompetenz als das Ideal des vollkommenen Menschen quasi anekdotenhaft dem Kleinkind eingeimpft. Die Sprachkenntnisse des Großvaters etwa usw. Diese Sprachbesessenheit projiziert nun Canetti auch in die Psyche seiner Mutter hinein: nach dem Tod ihres Mannes will sie mit dem kleinen Elias deutsch sprechen, weil »ihr Liebesgespräch auf deutsch [mit ihrem Mann] verstummt war«. (Ebda, 102) Was da nun vor sich geht, ist eine Sprechfolterung. Ein Mensch wird aus der Sprache aufgebaut, ähnlich wie der Kaspar Handkes: »Aus den Sätzen, die sie mir zu solchen Zeiten sagte, bin ich entstanden« (ebda, 177), heißt es etwas später. Die Figur des kleinen Elias ist durch und durch auf Sprache aufgebaut, sie gewinnt ihre Identität aus der Sprache. Diesem Moment steht die Sprachlosigkeit gegenüber, mit dem die frühe Erinnerung gekennzeichnet ist. Diese frühe Erinnerung erscheint nun in der Sprache des alten Canetti. Allerdings erweist sie sich völlig replastizierbar, wiederherstellbar. Die erste Erinnerung ist eine in sich geschlossene Anekdote, deren erster Satz fortissimo in die Welt der Farbe einführt: »Meine früheste Erinnerung ist in Rot getaucht.« (Ebda, 9)

So nebensächlich es auf den ersten Blick aussieht: es gilt, einmal die Memoirenliteratur oder die Autobiographien auf diese erste Farberinnerung hin abzutasten. Zu fragen, wie diese Farben nun disponierende Kraft über die Erinnerung bekommen. Wie sich, ehe etwas Figur oder Gegenstand wird, etwas in der Farbe in das Gemüt des Kindes eingesenkt hat. Das Farbgedächtnis zu untersuchen, dies ist eine Aufgabe für Psychologen. Ähnlich Stendhal, in der oft von Canetti bemühten Autobiographie des Henry Brulard: »Meine erste Erinnerung ist, Frau Madame du Pison du Galland, meine Cousine, Gattin eines geistvollen Mannes in der Assemblée constituante, in die Wange gebissen zu haben. Ich sehe sie noch, eine Frau von 25 Jahren, ein wenig mollig und mit viel Rouge, das mich ›stach‹ (qui me piqua).« Für Manès Sperber ist in den Memoiren alles weiß, eine weiße Schneelandschaft, ein Bild, das gleich darauf verdrängt wird durch ein Bild des Frühlings, durch den »Duft des Flieders und die Lockung seiner zwei Farben«, Erinnerungsarbeit, »Begierde nach Erinnerungen« (Sperber 1974, 11).

Die Erinnerungen sind aber zugleich verbunden mit Momenten der Angst. Das ist auch der fundamentale Sinn jener virtuos als Einleitung gesetzten Geschichte *Meine früheste Erinnerung*, in der als Leitmotiv durch die Zunge die Farbe Rot vorgegeben ist, deren Erwähnung in der Folge immer wieder den Text durchzieht. So wird das sich erinnernde Subjekt auf seine Sprache festgelegt. Die »Rettung« der Zunge tritt quasi emblematisch ein für die Rettung der Sprache; von diesem Moment der Angst, der aufbewahrt wird und nicht zur Sprache kommen soll, von diesem Moment an folgen die bereits erwähnten Rotbilder: Gleich darauf hören wir von den »roten Zungen der Wölfe« (ebda, 17), dann das leuchtende Rot bei den Gewändern der Zigeuner (ebda, 22), die Traumvision des Wolfs mit der roten Zunge (ebda, 32) – auch dies ein in dieser Bildkette konsequent weitergesponnenes Bild – und zuletzt die rötliche Mauer in Mersey (ebda, 61), die roten Backen der Mary Handsome (ebda, 66), verquickt mit dem so symbolbelasteten Apfel (ebda, 68) aus einem spaniolischen Kinderlied. Rote Backen spielen auch eine vielsagende Rolle (ebda, 96). Die Figur des kleinen Elias bindet sich an die Angst: »Ein Eigentliches des Menschen ist der Hang, sich der Angst immer auszuliefern.« (Ebda, 78) Dies in bezug auf das Märchenerzählen, auf die Wonneangst, auf die Schreckmomente, die als erste in der Biographie auftauchen, herbeizitiert aus einem gut funktionierenden Gedächtnis. »So weit ich mich zurückerinnern kann«, heißt es in Handkes *Der kurze Brief zum langen Abschied*, »bin ich wie geboren für Entsetzen und Erschrecken gewesen. Holzscheite lagen weit verstreut, still von der Sonne beschienen, draußen im Hof, nachdem ich vor den amerikanischen Bombern ins Haus getragen worden war. Blutstropfen leuchteten an den seitlichen Haustorstufen, wo an den Wochenenden die Hasen geschlachtet wurden.« (Handke 1972b, 9) Auch hier: das Schreckensmoment gebannt als das Erinnerungsmoment. Diese Rhetorik der Erinnerung wäre einmal kohärent bei verschiedenen Autoren zu analysieren.

So erzeugt nun Canetti die Kohärenz, indem er seine personale Identität als eine Sprachidentität vor uns erstehen läßt, die trotz der Verfügbarkeit über alle Sprachen erst durch Sprache an sich zu einem Bewußtsein ihrer selbst kommen kann. Momente der Angst und Beschämung, sie darzustellen, macht den Wahrheitsanspruch dieser Erinnerungen aus. Diese Momente stellen den Triumph des Erzählers Canetti über den Triumph des Intellektuellen Canetti dar. Ich sehe mich genötigt, nun diese Divergenz anzuführen, denn so glaubhaft vermittelt und sinnlich konkret diese Bilder der frühen Kindheit sind, so problematisch und bedenklich wird nun die Auffädelung der Ereignisse auf ein sogenanntes »Lebenslaufschema«.

Zwar werden noch die entscheidenden Passagen aus der Biographie des Kindes, vor allem der Tod des Vaters, in packender Engführung der Erinnerung beschrieben, aber je mehr sich die Figur des jungen Canetti des disponierenden Intellekts bemächtigt hat, je mehr die physische Biographie zu einer intellektuellen wird, um so mehr verliert sich jene sinnliche Dichte, mit der der Eingang aufgewartet hat, und gerinnt zum Kommentar, der die eigene Gescheitheit herausstreicht. Und die ist beachtlich und bewundernswert, aber nun wird geistiger Ahnenkult (auf hohem Niveau freilich) betrieben. Die Deutung dafür muß ich hier aus verschiedenen Rücksichten zurückhalten, will sie aber doch andeuten.

Eine Vermutung: Dort, wo Canetti jenen Raum der vorsprachlichen, vor-deutschen Erinnerung verläßt, von dem Punkt ab, von dem er seine Geburt aus den Sätzen der Mutter zelebriert, von diesem Augenblick an wird nun über das Erlebte nicht mehr jene problematisierte Erinnerung gezogen, sondern es wird Geschichte gemacht. Zu groß ist die Scheu, jenes zu benennen, was ihn nun tatsächlich bewegt.

Da gelingt ihm noch eine dramatische Konfrontation: die Auseinandersetzung mit dem Anbeter seiner Mutter, dem Mediziner Dr. Weinstock. Der kleine Elias muß ja ein ganz schönes Ekel gewesen sein, pardon, wie er da seiner Mutter diesen Dozenten ausredet, der den Dr. Schnitzler gekannt hat. Mit Recht bemerkt Jean Améry in seiner Rezension im *Spiegel* vom 17. August 1977: »Nicht ohne anhaltende Nachdenklichkeit überlegt man, daß ein so charakteristisch psychoanalytischer ›Fall‹ wie diese Mutter-Sohn-Beziehung den Autor später nicht hingeführt hat zu Freud, sondern weit weg von ihm.« Und Reich-Ranicki wird noch härter und deutlicher: »Hierunter leidet vor allem das zentrale Motiv der *Geretteten Zunge*: die schwierige und hochdramatische Mutter-Sohn-Beziehung, auf deren offensichtlich inzestuösen Charakter in der Regel nur dunkle Andeutungen verweisen. Und so ist es meist in dieser Prosa: Die Brüche und Abgründe werden zwar nicht verschwiegen, doch sogleich mit wohlklingender und verbindlicher Diktion nicht ohne Grazie verschleiert und zugedeckt. Das ist umso bedauerlicher, als Canetti auf dem Gebiet der psychologischen Selbstanalyse Meisterhaftes leisten kann: Die Darstellung der Leiden des Knaben, der von Eifersucht geplagt wird, weil sich zwischen seiner Mutter und einem Mann eine freundschaftliche Beziehung anbahnt, gehört zu den glanzvollen Höhepunkten des Buches.« (*FAZ*, 16. April 1977)

Hier kann ich nur, so leid es mir tut, Reich-Ranicki recht geben: der Versuch der Selbststilisierung überwiegt von da ab. Es wird das, was den jungen Canetti bestimmt haben mag, zwar an der Oberfläche trefflich dargestellt, jedoch verzichtet die Analyse auf die Erstellung irgendeines Zusammenhanges mit dem, was den jungen Mann oder den Knaben in diese Haltung hineingetrieben hat. Mit Recht kann man jedoch in der Mutter die Anwältin dieses kompensatorischen Verhaltens erblicken. Sie hat – wie mir scheinen will (auch hier stehen Untersuchungen aus) – verständlicherweise vieles grundsätzlich tabuisiert und sublimierend die Energien für die Erziehung ihres Sohnes angewendet. Nicht daß ich der totalen Psychologisierung oder der alleinseligmachenden Methode der psychoanalytischen Lektüre das Wort reden oder selbst in dieser Branche dilettieren möchte, aber hier juckt es wohl jeden Leser: Er möchte mehr über diese Kausalzusammenhänge wissen. Denn Canetti streift all dies, aber beginnt nun zu schildern, was für ein verdammt intellektueller Knabe er gewesen sei. Der Klappentext legt uns nahe, so etwas wie eine »exemplarische Kindheit« hinter all dem zu vermuten. Bitte: der Knabe liest Schiller und Shakespeare, er schwärmt von Dickens. Er rudert, etwa vierzehnjährig, zum Grabstein C. F. Meyers (Canetti 1977, 255) und ist dort betroffen von dessen Einfachheit. Die Passion für Robert Walser beginnt beim Fünfzehnjährigen. Gewiß: ich gebe zu, hier liest und erzählt ein Nobelpreisträger, wie früh er schon alle Größen der Weltliteratur konsumieren konnte, wir können nur staunen. So weit waren wir damals noch allesamt nicht. Der junge Canetti hat Umgang mit dieser Lektüre, er ist ihr verhaftet, er wächst aus ihr hervor wie ein Philodendron aus dem Topf. Und das muß er sich am Ende auch noch von der Mutter vorhalten lassen, die in einer emphatischen Ansprache ihren Sohn aus dieser Gesellschaft befreien will, ihn zugleich aber mit Vorwürfen, die auch nicht fein sind, überhäuft. (Ebda, 362 f.) Da wird dann plötzlich alles pathoserfüllt oder sublim. Man unterhält sich über die Lyrik, Mörike und Michelangelo, es fliegen die Namen, die gut und teuer sind, nur so durch die Luft. Der kleine Canetti ist voll von Geschichten und Literatur. Er sieht sich auf sie gestellt, die Mutter treibt ihn zu einem Leben voller Nützlichkeit. Noch hat er sich keinen Groschen verdient. Daher auf nach Frankfurt, weg von der Idylle am Zürchersee und hin zu einer anderen Welt, weg aus dem Schutz der Schule. Wie es weitergeht, liest man in *Die Fackel im Ohr*.

Das alles ist interessant, aber löst es auch das ein, was eine literarische Autobiographie leisten könnte? Sind darin auch – so wie bei Bernhard – jene Qualen der Kindheit und Jugend perspektiviert?

Sind darin auch jene Probleme erfaßt, mit denen sich der Erzähler vertraut zu machen hat, will er von sich erzählen? Wird so die Erinnerung problematisch? Hat er so die Distanz zu dem Erlebten hergestellt – eine Möglichkeit –, hat er so Authentizität heraufbeschworen? Liegt hier, nach dieser raffinierten Einleitung, nicht zuletzt doch eine perfekt inszenierte Selbststilisierung vor? Kritisieren läßt sich so ein Unterfangen wie das Canettis ohne viel Mühe. Der zweite Teil entbehrt nicht der Anekdoten, wie auch Améry zu Recht feststellt: »Hätte ich ein gleiches Interesse auch aufgebracht, wenn es sich nicht um die Kindheit eines Autors von wohletabliertem Ansehen handelte? Ich weiß es, ehrlich gestanden, nicht genau. Aber damit rühre ich an ein Problem, das weit über alle Memoirenwerke bedeutender Menschen gilt; es geht weit hinaus über Canettis Buch – bis hin zum dubiosen Vergnügen am Anekdotischen und zum nicht weniger fragwürdigen Plaisir der Heldenverehrung.« (*Spiegel*, s. o.) Und gerade diese Heldenverehrung wird, wenngleich unerhört raffiniert, so doch hier postuliert. Da arbeitet ein Künstler mit viel Raffinement an seinem Podest, auf das er sich gestellt sehen will. Zur Unterstützung dient eine breite Erfahrung von intellektuellen Erlebnissen. An keiner Stelle wird greifbar, daß Lesen das Leben nicht ersetzen könnte. Die Distanz braucht nicht aufgebaut zu werden, weil der Erzähler sie nicht benötigt. Er steht heute noch voll und ganz hinter der Person, die er vor mehr als fünfzig Jahren war. Das ist nicht die Geschichte einer Irrfahrt, sondern die der direkten Wallfahrt zum Nobelpreis.

Und die Leistung? Ich gestehe: ich bin skeptisch. So groß der Ansatz, so welthaltig er auch sein mag, so viel an Erfahrungen da einfließt, so eifrig die Schulbildung des Autors, und nicht nur sie, sondern auch deren Geschichte bemüht wird: gerade dies alles macht skeptisch. Diese Autobiographie hat vom Ansatz her zwar einige interessante Perspektiven aufgetan, aber sie hält nicht, was dieses Zurücktasten zurück in eine Kindheit verspricht. Es wird nur zum Show-Off für eine Bildungsparade. Ein Weiser läßt sich herbei und erzählt, wie er so weise geworden ist. »Warum ich so weise bin«, erläutert Nietzsche einmal, allerdings ist das schon ironisch gebrochen. Hier ist einer wirklich weise und, weil man es ihm nicht oft genug bestätigt hat, sagt er es uns, wie er es geworden ist. Und wir dürfen ihm glauben.

Aus diesem Buch Canettis ist indes viel zu lernen. Zu lernen ist die Unmöglichkeit und Schwierigkeit des Erzählens, mit dieser Wirklichkeit zu Rande zu kommen. Was den anderen Autoren gelang: ihre Geschichte glaubhaft zu zerstören, um aus den Trümmern doch den Schein der Wahrheit aufleuchten zu lassen, das vermeidet Canetti – wider besseres Wissen, will mir scheinen.

Zuletzt noch ein Bedenken: der Autor war auch nicht genau: Da lesen wir, daß er aus den Sätzen der Mutter »entstanden« sei (ebda, 177). Das Ende des Buches handelt von der Vertreibung aus dem Paradies Zürich; und da heißt es nun: »Es ist wahr, daß ich, wie der früheste Mensch, durch die Vertreibung aus dem Paradies erst entstand.« (Ebda, 375) Was also? Muß man deshalb das nächste Buch lesen? Die Doppelung dieses Entstehungsvorgangs zeigt an, wie sehr sich dieses Ich in den Vordergrund spielen möchte. Es ist ein Ich, das alle Aufmerksamkeit mehr und mehr absorbiert, das geworden ist aus Sprache und Literatur. Auf den Bezug zu anderen Werken der Literatur aus Österreich, in denen ebenso die Sprache das die Figur erzeugende Element ist, habe ich schon des öfteren verwiesen. Dabei brauchen wir nicht stehenzubleiben. Canetti hat damit eine auffallende Rückkoppelung mit der spezifisch österreichischen Tradition vorgenommen; er hat mit der *Fackel im Ohr* (1980), dem zweiten Band seiner Erinnerungen, diesen Bezug zu Karl Kraus deutlich unterstrichen. Die Zunge und das Ohr – aus diesen beiden besteht nun das Muttersprachesöhnchen. »Canetti hat das Manuskript«, so Reich-Ranicki in seiner Rezension, »erst vor wenigen Monaten abgeschlossen, indes würde es mich nicht wundern, wenn es sich herausstellte, daß dies eine Falschmeldung war und daß in Wirklichkeit die *Gerettete Zunge* vor einem halben Jahrhundert entstanden ist. Denn Spuren dieses halben Jahrhunderts sind in der Autobiographie nicht auffindbar. Aber wozu sollte man eigentlich von jener Zeit erzählen? Doch wohl um der Gegenwart willen. Von ihr, nur von ihr kann der Rückgriff auf das längst Vergangene seine Rechtfertigung beziehen. Diese Rechtfertigung habe ich hier vergeblich gesucht.« (*FAZ*, s. o.) So unrecht hat Reich-Ranicki meines Erachtens in diesem Zusammenhang nicht, aber allein die Vergangenheit als etwas Abgetanes und nur aus der Gegenwart heraus zu Rechtfertigendes zu sehen, das kann ich nicht unterschreiben. Indes ist festzuhalten, daß Canetti zu den wenigen Autoren gehört, die sich kritisch an die Geschichte heranbrachten, die versuchen, diese aufzuarbeiten, auch wenn diese Aufarbeitung mehr und mehr personalisiert, mehr und mehr auf die Person des Autors bezogen wird, wenn dadurch mehr und mehr Anekdotisches in den Text notwendig einfließt. Indes wäre es total verfehlt, die Bedeutung dieses Buches – trotz meines Erachtens aus einer in Österreich so herrschenden Nobelpreisträgerpietät – zu verkennen. Unkritisiert sollte es indes nicht passieren, die Leistung des Buches wird erst durch eine kritische Lektüre erkennbar, und es erhält nur durch diese seine scharfen Konturen. Indem das erlebende Subjekt unbefragt seine Geltung behält, macht sich dieses Buch kritikabel. Es gehört jedoch als ein wichtiges Zeugnis zu einem Prozeß, der in der Mitte der siebziger Jahre beginnt und der als größere, umfassende Bewältigung der Vergangenheit und Aufarbeitung historischer Zusammenhänge zu sehen ist.

Vorbei ist nun endgültig die Zeit jenes Österreich-Mythos, der dieses gegenwärtige Österreich als unmittelbare Fortsetzung des Habsburger-Reiches verstanden haben will. Vorbei ist damit auch die reale Präsenz des Vielvölkerstaates in der Literatur. Canetti hat – wie Reich-Ranicki bemerkt – die Zeit zwischen der Handlung und der Gegenwart nicht mitreflektiert, die Gegenwart wirkt nicht als Filter, nicht die problematisierte Erinnerung. Indem diese Memoiren (oder diese Autobiographie) ihr Apriori in einer unbefragten Erinnerung haben, werden sie unglaubwürdig. In Rechnung zu stellen ist, wie wenig an Geschichte in die Literatur der siebziger Jahre eingedrungen ist; man bedenke, daß es damals so gut wie gar keine historischen Erzählungen gab, während sie ab Mitte der siebziger Jahre nun wie die Pilze aus dem Boden wachsen. Gerade indem Canetti diese Kluft zur Vergangenheit aber nicht bewußt macht oder problematisiert, erweckt er den Anschein der Zeitlosigkeit, der Gültigkeit des einmal Erlebten. Nichts hat sich geändert – an ihm, für ihn. Nur der Augenblick von einst wird mit Pathos beschworen. So sei es gewesen; stets sind es Momente, in denen Entscheidungen von großer Tragweite fallen; der Anschein wird erweckt, als ob die Entscheidungen des Knaben und Jünglings Taten gewesen wären, die weit über alle anderen Zusammenhänge hinweg als bedeutsam gelten müßten.

Die Memoiren Canettis zeigen, wie problematisch dieses Heranschreiben an die Vergangenheit, diese Vergewisserung der eigenen Geschichte zur Gewinnung einer neuen (anderen) Identität aus der Geschichte ist.

Hatte sich Handkes *Wunschloses Unglück* als Geschichte gegen die Geschichte und Innerhofers *Schöne Tage* als negative Symbiose der Zeiten in der Provinz und Bachmanns »tägliches Brennen des Justizpalastes« als Unlöschbarkeit der Katastrophe erwiesen – dies alles hat seinen Stellenwert in einem Kontext, den ich doch als signifikant für die österreichische Literatur beschreiben möchte: die Veränderung kleinzuschreiben, ihr stets das Bleibende entgegenzuhalten; Geschichte wird auch für Canetti nicht zu einem umfassenden Kontext, der über seine Person hinausweist und von großen Veränderungen kündet.

13. IDENTITÄTSPROBLEME –
Zur österreichischen Identität der österreichischen Schriftsteller

Indes ist die Sicht auf die Geschichte durch Canetti eine unvergleichlich bewußtere und reflektiertere, als dies etwa in einem anderen Buch erfolgt, in dem sehr kennzeichnend die Geschichte weggeblödelt wird und das für das (triviale) Selbstbewußtsein des Österreichers gerade um die Mitte der siebziger Jahre signifikant sein kann. Ich meine Jörg Mauthes Buch *Die große Hitze* (1974), das sich in bürgerlichen Leserkreisen mit erstaunlicher Zähigkeit als das Buch über Österreich schlechthin halten konnte, und in dem – dem Vernehmen nach witzig und geistreich – die gegenwärtige Identität des Österreichers liebevoll karikiert erscheint. Der Untertitel des Buches spricht Bände: *Die Errettung Österreichs durch den Legationsrat Dr. Tuzzi.* Dr. Tuzzi kommt – wie eine andere Figur des Romans, Trotta – auch aus der österreichischen Literatur. Doch ist dieser Tuzzi so etwas wie ein Idealbeamter. Nun zum Inhalt des Buches, sofern davon überhaupt die Rede sein kann: In Österreich droht durch eine langanhaltende Dürreperiode eine Krise. Tuzzi löst das Verlöbnis mit der Deutschen Ulrike und verliebt sich in eine Zwergenfürstin, die ihren Untergebenen befiehlt, es wieder regnen zu lassen. Alles andere an diesem Roman ist aufschlußreiche Arabeske. Unbezweifelt ist zwar Österreichs Eigenstaatlichkeit; deutlich wird gezeigt, daß man sich in Österreich mit seinen neun Bundesländern sehr wohl fühlen könnte. Deutschland ist ein fernes Land. Kein wie immer gearteter Ansatz von Kritik an einem Selbstverständnis wird laut. Das Beamtentum erfährt in aller Ironie so etwas wie eine heimliche Apotheose; in ihm kämen das »Menschliche und das Beamtete bisweilen nahezu zu vollkommener Deckung«. Von 1934 heißt es etwa nur, daß Österreich sich damals eine »autochthone und somit etwas bizarre Diktatur« angeschafft habe. Gefeiert werden die Rituale, in denen die Beamtenschaft sich selbst zelebriert. Die Staatsfinanzen sind in Ordnung; der Kanzler, der große Zampano, wie es einmal heißt, taucht auf wie eine Sternschnuppe und verschwindet wieder. Auf jeden Fall ist *Die große Hitze* günstig, weil sie die »Modeideologen« aus Deutschland von Österreich ferne hält. Die Ungarn hält man noch immer für Abkömmlinge der Hunnen, die ihre Feinde zu Gulasch verarbeiteten. An solchen Stellen werden die Witzeleien mehr als bedenklich; sie nur als Geschmacklosigkeiten zu charakterisieren, verharmlost die Brutalität, die hinter diesem Scherz steht. Selbstironie überdeckt hier ein beinahe imperialistisches Überlegenheitsgefühl und bagatellisiert alle historischen Konflikte.

Ich meine, daß eine ideologiekritisch orientierte Germanistik an solchen Werken ansetzen müßte, deren Harmlosigkeit in literarischer Hinsicht gerade die verdächtige Camouflage eines unreflektierten Geschichtsbewußtseins ist.

So wie Mauthe dies besorgt – man könnte Angst bekommen, wenn einer so die österreichische Identität enthistorisiert, verharmlost. Es ist dies die letzte Konsequenz einer Feschakität, die sich mit den (Hahnen-)Schwanzfedern der Intellektualität schmückt. Sie sieht sich legitimiert bereits durch eine literarische Tradition. »Heiliger Heimito von Doderer, bitte für uns« – heißt es da in einer witzig sein wollenden Liste. In dieser Litanei figurieren auch noch andere Schutzheilige der österreichischen literarischen Identität: Raimund, Nestroy, Herzmanovsky-Orlando, Mozart, Musil, Klimt, Freud, Joseph Roth.

So offenbart sich darin das große Verhängnis der Kulturtradition: sie wird verfügbar, sie wird zum Argument, zum unbefragten, mit dem man schalten und walten kann. Die Bücher von Mauthe und der Brigitte Schwaiger sind Indizien für eine bequeme Handhabung von Problemen: man zitiert aus den Werken anderer, um sich die Auseinandersetzung mit diesen zu ersparen.

So trivial dieses Buch Mauthes ist, so ist es doch als Indikator für ein durch eine spezifisch österreichische Tradition etabliertes Literatur- und Kunstverständnis zu sehen. Es ist höchst bezeichnend, daß in der Folgezeit nun – sowohl in der wissenschaftlichen Fachliteratur als auch in den Primärtexten – die Österreich-Thematik Hochkonjunktur hat. Zu einem Zeitpunkt, da die Eigenstaatlichkeit Österreichs unbefragt und unbezweifelt wie nie zuvor war, zu einem Zeitpunkt, da der Papst Österreich als Insel der Seligen aus den Weltkonflikten hinausmanövriert hatte, zu einem Zeitpunkt, da die nationale Integrität Österreichs unbefragt erschien wie nie zuvor, setzt nun auch die Kritik von seiten der Literatur an diesem Österreich-Begriff an, sofern sie sich als eine ernsthafte Kritik versteht. Zunächst befragt werden die Autoren nach ihrem Selbstverständnis. Mit dem sicheren Gespür für literarisches Marketing hat demnach der Residenz Verlag sofort seine Autorenriege aufgeboten, auf die Frage nach Österreich auch eine bündige Antwort zu geben: *Glückliches Österreich* heißt da das 1978 vorgelegte Ergebnis. So sehr darin auch die Österreich-Erfahrungen und Statements ironisch unterlaufen werden (Jonke, Brandstetter), so wenig eindeutige Antworten auf die konkrete Frage nach dem spezifisch Österreichischen gegeben werden: so eindeutig ist doch, daß alle Autoren sich irgendwie mit dem sozialen Rahmen, den ihnen Österreich zur Verfügung stellt, identifizieren. Die Erfahrungen, mit denen einzelne Autoren antworten, sind österreichische Erfahrungen. Wenn sie von Österreich erzählen, erzählen sie von sich, von der konkreten historischen Person. So etwa Gernot Wolfgruber (*1944) in seinem Text *Die Mehrzahl,* in dem er sehr behutsam und sorgsam nach dieser österreichischen Identität fragt, fragt, wer denn dieses »wir« sei, das alle Österreicher betreffen könnte.

Es ist bezeichnend, daß gerade in der zweiten Hälfte der siebziger Jahre, da also Österreichs Integrität als Staat von außen her unbefragt blieb, von innen diese Kritik an Österreich aufkam, wobei nun die Identität der Schriftsteller in das Zentrum des Interesses rückt. Hier lassen sich grundsätzlich zwei Positionen unterscheiden, die nun diese kulturelle Identität des Österreichers definieren wollen. Ich möchte hier von einem Versuch sprechen (vereinfachend), der diachron vorgeht und diese österreichische Identität ableitet von der Herkunft aus dem Biedermeier beziehungsweise der Restauration, der die Eigenständigkeit und Sonderart dieser Literatur auch thematisch zu fixieren sucht. Etwa Herbert Eisenreichs alten Versuch von 1959, *Das schöpferische Mißtrauen oder Ist Österreichs Literatur eine österreichische Literatur?* fortsetzt und worin so etwas wie Kontinuität dieser österreichischen Literatur auch behauptet wird: ungebrochen von den Anfängen bis in eine nicht näher definierbare Gegenwart. Das Österreichische wird als das Schicksal der Autoren – eine gewisse Verspieltheit und Distanz, die zu allem, was vorgeht – bestimmt. Mißtrauen gegen sich selbst, Mißtrauen gegen alles Abstrakte. Barocke Sinnenfreude versus Theorie, Anschaulichkeit versus Engagement, Sprachkritik versus Ideologiekritik usw. Diese Art der Anschauung hat in dem Essay von Ulrich Greiner, *Der Tod des Nachsommers,* ihre Klimax erreicht. Darin wird der österreichischen Kultur über die Zäsuren der Geschichte hinweg so etwas wie Kontinuitätspflege nachgesagt. Eine Verlängerung des habsburgischen Mythos, denn, so Greiner: der Untergang der Habsburger-Monarchie wirke bis heute traumatisch nach, und die Autoren werden, wie sich dies schon im Titel seiner Abhandlung ausdrückt, allesamt Nachfahren Stifters.

Auf der anderen Seite sind die Autoren (vor allem die seit 1976 besonders durch die Arena-Bewegung bemerkbare Liedermacherszene) um ein neues und auch politisches Selbstverständnis bemüht. Im Zusammenhang mit diesen Gegensätzen ist auch die neuere Literatur Österreichs zu lesen.

Auf der einen Seite also Autoren, die durch den Rückblick in die Vergangenheit mit mehr oder weniger Geschick ihre österreichische Identität zu verrechnen suchen mit ihrem gegenwärtigen Status, auf der anderen solche Autoren, die – oft mit mehr Krampf als Geschick – versuchen, sich als Wortarbeiter zu verstehen, denen es vor allem auf eine Veränderung des Status quo ankäme, die ihre Aufgabe als Schriftsteller in einem nicht näher definierten Engagement erblicken.

Diese Positionen sind nicht so säuberlich getrennt, wie ich es darzustellen versuche – um der lieben Didaxe willen. Aber es fällt auf, daß – nachdem nun einmal die Avantgarde in der GAV institutionalisiert war – doch auch versucht wurde, die eigenen theoretischen Positionen genauer zu befragen und vor allem sich nach den Konsequenzen in der Lebenspraxis umzusehen.

Auf jene Veranstaltung, von der am ehesten solche Konsequenzen in der Lebenspraxis zu erhoffen waren, habe ich bereits verwiesen. Es handelt sich um die Arena-Bewegung: da sollte auf dem Gelände des ehemaligen Schlachthofes St. Marx spontan das Kreative auch bei jenen geweckt werden, die nicht zu dem Kreis jener gehörten, die als Kunstspezialisten galten. Also: herein mit den Lehrlingen, den Rockern. Die vielversprechenden Anfänge dieses Unternehmens über den Sommer 1976 bis in den Herbst können als ein wichtiger Abschnitt in der österreichischen Literaturentwicklung (und überhaupt in kulturpolitischer Hinsicht) gedeutet werden. Die genauen Hintergründe müßten noch einmal erforscht werden. Hier fanden jene ein Forum, die an den traditionellen Stellen noch wenig Rückhalt gefunden hatten.

Es gab Solidaritätskundgebungen für Chile; es gab den Zirkus, der nicht dem Flitterglanz der üblichen Zirkusse huldigte; es gab ein Frauencafé; es gab Lesungen; vor allem für die Liedermacherszene wurde diese Bewegung relevant, da sich diese dort vorstellen konnte. Das Idyll – von der bürgerlichen Presse vielfach als Hort der Unzucht und des Verbrechens gebrandmarkt – wurde dadurch beendet, daß die Gemeinde Wien das Gelände – bereits durch einen Vertrag fixiert – an die Textilfirma Schöps verkauft und die (denkmalgeschützten) Gebäude für einen Abbruch bestimmt hatte. Die Situation ist vergleichbar dem Zürcher Sommer von 1980, allerdings kam es trotz vehementer Proteste der Arena-Anhänger nicht zu jenen »Ausschreitungen«, weil die Gemeinde versuchte, für jene Aktivitäten auch ein Areal bereitzustellen. Welche Machinationen jedoch hier im Hintergrund standen und zum Ende einer beispiellosen spontanen Bewegung führten, deren Unwiederholbarkeit auch durch die erfolglosen Wiederbelebungsversuche der Folgezeit gegeben war und erwiesen wurde, dies alles wäre noch ein anderes Mal genauer zu analysieren und sollte Gegenstand einer umfänglichen Studie werden. Tatsächlich war dies einer der wenigen Versuche, das Verhältnis des Österreichers zur Literatur und zur Kunst zu entkrampfen, ein anderes Verhältnis dazu zu etablieren, als es das von den Managern vorgesehene war: diese Versuche sind nun festgehalten in dem Roman von Gustav Ernst, *Einsame Klasse* (1979). Was diesen Roman über den konkreten Anlaß hinaus interessant macht, ist die Frage nach der Solidarität der Künstler, nach ihrem österreichischen Selbstverständnis.

Da sich das österreichische Modell offenkundig im Vergleich zu dem in anderen Ländern radikalisierten Arbeitskampf zu bewähren begann, da die Sozialpartnerschaft vielen als die Lösung solcher Probleme erschien und auch ein Modell, zu dem man die Österreicher nur beglückwünschen zu können meinte, war es – bei einer mehr und mehr auf soziologische Aspekte ausgerichteten Literaturwissenschaft – nur selbstverständlich, sich noch nachhaltiger nach dem sozialen Hintergrund zu erkundigen, dem diese Autoren entstammten.

Den Lösungsversuch von Ulrich Greiner in seinem Buch *Der Tod des Nachsommers* habe ich bereits kurz skizziert. Er sieht nun in Österreich eine ungebrochene Kontinuität, die alle Schriftsteller in der Sphäre einer »politischen Windstille« ansiedelt und ein quasi ununterbrochenes Biedermeier annimmt: weg von dem Vormärz hätten die Österreicher und ihre Autoren so etwas wie Konfliktscheu und Konfliktprophylaxe entwickelt. Diese Einstellung hat ihren sozialen Fundus in jener Mentalität, die auch in Form der Sozialpartnerschaft ihren adäquaten Ausdruck gefunden und den Arbeitskampf, wie er sonst in westeuropäischen Ländern herrscht, verhindert hat.

Es geht aber darum, zu beweisen, daß die österreichische Literatur nicht in diesem Sinne zu verstehen sei. Die jüngeren Autoren beginnen nun – zunächst auf Greiners Thesen, dann aber auch auf die politische Lethargie Österreichs – eine Antwort zu konzipieren. So wurde auf den Essay von Greiner ein Band mit dem Titel *rot ich weiß rot* (1979) veröffentlicht, in dessen Klappentext die Herausgeber Gustav Ernst und Klaus Wagenbach notieren:»Die eine österreichische Literatur zeigt, was man in der Sozialpartnerschaft mit der Sprache alles machen kann, die andere, was die Sozialpartnerschaft mit den Menschen alles machen kann...« Damit wurde ein Gegenpol gegen die von Greiner entwickelte Position zwar entworfen, grundsätzlich nicht aber widerlegt, daß zumindest zu dem Zeitpunkt, als der Roman erschien, eben diese Österreicher das Sagen im Literaturbetrieb hatten, die sich unter die von Greiner entworfenen Aspekte stellen ließen. Immerhin kam es zu einigen pointierten Bemerkungen gegen dieses Prinzip der Sozialpartnerschaft, so etwa die These von Josef Haslinger:»Die Menschen in unserer Gesellschaft flüchten prinzipiell in zwei Richtungen: die einen ins Wirtshaus, die anderen in die Kultur, wobei die Kunst der Sozialpartnerschaft nichts anderes ist als der stilisierte Vollrausch.« (Ernst/Wagenbach 1979, 59) Noch treffender und schlagkräftiger die These von Gerhard Ruiss, der nun direkt die Sozialdemokratie attackiert. Diese Thesen haben in der Zwischenzeit auch ihren gut dokumentierten Ausbau in der Dissertation von Robert Menasse gefunden (1980) wie auch bei Norbert Weber (1979), wobei in letzterem Falle die kritische Verve sich gegen die Österreich-Ideologie richtet, der alle Autoren verfallen seien. Die derzeit letzte Äußerung auf diesem Gebiet ist der von dem Grazer Germanistenteam Dietmar Goltschnigg, Gerhard Melzer und Kurt Bartsch herausgegebene Band *Für und wider eine österreichische Literatur*, worin diese Thesen nochmals in aller Breite diskutiert werden. Als Ergebnis bleibt: Österreichs Literatur ist in ihrer Eigenständigkeit nur in bezug auf die politische und soziale Sonderentwicklung zu begreifen, nicht aber als eine Wesenheit zu konstruieren, die von vornherein sich als eine explizit österreichische zu offenbaren imstande wäre. Darin findet sich auch ein Essay des Salzburger Historikers Georg Schmid, dem man inhaltlich hohes Niveau wird bescheinigen müssen, allerdings bleibt auch dieser Text irgendwie im Aphoristischen stecken: »Österreich, formulieren wir es provokant, ist ein europäischer Ferienpark, in dem auch Artisten auftreten dürfen/sollen, und die österreichische Wirtschaft weist gewiß im Verhältnis zur BRD quasi koloniale Strukturen auf.« (Bartsch 1982, 90) Und Schmid fährt an anderer Stelle fort:

> Eine Art Gleichzeitigkeit des Ungleichzeitigen tritt uns hier entgegen, eine plurale Phasenverschiebung: Österreich ist sozioökonomisch nicht gleich hoch entwickelt wie vergleichbare Staaten, jedoch immerhin höher, als es das systematisch erzeugte Fremdenverkehrsimage des europäischen Urlaubsparks vermuten ließe; hinfort verzerren sich Erwartungen wie Beurteilungsraster. Letzten Endes wird an die literarische Produktion die Erwartung herangetragen, ein sozioökonomisches Stadium literarisch zu repräsentieren, das im Grunde bereits vergangen ist. (Ebda, 91)

Das ist gewiß nicht unrichtig. Zutreffend auch die Beobachtung, daß sich Österreich immer in Abhängigkeit von der normensetzenden deutschen Literatur und Literaturkritik versteht, wobei diese wiederum die aus Österreich kommenden Texte selbst zur Norm für Österreichisches erhoben hat. Es ist auffallend, daß nun in der Zeit zum Ausgang der siebziger Jahre gerade diese Sonderstellung der österreichischen Literatur zum Problem wird und die Fragestellung rückwirkend auf die Identitätsbestimmung auch unter den österreichischen Autoren wirkt. Überall wird nun gefragt, was es mit diesem Österreichischen auf sich habe. Auch dies eine Konsequenz der Rückkehr zu einem Erzählen, das sich mehr und mehr in seiner historischen Bestimmung begreift. Mehr und mehr werden auch die sozialen Probleme Österreichs in ihrer Spezifikation aufgezeigt und in den Texten thematisch.

Es ist paradox, daß nun gerade in der Zeit, in der die Autoren hartnäckig die Sozialpartnerschaft als ein System zu attackieren beginnen, das die soziale Realität verschleiert und ein werbewirksames Image bereitstellt, daß die Autoren gerade da sich nun ihrer Berufsidentität in verstärktem Ausmaß widmen, das allerdings ein paar Jahre nachdem dies in Deutschland zum Anschluß der deutschen Autoren an die Gewerkschaft der Druckereiarbeiter geführt hatte, eine Fusion, die in Österreich nicht zustande kommen konnte. Im Zentrum steht nun die Frage, wie die Schriftsteller auch ihr Selbstverständnis als soziale Gruppe artikulieren können: höchst aufschlußreich ist als Dokumentation das Buch von Ruiss und Vyoral (1978), als Situationsbericht der bereits erwähnte Essay von Gernot Wolfgruber *Die Mehrzahl* in *Glückliches Österreich* (1978). In beiden Fällen kann man konstatieren, daß sich die Autoren als diejenigen begreifen, die am ehesten zu einer sozialen Randgruppe werden können und müssen, deren Gruppenidentität nicht greifbar, deren Homogenität nicht beschreibbar und deren soziale Stellung mit den Kategorien der Sozialwissenschaft bislang nicht beschreibbar ist. Dort, wo die Frage interessant zu werden beginnt, hören die meisten mit ihren Erörterungen auf.

Als Paradox sei ferner registriert, daß just zu dem Zeitpunkt, als ihnen die sozialen Einrichtungen des Staates (Sozialversicherung, Altersversicherung, Gewerkschaften) höchst fragwürdig wurden, als diese Institutionen beziehungsweise Einrichtungen zum Gegenstand der Kritik wurden, die Autoren daran Geschmack zu finden begannen und auch so etwas wie eine den anderen Berufsgruppen vergleichbare Sicherstellung erreichen wollten. Da offenbarte sich nun, daß für die solcherart insgeheim doch gewünschte Sozialpartnerschaft der Partner fehlte oder besser: der Gegenspieler.

Man konnte den Arbeitgeber allenfalls in Gestalt der Herren Bacher (ORF) und Schaffler (Residenz) ausfindig machen und sah sich genötigt, gegen diese vorzugehen. Die Unklarheit in den Fronten dieses Arbeitskampfes wurde beim Schriftstellerkongreß im März des Jahres 1981 deutlich, da sich die Attacken gegen den ORF richteten, der sich immerhin als Wohltäter in Sachen österreichischer Schriftstellerei darzustellen verstand.

Trotz der zahlreichen bei dem Schriftstellerkongreß gefaßten Resolutionen kann man sagen, daß es bei dem Status quo blieb und die anstehenden Probleme zumindest suspendiert bleiben mußten. Eine soziale Identität haben die Schriftsteller in diesen Tagen nicht gefunden, wohl aber darauf aufmerksam gemacht, daß auch sie arbeiten. Die Diskussion ist – und nun sei es erlaubt, einmal den Spieß umzudrehen – literarisch unergiebig. Was da diskutiert wurde, gibt keinen Aufschluß über die österreichische Literatur, über die Texte. Die Solidarität der Autoren ist a priori dazu verurteilt, eine Fiktion zu sein, weil jene Grundfragen des Arbeitskampfes, wie Arbeitsplatz, Streik und ähnliches, vor allem Mitbestimmung, das Wesen der literarischen Produktion nicht oder nur kaum betreffen können. Mitbestimmung ist allenfalls in den Verlagen und in den Rundfunkanstalten möglich, aber nicht in der literarischen Produktion. Schreiben bedeutet nach wie vor die Arbeit, die am meisten auf das isolierte Individuum als Produzenten angewiesen ist. Es gibt, und ich wage das zu behaupten, keine vernünftige Literatur, die von einem Kollektiv je zuwege gebracht worden ist. Der Arbeitsplatz des Schriftstellers ist der Schreibtisch. Es gibt keinen Ort auf der Welt, der einen so sehr dazu verurteilt, auf sich selber gewiesen zu sein wie der Schreibtisch des Schriftstellers. Der Ausgleich dazu ist die Boheme: das Aufgehen der Schriftstelleridentität in einem üppig erfahrenen Kollektiv.

Eben diese Erfahrungen beschreibt Gernot Wolfgruber in seinem Essay *Die Mehrzahl*. War es dort noch, als er in dem Betrieb stand, möglich, sich als Teil eines »Wir« zu fühlen, so sieht er nun, wie er dieser Gruppenidentität verlustig gehen mußte: wie es dieses Wir als Schriftsteller nicht gibt.

Was ich hier vorgetragen habe, das sind nur Skizzen für eine Sozialgeschichte österreichischer Autoren und deren Versuch, zu einem Selbstverständnis in der modernen Gesellschaft zu kommen. Zugleich aber auch die Reaktion auf erhöhtes Interesse der Öffentlichkeit an der Literatur. Literatur ist im kulturpolitischen Kampf einsetzbar. 1979 bei den Wahlen wurden Autoren wie Turrini von dem damaligen Kandidaten der ÖVP für das Kanzleramt, Dr. Taus, unsanft und unfein attackiert, was sofort zu einem Gegenschlag führte. Aber eine massive Unterstützung fanden auch Kreisky oder die Sozialdemokratie nicht unter den Autoren, im Gegenteil: Bernhard setzte immer wieder zu gekonnten Kanzlerbeschimpfungen an, und die meisten Autoren enthielten sich direkter Wahlempfehlungen, von einer Teilnahme am Wahlkampf kann keine Rede sein. Damit haben auch die links engagierten Autoren immerhin noch einmal Distanz gehalten, eine Distanz, die typisch ist für das Verhältnis österreichischer Autoren zur Tagespolitik. Interessant sind die kunstvollen Strategien, mit denen die Autoren ihren Rückzug aus der Tagespolitik als besonders politisch darstellen wollen. So etwa Michael Scharang in seinem Gespräch mit Ulrich Greiner.

Was sich in der Arena-Bewegung als interessantes Experiment angelassen hatte, als emanzipativer Versuch, sich aus der Umklammerung eines starren Kulturapparates zu befreien, was Spontaneität gegen die bereits verkrusteten Kulturpraktiken fördern sollte und potentielle Energien freimachen: das war nur ein kurzer Traum der Anarchie. Die Bulldozer auf dem Arena-Gelände haben dafür gesorgt, daß auch Österreichs Autoren zu ihren jeweiligen Tagesordnungen übergingen und allesamt links und rechts ihre Plätze einnahmen, so daß nunmehr alles wieder seine schöne Ordnung hat.

14. GERNOT WOLFGRUBER (*1944): *Niemandsland* (1978)

Die vorangegangene Situationsschilderung, die freilich nur als Skizze gelten kann, die erweiterungsbedürftig ist, hat aber immerhin die Rampe geschaffen, von der aus ein Roman wie Wolfgrubers *Niemandsland* zugänglich werden kann.

Denn auf den ersten Blick scheint da alles klar: das Buch bedarf keiner weiteren Interpretation. In ihm ist alles einsichtig, es stellt der Inhaltsanalyse keine Schwierigkeiten entgegen. Alles ist direkt: man behilft sich daher in den Rezensionen, das gilt auch für die anderen Bücher Wolfgrubers, mit solchen Formeln wie »Authentizität« oder »Detailrealismus«. In der Tat haben wir es hier mit einer Ausweitung des naturalistischen Verfahrens zu tun, wie es der mit Wolfgruber meist in einem Atem genannte Innerhofer pflegte. Indes ist gerade dieses Buch vor einem verwandelten Bewußtseinshorizont zu lesen, der sich durch die Entwicklung der vier Jahre seit 1974 ergeben hat. Ich meine, daß Wolfgrubers *Niemandsland* vor der Auseinandersetzung um diesen Begriff der Sozialpartnerschaft zu lesen ist. Doch davon später.

Zunächst einmal die einfachsten Daten. Das Werk Wolfgrubers besteht zum gegenwärtigen Zeitpunkt aus immerhin stattlichen sechs Buchveröffentlichungen. Der 1944 im niederösterreichischen Gmünd geborene Autor debütierte 1975 mit *Auf freiem Fuß*, der Erzählung über einen Jugendlichen, der straffällig wird. 1976 erschien sein Roman *Herrenjahre*, implizit eine Fortsetzung des vorangegangenen Textes, 1978 *Niemandsland*, im selben Jahr auch das Filmdrehbuch *Der Jagdgast*, 1979; *Ankunftsversuch* ist eine Fortsetzung von *Auf freiem Fuß*, darin geht es um die Heimkehr eines Jugendlichen aus der Strafanstalt, 1981 kam sein vielleicht traditionellstes, vielleicht auch in der Konzeption sauberstes Buch *Verlauf eines Sommers* auf den Markt. In allen drei Büchern, den drei großen (*Herrenjahre, Niemandsland, Verlauf eines Sommers*) gibt es einander verwandte Grundstrukturen und verwandte Helden. Melzer, der Tischler, der seine Glücksminute zu erhaschen meint, der einmal den Anschluß erreichen will, für den sich aber alles nur konsequent in denselben Einheitsbrei des Unglücks einer Arbeiterexistenz verliert: mehr aus Zufall denn aus Liebe oder gar planmäßiger Entscheidung heiratet er die Ziehtochter eines Fabrikanten, die von ihren Zieheltern auch prompt wegen der Ehe mit einem Arbeiter verstoßen wird. Sie bekommt Kehlkopfkrebs, stirbt und hinterläßt ihrem Mann drei Kinder, mit denen er nun zu Rande kommen muß. Georg Klein in *Niemandsland* ist auch Arbeiter, Hilfsarbeiter, paßt jedoch auf und bekommt seine Chance: er wird bei einem Test erster und wechselt über vom Arbeiterstand zum Angestelltenstand; und so betritt er das Niemandsland. Auch hier wird gezeigt, wie schwer es ihm fällt, sich in der neuen Situation zurechtzufinden. »Oft hatte er plötzlich das Gefühl, in ein Niemandsland geraten zu sein. Er ist weg aus seiner Welt, in die er nicht mehr zurückkann, in die er auch gar nicht will, weil ihm schon von der Vorstellung graut, wieder in einer Fabrik zu stehen [...]« (Wolfgruber 1978, 205) Das Problem dieser »Statusinkonsistenz« zu überwinden, scheint die Ausflucht in eine sichere Privatsphäre wie geschaffen: hier könnte er, so meint man, wenigstens als Familienvater seine Identität gewinnen, irgendwie zu sich selbst kommen. Aber auch die Ehe mit Irene, der Caféhausbesitzerinnentochter, scheitert.

Es schließt sich ringförmig. Am Anfang hatte Klein seinen Vater verachtet, dessen kleinbürgerliches Schrebergartenidyll: »Er sah doch am Vater, wohin dessen Vernünftigkeit geführt hatte. In den Schrebergarten. In eine stumpfsinnige Gleichförmigkeit, in der dem Vater schon die Tatsache, daß der Veilchensamen gut aufgegangen war, wie ein halbes Glück vorkam.« (Ebda, 6) Am Ende, wie sich Klein des Scheiterns seiner Berufswünsche wie auch seiner Ehe bewußt ist, sehen wir Klein an dem symbolisch fixierten Glücksort seiner Eltern gelandet: im Schrebergarten des Vaters, dem er erzählen muß, wie sein Ausbruchsversuch endete. Daß keine Rückkehr möglich ist, daß der Prozeß des Aufstiegs irreversibel ist, daß zwischen den beiden keine Kommunikation möglich ist, das muß Klein nun nachdrücklich erfahren. Entscheidend ist auch, daß Klein aus der Kleinstadt in die Großstadt übersiedelt ist, in deren Umgebung er sich nicht gekannt zu fühlen braucht. Auch das bekommt ihm nicht: am Ende des Romans beeilt er sich jedoch, wieder aus der Kleinstadt wegzukommen, um nicht gesehen zu werden: das ist die Scylla und Charybdis, der dieser Odysseus zwischen den Klassen nicht entrinnen kann – um es so poetisch zu sagen. Kleins Schicksal erfährt in dem des Helden von *Verlauf eines Sommers* seine gekonnte und gediegene Variation.

Wolfgruber hat die Probleme seiner Generation in einer Schreibweise aufgegriffen, die überindividuell – auch über den sozialen Status hinaus – Gültigkeit hat. Zunächst jedoch wollen wir den Roman *Niemandsland* in Hinblick darauf betrachten, was dieses Buch in bezug auf die Klassenidentität und soziale Rolle der darin behandelten Figuren leistet.

Plaziert man das Buch vor jenen Auseinandersetzungen, wie sie in *rot ich weiß rot* greifbar wurden, und vor der Thematisierung der Sozialpartnerschaft in der österreichischen Literatur, so fällt sofort auf, wie wenig direkt an politischen oder sozialpolitischen Fragestellungen in diesen Text eingegangen ist. Vermittelt hingegen ist sehr viel eingegangen, und diese Vermittlung erfolgte mit dem exakten Kalkül, das Wolfgrubers Texte auszeichnet. Da ist Georg Klein, der Lehrling. Schon früh zeigt sich seine Neigung, den ihm durch die Herkunft gesetzten und auch durch die Eltern verordneten Begrenzungen zu entkommen. Die biedermeierlichen Glücksrezepte taugen hier nichts mehr. Klein will entkommen aus diesem odiosen Status, für den er durchwegs nur ein Gefühl hat: das der Minderwertigkeit, des Sich-genieren-Müssens. Die Schlosserlehre, das ist es, was die Familie von Anfang an als das vorgegeben hatte, was für Klein zu gelten habe. Ihm erscheint es sinnlos, diese Kontinuität fortzusetzen, die in einem für ihn unbegründeten Stolz der Klassenzugehörigkeit liegt. »Als Klein nach Hause kam und erklärte, er gehe dem Hinger [dem Chef] keinen Schritt mehr in die Werkstatt hinein, hatte der Vater sich aufgeführt, als hätte Klein tatsächlich eine Millionenerbschaft ausgeschlagen.« (Ebda, 13) Eine Ohrfeige des Chefs war die Ursache: die war so fest, daß Klein in die Ölwanne geflogen war.

Wie nun diese flagrante Verletzung des Lehrlingsrechtes zu ahnden und wie der Lehrling zu seinem Recht kommen könnte, das weiß er sehr wohl. Auch hier die Konsistenz archaischer Zustände (»da redet man von modernen Zeiten, vom Atomzeitalter, und in den Werkstätten herrscht noch immer die Prügelstrafe«; ebda, 15). Er geht zur Gewerkschaft: »[...] ihm schien, daß der mit poliertem Granit verkleidete Bau regelrecht die Kraft und die Macht der Gewerkschaft ausdrückte [...]« (ebda, 15 f.), doch gleich kommen ihm die Zweifel: »Gleichzeitig kam er sich mit seiner ölgetränkten Blauen in diesem Bau nicht so recht am Platze vor« (16). Alles gerinnt unter den Händen dieses souveränen Erzählers zu einer Symbolhaltigkeit, ohne daß es gewollt wirkt. Klein öffnet eine Türe, hinter der eine Sekretärin sitzt, die bei ihm den Eindruck erweckt, als habe er sich »in der Türe geirrt«. (16) Die zuständige Institution betrachtet sich als unzuständig. Und nun erfährt Klein, was Sozialpartnerschaft ist: der Gewerkschaftsboß, ungnädig, verständigt sich am Telephon über Klein hinweg mühelos mit dem Chef Hinger. Das zielt auf die Sozialpartnerschaft (obwohl das Wort nie fällt). Dieses mit klugem erzählerischem Kalkül an den Anfang des Buches plazierte Erlebnis hat indirekt für Klein Konsequenzen. Die unausgesprochene Lehre, die er daraus zieht, ist die: es gibt keine Lösung seiner Probleme durch das Kollektiv, durch das verwaltete Kollektiv, durch jenes, das seine Interessen wahrzunehmen hätte. Von da aus sieht er sich auf sich selber gestellt. Und er sieht auch noch etwas anderes: dieser Rückgriff auf einen veralteten Individualismus, der sich einem Kollektivismus gegenüber behauptet, der der Einzelleistung alle Chancen zumißt, führt ihn auch dazu, sich von der Partei seines Vaters, offenkundig der Sozialdemokratie, zu trennen. (Ziemlich genau gibt Wolfgruber damit die Stimmung zahlreicher jüngerer Menschen wieder, die etwa Mitte der sechziger Jahre sich der ÖVP eher anschließen zu können meinten als der SPÖ: das alles wird im Buch nie direkt zur Sprache gebracht.) Auf sich selbst gestellt, verlassen von seinen Mitstreitern – so freilich kommt sich Klein nie vor. Er arbeitet in sich auf, was ihn beschäftigt. Zwischen Kleins Außen und seinem Innen besteht eine Kluft, die Wolfgruber stets dadurch bewußt macht, daß er sich ganz eng an seinen Helden heranschreibt. Wolfgruber hatte die Probleme, die tatsächlich die Identität einer großen Anzahl seiner Zeitgenossen betrifft, bewußt gemacht: an einem Sonderfall, an dem des Aufsteigers, gewiß.

Das, was Wolfgruber vorführt, steht in diametralem Gegensatz zu dem Gewerkschaftsoptimismus Scharangs, der auch bei der Kritik der Sozialpartnerschaft angesetzt hatte, aber immerhin noch an so etwas wie an eine Kirche der Gerechten innerhalb der Gewerkschaft und an den Klassenkampf glaubte. In seinem Text *Die Mehrzahl* hat Wolfgruber in einer bedrückenden Parabel genau dieses Scheitern des Aufstandes oder des Streiks geschildert, bei einer Weihnachtsfeier des Betriebs, bei dem dann wieder alle alles in sich hineinfraßen und die Revolutionsphilippika nach dem Fest erschallen ließen. Wolfgrubers Antwort ist durch das ganze Buch hindurch geprägt von einer Resignation, die aber nicht bereit ist, das idyllische Glück des Vaters im kleinen, hier sinnbildhaft verkörpert durch den Schrebergarten, zuzulassen. Diese Glücksvorstellung wird abgelehnt. Es ist diese Glücksvision, die einen Menschen wie Klein durch das Buch hindurch mehr und mehr einengt, mit der Konsequenz der *Kleinen Fabel* Kafkas mehr und mehr in die Enge treibt: Er kann die Laufrichtung nicht ändern. Bernhards Ich in *Der Keller* konnte in die »entgegengesetzte Richtung« gehen; Georg Klein will in die Richtung gehen, in die alle gehen wollen. Dabei ernährt sich Klein von Anfang an von einer Fülle solcher Illusionen. Die Zerstörung aller dieser Illusionen und ihr schrittweiser Abbau und die wenig stilisierte Flucht in den Alltag am Ende des Buches – ein offener Schluß –, dies alles bestimmt die Dynamik des Romans. Diese Figuren sind zu einer Bewegung verurteilt, die zum konsequenten Abbau von Zielvorstellungen führt, wobei ich für dieses Buch vor allem drei angeben möchte: Realisierung der eigenen Identität erstens in der Klasse, der man zugehört, zweitens in dem Beruf und in der Arbeit und drittens in der Familie. Wir sehen also das Buch in seinem Ablauf von einer Einengung bestimmt, die sich immer nachhaltiger in die Rückzugsräume des Individuums hineinfrißt, also auch in die Familie zuletzt.

Glück, zumindest dessen Realisierung in einem Augenblick, das war es, was der Bildungsroman verhieß, etwa Goethes *Wilhelm Meisters Lehrjahre*. Das 19. Jahrhundert hat mit einer Serie harter Desillusionsromane geantwortet. Etwa Flauberts *Madame Bovary*. Aber hier ist es auch so etwas wie ein Desillusionsprozeß, der noch dazu immer wieder vom Helden mitvollzogen wird. Karl Wagner hat darauf hingewiesen, daß viele »proletarische Lebensläufe« »vom positiven Erbe des Bildungsromans« zehren. (Wagner 1980, 15)

Allerdings setzt Wolfgruber gerade bei der Entlarvung des »Bildungstricks« an, dem sein Held aufgesessen ist. Er ist beflissen, aber so wie jene, die sich ein Kreuzworträtselwissen zusammensammeln:

> Manchmal hatte er kurz den Verdacht, daß seine ganze zusammengelesene Bildung im Grunde auch nichts Besseres war, als zu wissen, wer bei welchem Fußballspiel in welcher Minute den das weitere Spiel entscheidenden Anschlußtreffer geschossen hatte. Mit so einem Wissen war wenigstens während der Jausenpause oder im Wirtshaus etwas anzufangen, während er sein Wissen ja ziemlich verheimlichen mußte, um nicht als Obergescheiter, als Wichtigtuer dazustehen. [...] Vielleicht aber, meinte er, war er auch nur einfach auf einen Trick hereingefallen. Auf den Bildungstrick. So wie andere auf den Sporttrick hereinfielen, eine Weile glaubten, Fußballstars werden zu können und dann für ihr weiteres Leben in erster Linie Fußballanhänger blieben, die die Tage, an denen es kein Fußballmatch im Fernsehen, ja nicht einmal eine Sportsendung gab, als ganz sinnlos in ihrem Dasein wegstrichen. (Wolfgruber 1978, 25–27 f.)

Diese Demontage der Bildung, die für den Helden die Barriere zwischen den Klassen schlechthin zu sein scheint, wird nun schrittweise in den Büchern Wolfgrubers vorgenommen. Sie steht im diametralen Gegensatz zu dem Fortschrittsoptimismus der österreichischen Sozialdemokratie und scheint deren ganzes Bildungsprogramm kritisch zu befragen. (Ehe man sich aber kritisch an der Sozialdemokratie von einst vergreift, sollte man sich fragen, inwieweit nicht die Verbürgerlichung der Lebensform eben zum Abbau der bürgerlichen Ideale und vor allem Bildungsideale beigetragen hat, und inwieweit nicht dann in der Folge die Sozialdemokratie selbst durch ihre Verbürgerlichung die positiven, vom Bürgertum übernommenen Bildungswerte desavouierte!) Niemandsland, das bedeutet, daß keine Institution und keine Person mehr Bildungsziele bereithält: Schule, Gewerkschaft, Beruf, Partei. Immer stößt Klein in ein Vakuum, so etwa bei seinem denkwürdigen Besuch, bei seinem Eindringen in die Wohnung des Arztsohnes Lenz: »Wo war denn hier in dieser Wohnung überhaupt der Geschmack? Kostbare Möbel, schöne Bilder und wertvolle Teppiche [...] Aber er hatte sich gleich wieder gesagt, das muß ja der Geschmack der sogenannten Frau Doktor sein, die ja nur die Tochter eines Greißlers gewesen und auf deren hübsche Larve der Herr Doktor einmal hereingefallen war, wie die Mutter Klein erzählt hatte.« (Ebda, 191) Typisch: Klein läßt sich seine Illusionen so schnell selbst durch Evidenz nicht rauben.

Bei dem Versuch, die Thematik dieses Buches zu bestimmen, haben wir die Signatur, unter der das Buch sonst in der Literaturgeschichte rubriziert wird, beinahe vergessen: Literatur der Arbeitswelt.

Sicher ist richtig, daß Wolfgruber mit diesem Roman ein Thema angefaßt hat, das in der österreichischen Literatur sonst kaum in das Zentrum des Interesses vordringen konnte. Sicher auch, daß Wolfgruber damit ein Problem ansprach, das seinerseits wiederum viele Arbeiter ansprechen mußte. Falsch jedoch ist es, das Buch so zu reduzieren. Die Arbeitswelt liefert nur die Materialbasis, das Erfahrungspotential, dessen Unentbehrlichkeit für dieses Buch freilich außer Zweifel steht. Allerdings benötigt Wolfgruber nicht nur dies. Für die Literarisierung des Erfahrungspotentials muß auch eine Schreibweise verfügbar gemacht werden.

In dem Verfahren, das Wolfgruber anwendet, liegt vor allem die Leistung dieses Buches. Nur dadurch, daß er für das, was er zu sagen hat, eine gültige Methode der Gestaltung gefunden hat, gelingt es ihm, auch das, was zu sagen ist, richtig und adäquat zu sagen. Ich würde antizipierend die Leistung Wolfgrubers so fassen: Ohne die ideologie- und gesellschaftskritische Funktion einzubüßen, gelingt es ihm, die Thematik, die das Problem der Arbeitswelt darstellt, von der Doktrin zu befreien. Dieses Vermittlungsproblem hat Wolfgruber so gelöst, daß er sich ganz an die Perspektive seiner Helden heranschreibt, so daß der Leser alle anderen Figuren aus dieser Perspektive erlebt. Die Hauptfigur zeigt sich bei Wolfgruber allemal als ein sensibler Beobachter seiner Umwelt. Er reagiert auf alle Signale, die seine Umwelt ihm gibt. Jede Äußerlichkeit erhält für ihn einen symbolischen Stellenwert. Der Held liest im Buch der Welt. Er dekodiert jede Äußerlichkeit als Botschaft seines sozialen Status beziehungsweise als Botschaft oder Signal des sozialen Status der anderen. Zugleich wird der Held auch nicht müde, selbst solche Signale, die den sozialen Status oder den veränderten sozialen Status seiner Person bewußt machen sollen, auszusenden. Man vergleiche etwa die Szene, in der Klein, in Betrachtung vornehmer Menschen versunken, mit einem Handwerker kollidiert, der ihn dann als »geschneuzte[n] Affen« apostrophiert. Wie Schnitzlers Leutnant Gustl reagiert er dann: Er findet den Menschen nicht »satisfaktionsfähig«. (Wolfgruber 1978, 160) Die Situation ist für ihn symptomatisch: in der Bewunderung für die noch Besseren erstarrt, verliert er den Bezug zur Gegenwart, nur um dann von jemandem, dem er sich heimlich doch noch zugehörig fühlt, wieder knallhart zur Realität zurückgeführt zu werden. Dieser Kreislauf bestimmt auch die Statik des ganzen Buches. Als Klein von dem Ausbildungskurs in Wien zurückkommt, legt er, um sich bemerkbar zu machen, und um zugleich das »Kleinhäuslerische restlos [zu] beseitigen«, ein Beethoven-Klavierkonzert auf.« (Ebda, 170) So wird in dem Text eine Meta-Kommunikationsebene errichtet, die jenseits der Umgangssprache zu liegen scheint. Das Buch schreibt den einzelnen Dingen aus der Sicht Kleins jeweils eine Rolle in der Fixierung des sozialen Status zu. Auffallend jedoch auch, wie sich Klein der Sprache bewußt ist, der Sprachbarrieren bewußt, eine Debatte, die in den siebziger Jahren vor allem von Basil durch Bernsteins Thesen über den »elaborated« und »restricted code« stimuliert wurden. Klein widmet einen Teil seiner Energien dem Sprachkampf statt dem Klassenkampf, dessen Sinnlosigkeit er von Anfang an eingesehen hat.

Die Decouvrierung dieser Sinnlosigkeit war der Sinn seines Desillusionserlebnisses bei der Gewerkschaft. Sich eine eigene Sprache selbst zu verschreiben, so durch ein französisches Kochbuch (ebda 148, 151, 169) oder durch Studium eines Buchs über das gute Benehmen (ebda, 100–102).

Wie sehr die Sprache mitthematisiert ist, zeigt sich etwa an folgender Stelle: »Es hat lange gedauert – und lang noch hat es Rückschläge gegeben –, bis es ihm ganz selbstverständlich war, vom Büro zu reden, bis er sich das Wort *Arbeit* endlich abgewöhnt hatte.« (Ebda, 100) So also übersteigt dieser Arbeiter die »Dialektgrenze«, wie es einst der ideale Arbeiter Leonhard Kakabsa in Doderers Roman *Die Dämonen* nach dem Willen seines Autors leicht und mit Hilfe der lateinischen Grammatik tat. Sorgfältig ist Klein immer darauf aus, sich ganz an die Rituale jener Schicht anzupassen, in die er hinein möchte. Das Leitwort für ihn ist das »Bessere«. Man beachte, wie oft dieses Leitwort in dem Text thematisch wird! Immer wieder wird nach dem Besseren gesucht, immer wird die Optimierung des Bestehenden angestrebt, nie ein Erreichtes als geglückt ausgegeben. Die Distanzierung von der Sozialdemokratie erfolgt in dieser Suche nach dem Besseren. (Ebda, 58 f., 177, 222 f.) Es sind Situationsanalysen, die Wolfgruber vorlegt. Der Held Klein wird meist in einer bestimmten Situation präsentiert, die im Erzählverfahren schrittweise aufbereitet und analysiert wird, in einem Verfahren, das den Hintergrund allmählich bewußt macht, dem diese Situation entspringt. Das ist fast durchgehend das Formprinzip der einzelnen Sequenzen. Die Situationen sind davon getragen, daß die intendierte Harmonie sich nicht einstellen will. Der einzige Vorwurf, den man diesen Texten machen könnte, liegt darin, daß sich Wolfgruber diesen Situationen quasi hingibt, daß er diese Situationen mit einer Beharrlichkeit, die kaum ein Gegenstück in der Gegenwartsliteratur hat, repetiert. Es sind immer analoge Situationen der Inadäquatheit von Realität und Vorstellung. Ich meine aber, daß trotz dieser Analogie der Situationen durch diese Beharrlichkeit der Text so stringent wirkt.

Die Leistung dieses Textes liegt darin, daß hier mit einem hohen Grad an literarischem Bewußtsein eine sehr konkrete gesellschaftliche Fragestellung angepeilt und auch einer Lösung zugeführt wird. Freilich keine Lösung in Form einer plakativen Devise (wie bei Scharang direkt, im Konjunktiv bei Innerhofer). Dieses Subjekt ist auch präsent, es ist körperlich, sinnlich präsent. Es sind vor allem die exakt registrierten Sinneseindrücke (Gerüche, Optisches, Laute), die Differenzierungen in der Sprache, die Interpretation der Gestik und Blicke, die stets ein »als ob« bewirken, das der Protagonist zu dechiffrieren sich bemüht. Dieses Buch macht die soziale Umwelt sprechend.

Auf ein Werk ist in diesem Zusammenhang noch zu verweisen, das von einem ähnlichen thematischen Impuls ausgeht. Walter Kappacher (*1937) hat mit seinen ersten Romanen *Die Werkstatt* (1975) und *Morgen* (1976) einen ähnlichen Erfahrungshorizont wie Wolfgruber in seinen Büchern eingefangen. Sein entscheidendes Buch allerdings ist die – für die Schule gewiß sehr empfehlsame – Erzählung *Rosina* (1978), worin ebenso wie bei Wolfgruber die Problematik des Aufsteigers eingefangen wird, nur ist es diesmal ein

Mädchen vom Lande (Salzburg), die zur Chefgeliebten avanciert und damit ihren Aufstieg erreicht. Allerdings bedeutet auch hier der Aufstieg den Gang in ein gesellschaftliches Niemandsland, den Weg weg von einem ländlichen Zuhause und hin zu einer Stadtgesellschaft, in der die Heldin kein Zuhause finden und haben kann. Gerade jedoch in der Intimität der Beziehung erlebt sie die größte Entfremdung. Das Geschick des Autors manifestiert sich darin, daß er aufzeigt, wie Rosina ähnlich wie Klein bei Wolfgruber durch ihren Körper ihre Identität erfährt. Ein Autounfall wirft sie aus der Bahn und entfernt sie auch von der Firma, deren Chefsekretärin sie war. Durch die schwere Beschädigung ihres Körpers erfährt sie diesen Körper neu, ganz anders als zuvor, da dieser nur als Lustobjekt des Chefs quasi auch nur eingegliedert war in den Arbeitsprozeß. Die Entfremdung wird dort am größten, wo die Vertrautheit mit dem Gott der Firma auch am größten wird, in der Liebesbeziehung zu dem Chef, die diesen Namen eigentlich gar nicht verdient.

Die Bücher Wolfgrubers strafen die Annahme einer österreichischen Literatur Lügen, die allein dem »Pathos der Immobilität« (Magris) und der Retrospektive huldige, die Zustände der Stagnation darstelle, die keine Kritik an der Gesellschaft zulasse, sondern Bestehendes auf verhängnisvolle Weise dadurch affirmiere, daß es in all seiner Negativität dargestellt werde. Eine solche Perspektive ist freilich auch auf die Texte Wolfgrubers möglich, solche Gedanken sind auch in diesem Zusammenhang geäußert worden. Es ist aber verfehlt, die österreichische Literatur gerade auf diese Schemata so festzulegen, als ob sie ihnen nicht entrinnen könnte.

Wer nun annimmt, daß diese Texte – wie Greiner es nahelegt – sich nicht mit der Wirklichkeit auseinandersetzten, der haut gewaltig daneben. Freilich: sowohl bei Kappacher als auch bei Wolfgruber findet sich so etwas wie eine »verschleierte Authentizität«. Gerade dieses Österreich wird nicht namhaft gemacht durch das, woran man seine staatliche Identität erkennen könnte, also nicht durch Währung, Ortsnamen, Politiker. Die Parteien, all das wird nicht beim Namen genannt. Es bleibt in einem Allgemeinen stecken. Die Kritik wird nicht konkret durch Namensnennung. Andererseits ist alles das nicht auf Erkennbarkeit angelegt, wenn da einmal von der »Arbeiterpartei« oder der »Unternehmerpartei« die Rede ist. Im Niemandsland zwischen den politischen Gruppierungen landet denn schließlich auch der hoffnungslos einsame Klein.

Klein war ausgezogen, um sich als einzelner zu bewähren. Er erkennt, daß er scheitern mußte. Aber nicht die Parole der Vereinigung, die stark machen könnte, führt zum Kollektiv zurück, sondern die Hoffnung, in diesem unterzugehen. Ich fasse zum Abschluß zusammen, worin ich die weit über den engeren Zusammenhang der Arbeitswelt hinausgehende Gültigkeit der Texte Wolfgrubers erblicke: zunächst in der Form der Erzählsukzession: Analyse der Situation, Rückblende; Thematisierung der Sprache und zugleich Dechiffrierung von Kodierungen sozialer Befindlichkeit in einer Art gesellschaftlicher Metasprache; Desillusionsschema; mittelbare Thematisierung der politischen Befindlichkeit des Österreichers; Körperlichkeit als Identitätskriterium.

Die provokatorische Kraft dieser Texte Wolfgrubers wurde in kurzer Zeit jedoch zum Verschwinden gebracht. Der bürgerliche Literaturbetrieb konnte einen Autor wie Wolfgruber ziemlich bald integrieren. Doch dafür ist Wolfgruber nicht verantwortlich zu machen. Es sind alle diese Texte – und Handkes *Wunschloses Unglück* scheint da Signalwirkung gehabt zu haben – bestimmt von der biographischen Struktur; immer nachhaltiger wird, und das läßt sich nicht nur für die österreichische Literatur behaupten, der Hang zur Authentizität.

»Der Hang zur Authentizität nimmt zu«, bemerkt Christa Wolf in ihrem, ebenfalls biographische Erfahrungen verarbeitenden Text *Kindheitsmuster* (1976). Auf die Aporien, die gerade bei jenen entstanden, die sich in einer gewissen Ausschließlichkeit auf solche formalisierten Verfahren eingeschworen hatten, wurde bereits verwiesen. Doch drängt sich, nachdem es daraus systematisch verbannt war, mehr und mehr das Ich in den Vordergrund, das Ich, das spricht.

Auch wenn es auf den ersten Blick nicht viel damit zu tun hat, so empfiehlt sich nun doch der Seitenblick auf einen Autor, der gerade als derjenige bezeichnet werden kann, bei dem dieses Ich in der Sprache aufgelöst erschien. Nun drängt es sich wieder hervor. Ich meine damit vor allem Ernst Jandl und sein Werk *Aus der Fremde* (1979), worüber in der nächsten Vorlesung über die Literatur der achtziger Jahre ausführlich die Rede sein soll.

Der Text von Ernst Jandls Drama führt die Isolation des Schriftstellers vor; ein kalkuliertes Verfahren jedoch bewirkt die Betroffenheit, die auch andere als Schriftsteller erreichen kann.

Dieser Schriftsteller lebt im Raum einer, möchte ich sagen, absoluten Zivilisation. Er hat viele Medikamente zur Hand, Zigaretten, Knäckebrot, Mineralwasser, Post, eingeschlossen in eine Kammer in einer riesigen Stadt, denaturiert, antiseptisch, reduziert auf die Welt im Kopf, auf die Fragen, die ihn nicht loslassen, auf eine Gleichförmigkeit des Lebens, in dem es, wie die Erschaffung dieses Stückes, jedoch auch Höhepunkte gibt: die Schaffung des neuen Dramas, desselben, das wir nun auf der Bühne sehen können. Jandl hat in diesem Stück eine große Distanz zu der Kreatürlichkeit erreicht, er hat diese Kunstwelt geschaffen, um aus ihr heraus seine Diagnose entwickeln zu können. »Alltagsdreck« wird zum Movens: »Ereignislosigkeit« denunziert jenes hohe Pathos der Geschichte. Ähnlich verfahren auch die anderen Texte Jandls, in denen die Nichtigkeit des Subjekts gegen die Eingriffe der Zeit gesetzt werden, in denen sich nur die Sprache behauptet und das Subjekt zu retten versucht, in denen die beschädigte Sprache die Beschädigung des Menschen mimetisch anzeigt: aus alledem spricht eine Resignation, die ich jedoch nicht kurzschlüssig als Fatalismus ausgeben möchte. Ein Verzicht, der zugleich den Anspruch einlösen soll: mit der Sprache läßt sich noch etwas sagen. In Jandls jüngsten Texten wird das Subjekt zwar sprechend gemacht. Der Autor läßt dieses Ich wieder sein Haupt erheben, vorsichtig, sorgfältig, in einer gekünstelten oder, wie er selbst sagt, »beschädigten« Sprache.

15. JOSEF WINKLER (*1953): *Menschenkind* (1979)

Ganz anders als Ernst Jandl auf der einen oder Gernot Wolfgruber auf der anderen Seite ging der Autor, dem ich mich nun zuwenden möchte, an die Literatur heran: Josef Winkler, geboren 1953, ist der zweifellos jüngste Autor. Seine Texte haben in der Literaturkritik Ratlosigkeit, Bestürzung, ja auch Abscheu ausgelöst.

Am ehesten konnte man sich noch damit behelfen, ihn auch zu den begabten Österreichern zu rechnen, die aus Kärnten kommen.

Nun präsentiert uns Winkler in seinen Texten eine ganz andere Welt als Jandl, und es wäre ein bedenklicher Krampf, wollte man hier beide schnell unter den Hut des Österreichischen pressen.

Zunächst scheint Winklers Arbeit sich gut in die so nachhaltig etablierte Tradition der negativen Provinzliteratur zu fügen, des

Antiheimatromans, der Anti-Idylle. Fortsetzung von Jonke auf der einen und Innerhofer auf der anderen Seite. Sein erster Text, der 1978 in den *manuskripten* erschien, läßt sofort eine Diagnose fällen: Tatort: Dorf. Ähnlich ja auch die Bücher von Klaus Hoffer (*1942) *Bei den Bieresch* – wo allerdings eine Erkundung des ländlichen Lebensraums – im Vergleich zu Winkler – doch distanzierter vorgenommen wird, ähnlich auch Gerhard Roths *Der Stille Ozean* (1980). In beiden Büchern der Versuch, die Authentizität auf dem Umweg über das Rustikale zu erreichen. Das hat Winkler nun gemacht, der, ein Bauernsohn, dann als Angestellter an der Universität Klagenfurt arbeitend, schon früh einen intensiven Hang zur Literatur gehabt haben dürfte.

Allerdings ist dieser Hang zur Literatur nicht, wie sonst bei den meisten Österreichern, durch die Suche nach einem besonders formalisierten Verfahren, sondern von der Neigung bestimmt, unmittelbar und ohne Glättung das, was den Autor bedrängt, zu Papier zu bringen.

Der erste Text – und darin wird bereits das variierte Hauptthema »Dorf« kenntlich – ist Zeugnis dafür, daß dieser Text nicht mehr durch den Filter eines Lektors oder Redakteurs gehen sollte. Es ist ein Text, in dem sich keine Hand, die die Fehler ausbügelt, eingeschlichen hat. Es ist ein unzensurierter Text.

Beginnt man von da Winklers Text zu lesen, weiß man, welche Opposition er daher zu dem einnehmen muß, was Literatur sonst in Österreich bestimmte: die Neigung zum Übermalen des Direkten, zur Bändigung, zur Dämpfung, zur Harmonie, zum Ausgleich. All das löst Winkler nicht ein. Selbst bei einem so auf Authentizität der Handlung bedachten Erzähler, wird man das Kalkül erkennen können. Hier ist jedoch der denkbar radikalste Verzicht am Werk. Winkler geht in nahezu allen seinen Schriften immer wieder von einem Faktum aus: Zwei Lehrlinge begingen am 29. September 1976 in seinem Heimatort in Kärnten gemeinsam Selbstmord durch Erhängen in dem Pfarrhofstadel. Diese, eindeutig homoerotisch grundierte Geschichte steht im Zentrum der Texte Winklers. So auch in seinem ersten, *Blitzlichter aus dem Dorfe K. in Kärnten* (in den *manuskripten*, die erste Veröffentlichung, mit der Winkler auf sich aufmerksam machen konnte), worin er den Tod dieser beiden jungen Menschen in einer »sprachlichen Zelebration« heiligsprechen möchte. Dieser frühe Text Winklers ist auch in seiner Eigenart unverwechselbar. Das Dorf hat die Form eines Kreuzes, an dessen verschiedenen Stellen auch – in der amalgamierenden Phantasie des Autors – verschiedene Dörfer liegen. Diese Vorstellung bildet auch die Introduktion seines zweiten Buches, *Der Ackermann aus Kärnten* (1980).

Im ersten Text, der in den *manuskripten*, unmittelbar aus der Maschine getippt, wiedergegeben wird, offenbart sich Winklers Stärke am deutlichsten. Sie liegt in der Intensität und Unmittelbarkeit. Hier ist nichts mehr, was sich zwischen die Erlebnis- und Bildwelt des Autors und das, was uns gedruckt vorgelegt wird, schieben würde. Hier ist keine Zensur, im Sinne Freuds, die den Text auch agreabel machen würde, jene Transformation, die das Schreckliche und Verstörende unserer Wunsch- und Angstträume wegnimmt und unsere Tagträume angenehm macht.

Das Thema des Buches läßt sich von dem Ort der Handlung her aufrollen. Das Dorf steht im Mittelpunkt, quasi geometrisiert. Ein riesiges Opferwerkzeug, das Zeichen des Kreuzes. Darin zeigt sich der Blick des Autors, der überall Analogien zu sehen scheint, überall Qualstrukturen. Das Dorf ist ein Folterwerkzeug, ein Hinrichtungsgegenstand. In dem Buch *Menschenkind* kreist der Wortschwall unentwegt um dieses Ereignis, das als Doppelselbstmord der beiden Knaben von Beginn an im Mittelpunkt steht. Schon das Titelbild der Originalausgabe weist zurück auf dieses tödliche Ereignis.

Was nun folgt, sind Sätze, die in keiner Weise mehr ein Ereignis erzählen oder nicht erzählen: es geht nicht mehr um diese Problematik des Erzählens und Vermittelns. Winkler schreibt, so würde ich meinen, gegen dieses Problem des Vermittelns. Es sind Sätze, teils kursiv, dann abgelöst durch Sätze, die recte gedruckt sind. Wobei die kursiv gesetzten Texte Traumvisionen sind, während die anderen Sätze oft aphorismenartig Handlung zu sistieren scheinen, Momente der Qualreflexion bannen.

All das zielt auf den »Gott der Kindheit«, der sich als schwere, nicht wieder gutzumachende Erfahrung über die Körper der Kinder gelegt hat, der jedoch in diesem Buch getötet wird: »In dem Leichenzug des Gottes meiner Kindheit werden die Dorfbewohner wie an Ketten gefesselt mittrotten.« (Winkler 1979, 137)

Diese Tötung des Kindheitsgottes ist ein klassischer Fall für einen ödipalen Bezug, der sich nun auf alles, was das Dorf als Autorität verhängt hat, erstreckt. Es geht alles von dem Bewußtmachen einer sich in alles hineindrängenden Körperlichkeit ab. Von dieser verhüllt bewußt gemachten Körperlichkeit bezieht der Text seine traumatischen Energien. Fleischlichkeit, die alles, was es gibt, zu verschlingen scheint. Alles wird in den Körper dieses Ich einbezogen, eines Ich, das unentwegt Sätze auf das Papier zu schleudern scheint. (Was vorliegt, ist ja nur ein Bruchteil des Manuskripts.) Es ist eine antiintellektualistische Prosa, die sich um keine Formgesetze kümmert, sondern aus dieser Ungeformtheit des Fleisches und des Organischen seine Formgesetze beziehen will.

Dem Leser kann dies alles als eine Ansammlung des schlechthin Widernatürlichen scheinen, ein Inventar des Verkehrten, des moralisch nicht Tragbaren. Todessehnsucht, Apotheose des Mordes und Selbstmordes, Verherrlichung des Blutes. Was wir in unserem Leben ausklammern, nicht erwähnen, was das uns doch stets beklemmende Organische ist: das schlägt dauernd in diesem Text in Bildern durch, was die zivilisatorischen Tabus eindeutig verbannt haben, was verdrängt ist. Es sind Todesmomente, Momente der Konfrontation des lebendigen Körpers mit dem Toten. Zudem wird alles Organische erfaßt. Das führt dann zu so banalen Sprüchen wie: »In unserer Humanität erkennen wir Menschen uns selbst nicht mehr als Tiere.« (Ebda, 81) »Wie könnte ich, ohne an meinen Tod zu denken, Tierfleisch essen?« (Ebda, 81) Das mündet in der Einsicht: »Banalität muß als Lebenshilfe verstanden werden.« (Ebda, 88) »Mein barocker Todeseifer!« heißt es dann in der Folge. (Ebda, 104) Dieser Tod wird als das Ziel des Schreibens verstanden: »Jedesmal, wenn ich das Wort Mensch schreibe, löst das Wort den Menschen, den ich beschreibe, auf.« (Ebda, 113) Da schreibt sich einer in den Tod hinein, sich und die anderen. Noch konsequenter, obwohl das ja gar nicht möglich sein sollte, wird das Schreiben als ein Vorgang zur eigenen Tötung verstanden. Zur eigenen Vernichtung. Immer stärker wird im Verlauf dieses Buches die Zersetzung, der Zerfall. Dieser Mensch kann sich nicht freimachen von dem Gefühl, mit jeder Handlung einen anderen zu treffen, tödlich zu treffen:

Wenn ich auf die Tasten meiner Schreibmaschine starre, sehe ich sein [sc. Jakobs] Gesicht in einer alphabetischen Konstruktion vor mir. Das H. ist vielleicht seine Hand, das J. spricht für seinen Namen. Das A-A im doppelten Anschlag sind sicherlich seine Augen, die mich seinerzeit im Dorf mit einem Jubelruf empfingen. Ich schrie stumm zurück. Das G trifft sein Glied mit dem metallenen Schlag der Schreib-

maschine, die plötzlich im Kurzschluß stockt. Seine Füße schossen den Fußball an meine Stirn. Und die Glut in seinen Händen trocknete meine feuchte Stirn, als ich über das Feld einem losgerissenen Kalb nachhetzte. (Ebda, 123)

Neben dieser quälenden Körperlichkeit, die jede Tat zur Aggression wider das Ich oder wider einen anderen werden läßt, ist durchgehend das religiöse Moment diesen Texten inhärent. Die Erfahrung des »Erzministranten« zeigt sich mehr und mehr: Das Ritual, hier dargestellt als unbarmherzig ausgeübte Macht, hat das Dorf fest umklammert, hat es fest und nachhaltig in Händen. Der Priester tritt auf als der Anwalt der Schmerzen Jesu Christi, die er nun das Volk noch einmal leiden läßt. Allerdings ist dem Text weniger ein irgendwie antireligiöser oder gar im politischen Sinne antiklerikaler Impetus abzulesen, sondern lediglich die Akzentuierung einer Erfahrung, einer Machtstruktur. Dieser Priester bleibt unpersönlich, doch regiert er das Dorf.

Hinter alledem sind gewiß jene in den siebziger Jahren dominanten Themenstränge zu erkennen: das Dorf als Schauplatz, die Versprachlichung der Ereignisse. »Wild wuchern die Wörter in meinem Kopf.« (Ebda, 152) »Ich sehe die Sprache vor lauter Wörtern nicht mehr.« (Ebda, 156) »Nach einem Tippfehler nicht den Mut haben, das Wort *Mensch* zu korrigieren: *Emnsch*.« (Ebda, 167) »Was ich in mir füttere, ist immer nur die Sprache, die meinen organischen Hunger stillt.« (Ebda, 188) Das ist hinlänglich Beweis dafür, wie sehr es Winkler darauf ankommt, die Belastbarkeit der Sprache durch seine Themen zu testen. Auf ihr lastet nun das Gewicht dieser Visionen und Schmerzen, die er zu Worten machen möchte und, wie es scheint, auch muß. In *Der Ackermann aus Kärnten* wird diese Todesthematik noch einmal viel radikaler mit der Sprachthematik verknüpft. Darin findet sich ein in seinen Dimensionen für meine Begriffe einmaliges Streitgespräch zwischen dem Sohn und dem Vater, wobei im Part des Vaters die Anklage wider den Sohn eindrucksvoll gestaltet ist: »Du warst als Kind so sprachbesessen, daß du die Tiere schlugst, weil sie die menschliche Sprache nicht verstanden. Die Menschen haben mich enttäuscht, sagtest du. Du hast die Sprache den Menschen vorgezogen. Die Sprache war über Jahre dein einziger Dialogpartner. Sie hat dir mehr geholfen als die Menschen.« (Winkler 1980, 207) Doch steht hier nicht das Verfahren, das anzuwenden ist, im Vordergrund. Es ist so etwas wie die Macht der

Worte über die Dinge, die sich da ausspricht. Die Worte lagern sich über die Dinge, sie bedrängen den Autor förmlich; aus ihnen werden Bilder erzeugt, in denen immer wieder dieselben Themen zu Sprache kommen.

Gegen dieses Buch gibt es kein Mittel, das heißt, man kann diese Art der Literatur nur akzeptieren oder ablehnen. Ein Kompromiß auf subjektiv geschmäcklerischer Basis wäre angesichts dieses Textes ein Unding. Und Winkler ist auch nicht zu messen mit traditionellen Kategorien, wie Komposition etc. Die Restitution expressionistischer Bilderwelt (Hans Henny Jahnn wird besonders von Winkler bewundert) duldet keine Anpassung an Metaphern- oder Bildkonventionen. Freilich: man kann sagen, daß des Guten hier mitunter etwas zuviel getan worden wäre. Man kann sagen, daß diese Bilder etwas Abstoßendes haben, daß man nicht dauernd von Hoden und Sperma und Blut hören möchte und man ja tatsächlich nicht dauernd in der Lebenswelt davon hört. Aber die Meriten Winklers liegen vielleicht doch in der Insistenz, mit der hier auf dem Umweg über die Literatur der Mensch in seiner organischen Schwäche und in seiner Tierhaftigkeit bewußt gemacht wird. Zugleich zeigt Winkler auch, wie wenig jene moralischen Vorurteile, die sich bewußt oder unbewußt so schnell zu Wort melden, gerechtfertigt sind. Sie versagen alle angesichts dieser unnachgiebigen Sprache einer Leidenschaft.

Freilich: einen Nutzen, eine gesamtgesellschaftliche Perspektive eröffnet diese Literatur auf den ersten Blick nicht oder kaum. Aber das ist hier nicht die Aufgabe. Der Autor hat sich im Text durch das Ich auf die Auseinandersetzung mit dieser Leidenschaft und seiner Sprache unbedingt eingelassen.

Dieser Text führt weit weg von allen jenen, die sich als Texte verstanden, in denen das Verfahren und die von der Sprache vorgezeichneten Möglichkeiten als bestimmend gelten konnten. Hier geht es nicht darum, wie etwa bei Ingeborg Bachmann, die Dinge an der Sprache zu prüfen, sondern umgekehrt, die Sprache an den Dingen.

Damit geht Winkler meines Erachtens ein Risiko ein, das kaum ein anderer Schriftsteller seiner Generation eingegangen ist: er verzichtet auf die Literarisierung des Sujets in dem Sinne, daß er Sprache und literarische Form als ein Sicherheitsnetz unter seine – sagen wir: exhibitionistische – Präsentation der Tagträume, Visionen und Erlebnisse spannt. Winkler macht Ernst mit dem »Hang zur Authentizität«. Er stellt die Literatur in Frage, indem er ihr seine Erfahrungen entgegenhält, er sanktioniert sie, indem offenkundig kein anderes Medium (und Remedium) ihm möglich scheint als die Literatur. »Der Tod, nur mehr eine Frage der Formulierungskunst? Habe ich ihn mir vom Leib geschrieben?« heißt eine sehr bezeichnende rhetorische Frage.

Anschreiben gegen den Tod, das bestimmt diesen Text; die Illusion, die der Autor nährt, ist es, diesen Tod überwinden zu können, schreibend. Der Autor kreist mehr und mehr die Orte seiner Befangenheit ein, in der Hoffnung, diese Befangenheit überwinden zu können.

Mit Winklers Texten ist ein Ort erreicht, von dem aus Literatur doch einen anderen Stellenwert bekommen könnte. Waren wir ausgegangen von jener seltsamen spezialisierten Position des Autors in unserer Gesellschaft, die ihn als einen Fremdling in dieser erscheinen läßt, der mehr und mehr die Entfremdung zur Gesellschaft zu beklagen hat, in die er sich nicht zuletzt mehr und mehr dadurch begeben hat, daß er diese Vermittlung kunstvoll suchte, so wird nun – allenthalben scheint Winklers Buch ein exponiertes Beispiel dafür – der Hang, Unmittelbarkeit oder Authentisches zu präsentieren, erkennbar. (1979 erschien übrigens auch das Tagebuch des deutschen Autors Rolf Dieter Brinkmann aus dem Nachlaß unter dem Titel *Rom, Blicke*, worin – postum allerdings – auch das Ich eines Mannes seine Sprache finden sollte, eine kompromißlose Sprache der Verweigerung, die die Glücksangebote der schönen Stadt nicht annehmen will.) So wichtig für die Literatur als Literatur die Problematik der literarischen Vermittlung ist, so gefährlich kann sie sich erweisen, wenn sie sich nur auf sich selbst zurückzieht. Ich habe des öfteren betont, daß gerade österreichische Autoren in dieser Hinsicht besonders »gefährdet« waren und nun – parallel zu den Solidarisierungsaktionen – mehr und mehr versuchen, sich auch von der Literatur als Literatur zu distanzieren. Das ist aber nicht zu verwechseln mit der Hingabe an ein Engagement, sondern gründet stabil in einem Anspruch an das Wort, das durch diese in ihrem gegenwärtigen und überfeinerten Status nicht mehr einlösbar wäre. Ein Adieu an die Literaturliteratur also? Der Autor als Textproduzent, dessen Texte in ihrer Qualität nur dem Grad der Betroffenheit nach zu bestimmen sein würden? Wenn ich recht sehe, so haben gerade die jüngeren unter Österreichs Autoren ein nachhaltiges Mißtrauen

gegen die Literatur eingeimpft bekommen. Ihre Schreibtätigkeit gründet aber in einem Paradox, das nur darin begründet werden kann, daß sie ihr Leben ganz auf das Schreiben abgestellt haben, darin und nur darin ihre soziale Existenz gerechtfertigt sehen.
Ähnlich etwa auch die Texte des Kärntner Autors Werner Kofler (*Guggile. Vom Bravsein und vom Schweinigeln*, 1975; *Ida H.*, 1978; *Aus der Wildnis*, 1980), der von ähnlichen Prinzipien ausgeht und mehr und mehr die Gegenwart darstellt, die Schwierigkeiten dokumentierend, mit denen jene, die an dem Rand der Gesellschaft stehen, in diese eingegliedert werden. Wie machtlos der einzelne am Rande steht und – wie im Falle der Ida H. – zusehen muß.

Die Situation der österreichischen Literatur heute zu bestimmen nach diesem so aufsehenerregenden Jahr 1968 ist gewiß nicht leicht. Durch Autoren wie Werner Kofler oder Josef Winkler kommt in den literarischen Diskurs etwas herein, das eine mögliche Stagnation verhindern könnte. Zum Abschluß sei doch als Ergebnis festgehalten, daß die österreichische Literatur der Gegenwart seit Beginn der siebziger Jahre in dem, was man als öffentlichen Diskurs bezeichnen könnte, viel stärker präsent ist als zuvor. Die Autoren passen sich mehr und mehr an diese Öffentlichkeit an, sie werden auch von dieser mehr wahrgenommen. »Humanic paßt immer«, alles paßt für Humanic – auch die lederverarbeitende Industrie und die Literatur können einander begegnen. Die Literatur ist adaptierbar geworden. Das Schockierende scheint eingeplant. So war es auch möglich, daß Josef Winkler 1981 den Anton-Wildgans-Preis der österreichischen Industriellenkammer zugesprochen bekam; daß sich die Etablierten, um dieses Modewort zu gebrauchen, rascher denn zuvor an das assimilieren konnten, was in der Literatur tragfähig sein würde können, daß sich die Grenzen zwischen Avantgarde und Arrieregarde verwischten, daß Weidegebiete abgegrenzt und eingegrenzt werden, innerhalb derer man alles darf, weil die Wirkung ohnehin auf diese Bereiche beschränkt bleibt. Daß der literarische Gesprächszusammenhang geduldet wird, weil die Probleme seit Ende der siebziger Jahre auf dem ökonomischen Sektor so ernst geworden sind, daß die Verantwortlichen sie sehen wie das Kaninchen die Schlange.

Diesen Umstand: Ausgleich um jeden Preis, Einvernahme der Avantgarde, ja gerade deren Antizipation durch die verwaltete Literatur, die jede Auflehnung schwer möglich macht, geht aus einem Aufsatz von Franz Schuh hervor mit dem Titel *Wie ich in*

Österreich geistig produziere, der zuerst 1978 in Ruiss/Vyorals *Situationsbericht zur Lage österreichischer Schriftsteller* erschien. Darin zeigt Schuh, wie sehr Literatur Ware wurde, wie wenig die Produktion Literatur sein kann. Darin finden sich einige sehr witzige Bemerkungen über die Impotenz der literarischen Kritik in Österreich, über die Sozialdemokratie (»Die Sozialdemokratie ist die Aphasie der Ideale der Französischen Revolution«), über die Universität (»Das Auditorium Maximum steckt in einer Dunstglocke. Dagegen ist der ehrliche Schweiß eines Turnsaales der Aufklärung zuzuzählen. [...] Die Professoren schwitzen auch. Sie müssen die Karlsbader Beschlüsse schnell noch erfüllen. Aus den Kathedervulkanen strömt eine Lava von Eitelkeit. Nach der Realisierung der Karlsbader Beschlüsse wird die Wiener Universität an der Wiederherstellung des Zeitalters der Gegenreformation arbeiten!«) So hakt Schuh eins nach dem andern ab, attackiert alle Größen und schreibt zuletzt über die Chancen des Schriftstellers: »Am Typus der ›anerkannten Größe‹ läßt sich demonstrieren, daß - während noch das Scheitern gemeinhin als Gegenstand des etablierten Spottes fungiert - die Etablierung im Betrieb nichts anderes ist als eine Variante des Scheiterns.« Und dann fährt er fort: »Was tun? Die Vorstellung, daß ein lebendiger Gedanke als etwas erscheint, auf dem vorne drauf RESIDENZ VERLAG steht, ist - wie Bernhard schlicht sagen würde - tödlich.« (Breicha/Urbach 1982, 251-261) Die Pointe ist nun: Dieser Essay ist wieder abgedruckt worden, in einem druckfrisch vorliegenden Band mit dem Titel *Österreich zum Beispiel*, hrsg. von Otto Breicha und Reinhard Urbach, und ist erschienen im Residenz Verlag. Das also widerfährt den »lebendigen Gedanken«.

Diese Widersprüchlichkeiten möchte ich Franz Schuh nicht vorhalten. Aus alledem möchte ich vor allem den Autoren keinen Strick drehen. Es zeigt sich nur mehr und mehr das Dilemma, in dem sie stehen, wenn sie sich ernst nehmen. Auf der einen Seite sind sie angewiesen auf jene Instanzen, die ihnen die Brötchen geben, also vom Ministerium bis hinüber zum ORF und den Verlagen, zu ihren Managern. Sie wollen gelesen und gelobt sein. Auf der anderen Seite zwingt sie der Betrieb in die Praktiken einer noch immer von den Spielregeln des Kapitalismus dirigierten Buch-Welt. Ein ausgebreitetes System von Preisen sorgt hierzulande weniger für die materielle Sicherheit der Autoren als für deren Öffentlichkeitsbezug. Es gibt so viele Preise, daß – hat ein halbwegs tüchtiger Autor sich über die Verleihung an einen anderen beschwert – er bei der nächsten Runde gute Aussichten hat, dranzukommen. Es hat sich also in den Bewertungsbetrieb auch so etwas wie ein Ausgleichsdenken eingeschlichen, das zunehmend die Literaturproduktion als etwas Verfügbares, Planbares erscheinen läßt.

Gerade diese Planbarkeit indes ist es, die die Literatur (und vielleicht auch die anderen Künste) immer noch abhebt von jenen Bereichen unserer Lebenswelt, in denen wir planen zu können meinen und auch müssen: Wissenschaft, Wirtschaft, Familie, Gesundheit. Hier sind konkret benennbare Aufgaben gestellt: Arbeitsplatzbeschaffung, Umweltschutz, soziale Gerechtigkeit, gleiche Bildungschancen, Familienplanung usw.

Man müßte meinen, daß sich diese Aufgaben auch den Autoren stellten.

Daher auch so oft die Klage, daß kein Autor die sozialen Zustände in Österreich adäquat behandelt habe, daß keiner die Geschichte »aufgearbeitet« habe. Die Autoren scheinen Kinder zu sein, die nie oder nur selten die verlangte Aufgabe abliefern, dafür aber eine Unzahl von Fleißaufgaben einreichen, um die sie niemand gebeten hat. (Freilich gibt es auch die Streber, die von Mal zu Mal etwas einreichen, was die Öffentlichkeit von ihnen fordert oder gar die Behörde. Wie Auftragsarbeit dieser Art in den meisten Fällen aussieht, weiß man.) Es scheint, daß gerade die österreichischen Autoren ein gestörtes Verhältnis zu ihrer politischen Gegenwart haben. Die Versuche, sich zu einem Plädoyer für ein konkretes politisches Handeln herbeizulassen, sind entweder nicht vorhanden oder kläglich. (Man vergleiche dazu etwa Rühmkorfs Artikel in der *Zeit* vom 18. Juli 1982 über die Landeswahlen in Hamburg: ein bescheidenes Plädoyer für die SPD, gegen die Grünen, gegen die CDU/CSU – ein Plädoyer für das geringere Übel.) Und doch haben die Autoren uns im allgemeinen mehr Auskunft über Österreich gegeben, als dies so leicht von anderen, ich meine von Historikern, Wissenschaftlern oder Fachjournalisten, zu haben wäre.

16. Österreichs Autoren und die Geschichte – ein kurzer Ausblick

Ich komme damit zum Abschluß der Vorlesung und auch zu deren systematischer Begründung. Wir haben uns auf das Thema »Österreich« oder »österreichische Literatur« eingelassen, ohne den Gegenstand der Vorlesung genau abzugrenzen, zu definieren. Vage stand die Hoffnung dahinter, so etwas wie ein Verbindendes, so etwas wie einen österreichischen Generalnenner zu finden. Was die Identität, ich meine: die nationale Identität der Autoren betrifft, so steht sie mit Ausnahme Canettis außer Zweifel, doch sind alle der behandelten Texte darüber hinaus in einem Bezug zu Österreich zu sehen.

Allerdings erweist sich ein mit Krampf und Pathos angenommenes österreichisches Wesen als sehr problematisch, auf der anderen Seite ist es sinnvoll, doch diese Literatur in ihrem Kontext, in ihrem österreichischen Kontext zu betrachten und zu studieren. Es ergibt sich dadurch ein Zusammenhang, der zunächst bestimmt ist von dem politischen und sozialen Umfeld, der jedoch darüber hinaus einige Gemeinsamkeiten aufweist, die über die rein durch die Herkunft gegebene Kohärenz hinausführen.

Ich möchte daher zum Abschluß einige Punkte festhalten, die mir für den Status quo der österreichischen Literatur kennzeichnend zu sein scheinen, die aber auch bewußt in Kontrast zu Versuchen anderer Art sich bewegen, die österreichische Literatur zu bestimmen.
1. Der Begriff »österreichische Literatur« darf nicht im Zusammenhang mit Poetik oder Literaturtheorie gebraucht werden. Es gibt keine österreichische Dramenpoetik und es gibt kein österreichisches Drama in dem Sinne, daß es a priori schon etwas anderes wäre als ein anderes Drama. Hingegen ist es sinnvoll, die Entwicklung und die Funktion des Dramas in Österreich zu beobachten. Der Begriff »österreichische Literatur« ist daher stets in engem Zusammenhang mit der österreichischen Geschichte zu sehen.
2. Daraus ergibt sich: die Kontinuität der Literatur oder ihre Diskontinuität muß mit der jeweiligen historischen Situation verrechnet werden. Es ist die innerliterarische Entwicklung zu prüfen und in Bezug zu setzen zur Entwicklung der politischen Situation.
Gerade hier ergeben Gemeinsamkeiten oder Brüche die Vielfalt des Spektrums. Aus der Unterschiedlichkeit von literarhistorischen

Zäsuren und politischen Zäsuren, aus der Unterschiedlichkeit der literarischen Tendenzen und der politischen Tendenzen oder aus den jeweiligen Gemeinsamkeiten kann immerhin so etwas wie ein Bezugssystem entwickelt werden, innerhalb dessen die Texte anzusiedeln sind.

3. Hatte die Literaturwissenschaft, gerne auf den Spuren von Magris wandelnd, für die österreichische Literatur auch bis in unsere Tage die Persistenz eines »habsburgischen Mythos« angenommen, so muß dem im engeren und weiteren Sinne auch widersprochen werden.

Diese Literatur aus Österreich ist nur dann auch als eine österreichische zu bezeichnen, wenn man sie ganz konkret mit der österreichischen Gegenwart verrechnet. Ich habe auf verschiedene Modelle verwiesen, die da praktikabel angeboten wurden, deren Validität jedoch einer noch genaueren Prüfung bedürfte. Immerhin zeigt sich, daß die zu schreibende Geschichte der Zweiten Republik die Literatur als ein relevantes Zeugnis wird werten müssen.

4. Zum anderen ist jedoch festzuhalten, daß es in Österreich doch gewisse lokale Konstanten gibt. Ich verweise vor allem auf die zentrale Rolle, die der Sprache, deren bewußtem, mitreflektiertem Einsatz in den Texten zugewiesen wird. So unterschiedlich dies auch von Fall zu Fall ist, so differenziert auch die Beurteilung der Sprache ist, in allen Texten wird ihr eine konstitutive Funktion zuerkannt. Das reicht von der experimentellen Phase an über solche Texte wie Bachmanns *Malina* und Handkes *Wunschloses Unglück* bis zu Josef Winkler. Zwar ist die Thematisierung der Sprache höchst unterschiedlich, von Fall zu Fall: Sprache zu akzentuieren, mit ihr zu arbeiten, sich von der Sprache eingeengt zu fühlen, ihre Wertigkeit zu bezweifeln oder zu erhöhen.

5. Dieser Sprachbezug scheint die österreichischen Autoren quasi von der sozialen oder politischen Realität abzuziehen, ihnen einen Freiraum für die poetische Bewegung, wenn man so will, zuzusichern, der in sich wieder fragwürdig wird. Dies, wie die gängige Lehrmeinung ist, allein als politische Apathie zu interpretieren, halte ich für eine fahrlässige Verkürzung. Daß hingegen in der österreichischen Literatur immer wieder solche Momente eingefangen werden, in denen sich die Sprache gegen die Veränderung durchsetzen will, daß in ihr gegen die Geschichte angeschrieben wird und daß dies nicht nur unreflektiertes ahistorisches Denken ist, sondern

der Wunsch, in der Sprache und im sprachlichen Bild festzuhalten, was der Veränderung trotzen kann, halte ich doch für ein Merkmal, das über einige historische Zäsuren hinweg geltend gemacht werden kann.

Darin wird nicht die überzeitliche Gültigkeit der Literatur postuliert, sondern der Wunsch kenntlich, das Wort gerade nicht zum Wegwerfgegenstand zu machen, es auch – und darin mag vielleicht das notwendige Moment einer Illusion beigemengt sein – seines Tauschwertes zu entkleiden, es zu befreien. Es freizusetzen.

Um dies nun bewußt zu machen, stelle ich an den Abschluß der Vorlesung noch drei kleine Interpretationen von Texten, in denen sich jener Hang, Geschichte zu kanalisieren, ausspricht, Geschichte zu überwinden. Von Handke, der aus der Geschichte so etwas wie ein Asyl für »Seins-Nichtse« (Handke) machte, war schon die Rede, von Jandl und seinem »geschichtshaß«, der ihm in der Nazizeit verpaßt worden war, wird noch die Rede sein.

Ich behandle nun ganz kurz einen Text Ernst Jandls, der am 29. April 1977 unter dem Titel *war einst weg und bin jetzt hier* im *Zeit-Magazin* erschien. Darin heißt es: »der park. war das der park? das war der park. was der park einst war, das ist jetzt der park. jetzt ist das was war. vor zwei jahr war das was jetzt ist. jetzt ist der park der park. der park ist in wien. der schwan im park ist der schwan im park der stadt wien. war der schwan der schwan der er ist? wer weiß.« So wird das geschichtliche Denken oder das, was sich dafür hält, ad absurdum geführt. (Jandl 1985, 3, 426–429, Zitat 426) So wird Erinnerung – im wahrsten Sinne des Wortes – einsilbig und durch konsequente Selektion des Sprachmaterials wiedererobert: Es ist nicht nur die Thematisierung des Vergänglichkeitsaspektes, unter dem wir alle angetreten sind. Die Ironie des Textes gründet doch darin, daß die Konstanz, und zwar die deprimierende Konstanz, gegen die Vergänglichkeit (Schwan) ausgespielt wird. So bewegt sich der Text weg von dem Pathos, mit dem die Vergänglichkeit beklagt und die Trauer gepriesen wird. In einer virtuosen Gegenbewegung sind beide Themen in einer Engführung verschränkt, die auf den Ort: Wien, hin perspektiviert ist.

Ubi Jandl, ibi Mayröcker.

Ich stelle dem ein Gedicht von Friederike Mayröcker (*1924) gegenüber, und zwar aus dem letzten Gedichtband *Gute Nacht, guten Morgen*. Schon der Titel legt es an auf Gleichförmigkeit, Wiederholung. Ich greife zwei kleine Gedichte heraus, die auf die Jahreszeiten anspielen. Zunächst das Gedicht *die Glocken sind fortgeflogen*:

> welche Tageszeit
> ist denn? ist
> Winter Herbst oder
> Frühling/mir beben
> die Sinne das Herz springt
> mir in der Brust: plötzlich stehst du
> mit schnarrender
> Osterklapper, lachenden
> Lippen in meiner
> Tür/ jetzt
> wird die Lebenszeit uns zu kurz, der
> Ablasz ist nicht
> übertragbar! (Mayröcker 1982, 54)

Darauf schließt das nächste Gedicht mit dem Titel *eine Volkserinnerung* auch thematisch an:

> die Glocken sind wieder zurück?
> wie eine Notenschrift, rufst du, und
> strahlst viel gelb aus, der bodenlose
> Erdkreis (ebda, 55)

die Glocken sind fortgeflogen und *eine Volkserinnerung*, beide Gedichte spielen ja auf den Aberglauben an, daß zu Ostern die Glocken nach Rom fliegen. Das Gedicht beginnt mit der unsicheren Frage: aus der Zeitlosigkeit tritt die Autorin heraus in die Zeit hinein, die sich immer mehr und mehr auf einen Zeitpunkt einzuengen scheint. Mit einem Schlage wird bewußt: Ostern ist es, die Zeit, die noch zur Verfügung steht, ist kurz. Es gibt keinen übertragbaren »Ablasz«.

Das zweite Gedicht widerruft diesen Vorgang der Änderung: die Glocken sind wieder zurück. Was vorher als Einengung, als Einengung auf eine zu kurze Zeit schien, wird nun räumlich geweitet, auseinandergenommen: »der/bodenlose/Erdkreis«. Da verläßt eine Autorin plötzlich ihre Selbstbezogenheit, stellt, ähnlich wie Jandl, fest, daß die Signale der Jahreszeit und des Wandels Signale für die Kürze des Lebens sind, die sie erschrocken registriert, nur um dann im nächsten Gedicht, in einem die Nachvollziehbarkeit fast höhnenden Bild, der Erde den Boden wegzunehmen und so wieder zum Schweben zu führen: »der/bodenlose/Erdkreis.« Durch die emanzipative Kraft der Sprache befreit sich ein Ich aus den Umklammerungen, in die es sich durch seine anthropologische Bedingtheit gesetzt sieht, durch die Möglichkeit des Oxymoron in der Sprache, durch die paradox-surrealen Verknüpfungen, nur um dann doch jene Reste irdischer Befangenheit zaghaft einzugestehen, aber über dem »bodenlose[n]/Erdkreis«. Jubel um Veränderung gibt es nicht, zumindest nicht berechtigten Jubel. Was bei Jandl und Mayröcker ohne Bezug auf die politische Situation als vom Menschen ausgehende Befangenheit und Beengung transparent wird, das versuchen in den zwei folgenden Texten Julian [Jutta] Schutting und Erich Fried als politische Parabel aufzufassen. Schuttings Gedicht *Zu einer Szene von Sergej Eisenstein* enthält schon durch den Verweis auf die Filmszene das Moment des Wiederholbaren:

die Filmszene, in der einige Reiter
über den bis an die Schultern Eingegrabenen hinweggaloppieren,
könnte man, indem man
das (um die Tötung seines Messias zu verhindern)
endlich aufgestandene Volk
die Exekutanten von ihrem Opfer wegtrampeln
(und dabei notwendigerweise auch dieses zertrampeln) ließe,
als Bildwerdung antithetischen Denkens mißdeuten:
er wird getötet, um befreit zu werden

die Männer, die zuletzt
über den bis an die Schultern Eingegrabenen hinweggaloppieren,
sind in Wahrheit das endlich ungeduldige Volk,
das, um seine Ausbeutung zu beenden,
sich die Macht der Ausbeuter erkämpfen muß
und so sich knechtet, indem es sich befreit,
oder sich befreit, indem es sich knechtet,
könnte man eine Szene Sergej Eisensteins
als Verbildlichung antithetischen Denkens mißdeuten

als Gleichnis dialektischen Denkens
könnte man die Filmszene, in welcher Reiter
über einen bis an die Schultern Eingegrabenen hinweggaloppieren,
mißdeuten,
wenn man die Reiter als Befreiung,
den einen als Recht
und sein Grab als Gesetz der Gewalt verstünde:
man befreit sich vom Unrecht,
muß aber, um wirklich frei zu sein,
auch das Recht vernichten

als Bild antithetischer Ironie
könnte man, indem man einen
über den Gang der Geschichte sich den Kopf zerbrechen ließe,
Sergej Eisensteins Reiterszene überdeuten:
die Befreier von heute müssen,
um nicht die Verfolger von morgen zu sein,
die Opfer von heute so befreien,
daß sie in diesen die Henker von morgen beseitigen. (Schutting 1982)

Der Sinn der Szene wird von Schutting diesem Text unterlegt: Die Aufständischen rennen über die Köpfe der ehemaligen Unterdrücker hinweg; in allen Fällen dieser Bilddeutung wird jedoch durch den Aufstand, durch die Veränderung neues Unrecht bewirkt. Man muß, »um wirklich frei zu sein« – »auch das Recht vernichten«. Eine Lösung aus diesem Teufelskreis der Befangenheit gibt es nicht, es sei denn, daß die »Opfer von heute« so befreit würden, daß in ihnen nicht die »Henker von morgen« auferständen. Das ist die Parabel von der Angst vor der Veränderung, die mit banger Antizipation in denen, die sich auflehnen und deren Auflehnung verstanden wird, die Greuel der zukünftigen Herrschaft erblickt. Auch hier ein Stillstand der Geschichte, weil sich die Opfer mühelos in die Henkerrolle begeben können.

Anders herum und doch ähnlich zeigt sich Erich Frieds Parabel *Die Tragödie*. Da wird auch Revolution gemacht, nur mit der Konsequenz, daß sich die Revolutionäre beklatschen lassen, nachdem sie den Sieg errungen haben, aber dann doch nur Theater gespielt haben: denn sie gehen wieder eine Verbindung ein mit den Herren von früher:

»Das Spiel ist aus!« riefen in der Schlußszene die endlich siegreichen Gegenspieler den entlarvten bösen Machthabern zu, verstellten ihnen den Weg zur Flucht oder zu den Waffen, nahmen sie fest und führten sie, ohne sie noch eines Blickes zu würdigen, in die Kulisse ab, während der Vorhang fiel.
Als er aber dann zum Applaus wieder hochging, kamen die besiegten Machthaber schon Hand in Hand mit den neuen Siegern zurück, und alle verneigten sich artig vor dem Publikum, das ihnen zurief und wie von allen guten Geistern verlassen Beifall klatschte. (Fried 1975, 74)

Während in Schuttings Gedicht in den Aufständischen die Henker von einst erwachen, vollziehen die neuen Herren den Anschluß an die Vergangenheit. Diese Parabeln oder Texte, in denen Geschichte und geschichtliche Veränderung thematisch wird, zeigen eines: die österreichischen Autoren lassen sich darauf ein, jedoch mit der hartnäckig vorgetragenen Absicht, die Veränderung zurückzunehmen. Und die Veränderung bleibt aufgehoben; das muß die Sprache garantieren oder die literarische Form. Dort ist der Autor zu Hause. Vielleicht ist es gerade diese Reflexion auf die Form und die Sprache, dieses Akzeptieren eines formalen Apriori, was den Texten vieler österreichischer Autoren ihre Gültigkeit verschafft, sie auch gegen die Anfechtungen einer sich an den Bedürfnissen des Tages orientierenden Kritik imprägniert. Das Moment der Gefahr, daß wir in einer Übersensibilisierung durch die Sprache gelähmt oder unbesorgt zusehen, was geschieht, ist nicht geleugnet und auch in beklemmender Ironie mitthematisiert, etwa in Jandls *humanisten*, in denen in »beschädigter« Sprache jene, die sich für Humanisten halten, von der großen Kultur sprechen und diese doch nur als Mittel der Unterdrückung brauchen.

Wir sind von einer einigermaßen einheitlichen Vorstellung ausgegangen, was österreichische Literatur ist. Sie bestimmte sich uns zunächst als experimenteller Aufstand gegen eine positive und restaurative Haltung, die in dem Harmoniebedürfnis der Nachkriegszeit ihre Grundlage hatte. Die Auflösungserscheinungen dieser neu etablierten Richtungen bestimmen in einem vielfältigen Ineinander das, was man so schön das »Spektrum« nennt. Dieses wenigstens in Teilen nachzuzeichnen, war Aufgabe der Vorlesung. Nicht mehr. Dem Diskurs der Autoren unseren Diskurs entgegenzusetzen. Oder: zu sehen, wie ein Schachspieler seine Züge setzt, und sein Verfahren verstehen zu lernen, damit wir zum Gegenzug ansetzen können. Denn zu erhoffen, das Wesentliche an der Literatur Satz für Satz herausdestillieren und bestimmen zu können, wäre töricht und eitel, ein Haschen nach Wind.

III
1980–1990

1. Einleitung

Wir haben die Aufgabe, den Titel dieser Vorlesung, so gut es geht, zu rechtfertigen; wir haben ferner die Aufgabe, die Sinnhaftigkeit eines solchen Unternehmens argumentativ zu verantworten. Denn schließlich haben Sie alle ein Anrecht zu wissen, wieso man überhaupt auf dieses Thema verfallen kann. Und drittens muß ich eingangs auch das Programm dieser Vorlesung zur Diskussion stellen; ich habe ein solches Programm, weil ein solches nach den Spielregeln des Universitätsbetriebs von mir verlangt wird. Hätte ich keines, müßte ich um Frühpension ansuchen, denn die Behörde, die mich beschäftigt, geht von der Voraussetzung aus, daß ich in der Lage bin, in zusammenhängenden Sätzen und – was noch viel schwerer ist – zusammenhängenden Gedanken ein umfängliches Thema vor Ihnen auszubreiten. Denn den Luxus der Inkohärenz und Sinnlosigkeit kann sich die Literatur sehr wohl leisten, nicht aber die Literaturwissenschaft. Daß aus dieser Divergenz eine unangenehme Spannung entsteht, die stets den Literaturwissenschaftler auf das Ungenügen seiner Position zurückverweist, will ich nicht verschweigen. Überhaupt – und damit bin ich schon bei einem der Punkte, die das Unternehmen für Sie wie auch für mich reizvoll machen könnten – ist bei der Befassung mit Gegenwartsliteratur stets die Reflexion auf das Verfahren einzubeziehen, das heißt: wir müssen stets unsere Methoden überprüfen, und wir werden oft gezwungen, sie über Bord zu werfen.

Schon das Verfahren, das ich hier zur Anwendung bringe, kann grundsätzlich in Frage gestellt werden. Ich könnte in Form eines Lexikons die einzelnen Autoren und Autorinnen aufzählen und dann die einzelnen Gattungen darstellen; zugleich könnte ich auch etwas über die Lage der Schriftsteller, der Verlage usw. berichten. Ich werde auch grundsätzlich nicht darum herumkommen, aber so wie ich das hier vortrage, hätte alles Ähnlichkeit mit dem Verlesen eines kommentierten Telephonbuches, zunächst das Personen- und dann das Branchenverzeichnis. Überflüssig zu sagen, daß das eine gerne angewandte, weil absolut verläßliche Methode ist, die zudem recht wenig Anstrengung erfordert.

Ich habe mich zu einem Verfahren entschlossen, das Historiker auch gerne anwenden, zumal dann, wenn es ihnen schwer möglich ist, das Material zu überblicken; dieses Verfahren heißt schlichtweg das annalistische, das heißt, ich gehe jahrweise voran und möchte jahrweise auch ein Buch besonders besprechen. Natürlich ist eine solche Auswahl auch bedenklich. Maximal zehn Autoren für ein Dezennium, und das bedeutet, daß ungefähr 1990 Autoren und Autorinnen böse sind, weil sie nicht drankommen. Natürlich ist die Auswahl, die heute, 1991, getroffen wird, problematisch, aber als solche doch auch notwendig und späterhin vielleicht einmal ein Indiz dafür, welche Texte uns heute behagten. Mit diesem Prinzip hoffe ich auch, in etwa Linien herausarbeiten zu können, die mir wichtig scheinen, wobei ich mir aber bewußt bin, daß diese Zeichnung von einer neuen Generation mit kräftigen Farben übermalt werden wird.

Es spricht viel für die Auseinandersetzung mit Gegenwartsliteratur auch im akademischen Bereich; ich meine, daß die Germanistik sich der Zeitgenossenschaft nicht versagen darf, daß wir zudem die Möglichkeit haben, eben diese Zeitgenossenschaft zu nutzen und das Gespräch mit den Autoren und Autorinnen – soweit das möglich ist – zu suchen, und daß dies drittens in einer literaturwissenschaftlichen Praxis Platz hat, die den Anspruch, auch für die Ausbildung der Lehrer und Lehrerinnen an den Gymnasien Sorge zu tragen, ernst nimmt. Denn der Diskurs läuft im Deutschunterricht zu einem guten Teil über die zeitgenössische Literatur, und so scheint es mir sinnvoll, auch einen gewissen Grad an Informiertheit in diesem Bereich vorweisen zu können. Freilich steht alledem eine gewichtige Autorität gegenüber, und zwar Walter Benjamin, der in einem Aufsatz aus dem Jahre 1931 unter dem Titel *Literaturgeschichte und Literaturwissenschaft* über das Verhältnis zur Literaturwissenschaft, und da im besonderen zur Germanistik, anmerkt:

> Wie [...] der Modernismus die Spannung zwischen Erkenntnis und Praxis im musealen Bildungsbegriff nivelliert hat, so im historischen Bereiche die von Gegenwärtigem und Gewesenem, will sagen die von Kritik und Literaturgeschichte. Die Literaturgeschichte des Modernismus denkt nicht daran, vor ihrer Zeit durch eine fruchtbare Durchdringung des Ehemaligen sich zu legitimieren, sie vermeint, das durch Gönnerschaft dem zeitgenössischen Schrifttum gegenüber besser zu können. Es ist erstaunlich, wie die akademische Wissenschaft hier mit allem geht, mitgeht. Wenn frühere Germanistik die Literatur ihrer Zeit aus dem Kreise ihrer Betrachtung ausschied, so war das nicht, wie man es heute versteht, kluge Vorsicht, sondern asketische Lebensregel von Forschernaturen, die ihrer Epoche unmittelbar in der ihr adäquaten Durchforschung des Gewesenen dienten; Stil und Haltung der Brüder

Grimm legen Zeugnis ab, daß die Diätetik, welche solch Werk erforderte, nicht geringer als die großen künstlerischen Schaffens gewesen ist. An Stelle dieser Haltung ist der Ehrgeiz der Wissenschaft getreten, an Informiertheit es mit jedem hauptstädtischen Mittagsblatt aufnehmen zu können. (Benjamin 1989, 3, 288 f.)

Benjamin trifft ins Schwarze, indem er jenen Aktualitätshunger kritisiert, der die Wissenschaft aus ihrer Ghettoisierung befreien möchte und das Kokettieren mit der Attraktivität der Gegenwartsliteratur auch mit Grund suspekt macht. Ich möchte Benjamin recht geben, wenn er die »Durchdringung des Ehemaligen« fordert – dies ist die unabdingbare Grundlage auch unserer Befassung mit der Gegenwartsliteratur. Dies ist auch eines der Argumente für eine solide *literaturgeschichtliche* Grundlegung nicht nur des Studiums, sondern auch der didaktischen Praxis, die einen Text im Kontinuum begreift. Zugleich aber – und das doch mit kritischem Blick auf Benjamin – kann gerade diese Fixierung auf das Ehemalige dazu führen, im Gegenwärtigen nur das Ehemalige zu sehen oder zu vermissen und nicht das zu beschreiben, was das Unverwechselbare auch des neuen Werkes ausmacht. Benjamin hebt pointiert auch die Nähe der Literaturwissenschaft zum Journalismus hervor – eine Nähe, die vor allem im deutschen Sprachraum als ungesund gilt. Der Umgang der Wissenschaft mit dem Journalismus gilt allemal als kontagiös. Ich meine, daß es heute, sechzig Jahre später, doch erlaubt ist, die Dinge anders zu sehen. So löblich die Askese jener ist, die auf den Umgang mit der Gegenwartsliteratur verzichten, so fraglich ist doch auch die Praxis, daraus das Alibi schlechthin zu machen, um die Auseinandersetzung mit der – schwierigen – Gegenwartsliteratur zu vermeiden. Was die Nähe zum Journalismus betrifft: Ich meine, daß der Wissenschaft auch gestattet sein sollte, die Praktiken des Literaturjournalismus zu prüfen. Gerade nun haben wir die Möglichkeit, die Aufnahme der Texte durch die Medien, im besonderen durch die Presse, zu analysieren und diesen Prozeß zumindest zu überblicken. Ich will daher in dieser Vorlesung auch die Stimmen der Rezensenten zu Wort kommen lassen, nicht um sie zu kritisieren, sondern um die Möglichkeiten der Lektüre anzudeuten, sie mit den Möglichkeiten einer wissenschaftlichen Lektüre zu vergleichen und diese jenen notfalls auch entgegenzuhalten. Die Rezeption der Literatur ist somit fest eingeplanter Bestandteil der Vorgangsweise, die hier zur Anwendung kommen soll. Zudem geht es ja um die Herstellung der Texte, die Darstellung des je spezifischen literarischen Verfahrens und nicht nur um die Thematik des jeweiligen Textes; Rezensionen und Literaturberichterstattung halten sich ja meist beim Biographischen und Aktuellen und vorzugsweise Skandalösen auf. Ich meine ferner, daß es einzig und allein Benjamins harsches Verdikt aus dem Jahre 1931 ist, das es sinnvoll erscheinen läßt, sich überhaupt nochmals die Frage zu stellen, welchen Platz die literaturwissenschaftliche Auseinandersetzung mit Gegenwartsliteratur überhaupt haben kann. Ich hoffe somit, wenigstens im Ansatz die Sinnhaftigkeit des Unternehmens erläutert zu haben.

Es geht nun um die Auswahl, die ich unter dem Diktat – ich bekenne es – des Taschenbuchmarktes getroffen habe; die Verfügbarkeit der Bücher soll auch die Lektüre der Texte garantieren. Wo diese Texte nicht verfügbar sind, werde ich mich um Auszüge bemühen oder eine ausführliche Darstellung zu geben versuchen.

Ich habe mich bemüht, Werke zu wählen, die für eine bestimmte Literaturauffassung stehen und anhand derer sich auch eine akute Problematik nicht nur der literarischen Situation wird formulieren lassen. Zudem will ich mich bemühen, Ihnen wenigstens im Überblick Informationen zukommen zu lassen, die bei der Suche nach weiteren Details behilflich sein könnten.

Zur Auswahl der Texte (Leseliste):

Ernst Jandl: *Aus der Fremde* (1979)
Gerhard Roth: *Der Stille Ozean* (1980)
Gernot Wolfgruber: *Verlauf eines Sommers* (1981)
Josef Winkler: *Muttersprache* (1982)
Elfriede Jelinek: *Die Klavierspielerin* (1983)
Friederike Mayröcker: *Reise durch die Nacht* (1984)
Thomas Bernhard: *Ritter, Dene, Voss* (1984)
Thomas Bernhard: *Alte Meister* (1985)
Josef Haslinger: *Der Tod des Kleinhäuslers Ignaz Hajek* (1985)
Peter Handke: *Die Wiederholung* (1986)
Christoph Ransmayr: *Die letzte Welt* (1988)
Werner Kofler: *Hotel Mordschein* (1989)

Auf Lyrik von Ernst Jandl, Jutta/Julian Schutting, Friederike Mayröcker, Andreas Okopenko sowie Prosa- und Dramentexte anderer Autoren (H. C. Artmann, Wolfgang Bauer, Antonio Fian, Marianne

Fritz, Reinhard P. Gruber, Alois Hotschnig, Matthias Mander, Ferdinand Schmatz, Peter Waterhouse u. a.) kann leider aus Zeitmangel nicht eingegangen werden. Es geht um einen vorläufigen Situationsbericht, um eine Art Überblick, erarbeitet anhand konkreter Beispiele. Das letzte Jahrzehnt war durchaus kein Jahrzehnt, in dem sich Revolutionierendes in der österreichischen Literatur ereignet hätte, ja viele Autoren, die auf dieser Liste figurieren (Jandl, Mayröcker, Handke, Bernhard, Wolfgruber, Roth, Winkler) hätten sehr wohl auch auf einer Liste der Literatur der siebziger Jahre vertreten sein müssen – hinzugekommen wären also allenfalls Haslinger, Ransmayr und Kofler. Dies muß nicht notwendigerweise Stagnation bedeuten, sehr wohl aber heißt dies, daß offenkundig eine jüngere Generation nicht mehr mit derselben Intensität nachdrängt, wie dies noch für die siebziger Jahre zutraf.

Die Auswahl ist auch zu begründen. Ich meine, daß anhand dieser Texte sich auch verschiedene Verfahren demonstrieren lassen – sei es Jandls strenger Versuch, der Problematik des Schreibens und der Isolation des Schriftstellers, anschaulich und pragmatisch zugleich, gerecht zu werden. Gerhard Roths Versuch in *Der Stille Ozean* läuft darauf hinaus, Österreich von der Alltagsgeschichte her zu erfahren, besonders interessant ist dabei die Lösung des Problems durch die Romanform. Wolfgrubers Roman wiederum zeigt den Versuch, in Romanform doch auch etwas aus dem Leben des österreichischen Bürgers und Kleinbürgers nach Maßen authentisch zu dokumentieren. Winklers *Muttersprache* ist der Versuch, eine Sprachwerdung auf dem Lande darzustellen und zugleich der, einen neuen Ton durch die Akzentuierung des kruden Körperlichen zu finden. Haslingers *Tod des Kleinhäuslers Ignaz Hajek* ist eine Novelle und somit die Nagelprobe einer neuen realistischen Schreibweise. *Ritter, Dene, Voss* von Thomas Bernhard möge als Exempel eines Dramas stehen, in dem ein Nichts an Handlung ein Maximum an Wirkung zu erzielen imstande ist; seine »Komödie« *Alte Meister* hinwiederum markiert eine entscheidende Wende in der ästhetischen Konzeption, und da nicht nur in der dieses Autors. Diesem Werk ist Jelineks *Klavierspielerin* zu konfrontieren – beide haben zum Kunstdiskurs Entscheidendes zu sagen. Handkes Roman *Die Wiederholung* ist der Versuch, dem Erzählen wieder zu seinen Rechten zu verhelfen, eben durch das Prinzip der Wiederholung.

Mayröckers *Reise durch die Nacht* stehe als Beispiel einer Prosa, die sehr wohl dieses Erzählen zu löschen, zugleich aber dadurch unzählige Energien freizusetzen vermag. Ransmayrs *Die letzte Welt* schließlich möge hier einmal nicht als das postmoderne Erfolgsbuch schlechthin verstanden werden, sondern als eine Auseinandersetzung mit Modellen und Möglichkeiten des Erzählens angesichts einer von völligem Verfall bedrohten Welt; *Hotel Mordschein* von Kofler möge als das für mich brisanteste Beispiel einer Literatur verstanden werden, die sich – besonders aktuell nach 1986 – der kritischen Befassung mit der österreichischen Vergangenheit widmet.

Hier habe ich nur ganz kurz einige der Perspektiven angedeutet, mit denen diese Vorlesung gefüllt werden kann. Daß ich nicht einfach alles sagen und dieses dann auf einen Nenner bringen kann, mögen Sie mir bitte huldvoll nachsehen.

2. Zum Status quo von 1979/80

Gerade um 1979/80 erschien eine Reihe von Untersuchungen, in denen um die Besonderheit des Österreichischen »gerungen« wurde. Ich will später versuchen, auch zu erklären, warum dies gerade zu diesem Zeitpunkt erfolgte.

Daß dieses »Österreichische in der österreichischen Literatur« zu einem Komplex geworden war, der die Autoren zwar beschäftigt, sich aber am besten ironisch erledigen läßt, dokumentiert ein satirischer Text von Reinhard Peter Gruber unter dem Titel *Standpunkt und Standplatz. Nachrichten vom Österreichischen in der deutschsprachigen Literatur:*

> Der österreichische Germanist W., der für seine Ausflüge in die höheren Regionen bekannt ist, stürzte gestern auf der Suche nach dem Österreichischen in der deutschsprachigen Literatur in eine Gletscherspalte. Die höheren Regionen der österreichischen Literaturlandschaft, die für ihren kärglichen Bewuchs und damit für ihre unausreichenden Halte- und Sicherungsmöglichkeiten bekannt sind, gleichen zur Zeit einer zerklüfteten, von schroffen Eiswänden durchstandenen Sprachwelt. Nach Aussagen seines Assistenten M. war W. nur mit einer kleinen Sandschaufel ausgerüstet, mit der er nach dem Österreichischen zu schürfen auszog. (Gruber in: Bartsch 1982, 175)

Der Germanist verendet unglücklich, nicht aber ohne vorher durch irgendwelche Guttural- und Jodellaute aus der Gletscherspalte kundgetan zu haben, daß er wirklich auf das Österreichische gestoßen ist. In dieser Satire wird auf recht einprägsame Weise anschaulich, wie widersinnig eben jene Suche nach einem oder dem Österreichischen an sich sein kann, vor allem dann, wenn damit etwas Wesenhaftes erfaßt werden soll, das sich als eine überzeitliche Konstante erfassen und beschreiben ließe. In der Tat, es ist schwer, heute die Befassung mit der österreichischen Literatur als eine Kategorie sui generis zu betreiben. Die verschiedenen Versuche legen deutlich Zeugnis davon ab, wie wenig mit dieser Kategorisierung einer Literatur als einer wesenhaft österreichischen gewonnen ist.

Einer der am meisten diskutierten Versuche war Ulrich Greiners Buch *Der Tod des Nachsommers* (1979). Nicht weil ich diesen Text für so bedeutend halte, sehe ich mich genötigt, ihn des öfteren zu zitieren, sondern weil darin ein paar ebenso griffige wie problematische Definitionen des Österreichischen in der österreichischen Literatur geboten werden. Zudem gibt Greiner in seiner Einleitung so etwas wie einen methodischen Ansatz vor, der so aussieht: *Erstens* sei seit dem Ende des Josephinismus bis zum Zusammenbruch der Monarchie so etwas wie ein Phase der Resignation und Entpolitisierung festzustellen; *zweitens* würde sich Literatur gegen die als frustrierend empfundene Wirklichkeit geradezu hermetisch abriegeln; das »reale Veränderungsverbot« würde »in einer literarischen Handlungslosigkeit verklärt«; *drittens* wäre die »Wirklichkeitsbewältigung« als »Wirklichkeitsverweigerung und Handlungsverzicht« konstitutiv für die österreichische Literatur; die »republikanischaufsässige Tradition« (Schiller, Büchner, Heine, Heinrich Mann, Brecht, Tucholsky usw.) hätte so gut wie kein Äquivalent in Österreich; *viertens* würde »[d]er Untergang der Monarchie [...] bis heute traumatisch« nachwirken. Die »politische Windstille des heutigen Österreich« verursache jene bohemehafte, apolitische, artifizielle Literatur. (Greiner 1979, 14 f.)

Hinter alledem steht auch die Verlängerung der Thesen von Claudio Magris, der seinerseits der österreichischen Literatur in seiner Dissertation über den *Habsburgischen Mythos in der österreichischen Literatur* (ital. 1963; dt.: Salzburg: Otto Müller 1966, 2. Aufl. 1988) nachsagte, daß sie im Banne der Vergangenheit des Vielvölkerstaates die Gegenwart so gut wie gar nicht wahrnehmen und die Auseinandersetzung mit dieser vermeiden würde. Der Verzicht auf jede dialektische Denkform würde Veränderung bedachtsam und geradezu ängstlich ausklammern. Wie Greiners Titel schon andeutet, ist die österreichische Literatur aus Stifters *Nachsommer* abzuleiten, und die konkreten Bezüge bei Handke, Bernhard und Schutting auf Stifter sind ja in der Tat eklatant. Die österreichischen Autoren würden einen kunstvoll stilisierten Rückzug aus der Aktualität, aus der Politik, ja zuletzt auch noch aus der Geschichte betreiben. Die Flucht in den geschichtslosen Augenblick erscheint so als die Konsequenz eines Verhaltens, das aus Bequemlichkeit zur Verneigung vor den Autoritäten und auch zur Übernahme – sei es satirisch, sei es zustimmend – der leeren Rituale neigt. Daraus würde sich auch die Konzentration auf die Herstellung der Texte ergeben, die in einer geradezu sträflichen Mißachtung der Themen münden würde. Kurz in der Form eines Lehrerurteils zusammengefaßt: Äußere Form der schriftlichen Arbeit: sehr gut; Inhalt: mangelhaft.

Das Interesse an der Form erscheint komplementär dem Desinteresse an den Inhalten. Es ist kein Wunder, daß sich ein guter Teil der österreichischen Autoren und Autorinnen so nicht definiert sehen wollte; auch wenn man Greiner konzediert, daß seine Diagnosen hin und wieder ins Zentrum treffen, so ist doch bei diesem historischen Rundumschlag Vorsicht geboten, da dabei sehr wohl die Kontinuitäten, nicht aber die Brüche in der Entwicklung markiert werden. Rücksichtslos ebnet Greiner jene historischen Zäsuren von 1918, 1934, 1938, 1945 usw. ein, um eine Kontinuität in der Entwicklung vom 19. Jahrhundert bis herauf in die Gegenwart festzustellen. Greiner meint, den Zustand der österreichischen Literatur zu bestimmen, und bestimmt aber bloß ihren Aggregatzustand zu einem bestimmten Zeitpunkt anhand einiger aus dem Buchangebot der FAZ entnommener Proben. Die Literatur, »die von Stifter und Grillparzer bis zu Peter Handke und Thomas Bernhard reicht«, scheint ihm »typischer und ästhetisch bedeutender zu sein«. (Ebda, 14) Worin aber diese Bedeutung beruhen könnte, dafür gibt er uns keine wie immer gearteten Kriterien an die Hand, es sei denn das, daß diese Texte allesamt seinen Vorstellungen der Tradition österreichischer Literatur besser entsprechen. Die Literatur, die als experimentell gilt, die Avantgarde, wie sie sich in der *Wiener Gruppe* neu erstanden wähnte, Ernst Jandl – all dies verfällt dem Verdikt der minderen Bedeutung. Gerade in diesem Punkt ist Skepsis geboten.

Zunächst ist zu berücksichtigen, daß diese Studie Greiners nicht ohne Folgen auch für die Autoren und ihr Selbstverständnis blieb – begreiflicherweise.

Gustav Ernst und Klaus Wagenbach edierten einen Sammelband (1979), dessen Titel sie von Ernst Jandl entlehnten: *rot / ich weiß / rot*, worin sie eben jener »herrschenden Meinung« über die österreichische Literatur zu widersprechen suchten: »Könnte es nicht umgekehrt sein: Die herrschende Meinung gibt nur vor, die Wahrheit über die österreichische Literatur zu verbreiten, während in Wahrheit die österreichische Literatur ein paar Wahrheiten über die herrschende Meinung bereithält?« (Ernst/Wagenbach 1979, 8) Diese Replik auf Greiners Buch ist verdienstvoll, zugleich aber eine mittelbare Bestätigung seiner Thesen. Aber immerhin ist dieses Werk durchaus nicht auf jene Obertöne eingestimmt, die einer kritischen und aufsässigen republikanischen Tradition zuzuschreiben wären. Als besonders einschlägiges Beispiel, wie man sich diesem Österreichtum nähert, sei die *Festansprache* Gert Jonkes zitiert, deren Virtuosität eben für die Konzentration auf das Formale einen eindrucksvollen Beleg liefert: »Dennoch, meine Damen und Herren, oder gerade deswegen sind wir noch immer oder vor allem eines: nämlich ÖSTERREICHERINNEN und ÖSTERREICHER geblieben und wollen es auch fürderhin immer neuerlich geblieben sein werden!« (Ebda, 10)

Freilich ist die Frage, ob jemand Österreicher ist oder nicht, für die Qualität der Literatur ohne Belang, sie ist aber von Belang, wenn Literatur historisch und sozialgeschichtlich betrachtet wird; und durch diese Erklärung von Zusammenhängen lassen sich vielleicht auch jene Normen problematisieren, die sehr wohl aus historischen Zusammenhängen heraus entwickelt worden sind. Diese Normen, die sich so gerieren, als wären sie überzeitlich und verbindlich, offenbaren sich bei genauerem Zusehen als festgeschriebene Gustos aus verschiedenen Epochen und nicht als das, was man gerne hätte, nämlich als für immer verbindliche Richtlinien.

Es scheint mir auch so zu sein, daß etwa um 1980 herum die Österreicher bereits auf eine Erfolgsserie auf dem deutschen Buchmarkt zurückblicken durften. Bereits 1971 konnte Walter Weiss nicht ohne Grund die Behauptung aufstellen, »daß der literarische Ton in der Bundesrepublik heute in einem erstaunlichen Maß von österreichischen Autoren wie Handke, Bauer, Bernhard, Jandl bestimmt wird«. (Weiss 1971, 397) Für diese Euphorie gab es ja wirklich gute Gründe; interessant ist ferner auch die Tatsache, daß der Erfolg eben durch den Erfolg auf dem deutschen Buchmarkt gemessen wird; man könnte boshaft hinzufügen, daß er auf dem österreichischen nicht gemessen werden kann, weil es ihn gar nicht gibt.

3. Eine notwendige Vorgeschichte

Das Modell, nach dem die Entwicklung der österreichischen Literatur nach 1945 beschreibbar werden konnte, hört sich einfach und plausibel an. Die Daten der Literaturgeschichte lassen sich sehr leicht auch den Daten der politischen Entwicklung parallelisieren. Ich kann mich hier auf keine ausführlichere Darstellung einlassen, aber ein paar Hinweise sind vonnöten: Die Zeit von 1945 bis etwa 1965/66, also die ersten zwanzig Jahre der Zweiten Republik, erscheinen als Phase der Restauration und Stabilisierung. Das ist in etwa zeitgleich mit der großen Koalition; diesem Koalitionsklima in Österreich wird auch eine Tendenz zur Harmonisierung von Gegensätzen nachgesagt, um die innenpolitischen Spannungen der Ersten Republik nicht wieder aufleben zu lassen. Von einer wissenschaftlich umfassenden Aufarbeitung der Nazizeit kann – besonders für die Zeit nach 1948 – nicht die Rede sein; noch weniger war vom Ständestaat die Rede. Hier scheint es ein Stillhalteabkommen zwischen den beiden Großparteien gegeben zu haben, das diese Periode des unglücklichen Nebeneinanders verdrängen wollte. (Daß das Verdrängte, im besonderen der österreichische Ständestaat, wiederkehrt, wird uns im engeren Zusammenhang dieser Vorlesung mehrfach beschäftigen.) In diesem Sinne ist auch die poetische Praxis zu sehen, in der auch die herkömmlichen Kategorien, also die dramatischen, lyrischen und epischen Formen wiederhergestellt wurden. Wiederherstellung hat für diese Zeit eine durchaus positive Konnotation; Erneuerung wird wesentlich als eine Form der Wiederherstellung begriffen. Berühmt wurde das Diktum des späteren P.E.N.-Club-Präsidenten Alexander Lernet-Holenia, der meinte, man müsse in Österreich nur dort fortfahren, wo man 1938 von einem Wahnsinnigen unterbrochen worden sei. Daß man in Österreich damals mit der Vergangenheit sehr euphemistisch umging, darf in der Zwischenzeit als feststehende Tatsache gelten. Dieses Verfahren darf als Teil einer Dauertherapie angesehen werden, deren Folgen wir allerdings dreißig Jahre später zu spüren bekamen.

Ich verweise darauf, daß in dieser Zeit die bedeutenden Gedichte der Ingeborg Bachmann (1926–1973) entstanden, die ja für sich kaum in Anspruch nehmen können, innovatorische Akzente gesetzt zu haben, bei aller Bedeutung, die ihnen als Gedichten zukommen mag. Fritz Hochwälder (1911–1986) etwa überzeugte durch seine – wie es immer wieder hieß – »handwerklich gut gebauten« Theaterstücke, und Heimito von Doderers (1896–1966) Romane setzten auf eine umfassende Restauration des Erzählens: Seine gewaltigen Romane sollten vergessen machen, daß es so etwas wie eine Krise des Erzählens gegeben hätte oder gar noch gäbe.

Daß es zur selben Zeit – also in den fünfziger Jahren – auch Bewegungen gab, die sich die Avantgarde aus der Zeit um 1918 (»dada« etc.) zum Vorbild nahmen, wurde von den Zeitgenossen kaum wahrgenommen; die sogenannte *Wiener Gruppe* (H. C. Artmann, Konrad Bayer, Friedrich Achleitner, Gerhard Rühm, Oswald Wiener) wurde erst durch die Publikation eines Sammelbandes bei Rowohlt (Rühm 1985) in ihrer Bedeutung einem größeren Publikum bewußt. Der Bruch mit den klassisch-realistischen Kunstpraktiken, der Verzicht auf die Gattungen beziehungsweise deren destruktive Aushöhlung hatte in den fünfziger Jahren wenig Chancen, als Versuch zur Herstellung einer eigenen und neuen Konstruktion von Literatur zur Kenntnis genommen zu werden. Desgleichen auch die Versuche von Ernst Jandl und Friederike Mayröcker und vielen anderen, die damals schon Beachtliches vorlegen konnten, aber ebenfalls ihr Publikum nicht fanden.

Bezeichnend, daß neue Impulse nicht aus Wien, sondern aus der sogenannten Provinz kamen; zu Beginn der siebziger Jahre wurde Graz geradezu synonym mit moderner Literatur gebraucht, nicht zuletzt ein Verdienst einer Organisation namens *Forum Stadtpark*, die sich bemühte, aus der spezifischen Grazer Situation heraus die Akzente anders zu setzen, und die gegen eine außerordentlich konservative, ja reaktionäre Einstellung der lokalen Presse- und Kulturpolitik sich allmählich durchzusetzen begann. Eine besondere Rolle spielte dabei die Zeitschrift *manuskripte*, deren erstes Heft 1960 erschien; hier fanden auch die Autoren der *Wiener Gruppe* und Ernst Jandl Unterkunft, und auch wenn der Herausgeber Alfred Kolleritsch selbst den Prinzipien der Avantgardeliteratur sich kaum verbunden fühlte, so verstand er sie doch als Mittel, Änderungen nach Möglichkeit durchzusetzen. Mit Peter Handke, Wolfgang Bauer, Gert Jonke kamen aus Graz oder über Graz jene Autoren, die, ohne den Umweg über Wien zu nehmen, direkt Zugang zum deutschen Buchmarkt (Suhrkamp, Hanser, Rowohlt, Fischer, Luchterhand) fanden. Berühmt wurde der Auftritt Peter Handkes bei der Tagung der *Gruppe 47* im Jahre 1966 in Princeton. Von da ab scheint der Literatur aus Österreich fast schlagartig der Ruf der Innovation zugewachsen zu sein. Die Kritiker ließen sich jedoch nicht allesamt blenden, und bald wurde auch die Einsicht nachhaltig vertreten, daß diese Autoren sich sehr wohl auf den Umgang mit der Sprache verstünden, aber, Wittgenstein einigermaßen steril interpretierend, Wort- und Sprachkult treiben und einer unverbindlichen Wortartistik huldigen würden. Das änderte aber nichts an den Erfolgen, die die Dramen Handkes (*Publikumsbeschimpfung*, 1966; *Kaspar*, 1968) und Bauers (*Magic Afternoon*, 1967; *Change*, 1968) auf den deutschen Bühnen hatten. Zugleich begann auch Thomas Bernhard sich auf dem deutschen Buchmarkt durchzusetzen. Die Frage, ob es sich dabei um eine Avantgarde handelte oder nicht, möchte ich hier nicht erörtern; daß es Verfahren waren, die teilweise der historischen Avantgarde abgeguckt oder in Auseinandersetzung mit dieser entstanden waren, steht außer Zweifel (zur Diskussion vgl. Bartsch 1990b, 12–17).

Es geht nicht um diese Definitionsfragen; viel spannender ist die Frage, warum und unter welchen Bedingungen es zu solchen Bewegungen doch immer kommt, ja kommen muß. Auch wenn die *manuskripte* sehr bald von Autoren, die dort entweder ihre Heimstätte gefunden oder überhaupt dort begonnen hatten, wie Michael Scharang oder Elfriede Jelinek, kritisiert wurden, weil sie an der Autonomie der Kunst festhielten und mit ihr Veränderung bewirken zu können meinten, so ist doch festzuhalten, daß für die Entwicklung der Literatur in Österreich die entscheidenden Impulse aus Graz kamen, mögen auch die *Wiener Gruppe* und andere mit gutem Grund Prioritäten bezüglich der Entwicklung ihrer Verfahrensweisen beanspruchen. In der ersten Untersuchung zu den *manuskripten* formulierte Elisabeth Wiesmayr: »Die illusionäre Überschätzung des Einflußbereichs von Künstlern und Intellektuellen, wie sie sich auch in den *manuskripten* findet, ist noch für die erste Hälfte der sechziger Jahre typisch; sie ist häufig verbunden mit einem programmatischen Nonkonformismus und Antikollektivismus, die leicht in die Nähe von Individualismuskult und elitärer Haltung geraten.« (Wiesmayr 1980, 32) Ich meine, daß es auch heute möglich ist, dieser Diagnose zuzustimmen, wenngleich die in dieser Aussage mitschwingenden Wertungen nicht geteilt werden müssen. Warum soll gerade den Schriftstellern Individualismuskult und elitäre Haltung versagt bleiben?

Daß indes auch die Literaturtheorie die Funktion der Neoavantgarden außerordentlich problematisch beurteilte, sollte doch am Rande erwähnt werden. Peter Bürger verurteilte in seiner vieldiskutierten kleinen Schrift *Theorie der Avantgarde* (1974) die Neoavantgarde, indem er ihr vorwarf, eben just das Gegenteil dessen zu tun, was die historischen Avantgardebewegungen taten, nämlich konsequent die Identität von Kunst und Lebenspraxis herzustellen: »Die Neoavantgarde institutionalisiert die *Avantgarde als Kunst* und negiert damit die genuin avantgardistischen Intentionen.« (Bürger 1974, 80) Ob nun diese Neoavantgarde tatsächlich mit dem Verdikt des Inauthentischen zu belegen ist oder nicht, möchte ich hier wirklich dahingestellt sein lassen, entscheidend ist auf jeden Fall, daß die Avantgarde als Institution sich auf die Dauer nicht etablieren konnte, daß hingegen die historischen wie auch neoavantgardistischen Bestrebungen keineswegs als stillgelegt und passé zu erachten sind. (Ich verwende hier den Begriff Avantgarde einfach aus arbeitsökonomischen Erwägungen.)

Bürger drückte mittelbar auch das Unbehagen an dem Fetisch der Innovation aus, dem sich die sogenannten neoavantgardistischen Bewegungen besonders verschrieben hatten. In der Tat ist der Begriff in seiner Anwendung auf die Kunst problematisch, indem er sie dem Diktat des Marktes unterwirft und – ähnlich wie einen Industriebetrieb – dazu zwingt, stets einen neuen Markenartikel anzubieten. Dieses Prinzip kann zum Innovationsterror werden und damit gerade der Autonomie, der es zu dienen wähnt, schädlich sein.

Ich kann hier nicht die komplexe Entwicklung der österreichischen Literaturszene nachzeichnen, das Problem der Institutionalisierung von Literatur jedoch, das bei Bürger eher theoretisch abgehandelt und in seinen praktischen Konsequenzen kaum bedacht wird, läßt sich geradezu paradigmatisch anhand der Geschichte der sogenannten *Grazer Autorenversammlung* studieren. Auf die näheren Umstände dieser Vereinsgründung bin ich bereits im Zusam-

menhang der Vorlesung über die Zeit 1970 bis 1980 eingegangen.
Von Beginn der siebziger Jahre an ist auch das mehr als verständliche Bemühen festzustellen, den Leistungen und der damit verbundenen Anerkennung der Autoren auch durch eine Organisation Ausdruck zu verleihen. Vorauszuschicken ist, daß der österreichische P.E.N.-Club sich beharrlich weigerte, jene Autoren, die so entschieden dazu beigetragen hatten, die Literatur in Österreich zu erneuern, wie etwa die Autoren der *Wiener Gruppe* und Ernst Jandl, aufzunehmen. Damit blieb diesen Autoren auch die Möglichkeit internationaler Repräsentanz weitgehend versagt.

Folgendes ist zum Verständnis der Literatur in den achtziger Jahren denn auch Voraussetzung. Die treibende Kraft für die Gründung dieser *Grazer Autorenversammlung* war Ernst Jandl, zugleich entsprach dies einer rein pragmatischen Notwendigkeit, ging es doch auch um die Repräsentanz in den einzelnen Medien, so im Rundfunk und bei der Presse. Die Gründung dieser Versammlung gehört in das Jahr 1972, als Alexander Lernet-Holenia als P.E.N.-Präsident zurückgetreten war, und zwar aus Protest gegen die Verleihung des Nobelpreises an Heinrich Böll. Böll war damals Präsident des internationalen P.E.N. Die Neuwahlen brachten die Krise im P.E.N. zum Ausdruck, und nach einigen allenfalls heute nur anekdotisch faßbaren Ereignissen setzte Ernst Jandl zu einer fulminanten Attacke wider die Praktiken des P.E.N.-Clubs an:

> Ich appelliere an alle diejenigen Mitglieder des sogenannten österreichischen PEN-Clubs, die die dort herrschende Cliquenwirtschaft, dieses Getümmel von bestenfalls Regionalgrößen, bisher mit Unbehagen mitansehen mußten, den Rücktritt ihres Präsidenten zum Anlaß zu nehmen, um eine völlige Reorganisation dieses Clubs einzuleiten.
> [...] Die Sprache der österreichischen Literatur wird nicht von sechs, sondern wenigstens von sechzig Millionen gesprochen. Vor diesen sechzig Millionen spielt sich alles ab, was es an österreichischer Literatur gibt – und was sich nicht im Rahmen der gesamten deutschsprachigen Literatur durchsetzen und behaupten kann, das gibt es schließlich überhaupt nicht.
> Ich appelliere an alle diejenigen Mitglieder des sogenannten österreichischen PEN-Clubs, deren schriftstellerisches Werk nicht eines Asyls bedarf, diesen Club so zu verändern, daß er Österreichs Beitrag zur gegenwärtigen Literatur tatsächlich repräsentiert und somit den Namen »österreichischer PEN-Club« verdient. (Zit. nach Innerhofer 1985, 26)

Dies wurde im Oktober 1972 gesprochen. Die nun folgende Entstehung dieses neuen Autorenvereins, der *Grazer Autorenversamm-*

lung, ist von Roland Innerhofer in seiner Publikation getreulich nachgezeichnet worden. Die *Grazer Autorenversammlung* strebte die Anerkennung als zweites autonomes österreichisches P.E.N.-Zentrum an, ein Unterfangen, das nach mehrfachen Versuchen bei den internationalen P.E.N.-Kongressen in Stockholm und in Ohrid (Jugoslawien) scheiterte. Heinrich Böll hatte sich bemüht, der *Grazer Autorenversammlung* schließlich auch jene Anerkennung vor dem internationalen P.E.N. zukommen zu lassen, die Anträge der »Grazer« wurden aber aus rechtlichen Erwägungen mehrheitlich abgelehnt. Nun gab beziehungsweise gibt es also zwei Schriftstellerorganisationen, von denen man mit gutem Gewissen sagen kann, daß am Anfang der P.E.N. mit Autoren wie Friedrich Torberg und Fritz Hochwälder doch einige auch international bekannte Schriftsteller vorzuweisen hatte, daß aber das, was international tatsächlich bekannt war, doch fast vollständig in der GAV versammelt war. Dazu kommt, daß die GAV eben nicht eine in literarischer Hinsicht einheitliche Linie vertrat, sondern verschiedene Gruppierungen zumindest in ihrer Anfangsphase vereinigte. So *erstens* einmal die Wiener Avantgarde, das heißt also die Mitglieder der ehemaligen *Wiener Gruppe* und ihr nahestehende Autoren wie Ernst Jandl, Friederike Mayröcker, Elfriede Gerstl, Reinhard Priessnitz; *zweitens* die Wiener Aktionisten (Günter Brus, Otto Mühl, Hermann Nitsch, aber auch Valie Export, Dominik Steiger, Peter Weibel); *drittens* die aus Graz kommenden Autoren (Peter Handke, Wolfgang Bauer, Alfred Kolleritsch, Gerhard Roth, Gunter Falk, Barbara Frischmuth, Gert Jonke, Harald Sommer, Peter Vujica, Helmut Eisendle usw.) und *viertens* eine Gruppe politisch engagierter Schriftsteller und Journalisten wie Gustav Ernst, Friedrich Geyrhofer, Heidi Pataki, Günther Nenning und Michael Scharang. (Vgl. Innerhofer 1985, 39)

Wie dringlich die Gründung einer solchen Vereinigung war, geht schon daraus hervor, daß so viele Autoren höchst unterschiedlicher künstlerischer wie weltanschaulicher Observanz es als notwendig befanden, ihren Ansprüchen durch eine Schriftstellerorganisation Ausdruck zu verleihen. Die GAV hatte zu ihrem Gründungspräsidenten H. C. Artmann gewählt, einen Autor, dessen Gedichtband *med ana schwoazzn dintn* (1958) ja oft als das Werk genannt wurde, das eine Zäsur innerhalb der Entwicklung der Literatur nach 1945 markiert und als das erste bedeutende Signal dieser progressiven Literatur bewertet werden kann.

Es wäre aber falsch, wollte man die Gründung der GAV einzig als die Selbstetablierung einer »Avantgarde« verstehen. Das Auftreten des »Arbeitskreises der Literaturproduzenten«, dessen Aktivität kurz vor der Gründung der GAV ihren Höhepunkt erreichte, war das Signal für die Einleitung eines neuen Kampfes, bei dem nicht mehr ästhetische und weltanschauliche Differenzen, sondern die Durchsetzung berufspolitischer Interessen der Schriftsteller gegenüber dem Staat, den Marktmechanismen und den Medien im Vordergrund stand. Es waren hauptsächlich die »Literaturproduzenten«, die in die GAV die soziale, ökonomische und gewerkschaftliche Fragestellung einbrachten. Durch sie wurde, mit den Worten Andreas Okopenkos, die GAV »auf den Geschmack, Kulturpolitik zu machen, [...] gebracht«. (Innerhofer 1985, 43 f.)

Aus unserer Sicht heute stellt sich die Gründung dieser Vereinigung als ein literarhistorischer Sonderfall dar. Gewiß hat es immer wieder Gruppierungen gegeben, denen es gelang, sich zu verbünden und durchzusetzen, daß aber die Gruppen, die tatsächlich für die Reorganisation der österreichischen Literatur Entscheidendes beitrugen, zumindest für kurze Zeit sich in einem Verein begegnen konnten und trotz gewaltiger Differenzen sowohl in ästhetischer wie denn auch weltanschaulicher Hinsicht zusammenarbeiten konnten, müßte als Sonderfall doch gebührend hervorgehoben werden.

Entscheidend war für die GAV, daß sie sich als Anti-P.E.N. verstehen konnte, wobei allerdings ein Disput, in dem ästhetische und weltanschauliche Probleme zwischen P.E.N. und GAV ernsthaft diskutiert wurden, ausblieb. Die beiden Organisationen befehdeten einander, und die dabei geführten Debatten waren vor allem von seiten des P.E.N. oft von einer ziemlich wenig kosmopolitischen Haltung geprägt und erschöpften sich in einem undifferenzierten Lamento, mit dem jene Werte beschworen wurden, die durch die Avantgarde bedroht zu sein schienen. Vor allem die von Reinhard Federmann herausgegebene *Pestsäule* machte da nicht immer in einem positiven Sinne von sich reden.

Doppelmitgliedschaft – also bei P.E.N. wie GAV – war untersagt; mit Ausnahme der P.E.N.-Mitgliedschaft sollte kein Grund gegen die Aufnahme eines Schriftstellers sprechen. (Indes gab es tatsächlich eine Reihe von Doppelmitgliedschaften, so zum Beispiel Jutta/Julian Schutting und Dorothea Zeemann.)

Maßgeblich war in der Folge der Umstand, daß die GAV auch entschieden durch das Bundesministerium gefördert wurde. Die Subventionierung war – vor allem durch die bedeutenden Zuschüsse für Veranstaltungen der GAV – sogar de facto höher als für den traditionellen P.E.N.

Natürlich trat bei diesem Verein auch allmählich das auszehrende Virus auf, das jeden Verein durch die bürokratische Administration befällt und das alle Vereine einander so ähnlich macht. Das schmälert aber nicht das historische Verdienst dieses Vereins, der immer wieder entscheidend in den siebziger und frühen achtziger Jahren in kulturpolitischen Fragen sich zu Wort meldete. So zum Beispiel bei der Arena-Debatte, bei einzelnen Friedens-Kongressen, so auch bei den sozialpolitischen Problemen, von denen die Schriftsteller und Schriftstellerinnen in ihrer beruflichen Praxis sich betroffen sahen.

Festzuhalten ist hier, daß mit der Übersiedlung des Büros nach Wien auch eine Akzentsetzung erfolgte, weil damit ja nur mehr der Name auf Graz verwies als dem Ort, von dem aus (durch das *Forum Stadtpark* und die Zeitschrift *manuskripte*) ja grundsätzlich neue Impulse ausgegangen waren). Daß die GAV viele ihrer prominenten Mitglieder verlor, so auch ihren ersten Präsidenten, einfach weil ihnen Literatur und Bürokratie länger nicht mehr kompatibel schienen, sei hier am Rande erwähnt.

Ich will mich nun nicht länger bei diesem institutionsgeschichtlichen Aspekt aufhalten; wichtig war, daß in diesen Organisationen zusehends eben die sozial- und berufspolitischen Probleme der Autoren diskutiert wurden, und damit eine Berufsgruppe nun mehr und mehr durch das soziale Netz gesichert werden sollte, und dafür war oder ist die GAV nur bedingt das geeignete Forum. Schließlich ging die GAV – und dies hängt auch mit dem (sagen wir) avantgardistischen Selbstverständnis der meisten Autoren zusammen – von dem Künstler als Individuum aus, das sich primär just eben nicht vereinsmäßig definiert sehen will. Zum anderen scheint sich gerade im 20. Jahrhundert der Schriftsteller mehr und mehr auch anderen fest definierten Berufsgruppen anzunähern, wobei ich mir die Freiheit für die Annahme nehme, daß diese Annäherung nur asymptotisch erfolgen kann. Zwar sind die meisten Autoren heute in einem arbeitnehmerähnlichen Verhältnis zu sehen, wobei das komplexe Förderungssystem und die Medien als die undefinierten und schwer faßbaren Arbeitgeber zu sehen sind. Der GAV ging es bei ihren Bemühungen ja auch darum (und das war lange nicht von Erfolg gekrönt), auf den Hörfunk und das Fernsehen einen größeren Einfluß zu gewinnen, und es sei nicht unerwähnt, daß der österreichischen Avantgarde die regelmäßige und intensive Präsenz im Hörfunk in Wien lange (bis in die späten siebziger Jahre) nicht in dem Ausmaß zuteil wurde, in dem diese bereits auf dem Buchmarkt präsent war. Die Ausnahme ist hier wiederum Graz, wo durch die Tätigkeit von Adolf Holzinger den jungen Autoren des *Forum Stadtpark* im Studio Steiermark sehr früh eine Stimme gegönnt wurde.

Ich kann mich hier nur auf Andeutungen beschränken, die aber als Voraussetzung vonnöten sind, um sich der notwendigen Grundlagen für die Textanalyse, der wir uns nun nähern, zu versichern.

Ich habe zuvor davon gesprochen, daß die traditionelle Lesart der Entwicklung innerhalb der österreichischen Literatur nun so lautete, daß auf der einen Seite die Avantgarde gesehen wurde, die sich nicht auf den herkömmlichen mimetischen Literaturbegriff einlassen wollte, und auf der anderen Seite eben die der Tradition verpflichteten Autoren, die sich auf das Fortschreiben einer einmal für gültig und verbindlich erkannten Literatur verstanden. »Zwischen Herbert Eisenreich, Ingeborg Bachmann, Christine Busta auf der einen Seite und Autoren wie Peter Handke, Michael Scharang, G. F. Jonke auf der anderen Seite liegen Klüfte«, formulierte Walter Weiss 1971 (Weiss 1971, 396). Das trifft zu, nicht mehr haltbar aber ist heute meines Erachtens das so schöne antithetische Modell, das hier Fortschritt und dort Tradition ortet. Diese Grenzen haben sich mittlerweile gründlich verschoben, mochten sie auch für die Momentaufnahme der Literatur 1971 oder 1972 Gültigkeit haben, also gerade für die Gründungsphase der GAV. Mehr und mehr suchten die politisch engagierten Autoren ihrer Stimme Geltung zu verschaffen und gegen den vermeintlichen Narzißmus auch der Autoren im Umkreis der *manuskripte* zu polemisieren. Nicht umsonst gab es eben eine Zeitschrift, die sich von diesen durch den Untertitel *Zeitschrift für brauchbare Texte* abheben wollte, das *wespennest* (ab 1969). Grundsätzlich ist jedoch immer wieder Konvergenz festzustellen, und Autoren, die besser in die *manuskripte* passen, haben auch im *wespennest* veröffentlicht, und umgekehrt. In diesem Bereich läßt sich also durchaus von Osmose sprechen. Daß dieser Konvergenz auch allmählich die alte Feindschaft GAV – P.E.N. zum Opfer fiel, indem sie uninteressant wurde, ist ein an sich glücklicher Nebeneffekt; indes ist es bedauerlich, daß es hier leider nie zu einer intensiven Auseinandersetzung der neueren Richtungen und derjenigen, die mit einem gewissen Beharrungsvermögen reagierten, kam. Das ist das große Unglück des österreichischen Literaturbetriebs: Windstille.

Die Fragen nach der sozialen Stellung der Autoren (schließlich mußte es zu denken geben, daß ein Rundfunksprecher Mitte der siebziger Jahre etwa viermal so viel einnahm wie der Autor, dessen Text er verlas) brachte es mit sich, daß diese Divergenzen allmählich in den Hintergrund des nur mittelbar mehr interessanten ästhetischen Diskurses traten und die bereits 1971 gegründete, aber erst Ende der siebziger Jahre als Dachorganisation in den Vordergrund tretende *Interessengemeinschaft österreichischer Autoren* (IG Autoren) jenseits dieser Parteistreitigkeiten sich der Rechte der Autoren annahm.

Ich bin auf diese Entwicklung deswegen so ausführlich eingegangen, weil nur auf Grund dieser Entwicklung der Selbstcharakteristik der Schreibenden auch die beharrliche Thematisierung des Schreibens in der österreichischen Literatur ab Beginn der achtziger Jahre verständlich wird. Die Schriftsteller mühten sich um ihre Gruppenidentität, zugleich aber meinten sie dadurch ihre Individualität noch besser akzentuieren zu können.

Dies alles kam am deutlichsten beim ersten und bislang auch einzigen österreichischen Schriftstellerkongreß im Jahre 1981 zum Ausdruck, der in organisationsgeschichtlicher Hinsicht ein Unikum auch in der Vereinsgeschichte österreichischer Autoren darstellt. Daß dieser Kongreß – was die realpolitischen Konsequenzen betrifft – irgendwie dem Hornberger Schießen vergleichbar war, wird schwer zu leugnen sein. Kreisky hielt sich in seiner Eröffnungsansprache kurz und bündig und erklärte, daß die Arbeiter sich organisiert hätten, um etwas zu erreichen, und er empfahl daher den Schriftstellern: »Organisieren Sie sich!« Aufschlußreichstes Dokument dieses Kongresses ist der *Problemkatalog*, der von Gerhard Ruiss und Johannes Vyoral herausgegeben wurde.

Auch wenn auf den ersten Blick die unmittelbaren Folgen dieses Kongresses kaum wahrnehmbar sind und kaum zu vermelden ist, daß nach diesem die Literatur merklich besser oder schlechter geworden wäre, so ist damit das Thema für immer auf dem Tisch. Die Autoren haben – und das scheint mir ein immerhin positiv formulierbares Ergebnis – in den letzten fünfzehn Jahren so etwas wie eine soziale Identität gewonnen, die sie nicht mehr als Sonderfall erscheinen läßt, nicht mehr als kuriose Unternehmer mit stets defizitären Betrieben, sondern als Arbeitnehmer, die ihre sehr schwer zu erläuternden Rechte doch irgendwie durchzusetzen versuchen. Freilich sind grundlegende Fragen noch immer nicht abgeklärt, wie zum Beispiel: Wie könnten Arbeiter ihre Rechte durchsetzen, wenn ihnen das Mittel des Streiks untersagt ist? Und was passiert, wenn Schriftsteller streiken? Welche objektiven Kriterien gibt es für die Arbeit eines Schriftstellers – verglichen etwa mit den Kriterien, die für die Leistung eines Installateurs oder einer Sekretärin gelten?

Viele dieser Fragestellungen, die es freilich auch in anderen Ländern gibt, nahmen ihren Ausgang in der GAV und werden nun vor allem im Bereich der IG Autoren traktiert. Uns wird das Förderungswesen noch gelegentlich zu beschäftigen haben, weil sich daraus sehr wohl der Status, den Literatur in unserer Gesellschaft hat, schön ablesen läßt.

Der Beginn der GAV steht unter dem Leitstern eines Optimismus, wie er für den Beginn der Ära Kreisky typisch war; in den frühen siebziger Jahren schien – nachdem man 1968 gut, ja besser als die meisten westlichen Nachbarn überstanden hatte – vieles machbar. Die Wirtschaft und Ökonomie sah sich immer noch einem technologischen Optimismus verpflichtet, der erst 1978 sein Debakel bei der Abstimmung um Zwentendorf erfuhr. Diese Euphorie mußte freilich gebändigt werden; Franz Schuh, Generalsekretär der GAV für elf Jahre, hat in einem sehr scharfsichtigen und zugleich auch die Widersprüche, die diese Vereinigung bestimmten, scharf exponierenden Essay vor allem die Figur des Organisators Ernst Jandl gewürdigt und kritisiert, zugleich auch die Bedeutung dargestellt, die Jandl und mit ihm die GAV für Österreich repräsentierten:

> Die Grazer Autorenversammlung war von vornherein, mit dem ersten Augenblick ihres Daseins und ohne es selbst noch zu wissen, eine Parallelaktion zum Aufschwung der österreichischen Sozialdemokratie. Nicht nur wegen der politischen Nähe ihres Gründers, sondern auch weil dieser, nämlich Jandl, als Person so funktionierte, wie damals Personen in politischen Zusammenhängen funktionierten: als Integrationsfiguren. (Schuh 1991, 80)

Schuh trennt nun hartnäckig zwischen dem Künstler und dem Bürokraten Jandl, zwischen dem, wie er sagt, bedeutendsten Lyriker Österreichs nach 1945, und dem Bürokraten, in dem »Österreichs Enge« implodieren würde. (Schuh 1991, 82) Mit gutem Grund hat

Franz Schuh jenes Ineinander von Organisation (das institutionengeschichtliche Moment jeder Literaturgeschichte) und künstlerisch-ästhetischem Fortschritt an die Person Ernst Jandls zu binden gesucht, also ihn, und nicht Handke oder Bernhard zum Repräsentanten der komplexen Situation gemacht, in der sich die österreichische Literatur gegen Ende der siebziger Jahre befand. Die folgende Besprechung von Jandls Stück *Aus der Fremde* soll vorführen, daß es nicht abwegig ist, einmal von hier aus, von diesem Stück, das nicht mehr als den Tag eines Schriftstellers bietet, eben »[A]lltagsdreck«, den Zugang zur österreichischen Literatur auch der Folgezeit zu suchen. Wir können nun, nach diesem Ausflug in die Institutionengeschichte, zu den Texten zurückkehren. Es soll nun auch nicht mehr so aussehen, als hätte ich die Flucht vor den Texten ergriffen, da das so schöne Prinzip der Innovation auf einmal durchlässig und unzuverlässig geworden ist, in ästhetischer und moralischer Hinsicht. Und das erzeugt auch jene großen Schwierigkeiten, mit denen sich Ernst Jandl um die Mitte der siebziger Jahre auseinandersetzte.

4. Ernst Jandl (*1925): *Aus der Fremde* (1979)

Auf den Unterschied der Rolle, die Jandl einerseits als Organisator, als spiritus rector der GAV, durch gewiß mehr als ein Jahrzehnt spielte, und seinen Gedichten hat Franz Schuh in dem bereits zitierten Essay aufmerksam gemacht. In unseren Betrachtungen muß einerseits dieser institutionengeschichtliche Aspekt zum Tragen kommen, zum anderen ist der Bezug auch zu den produzierten Texten herzustellen. Das ist, meine ich, eines der großen Probleme der Literaturwissenschaft: Die Texte haben das, was ihnen und ihrer Entstehung äußerlich ist, abgestreift; dem Puristen bieten sie sich eben nur als Text dar, und damit hat es für ihn füglich sein Bewenden, und niemand kann ihm Vorwürfe daraus machen, daß er vom Text nicht mehr haben will, als ihm dieser nun einmal bietet. Zum anderen aber sind diese Texte ja nicht entstanden ohne einen Bezug zu der konkreten gesellschaftlichen Situation, und es ist auch anzunehmen, daß sie auf diese antworten. Inwieweit diese Antwort jedoch dem Text auch substantiell ist, mag ein Streitpunkt sein; ich möchte meinen, daß diese Texte erst dadurch, daß sie über das von der ästhetischen Herstellungspraxis abgegrenzte Territorium hinausweisen, Verbindlichkeit beanspruchen können. Ich kann hier nicht die Methode, auf die ich mich stützen möchte, im einzelnen ausbreiten, aber ich möchte doch darauf hinweisen, daß in manchen Punkten der von Jan Mukařovský vorgeschlagene Begriff der »ästhetischen Funktion« sich gerade für die Analyse moderner Literatur als sehr förderlich erweist:

> Jedes Resultat eines äußeren Eingriffs wird [...] von der Dynamik der immanenten Entwicklung *resorbiert*; nicht selten kann man sogar beobachten, daß unter Umständen, unter denen die immanente Entwicklung der Resorption äußerer Einwirkungen nicht fähig ist, selbst ein starker äußerer Impuls ohne sofortige Wirkung bleibt und erst dann zur Geltung kommt, wenn die immanente Entwicklung die Möglichkeit seiner Resorption erreicht hat [...]. (Mukařovský 1989, 101)

Umgekehrt ist freilich auch denkbar, daß solche Resorptionsakte nicht erforderlich sind beziehungsweise in die umgekehrte Richtung verlaufen, das heißt, daß in der kunstimmanenten Entwicklung Positionen erreicht werden, die den sozialen, wissenschaftlichen oder politischen Bewußtseinsstand von später antizipieren. Ich möchte hier das Wort »prophetisch« nicht verwenden, aber darauf bestehen, daß es so etwas wie eine (keineswegs völlig autonome) kunstimmanente Entwicklung gibt. Dieses Problem wird uns in der Folge beschäftigen, zugleich wäre auch zu betonen, daß ein verhältnismäßig kleinerer Raum, wie der Österreichs, solche Prozesse auch anschaulicher vorzuführen imstande ist.

In der Folge soll uns das *literarische* Werk des Autors Ernst Jandl beschäftigen, denn durch dieses, und nicht durch seine respektable organisatorische Tätigkeit ist sein Name zum Begriff und seine Leistung zum Gütesiegel neuerer österreichischer Literatur vor allem im deutschen Sprachraum geworden. Die Anfänge seiner Wirksamkeit liegen zunächst in der Etablierung einer lyrischen Praxis, die für Österreich eher als eigenständig zu gelten hat: Er schließt nicht an die Lyrik hohen Stils an (wie etwa cum grano salis Ingeborg Bachmann), nicht an die metaphysisch inspirierte Tradition, schon gar nicht an die Heimatlyrik, sondern nimmt das Maß an Brecht und der amerikanischen Lyrik (Charles Sandburg), später kommen die Schriften Gertrude Steins hinzu. So entstehen frühe Gedichte in der Alltagssprache (*Andere Augen*, 1956). In der Folge jedoch hat Jandl kaum Erfolg, erst als 1966 sein Gedichtband *Laut und Luise* mit einem Nachwort von Helmut Heißenbüttel bei Walter (Freiburg, Schweiz) erscheint, beginnt sich diese »experimentelle« Schreibweise durchzusetzen; vor allem durch den Vortrag seiner Gedichte wird Jandl in den nächsten Jahren zu einer singulären Erscheinung der Literaturszene des deutschsprachigen Raumes: Mit diesen Auftritten gelang es ihm in kurzer Zeit, die Konkrete Poesie beliebt und populär zu machen. Viele seiner Texte (*wien: heldenplatz, schtzngrmm, lichtung*) aus dieser frühen Periode haben ihren festen Platz in Lesebüchern und Lyrikanthologien, und der Witz, die scharfe Pointe haben Jandl auch den doch korrekturbedürftigen Ruf eingebracht, vor allem ein heiterer, ja lustiger Dichter und ein Entertainer zu sein, bei dem man immer irgendwie lachen müsse. In der Tat, er hat die Lacher auf seiner Seite, aber das heißt noch lange nicht, daß sich diese Gedichte einer unverbrüchlich heiteren Stimmung verdanken. Diese Gedichte führen Sprachmaterial vor, sie demonstrieren es, indem sie es demontieren, indem sie es in neuen und unerwarteten Konstellationen vorführen.

> In der Poesie brauchen wir alles, woran wir uns nicht gewöhnt haben, in der Kunst überhaupt, aber zu allermeist in der Poesie, die auf ein Material angewiesen ist, das von allen unausgesetzt und mit vollständiger Gewöhnung daran, dazu verwendet wird, alles außer Poesie daraus zu machen. Das Material ist dasselbe, aber die Gewöhnung daran muß aufhören, alle Gewöhnung daran muß aufhören, wo Poesie beginnen soll. (Jandl 1985, 3, 581)

Diese Sätze stammen aus dem Buch *die schöne kunst des schreibens* (1976; als Vortrag gehalten bereits 1974). Sie deuten an, daß sich die Sprache in der Poesie nicht an die Gewohnheit verraten dürfe; sie müsse als etwas auftreten, das durch Gewohnheit noch nicht obsolet geworden ist. Das bedeutet, daß das Sprachexperiment zwar wesentlich Anteil an dem Verfahren hat und das Bekenntnis stützen hilft, impliziert aber auch, daß es nicht alleinseligmachend ist, was die Gestaltung literarischer Texte betrifft. Ich meine, daß die Publikationen bis 1974 wesentlich von dieser materialorientierten Haltung geprägt sind, daß aber damit Jandl (vor allem mit dem Buch *serienfuss* von 1974) den Rand seiner Möglichkeiten in diesen und ähnlichen Vorgangsweisen erreicht hatte. Viele dieser Texte kommen sehr gut ohne das »Ich«, ohne das konkrete historische Subjekt aus. Es scheint fast, als würde über den Texten Jandls etwa bis 1974 ein »Ich«-Tabu am Werke sein. Die Grenzen, an die er mit diesem Verfahren stieß, dürften auch ihm selbst zu Bewußtsein gekommen sein. Ich finde, daß seine Experimente durchwegs nicht steril, nicht öde sind; ich finde aber auch, daß selbst bei ihm die Grenze dieser Verfahrensweise erkennbar wird. Jandl selbst hat immer wieder betont, daß die Möglichkeiten auch dieser Poesie einmal ausgeschöpft sein müssen. In Parallele dazu wurde ja in der Literatur etwa um 1972 auch dem Experiment die Absage erteilt; viele Autoren kehrten, manche langsamer, manche schneller, zu den traditionellen Formen zurück. Daß die Verfahrensweisen, die sie in der Revolte gelernt hatten, sich als fruchtbare Filter erwiesen hatten, um die alten Methoden zu reinigen, erwies sich in der Folge sehr deutlich, zugleich aber ergibt sich auch daraus, daß nun dieses »Ich«, das wieder zu sprechen beginnt, in einer neuen Gestalt auftritt, denn in der Poesie brauchen wir das, woran wir uns noch nicht gewöhnt haben. Das bedeutet nicht Innovation um der Innovation willen, sondern hebt vielmehr ab auf die Haltung des Lesers, der einen Anspruch (»brauchen wir«) darauf hat, mit etwas konfrontiert zu werden, was nicht alltäglich ist. Diese Einstellung bedingte meines Erachtens eine schwere Schaffenskrise, deren Klimax wir in *Aus der Fremde* in eindrucksvoller Form kennenlernen werden. Zugleich aber sind es immer die Krisen, die zu entscheidenden Werken führen. Mir ist kein Werk von Rang bekannt, hinter dem nicht eine – wie immer auch geartete – Krise seines Schöpfers stünde. Was Jandl auszeichnet, ist auch die Fähigkeit, eben die Gewöhnung zu vermeiden, vor allem die Gewöhnung an das, was dereinst zu Erfolg führte, und zu meinen, Kunst wäre auf diese Weise nach Rezept herstellbar.

Jandl hat in der Mitte der siebziger Jahre ein Verfahren entwickelt, das an Kühnheit im Umgang mit den Texten hinter den früheren Versuchen der Aufhebung syntaktischer und semantischer Konventionen zurücksteht, das aber tatsächlich das Ungewohnte auf eine andre Weise zurück ins Spiel bringt. In diese Zeit fallen die ersten Versuche mit der »beschädigten Sprache«; und in dieser beschädigten oder heruntergekommenen Sprache stellt sich nun das »Ich« wieder ein, ein beschädigtes »Ich« freilich. Und dieses beschädigte »Ich« spricht nun zu uns. Der erste Gedichtband ist *die bearbeitung der mütze* (1978) – diese Sprache ähnelt nicht von ungefähr dem Deutsch, das die Gastarbeiter sprechen, nichts aber liegt diesem Verfahren ferner oder wäre ihm fremder als die satirische Absicht.

Entscheidend ist, daß diese Methode der Deautomatisierung nicht beschreibbar wird in Kategorien der Grammatik; die Deautomatisation wird also nicht zu einer Automatisation à rebours, obzwar es einige sprachliche Besonderheiten (Infinitivisierung des Verbs, Bevorzugung von Formen, die den Akkusativ erkennen lassen, Aufhebung der Wortstellung) gibt. In dieser Sprache wird nun jeder Anspruch auf ein Höheres zurückgenommen, es ist dies das Dichten aus einem Defizit heraus; es wird einem etwas versagt, Glätte und Abgeschlossenheit sind unmöglich und verwehrt. Das Subjekt, das nun wieder zu Wort kommt, das Subjekt, das vorher in dem Arrangement des Wortmaterials untergegangen, ja verlorengegangen war, tritt nun neu auf, allerdings als ein reduziertes Subjekt, mehr und mehr reduziert auf seine Körperlichkeit. Immer deutlicher wird die Schäbigkeit des Daseins, immer krasser ist von den Verwundungen die Rede, die diese Rede bedingen.

Auch neue Formen werden benötigt. Jandl hatte sich nicht nur im Gedicht, sondern auch auf dem Gebiet des Hörspieles (*Fünf Mann Menschen*, gemeinsam mit Friederike Mayröcker, entstanden 1967, Erstsendung 1968, Erstveröffentlichung 1969) innovatorisch auszeichnen können. Verhältnismäßig wenig hatte er sich auf dramatische Formen eingelassen. 1976 legte er mit den *humanisten* einen ersten Versuch in diese Richtung vor. In diesen *humanisten* wird nun auch eine im künstlerischen Werk bislang nicht so deutlich erkennbare kulturpolitische Dimension angesprochen. Es geht um Österreich; zwei hervorragende Persönlichkeiten unterhalten sich miteinander – ein Gelehrter und ein Dichter (m1 und m2). Ihre Rede durchläuft die Stadien von einer gespreizten Konversation über die Diskussion der österreichischen Kulturgüter bis hin zum Streit und dann zur jähen Verbrüderung, die allerdings dann durch einen dritten Mann (m3) unterbrochen wird, der die beiden niederknallt. Sie sterben verklärt, werden dann von m3 zur Abschreckung aufgehängt. Und das alles spielt sich in der »beschädigten« Sprache ab; der ironische und dann auch bühnenwirksame Kontrast entsteht durch den hohen Anspruch ihrer Sprache und ihre geradezu stümperhafte Realisation.

Das Drama der österreichischen Avantgarde harrt bis jetzt noch einer einläßlichen Untersuchung. In der *Wiener Gruppe* haben H. C. Artmann, Gerhard Rühm und Konrad Bayer auch hier Akzente gesetzt; aber ihre Stücke leben vor allem davon, daß in ihnen

die Handlung völlig zerstört ist. Ich denke hier vor allem an Konrad Bayers *Kasperl am elektrischen Stuhl*, aber auch an Gerhard Rühms *Ophelia und die Wörter* (1972). Jandls Stücke hingegen weisen demgegenüber eine geradezu strenge dramatische Konzeption auf; allerdings sind auch seine Stücke weit entfernt von der Einhaltung aristotelischer Konvention, die sich an einen dramaturgisch effektvollen Plot anlehnen könnte.
Ich meine, daß Jandls Stücke deutlich machen, was ihn von dieser (im Gefolge von Jarrys *Ubu Roi* stehenden) Dramatik trennt. Sein Stück *Aus der Fremde* war als eine Art Auftragsarbeit für den Steirischen Herbst entstanden. Die später entstandenen Kommentare des Autors verweisen darauf, daß die Herstellung eines abendfüllenden Stückes auch mit einer großen Krise verbunden war. Zum besseren Verständnis zitiere ich Jandls *Einleitung zum Stück »Aus der Fremde«*.

1. [...] *Aus der Fremde* ist die Darstellung einer Depression, die einen etwa fünfzigjährigen Schriftsteller nahezu vollständig isoliert. Er klammert sich an eine gleichaltrige Kollegin, seine langjährige Freundin, und, weniger heftig, an einen um eine Generation jüngeren Freund. Sein Zustand spiegelt sich in einer Sprache, in der es kein Ich, kein Du und keine bestimmte Aussageweise gibt; an ihre Stelle sind ausschließlich die dritte Person und der Konjunktiv getreten. Die Rede ist eingespannt in Dreiergruppen von Zeilen, die Stimme bewegt sich an der Grenze eines Singens, das den Verlust der Vertrautheit der tragischen Hauptfigur mit sich selbst und der Welt nochmals deutlich markiert. Diese Merkmale zwanghafter Künstlichkeit insgesamt führen zur Bezeichnung »Sprechoper«.
2. *Aus der Fremde* ist die dramatische Arbeit eines vorwiegend Gedichte Schreibenden. Der Autor ist insofern nicht von seiner Generallinie abgewichen, als er den Dialog gedichtartig gestrafft und die Sprache des Stückes von der Normalsprache eindringlich und konsequent abgerückt hat, ohne die Verständlichkeit zu beeinträchtigen. Durch diese dem Gedicht zu dankenden Kunstgriffe erhöht sich die Lesbarkeit und die Sprechbarkeit dieses ebenso realistischen wie exemplarischen Stückes – exemplarisch nicht zuletzt für die Bedrängnis, in der unzählige Einzelne heute ratlos und mundtot verharren. (Jandl 1985, 3,352)

Diese Stelle macht zugleich sehr schön anschaulich, wie wenig Sinnvolles zu dem, was Jandl zu seinen eigenen Werken gesagt hat, vom Interpreten noch hinzugefügt werden kann. Aus solchen Äußerungen entsteht die Krise des Interpreten, dessen Rede nach solchen Klarstellungen überflüssig scheint. Unser Versuch sollte daher darauf hinauslaufen, diesen Text eben nicht von der Intention des Autors her nachzuzeichnen, sondern vielmehr seine Besonderheit für die Literatur um 1980 zu bestimmen.

Der Autor selbst hat mit gutem Grund hervorgehoben, daß es hier auch um etwas Exemplarisches gehen soll oder gehen könnte, eben um die Situation eines allein Arbeitenden. Hier wird der Schriftsteller zur öffentlichen Figur, denn es geht ja um nichts andres als um einen Schriftsteller und seine Leistung. Und dieser Schriftsteller wird aus seiner Isolation in das grelle Licht einer Bühne gerückt. Dies ist einmal zu berücksichtigen, denn damit ist der Verdacht abgebogen, daß hier ganz bewußt um einen Autor jene Mauer des Elfenbeinturms gezogen wird, auf den die Dichter gleichwohl doch auch einen Anspruch haben sollten.

Das 19. Jahrhundert hat uns die Spezialisierung für alle Berufssparten gebracht; so sind auch die Dichter zu Spezialisten geworden, und dabei scheint gerade ihrem Beruf der Begriff der Spezialisation entgegenzustehen. In diesem Sinne verstehen sich auch die Autoren als Spezialisten, eben als Literaturspezialisten, wobei diesem Spezialistentum die vertrackte Aufgabe zukommt, Spezialisten für alles zu sein, zugleich ist es ihnen aber verwehrt (schon auf Grund der Voraussetzungen ihrer Arbeit), Anteil zu haben an einer (was immer das ist) gesamtgesellschaftlichen Praxis. Daß die österreichische Literatur eine Literatur wäre, die sich vor allem in den Köpfen abspielt, ist zu einem Vorwurf geworden, der immer wieder zu hören ist, und der, unbedacht ausgesprochen, auch besagt, daß diese Literatur für die Gesellschaft so gut wie irrelevant sei (oder wäre). Solche Reden sind natürlich außerordentlich leicht herstellbar und auch verstehbar. Es geht mir nicht darum, den Dichter zum Märtyrer zu stilisieren, sondern darum, ihm jenes Odium der gesellschaftsabgewandten Denk- und Arbeitspraxis doch auch in diesen Fällen zu nehmen, in denen das produziert wird, was in den siebziger Jahren mit einer schnöden Doppelung »Literaturliteratur« hieß. Jandl hat immer wieder darauf insistiert, daß er Gedichte schreibt und daß das, was er schreibt, vor allem Gedichte sind. Es ist also die Konzentration auf das Werk, das ja in der kritischen Avantgardediskussion (Peter Bürger) aufgegeben erschien: Jandl hielt oder hält am Werkbegriff fest, und so wird auch *Aus der Fremde* durchgehend als *Stück* verstanden. Für die erste Tagung der Mitglieder der GAV auf Schloß Retzhof schrieb Jandl 1973 seine Rede *Zur Problematik des freien Schriftstellers*. (Jandl 1985, 3, 516–528) Darin spricht er vom Risiko,

das der Beruf eines Schriftstellers allemal mit sich brächte. Und er folgert:
> Wollen wir dieses Risiko beseitigen? Wollen wir für den Schriftsteller jedes Risiko beseitigen? Und was wäre das dann, Schriftsteller zu sein, ohne das geringste Risiko? Nun, ich meine, zu riskieren, als alter Mann um einen Ehrensold betteln zu müssen, ist nicht ein Risiko, das mir das Leben würzt. Natürlich, Schriftsteller zu sein, Künstler zu sein, schließt eine gewisse Liebe zum Risiko mit ein. Aber doch nicht dieses, die Angst um Versorgung, Arztrechnung, tägliches Brot. Sondern einzig und allein das Risiko, das in der Sache selbst liegt, und gerade dieses Risiko kann sich nur leisten, wer als Schriftsteller tatsächlich frei ist, also nicht Berufsschriftsteller: das Risiko, keinen Erfolg zu haben, nicht anzukommen; das Risiko, den eigenen Erfolg wieder zu zerstören, womöglich mutwillig; das Risiko, eine Sache zu beginnen, die einen nicht mehr losläßt, ohne daß man je mit ihr zurechtkommt – das sind Risiken, die in der Sache liegen und die Tätigkeit des Schriftstellers erst lohnend machen. (Ebda, 525 f.)

Auffallend ist, wie sehr Jandl auf der »Sache«, das heißt wohl »Literatur« beharrt; das Risiko wird als ein Risiko begriffen, das sich aus dem Umgang des Schriftstellers mit seinem Werk ergibt und nicht als ein Risiko, das sich aus der gesellschaftlichen Situation usw. ergibt. Erst wenn das Risiko ein durch die »Sache« bedingtes Risiko ist, verdient es auch, ein, sagen wir, gesellschaftliches oder politisches Risiko zu sein.

Und gerade in der Zeit, da durch die GAV und in der Folge durch die IG Autoren die Autoren sich mehr und mehr ihrer Gruppenidentität bewußt wurden und die »Sache« als etwas definierten, das sich vor allem aus der Auseinandersetzung mit dem Arbeitgeber ableiten würde, just da offeriert Jandl ein Stück, das beharrlich auf der Individualität des Autors beharrt.

Kurz sei der Umweg über die Komposition gestattet, sei auf die Herstellung des Stückes (auch darüber hat Jandl kompakt referiert) Bezug genommen. Der Alltag scheint aus der Sprache verbannt: »Die Stimmen bewegen sich mehr oder weniger an der Grenze zum Singen, ohne Gesang tatsächlich zu erreichen (Rezitativ).« (Ebda, 256) Zu beachten ist, daß Jandl (mündlich) einmal darauf hingewiesen hat, daß die Vortragsweise auch an die Rezitation russischer Lyrik erinnern solle. »Die Stimmung des Stückes liegt in der Nähe des Tragischen. Daher ist im Sprechen wie im Agieren jeder Anflug von Komischem oder Groteskem unbedingt zu vermeiden.« Aber dann läßt Jandl die Katze doch auch aus dem Sack: »[G]erade da-

durch sollen Witz und Ironie, wo immer sie im Text aufscheinen, zu besonderer Wirkung gelangen.« (Ebda, 257)
Die Sprache ist, wie wir wissen, durchgehend im Konjunktiv. Darüber wird in der Folge noch zu reden sein. Zudem sind die einzelnen Dialogteile strophisiert, und zwar in Strophen zu je drei Verszeilen. Von Anfang an ist also die Rede darauf abgestellt, die größtmögliche Distanz zum Alltag herzustellen, es scheint, als würde die Sprache (und dies wird auch durch die Raumgestaltung gestützt) wie eine Mauer die Figuren von der Außenwelt abschirmen. Irgendwie muß ja die Fremde zum Ausdruck kommen, die der Titel enthält.

Präzis wird die Einrichtung beschrieben; die Daten über den Alltag des Schriftstellers werden penibel mitgeteilt. Wir folgen dem Schriftsteller in die Bereiche, die für gewöhnlich als Zonen der Intimität gelten, also Essen und Schlafen. Die Zurichtung des Bettes auf der Bühne gehört dazu: »an der decke / suche er nach der markierung / für das fuß-ende // nicht ins gesicht / wolle er bekommen / den fußpilz« (ebda, 272; Szene 2/Vers 31 f.). Das Einschlafen vollzieht sich auf der Bühne, ein Einschlafen, das denn mit einem befremdlich melancholischen Akzent versehen erscheint: »als sei kein tag gewesen / als komme kein weiterer / er schließe die augen // er öffne die augen / lösche das bettlicht / schließe die augen« (ebda, 273; 2/42 f.). Das ist wie eine Todesankündigung, der Schlaf als Bruder des Todes. Aber ich weiß nicht, ob solche tiefsinnigen Folgerungen und so schwermütige symbolische Auslegungen zutreffen oder auch nur treffen.

Damit schließt die zweite Szene. Die dritte enthält nun den Tag des Schriftstellers; geradezu mit peinlicher Genauigkeit werden nun die Handlungen geschildert, die in den Tag des Schriftstellers hineinführen. Schwerfälliges Aufstehen, die erste Zigarette, Telefonieren mit der Freundin; Morgenwäsche, Frühstück, Einnahme von Medikamenten und die zweite Zigarette. Nochmals wird die Freundin angerufen: »ohne telefon / hätte er einen sohn / wenigstens eine tochter« (ebda, 276; 3/22).

Und dann kommt die Außenwelt; sie ist aber nur als Lärm präsent. Mit einer Riesentasche, wie ein Hamster, macht er sich auf den Weg, um die Besorgungen zu erledigen. Der Weg ins Äußere bedingt den Gang in die Fremde: »das düstere treppenhaus / zeige ihm / daß er hier fremd sei« (ebda, 277; 3/31). Wir bekommen die

Außenwelt nur als Geräuschkulisse in den Innenraum herein; wir können nicht mit allen unseren Sinnen zur Kenntnis nehmen, was sich da draußen abspielt. Das Haus ist ein Gefängnis. Minuziös wird nun der alltägliche Vorgang der Versorgung vorgeführt. Einer der wenigen Kontakte zur Außenwelt ist die Post, sie sei »von mittlerer / menge gewesen« (ebda, 280; 3/60). Es folgt die Sichtung der Korrespondenz. Die Reaktion auf die Post ist kennzeichnend; hier gilt es, mit bürokratischer Sicherheit vorzugehen. Auf dem Tisch des Schriftstellers spielt sich nichts anderes ab, als sich auf den Tischen der Ämter auch abspielt. Doch nach dieser Privatzensur auf dem Schreibtisch kommt die anarchische Reaktion: »ein päckchen / enthalte bestellte / büchlein eigener verfasserschaft // er werfe sie zuweilen / nach lesungen / gratis ins publikum // so reagiere er / auf die indolenz / einzelner buchhändler« (ebda, 282; 3/77–79), »die herrschende unordnung / nehme nicht zu / sondern werde bloß ergänzt« (ebda, 284; 3/90). Der Schauspieler ist auch mit seinem Körper präsent, und der verlangt nach Nahrung; doch organisiert sich die Materie offenkundig gegen das Individuum, die Objekte erhalten in der Phantasie des sensiblen, auf sich selbst gestellten Individuums Eigenleben. Je mehr sich ein Mensch absondert, umso lebendiger werden die Gegenstände: »ob die abgebrochene hälfte / immer mit der bestrichenen seite / zu boden fallen müsse« (ebda, 284; 3/94). Ja, möchte man antworten, denn der Quark ist schwerer als das Knäckebrot, und das Naturgesetz ist hier etwas, das gegen die prästabilierte Harmonie, wie sie der Autor wünscht, organisiert ist. Nun beginnt der Kampf gegen die Zeit, der Kampf gegen die Uhr, könnte man sagen. Die Zeit, das einzige Kapital, das sinnlos vergeudet wird. Nun wird, nach Verrichtung der alltäglichen Arbeit, der alltäglichen Dringlichkeiten, die Leere evident, die im Vorfeld der Arbeit des Schriftstellers ist und die auch die Krise bedingt: das leere Papier. Es folgt wieder die Zuflucht ins Material, zu Füllfeder und Bleistift, zur Ablehnung der Maschinenschrift. In einige ganz kurze Bemerkungen dieses Monologs hat Jandl auch das Problem des freien Schriftstellers eingepackt, seine Suche nach Zeichen des Aufbegehrens, der Autonomie: Kindisch geradezu freut er sich: »mit fingern zwei / maschinzuschreiben / sei dichters vorrecht // möge dahinstolpern / auf seinen zehn fingern / der maschinschreibknecht.« (Ebda, 288; 3/129 f.) Und das ist auch schon ein Signal der siegreichen Euphorie des Autors, der stolz ist, ein Verfahren gefunden zu haben, mit dessen Hilfe er die Krise zumindest im Ansatz überwunden zu haben hofft. Eben hat er das Stück konzipiert, das wir nun vor uns sehen. Alles weitere wird der »sitzkunst« (ebda, 289; 3/134) anvertraut. Die vierte Szene ist vielleicht die wichtigste des Dramas. Haben wir doch im vorangehenden Monolog der vorigen Szene nicht mehr erfahren als das Verfahren, so daß wir nun gespannt sind, wie es weitergeht. Und nun entwickelt er das Konzept. (Ebda, 295 f.; 4/51–60) Aber das mündet bald in eine Selbstanalyse. Das heißt, die Entstehung des Stückes, seine Konzeption, hat schon wieder eine intensive Selbstreflexion zum Anlaß, die vor allem Anlaß der permanenten Krise ist. Hier beginnt sich nun der Autor abzusetzen mit seinem Konzept: »geschichtshaß / gründlichst empfangen / habe er zur nazizeit // geschichtsverlangen / kenne er / auch heute noch nicht // voll wissenloser stellen / wäre als abiturient jetzt / er eine katastrophe // was ihm als resultat / seines universitätsstudiums / völlig egal sei.« (Ebda, 297 f.; 4/71–74) Historische Stücke wolle er nicht schreiben, die überlasse er den »großen historischen dramatikern // diese gebe es schließlich / wenn man die großen unaufgeführten hinzuzähle / zum saufüttern // sein eigenes stück / das entstehende / sei einfach alltagsdreck // chronik der laufenden ereignislosigkeit«. (Ebda, 298; 4/76–79) Das wäre also geradezu beispielhaft antidramatisch; jegliche Form von Spannung, von Konfliktsituation scheint ausgelagert, alles, was ein Konflikt außerhalb der Köpfe der Figuren sein könnte, existiert nicht. Ironisch unterläuft nun auch die Bemerkung, daß es kein Dreiecksstück, sondern mit dem erwarteten Dritten doch ein Dreipersonenstück sei, auch die traditionelle Erwartung an ein Drama. Die Spannung, der Konflikt zwischen den beiden wichtigen Protagonisten, der sonst ein Stück tragen müßte, kommt hier nicht zum Tragen.

Die fünfte Szene ist nun ein Meisterstück einer Konversation zu dritt, die tatsächlich nur die Voraussetzungen von Konversation überhaupt einmal zu erörtern scheint. Nach dem Abgang von »er2« zieht sich »er« in sein Zimmer zurück. Die siebente und letzte Szene enthält nun, wie bereits die zweite Szene, den Vorgang des Zubettgehens, und das ganze Stück schließt nun so wie die zweite Szene, nur mit einer Ausnahme, daß der Rede der Hauptfigur dann jeweils noch ein »daß« vorgelagert ist, das eine noch intensivere Distanzierung vom Geschehen herstellt.

So viel einmal zum sogenannten »Inhalt« des Stückes, das in dem Selbstkommentar des Autors eben als »[A]lltagsdreck« anzusehen sei – die Dichterfigur hat sich von der großen Geschichte und damit auch von deren Kommentierung verabschiedet. Der Autor selbst lebt im »[G]eschichtshaß«; es gilt nur das Leben in dem Augenblick, in dem es gelebt und erfahren wird. Zugleich wird aber zu diesem Augenblick auf der Bühne die größte nur denkbare Distanz hergestellt: eben durch die Verwendung des Konjunktivs. Wir haben uns nun zu fragen, wozu gerade dieser Konjunktiv eingesetzt wird. Eine Spielerei? Gewiß, das auch, aber nicht nur. Festzuhalten ist, daß diese Redeform in der Kunst gerade dann eine Belebung erfuhr, als die Linguistik mehr und mehr ihre Obsoletheit in der Alltagsrede feststellen mußte.

> die investition, die der autor vorgenommen hat, trägt nach meiner meinung so oder so früchte. die kunstsprache, die jandl gewählt hat, besser: die er wählen mußte, ist aber auch psychologisch realistisch, indem das introvertierte verhalten der typen sie nach innen zu sehr angespannt zeigt und alle ihre energie den subjektiven interessen zugewiesen ist – was sich besonders verträgt mit einer relativ spröden ausdrucksweise, denn dieser typus ist wie kein anderer maßvoll. (Gomringer 1982, 142)

Die Kunstsprache ist für diese »typen« (so Gomringer) eben die einzig realistische. Zu beachten ist ferner, daß die hier auftretenden ausnahmslos konjunktivischen Syntagmen den Charakter konjunktivischer Gliedsätze besitzen.

> Es scheint nun, als bewirke die ausnahmslose Verwendung des Konjunktiv I beim Zuschauer, Hörer oder Leser einen mehrfachen Eindruck: Zunächst erfährt er eine von allem bisher Gekannten abweichende Darstellung, er fühlt sich aufgerufen zu fragen, wovon denn die sonst abhängigen Konjunktive in diesem Stück abhängig seien und findet vielleicht eine mögliche Antwort auf diese Frage in der Vermutung, die konjunktivische Ausdrucksweise sei im gegenständlichen Fall durch die außersprachliche Realität bedingt. (Krämer 1982, 131)

Dies ist entscheidend: Der Konjunktiv wirkt auch in seiner spielerisch-ästhetischen Anwendung als Mittel der Distanzierung, zugleich aber scheint es einen Satz zu geben, von dem diese Texte abhängig sind: Und dieser Satz ist, so könnte man sagen, die außersprachliche Realität, von ihm hängt das Geschehen *unbedingt* ab. (Vgl. Krämer 1982, 134) Damit wäre nun eine der wichtigen Funktionen auch des Konjunktivs (für den Rezipienten) gefaßt. Die Figuren scheinen irgendwie Marionetten eines Hauptsatzes (außersprachliche, außerkünstlerische Realität) zu sein; die Illusion, die auf jeder Bühne naturgemäß entsteht, wird hier verdoppelt durch die Illusion, die durch die durch den Konjunktiv gebrochene Rede entsteht. Wir sind nun doch einen Schritt weiter gekommen: Es ist gerade diese Radikalisierung des Illusionscharakters, die dem Stück seine unaufdringliche Besonderheit gibt. Es wird nicht dazugesagt, daß wir es hier mit einer Illusion zu tun haben; die Illusion wird konsequent erzeugt, es gibt keine Alternative zu dieser Illusion. Dazu kommt die intendierte Sprache, der Rezitativton:

> Das Rezitativ soll die Sphäre der Musik gleichsam tangential berühren.
>
> In Analogie zu Sprache und Episierung ist der Operncharakter verhalten, elliptisch, den Gesang ausschließend und doch zugleich stets streifend – und polyvalent: er ridikülisiert die Denotate, hebt sie von der Distanz der Wortmusik her in ihrer Tristesse hervor und vermag sie doch auch zu »sublimieren«; er bereichert das Drama um eine akustische Zusatzstruktur, ohne sich zu verselbständigen und damit von der verbalen Basis abzulenken; er verstärkt die Denaturierung der Akteure, soll aber auch, der Intention des Autors nach, auf dem Weg kontrastiver Stimmführung sozusagen hintenherum voneinander absetzen. (Loew-Cadonna 1985, 55)

> Die Sprache wirkt sich außerdem uniformierend auf die Konfiguration aus: die Episierungssignale sowohl als auch die übrigen Formen sprachlicher Überstrukturierung sind auf die Figuren verteilt. In dieser Hinsicht führt ausgerechnet der an sich Kommunikation erschwerende Code zur Homogenisierung und wechselseitigen Annäherung der Akteure: die gemeinsame Befindlichkeit in einer tristen Entfremdungslage und -sprache stellt für »ihn«, »sie« und »ihn2« einen fundamentalen Gleichtakt dar. [...] Die figurenhomogen versprachlichte »Verbundenheit« kann sich dabei nie zu voller Intimität steigern: die übergreifende poetische Restriktion schnürt Leidenschaften und Affekte ab. (Ebda, 57 f.)

> Abgezwackte Episierung, strophische Askese, defekte Figurenindividualität, ausgemergelte Redeperformanz: das Reduktionsmoment bisher umrissener Konstruktionsfaktoren von »Aus der Fremde« setzt sich in der Handlung fort[.] (Ebda, 62)

Wir haben es mit einem sehr diffizilen Gebilde zu tun, das in sich alle Merkmale der Antidramatik zu bergen scheint, zugleich aber diese Antidramatik subtil und radikal unterläuft. Es ist so gut wie unmöglich, an dieser Stelle die Subtilitäten dieser Struktur einzeln zu charakterisieren, es ist jedoch festzuhalten, daß so ein Stück alle möglichen Formen der Dramatik unterläuft, ohne sie aber zu denunzieren: das Künstlerdrama, das Drama der geschlossenen oder offenen Form, die Möglichkeiten der Verfremdung, das Charakterstück, die Problematik der Haupt- und Nebenfiguren. Es ist ein Monolog, aber eben nicht nur Monolog. Es hat zwar eine Hauptfigur, ist aber dennoch auf zwei angewiesen und bedarf sogar einer dritten Figur. Es wird die Außenwelt ausgeschlossen, aber sie dringt doch ein: Das »off-stage« wird zur künstlerischen Notwendigkeit. Es wird die Isolation des Künstlers beklagt, aber das kommt nicht larmoyant über die Bühne, und zugleich wird diese Isolation als die einzig mögliche Situation des Schreibens überhaupt erfaßt.

> In seiner Divergenz läßt es [das Stück] sich auch als Korrelat der ontologischen Opposition von Wirklichkeit und Kunst lesen: vor der Folie dieser Gegenüberstellung stiftet das sekundäre Fiktionsniveau, gegenüber dem factum depressum des primären, eine eigene ästhetische Dimension, ein Produktivitätsfeld, das als solches über die es umgebende [...] »Wirklichkeit« des Haupttextes hinauszureichen vermag, dabei konjunktivisch relativiert und doch auch zugleich konjunktivisch ermöglicht erscheint. (Ebda, 69)

Mit diesem Stück haben wir den idealen Schnittpunkt markiert, an dem die soziale Problematik der Künstler und die Problematik des kunstimmanenten Diskurses einander überschneiden. Die Lösung kann weder in die eine oder andere Richtung eine endgültige sein. Das Schlagwort der Autorensolidarität (so nennt sich auch eine regelmäßige Publikationsfolge der IG Autoren) hat seine guten Gründe. Auch die Stimme des Autors soll unter jenen gehört werden, die um ihre Rechte kämpfen. In *Aus der Fremde* wird realistisch der Arbeitsprozeß dargestellt, den jeder Schreibende zunächst vor sich selbst und dann vor der Gesellschaft zu verantworten hat. Diese Art von Schreiben läßt sich nicht als Teamwork auffassen, in dem die Kommunikation die Isolation und damit die Depression ersetzt. Unsere Aufgabe ist es vielleicht, aus diesem Teufelskreis herauszukommen, der den Dichter dazu verurteilt, einer von vielen sein zu müssen, während er zugleich aber immer Anspruch auf eine Besonderheitsidentität hat. Jandl selbst hat diese Situation unübertrefflich in seinem Gedicht *der wahre vogel* ins Bild gebracht:

> fang eine liebe amsel ein
> nimm eine schere zart und fein
> schneid ab der amsel beide bein

amsel darf immer fliegend sein
steigt höher auf und höher
bis ich sie nicht mehr sehe
und fast vor lust vergehe
das müßt ein wahrer vogel sein
dem niemals fiel das landen ein (Jandl 1985, 2, 566)

Der Dichter wird verletzt, er kauft sich seinen Flugschein, wenn man so sagen darf, um den Preis der Verstümmelung. Die Bewunderung des Publikums ist gebunden an die geradezu makabre Verstümmelung des bewunderten Objektes. Ich meine, daß – und das gilt für einen guten Teil der österreichischen Literatur – das Dichten, das Schreiben aus dem Defizit heraus erfolgt. Und Jandl klagt das Defizit ein, das wir als Wesen zu tragen haben, die an einen schadhafter werdenden Körper gebunden sind. Dies dient dazu, einen Mangel zur Kenntnis zu bringen und diesen Mangel zugleich schreibend zu überwinden. Daß dies je gelingen könnte, scheint unmöglich, aber es mildert doch den Mangel, wenn man ihm ästhetisch so beizukommen trachtet, daß man für einen Moment der Illusion nachgeben muß, daß es ihn nicht gebe.

5. Gerhard Roth (*1942): *Der Stille Ozean* (1980)

Das Problem, das dieser Text stellt, bietet uns die Möglichkeit, die Rolle des Schreibens wieder aus einer andren Sicht anzupeilen. Gerhard Roth kommt aus Graz und war – zumindest für seine früheren Schriften – eng mit dem *Forum Stadtpark* verbunden. Seine frühen Romane stehen denn auch den experimentellen Romanen eines Peter Handke sehr nahe, und in der Folge lassen sich die Schriften Roths und Handkes ebenso in Parallele lesen, was gewiß noch kein Werturteil sein soll. Mit seinem Roman *Der Stille Ozean* hat Roth indes ein Territorium betreten, das doch grundsätzlich von seiner bisherigen Praxis wegführt und in ein neues Paradigma hinüberleitet. Wir müssen jedoch vorsichtig sein, hier sofort auf Klassifikationen einzugehen, die diesen Roman mit Termini wie »Heimatroman« oder »Regionalprosa« heimschicken wollen. Wie wir heuer letztgültig erfahren durften, stellt dieser Roman – in der Abfolge der Publikation – das erste Stück eines großen erzählerischen Kosmos dar, der siebenteilig sein soll und irgendwie die Geschichte Österreichs anders gelesen haben will, nämlich von denen berichten, von denen die Geschichte schweigt. Damit ist eine Position benannt, die nicht allein auf Gerhard Roth zuzutreffen scheint, sondern über sein Erzählwerk hinausführt, etwa zu seinem Grazer Kollegen Klaus Hoffer (*1942), dessen Roman *Bei den Bieresch* (Teil 1 1979, Teil 2 1983) auch um dieselbe Zeit herum Aufsehen erregte.

Das Interesse am Thema Heimat oder Provinz ist natürlich damals nicht entdeckt worden, sondern stellt eine Konstante der österreichischen Literatur seit der Jahrhundertwende dar – entscheidend ist allerdings der Wandel, den die Gestaltungsweise durchmachte. In diesem Zusammenhang wären auch die Schriften von Klaus Hoffer einmal ausführlich zu behandeln.

Es ist in der Regionalprosa beileibe nicht gleichgültig, wo man seine Helden agieren läßt. Das Stoffliche determiniert hier in hohem Maße denn auch die Gestaltung. Extrema bestimmten die Dorf- oder Regionalprosa früherer Zeiten, vor allem zwischen den beiden Weltkriegen. Paula Groggers Roman *Das Grimmingtor* (1926) ist so ein Beispiel, in dem die Natur, in diesem Fall durch das Hochgebirge sich manifestierend, die prägende Herausforderung für die Menschen ist. Der Bergroman (Luis Trenkers Romane sind in diesem Zusammenhang das auffallendste *joint venture* von Fremdenverkehrsförderung und Literatur und sehen auch dementsprechend aus) hatte vor allem in den dreißiger Jahren Fortune; Hermann Brochs *Versucher* (1953, die postume Teilveröffentlichung der ersten, 1935 entstandenen Fassung von *Die Verzauberung* – der Roman wurde während der Entstehung oft mit dem Arbeitstitel *Bergroman* bedacht) gehört cum grano salis auch in diese Romanfamilie; wenngleich Broch sich gegen die lokalen Faschismen richtete, so versucht er, eben jenen auf einem Gelände zu begegnen, das sie weitgehend okkupiert hielten.

»Heimat« kam um 1980 als Vokabel wieder in Mode; gefordert wurde eine kritische Neubesinnung auf diesen Begriff. Ihm war das Literatursymposium des Steirischen Herbstes 1979 gewidmet. Mehr und mehr Gedichte wurden wieder aus der Region heraus geschrieben; das Augenmerk richtete sich auf jene Landstriche, die dem Tourismus bislang zu wenig attraktiv erschienen und die zugleich auch die Chance boten, in der Nähe das Fremde, ja Kuriose zu entdecken. Ähnlich hatten ja bereits die Städter auf Roseggers Texte in den siebziger Jahren des vorigen Jahrhunderts reagiert, und die Verwandtschaft der Alpeneinwohner mit den Indianern festzustellen, ist nur mehr Sache der schnellfertigen journalistischen Rede. Die städtische Prosperität der späten siebziger Jahre brachte es auch mit sich, den Ankauf von Zweithäusern in den zurückgebliebenen Regionen zu fördern, und das Burgenland, das Wald- und Mühlviertel und die Ost- und Südsteiermark kamen in Mode. Darüber müßten noch einmal Untersuchungen angestellt werden. Ernst Blochs Slogan, daß Heimat das sei, wo noch keiner war, wurde (und wird) bis zum Überdruß nachgeplappert und auch allzu wörtlich genommen. Die »Weltmaschine« des Bauern Gsellmann in der Nähe des oststeirischen Feldbach wurde zum Geheimtip für Touristen, und die Schlagerindustrie versetzte einen unschuldigen Fürstenfelder Knaben rasch auf die Kärntner Straße in Wien, von wo er wieder heim nach Fürstenfeld wollte. Gerhard Roth hat übrigens über diese »Weltmaschine« einen sehr eindringlichen Essay verfaßt. Uns wird diese neue Mode, die mit Handkes »dramatischem Gedicht« *Über die Dörfer* ihre symbolisch dichteste Gestaltung erfährt, noch in andrem Zusammenhang beschäftigen.

Vorerst aber sei ein Blick eben auf Gerhard Roths Roman gestattet. Gerhard Roth hat diesen Roman als ersten des Romanzyklus *Die Archive des Schweigens* veröffentlicht, der heuer, 1991, abgeschlossen vorliegen soll. Auf diesen Zyklus will ich hier nicht eingehen; seine sieben Teile sollen in folgender Anordnung gelesen werden: 1. *Im tiefen Österreich*. Bildtextband (1990); 2. *Der Stille Ozean*. Roman (1980); 3. *Landläufiger Tod*. Roman (1984); 4. *Am Abgrund*. Roman (1986); 5. *Der Untersuchungsrichter. Die Geschichte eines Entwurfs* (1988); 6. *Die Geschichte der Dunkelheit. Ein Bericht* (1991); 7. *Eine Reise in das Innere von Wien*. Essays (1991).

Ich greife hier nur den vergleichsweise kurzen (und, obwohl Teil eines Romanzyklus, auch in sich geschlossenen) Roman *Der Stille Ozean* heraus, nicht zuletzt auch aus Gründen der Qualität und Überschaubarkeit. Das Verfahren, das hier zur Anwendung gelangt, kann einerseits in mehrfacher Hinsicht als interessant bezeichnet werden, andererseits ist damit eines jener Themen vorgegeben, die in der Literatur der achtziger Jahre dominant sind.

Wir haben es wieder mit einem Dorfroman zu tun; das Dorf spielt ja in der österreichischen Literatur der sechziger Jahre bereits eine zentrale Rolle; bereits 1960 war Hans Leberts (1919–1993) Roman

Die Wolfshaut erschienen, ein Roman, der von einem Dorf namens »Schweigen« handelt, in dem sich eine Mordgeschichte abspielte. Alle diese Romane haben das Kriminalschema denn auch zur Grundlage; ein Verbrechen, das in der Kriegszeit vorfiel, das belastet, das neue Freundschaften stiftet und das Klüngelwesen fördert. Auch Thomas Bernhards erster großer Roman ist in einem Dorf angesiedelt, dessen Gemeinschaft sich zu einem undurchsichtigen und unappetitlichen Klüngel formt: *Frost* (1963). Und Gerhard Fritschs (1924–1969) Roman *Fasching* (1967) handelt von einer steirischen Kleinstadt, in der ein Mensch, der zum Opfer in der Nazizeit wurde, abermals – und zwar von derselben Meute wie vorher – verfolgt wird. In den Büchern von Lebert und Fritsch haben wir es indes mit einer handfesten Story zu tun; bei Bernhard bleiben die Ursachen für die Verstörung der Hauptfigur gewiß weitgehend im dunkeln.

Roths Roman organisiert nun die Materie auf eine neue, originelle Weise. Zunächst haben wir es schon im Titel mit einer einfachen, aber doch wirksamen Täuschung der Erwartungshaltung zu tun. Das Motto von Hermann Melville klärt: »Jetzt, da alles mit Schnee bedeckt ist, habe ich hier auf dem Lande das Gefühl, als wäre ich auf See. Morgens, wenn ich aufstehe, schaue ich aus meinem Fenster wie aus dem Bullauge eines Schiffes auf dem Atlantik.« (Roth 1983, 5) Wieder haben wir es mit einer solchen »Extremlandschaft« zu tun, einer Landschaft, die den Eindruck des Unbegrenzten und auch Zeitlosen vermitteln soll. »Der Stille Ozean« ist also hier wörtlich verstanden, zugleich aber weckt er die Assoziation an exotische Fernen; in einer Zeit, da der real existente Stille Ozean auch als Sommerfrischenraum erreichbar wird, gilt es den – metaphorischen – »Stillen Ozean« der Nähe zu entdecken.

Und das Buch ist denn auch als ein Entdeckerbuch geschrieben. Ein Mann namens Ascher kommt in ein Dorf in der Südweststeiermark, ganz nahe an der jugoslawischen Grenze, in eine der sogenannten »unterentwickelten« Regionen. Von Anfang sind wir auf die Perspektive dieses Ascher festgelegt, und der Leser erfährt nur Schritt für Schritt etwas über dessen Identität. Zwar sind die Ortsnamen eindeutig, aber vieles bleibt nebulos: Wir wissen, daß Aschers Tochter (Katharina) und seine Frau (Therese) in der Stadt leben. Es ist, als würde die engere Region kartographisch genau erfaßt, alles übrige erscheint unscharf, absichtlich unscharf. Und nun schält sich allmählich erst der Zusammenhang der Story heraus, in der der Leser, seinem Bedürfnis nach, diesen Ascher unterbringen möchte. Erst sehr spät wird deutlich, daß Ascher ein Arzt – Operateur – in einem Spital war, daß er dort »aus Unachtsamkeit einen Fehler begangen« (ebda, 157) hatte; daß es danach einen Prozeß gegeben hatte, der in die Zeitung gekommen war. Bis dahin weiß der Leser nicht viel mehr, als daß Ascher eben nicht der Biologe ist, der zu sein er vorgibt. (Ebda, 7 f.) Das Leben Aschers wird nur aus Analogien greifbar, die sich zu seiner Gegenwart auf dem Lande ergeben. Hier wird ein geschickter Kunstgriff angewendet; zunächst ist der Leser auf die Erzählperspektive Aschers festgelegt. Nun weiß er aber nicht viel über dessen Identität, er weiß nur, daß er offenkundig *nicht* der Biologe des Max-Planck-Instituts ist. Wir sehen also die Umgebung durch die Augen eines Menschen mit deutlich unsicherer Identität. Zudem ist die Umgebung ebenso unbekannt. Der Leser wird also von Anfang an verunsichert, und selbst über den Fehler aus Unachtsamkeit und die Konsequenzen erfährt man nichts Genaueres. Deutlich ist, daß dieser Entdeckungsreisende auf der Flucht ist, daß er im »Stillen Ozean« untertauchen oder ihn auf eine solche Weise befahren möchte, daß er nicht mehr haftbar gemacht werden kann.

Die Einschlüsse, die sich auf Frau und Kind des Dr. Ascher zurückbeziehen, ergeben sich – mit wenigen Ausnahmen – fast durchgehend aus der Situation, in der Ascher sich befindet. »Er dachte wieder an seine Frau und das Kind. Seit kurzem arbeitete seine Frau in einem Versicherungsbüro. Anfangs hatte sie darüber geklagt, zuletzt hatten sie aber nicht mehr darüber geredet. Obwohl sie es nur ungern sah, hatte sie ihm geraten, auf das Land zu ziehen. Er hatte ihr allerdings versprechen müssen, auf sich achtzugeben.« (Ebda, 9 f.) Das wäre so eine Rückblende; und nun folgt, übergangslos, die Einblendung in die Gegenwart: »Die Musik war *inzwischen* verstummt, und die Jäger standen herum und beratschlagten. Einer der Jäger sagte nach einer Pause: ›Wir warten.‹« [Hervorhebung von mir, WSD] (Ebda, 10) Ähnlich wird uns die Situation Aschers durchgehend von der Erzählgegenwart her nähergebracht.

> Vögel zwitscherten. Ascher dachte sofort an seine eigene Lage, als die Hunde in das Maisfeld gehetzt waren. Andererseits war er jetzt in Sicherheit. Warum sollte man sich für sein Leben interessieren? Durch welchen Zufall konnte man erfahren, wer er war? Die Stadt lag mehr

als fünfzig Kilometer entfernt, und seine Frau hatte sich mit ihm geeinigt, ihn nicht zu besuchen, um keine Anhaltspunkte zu liefern. Jetzt erst bemerkte er, daß ihm der Jagdleiter schon zum zweiten Mal eine Frage gestellt hatte. (Ebda, 10)

Bei der Jagd scheint Ascher sich immer mit den Gejagten zu identifizieren; von Anfang an dominiert das Jagdmotiv den Text. Es sind immer Tiere, die es Ascher nahelegen, sich an seine eigene Geschichte zu erinnern. Der Mensch erfährt sich selbst durch das Tier. Die Menschen verharren in Stummheit, aber Ascher identifiziert sich mit den Tieren. Die Menschen sind das Fremde. Ascher ist zur Immobilität verurteilt. Er identifiziert sich oft mit bewegungslosen Pflanzen. Besonders markant: »Auch ganze Insekten hatte er in seiner Sammlung gehabt, er hatte Mücken in Tablettengläschen gefangen, die mit 70%igem Alkohol gefüllt waren, und die frischen Präparate sorgfältig mit einem halben Bleikügelchen aus dem Anglerarsenal beschwert. Unter dem Mikroskop hatten sie dann in Bernstein eingeschlossenen fremden Lebewesen geähnelt.« (Ebda, 60) Überall bietet ihm die Natur Objekte zur Selbstidentifikation; er benutzt immer Hilfsmittel, um sich der Natur so genau wie möglich zu versichern. Durchgehend erleben wir den »Biologen« Ascher am Mikroskop. Roth errichtet für diese Hauptfigur ein Gehäuse aus szientifischem Wortprunk. Dieses Sprachgebäude ist auch das Schneckenhaus, in das sich der auf der Flucht befindliche Ascher zurückzieht; Wissenschaft als Flucht aus der Vergangenheit in die Zeitlosigkeit, Flucht in so ferne Vergangenheiten, daß die Gegenwart zur Farce degradiert erscheint. Nachdem er eine Frau gesehen hat, die Kürbiskerne für die Ölherstellung erntet, und den Kommentar seines Begleiters Golobitsch zu diesem ländlichen Verfahren vernommen hat, stellt sich ihm ein seltsames Gefühl ein:

> Ascher fiel ein, daß er hundert Jahre zurück schaute. Noch immer stand er da, noch immer schälte die Frau Kürbisse aus.
> Er kam sich vor wie eine Versteinerung, ein fossiliertes Schneckenhaus. Jetzt hörte er wieder den Hund im Haus bellen. Er sagte sich die Erdzeitalter in Gedanken vor. Welch ungeheuren Ballast er in seinem Kopf angehäuft hatte. Und doch war es ihm angenehm, seine Gehirnbilder zu betrachten, zu verspüren, wie ein Wort, ein Gedanke wie eine Schrift in der Luft auftauchten, wie sich Erinnerungen gleich Eisenfeilspänen unter der Einwirkung einer magnetischen Kraft ordneten. (Ebda, 22)

Der Mensch als Abdruck einstigen Lebens, als konserviertes Zeugnis einstigen Lebens. Und etwas später: »Noch immer hatte er den Eindruck, ein Fossil zu sein. Er hatte einmal den Gesteinsabdruck einer Sumpfzypresse – *taxodium dubium* – in der Tschechoslowakei gesehen. Damals hätte er nie daran gedacht, daß er sich einmal damit identifizieren würde.« (Ebda, 23) Es sind dies Versuche, die Zeichen der Natur zu lesen. Die Natur spricht, und um sich ihrer zu vergewissern, bedarf es der Hilfsmittel; das Mikroskop und das Fernglas sind die entscheidenden Instrumente. Immer wieder blickt Ascher auch durchs Fernglas, um seine Wahrnehmung differenzierter zu gestalten. (Ebda, 19; 113) Beobachtung ist einerseits der Schutz vor den Fremden, andererseits die Möglichkeit, der eigenen Vergangenheit und Befangenheit zu entkommen. Aber Ascher, der beobachten will, ist selbst mehr Beobachteter als Beobachter. Er weiß nicht, wie weit die Bevölkerung über ihn informiert ist. Verdacht schöpft er besonders dann, wenn er sich als Arzt verstanden sieht: »Hatte man ihn erkannt? Wußte man, wer er war?« Doch sind die Einblicke in Aschers Seelenleben ganz gering an Zahl; diese Einblicke sind Einschlüsse in einer ganz andren, und wie es scheint, dem Gesamtduktus der Erzählung fremden Sprachlandschaft. Die oben zitierte Stelle wird übergangslos mit folgendem Satz fortgesetzt: »Der Himmel war blau und das Sonnenlicht schneidend hell.« (Ebda, 31)

In einem Wirtshaus wird er von einem Gast angesprochen: »›Sie kennen uns nicht, aber Sie werden gesehen, auch wenn Sie sich unbeobachtet glauben. Bilden Sie sich nicht ein, wir wüßten nicht Bescheid. Das wäre ein Fehler.‹ [...] [›A]lle, die neu hier sind, glauben, wir merken nicht, was sie tun ... sie können allein durch den Wald gehen, und wir wissen es ... über jede Wiese können sie gehen, über jeden Acker, wir werden alles erfahren.‹« (Ebda, 35)

Mitunter wirken diese Sätze so, als wären sie von Adalbert Stifter präfabriziert. Die betonte Einfachheit der Syntax (»Beiordnung« statt »Unterordnung«) ist offenkundig selbstauferlegte Disziplin; die Sprödigkeit ist Intention. Zugleich aber wird die Natur zum Ort des »Als ob«; sie wird zusehends und immer deutlicher zur Symbolkonstanten: »Manche Hügel, Wiesen, Häuser und Bäume lagen in der Sonne, andere wieder für kurze Zeit im Schatten, als schwebte ein riesiger Vogel über sie. Der Mann hielt seinen Hut [Ascher ist von diesem aufgefordert worden, einen Sterbenden zu besuchen], und Ascher lief hinter ihm, als verfolge er ihn. Es kam ihm vor, als triebe der Wind ihn vor sich her.« (Ebda, 31) So eine Stelle ist in den gesamten Roman wie eine Sonde eingesenkt; der Arzt, der vorher durch Eingriffe in den vermeintlich natürlichen Gang der Dinge seinen Beruf gefunden hatte, gibt sich nun der Natur hin; alles scheint von der Natur ins Werk gesetzt, von der Natur bewegt. Ascher wird zu einem Teil der Natur; er liest die chiffrierte Schrift der Natur. Die Bewegung der Menschen erfolgt nicht auf Grund von Willensregungen, sondern vielmehr durch natürliche Kräfte. So wirkt auch die Sprache, die – absichtsvoll – unkompliziert sein will, zugleich aber auch jede Mimesis der Umgangssprache, des Dialektes meidet. Es geht also nicht um die volkskundliche Zurschaustellung von Gewohnheiten und Bräuchen, sondern es geht vielmehr um einen Versuch von Objektivierung in einer spröden, gespreizten Hochsprache.

Der Held ist in der Natur, er sucht die Natur: Flucht in die Natur bedeutet ja auch, aus einer vom Menschen gemachten, zu verantwortenden Geschichte herauszutreten. Jeder Gang in die Natur hat auch einen antihistorischen Zug. Für Ascher hat dies eindeutig auch die Funktion der Selbstheilung: »Über den durchsichtigen, hellblauen Bergen, die man durch das Fenster des Kaufhauses sehen konnte, lag ein breiter Nebelstreifen. Wie ein Wasserfall oder weißer Wolkenschaum kam er Ascher vor. Er dachte in diesem Augenblick, daß es schön war, daß die Natur unbeteiligt war.« (Ebda, 44)

An solchen Stellen liegt die Vermutung nahe, daß das Landleben wieder zur Erzeugung der Idylle gebraucht wird, oder: daß Idyllisches zumindest in Enklaven der Erzählung angesiedelt werden könnte. In der Tat arbeitet Roth auch mit solchen »Bildchen« (was ja schließlich auf griechisch »eidyllion« heißt). Ascher kann sich nicht in die Natur versenken; er kann nicht in die Natur flüchten, auch wenn die Natur sich ihm in so klaren und schönen Linien insinuiert. Denn immer scheint die Natur zurückzuschlagen, und sie scheint da mit den Menschen in einem unheimlichen Bunde zu stehen. Oft wird die Tötung eines Tieres auf der Jagd beschrieben. Man hat den Eindruck, als würde Ascher in diesen Vorgängen sein eigenes Schicksal lesen.

Alle äußeren Zeichen erinnern ihn an seinen Kunstfehler; erst wenn man die Geschichte ganz gelesen hat, kann man auch die Bedeutung der einzelnen Stellen richtig würdigen. Das heißt, der Text verlangt nach einer abermaligen Lektüre. Die Vorgeschichte Aschers ist in diesen Text so hineinverschwunden, wie sein Leben auch in dem »Stillen Ozean« des Landlebens verschwinden soll. Der Text selbst ist die Metapher für den Zustand Aschers, der sich aus der Geschichtlichkeit und der eigenen Geschichte zurückziehen will. Doch ist das Unbeteiligtsein der Natur nur scheinbar; tatsächlich ist der Held immer wieder von diesen Naturvorgängen nachhaltig betroffen, mehr und mehr schlägt seine individuelle Geschichte durch – und dann auch die politische Geschichte. Durchgehend spielt das Tollwutmotiv eine Rolle; als Biologe soll Ascher auch über die Tollwut Bescheid wissen. (Ebda, 16) Die Natur bricht ein in das Leben der Menschen; eine der zentralen Partien des Buches ist die Erscheinung des Fuchses im alten Haus, eine Epiphanie der Natur; plötzlich ist der Fuchs in seinem Haus: »Tatsächlich hatte er [Ascher] zwischen Entdeckungsfreude und Angst geschwankt.« (Ebda, 43) Und dann erscheint ein andrer Fuchs plötzlich bei der Jagd; dieser wird vom Jäger abgeschossen. »Ascher wußte nicht, was ihn an dem Fuchs anzog.« (Ebda, 55) Er will das Fell kaufen und daraus für seine Frau einen Pelz machen lassen. Der Fuchs ist nun tatsächlich der Repräsentant der Tollwut – immer wird vermutet, daß er die Rabies habe. Und – aller guten Dinge sind drei – ein Fuchs erscheint auf einem Bauernhof, beißt einen Hund, sein Fell ist »zerrauft«, der »Unterkiefer hing herunter«. (Ebda, 78) Auf seinem Mund ist Schaum, der gebissene Hund verendet kläglich. Immer wieder werden die Menschen von tollwütigen Tieren gebissen. Die Natur ist krank; die Natur selbst enthält diese Antikörper, die vernichten können. Es ist ein Krieg, der zwischen den Dorfbewohnern und den Füchsen ausgebrochen ist. Das Dorf und seine Umgebung scheinen von Blutspuren durchzogen. Die Jäger jagen Füchse, die Füchse kommen auf den Markt – und kosten, weil die Tollwut ausgebrochen ist – das Doppelte. (Ebda, 90)

Dies alles ist nur Vorbereitung für das große Finale des Romans, für den Mord an drei Menschen durch einen, der sich von ihnen hintergangen fühlt. Auch diese Tat bricht aus wie die Tollwut; auch dieser Mord ist im vorhinein nicht geplant, es ist ein Anfall, gegen den offenkundig keine Prophylaxe möglich ist. Der Stadtbewohner Ascher sieht sich nun einer völlig fremden und undurchschaubaren, ja feindseligen Gesellschaft gegenüber: Der Mord ist es, worauf die Männer eingeschult worden sind. Lüscher, der ein Ehepaar und einen Mann umbringt, reagiert genau so wie die Jäger – er hat auf der Jagd gelernt. Roth verwendet auch hier das Stereotyp vom Jäger – dieser wird geradezu zur Chiffre für herzloses, brutales Verhalten. Was tradiert wird, sind Geschichten vom Töten; es ist ein Krieg aller gegen alle, von dem die Geschichten künden. Darüber klärt der alte Landarzt Ascher auf: »[...] es gäbe genug Menschen, die dabei ein Lustgefühl empfänden. Sie könnten sich stundenlang Geschichten über das Töten erzählen: Manche ›Heimkehrer‹ und Jäger seien diesbezüglich gleich.« (Ebda, 155) Je brutaler die Vorfälle werden, umso mehr wird Ascher sich seiner Identität als Arzt bewußt. Einmal verbindet er einen, der sich verletzt hat; da fühlt er sich zum ersten Mal froh. (Ebda, 130) So sehr scheint er mit seinem Beruf verbunden. Dann wird er zu einem Mann geholt, den ein Hund gebissen hat – Verdacht auf Tollwut (ebda, 147 f.), der sich aber dann in der Folge nicht bewahrheitet. (Ebda, 160) Ascher begreift nun, daß er offenkundig durch seine ärztliche Praxis hier Gutes tun könnte. So wird ihm auch Integration in diesen »Stillen Ozean« möglich. In seiner Rolle als Arzt verschafft er sich auch Zugang zum Schauplatz der Mordtat. Die Mordtat erscheint »möglicherweise« auch als eine Folge der Tollwut. (Ebda, 190)

Subtil wird das Handeln einer bösen Natur mit dem Handeln des Menschen verquickt; die Tierwelt ist nicht nur Gegenbild zum menschlichen Verhalten, sie ist auch Träger der tödlichen Infektion. Die Vernichtung geht von der Natur aus.

Alle Figuren, die Ascher auf dem Lande sieht, sind beschädigt. Ascher sieht sich in der Lage, diese Beschädigungen zu heilen, einzugreifen. Sein sozialdemokratischer Optimismus scheint kurzfristig zumindest in einer ärztlichen Hilfsaktion seine Bestätigung zu finden. Die Bevölkerung laboriert – buchstäblich – noch an den Wunden, die ihr im Krieg geschlagen wurden. (Ebda, 132) »Die Ernährung bei Kriegsende sei katastrophal gewesen. Das Brot zum Beispiel sei so hart gewesen, daß man es habe längere Zeit einstecken müssen, bis es ein wenig aufgetaut sei [...].« (Ebda, 132) Einer der Brüder dieses Zeitzeugen ist im Krieg gefallen, ein andrer hat einen Kopfschuß erhalten, der dritte ein Bein durch die Zuckerkrankheit verloren. (Ebda, 132) Die Narben werden hergezeigt; die Wunden sind es, worauf man stolz sein kann. Bei dem Hochzeitsfest, bei dem auch Ascher zugegen ist, wird ein junger Mann von seinem Vater aufgefordert, seine Narben herzuzeigen, da er sich bei einem Unfall mit einer Bohrmaschine verletzt hat: »Der junge Mann

setzte sich auf einen freien Sessel neben ihn und knöpfte das Hemd auf. Ascher sah mehrere rote Linien, die über seine Brust liefen, und die querlaufenden Narben der Nähte.« (Ebda, 141) Einer Frau fehlt das Gebiß; »[...] nun stünde sie [bei der Hochzeit] ohne Zähne da und dürfe weder sprechen noch lachen. Daraufhin lachte sie, auch Ascher lachte.« (Ebda, 134) Die Bäuerin, die die Kürbisse zurichtet, ist »zahnlo[s]«. (Ebda, 21)
In der Beschreibung der Gesellschaft wird Mangel allenthalben feststellbar. Aus dem Mangel werden wir zur Handlung getrieben; der Mangel ist das, wodurch die Figuren identifizierbar werden. In dieser Gesellschaft gibt es offenkundig auch kein authentisches Erleben mehr. In der modernen Literatur dient vor allem das Fest dazu, diese Fremdheit der Menschen mit sich selbst und das Defizit, an dem unsre Gesellschaft leidet, aufzuzeigen. So findet sich denn auch in diesem Roman das obligate Fest, eine Hochzeit, bei der allerdings Ascher deutlich erkennt, daß die ausgebrochene Heiterkeit alles andere denn echt ist:

> Er wurde nicht von der Heiterkeit angesteckt, die um ihn war. Er glaubte, daß sie nicht echt war, weshalb, wußte er nicht. Es kam ihm vor, als täuschten sich die Menschen gegenseitig. Aber er war von seinen Gefühlen nicht überzeugt. Vielleicht gefiel es ihnen wirklich, bei einem Fest Regeln einzuhalten, vielleicht war gerade das schön, daß sie voraussehen konnten, was sich ereignen würde, und daß es auch wirklich eintraf. Es gab möglicherweise eine Geborgenheit in der Wiederholung. (Ebda, 136)

Die Figuren wissen bereits, daß sie nicht zueinander kommen, aber sie benötigen die Wiederholung, sie benötigen das Ritual. Das Fest funktioniert noch als »Moratorium des Alltags« (Odo Marquard), obwohl es nicht mehr ist als Simulation. Und in dieser Feststimmung zeigt sich dann auch die wahre Gesinnung einiger Teilnehmer: Das Fest führt immer dazu, aus der engen Zeitlichkeit herauszuführen, größere Zusammenhänge sollen sich auftun, und da wird offenbar, wie dünn das Braun der Nazi-Zeit übermalt ist. Doch all diese Mitteilungen, die sich auf die Gesellschaft beziehen, bleiben in diesem Text ohne vermittelnden Kommentar, sei es durch die Hauptfigur, auf deren Perspektive der Leser festgelegt ist, sei es durch den Autor, der offenkundig durch die Wahl der Perspektive auch so etwas wie eine Steuerung der Perspektive vornimmt und sympathielenkend eingreift. Der Erzähler jedenfalls läßt sich nicht darauf ein, Widerstand gegen diese Nazi-Reden zu leisten. Er ist auf Beobachtungsposten; und während er auf Beobachtungsposten ist, passiert denn auch die Katastrophe. Was die Menschen dauernd mit den Tieren machen, das ereignet sich nun tatsächlich auch unter den Menschen. Der Tod ist im Doppelsinne »landläufig«.

Dieser Roman verstört; er ist – für jeden, der die herkömmlichen Muster der Literaturproduktion aus Österreich in den siebziger Jahren kennt – eine Störung in der Beispielkette der negativen Heimatromane. Denn hier wird zwar dargestellt, wie bedroht und bedrohlich das Leben auf dem Lande ist, aber nirgends entwickelt sich jene krasse Distanzierung durch die Hauptfigur; im Gegenteil, der Landarzt scheint sich zusehends in die Umgebung einzupassen. Auch was den Umgang mit der Handlung betrifft, scheint der Roman eine gewisse Unentschlossenheit zu spiegeln: Einerseits geschieht so gut wie gar nichts, die Hauptfigur ist – so wie die Tiere – ein Getriebener, andererseits scheint sie doch auch zu Entscheidungen befähigt. Auch scheint der Roman mitunter so gut wie ohne Handlung auszukommen: Es sind immer Einbrüche von außen. Etwa der Fuchs oder Lüscher – in beiden Fällen der Tollwut verdächtigte Subjekte. Überall ist die Krankheit anwesend, und sie wird damit nicht gebannt, daß sie benannt wird, nämlich als Tollwut – was, wie sich herausstellt, in den meisten Fällen nicht zutrifft, sondern nur die Vermutung ist, die eine Erklärung liefern soll. Immer auf der Suche nach Erklärungen, schlittert man in pseudowissenschaftliche Erklärungsmodelle hinein.

Nun wäre gerade dieses Buch bei einer einigermaßen oberflächlichen Lektüre ein Paradigma für die These von der Verlängerung des Biedermeier in die österreichische Gegenwart der siebziger und achtziger Jahre: Der Konflikt scheint eingepackt in den watteartigen Nebel, der sich über die weststeirische Hügellandschaft senkt. Die Figuren scheinen aus den geschichtsbildenden Prozessen heraus- und in die Natur eingetreten zu sein. Ihre Geschichtsblindheit hilft ihnen, sich über den eigenen Zustand hinwegzutrösten. Der Arzt zu Ascher: »Sie brauchen aber nicht zu glauben, daß die Menschen nicht gerne hier sind. Auch brauchen Sie nicht zu glauben, daß sie nicht wissen, wie es um sie steht. Trotzdem wollen sie nicht weg. Sie können nicht das Überschaubare verlassen und in der Anonymität leben. Auch wenn sie sich oft über den anderen lustig machen, so werden sie doch überall erkannt und ohne Mißtrauen behandelt. [...]« (Ebda, 154)

Ein Land, von dem die »Geschichte Abschied genommen hat« (Gerhard Fritsch). Und doch wird allenthalben das Leben der Dorfgesellschaft als etwas historisch Gewordenes, Gewachsenes erkannt. Jedes Haus hat seine Geschichte, in jedes Haus scheinen solche historischen Vorgänge eingesenkt zu sein. Es ist Roth, der nun als Reporter auftritt (es gibt ja auch mehrfach von ihm dargetane Materialien zu diesem Buch, zum Authentizitätserweis all dessen, was hier gestaltet wird).

Bezeichnend, daß die Kritiken mit diesem Buch wenig, ja so gut wie gar nichts anfangen konnten. Wer das Buch aufmerksam liest, der sollte merken, daß es nicht unbedingt die Geschichte Aschers ist, um die es zentral geht. Zwar legt uns Roth mehrere Möglichkeiten nahe, dieses Buch zu lesen – zunächst als so etwas wie einen Kriminalroman: Wir sind aufgefordert, als Leser herauszubekommen, welche Verbrechen Ascher begangen hat; das biographische Rätsel wird verstärkt durch das mitunter rätselhafte Verhalten der Umwelt. Dadurch gerät alles zu einer Art Entwicklungsroman: Ascher wird auf dem Lande gewandelt, oder er soll sich dort wenigstens wandeln.

Das Buch läßt sich auch als Anti-Heimatroman lesen. Trifft dies wirklich zu? – so könnte man nun fragen. Zwar fehlen die Momente, mit deren Hilfe das Landleben idealisiert werden könnte, doch wird dies nicht durch eine spiegelbildlich negative Kennzeichnung des Landlebens bewerkstelligt. Mitunter nimmt der Text einen fast bescheiden-schulaufsatzmäßigen Charakter an, mit umständlichen Sätzen, mit unbeholfenen Wendungen – dies alles dient vermutlich dazu, nicht den Verdacht aufkommen zu lassen, hier würde die Sprachkompetenz des Dr. Ascher weit überschritten. Es ist so, als sollte sich nichts zwischen ihn und die beobachtete Materie, das heißt das Landleben schieben. Wir gehorchen und horchen auf die Worte Aschers; der Text wird aber nicht nur von ihm und um ihn herum hergestellt, sondern es ist ein Text, der vom ganzen Dorf geschrieben wird, wenn man so will. Und dieses Dorf ist durchsetzt von allen sich kreuzenden Linien, es ist der Versuch einer Rekonstruktion einer Gemeinschaftsgeschichte mittels der mündlichen Geschichtsforschung, der »oral history«. Nur wenn man erkennt, daß Roth hier einen Roman sui generis schreiben wollte, wird man auch seiner außerordentlich diffizilen und eigenwilligen Struktur gerecht. Jeder, der nur die Story darin sucht, wird enttäuscht. Das ist es, was Roth in seiner frühen experimentellen Phase erkannt haben mußte: daß die in sich geschlossene, kompakte, Wirklichkeit suggerierende Erzählung nach den realistischen Modellen nicht mehr möglich ist. Die Addition verschiedener kleinerer Beobachtungen soll die unkoordinierte Wahrnehmung nachzeichnen. Nichts dient mehr der Erstellung eines großen Handlungsbogens. Daß der Mordfall am Ende ein wenig zu spektakulär ist und eine Konzession an unsere Lesegewohnheiten, auf das Ende zu mit erhöhter Spannung zu lesen, wird man wohl zur Kenntnis nehmen müssen. Was Roth hier meines Erachtens hervorragend glückte, ist die Herstellung eines komplexen Textgewebes aus unzähligen kleinen Beobachtungen; aus deren Addition ergibt sich erst so etwas wie ein Roman, und Ascher ist wie ein eigens präpariertes Instrument, das diesen »Stillen Ozean« auskundschaften soll.

Die Kritik ist diesem Werk verständnislos gegenübergestanden. Einerseits war es natürlich schön, wieder einen Autor zu haben, der seinen Weg zum Erzählen zurückfand, andererseits war zu erkennen, daß hier ja keine Erzählung vorlag, sondern durch die inkohärente Aneinanderfädelung der Daten über die Hauptperson Ascher ja genau das Gegenteil einer kohärenten Geschichte erzeugt wurde: gerade das, was sonst eine ganze Geschichte ergibt, zerstört sie hier nur. Just dies konnte zum Beispiel ein Kritiker wie Günther Blöcker nicht begreifen:

> Wo Wahrnehmungslust zum Wahrnehmungszwang wird, da bleibt die Erzählung auf der Strecke. Um uns an den Beobachtungsexzessen seines Helden verstehend teilhaben zu lassen, hätte der Autor sie konsequent thematisieren müssen. Er hätte uns Gelegenheit geben müssen, Aschers neue Erfahrungswelt als Teil eines Loslösungsprozesses, einer Erschütterung, eines Wandels zu begreifen. Das mag Roths Absicht gewesen sein – verwirklicht und durchgeführt hat er sie nicht. (G. B.: *Ein kundiger Protokollant seelischer Irritationen*. In: *FAZ*, 22. März 1980)

Dieses (Fehl)-Urteil ist aufschlußreich, weil es genau die Warte sichtbar macht, von der aus Literatur angegangen wird. Das Buch sollte sich deutlicher als Entwicklungsroman einkleiden. Wer auf das Land kommt, hat sich gefälligst zu wandeln, alles andre ist grober Unfug. Ähnlich Otto F. Beer:

> So attraktiv die Analysen des dörflichen Zusammenlebens, der in Weltabgeschlossenheit verdämmernden Schicksale wenigstens auf eine gewisse Wegstrecke hin sein mögen, schlägt doch der Mangel eines er-

zählerischen Fadens schwer zu Buch. Zu einem Buch, das aus diesem Grunde eben doch kein Roman werden konnte, das nur akribische Beobachtung eines Ozeans der Stille bleibt. (O. F. B.: *Und dann und wann ein kleiner Amoklauf. Gerhard Roths Zustandsbericht über dörfliches Leben.* In: *Die Welt,* 26. April 1980)

Diese beiden Rezensionen sind charakteristisch dafür, daß der »Realismus« in diesem Werk für bare Münze genommen wurde; daß nicht erkannt wurde, daß die Darstellungsform gerade dazu dient, über das, was landläufig als richtiger Roman angesprochen wird, hinauszukommen. Besonders verstört die lustvoll akribische Aufzählung der mehrfach beschriebenen Mikroskopstudien. Hier, glaube ich, sind wir an dem Punkt angelangt, an dem der Roman auch über das Thema Natur einen gültigen Befund abgibt: In seinem Versuch, die Natur wahrzunehmen, will Ascher offenbar besonders gründlich sein; er will sie bis ins Detail hinein exakt wahrnehmen. An diesen Stellen wirkt ja der Erzähltext manchmal wie ein Katalog. Die Natur selbst überrascht Ascher durchgehend, sie ist nicht zu kontrollieren; die Tollwut ist als stete Drohung präsent. Die Natur ist für Ascher nur mehr domestiziert wahrnehmbar; er kann sie nur mehr als eine tote fassen, da ist er ihr über. Die Menschen sind daher dauernd darauf aus, sie zu töten, sie kaltzustellen, sie totzumachen. Die Jäger jagen, die Tötung von Tieren gehört zum stereotypen Vorgang in diesem Buch.

Konrad Paul Liessmann hat in einem Aufsatz klargestellt, daß »anders als durch technische Reproduktion hergestellte Natur nicht mehr zu denken und zu erfahren sein wird«. (Liessmann 1988, 70) Roth spekuliert nicht vordergründig mit »grünem Gedankengut«. Dieser Roman ist viel eher eine Vorwarnung an die damals aufkommenden Grün-Tendenzen, die eben ein Zurück zur Natur predigten, ohne sich zu fragen, ob dieser Weg nicht schon versperrt sei. Wer bei der Ankunft auf dem Lande nur das Erwachen seliger Empfindungen erhofft, der verkennt, was mit der Natur in der Zwischenzeit geschehen ist, sowohl im ökologischen wie auch im ästhetischen Sinne. Roths Buch ist für mich das erste und markante Zeugnis für einen neuen Diskurs über die Natur – nun aber nicht in der einfältigen Weise, daß die Restauration der Natur möglich ist, soferne man nur die Bedrohung durch die Technik abwenden kann, sondern daß es zu erkennen gilt, wie intensiv die Bedrohung auch durch die Natur nach wie vor ist. Aschers Versuch, die stillgelegte

Natur im Mikroskop zu bannen, ist ein ernstzunehmender Versuch, im Umgang mit der Natur eine Tugend zu praktizieren, die auch eine künstlerische ist: nämlich Genauigkeit.

6. GERNOT WOLFGRUBER (*1944): *Verlauf eines Sommers* (1981)

Wie sehr jene, die sich dem »Zauber der Abstraktion« (Walter Muschg) verschrieben hatten, Schwierigkeiten bekamen, das förmlich in dieser Form von Kunst tabuisierte »Ich« wieder auszusprechen, war am Falle der »heruntergekommenen Sprache« in den Gedichten Jandls anhand eines hervorragenden Beispiels klar zu erkennen. Indes ist ein Rückfall hinter eine einmal gewonnene Position ebenso schwer vorstellbar wie den ernsten Autoren und dem Publikum zumutbar. »Innovation« bedeutet ja nicht notwendigerweise, daß diese Autoren einem Innovationszwang unterliegen müßten, es bedeutet aber auch nicht, daß dieses Prinzip so leicht zu verabschieden wäre, es bedeutet aber vor allem nicht, daß einmal gewonnene kritische Positionen (etwa die Kritik am »handfesten« Erzählen) aufgegeben werden dürfen. Der Verzicht auf das »Ich«, auf das Subjekt, würde, so könnte man allgemein einmal festhalten, bedeuten, daß die Objektivität, die durch die »konkrete Poesie« vermittelt wird, in einem gesellschaftlichen Sinne die falsche Objektivität wäre, weil sie eben alle Betroffenheiten, die einem Ich widerfahren, extrapoliert und sich damit jener Objektivität begibt, die allein durch das Subjekt zutreffend vermittelt werden könnte. Der Ort, an dem sich jene Objektivität denn auch ereignen könnte, ist das in den sechziger Jahren von Peter Handke, Michael Scharang und Thomas Bernhard zutiefst problematisierte Erzählen. In den siebziger Jahren indes scheint sich wiederum das Erzählen als nicht hintergehbare Praxis für alle, die es mit der Literatur ernst meinten, eingestellt zu haben – das einprägsamste und poetologisch reflektierteste Beispiel ist Peter Handkes *Wunschloses Unglück* (1972), wo sich der Erzähler so behutsam wie möglich an die Figur seiner Mutter heranschreiben möchte. Und in der Tat produzierte Handke den Modellfall schlechthin für ein Erzählen, das sehr wohl die Skepsis der Avantgarde wahrt, zugleich aber das Erzählen als unabdingbare Notwendigkeit anerkennt, um etwas nicht dem Vergessen anheimzugeben. Uns allen ist das Bedürfnis eigen, nach einem biographischen Zusammenhang zu suchen, bei uns selbst und bei anderen, und deswegen erfreuen sich Autobiographien und Biographien bis in unsere Tage einer ungebrochenen Zugkraft. Es ist nur verfehlt, das Bedürfnis zu einem Dogma zu machen und jede Form von Literatur, die das (realistische) Erzählen ablehnt, zu verteufeln. Grundsätzlich ist Georg Lukács zuzustimmen, wenn er in seinem berühmten Essay von 1936 *Erzählen oder Beschreiben?* festhält: »Der Mensch will sein eigenes deutlicheres, gesteigertes Spiegelbild, das Spiegelbild seiner gesellschaftlichen Praxis in der epischen Poesie erhalten. Die Kunst des Epikers besteht gerade in der richtigen Verteilung der Gewichte, in der rechten Betonung des Wesentlichen.« (Lukács 1977, 131) Von dieser stets kundgetanen Willenserklärung profitieren die realistischen Autoren, die immer wieder mit solchen deutlicheren und gesteigerten Spiegelbildern aufwarten. Wir können und wollen in unserer Lektürepraxis ihrer nicht entraten.

Die massive Flut der Biographien und der mehr oder minder verhüllten oder eindeutig deklarierten Autobiographien ab Mitte der siebziger Jahre ist ein deutliches Zeichen für diese Tendenz, die sich innerliterarisch sehr schön als Antwort auf eben diese radikalen Abstraktionen lesen läßt, die zugleich aber auch (und dies gilt besonders für Österreich) Antworten auf die Frage enthält, wie sich bisher und im gegenwärtigen Stadium des Sozialstaates das Individuum verhält, entwickelt und wie die ihm von öffentlicher Seite nachhaltig zugesicherte Möglichkeit zur Entfaltung seiner individuellen Anlagen sich darbietet. Hier wären vor allem die Versuche zu nennen, die eine Kindheit auf dem Lande rekonstruieren, der Beispiele sind unzählige, wie Franz Innerhofers *Schöne Tage* (1974) und *Schattseite* (1975); es kommt dann noch 1977 das Buch über die Studienjahre unter dem Titel *Die großen Wörter* hinzu, 1982 eine verkappte Fortsetzung, *Der Emporkömmling*, in denen eine Lebensgeschichte in aufsteigender Linie gegeben wird, die zugleich aber alle Phasen dieses Aufstiegs kritisch prüft und diese häufig wertet. Viele der biographischen oder biographisierenden Versuche wirken wie Entwicklungsromane auf Raten, denen freilich das fehlt, was den Entwicklungs- oder Bildungsroman eben zu einem solchen macht: das Telos, von dem aus die einzelnen Etappen ihren Platz und ihren Stellenwert überhaupt erst erlangen. Das Illusionsschema, das eine geglückte Bildung als Ziel voraussetzt, wird ausgetauscht mit dem Desillusionsschema. An die Stelle der Bewegung tritt der Stillstand.

Die siebziger Jahre waren bestimmt vom Optimismus gerade in bildungspolitischen Fragen; »Chancengleichheit« verkaufte sich gut als Schlagwort; Schülerfreifahrten, Schulbusse, Schulbuchaktion markieren deutlich einen Fortschritt in bezug auf vorangehende Epochen, in denen Bildungsstand und Vermögensstand im Junktim erschienen. Die Erfolge dieser Politik mündeten in einigen Fakten, die nun wiederum gegen diese Erfolge einsetzbar wurden: Das sprunghafte Ansteigen der Studentenzahlen erzeugte in den sogenannten Massenstudien noch massivere Probleme; die Hauptschulen, deren Lehrer nach einem neuen Standard ausgebildet werden sollten, wurden ausgetrocknet, statt dessen vervierfachte sich die Zahl der Allgemeinbildenden Höheren Schulen ab Mitte der sechziger Jahre. Es ist leidig, hier von Niveauverlust zu sprechen; entscheidend scheint mir diese (mit gewaltiger Verzögerung) in Österreich eingetroffene Bildungsexplosion zu sein, die nun tatsächlich andere Voraussetzungen für viele gesellschaftliche Schichten schuf, die für gewöhnlich von der höheren Schulbildung nicht erreicht wurden. Diese Reformen betrafen erst jene, die in den sechziger Jahren geboren wurden; ich glaube, daß über die Konsequenzen dieser Bildungsreformen noch in Hinkunft einige Untersuchungen notwendig sein werden; auf diese werden denn auch die Literaturwissenschaftler angewiesen sein, denen es um diese Literatur geht, in der Bildungsprogramme diskutiert werden.

Mir scheint hier ein Paradox wirksam zu werden: Je zugänglicher die Bildungsgüter werden, je verbreiteter das Service ist, umso fragwürdiger werden in der Literatur die Institutionen, die diese vermitteln, also die Schulen und die Universitäten. Die Verurteilung der Schule ist der Grundtenor der autobiographischen Schriften Thomas Bernhards (*Die Ursache* von 1975 ist der erste Band), und Franz Innerhofer geht in *Die großen Wörter* ins Gericht mit den sogenannten Universitäten und Universitätslehrern. Die Bildung wird nun nicht mehr in bezug auf ihre Tauglichkeit für den alltäglichen Überlebenskampf des Menschen befragt, sondern sie wird grundsätzlich fragwürdig, da gerade sie, die den Unterschied der Klassen aufzuheben gedacht war, zum gegenwärtigen Zeitpunkt und stärker als zuvor eben diese Klassenschranken errichten hilft.

Die Ära Kreisky offerierte nun ein Bildungsprogramm, das allen die Gleichheit der Chancen ermöglichen sollte; doch dieses Programm erfreute sich in der Literatur nicht jener Zustimmung, deren es bedurft hätte, es zur Gänze durchzusetzen. Das Romanwerk Gernot Wolfgrubers (*1944) stellt, so meine ich, den konsequentesten Widerruf jener Hoffnungen dar, die vom sozialdemokratischen Optimismus in Bildungsfragen in den siebziger Jahren genährt wurden.

Seine kürzere Erzählung *Auf freiem Fuß* (1975) und die beiden Romane *Herrenjahre* (1976) und *Niemandsland* (1978) bilden – wie bereits erwähnt – zusammen mit dem hier zu besprechenden Roman *Verlauf eines Sommers* (1981) so etwas wie eine zusammenhängende Tetralogie, die den Aufstieg eines – jeweils anders benannten – männlichen Individuums als Thema hat – die einzelnen Romane hinwiederum stellen einzelne Etappen dieses Aufstieges dar.

Verlauf eines Sommers zeigt den Helden Martin Lenau eine Stufe höher auf der sozialen Erfolgsleiter als Georg Klein in *Niemandsland*; allerdings auch hier ein Scheitern, doch wird dieses Scheitern auf dem »Weg nach oben« nicht explizit gemacht: Lenau hat sein Medizinstudium abgebrochen, statt ein Arzt oder Zahnarzt zu werden, ist er Vertreter für Fachartikel für Zahnärzte, ein Handlungsreisender. Deutlicher als in den anderen Romanen Wolfgrubers wird bereits zu Beginn eine Art novellistischer Handlungskern fein herauspräpariert. Lenau ist plötzlich aus der Bahn geworfen. Ein dummer Verkehrsunfall, bei dem er gar nicht schuld war, sondern im Gegenteil der andre, führt dazu, daß die Polizei bei der Einvernahme entdecken muß, daß er, der Unschuldige, alkoholisiert am Steuer saß – daher wird ihm, dem Vertreter, der Führerschein weggenommen. Die erste »Einstellung« (ich wähle diesen Ausdruck mit Absicht) zeigt Martin Lenau auf der Heimfahrt im Zug, im Speisewagen, unklar ist, wieviel er bereits zu sich genommen hat. Die Geschichte setzt mit dem Geburtstag des Helden ein, und sein persönliches Verhalten zu eben diesem Geburtstag bestimmt denn auch den Eingang der Geschichte, und irgendwie scheint in jedem einzelnen Verhaltensdetail auch das Ganze des Romans anwesend zu sein.

Was nun, meist durch viele Rückblenden durchsetzt, geschildert wird, ist die Geschichte dieses Martin Lenau, seiner Ehe mit Kathrin, seines Lebens in der Familie mit der kleinen Tochter Esther; ein Leben, das mehr und mehr den Verzicht auf Illusionen und Ideale bedeutet. Der Sommer bedeutet eine Verschärfung der Ehekrise; Lenau macht noch seinen Dienst in der Stadt – er hat ja keinen Führerschein; doch dann steigt er plötzlich aus, er nimmt den Zug nach Venedig. Er überlebt Venedig, fliegt dann mit dem Flugzeug nach M. (man erkennt unschwer dahinter München) und schreibt einen Brief an seine Frau, in dem so etwas wie eine Hoffnung auf ein neues Zusammenleben anklingt, so eine Restutopie, könnte man sagen. Hoffnung für diesen Aussteiger? Echte Gefühle, eine respektable Hoffnung? »Ich möchte heimkommen können mit wenigstens ein bißchen Sicherheit, um nicht über der Freude des Ankommen-Könnens und Daheim-Seins gleich wieder in die alten Geleise zu geraten, in ein nur noch automatisches, gewohnheitsmäßiges Zusammenleben, aus dem das nächste Davon-Wollen herauswächst.« (Wolfgruber 1981, 340)

Dieser Schluß – und das hat die Kritik nicht ganz zu Unrecht angemerkt – paßt nicht so recht zu dem wenig sentimentalen Grundton des ganzen Romans. Hier bricht just nach dem Tiefpunkt der Handlung in die Trostlosigkeit des Vertreter-Alltags so etwas wie eine heimliche Hoffnung ein. Der sonst alles auf seine Alltäglichkeit, Brutalität und Banalität reduzierende Vertreter scheint plötzlich befähigt, Worte der Poesie zu sprechen. Der Schluß allerdings ist offen; ob Lenau jemals mit sich und den anderen auf gleich kommt, ist fraglich, muß fraglich bleiben.

Ich habe mit Absicht zu Beginn den Ausdruck »Einstellung« gewählt, denn der ganze Roman ist so erzählt, als liefe ein Film ab, den wir mit den Augen des Vertreters Lenau zu sehen gezwungen sind, wenn wir den Roman lesen. Und da stellen sich auch zwangsläufig die Leerstellen ein.

Wolfgrubers Bücher sind als Musterbeispiele einer Literatur der Arbeitswelt verstanden worden; ich meine, daß dies nur bedingt Gültigkeit hat. Gewiß, so hautnahe an die Erfahrungen jener, die keine Sprache haben, führen nur wenige Texte wie die Wolfgrubers heran. Und die Kenntnisse, mit denen er aufwartet, sind stupend, vor allem in jenen Bereichen, die sonst kaum für literaturfähig gehalten werden. Er breitet die Sachen nicht wie in einem Schaukasten aus, wie dies Gerhard Roth besorgt, dessen Erzähler ja das Mikroskop und das Fernrohr als Freunde benötigt. Entsteht bei Roth so der Anschein, als würde der Held stets seinen Blick schärfen, so läßt Wolfgruber den Blick seiner Helden gerne trüb werden, und zwar durch den Alkohol. Es scheint so, als wäre die Sichtweise auf die

Dinge vorgegeben durch die permanente Alkoholisierung seiner Helden. Dem Alltag ist zu entkommen, und der Alkohol bietet sich da als die selbstverständlichste Möglichkeit eines Auswegs an. »Konrad, der Kellner, hatte sofort gefragt, ein Viertel Weiß?, und Lenau hatte genickt, als sei ein Widerspruch zuviel Aufwand.« (Ebda, 31)
An solchen Stellen wird ein Verhaltensmuster sichtbar, das weit über die individuelle Verfassung dieser Figur hinausreicht: Es ist immer der Weg des geringsten Widerstandes. Lenau hat auch seine politische Biographie, und diese politische Biographie ist kennzeichnend für den Umgang der Österreicher mit dem Willen zur Veränderung. So ist dieses Buch auch eine Abrechnung mit dem, was 1968 in Wien geschehen war: In Rückblenden wird auch die studentische Bewegung und ihr Verlauf, wie sie sich verlaufen hatte, sichtbar:

> Gleich an seinem allerersten Tag in dem riesigen, unübersichtlichen Gebäude der Universität war er »mittenhinein« geraten. Zufällig und ohne sich entscheiden zu müssen. Er hatte nicht ja gesagt, weil er mit etwas einverstanden gewesen wäre, sondern er hatte sich nur nicht nein zu sagen getraut. Auch zu der Hörerversammlung war er nicht *freiwillig* gegangen, sondern weil er, vom Gymnasium her ans ewige Müssen gewöhnt, sich eingebildet hatte, daran teilzunehmen sei Pflicht. (Ebda, 59 f.)

So reduziert sich die Teilnahme an den studentischen Bewegungen auf ein anerzogenes *Pflicht*gefühl, ein Gehorchenwollen, den Willen zur Subordination. Die Studentenbewegung erscheint hier, aus der Sicht Lenaus, als etwas, das der Passivität eher verpflichtet wäre denn der Aktivität. Sie erscheint unter der Signatur eines nicht näher bestimmten »früher«, sie erwies sich damals bereits bestimmt von der Unlust oder Unfähigkeit zur Entscheidung. Hier begegnet uns das, was Ulrich Greiner bei der österreichischen Literatur festzustellen meinte: Darstellungen des Indezisionismus, des Handlungsverzichts, der Handlungshemmung, dafür aber als Gegengewicht deren gewissermaßen endlose rhetorische Aufbereitung. Das wird von Wolfgruber mit mitleidloser Schärfe analysiert, und Lenau selbst gehört zu diesen Figuren, die in der Lage sind, sich selbst zu beobachten, so daß ihr ganzes Tun und Lassen, ein – man verzeihe den Ausdruck – uneigentliches, in jedem Falle inauthentisches Handeln ist. Sie sehen sich bei allen Aktionen förmlich zu, sie sind nicht in der Lage, eine Handlung durchzuführen, ohne sie nicht zu kommentieren.

Das Kommentieren der Handlungen wächst sich zu einem fast zwangsneurotisch wirkenden Symptom aus, das jede Handlung unterbindet. Wenn Lenau einer Frau sich nähert, so beobachtet er sich selbst dabei; er denkt an seine Frau, er denkt daran, daß er seine Frau betrügt. Der Riß geht durch diese Personen; sie können und wollen für ihre Handlungen nicht einstehen. Lenau will »*brav*« sein. (Ebda, 16) Die Kursivierungen deuten von Fall zu Fall eben jene Worte an, an denen sich die Figur von dem distanziert, was sie denkt; diese Worte werden ausgestellt; auch typographisch ausgestellt. Sie zeigen an, daß hier mit der Sprache ein Sachverhalt durch die Konvention so umschrieben wird, daß er entstellt wird. Die Wurzeln von Lenaus Verhalten liegen in der Erziehung, in der Erziehung durch eine Mutter, die ihn gezwungen hatte, stets anders zu denken, als er redete, und stets anders zu reden, als er dachte. Die Lüge, die dem Anpassungsdruck zu danken ist, wird zur Gewohnheit, der zu entkommen er sich ein Leben lang bemüht. Es ist der Anpassungsdruck, der ihn – im wahrsten Sinne des Wortes – zum Mitläufer bei einer Demonstration macht.

Das Jahr 1968 in der österreichischen Literatur harrt sicher noch einer einläßlichen Behandlung; Peter Henischs (*1943) Roman *Der Mai ist vorbei* (1978) hat eben dieses Scheitern der Revolution in Österreich aus der subjektiven Verfaßtheit seines Helden thematisch gemacht. Georg Biron (*1958) fomulierte scharf:

> Wie alles an fortschrittlicher Tendenz war aber auch das 68er-Jahr in Österreich ein billiger Abklatsch dessen, was sich vor den Pforten Kakaniens abspielte.
> Die erhobenen Fäuste der österreichischen Linken blieben in den Weinranken der Heurigen hängen, die roten Fahnen scheiterten an den Weinfahnen der Bevölkerung.
> Aber die Literaten wurden zu Schreibarbeitern und behandelten die Themen, mit deren Widersprüchen sie in der Folge zu kämpfen hatten.
> (In: *Geschichten* 1978, [Motto])

Wolfgrubers Held ist mithin nicht nur als ein individuelles Schicksal zu fassen; in ihm wird so etwas wie die österreichische Misere deutlich, die auch um 1968 nicht in der Lage war, von sich aus verändernd einzugreifen. Alle Helden Wolfgrubers sind Maulhelden; sie können den »Spruch« führen. Die subversive Rhetorik, der »Schmäh« siegt über die Argumente und verdammt die Utopien, ehe man an deren Realisation zu arbeiten beginnt.

Ähnlich wie in Roths *Der Stille Ozean* scheint auch hier die Erzählung in unzählige kleine Phasen und Rückblenden zersplittert. Daher ist es auch so gut wie unmöglich, eine Vorstellung vom Ganzen zu geben; die Detaildominanz prägt das Buch in seiner Gesamtheit. Und die Erziehung, die ein Bestandteil dieser österreichischen Misere ist, wird eben auch nur durch solche Details greifbar. Lenau erscheint als der brave Bruder und brave Sohn. Er ist nicht in der Lage, die Ordnung bei den anderen als angebracht zu empfinden, weil sie ihn an die eigene Ordnungssucht erinnert. Kunstvoll verknüpft Wolfgruber Gegenwart mit Vergangenheit. Er kommt vom Bad heim, er findet Esther, seine Tochter, und Kathrin, seine Frau, zu Hause vor:

> Der Zustand, in dem sich Esthers Zimmer befand, schien ihm auf einmal gar nicht zu ihr zu passen: nicht zu dieser anscheinend bedenkenlosen Lustigkeit, zu diesen selbstverständlichen Bewegungen. [...] Esthers Zimmer hatte ihn schon oft plötzlich traurig gemacht. Erschreckend deutlich erinnerte es ihn an sein eigenes Zimmer, als er ein Kind war. Vielmehr an seine Zimmerhälfte. Thomas' Hälfte, die der Bruder durch einen Kreidestrich von seiner getrennt hatte, sah ganz anders aus, alles lag irgendwie herum, so, wie der Bruder es fallen gelassen hatte, war nicht in Fächer und Schubladen geordnet, Kante auf Kante gelegt wie bei ihm, und den Strich hatte Thomas deshalb gezogen, damit der kleine Bruder nicht wieder auf die verrückte Idee kam, herüberzugehen und auch seine Hälfte aufzuräumen, wenn die Mutter, entsetzt über die Ordnungslosigkeit, wieder einmal aufräumen, auf der Stelle in Ordnung bringen, verlangt hatte, wovon Thomas sich so gut wie gar nicht beeindrucken ließ, während Lenau am liebsten auch die Hälfte des Bruders aufgeräumt hätte, um die Mutter nicht wieder in diesen todtraurigen, kopfschüttelnden Zustand fallen zu sehen, in den sie geriet, wenn sich in *ihrer* Wohnung irgendwo Unordnung zeigte, mein Gott, wo wird denn das noch hinführen [...]. (Wolfgruber 1981, 71 f.)

Diese Stelle hat einen nicht unbedeutenden Antezedenten in der österreichischen Literatur des 19. Jahrhunderts; gleichgültig, ob Wolfgruber sie herbeizitiert oder ob es sich um eine unbewußte oder spontane Parallele handelt: In Grillparzers Erzählung *Der arme Spielmann* kommt der Ich-Erzähler in die Wohnung des unglücklichen Geigers Jakob, der sein Quartier mit zwei nicht reinlichen Handwerksgesellen teilt: »Die Mitte des Zimmers von Wand zu Wand war am Boden mit einem dicken Kreidestriche bezeichnet, und man kann sich kaum einen grelleren Abstich von Schmutz und Reinlichkeit denken, als diesseits und jenseits der gezogenen

Linie, dieses Aequators einer Welt im Kleinen, herrschte.« (Franz Grillparzer: *Der arme Spielmann*. Stuttgart: Reclam 1979, 16 f. [= RUB 4430] [Erstveröff. 1848]).

Diese Gegenüberstellung ist nun kein Akt der Willkür; in beiden Fällen wird zwischen Ordnung und Unordnung ein Trennungsstrich gezogen. In beiden Fällen trennt der Kreidestrich zwei voneinander völlig unterschiedliche Typen; bei Grillparzer ist nicht klar, wer diesen Trennungsstrich gezogen hat, bei Wolfgruber verteidigt der »unordentliche« Bruder sein Territorium gegen die übergriffige Ordnungsliebe des jüngeren Bruders. Das Chaos scheint die einzige Garantie für die Autonomie abzugeben. Lenau hält sich denn auch viel lieber, wenn der Bruder nicht da ist, in dessen unordentlicher Wohnungshälfte auf, »die wirklich bewohnt, benützt gewesen war, fast abenteuerlich und nicht nur aufgeräumt, in Ordnung wie seine Seite, so wie nun das Zimmer seines Kindes.« (Wolfgruber 1981, 72)

Dieser Strich geht offenkundig durch das Gehirn des Österreichers – dies könnte man zumindest aus dem Vergleich der beiden Stellen folgern. Wolfgrubers Held lebt nun in der beständigen Sehnsucht nach einer Grenzüberschreitung, aber er will, ja er kann diese Grenze nicht so überschreiten. Sein ganzer Lebenslauf bestand ja in dem Versuch, diese Grenze zu überschreiten und alle jene, die jenseits dieses Äquators blieben, als *kleinbürgerlich* zu denunzieren. Die Entscheidung, die da notwendig wäre, wird von ihm nicht vollzogen. Nur die Heimlichkeit läßt solche Grenzüberschreitungen überhaupt zu.

Wenn man auf dieser Interpretationsbahn weiterfährt, stellen sich gewiß hübsche Einsichten ein, die das Buch vor allem thematisch festlegen: als eine Variante eines österreichischen Entwicklungsromans der frühen achtziger Jahre, nach dem Desillusionsschema gestrickt – nicht mehr. In unzähligen kleinen Details wiederholt sich dieses Scheitern Lenaus; vor allem in den Liebesbeziehungen spielt sich so gut wie nichts ab. Ein Impotenzerlebnis, ein gescheiterter Verführungsversuch. Es bleibt immer bei den halben Sachen. Ein rundes Ganzes ist nicht mehr drinnen; immer wieder stellen sich diese Desillusionen ein.

Selbst die kleinsten Vorgänge sind von dieser Desillusionsstruktur bestimmt. Und ich meine, daß die Stärke Wolfgrubers sich vor allem darin zeigt, wie er jene Details in das Ganze des Romans einpaßt. Die Beschreibung eines Scheiterns ist für einen Roman ein riskantes

Thema. Es geht dabei ja darum, daß das Nichterreichen eines Zustands, daß ein Mangel, ein Defizit beschrieben wird. Es geht darum, ein Nichts zu beschreiben – und plötzlich zu erkennen, daß eben dieses Nichts sich im Zuge des Beschreibens in beklemmender Weise auffüllt. Eine kurze Passage aus dem Beginn des Romans veranschaulicht dieses Muster der Desillusion sehr schön. Lenau rechnet damit, daß man seinen Geburtstag zu Hause vorbereitet; er hat nur wenig Grund für diese Annahme, denn man kann (ist das Telegramm, mit dem er seine Ankunft ankündigt, angekommen oder nicht?) zu Hause nicht sicher sein, ob er heimkehrt oder nicht. Aber er deutet jedes Anzeichen in seinem Sinne; er interpretiert die Welt immer so, daß er jeden Schaden bei der Interpretation vermeiden möchte. Er ist stets für die bessere Variante, die Tatsachen mit all ihren Spitzen werden weggeleugnet: »Unten im Haus roch es nach frischgebackenem Kuchen. Lenau lächelte; wahrscheinlich hatte das Kind ihn zu backen versucht. Jedenfalls würde er überrascht tun und nicht sagen, daß er ihn schon unten gerochen hatte. Als er im vierten Stock aus dem Lift stieg, war der Geruch weg.« (Wolfgruber 1981, 17) Und nun setzen diese Beschreibungen der Leere ein; es gilt immer, einen negativen Zustand oder Sachverhalt zu markieren. Diese Texte leben von der Gebärde der Negation; das Erzählen kreist ein immer leerer werdendes Zentrum förmlich ein.

»In der Wohnung war es still. Im Vorzimmer der Kleiderständer leer bis auf das Netz mit Esthers Ball. [...] Niemand da, dachte er, aber er wußte, daß er das nur vorbeugend dachte. Er hängte seine Jacke auf und öffnete die Wohnzimmertür. Nichts rührte sich. Es war sauber aufgeräumt wie selten sonst, aber für eine Geburtstagsfeier war nichts hergerichtet.« (Ebda, 17) Lenau lebt in einer Zeit, die auch ein historisches Niemandsland ist: »Sicher würden sie eine Geburtstagsfeier für ihn vorbereitet haben, keine große zwar, weil doch vor einigen Jahren alle Feste, die man aus Tradition feierte, abgeschafft und nun noch nicht wieder ganz eingeführt worden waren, aber es würde Aufmerksamkeiten geben, die ihm recht sein würden.« (Ebda, 15). Gerade an dem Versuch, Feste zu restaurieren, bemißt sich die Lage Lenaus zwischen den Fronten; er ist der Kleinbürgerlichkeit entkommen, nur um von ihr bei der erstbesten Gelegenheit wieder eingeholt zu werden.

»Er ordnete die nichtgebrauchte Wäsche zurück in den Schrank, in die Schubladen, räumte alles an seinen Platz zurück.« (Ebda, 19)

In so kleinen Sätzen ist der Roman immer in seiner Gesamtheit anwesend: Die »nichtgebrauchte Wäsche« signalisiert aufs deutlichste die Leere dieses ganzen Lebens und nicht nur dieser einen gescheiterten Vertreterreise. Zugleich wird (der Leser und die Leserin bekommen später ja so etwas wie eine Begründung nachgeliefert) die Ordnungsliebe, das automatische Abspulen dieser Handlungen, die ihm anerzogen sind, vorgeführt. Immer wieder meint der Held, frei zu sein. Daß Kathrin nicht da ist, wird umgedeutet als Chance eines Tages, den man nicht alle Tage hat – los von der Familie. Das gerät zur tragikomischen Rekapitulation der eigenen Vergangenheit: Lenau fährt in das Arbeiterstrandbad, das dermaleinst wegen seines Namens von den linken Jungintellektuellen frequentiert wurde – das Interesse organisierte sich an den Namen und nicht an den Taten. Dieses Arbeiterstrandbad wird auch zum ungeliebten Aufenthaltsort – als er sieht, daß ein Bekannter dort ist, macht er sich gleich wieder aus dem Staub, nur um dann wieder zurückzukehren. Der Ordnungsfanatismus schlägt hier durch, das kleinbürgerliche Besitzdenken; so hat er sich, als er mit Kathrin zum ersten Mal in diesem Strandbad war, empört, daß sein Platz bereits besetzt war. »Er rede von Gesellschaftsveränderung, ja sogar von Weltveränderung, fiel ihm ein, hatte Kathrin einmal zu ihm gesagt, und dabei mache es ihm schon Unbehagen, sich hier nicht genau auf *seinen* Platz, sondern ein paar Meter daneben legen zu müssen.« (Ebda, 54 f.)

An solchen Stellen wird überdeutlich, wie stark die perseverierenden Tendenzen in diesem Menschen jede Veränderung unmöglich machen; seine scharfe Beobachtungsgabe macht ihm das Leben auch nicht leichter; jede Beobachtung wird ihm zum Zeugnis seines deprimierenden Zustandes, gegen den eine Fülle von Selbsttäuschungen losgelassen werden muß. Es ist, als ob einer stets von Wortdrogen abhängig wäre; Wortdrogen, die fast noch mehr benebeln als der Alkohol. Wolfgruber gibt eine klinisch exakte Beschreibung des Zustandes eines angehenden Alkoholikers: fast vermeint man, so etwas wie das Korsakoff-Syndrom aus dem herauszuhören, was da den armen Patienten Lenau befällt: Tremor, Tendenz zur Konfabulation.

In Wolfgrubers Texten scheint sich der Kommentar zu erübrigen; hier ist nichts übriggelassen, kein Platz, der im Text so leer ist, daß in ihn Deutungen einschießen könnten, wiewohl der Text sich um diese Leere arrangiert.

Die Frage, wie dieser Roman sich nun zu der Örtlichkeit verhält, an der er angesiedelt ist, sollte uns nun in der Folge beschäftigen. Denn auch hier zeigt sich eben jene Leere, die im Zentrum dieser Texte Wolfgrubers steht und die immer wieder aufgefüllt zu werden scheint. Diese Leere ist nun die Bundeshauptstadt – auch wenn sie nie mit dem Namen genannt wird, so erkennt sie doch jeder, der auch nur eine dunkle Ahnung von Österreich hat. Aber entscheidend ist, daß Wolfgruber auf solche Ortsnamen verzichtet. Er fährt von »S.« »nach Hause«. In der Stadt, in die er fährt, gibt es eine Untergrundbahn, es gibt ein großes Verkehrsnetz. Diese Stadt ist nun zwar der Nährboden für eine Geschichte wie diese, allerdings ist die Stadt als solche nicht mehr präsent. Ich habe bereits auf Peter Henischs Roman *Der Mai ist vorbei* hingewiesen. Auch darin wird zwar das Zentrum erwähnt, aber dieses – und im besondren der Heldenplatz – erscheint als eine Zone, die mit Geschichte zu sehr belastet ist. Die Tendenz der Literatur geht eindeutig weg von der Stadt, hinaus an die Peripherie. Es ist und bleibt »die Stadt«, und Lenau hat zu ihr ein durchaus ambivalentes Verhältnis:

> Ein paar Tage weg aus der Stadt, war er immer froh, in sie zurückkommen zu können. Mehr als die Hälfte seines Lebens wohnte er schon hier. Hier kannte er sich so aus, daß er auch stockbetrunken aus den entlegensten Stadtteilen gedankenlos nach Hause fand. Wenn er in einem solchen Zustand nicht plötzlich meinte, nur auf und davon zu gehen sei das einzig Richtige für ihn. Eine Zeitlang war es, wenn er zurückkam, hier wieder gut. Bevor das Sich-Fortwünschen neuerlich anfing. Er durfte jetzt nur nicht in eine Straßenbahn steigen. Die Gereiztheit der Menschen, wie er sie noch nirgendwo so heftig gespürt hatte wie in dieser Stadt, dieses plötzliche Ausbrechen von Wut, die hinter den mißmutigen Gesichtern lauerte, diese allgemeine Feindseligkeit in der am Freitagnachmittag überfüllten Straßenbahn hätte sein Gefühl, irgendwie doch *daheim* angekommen zu sein, in kürzester Zeit in nichts aufgelöst. (Ebda, 16 f.)

Diese Stadt erfährt nur eine negative Spezifikation; sie erscheint als eine Ballung von Wut; sie erscheint als eine Stadt, die sich schön macht, allerdings nur aus Propagandazwecken. Alles, was ihre historisch verbriefte Besonderheit ausmacht, wird ausgeblendet. Lenau ist ein durch und durch ephemeres Wesen; die Geschichte, die den Bauwerken abzulesen wäre, stellt keine Hypothek, aber auch keine Attraktion dar. Die Vororte erscheinen uniform. Die Vielfalt der Stadtlandschaft, die gerade ein Romancier wie Heimito von Doderer mit großer Gestik beschworen hatte, indem er jedem Stadtteil seine

Aura gewährte und womit er an eine Stelle aus Walter Benjamins *Passagenwerk* erinnert, wird in dieser Literatur der sechziger und siebziger Jahre negiert. Benjamin hingegen leugnet die Gleichförmigkeit der Stadt; für ihn scheint sie ein größeres Differentiationspotential zu haben als das Land:

> Die Stadt ist nur scheinbar gleichförmig. Sogar ihr Name nimmt verschiedenen Klang in den verschiedenen Teilen an. Nirgends, es sei denn in Träumen, ist noch ursprünglicher das Phänomen der Grenze zu erfahren als in Städten. Sie kennen heißt jene Linien, die längs der Eisenbahnüberführungen, quer durch Häuser, innerhalb des Parks, am Ufer des Flusses entlang als Grenzscheiden verlaufen, wissen; heißt diese Grenzen wie auch die Enklaven der verschiedenen Gebiete kennen. Als Schwelle zieht die Grenze über Straßen; ein neuer Rayon fängt an wie ein Schritt ins Leere; als sei man auf eine tiefe Stufe getreten, die man nicht sah. (Benjamin 1991, 141)

Gerade dieser Differenziertheit der Stadt arbeitet ein solcher Text wie der Wolfgrubers entgegen; die Stadt hat sich zusehends uniformiert. Der Blick auf das Ganze fehlt auch in diesen Büchern; es sind immer nur fein segmentierte Details, die der Leser bekommt: die Wartezimmer, die Büroräume, die Lokale, die Gemeindebauten. Die Stadt stellt nicht mehr diesen Lebens- und Erlebensraum zur Verfügung wie etwa das Land in Roths *Der Stille Ozean*. Hier kommen wir zu einem Paradox in der unterschiedlichen Verwendung von Stadt und Land: Verliert der Arzt Ascher die Konturen seines Charakters in dieser ländlichen Umgebung, von der er zusehends aufgesogen wird, so gewinnt Lenau vor der leeren Folie der Stadt zusehends sein Profil, und zwar als ein Wesen aus der Geschichte und in der Geschichte. An die Stelle der großen Geschichte, mit der sich das Individuum identifiziert, wird die Geschichte des kleinen, vergänglichen Subjekts zum Gegenstand der Betrachtung. Seine Geschichte bekommt in der Gesichtslosigkeit der Stadt erst ihr Profil. Dies verhält sich genau umgekehrt zu den Gestaltungen der Stadt in Werken zwischen den beiden Weltkriegen: In *Berlin Alexanderplatz* von Alfred Döblin verliert das Individuum seine Konturen in der Großstadt, während die Figuren in den Berg- und Bauernromanen eine holzschnittartige Eigenexistenz und Profilierung erfahren. Daß die Banlieue das Zentrum ersetzt, ist eine Beobachtung, die sich nicht nur aus solchen Büchern wie denen Gernot Wolfgrubers ergibt. Peter Henisch hat auch in seiner Textsammlung *Vom Baronkarl* (1972) versucht, diese Stimmung der Vorstadt einzufangen, ein solches auratisches Gebilde zu erzeugen, das dieser Vorstadt gerecht wird. Tatsächlich aber scheint die Stadt, die ihre Spezifikation erfährt, kein Thema mehr in diesen Romanen zu sein. Das ist offenkundig ein Thema, das von den früheren Generationen weggeschrieben wurde: in der Form des Stadtromans, in der Form von Doderers Großstadtprosa, die die Stadt Wien nicht zum Ort der oft schreckhaften Veränderung machte, sondern aus ihr eben eine Stadt wie viele werden ließ. In Ingeborg Bachmanns Roman *Malina* (1971) fällt – es geht um einen Gang durch das nächtliche Wien – der auch symbolisch zu interpretierende Satz: »Wien schweigt.« Wien schwieg offenkundig den Autoren, und sie schwiegen sich über Wien aus. Und das hat Konsequenzen, denn für den Roman war (und ist wohl noch) die Stadt, vor allem die Metropole, ein Substrat, das eindeutig auch strukturprägend ist: Die Polymorphie der Großstadt ist ähnlich der Polymorphie des großen Romans. In diesen Texten wird der Vielgestalt der Stadt wie auch der Vielgestalt des Romans eine Absage erteilt.

Ich meine indes, daß Wien doch eine ganz merkwürdige Rolle bekommen hat in der Literatur, und zwar als eine Art von Stadt des Todes; der Topos, daß Wien eine Stadt sei, in der die Toten lebendig, die Lebenden tot wären, zieht sich förmlich durch die Literatur auch des 20. Jahrhunderts; im Roman *Malina* ist einmal im Mühlbauer-Interview davon die Rede, daß die geistige Mission Wiens ein Krematorium sei; in dem Roman von Helmut Zenker, *Wer hier die Fremden sind* (1973), sieht ein junger Mann vom Lande, der in die Stadt kommt, einen Menschen zusammenbrechen – er beatmet ihn, muß aber erkennen, daß er einen Toten beatmet hat: Der Gang in die Stadt führt in den Tod, und die Stadt inszeniert ihr Selbstverständnis auch auf dem Umweg über den Tod. Vor allem Thomas Bernhard hat diesen Kult der Friedhöfe ernsthaft beschrieben. »Ein aussterbender Friedhof ist diese Stadt!« heißt es in einer Erzählung Thomas Bernhards – und wenn die Wiener zu Allerheiligen und Allerseelen auf den Friedhof strömen, so hat das sehr wohl auch Gründe, die nicht nur in der Pietät liegen. Der Friedhof wird von den Überlebenden deswegen so gerne begangen, weil er – und das Copyright für diese scharfsinnige Beobachtung liegt bei Elias Canetti – ihnen das Gefühl der Macht über diejenigen vermittelt, die da so dicht beisammen liegen und sich nicht mehr bewegen können:

Auskosten des Überlebensgefühls und zugleich Kontrapost wie auch Legitimation des sonst so üppig praktizierten Hedonismus.

Doch zurück zu Wolfgrubers Roman: Die Großstadt ist in seinem Romanwerk zusehends in das Zentrum gerückt. Von der kleinstädtischen Umgebung seiner frühen Romane emanzipieren sich die Figuren mehr und mehr zu Bewohnern der Kapitale; allerdings bleibt das ohne Konsequenzen für ihren moralischen Habitus. Die Großstadt offenbart sich als ein Raum, der sich nicht fundamental von der ländlichen Umgebung unterscheidet. Die besondere Identität, die sich der Mensch dadurch erhofft, daß er sich in die Kapitale begibt, erreicht er nicht. Die Literatur hat sich konsequent aus Wien zurückgezogen; diese Stadt geht ihrer Besonderheitsidentität verlustig.

Und dies steht in Analogie zu der Zeichnung des Helden; je mehr dieser mit Einzelzügen ausgestattet wird, um so mehr verkümmert die Person Martin Lenau zum Typus, zur allegorischen Repräsentanz einer Gesellschaft, die eine Chance verpaßt hat; die ein früheres Stadium kennt, das ihr eine Gegenwart vorgegaukelt hat, die ganz anders ist, als diese, in der sie leben muß. *Die Mehrzahl* (1978) heißt einer der wenigen Texte Wolfgrubers, die nicht fiktionaler Natur sind. Darin geht es um Österreich, und zugleich eben auch um die Rolle des Schriftstellers Wolfgruber; was er darin beklagt, ist die Isolation, in die die Schriftsteller sich gedrängt sehen. Er schildert eine Weihnachtsfeier in einem Betrieb, in dem er einmal gearbeitet hat, eine jener Feiern, die im Leerlauf enden und in der Erinnerung an das Aufbegehren gegen die Fabrik enden: »Wenn ich heute hin und wieder meine früheren Arbeitskollegen treffe und bei ihnen sitze, dann muß ich, wenn ich wie früher *wir* sagen will, von der Vergangenheit reden. *Damals*, muß ich sagen, und: Könnts euch erinnern?« Er schließt mit der Beobachtung:

> Ich habe auch jetzt Kollegen. Zumindest nenne ich sie so, weil ich nicht weiß, wie ich sonst sagen sollte. Jeder an seinem Schreibtisch, irgendwo, weit weg, weit weg von meinem. Und ohne daß ich *Wir* sagen könnte. Vielleicht liegt es daran, daß sie sich von denen, unter denen ich Wir gesagt habe, und von denen ich zu reden versuche, auch nur ihren Teil denken. Und von etwas anderem reden. (Wolfgruber in: Jung 1978, 198)

Der Schriftsteller sieht sich somit in eine Isolation getrieben, die er seiner Spaltung verdankt; die Hoffnung, daß die Autoren sich solidarisieren könnten, wenn sie mehr von der Mehrzahl sprächen, verblaßt zur blassesten Andeutung.

7. IM ZEICHEN DES KREUZES. JOSEF WINKLER (*1953): Muttersprache (1982)

In Josef Winkler scheint mir am ehesten jene Stimme hörbar zu werden, die einen unverwechselbar neuen Ton in die österreichische Literatur brachte. Josef Winkler ist neben Christoph Ransmayr der jüngste Autor, den ich hier besprechen möchte. Schon in äußerlicher Hinsicht verbindet ihn einiges mit Franz Innerhofer und Gernot Wolfgruber: Auch er kommt aus einer Welt der Sprachlosigkeit, auch für ihn werden die engere Umgebung der Heimat und die Herkunft zum unerschöpflichen Stofflieferanten, vor allem aber zum Lieferanten seiner drei ersten Bücher.

Ein Dorf in Kärnten

Winkler stammt aus einer kinderreichen Familie; er wurde in dem Dorf Kamering bei Paternion im Kärntner Drautal geboren, besuchte die achtklassige Volksschule und hierauf von 1968 bis 1971 die Handelsschule in Villach, die er aber nicht abschloß, »weil er vor lauter Lesen den kommerziellen Schulstoff nicht bewältigen« konnte. (Winkler 1982, 300) Er trat in den Bürodienst der Kärntner Molkerei ein, fühlte sich aber auch dort nicht wohl, besuchte im Anschluß die Abendhandelsschule in Klagenfurt, arbeitete während des Tages zunächst in einem Betrieb, der Karl-May-Bücher produzierte, und dann in der Verwaltung der neugegründeten Hochschule (später Universität) für Bildungswissenschaften in Klagenfurt. Seit 1982 ist Winkler freier Schriftsteller – Aufenthaltsorte: Wien, Berlin, Kärnten, Italien (Rom). Winkler hat zahlreiche Literaturpreise erhalten, zuletzt das Robert-Musil-Stipendium des Bundesministeriums für Unterricht und Kunst, das den Schreibenden ein Basiseinkommen für drei Jahre von öS 15.000,– monatlich gewährt.

Soviel einmal zur Person; wie bei wenigen andren Autoren versucht man bei Josef Winkler den Zugang zu seinem Werk von der Person des Autors her zu gewinnen; deswegen der kurze Vorspann. Ich meine, daß dieses Verfahren, durch die Biographie oder Schilderung der Lebensumstände die literaturwissenschaftliche Analyse zu ersetzen, mir sehr bedenklich vorkommt. Gewiß: zwischen Leben und Werk besteht ein Zusammenhang, aber dieser Zusammenhang darf nicht als die Erklärung des einen durch das andere genommen werden. Verhängnisvoll ist immer, sich nach der Lektüre eines solchen Werkes, wie es Winklers *Muttersprache* ist, zu fragen, wie es *wirklich* ist. Diese Literatur stand von Anfang an unter der Signatur der Authentizität: alles, was irgendwie an Vermittlung gemahnen mochte, sollte zum Schwinden gebracht werden. Mit gutem Grund wurde hervorgehoben, daß Winklers Werke eine geschlossene Einheit bilden, daß sie zusammenhängen und man diese Texte, vor allem die frühen Romane, nicht als Werke für sich betrachten könne.

Die drei Romane *Menschenkind* (1979), *Der Ackermann aus Kärnten* (1980) und *Muttersprache* (1982) wurden 1984 zusammengefaßt in einer Taschenbuchausgabe unter dem Titel *Das wilde Kärnten*. Im Jahre 1983 erschien auch ein Werk, das aus der Reihe dieser Texte ein wenig herauszufallen scheint: *Die Verschleppung*, die Geschichte der Warwara Wassiljewna, einer Russin, die von den Nazis während des Zweiten Weltkrieges 1943 nach Deutschland gebracht wurde – eine Episode, die auch in *Muttersprache* eine Rolle spielt. Im Jahre 1987 erschien der Roman *Der Leibeigene*, in dem Winkler noch einmal diese Themen etwas radikaler anpackt und alles, was in *Das wilde Kärnten* traktiert wurde, nochmals zusammenfaßt. Sein bislang letzter Roman, *Friedhof der bitteren Orangen*, erschien 1990; hier findet sich die bisher nachhaltigste Abrechnung mit der eigenen, vom Katholizismus geprägten Vergangenheit; thematisches Zentrum ist ein Armenfriedhof in Neapel, der nun zugeschüttet und zu einem Orangenhain wurde, auf dem nun die »bitteren Orangen« wachsen.

Winklers Werke lassen sich nicht mehr als Gegenentwurf zu bestehenden Literaturtraditionen verstehen oder unter der Signatur der »experimentellen Literatur« rubrizieren. Um diese Texte in ihrer Bedeutung besser erfassen zu können, ist die Anwendung komplexer Methoden notwendig, und ich meine, daß eine Stärke auch dieser Texte darin liegt, daß sie sich den literaturwissenschaftlichen Beschreibungskategorien entziehen und diese in einem bloßstellen.

Die ersten Texte Winklers erschienen in den Grazer *manuskripten*. Bei der Befassung mit seinen Schriften ist es ratsam, auf diese Veröffentlichungen zurückzugreifen, einfach weil sie den Zustand der Unmittelbarkeit, mit der dieses Werk anfänglich reüssierte, besser repräsentieren. Hier ist besonders auf den Abdruck *Blitzlichter aus dem Dorfe K.* (*Kärnten*) zu verweisen, der 1978 in den *manuskripten* erfolgte. (N. B.: Die wichtigsten Partien dieses Textes sind, wie bereits erwähnt, auch in *Der Ackermann aus Kärnten* abgedruckt). Allerdings wird das Manuskript unredigiert wiedergegeben, photomechanisch; erkennbar sind die Korrekturen des Autors, der die Eigennamen ausgestrichen und durch Abkürzungen ergänzt hat.

Dieses Dorf steht im Zentrum von Winklers Werk; es scheint, als würde er von diesem Dorf nicht loskommen und sich diesem Dorf immer wieder schreibend nähern. So wie Gustav Mahler die Karawanken wegkomponiert haben wollte, so will Winkler offenkundig diese Thematik wegschreiben, allerdings fehlt hier, meine ich, der Oberton des Gelingens. Auf den Text *Blitzlichter aus dem Dorfe K. (Kärnten)* möchte ich doch noch nachhaltig aufmerksam machen, weil von ihm aus das thematische Zentrum der Kärntner Trilogie weitaus besser verständlich wird:

> Die geographische Anatomie unseres Dorfes läßt sich mit einem Kruzifix vergleichen. An der Dorfstraße, zu deren linken und rechten Hand Häuser stehen, strecken sich am oberen Teil, dem waagrechten Balken dieses Dorfkruzifix zwei Arme, wo die Bauernhäuser wie die Knorpel eines Rosenkranzes aufgefädelt sind. An der äußersten linken Seite, der angepflockten Hand, stockt das Blut des ersten Hauses. Das Zimmer der verstorbenen Mutter ist rot austapeziert. Am letzten Haus, auf der rechten Seite des waagrechten Balkens, steht ein roter Kalbstrick als Symbol für den Nagel, der die rechte Hand des Kruzifix hochhält. Den Kopf dieses Kruzifix bilden Pfarrhof und Heustadel indem [sic!] sich zwei 17jährige Lehrlinge umbrachten. (Winkler 1978, 3)

Wie sehr dieser Doppelselbstmord der Lehrlinge Jakob und Robert im thematischen Zentrum des Schreibens von Winkler steht, offenbart der letzte Satz dieser Einleitung: »Die Religion des Hasses und der Liebe in diesem Dorf, zwingt mich dazu, die beiden Selbstmörder im Verlaufe meiner Literatur, in einer sprachlichen Zelebration, heilig zu sprechen.« (Ebda, 6) Die Literatur wird also mit einer »sprachlichen Zelebration« verglichen; die Topographie dieses Schreibens entsteht dadurch, daß das zentrale Symbol des Christentums in dieses Dorf hineinprojiziert wird. Die Notizen in den *manuskripten* verstehen sich als »Materialien«; und so wandert der Verfasser in dem Dorf Haus für Haus ab. Und es ist Material, das hier geboten wird, es kommt nicht darauf an, dieses Material in eine

Ordnung zu bringen, die ihm fremd wäre. Die Romantrilogie ist nun, wenn man im traditionellen Vokabular der Literaturkritik bleiben will, nicht vor allem eine Variation der bereits in diesem kurzen Text aufgehäuften Materialien, und auch in allen anderen Schriften Winklers werden nun immerfort Themen und Motive, die auch hier zum Tragen kommen, variiert.

Eines dieser Themen ist der Körper in seiner Animalität, und alle Zeilen dieses Textes sind vom Körper her geschrieben; der Schreibende begreift sich durchgehend von seinem Körper her, er macht aus der Homosexualität kein Hehl. Das Programm dieses Schreibens wird in *Muttersprache* wie folgt ausgedrückt:

> Obwohl der Pfarrer gesagt hat, daß man über diese oder jene Dinge nicht reden soll, rede auch ich über diese Dinge nicht, solange ich nicht darüber reden will, aber jetzt will ich genau über Dinge reden, über die man nicht reden soll, denn ich will nur über Dinge reden, über die man nicht reden soll, sonst über nichts mehr. Der Pfarrer hätte nicht sagen dürfen, daß man über verschiedene Dinge nicht reden darf, denn gerade deshalb will ich jetzt über Dinge reden, über die man nicht reden soll und darf [...]. (Winkler 1982, 259)

Säkularisation als sprachbildende Kraft.
Zur Dichtung österreichischer Bauernsöhne

Entscheidend für diesen Text ist also die konsequente Verletzung von Tabus; alles, was tabuisiert ist, wofür wir Euphemismen parat haben und auch haben zu müssen meinen, soll in diesen Texten zur Sprache kommen. Und die Tabuverletzung nimmt ihren Ausgang meist an der Nahtstelle von Religion und Sexualität. Die Sprachregelung durch die christliche Religion wird dadurch verletzt, daß die Sexualität zur Sprache kommt. Winklers Werk betreibt nun diesen Bruch des Tabus mit einer Konsequenz, die sich ihrerseits eben der Konsequenz verdankt, mit der die Sprache der religiösen Praxis Sexualität oder Körperlichkeit ausgeklammert hatte. Die Autorität, mit der der Priester auch den Sprachgestus bestimmen will, wird zum Ausgangspunkt der Kritik des Autors: »Der Priester, Halbgott und Träger der Autorität der Leiden Christi, hält mit seinen [!] messerscharfen, überkreuzenden [sic!] Segen das Dorf in seiner Hand.« (Winkler 1978, 3) Hier ist einiges vorauszuschicken: Winkler ist natürlich nicht der erste, der diese Kollision von Sexualität und christlicher Religion thematisch macht und die sakrale Sprache zum

Substrat seiner literarischen nimmt. Wir kennen alle den langwierigen Prozeß der Säkularisation, der in Albrecht Schönes berühmter Studie ja seine angemessene Darstellung gefunden hat (*Säkularisation als sprachbildende Kraft. Studien zur Dichtung deutscher Pfarrersöhne*. Göttingen: Vandenhoeck & Ruprecht 1958 [= Palaestra, 226]): Im wesentlichen besagt dieser Prozeß, daß ein guter Teil der Literatur in der zweiten Hälfte des 18. Jahrhunderts als Transformation oder Kontrafaktur des liturgischen, biblischen oder sakralen Sprachinventars in einen säkularen, also weltlichen Kontext zu verstehen ist; damit emanzipiert sich die Sprache der Literatur aus jenen konfessionellen Bindungen, die ihr einerseits unerläßliche Voraussetzung waren, die aber andererseits auch als ihre Fesseln gelten müssen. Dies geht auch zeitlich zusammen mit dem ziemlich rasch erfolgenden Wechsel von der intensiven (Bibel-)Lektüre zur extensiven (Roman-)Lektüre. Als Beispiel dient Albrecht Schöne vor allem Bürgers Ballade *Lenore*.

Es ist nun zweifelsohne etwas bedenklich, wenn ein Prozeß, der sich rund zweihundert Jahre früher vollzog, als Analogie zu dem hier zu behandelnden Phänomen herangezogen werden soll. Doch gehen wir meines Erachtens nicht fehl, wenn wir dies vorsichtig betreiben und vor allem die (gesellschaftlichen, konfessionellen und geistesgeschichtlichen) Hintergründe einbeziehen.

Für die österreichische Literatur nach 1945 ist auch ein Wechsel in der Herkunft ihrer wichtigsten Repräsentanten auszumachen; war die Literatur vorhin doch hauptsächlich von Schichten der bürgerlichen Intelligenz getragen – selbst jene Autoren, die von »links« kamen und proletarische Anliegen vertraten, verdanken ihre Formation nicht zuletzt dem bürgerlichen Gymnasium, dessen Besuch von Haus aus eine Selbstverständlichkeit war. In dieser Hinsicht sind die Unterschiede zwischen Heimito von Doderer, Ingeborg Bachmann und Gerhard Fritsch nicht allzu groß. Für die nun ab Ende der sechziger Jahre repräsentative Generation sind vor allem jene Autoren typisch, die sich eine für ihre Herkunft atypische Bildung aneigneten, diese aber auf dem Umweg über die religiöse Erziehung erwarben. Autoren wie Thomas Bernhard, Peter Handke, Alois Brandstetter, Barbara Frischmuth und Reinhard P. Gruber haben ihre Erfahrungen mit den Klosterschulen ja in unterschiedlicher Gestaltung zu Papier gebracht.

Die Klosterschule, das vorwiegend von geistlichen Lehrern geleitete Gymnasium, ist aber nicht allein die Ursache dafür, daß die transformierte liturgische und sakrale Sprache eine so zentrale Rolle in der österreichischen Literatur auch der siebziger Jahre spielt. Hier wäre eine Hypothese zu bemühen, die sich etwa so fassen läßt: Die erste Sprache, die diese Generation außerhalb einer bloß pragmatisch determinierten erfuhr, war die Sprache der Liturgie, des Gebets. Eine Sprache, die in ihrem Vokabular vertraut war, zugleich aber einige jener Einschlüsse enthielt, die diese nahe Sprache zu einer fremden machten. Diese Sprache ist gebunden an das Ritual, an die Wiederholung. Liturgie ist auch das Moment, das den meisten Texten Bernhards und Handkes ihre Struktur verleiht. Ich kann auf diesen Befund, der einer philologisch einläßlicheren Untermauerung bedürfte, nicht ausführlicher eingehen, aber die Hinweise mögen genügen, um den Rahmen zu zimmern, innerhalb dessen das Werk eines Josef Winkler zu lesen ist.

Am Rande verdient vielleicht auch die Tatsache Erwähnung, daß der zweite Roman der Trilogie, *Der Ackermann aus Kärnten*, ursprünglich unter dem viel signifikanteren Titel »Vater, dir leb ich, Vater, dir sterb ich« hätte erscheinen sollen; Bedenken, daß mit diesem Titel das bundesdeutsche Publikum nichts, hingegen mit dem traditionsbefrachteten Titel vom *Ackermann aus Kärnten* sehr viel anfangen könnte, mögen zu dieser Titeländerung beigetragen haben.

Kärnten, ödipal

Wenden wir uns nun dem Roman *Muttersprache* zu; deutlich ist dieses Buch als Komplement zum zweiten Band der Trilogie zu erblicken; stand dort die Auseinandersetzung mit dem Vater im Mittelpunkt, so geht es nun um das Verhältnis des Redenden zur Mutter. Aus ihr heraus hat er die Sprache empfangen; durch die Sprache der Mutter – das legt zumindest der Titel nahe – kommt er zu sich selbst, das heißt, er wird zum Schriftsteller. Die Hauptpartie des Buches dreht sich um ein Ich, und dieses Ich redet auf den Leser ein. Von einer erzählerischen Organisation des Ganzen kann und darf freilich keine Rede sein in dem Sinne, daß ein Handlungsbogen, eine Fabel präsentiert würde. Ausgangspunkt ist nach wie vor der Doppelselbstmord der beiden Lehrlinge; jede Fabel würde die Authentizität der Schilderung untergraben. Durch diesen Tod ist das Ich zum Schreiben gekommen, und es kommentiert seine Tätigkeit:

In meinem Kopf haben sich Jakob und Robert der Realität ihres Lebens im Dorf längst enthoben. In meinem Kopf wachsen sie langsam zu Kunstfiguren heran, während sie auf der Erde tot, in ihr begraben sind. Meine Wut hat nachgelassen, ich bin ruhiger geworden, seit ich niedergeschrieben habe, was ich im Augenblick der Niederschrift wußte und fühlte. (Winkler 1982, 150)

Damit ist eines deutlich: Es sind Kunstfiguren; mit realistischer Dorfprosa hat der Autor eben nichts im Sinn. Er ist sich bewußt, daß diese »sprachliche Zelebration« trotz der stets akzentuierten Unmittelbarkeit dazu führt, daß die Dinge erst als Kunstprodukte ihre Bedeutung gewinnen. Mitunter liest sich die Poetologie so wie eine nachgeholte Therapie: »Wäre ich im Dorf durch Gespräche von diesen Fantasien [Todesvorstellungen und Todesallegorien] erlöst worden, müßte ich heute wahrscheinlich nicht schreiben. Es sind dieselben Fantasien, dieselben Ängste, die wiederkommen, um schreibend aus dem Weg geräumt zu werden.« (Ebda, 246) Und er weiß: »Wenn ich irgendwo als Knecht enden sollte, so weiß ich, daß ich nichts anderes tue, als meine Literatur radikal fortzusetzen, selbst dann, wenn ich nichts mehr schreiben oder überhaupt verstummen sollte.« (Ebda, 115 f.) Ausschlaggebend ist, daß diese literarische Tätigkeit als eine Tätigkeit verstehbar ist, die auch jenseits der bloßen Schriftlichkeit verstanden wird, eine Praxis, die unabhängig von dem jeweils ausgeübten Beruf ist. Schreiben ist eine Tätigkeit, die rein körperlich verstanden wird, es wird mit dem Körper auf Körper geschrieben; Schreiben ist eine Zwangshandlung:

> Mit meinen Fingernägeln kratzte ich am Eisblumenfenster die neugelernten Buchstaben ein, ich schrieb sie auf die Bettwäsche, auf die Heiligenbilder malte ich die Buchstaben, auf die Augen der Pfauenfedern, ich schrieb sie auf meine Haut, auf meinen Fuß, der nackt war und reflexierte, wenn ich mit meiner Faust auf die Kniescheibe schlug und dabei lachte. Ich schrieb die Buchstaben auf die Flanken der schwarzen Onga. (Ebda, 99)

Die Objekte werden in ganz wörtlichem Sinne *beschrieben*. So ist das Schreiben eines der Subthemen des Buches, und auch die literarischen Anklänge und die literarische Tradition, die beschworen wird, bestätigen immer wieder, wie sehr dieses Schreiben aus der Isolation und Andersartigkeit des Subjekts Josef Winkler erwachsen ist. Er insistiert darauf, daß er durch das Lesen zu dem wurde, was er ist: durch die Lektüre von Karl May allen voran – der Autor, der wohl unter der Jugend bis in die zweite Hälfte unseres Jahrhunderts in erster Linie für die Lesesozialisation der männlichen Jugend im deutschen Sprachraum zuständig war. Die homoerotischen (und übrigens von Arno Schmidt zur Stützung der These von Karl Mays latenter Homosexualität herangezogenen) Szenen zwischen Old Shatterhand und seinem Freund Winnetou werden angesprochen. Schon früh hat die Welt der Fiktion die reale Welt ersetzt; die Kunstwelt ist das Objekt der Idololatrie (vgl.: »Nicht die väterlichen Zugpferde im Stall, nein, die Indianerpferde verehrte ich als Tiere, nicht die Fähre, nein, die Kanus sollten meine Mutter und mich über die Drau zum Arzt bringen, und Indianer sollten uns aus dem Boot heben, als wären wir Häuptlingssohn und Häuptlingsfrau«; ebda, 82). Nicht nur Karl May (vgl. ferner ebda, 44, 48, 49, 51, 78 f., 136, 300, 315), auch andere Autoren helfen der Selbstdefinition: Aus Oscar Wildes *De Profundis* stammt das Motto; erwähnt werden zum Beispiel Jean Genets *Notre-Dame des Fleurs* (ebda, 116), Hans Henny Jahnns *Fluß ohne Ufer* (ebda, 376) und Hubert Fichte, jene Autoren also, die mit Homoerotik in Verbindung gebracht werden; darüber hinaus ist jedoch auch von Kafka, Hebbel, Peter Weiss (*Abschied von den Eltern*), Thomas Mann (*Der Tod in Venedig*) und vor allem Edgar Allan Poe die Rede; durch sie ist der Autor zum Schreiben gekommen, sie sind seine Stützen und seine Anwälte, mit denen er sich gegen die feindliche Umwelt zu schützen imstande ist. »Warum waren die Geschichten von Edgar Allan Poe so anziehend für einen Bauernjungen? Er hätte doch seine Seele in einem schönen Basteibergbauernroman wiederentdecken können oder in den Fernsehgeschichten um Fury und Lassie.« (Ebda, 312) Und dazu die Musik, die er hört, eine Musik, die ganz anders ist als die, die sonst aus dem Radio dröhnt: Bruckner, Beethoven, Tschaikowsky. Die Figur des Redenden begreift sich somit selbst als einer, der im Widerstand gegen seine Umgebung entstanden ist; und er ist aus der Literatur entstanden und zu dem geworden, was er ist. Diese Erzeugung von »Intertextualität« in Winklers Prosa wäre noch einmal als ein Thema gesondert zu behandeln.

Wir sind mit diesen Beobachtungen doch sehr weit abgewichen von dem Schema, in das diese Texte nicht ohne Grund gerne gestellt werden: vom Schema des problematisierten oder negativen Heimatromans. In einer vor kurzem erschienenen niederländischen Dissertation heißt es zu Winkler: »An der Tradition des Heimatromans festhaltend, führt er dieses Modell, insbesondere durch das Verfahren der Metaphorisierung, durch den Schreibkommentar und durch die konsequente Gestaltung der Haß-Liebe-Dualität an die Grenze des zeitgenössischen autoreflexiven Künstlerromans.« (Kunne 1991, 298) Das ist nicht nur richtig beobachtet, sondern vor allem gut gemeint, gut gemeint mit uns, die wir ständig unterwegs sind, um unseren Texten ein Heimatrecht und eine Aufenthaltsgenehmigung in den Bereichen der Genres und Gattungen zu verschaffen. In der Tat – und der kurze Hinweis auf den »schönen Basteibergbauernroman« mag als eine Stütze für die soeben gehörte Zuschreibung implizite dienen – läßt sich für Winklers Trilogie und für den *Leibeigenen* mit einiger Berechtigung eben der Heimatroman (und damit vor allem das Werk Innerhofers, wie auch das Gerhard Roths) als Folie heranziehen.

Ich möchte aber doch betonen, daß damit noch nicht viel gewonnen ist; denn Winkler geht in allen Fällen einen guten Schritt weiter, vor allem ist das ästhetische Konzept, das für diesen Roman verantwortlich ist, doch ganz anders gelagert als das, was den Roman der beiden zuvor genannten Autoren bestimmt. Das hängt schon von der Erzählerfigur (Ich bzw. Ascher) ab. Die Besessenheit Aschers, sein Wahrnehmungszwang (vgl. Wagner 1987, 174), mit Hilfe eines Mikroskops oder Fernrohrs sich der Umwelt zu versichern, sind eine ganz andere Grundlage als die stets die Objekte des ländlichen Lebens allegorisierende und symbolisierende Sprache Winklers, für den kein Ding auf dem andern bleibt. Immer wieder sind es die Symbole, die durch den Text hindurch gelegt werden und die ihn grundlegend von dem Schema des Heimatromans emanzipieren; wobei als Paradox bestehen bleibt: je mehr sich der Text von der ländlichen *condition humaine* zu entfernen scheint, umso mehr erweist er sich ihr verpflichtet.

Der »Metaphernhund«

Und hierin ist er auch der Sprache der Liturgie verpflichtet, deren suggestive Stärke nicht zuletzt in der Kraft ihrer Bilder liegt. Eine Untersuchung über die konstitutive Funktion der Metapher (und auch der zur Allegorie erweiterten Metapher) im Werk Winklers wäre ein Unterfangen, das nicht nur die Diskussion um dieses Werk, sondern auch die methodologische Auseinandersetzung um das Wesen und die Funktion der Metapher wesentlich befördern könnte. Die zentrale Stelle dafür findet sich in dem Roman *Der Leibeigene* von 1987:

> Nur wenn ich schreibe, lebe ich und sitze auf einem Riesenbagger, der sich ins Gestein schlägt, um eine Metapher zu finden. Ich schreibe kniend, falte in sätzeleeren Zeiten meine Hände und bete um Metaphern. Den Kriegsgott kenne ich, den Gott der schwangeren Katzen ebenfalls, aber jetzt bin ich auf der Suche nach dem Gott des Bleistifts. Du bist der Metaphernhund! sagen die Bluthunde. Ich werde solange Metaphern suchen, bis ich selbst eine Metapher bin. (Winkler 1987, 214)

Die Metapher vom »Metaphernhund« ist für das Werk Winklers selbst fruchtbar zu machen: Er spürt die Metaphern vom Boden auf, er folgt ihnen wie einer Spur. Zugleich ist auch der Bereich der Bildspender zu betrachten. Die Metaphern Winklers stammen entweder aus dem Bereich des menschlichen oder tierischen Körpers oder aus der Sprache des Katholizismus. Damit legt Winkler meines Erachtens eine ganz wesentliche Rolle bloß, die der Katholizismus (nicht nur in Österreich) hat; eine Rolle, die von der Literatur kaum (oder wenn, dann meist nur ideologisch, in einem positiven oder negativen Sinne) wahrgenommen wurde. Wird der Katholizismus nur von der dogmatischen oder weltanschaulichen Seite her gelesen, wie meist in der Literatur, so fällt eben jene Dominanz flach, die er für die Gemüter der einzelnen Menschen hatte oder haben konnte und immer noch hat. Winkler nimmt den Katholizismus als Steinbruch für sein Bildmaterial, er nimmt ihn wörtlich: Die Vorstellung des Abendmahles, die Vorstellung der Inszenierung des Heilsgeschehens im eigenen Bereich, im bäuerlichen Bereich, des Heilsgeschehens, das jählings sich auch zum Unheilsgeschehen verwandeln kann.

> Heute riecht es im Stall nach Weihrauch und Myrrhe, heute ist ein großer Tag, heute wird das Jesukind auf die Welt kommen, Meine Mame, meine Mame, rufe ich den Tieren im Stall in die Augen blickend entgegen, meine Mame wird das Jesukind auf die Welt bringen. Feierlich riecht es im Stall nach dem Kot der Tiere. Obwohl es nach Kot und Urin riecht, heute ist Weihnachtstag, heute ist es ein feierlicher Geruch. (Winkler 1982, 89)

Die biblische Geschichte ist das reichste Identifikationsangebot: »Als in der Volksschule der Pfarrer beim Religionsunterricht aus der Bibel erzählte, daß Josef von seinem Vater zum Verkauf angeboten worden ist, stellte ich mir sofort vor, wie mich mein Vater, einen

Strick um meine Taille haltend, am Paternioner Herbstmarkt zum Verkauf anbietet.« (Ebda, 100) Das heimliche Essen einer Wurst, die man der Mutter heimbringt, wird sofort zu einem liturgischen Zitat transformiert: »Ich wollte von deinem Fleisch essen.« (Ebda, 113) Das ganze Leben wird im Zeichen des Kreuzes gesehen (vgl. ebda, 218). Nun bleibt aber die Haltung Winklers nicht indifferent. Die Erfahrung des Kreuzes und der liturgischen Sprache ist nicht bloß ein formales Element, eine Stütze für den Text, die dieser »Textmaschine« oder dem »Metaphernhund« Beine macht, sondern sie ist auch das inhaltlich definitive Moment. Diese Inhalte kommen aber, wenn man so will, eben auf dem Umweg über die pure Form in den Text. Und hier, so meine ich, sind die Aussagen doch sehr eindeutig. »Daß ich der Zwillingsbruder Jesu bin, wissen wir bereits, daß mein Vater am vierundzwanzigsten Dezember Geburtstag hat, wissen wir auch.« (Ebda, 40) Überhaupt scheint sich dies alles sehr schön auf die Parallele Autor/Christus zuzuspitzen, und auch das Wilde-Zitat aus *De Profundis* geht in diese Richtung: Christus, der »Sünde und Leiden als etwas an sich Schönes« (ebda, 7) betrachtet, der nicht auf Verbesserung der Menschheit drängt. Aber diese Parallele ist nicht als eine emphatische Bestätigung des Christentums jenseits der Praxis der einzelnen Bekenntnisse (wie etwa bei Dostojewski) zu verstehen, sondern bekommt vielmehr eine Konsequenz im zwangsläufigen Widerruf des Heilsgeschehens:

> Habe die Hoffnung, daß ich eines Tages gesteinigt werde, habe die Hoffnung, daß man mir mit Eisenstangen eine Dornenkrone aufs Haupt drückt, habe die Hoffnung, daß mich Judas, mein jüngerer Bruder verrät, wenn ich von der Mutter für Schleckereien Geld gestohlen habe, habe die Hoffnung, daß ihm der blonde Aichholzerfriedl ein Ohr abschlägt, habe die Hoffnung, daß sich der Bruder aufhängt, da er Jesus verraten hat, der von den Römern und Kelten unseres Heimatlandes ans Kreuz geschlagen wurde. (Ebda, 223 f.)

Und in diesem Kontext ist es dann nicht mehr als Blasphemie zu betrachten, wenn die Hostie als »die größte Prostituierte Österreichs« (ebda, 149) apostrophiert wird. Dieses Leben führt zum Tod auf dem Kreuz; und die packendsten Partien mag man vielleicht in jenen Stellen erblicken, in denen sich das Ich zurück in den Mutterleib sehnt und in denen die »ödipale Grundsituation« (Wagner 1987, 179) mit einer geradezu schulbeispielartigen und daher auch platten

Deutlichkeit anschaulich gemacht wird. Aus dem Bauch heraus redet der Embryo, wehrt sich mit der Mutter gegen den Vater beim Geschlechtsverkehr. Er weiß, als Zwillingsbruder Jesu, daß das Kreuz seine Zukunft ist:

> Die schleimbedeckten Hände des Embryos erstarren im Mutterleib, als er den Gekreuzigten sieht, der er selber ist, er zieht sich so weit wie möglich im gläsernen Mutterbauch zurück, Ich will mein gekreuzigtes Ich nicht sehen, rufe ich im Mutterbauch, ich will nicht sehen, was aus mir werden wird, und schlage mit meinen Händen wieder an die Wände, bis sie zu bluten beginnen und die Mutter Schmerzen unter ihrem Herzen spürt. (Ebda, 227 f.)

Die Absage an die Theodizee, also an eine wie immer geartete Rechtfertigung Gottes durch die Welt, bereits durch den Embryo. Das »Oh, wäre ich nie geboren!« das vom Buche Hiob an über die Aussage des gefangenen Silen (bei Theognis, wiederholt von Nietzsche in der *Geburt der Tragödie*) bis in unsere Tage hinein jeglichem Schöpfungsoptimismus widerspricht, scheint auch aus diesem Munde zu kommen.

Winkler hat betont, daß für ihn der Katholizismus die reichhaltigste Vorratskammer an Motiven sei; damit wird eine, so meine ich, literarisch so gut wie gar nicht genutzte Inspirationsquelle auf sehr interessante Weise produktiv gemacht: der alle Lebensbereiche imprägnierende Katholizismus, mit seinen unzähligen Symbolen, die alle dazu angetan sind, jene Triebkräfte zu verhüllen, deren Enträtselung die Psychoanalyse geleistet zu haben meint. Aber Winkler begnügt sich nicht mit der Auflösung der Symbole in einem psychoanalytischen Sinne; er macht diese Bilder in einer noch nicht erprobten, zum Teil höchst kruden Weise fungibel für die Literatur. Dies ist, so meine ich, seine entscheidende Leistung – ein Reservoir geöffnet zu haben, das so bald sich nicht erschöpfen läßt und das bisher durch den Damm der Tabus geschützt war. Dabei ist die Vorgangsweise Winklers keineswegs ikonoklastisch, sondern vielmehr bilderbewahrend. Indem die Macht der Bilder über die Dinge und Gedanken beschworen wird, wird auch der Realität ein künstlerischer Gegenentwurf entgegengesetzt. Winklers Sprache beharrt auf dem anderen, das eben die Sprache des Alltags nicht ist; er sucht nach dem Abbild, nach dem, was für das Organische stehen könnte. So beginnt die Erzählung mit einer Puppe, die ein Menschenersatz sein soll; so berichtet er auch von seiner Faszination für Totenmasken, und er selbst begegnet uns durch die Totenmaske entstellt und verkleidet.

Von Masken und Puppen

Es werden jene Tabuzonen berührt, die wir ängstlich ausklammern. Jene Scheu, die uns angesichts einer toten Materie befällt, die kurz vorher noch lebendig, organisch gewesen war. Totenmasken haben – und diesen Vergleich würde ich riskieren – die Funktion, die die sprachlichen Bilder für Winkler haben: Erst anhand dieser Bilder wird die Wirklichkeit faßbar. Die Zurückhaltung gegen allzu manierierte oder überstrapazierte Metaphern ist – so will es die Konvention – jedem Autor mit Stilgefühl eingeboren. Winkler kennt in bezug auf die Metaphern keine Scheu. Für ihn funktionieren sie nach wie vor, und je kühner, desto besser. Und in den Metaphern ist auch das verpackt, was am ehesten aus dieser höchst individuellen Obsession verbindlich wird. »Der Fernsehapparat ist mit einem Kabel an die Halsschlagader der Leute angeschlossen, es ist ihr Herzschrittmacher mit Farbbildern und zwei österreichischen Programmen.« (Ebda, 174) Unbarmherziger könnte die Rolle des Fernsehens nicht charakterisiert werden; zum anderen erscheint die Drau als »die Aorta Kärntens« (ebda, 280), ein Bild, das fast peinlich konventionell wirken würde, wäre es nicht in diesem überhitzten Kontext von Metaphern plaziert. Zum anderen wird (aus der Sicht des Vaters) Adolf Hitler zum »Herzschrittmacher«. (Ebda, 313) Die Zahl der Beispiele ließe sich verlängern; Bildbereiche und durch sie erhellte Bedeutungszentren sind affin. Die Geschlossenheit dieses Werkes ergibt sich nicht durch irgendeine narrative Ordnung, sondern durch die Konvergenz der Bilder in einer Mitte, in der der geschundene, gemarterte und hinfällige Körper des Menschen steht. So bekommt nun auch das Bild des Gekreuzigten eine Funktion, die ihm seelsorgerisch nicht mehr zugesprochen werden kann. Körperliche Empfindungen werden zur Erkenntnisquelle; das Sinnzentrum ist ein Schmerzzentrum. Und das Reden kommt aus dem Dorf; alles ist im Bilde gebunden an die Häuser, die wir nicht nur bewohnen, sondern die auch uns bewohnen: in dem Hause gibt es eine Stiege; diese Stiege mit sechzehn Stufen ist der Ort, an dem sich die Fiktion und die »Fantasie« des Redenden festgebunden fühlt: »Diese Stiege hat Geschichte. Cäsar und Kleopatra liebten sich auf ihr. Mattheu und Anders. Kriemhild stolperte mit dem blutenden Haupt Hagens über diese Stiege. Der Wolf kam und die Großmutter ging.« (Ebda, 95)

Das bewohnte Haus

Eine räumliche Gegebenheit wird zur zentralen Metapher für das Erzählen, und zwar eine Stiege; das Auf- und Abgehen auf der Stiege ersetzt die narrative Sukzession. Und so wird die Stiege zur Metapher für Winklers Werk. Auf dieser Stiege wird immer auf und ab gegangen; sie führt zum Zimmer, in dem er geboren wurde, in dem er schläft. Auf ihr ereignen sich die Weltgeschichte und die Dorfgeschichte, auf ihr ereignet sich die Literaturgeschichte. In dieser Art seines Umgangs mit den Bildern, die einerseits die abgenutzte Allegorie organisch und sinnlich wiederbelebt, die andererseits das Organische (hierin der Betrachtungsweise Roths durch seinen Protagonisten Ascher nicht unähnlich) abtötet und immer im Zustand der Totenstarre oder der Totenmaske aufbewahrt, hat Winkler eine Qualität erschlossen, zu deren Beschreibung es noch einiger gelehrter Mühe bedürfen wird.

8. ELFRIEDE JELINEK (*1946): *Die Klavierspielerin* (1983)

Die Schriften Josef Winklers markieren, ähnlich wie auch die Jandls, ein Menschenbild, das keine Beschönigung zuläßt, da der Körper nun sein Recht verlangt. Hier schlägt ein kruder Realismus durch, der alle Anstrengungen vergessen macht, mit deren Hilfe man dem Geistigen eine Dominanz über das Körperliche bescheinigen möchte. Es ist keineswegs eine antiidealistische oder antimetaphysische Pique, die sich gegen den Menschen kehrt, sondern einfach eine Feststellung, die den Untergang des schönen Bildes vom Menschen fatiert. Der in der experimentellen Literatur dekonstruierte Mensch offeriert, so scheint es, keinen Plan, nach dem er wieder zusammensetzbar wäre. Die »heruntergekommene« Sprache Jandls deutet einen Prozeß an, der nicht mehr reversibel ist; zurück zur schönen Sprache geht es nicht mehr, es sei denn um den Preis eines sacrificium intellectus sive artis. Das Ganze kann nur mehr im ironisch ausgestellten (postmodernen?) Zitat anwesend sein. Ich meine, daß damit auch erklärbar und begründbar wird, warum so viele jüngere Autoren nun doch wieder in sich gerundete, ganze Stücke vorlegen und auch mit formalen Experimenten nicht mehr geizen, die zumindest den Schein des in sich stimmigen Kunstwerkes etablieren. Doch so weit wollen wir nicht vorgreifen; uns geht es vorderhand – wir sind erst im Jahre 1983 – noch um das Grauslige.

Die Ästhetik des Häßlichen kennt auch ihre Tradition; Rilke erinnert in den *Aufzeichnungen des Malte Laurids Brigge* an Baudelaires berühmtes Gedicht vom Aas (*Une Charogne*), das gewissermaßen die Gabe der Wahrnehmung neu befördert habe: durch das Häßliche sehend werden. Ich will diese Ästhetik des Häßlichen nicht unbedingt in Parallele zu den Verfahren setzen, die Jelinek und Winkler anwenden. Es geht nur darum, von dem trivialen Urteil abzukommen, hier würde Negatives, nur Negatives, das wir entweder nicht brauchten oder von dem wir schon genug hätten, geboten. Wir müssen durch dieses hindurch, meinte Rilkes Malte noch; wir bleiben drinnen stecken, könnte man aus diesen Büchern neueren Datums folgern. In den achtziger Jahren ist Elfriede Jelinek gewiß zur bekanntesten und wohl auch kompromißlosesten Autorin der jüngeren Generation geworden; ihre Bekanntheit, die sich in manchem Punkt mit der eines Thomas Bernhard vergleichen kann, wird jedoch durch die Aufmerksamkeit der im engeren Sinne wissenschaftlichen Sekundärliteratur leider nicht in gleicher Weise honoriert. Sie ist als Dramatikerin wie als Romanautorin in gleicher Weise hervorgetreten, und mit ihren Romanen galt sie in den siebziger Jahren bereits als das enfant terrible der Literaturszene. Bereits 1970 erschien *wir sind lockvögel baby!*; bekannt machte sie vor allem der Roman *Die Liebhaberinnen* (1975).

Wir wollen hier ganz kurz auf den Roman *Die Ausgesperrten* (1980) hinweisen, weil er signifikant für das sich wandelnde Geschichts- und Politikverständnis der Autoren in den achtziger Jahren ist. Dieser Roman ist eine der ersten sehr konkreten Abrechnungen mit dem neu sich etablierenden Mythos von Österreich als der »Insel der Seligen«, die ihre Seligsprechung vor allem durch tadelloses Verhalten in den fünfziger Jahren sich verdient zu haben meint: Da war die Welt noch in Ordnung. Das Wien der fünfziger Jahre wird nun als eine bresthafte Stadt gezeichnet, in der die Ideologie der Nazi-Zeit überlebt hat und nach wie vor Hirn und Herz der Kleinbürgerklasse bestimmt.

Vier Jugendliche stehen im Mittelpunkt; das Zwillingspaar Anna und Rainer Maria Witkowski, der Arbeiter Hans Sepp und die aus reichem Haus stammende Sophie von Pachhofen bilden ein Diebsquartett, das allenthalben sein Unwesen treibt. Kleine und größere Diebereien verbinden diese Gruppe. Der Vater Witkowski, kriegsversehrt, hat alles Böse, er war SS-Mann; er macht von seiner Frau auch pornographische Aufnahmen: er versteht sich als Kunstfotograf. Anna ist Klavierspielerin – sie verweigert die Rede, sie verstummt und magert ab. Die reiche Sophie von Pachhofen wird ihr vorgezogen, als es um ein Stipendium für einen Amerikaaufenthalt geht. Hans Sepp will seinen Weg nach oben gehen; er hat – so wie Österreichs Sozialisten – die Arbeiterklasse verraten; die österreichische Vergangenheit, vor allem 1934, ist kein Thema mehr.

Rainer Maria Witkowski ist der Held dieses Romans, und er fühlt sich auch als ein Adept Nietzsches und wohl auch Raskolnikoffs. Er ermordet am Ende auf grausame Weise seine Eltern und seine Schwester. Die Wahl der Darstellungsmittel unterscheidet sich in diesem Werk bereits sehr deutlich von den früheren Texten; in *Die Liebhaberinnen* war es eine Art Rollenprosa. Dieser Roman hat auch – die Inhaltsangabe deutet es an – einen vergleichsweise kompakten Aufbau. Der Titel *Die Ausgesperrten* ist dem Jean-Paul-Sartre-Titel *Die Eingeschlossenen* komplementär. (Vgl. P. Jandl 1989, 26) Die Phraseologie des Kleinbürgertums wird selbst an den tragischsten Stellen eingesetzt. Etwa beim Tod Annas, die von ihrem Bruder im Schlaf erschossen wird:

> Er schießt Anna aus kürzester Entfernung in den Kopf hinein, wobei er ihr das Stirnbein zerschmettert, sie aber nur in eine Bewußtlosigkeit versenkt, die augenblicklich eintritt. Ein paar Fetzen Klang aus Schönberg op. 33a sowie die erst halb auswendiggelernte Berg-Sonate zucken in Annas Hirn schockiert zusammen und verschwinden dann zögernd und widerwillig, aber endgültig. Niemals mehr Sang und Klang. (Jelinek 1980, 261)

Die Phrase »Sang und Klang« stellt sarkastisch Distanz zum brutalen Ereignis her und verbietet jede Form sentimentaler Anteilnahme. Wo Gewalt im Spiel war, spielt das Wortspiel immer noch eine Rolle: »Die Leichname von Mutter und Schwester sind nicht bewegt worden, und ihr Anblick bewegt jetzt die Gemüter.« (Ebda, 265) Die Phrase siegt – das ist die Ursache für jene Distanz, die nirgends den falschen Schein der Anteilnahme jener aufkommen läßt, die davongekommen sind. Will man einen Klartext aus diesem Werk herstellen, so ergibt sich aus diesem Finale: In Rainer hat die Herrenmenschenideologie auch die Katastrophe des Krieges überdauert. Durch den Mord seine eigene Handlungsfähigkeit unter Beweis zu stellen, ist immer noch möglich und keineswegs obsolet. Der Kleinbürger in Rainer Maria Witkowski kann seiner deprimierenden Herkunft nur dadurch entrinnen, daß er sich zum Herrn über Leben und Tod macht. Der Mord wird zur Tat, die den Helden der Gewöhnlichkeit enthebt.

In nahezu allen Texten von Elfriede Jelinek spielt Musik eine zentrale Rolle. Anna, die einzig so halbwegs positive Figur in diesem Roman, ist eine Virtuosin, deren Fähigkeiten in diesem Milieu freilich erstickt werden. Aber auch hier läßt Jelinek nicht die Sentimentalität aufkommen, mit der wir vergeudete oder verschleuderte Begabung betulich bedauern; die Sterbeszene ist ein deutlicher Beweis dafür.

Clara S. ist die zweite in der Reihe der Pianistinnen Jelineks; Clara Schumann, geborene Wieck. Das ist nun aber auch alles andere denn die Tragödie der begabten Künstlerin, der der Mann die Lebens-Show stiehlt. Auf eine so einfache Moral und Kritik der Geschichte des Patriarchats in den Künsten läßt sich gerade dieses Drama nicht reduzieren. Zutreffend hat Dagmar von Hoff festgehalten: »Elfriede Jelinek [...] schreibt Theatertexte, die keine zentrale Interpretation, die das Herz ihrer Texte träfe, zulassen; vielmehr entwickelt sie eine Textstruktur, die dezentriert.« (Hoff 1990, 112) Dieses Moment der »Dezentralisation« läßt sich auch in ihrer erzählenden Prosa feststellen, aber es entbindet, so meine ich, den Interpreten doch nicht zu fragen, wo denn das Zentrum zu lokalisieren ist, von dem her sich alles dezentralisiert. Freilich kann dies nur ein Konstrukt sein, aber die Literatur Elfriede Jelineks fordert ja in ihrer Konstruiertheit heraus, eben jenes Zentrum ausfindig zu machen. In *Clara S.* (Untertitel: »musikalische Tragödie«) wird der zeitliche Rahmen gesprengt, indem sowohl Robert Schumann als auch Gabriele d'Annunzio zu Zeitgenossen der Clara Schumann werden. Zwischen Schumann und dem von seiner Männlichkeit glückhaft stets beherrschten und zum Narziß erster Güte emporstilisierten d'Annunzio, der für seine Selbstbeobachtung die Glatze zum Spiegel nehmen könnte, wird Clara S. nun aufgerieben, bevor sie aber aufgerieben wird, wird Robert Schumann von ihr erwürgt, und selbst während er erwürgt wird, verkündet er, freilich stets von den Würgegriffen unterbrochen, sein Manifest: »Künstlerische Leistung liegt außerhalb der Frau ... denn nur natürliche Körperleistung zählt für diese ... deshalb weil ... die Frau ... reine Natur ... ist.« (Jelinek 1981, 19) Dies ist eine der thematischen Achsen: die Identifikation der Frau mit der Natur, wodurch sie mystifiziert und zugleich aus ihrer Geschichtlichkeit entfernt wird: »die alte müstifikation: natur statt geschichte.« (Zit. nach Gürtler 1990, 120) Clara vergleicht die Indifferenz der Natur mit der Kunst – in der Manier einer Eislandschaft von Caspar David Friedrich:

> CLARA: Das Universum der Tonkunst ist eine Landschaft des Todes! Weiße Wüsten, Eis, gefrorene Flüsse, Bäche, Seen! Riesige Scheiben Arktis, durchsichtig bis zum Grund, keine Tatzenspur des Raubtiers Eisbär. Nur geometrisch angeordnete Kälte. Schnurgerade Frostlinien. Totenstille. Alle zehn Finger kann man stundenlang dagegen pressen, und das Eis zeigt keine Spur eines Abdrucks! (Jelinek 1981, 21)

Das »schöne Bild« entsteht eben dadurch, daß alles, was an den Menschen erinnert, ausgespart wird. Die Landschaft der Kunst ist eine Naturlandschaft, in der sich die Natur der ihr eigenen Qualitäten, das heißt aus sich heraus Leben zu erzeugen, begeben hat. *Entwurf für eine Welt ohne Menschen* (1975) heißt ein Traktat von Peter Rosei, in dem ähnlich die Landschaft des ewigen Eises beschworen wird; Christoph Ransmayrs Roman *Die Schrecken des Eises und der Finsternis* erschien 1984. Ich meine, daß diese Chiffre der Kälte, das Aufsuchen der von Menschen völlig befreiten Landschaft durchaus etwas mehr zu bedeuten hat denn ein bloßes Convenu. Die Einsamkeit, in der die Natur den Menschen nicht ins Handwerk pfuscht, in der die Kälte das Leben abtötet, ist der letzte verbliebene Freiraum für den Künstler. Eine einläßlichere Analyse dieser Bilder, aus denen die humane Aktion völlig vertrieben ist, wäre eine reizende Themenstellung auch der Literaturwissenschaft. Nicht umsonst hat gerade Caspar David Friedrich in der letzten Zeit so viel Anklang unter den deutschen Schriftstellern gefunden.

Clara S. durchläuft alle Klischees – von der züchtigen deutschen Künstlerin bis zur mehr rasenden denn emanzipierten Frau, die ihrem Mann Vorwürfe macht, da er ihr Talent beengt hat, und die ihn dann zu guter Letzt auch erwürgt, bis hin zu dieser Vision von der Kunst in einer Eiswüste. In den Stücken der Jelinek alles auf ein Sinnzentrum hin zu bewegen (die Frau als gleichwertige Künstlerin, die Frau als Opfer jahrhundertelanger Unterdrückung, die durch ein falsches Rollenverständnis gefördert wurde, usw.), benennt zwar einige Komponenten zutreffend, verfehlt aber das, was die Substanz dieser Texte ausmacht und ihre Differenz in der Qualität bestimmt. Ich meine, daß eine intensive Interpretation der Dramen der Jelinek noch eine der wichtigeren Aufgaben der Zukunftsgermanistik sein wird. Alle Festschreibungen (»Satire« usw.) sind nur Kitt, um Unverbundenes aneinanderzubinden.

Das nun folgende und zu analysierende Werk Elfriede Jelineks bewegt sich bereits in den Bahnen, die durch die Hinweise auf *Die Ausgesperrten* und *Clara S.* angedeutet werden konnten: Mehr und mehr scheinen die Figuren zu Kunstfiguren zu werden, immer uneindeutiger wird der Kommentar, den der Erzähler (die Erzählerin) über die Figuren ausläßt. Die Tendenz zum Sprachspiel wird meines Erachtens noch nachhaltiger, und manches gäbe Anlaß, eine Philosophie des Kalauers anhand dieser Texte zu entwickeln. Das Banale ist nicht banal genug, um die Banalität dessen, was auszusagen ist, auch auszusagen. Die Simplizität des Daseins ist das Komplement zu der komplizierten Manier des Berichts.

Die Klavierspielerin (1983) ist dafür das beste und – meiner Meinung nach – in der Prosa Jelineks bislang unübertroffene Beispiel. Auch hier ist die Fabel von geringer, sagen wir: passagerer Bedeutung. Doch ist es sinnvoll, zu Beginn darauf einmal überhaupt einzugehen:

Die Klavierspielerin heißt Erika Kohut, sie »geht auf das Ende der Dreißig zu. Die Mutter könnte, was ihr Alter betrifft, leicht Erikas Großmutter sein.« (Jelinek 1986, 5) Das ergibt bei einer einigermaßen großzügigen Berechnung der frühen Mutterschaft einer fiktiven Zwischengeneration für die Mutter mindestens 74 Jahre, so man Erika zur Handlungszeit 38 Jahre alt sein läßt. Wir sind in einem rein weiblichen Haushalt: »Nach vielen harten Ehejahren erst kam Erika damals auf die Welt. Sofort gab der Vater den Stab an seine Tochter weiter und trat ab.« (Ebda, 5) Wie sich denn auch herausstellt, wurde der Vater – weil der Platz in der Wohnung zu eng war – in den Steinhof gebracht, wo er dann auch verstarb. Mutter und Tochter schlafen in demselben Zimmer. Aus der Tochter ist nicht, und das hat die Mutter erwartet, eine Virtuosin geworden, sondern, so würden wir es im Konversationstone sagen, eine recht tüchtige Klavierlehrerin. Und so versandet sie im pädagogischen

Getriebe, in der stickigen Atmosphäre des trauten Heimes. Sie zieht sich auf sich selbst zurück und holt sich auf Umwegen das, was ihr versagt bleibt, auf dem Umweg über die Peep-Shows, als Spannerin in den Praterauen. Allerdings wird der Leser da nicht zum Komplizen dieses desperaten Voyeurismus: Die Methode der Erzählung stellt Distanz her. Nichts lädt zur Identifikation ein, und doch zielt die Darstellung darauf ab, daß diese Figuren mit der Welt, in der sie leben, in hohem Maße identisch sind...

Der Vater fehlt; er ist ins Irrenhaus verbracht worden, wo er dann auch den Löffel schmiß. Die Tochter zieht zur Mutter ins Ehebett. Das Inzesttabu einmal anders, in der Enge der kleinbürgerlichen Wohnung. Den Kleinbürgern, die weder über das Weder noch über das Noch verfügen (Enzensberger), vor allem nicht über die Produktionsmittel, ist keine Karriere vergönnt – denn diese Erika Kohut ist eine Untergeherin: »Das Eis des Zwangs tötet auch ihre Musikalität, und Erika flüchtet sich in die ›Werktreue‹ der Partitur, mit deren Notationen sie sich einschnürt.« (Endres 1983, 174) Und da gibt es einen Fremdkörper, der diese unappetitlich wirkende Lebensgemeinschaft stört: Walter Klemmer (Nomen est omen? wäre man zu fragen geneigt); ein sportlicher Typ (Kajakfahrer) und daher mit der Natur auf seine Weise vertraut, eben anders als der Lehrer. Männer hat es zuvor so gut wie gar nicht gegeben. Einen Vertreter, zwei Akademiker:

> Ihre seltenen Experimente mit dem entgegengesetzten Geschlecht schießen ihr durch den Kopf, doch die Erinnerung tut nicht gut. Und die Gegenwart tat damals auch nicht besser. Einmal fand es mit einem Vertreter statt, der sie im Kaffeehaus anflötete, bis sie, um ihn zum Verstummen zu bringen, nachgab. Die kümmerliche Ansammlung weißhäutiger Stubenhocker wird von einem jungen Juristen und einem jungen Gymnasialprofessor komplettiert. Doch inzwischen sind Jahre ins Land und wieder hinausgegangen. Die beiden Akademiker hatten ihr nach einem Konzert urplötzlich ihre, Erikas Mantelärmel präsentiert wie die Läufe von Maschinenpistolen. Damit entwaffneten sie Erika, verfügten sie doch über die gefährlicheren Werkzeuge. [...] Zwei, drei Junggesellenwohnungen mit Einbauküchen und Sitzbadewannen hat man auf diese Weise abgegrast. Saure Weiden für die Feinschmeckerin der Künste. (Jelinek 1986, 76)

Soviel einmal als Kostprobe: In dieser Sprache ist die Klavierspielerin zu Hause, und für die Enttäuschung ist sie programmiert.

Klemmer findet nämlich an der Klavierlehrerin etwas, was sonst niemand findet. Der naive Sportjünger vermutet dort die Kunst und den Geist. Aber auch das geht über in ein entsetzliches Debakel. Natürlich gibt es auch körperliche Annäherungen – der Ort, der dafür ausgewählt wird, erweist sich als nicht besonders stimulierend, die Toilette, und die peinlich genau beschriebenen Körperkontakte verlaufen nicht sonderlich erfolgreich; alles spielt sich auch irgendwie nach den Regelritualen des Klavierspiels ab, der Griff auf den Körper gleicht dem Griff in die Tasten, aber es tönt nicht besonders lieblich heraus, könnte man, den Stil der Jelinek kopierend, sagen. Denn die durch die Annäherung des jungen Mannes plötzlich kirre gemachte Erika Kohut schreibt ihm in einem Brief vor, was er zu tun hätte, und zwar ziemlich genau und auch mit recht krassen Abweichungen von den Regelspielen, die im Sexualverkehr als »normal« gelten. »Die Folterphantasien des Briefes sind Bilder der Panzerung, der Verpackung ihres Körpers: Er ist unbetrachtbar und unberührbar. Sie glaubt unbewußt, die Lehren aus dem Klavierspiel auf ihren Körper übertragen zu können.« (Endres 1983, 176)

Erika ist mit Walter Klemmer allein in der Wohnung, nebenan die alte Mutter, die sich mit süßem Likör eindüselt. Vergewaltigung wird herbeigesehnt. »Nachdem Klemmer gegangen ist, legt sich Erika zu ihrer Mutter ins Ehebett und vollzieht eine grausam hilflose Liebesszene. Ihre Annäherung gilt Klemmer, aber möglich ist sie nur bei der Mutter.« (Ebda, 176) Aber dies ist noch nicht die letzte Erniedrigung: Es kommt noch einmal zu einem sehr undelikaten Geschlechtsverkehr in der Besenkammer des Konservatoriums, wo Erika schließlich sich übergibt. Dieses Ereignis und die Entwicklung des Gestanks ist für Walter Klemmer zuviel: Er ist plötzlich erwachsen, hat es den Anschein, und haut ab. Er sinnt auf Rache, dringt nochmals in die Kohutsche Wohnung ein und vollzieht nun den Akt der Vergewaltigung, allerdings nicht mehr über den Wunsch Erikas – zu allem Überfluß auch in der Gegenwart der Mutter.

> Klemmer rächt sich für die früheren Verweigerungen und Ängste wie ein Triebtäter. – Als Erika am Tag nach der Vergewaltigung aus dem Haus geht, steckt sie ein scharfes Messer ein. Sie weiß noch nicht, ob sie Klemmer umbringen will oder ob sie vor ihm auf die Knie fallen soll. Sie trägt ein Kleid, aus dem sie deutlich herausgewachsen ist. – Sie sieht Walter Klemmer in einer Gruppe Jugendlicher lachen und scherzen und sticht sich in die Schulter. Blut fließt, aber diesen Zustand kennt sie. [Sie hat sich in jungen Jahren mit der Rasierklinge des Vaters die

Scham aufgeschnitten; WSD.] Ihr Körper schmerzt nicht. Auf Erika wartet nicht einmal ein dramatisches Ende. (Ebda, 177) »Der Zusammenbruch wird übrigens folgenlos bleiben. Er beendet keine Geschichte und eröffnet keine neue, denn er wird als leidvolles Ritual eingehen in die Welt ihrer Imagines, deren onanistische Inszenierung ihr das Leben ersetzt.« (R. Burger 1989, 25 f.) Soviel einmal zur Handlung, die für sich genommen nicht besonders aufregend und vor allem wenig appetitlich ist. Hermann Burger faßte seine Leseerfahrung lapidar in drei Worte:»Scheußlich, aber wahr.« (H. Burger 1983) Es fällt zunächst einmal auf, daß die österreichische Literatur es mit der Musik hat, und zwar ganz innig. Von Jelineks *Clara S.* war bereits die Rede; auch hier gab es das sehr sensible Verhältnis von Klavierspiel und erotisch-sportlich-überpotentem Mann (d'Annunzio); auch hier das Scheitern, allerdings nicht an der Mutter, sondern am Mann; auch hier allerdings die Rache am Mann. In demselben Jahr erschien auch Thomas Bernhards Roman *Der Untergeher* (1983), dessen Held Wertheimer dadurch vernichtet wird (er begeht schließlich Selbstmord), daß er einfach den Unterschied bemerkt, der ihn von einem Virtuosen, wie es Glenn Gould ist, trennt: Ein paar Takte, die er von diesem gespielt hört, vernichten ihn. Er ist damit das Opfer des Anspruchs der Kunst geworden. Ähnlich strukturiert ist auch das Buch von Gert Jonke *Das Erwachen zum großen Schlafkrieg* (1982), worin durch den Namen Burgmüller auch der Hinweis auf das Klavierspiel gegeben wird. Ich habe hier keine bündige Antwort dafür parat, warum gerade die Musik zu einem so wesentlichen Strukturmerkmal für die österreichische Literatur dieser Zeit wird. Ich meine aber, daß – und dies trifft gerade für diese Zeit zu – sich die Problematik des Künstlers, der sich von jenen ausgeschlossen wähnt, die durch die Kunst denn auch etwas mitteilen wollen, in der Musik geradezu radikalisiert darbietet. In allen diesen Werken ist das Scheitern eingeplant; einerseits zerbrechen die Figuren an der Gesellschaft, von der sie sich durch den Versuch, in der Kunst kompromißlos zu sein, absondern, andererseits an der Kunst selbst, deren Forderungen sie nicht zu genügen imstande sind. Hat man diese fatale Dialektik einmal durchschaut, wird einem sicher auch bewußt, wie sehr diese Romane vom Wesen der Kunst an sich handeln. Und dies über die oft pointierte Zeichnung des österreichischen Ambientes hinweg; es ist sicher auch kein Zufall, daß sich gerade in Österreich, das sich ja nach dem Zerfall der Monarchie zusehends als Kulturgroßnation definiert sehen will, da die politische Bedeutung in Wegfall geraten ist, nun die Reflexion auf die Kunst einerseits als Raum des Eskapismus, andererseits als Raum der Macht etabliert. Schließlich ist ja der Dirigent (und Elias Canetti hat in *Masse und Macht*, 1960, eindrucksvoll davon gehandelt) die Versinnbildlichung von Macht schlechthin.

Erika vermag Macht über Klemmer eben dadurch auszuüben, daß sie die Lehrerin ist: »Ihr Schüler/Lehrerinverhältnis wird festzementiert, ein Geliebter/Geliebteverhältnis rückt in weitere Fernen denn je. Klemmer wagt nicht einmal, seine Ellbogen einzusetzen, um rasch zum Ausgang zu gelangen, Erika ist vor ihm geflohen und hat die Türe geschlossen, ohne auf ihn zu warten.« (Jelinek 1986, 164) »Die Mauer des Schalls schließt sich vor Klemmer, er wagt sie schon aus musikkarrieristischen Gründen nicht zu durchbrechen. Herr Nemeth könnte ihn sonst als Solisten für das nächste große Schlußkonzert ablehnen, für das Klemmer nominiert ist.« (Ebda, 165) Der Kampf zwischen Erika und Klemmer ist schlicht ein Machtkampf, der auf mehreren Ebenen ausgetragen wird; eine davon ist eben die Kunst, die in diesem Milieu zu einem Mittel verkümmert, über das der Machtkampf geführt werden kann.

Das Notationssystem der fünf Notenlinien wird zum symbolischen Raster einer Erziehung, welche den Gipfel des Virtuosentums, die »Eisfabrik des Ruhms« [man vergleiche dazu den Schluß der Clara S., WSD] anstrebt. Da Erika Kohut dieses Ziel des mütterlichen Stolzes nicht erreicht, degeneriert sie als Professorin am Wiener Konservatorium zum »Schinderassa der Musik« und sorgt mit frigider Strenge dafür, daß sie von keinem aus ihrem Stall überflügelt wird, auch nicht vom ehrgeizigen Klemmer, der für seine Zuchtmeisterin entflammt ist. – Schon im ersten der beiden Romanteile schält sich das Thema heraus, das Elfriede Jelinek in stakkatomäßigen Zynismen variiert: das Dreiecksverhältnis von Mutter, Tochter und Kunst, das der Mann, das Kuckucksei im hermetischen Nest, nur in der Rolle des sadistischen Quälers oder masochistischen Sklaven aufzubrechen vermag. (H. Burger 1983)

Klemmer wirft seinem Opfer, das er in Gegenwart der Mutter am Schluß brutal vergewaltigt, einmal vor: »Nichts Schlimmeres als eine Frau, welche die Schöpfung neu schreiben will.« Genau das aber hat die Gattung Roman zu leisten: eine Neudefinition der Welt. – Dafür scheint mir Elfriede Jelineks Konstruktion trotz oder gerade wegen des diagnostischen Scharfsinns zu schwach zu sein. Die Figuren agieren als Funktionsträger in einem Pathogramm, sie haben keine Geschichte, setzen kein Fleisch an. Hinzu kommen sprachliche Unsicherheiten. Was soll das deformierte Rilke-Zitat »Wer jetzt kein Heim hat, wünscht sich zwar eines, wird sich aber nie etwas dergleichen bauen können«, und wie ist »etwas dergleichen« grammatikalisch einzuordnen? (H. Burger, ebda)

Wenn intelligente Kritiker etwas an einem intelligenten Werk auszusetzen haben, bietet sich dem Germanisten immer ein willkommener Einstieg. Denn da muß ein Problem verborgen liegen. Hermann Burger, der – weiß Gott – ein Ohr für die krassen Nebentöne auch ohne Grammatik hatte, kommt in diesem Zusammenhang auf einmal weder mit dem Inhalt noch mit der verfehlten Grammatik zu Rande. Da ist nun der Punkt gekommen, wo wir als Germanisten nochmals überlegen müssen, ob uns diese kritische Frage an den Text nicht weiterhilft.

Immer wird in solchen Fällen ein interessanter Rezeptionsmodus erkennbar; eine Festschreibung erfolgt zudem: Jelinek soll und muß nach dem Willen des Kritikers kurz gesagt eine »Neudefinition der Welt« – also ein nicht gerade bescheidenes Unterfangen – leisten. Da ist die Frage natürlich angebracht, ob so etwas überhaupt gefragt oder gefordert sein kann. Hermann Burger wünscht sich Figuren, die Fleisch ansetzen – was immer diese Metapher heißen mag. Will er dicke Damen?

Elfriede Jelineks Konzept ist nicht darauf ausgerichtet, daß ihre Figuren »Fleisch« ansetzen; Fleisch vom Fleische Balzacs etwa, es ist nicht dieser saftige Realismus, der uns die Figuren präsentiert, als wären sie eben aus »Fleisch und Blut«.

Diese Figuren sollen Kunstprodukte sein, sie sollen auch Konstruktionen bleiben. (Und von Fleisch im wörtlichen Sinne ist in diesem Buch ja genug die Rede!) Es handelt sich um eine Konstruktion, die eben bewußt aus Sprache entstanden ist. Ich möchte dem Realismusverdacht im landläufigen Sinne doch entschieden vorbeugen; auch wenn auf der einen Seite mit einer genauen (Wiener) Topographie operiert wird, auch wenn die kleinbürgerliche Szenerie genau getroffen wird, so insistiere ich doch darauf, daß wir es hier mit Kunstfiguren zu tun haben, die nicht als abgeschildert gelten wollen. Dies anzunehmen hieße zuletzt doch nichts anderes, als aus diesem Buch so etwas wie einen Realismus mit Krücken zu machen. Viel eher steht dem die angestrengte sprachliche Konstruktion gegenüber. Und auch solche Schwierigkeiten mit der Grammatik gehorchen einem Plan; die Sprache ist bewußt eben nicht die schöne Sprache, auf deren Grammatik man sich verlassen kann. Es ist – und dies ist für diese Form der Mimesis kennzeichnend – eine verschliffene Wendung der Alltagsrede. Doch wer redet da? Wer redet in diesem Roman überhaupt? Wer redet da auf die Dauer? Wer ist der Erzähler, der über alledem schwebt? Ich gestehe gerne, daß mich die Frage »Wer erzählt den Roman?« nie besonders beunruhigt hatte und daß mein poetologischer Haushalt mit Franz K. Stanzels Kategorien vollautomatisiert weiterlief – die Annahme eines auktorialen, personalen und Ich-Erzählers schien mir plausibel, und damit kann man, meine ich, bis in unsere Tage ganz gut fuhrwerken.

Wo aber ist in diesem Roman eine Erzählinstanz? Von woher schreiben sich diese Sätze, die wir da lesen? Ich greife – nicht ganz wahllos – eine Partie heraus:

> Die Urania läßt einen Haufen Wißbegieriger aus einem Vortrag heraus, die sich herdenartig um den Vortragenden scharen und drängeln. Sie wollen noch mehr über das System der Milchstraße erfahren, obwohl sie eben alles gehört haben, was es zu hören gibt. Erika erinnert sich, daß sie hier schon einmal öffentlich vor Interessenten über Franz Liszt und dessen verkanntes Werk in locker gehäkelten Luftmaschen referiert hat. Und zwei- oder dreimal in regelmäßigem Zweiglatt/Zweiverkehrt über Beethovens frühe Sonaten. (Jelinek 1986, 150 f.)

Angenommen, hier wird aus der Perspektive der Klavierspielerin erzählt, so geht das beim ersten Satz noch in Ordnung; beim zweiten aber, wo dann schon zu allem Überfluß die Rede davon ist, was die Figuren, die da aus der Urania drängeln, im Vortrag gehört haben, kann die Perspektive der Hauptfigur nicht im Spiel sein, es sei denn, ein Gedanke dieser Hauptfigur wird ausgesprochen, aber das wird eben an keiner Stelle so ausgewiesen. Und die Charakteristik der Vorträge (»Zweiglatt/Zweiverkehrt«) paßt ja auch nicht dazu, daß es die Sicht dieser Figur ist. Es gibt unzählige solcher Stellen; blitzschnell kann dieser »Geist der Erzählung«, wie wir ihn mit einer Wendung von Thomas Mann nennen wollen, eine andere Gestalt annehmen. Ich kenne wenige Texte, in denen ein Autor oder eine Autorin so schnell den Blick changieren läßt. Dadurch wird auf der einen Seite der Leser auf die Sicht einer Figur festgelegt, aber zum andern wird sofort eine andere Perspektive angelegt. Hier ist ein völlig überlegenes Erzählingenium am Werk, das sich zugleich von den Figuren distanziert und sich mit ihnen identifiziert. Das erzeugt

Unsicherheit beim Leser, Schwierigkeiten der Zuordnung, und zwingt darüber hinaus, die Dinge stets umzukehren. Der Leser soll diese Schwierigkeiten haben, er soll nicht auf einem Standpunkt beharren müssen; er muß sich an diese ironischen Distanzierungen gewöhnen, zugleich aber wieder in der Lage sein, einige Stellen als völlig ernst zu begreifen. Das erfordert natürlich ein dauerndes und sehr kompliziertes Umdenken, auch ein Lesen, das stets zwischen verschiedenen Polen hin und her pendelt. Und da kann es dann durchaus auch solche sich völlig verschleifende Wendungen geben, die weit weg von einer geordneten, sinnstiftenden Syntax führen. Wenn hier etwa das Rilke-Zitat abstürzt in die Wendung »etwas dergleichen«, sind wir plötzlich von einer Sprachebene unvermerkt auf eine ganz andere geraten. Die Stilmischung dominiert – das einheitliche Subjekt, das uns die Eindrücke vorordnet und die Ereignisse zusammenstellt, ist aufgelöst, und die verknüpfende Rolle wurde ihm auch aufgekündigt. Was Hermann Burger tadelt, ist, so meine ich, stilbildend für den ganzen Text.

Mit gutem Grund meint daher Lothar Baier in seiner Rezension in der *Süddeutschen Zeitung*: »[...] [I]ch möchte nur, als Leser, darauf aufmerksam machen, daß ich unter dem Titel *Die Klavierspielerin* ein Buch gelesen habe, das nicht aus Leidenschaften, psychoanalytischen Theorien und Stellungnahmen dazu besteht, sondern aus Sprache.« (*Abgerichtet, sich selbst zu zerstören*. In: *Süddeutsche Zeitung*, 16./17. Juli 1983) Leider, wie von einer Rezension nicht anders zu erwarten, sagt nun Baier nicht so genau, wie wir das mit der Sprache nehmen sollen. Ich habe zu zeigen versucht, daß das Wechseln der einzelnen Jargons, das auf die verschiedenen Perspektiven zurückzuführen ist, auch dafür sorgt, daß wir eine unerhört vielschichtige Sprache dauernd vor uns haben. Jelineks Romansprache würde, so Baier, »die Alternative zwischen einführender Erzählung und ironischer Distanzierung von den Figuren« sprengen: »Sie stülpt nicht das Innere ihrer Figuren nach außen und legt es als grauen Film über die Welt, sondern sie sucht es in den sprachgewordenen Ablagerungen ihres Bewußtseins auf; die Welt geht unterdessen gleichgültig ihren gewohnten Gang.« (Ebda)

Die Sprache der Elfriede Jelinek in diesem Buch wäre noch einer eingehenden Analyse zu unterziehen; ich erlaube mir ein paar Hinweise. Zu studieren wären in etwa die Neologismen: »Klemmer repetiert sinnlos [...], daß Erika so stinkt, daß das ganze Kammerl schon ekelhaft nach ihr unduftet.« (Jelinek 1986, 248) Oder: »Sie hat sogar einen kleinen Rucksack mit Labseligkeiten!« (Ebda, 241) »Dann mußt du dich das nächste Mal eben präziser ausdrücken, schlägt der Mann vor und auf sie ein.« (Ebda, 273) »Die Mutter flucht. Erika denkt an Flucht.« (Ebda, 274) Zusammenziehung – zunächst im Neologismus, dort im Zeugma. Dann das Wortspiel (»flucht« – »Flucht«). An solchen Stellen, und sie sind allenthalben anzutreffen, wird deutlich, wie sehr das Sprachmaterial auf der Ebene des Lautes, Wortes und der Syntax verfügbar sein und auch bleiben soll, wie sehr die Konstruktionen, die dargestellt werden, in der Sprache präfabriziert sind. Und Jelinek versteht es meisterhaft, dieser Sprache jeweils neue Qualitäten zuwachsen zu lassen; wenn da vom »Sparschwein ihres Leibes« (ebda, 241) die Rede ist, oder wenn es da heißt: »Erikas Ministerium des Äußeren trägt ein veraltetes Kleid, nach dem sich mancher spöttisch umdreht.« (Ebda, 279)

Mit solchen Ausführungen sind wir immerhin dem Geheimnis des Stils, der eine wichtige Qualität auch der Mitteilung enthält, nahegekommen. In diesen Stilfiguren, die einem Rhetorikhandbuch als Musterbeispiele dienen könnten, zeigt sich die bewußte Konstruiertheit dieser Figuren. Das Prinzip dieser Konstruktion scheint mir nun nicht nur ein für Jelinek konstitutives Merkmal zu sein, sondern etwas, das sich gerade für die Prosa der achtziger Jahre fruchtbar machen läßt. Die Autoren begnügen sich nun nicht mehr mit einfachen Abschilderungen, sondern greifen zu Metaphern, die auch die Künstlichkeit ihrer Darstellungsweise fatieren. Konstanze Fliedl hat das auch an den späteren Schriften – also an *Oh Wildnis, oh Schutz vor ihr* (1985) und *Lust* (1989) aufgezeigt:

> [D]iese unterscheidende, stigmatisierende Wirkung der Rede von Kunst und Natur legt Jelinek in ihren Texten unablässig frei. Als das niemals belichtete Gegenbild zum Negativ der Verhältnisse könnte eine Kunst erscheinen, die natürliche Unterschiede nicht kennen will und an einer historischen Unterscheidung arbeitet. (Fliedl 1991, 103)

Die Figur der Klavierspielerin erscheint eben wie eine Figur des Arcimboldo, wenn vom »Sparschwein ihres Körpers«, von ihrem »Ministerium des Äußeren« die Rede ist. Diese Formen der Verbildlichung bringen am nachhaltigsten zum Ausdruck, wie sehr die Lebenswelt bereits die Natürlichkeit der physischen Person aufgehoben hat. In solchen Fügungen, in denen die Allegorie – nach Benjamin ja die »Armatur der Moderne« – zu Ehren kommt, wird deutlich, welche Erbschaft Jelinek bei aller Originalität ihrer Texte doch mit sich herumträgt: Es ist die Erbschaft einer radikalen Avantgarde, die die Konstruktion an die Stelle der Mimesis gesetzt hat. Unter diesem Blick werden Strukturen sichtbar, oder: es werden der Wirklichkeit Strukturen übergestülpt, die sich aus der historischen Erfahrung ableiten lassen. Ich meine, daß es wenig aufschlußreich ist, von Elfriede Jelinek als der Kritikerin des Kleinbürgertums zu sprechen. Das ist die Befriedigungsfloskel, mit der eben jene umgehen, die nicht weiter kommen, als daß sie der Kunst unterstellen, sie würde die Realität unserer Tage treffen wollen. Die Beschränkung auf das Kleinbürgertum hat die fatalen Konsequenzen der Ungenauigkeit (vgl. Young 1990): Hier wird nicht deutlich, wie sehr für Jelinek auch das Kleinbürgertum unter einem Blick sichtbar wird, der alles in allegorisches Signal verwandelt, unter einem Blick, der entzaubert, was bislang der Verzauberung unterlag. Rudolf Burger hat vom »böse[n] Blick der Elfriede Jelinek« gesprochen (R. Burger, 1989, 17), eine Formel, der man gerne zustimmen kann, sofern man bei diesem »bösen Blick« nicht etwa Magie mitassoziiert. Die Autoren haben diesen bösen Blick, und von einem, der ihn in besondrem Maße hatte, soll in der Folge die Rede sein.

Ich meine aber, überspitzt formuliert: Wer den bösen Blick hat, der ist ein guter Mensch. Wo man böse blickt, da lasse ruhig dich nieder, denn böse Blicke sehen leider oft sehr gut.

9. THOMAS BERNHARD (1931–1989): *Ritter, Dene, Voss* (1984); *Alte Meister* (1985)

Mittagessen bei Voss & Wittgenstein

Wie wird eine zukünftige Literaturgeschichtsschreibung das Werk Thomas Bernhards beurteilen? Ich gestehe, daß mich diese Frage völlig kalt läßt. Sind schon die Äußerungen der zeitgenössischen Literaturwissenschaftler keineswegs über allen Zweifel erhaben, so werden es die der zukünftigen erst recht nicht sein. Ich möchte mich auf keine Polemik einlassen, aber ich meine, daß Bernhard mit seinem Werk offenkundig sowohl für das Produktions- wie auch für das Rezeptionsverhalten der Österreicher in dem genannten Zeitraum von hoher Signifikanz ist. Wenn in diesem Zeitraum einem Autor überdurchschnittliche Wirksamkeit gegönnt war, so ist Thomas Bernhard sicher zu nennen, und zwar primo loco. Wieweit dieser Ruhm ihm auch in der Zukunft erhalten bleibt, weiß ich nicht. Der Gedanke an ein »Bernhard-Jahr« 2031 bereitet mir gruselndes Wohlgefallen, auch daß es einmal Brandteigkrapfen à la Thomas Bernhard geben könnte, scheint mir nicht undenkbar.

Mit einer stupenden Regelmäßigkeit hat Thomas Bernhard sein Publikum durch Skandale in Atem gehalten; er ist diesem Prinzip, wie man den Aufregungen um die Ausgabe seiner Leserbriefe (in der *Edition S* der Staatsdruckerei) entnehmen kann, auch über den Tod hinaus treu geblieben. Im Vergleich dazu nehmen die textbezogenen Äußerungen des Publikums einen überraschend geringen Raum ein. In allen Fällen scheint ein Rezeptionsstereotyp vorgegeben; es ist meist der deutlichste Indikator für den weltanschaulichen Horizont dessen, der spricht. An Bernhard werden sie alle deutlich: Die Redakteure der *Kronen-Zeitung*, die Politiker vom Schlage eines Jörg Haider und Bruno Kreisky, die Literaturkritiker wie Hans Haider oder Sigrid Löffler, sie alle werden durch Bernhard redend gemacht; es scheint, als würde er sie mit der Geste seiner Verweigerung an der Zunge ziehen.

An der Zunge zog er schließlich auch die Germanisten, uns also allesamt, die mit unbeirrbarer Konsequenz zu seinem Werk publizieren. Sein Werk scheint auch den Herausforderungen des Faches im besondren Maße zu entsprechen. Hier irritiert einer die Kategorien, mit denen gewöhnlich umgegangen wird, und das Fach hat nichts eiliger zu tun, als ihn eben wieder auf die von ihm praktizierten Kategorien zurückzuholen, zurückzuholen auf den Boden, der die Realität des Faches nun einmal ist. Von dieser Wirkung kann man bei der Befassung mit Bernhard so gut wie gar nicht mehr absehen; sie gehört fest zum Werk, sie ist zu dessen Qualität geworden, in einem in jeder Hinsicht überraschenden Ausmaß. Ich will mich hier nicht nur auf diese gewiß wichtige, wenngleich in jedem Falle prekäre (und von Land zu Land unterschiedliche; vgl. Bayer 1995) Wirkung beschränken, sondern ich möchte hier doch den Versuch wagen, auf zwei Texte genauer einzugehen, zunächst einmal auf das Theaterstück *Ritter, Dene, Voss* (1984) und dann auf den Roman *Alte Meister* (1985); ich riskiere also den Versuch, mich auf ein noch kaum interpretiertes Gebilde einzulassen und hoffe, daß ich dabei den eigenen Prinzipien nicht untreu werde, die vor allem darauf abzielen, bei Bernhard im Urteil, das aus Vergleichen mit herkömmlichen Praktiken erwächst, vorsichtig zu sein. Und dies wird es auch notwendig machen, mich kritisch mit Interpretationen, wie sie jüngst vorgelegt wurden, auseinanderzusetzen, nicht um die Interpreten zu veräppeln, sondern um gerade am Werk Bernhards grundsätzliche Fragen erkennbar zu machen und die Praxis unseres Faches einer sinnvollen und womöglich auch weiterführenden Kritik auszusetzen.

Ritter, Dene, Voss irritiert schon vom Titel; wer nicht weiß, daß es drei Schauspieler dieses Namens gibt, der ist zunächst einmal schon vom Autor düpiert. Falsch indes wäre es, diesem Text (dieser Partitur) Triftigkeit abzusprechen, so sie nicht durch just diese drei Schauspieler zur Realisation gelangte. Ich weiß, daß ich mich damit auf ein heikles Terrain begebe, aber Bernhard macht durch die Wahl dieses bizarren Titels in einem bewußt, daß die Schauspieler reale Personen sind und zugleich eben auch Kunstfiguren repräsentieren. Die Figuren sind Masken, und sie sind auch sie selbst. In Frankreich behalf man sich damit, daß man dem Stück einfach den Titel *Déjeuner chez Ludwig W.* verpaßte. Als »Übergag eines Gags« bezeichnete die *FAZ* dieses Verfahren – unter rückbezüglichem Hinweis auf Bernhards Stück *Minetti* (1977). »[M]an wird die Rollen nur schwer anders besetzen können«, suggeriert derselbe Rezensent. (Dittmar 1991, 288) Ein anderer weiß es besser:

> »Ritter, Dene, Voss« ist kein Stück über die Schauspieler Ritter, Dene und Voss. Sehr einfach. Es ist ein Stück über die berühmt-berüchtigte Familie Wittgenstein. Voss wiederum ist eine Kombination aus Ludwig Wittgenstein, dem Philosophen, dem Bernhard schon oft, und Paul Wittgenstein, dem Verrückten, dem Bernhard schon in seiner Erzählung *Wittgensteins Neffe* gehuldigt hat. Etwas kompliziert. Weil aber nun Thomas Bernhard beim Schreiben des Stücks auch an die Schauspieler Ritter, Dene und Voss gedacht hat, und weil nun die Schauspieler Ritter, Dene und Voss das Stück aufführen, ist »Ritter, Dene, Voss« natürlich ein Stück über die Schauspieler Ritter, Dene und Voss. Und eines über Thomas Bernhard sowieso. Einfach kompliziert. (Benjamin Henrichs, in: Dittmar 1990, 288)

Daß ein Stück notwendig ein Stück über jemanden sein muß, ist ein Klischee der Kritik, auch der Literaturwissenschaft. Die Kritik und die Literaturwissenschaft hängen bei Thomas Bernhard mit einer geradezu unverwüstlichen, ja besessenen Leidenschaftlichkeit am

Stofflichen. Es wird dauernd so getan, als handelten diese Stücke von etwas, als wäre Bernhard der Autor, dem man vor- und nachrechnen könne, wo er mit seinen Texten die Wirklichkeit träfe und wo nicht. Bernhard selbst in einem Kommentar, der ebenso viel verbirgt wie enthüllt: »*Ritter, Dene, Voss, intelligente Schauspieler.* Während der Arbeit, die ich zwei Jahre nach dieser *Notiz* abgeschlossen habe, waren meine Gedanken hauptsächlich auf meinen Freund Paul und auf dessen Onkel Ludwig Wittgenstein konzentriert gewesen.« (Bernhard 1984, 166) Daß Ludwig Wittgenstein in dem Stück präsent ist, wird jedem bald einsichtig, der nur ganz wenig mit dessen Biographie vertraut ist: Die Rolle der Schwester, das Leben in der großbürgerlichen Umgebung, die Rolle Norwegens und Englands – das alles spielt in dieses Stück ebenso herein wie die Auftritte des Paul Wittgenstein, der von Henrichs schlichtweg schnoddrig »verrückt« genannt wird. Der Name der Familie (Worringer) verweist obendrein auf einen anderen Philosophen beziehungsweise Kunsthistoriker: Wilhelm Worringer (1881–1965), der mit der Schrift *Abstraktion und Einfühlung* (1908) die Programmschrift des Expressionismus geschrieben hatte. Sinnvoll wird das Verwirrspiel des weiteren dadurch, daß mit Frege natürlich auf den Philosophen angespielt wird, der für den *Tractatus* Wittgensteins eine zentrale Rolle gespielt hatte, nämlich Gottlob Frege (1848–1925). Da sind wir schon mitten in Thomas Bernhards Namedropping, aus dem die gelehrte Welt ein Puzzlespiel an Bedeutungen machen möchte: Es scheint, als würde jeder Name den Text mit Sinngehalt aufladen, ja philosophisch auch die Äußerungen mitdeterminieren. Und damit setzt Thomas Bernhard seine gebildeten Leser auf die Fährte, die allenthalben meinen, nun die Spuren des von ihnen einmal georteten Namens zu finden. Ist das nun wirklich ein Stück über die famose Familie Wittgenstein? Wenn wir nun durch die Namen auf Bedeutungen gespannt sind, so werden wir enttäuscht, denn das, was sich darbietet, ist eine banale, oft komische und durchaus nicht spannende Handlung. Zwei Schwestern unterhalten sich, lange und ausgedehnt, über ihre Tätigkeit am Theater, sie sind in der Josefstadt »eingekauft«, sie haben den Mehrheitsanteil, daher dürfen sie spielen. Der Bruder wird aus dem Irrenhaus heimgeholt, erfährt man; Dene, die ältere Schwester, schreibt dem Bruder die philosophischen Texte ab.

Dann trifft man sich beim Mittagessen. Da tritt denn auch Ludwig auf, der nun in der Vergangenheit wühlt, aber von seiner Schwester (Dene) zum Essen genötigt wird. In nahezu allen Dramen Bernhards versammeln sich die Figuren um einen Tisch: Es ist das Szenario, das zur Kommunikation herausfordert wie sonst nichts und das doch unweigerlich ins Desaster führt. So eine Szene muß in der Katastrophe enden. Sie endet bei Bernhard in der Brandteigkrapfenkatastrophe. Ludwig hat sich zunächst gewehrt gegen die Fütterung mit Fleisch:

> [VOSS/] [...] Mehlspeisen sind immer / deine Stärke gewesen / Kalbfleisch Rindfleisch Schweinefleisch / endeten immer / in einer Brat- und Panierkatastrophe / Die Mutter konnte nicht kochen / sie verabscheute die Küche / Aber da du aushilfsweise gekocht hast / RITTER / Sie hat es nur   a u f gekocht / VOSS / a u f gekocht hast / ist es gar nicht so schlecht (Bernhard 1984, 97)

Und dann kommt es zur Orgie, zur Freßorgie; er würgt einen, dann noch einen Brandteigkrapfen in sich hinein, um ihn dann blitzschnell auszuspucken. Ich bin mir bewußt, daß es schwer ist, diesen dramatischen Höhepunkt denn auch philosophiegeschichtlich richtig zu packen. Immerhin hat da einer etwas verinnerlicht und dann jäh veräußerlicht. Und am Ende sehen wir dann Voss lallend: »Dem Leben einen Sinn geben.« (Ebda, 113) Nach dem Mittagessen sitzt man völlig ruhig wieder beisammen; vorerst einmal. Und nun kommt die Engführung, auf die wir so lange gewartet haben. Philosophie und Essen werden miteinander metaphorisch verknüpft. Die nun folgende Rede Voss' erledigt, so meine Meinung, eine ganze Menge gutgemeinter Ansätze, die in dem Bemühen gipfeln, aus Bernhard die Klänge zu hören, nach Themen, die von Schopenhauer, Kierkegaard, Pascal oder Wittgenstein vorgegeben wurden:

> In Bücher gehen wir hinein / wie in Gasthäuser / hungrig durstig / ausgehungert mein Kind / Zuerst werden wir freundlich empfangen / bedient / aber immer schlechter bedient / immer noch schlechter bedient / und schließlich verjagt / oder wir selbst verlassen diese Gasthäuser augenblicklich / weil wir ihren Gestank nicht mehr ertragen / das Schlechtgekochte / das Miserabelservierte / aber natürlich nicht / ohne eine ungeheuerliche Rechnung zu bezahlen / [...] Wir gehen in diese Philosophien hinein / wie in offene Gasthäuser / und setzen uns gleich an den Stammtisch / und wundern uns / daß wir nicht gleich zur vollsten Zufriedenheit / bedient werden / Wir sind durch und durch verärgert / auch über die widerlichen Leute / die sich mit uns in diesem Gasthaus breitgemacht haben / [...] So gehen wir in die großen Namen

hinein / die uns eine philosophische Mahlzeit versprechen / und sie ist immer nur ungenießbar / Wir gehen in Bücher hinein wie in Gasthäuser / das ist unser Unglück (Ebda, 119–121) Diese Stelle habe ich nur deswegen ausführlich zitiert, weil aus ihr hervorgeht, wie der Zugang Bernhards zur Philosophie gefaßt werden kann. Zwar ist Voss (Ludwig Worringer) natürlich nicht gleich Bernhard, aber er ist Sprachrohr und exemplifiziert als solches doch auch das, was sagbar ist über die Philosophie. Die Abnutzung, die sich durch das oftmalige Besuchen des Wirtshauses ergibt, zeigt an, daß auch die Philosophen ihre Bedeutung verlieren. Voss resümiert: »Es stellt sich heraus / daß es gar keine Wirte mehr gibt / nur noch skrupellose Pächter«. (Ebda, 122) In der Folge vergreift sich Voss an den Bildern, er hängt sie um: Gewaltsam will er eine Kredenz von der Stelle schieben, die Schwestern packen mit an, und dann passiert die nächste Katastrophe: Porzellan wird zerschlagen. Und nochmals wird Geschirr zerschlagen: Dene stürzt in der Küche; schade um den Kaffee, schade um das böhmische »Großmuttergeschirr«. (Ebda, 159) Und dann versammeln sich die drei wieder und trinken Kaffee. »RITTER / Es gibt nichts Schöneres / als einen verregneten Nachmittag im Bett«. (Ebda, 164) Damit schließt das Stück – ich weiß, daß eine solche Inhaltsangabe dürftig ist und wenig von dem Reiz der dramaturgischen Aktionen vermittelt, von denen dieses Stück ganz eindeutig lebt. Ich meine aber zum andren, daß wir uns doch der Dramaturgie Bernhards annehmen müßten.

Man hat seine Schriften immer unter dem Aspekt befragt, ob es sich dabei um Tragödien oder Komödien handle, und Bernhard selbst hat in *Frost* (1963) einmal von der Konzeption der »Komödientragödie« gesprochen. Bernhard neigt ganz offenkundig allenthalben dazu, Gegensätze herauszustellen, die dann am Ende ineinander zusammenfallen. Daher denn auch der Terminus »Komödientragödie«. (Vgl. dazu Barthofer 1982, 84 f.) Dieses Changieren zwischen Komödie und Tragödie wird nun meines Erachtens im Interaktionsspiel mit dem Leser (oder Zuschauer) erzeugt: Die Texte (und Dramen) Bernhards funktionieren nach dem Muster der Umspringbilder: Wir können die Texte mal so, mal so anschauen. Niemand anderer als Bernhard Minetti selbst hat diese Erfahrung beurkundet, wenn er sagt, daß Zuschauer sein Spiel Bernhards eben manchmal komisch, manchmal tragisch empfunden hätten. Ich meine aber darüber hinaus, daß in der späten Phase gerade die

Komödie das für Bernhard entscheidendere Prinzip vertritt. Davon jedoch später. Man hat gemeint, man müsse nun Bernhard gewissermaßen rechtfertigen, sein Spiel mit Ernst und Unernst, dieses Überschreiten von Grenzen müßte quasi legitimiert werden. So in einer Arbeit, die vor kurzem erschienen ist. Christian Klug meint, daß diese Identität von Tragischem und Komischem zwar schon mehrfach bemerkt, nie aber »befriedigend« erklärt worden sei. (Klug 1991, 95) Er findet diese durch den Hinweis auf Kierkegaard erklärt: »Die humoristische Einheit des Komischen und Tragischen steht bei Kierkegaard [...] im Dienste einer Haltung des ›wahren Ernstes‹. Das Pathos des wahren Ernstes entspringt religiöser Leidenschaft.« (Ebda, 107) So weit so gut – nun aber sieht man doch, daß von »religiöser Leidenschaft« zwar bei Kierkegaard sehr viel, aber umso weniger bei Bernhard zu bemerken ist; und wie hilft man sich da aus der Klemme? »Es gibt [bei Bernhard] keine expliziten positiven Stellungnahmen zur Religion, aber die Fragen, die Bernhard und seine Figuren notorisch verhandeln, stammen aus dem klassischen Zuständigkeitsbereich der Religionen; es sind ›letzte Fragen‹.« (Ebda, S. 107) Ich zitiere gleich ein Beispiel: »Leberknödel- oder Fritattensuppe« – das fragt sich andauernd der Theatermacher Bruscon. Eine wahrhaft letzte Frage. Und wenn man schon einmal durchschaut hat, daß es immer wieder letzte Fragen sind, dann fällt es auch nicht schwer, hier Bernhard mehr und mehr zu einem zu machen, der von Kierkegaard beatmet wurde: »Der Humor in Kierkegaards und Bernhards doppelreflektierter Schriftstellerei erwächst nicht allein aus dem existenzdialektischen Normkonflikt, sondern auch aus eingestandener Unwissenheit, aus Mangel an ›Vollmacht‹ für die konkreten Lebensumstände anderer Menschen.« (Ebda, 108) Nach so einem Umweg kommt Klug dann zu dem Ergebnis, daß in der Gesamtkonzeption der Humor dazu diene, »auf Distanz zu Geschehen und Figuren zu gehen, philosophische und existentielle Bekenntnisse zu subjektivieren und in ihrer Bedeutung für die faktischen Lebensvollzüge zu relativieren.« (Ebda, 109) Das hört sich schon vernünftiger an; war dazu aber der so strapaziöse Umweg über Kierkegaard notwendig?

Willi Huntemann kommt in einer unlängst erschienenen Dissertation zum Ergebnis, daß Schopenhauer für das Changieren von Komischem und Tragischem verantwortlich zu machen wäre. Mit Recht verweist er auf Adornos Absage an die Relevanz der Alternative von Heiterkeit und Ernst, meint aber zuvor, daß hier der Humor im Sinne Schopenhauers zum Tragen komme, und zwar der hinter dem Scherz verdeckte Ernst. Wir sehen, daß beide, Schopenhauer und Kierkegaard, für dieselben Taten oder Untaten des Thomas Bernhard verantwortlich gemacht werden. (Huntemann 1990, 220) Nun wäre es töricht, den hier von Klug und Huntemann vorgeschlagenen Versuchen der Lektüre der Schriften Bernhards radikal zu widersprechen; sie führen beide sehr nahe heran an Thomas Bernhard, vor allem werfen die Parallelen zu Schopenhauer und Kierkegaard doch sehr schöne Schlaglichter auf die Besonderheit der Komik Bernhards.

Mir verlangt aber bei so einem Unterfangen nach einer Erklärung der Erklärung: Was ist es, das uns immer wieder treibt zu fragen: Woher hat er dies? Woher hat er das? Was verwehrt es uns, den Autor in Eigenverantwortlichkeit handeln zu lassen? Was verwehrt es uns, den Scherz als Scherz zu belassen und den Ernst als Ernst? Bernhard selbst markiert mit seinen Schriften genau die Grenzlinie, an der eines ins andere übergeht. Ein uneingestandener kategorischer Imperativ, der besonders deutschen Germanisten im Genick sitzt, führt gerade bei Thomas Bernhard zu den kuriosesten Volten: Sie müssen den Sinn suchen, und der Sinn wird durch die Komik gelöscht, je excessiver diese ist, desto radikaler. Der nach dem Sinn lallende Voss ist die radikale Gegenposition zu dem dem Sinn ebenfalls zulallenden Viktor Frankl. Zum anderen wollen alle allemal wissen, woher etwas kommt, wo man sich den Schnupfen oder den Tripper geholt hat, das ist die Frage, die man der Hygiene schuldig zu sein meint. Immer muß erklärt werden, daß eines aus dem anderen hervorgeht. Das ist legitim bei allen Disziplinen, die es mit Prioritätsfragen zu tun haben; wie aber ist das in der Literatur? Wie kann man Eigenes von Beeinflussung, ja vom Plagiat abgrenzen? Wie weit reicht das Zitat? Wann verliert das Zitat seinen Charakter als Zitat, als Fremdes, das von anderswoher übernommen ist und so ganz zum Bestandteil des anderen wird, daß es seine Eigenexistenz aufgegeben hat?

Mir scheint es sinnvoller, sich dem Autor anzuvertrauen, der uns ja schließlich aus dem Text heraus – und dies vor allem durch die großangelegte Gasthausmetapher – eine Möglichkeit gibt, dieses Verhältnis zu den Büchern zu befragen. Da präsentiert sich dann alles plötzlich in angenehm organischer Frische. Plötzlich sind wir mitten drinnen im Leben und nicht in irgendeiner schwer verdaulichen Abstraktion. Wir sind dabei, wie da einer sich sattißt, wie er in sich aufnimmt. So wie Ludwig Worringer die Brandteigkrapfen aufnimmt, so nimmt eben der Autor auch die Philosophie auf, nur um sie in einem Anfall der Rage wieder von sich zu geben. Überhaupt ist die Dramaturgie Bernhards um organische Zentren organisiert. Eine markante Stelle ist in einem Interview zu finden, und in diesen Interviews wandelt Bernhard mit stupender Konsequenz das Pompöse und Wichtige herunter zum Banalen:

> Ich bin ja der Meinung, man könnt' auch einen Scheißdreck darstellen. Der Vorhang geht auf, und es liegt ein Gackhaufen dort, und immer mehr Fliegen kommen herein, und dann fällt halt wieder der Vorhang. Also ich mein', letzten Endes – das geschieht ja am Theater, es war ja immer so. Ob der Vorhang aufgeht und ein Haufen Kuhdreck oder der Hermann Bahr dort liegt, auf der Bühne, ist ziemlich wurscht. Wenn's gut gemacht ist. Dagegen ist nichts zu sagen. (Hofmann 1988, 79 f.)

Alte Meister

Es kann als sicher gelten, daß der Roman *Auslöschung* (1986) vor *Alte Meister* (1985) entstanden ist (vgl. Weinzierl 1990, 459); Bernhard hat das Manuskript der *Auslöschung* seinem Bruder übergeben, mit der Bitte, es aufzubewahren; allerdings sei das Buch dann doch veröffentlicht worden. Ich meine, daß die so festlegbare Entstehungschronologie gut zu der Entwicklung der Gestaltungsprinzipien und den kunsttheoretischen Aussagen paßt: In *Auslöschung* sehen wir den Helden, der zum Begräbnis seiner Eltern in das oberösterreichische Gut Wolfsegg gereist ist, wie er am Vorabend des Begräbnisses sich vor einem Spiegel aufstellt, sich zum Clown macht, die Zunge zeigt und dann feststellt, daß nun die Tragödie vorbei sei und nun das Schwierigste, nämlich das Satyrspiel – also: das Komische – folge; liest man die *Auslöschung* nun als Tragödie, dann befremdet der für einen romanartigen Text doch sonst sehr befremdliche Untertitel *Komödie* weniger. Wir haben es denn auch mit einem Roman zu tun, der mit dem Hinweis auf eine Komödie schließt, die als die schwierigste und beste Komödie deutscher Sprache gelten kann, auf Kleists *Zerbrochenen Krug*. Doch davon später.

Der Roman – so wollen wir dieses Buch *Alte Meister* der Einfachheit halber nun nennen – ist wie alle Bücher Bernhards kaum von umfassenden Aktionen bestimmt: Ein Erzähler erzählt von einem Atzbacher, der wiederum von einem Herrn Reger, einem 82jährigen Musikkritiker, der für die *Times* schreibt, berichtet. Dieser gehe jeden zweiten Tag ins Kunsthistorische Museum in Wien und setze sich auf eine bestimmte Bank vor ein Tintoretto-Porträt, um darin den tödlichen, alles entscheidenden Fehler zu finden. Der Erzähler berichtet vom Bericht Atzbachers, der nun wieder zum Großteil eben die Reden Regers enthält. Und diese Reden sind nun nichts anderes, denn eine fortwährende Schimpftirade wider Österreich und vor allem wider die österreichische Tradition in der Kunst. Aber nicht nur dies; an entscheidender Stelle findet sich auch so etwas wie der Ansatz zu einer neuen Ästhetik Bernhards, die ich kurz als die »Kunstvernichtungskunst« bezeichnen möchte. In den früheren Büchern Bernhards war es vor allem die Kunst, die die Menschen vernichtete oder lächerlich machte; die Ausübung der Kunst und implizite die darin enthaltene Möglichkeit zu scheitern, ja die Gewißheit des Scheiterns, bedeutete den Untergang, gleichnishaft vorexerziert in dem Roman *Der Untergeher* (1983).

Es hat nun den Anschein, als würde gerade an dieser Stelle der Gegenschlag wider die Kunst erfolgen, die den Menschen vernichtet. Reger wehrt sich gegen die Kunst:

> Die Alten Meister, wie sie jetzt schon seit Jahrhunderten genannt werden, halten nur der oberflächlichen Betrachtung stand, *betrachten wir sie eingehend*, verlieren sie nach und nach und am Ende, wenn wir sie wirklich und wahrhaftig und das heißt, so gründlich wie möglich die längste Zeit studiert haben, lösen sie sich auf, sind sie uns zerbröckelt und lassen nur einen faden, ja meistens einen ganz üblen Geschmack in unserem Kopf zurück. [...] Wenn Sie sich Zeit nehmen und einmal Goethe eindringlicher als normalerweise und mit einer viel größeren Intensität als normalerweise und mit einer viel größeren Unverschämtheit als normalerweise lesen, kommt Ihnen am Ende das Gelesene lächerlich vor, ganz gleich, was es ist[.] [...] Wehe, Sie lesen eindringlicher, Sie ruinieren sich alles, was Sie lesen. [...] Hüten Sie sich vor dem Eindringen in Kunstwerke, sagte er, Sie verderben sich alles und jedes, selbst das Geliebteste. (Bernhard 1985, 67 f.)

Die »Versenkung in den Text« – sonst (vgl. Szondi 1970, 34) sinnvolle Voraussetzung jeder Hermeneutik – die Intensität, mit der ein Buch gelesen und ein Musikstück gehört würde, bedeute den Ruin für »das Schönste und das Nützlichste auf der Welt«. (Bernhard 1985, 68) Also doch, könnte man sagen, denn: die noch nicht total genossene Kunst ist mithin immer noch das »Schönste und das Nützlichste auf der Welt«.

Es folgt eine zweite Vernichtungstirade, die auf die Konsequenz der totalen Anschauung der Kunst abzielt. Stifter ist das erste Opfer, den Reger selbst (wie auch Thomas Bernhard) ja nachdrücklich verehrt haben will. Die »ungeheuerliche« Verehrung (vgl. ebda, 72) wandelt sich zur vernichtenden Kritik. Die Methode muß an den Objekten des Kultes eingeübt werden. Es entsteht der Eindruck, als wären Kunstwerke falsifizierbar:

> Das Ganze und das Vollkommene ist uns unerträglich, sagte er. So sind mir im Grunde auch alle diese Bilder hier im Kunsthistorischen Museum unerträglich, wenn ich ehrlich bin, sind sie mir fürchterlich. Um sie ertragen zu können, suche ich in und an jedem einzelnen einen sogenannten *gravierenden Fehler*, eine Vorgangsweise, die bis jetzt immer zum Ziel geführt hat, nämlich aus jedem dieser sogenannten vollendeten Kunstwerke ein Fragment zu machen, [...] (Ebda, 41 f.)

Nicht um das Scheitern *an der* Kunst geht es nunmehr, es geht um das Scheitern *der* Kunst. Durch die Anschauung werden die Werke zur Karikatur, ja wir müssen die Werke förmlich zur Karikatur machen, um sie überhaupt noch erträglich zu finden. Deutlich ist hier der Anspruch gegen die Autorität des Werkes niedergelegt, die Reduktion dieses Anspruchs kann nur durch raffiniert entwickelte Gegenstrategien erfolgen.

Die Kunstkritik weitet sich in der Rede Regers zur Universalkritik, doch sie rekurriert immer wieder auf die Kunst und gerät ihm – wie bereits gesagt – unter der Hand zu einem Widerruf der gesamten europäischen Kunsttradition, wobei der österreichischen Tradition eine Sonderlektion zuteil wird. Stifter, Loos, Bruckner, Klimt, Mahler müssen herhalten; Malerei und Literatur seien den Habsburgern – zum Unterschied von der Musik – immer als verhängnisvoll erschienen. (Ebda, 305)

Mit dem Diktum »Die Kunst ist das Höchste und das Widerwärtigste gleichzeitig« (ebda, 79) stellt sich Reger einen Freibrief für ein kontinuierlich praktiziertes Denkoxymoron aus, das alle Widersprüche in seiner Haltung aufzuheben und ihn und seinen Schöpfer, den Autor Thomas Bernhard, nicht festzulegen vermag. So wird die Kunst, so anziehend sie sich auch durchgehend erweist, doch als defizitär erkannt. »Was ist Rembrandts gemaltes Gesicht seiner Mutter, gegen das tatsächliche Gesicht meiner eigenen?« fragt Reger. (Ebda, 63)

Reger ist angewiesen auf die »Alten Meister«, er benötigt sie für seine Zerstörungshermeneutik. Ein Werk schaffen heißt in diesem Verfahren, es der Liquidation durch Anschauung preiszugeben, einem irrversiblen Prozeß, der nicht nur dem üblichen Verschleiß jeder menschlichen Schöpfung entspricht, sondern planvoll und mit Regelmäßigkeit ins Werk gesetzt wird. In bezug auf das iterative Moment korrespondieren durch die qualvoll konstante Ausübung der Kunst die früheren Werke den *Alten Meistern* durch die qualvoll konstante Anschauung der Kunst. In diesem Sinne sind auch die *Alten Meister* dem *Untergeher* komplementär. Während Wertheimer, die Hauptfigur in *Der Untergeher* durch die Kunst vernichtet wird, rettet sich Reger durch die Kunst ins Leben. Ein anstrengender, aber unzweifelhaft nötiger Umweg. Denn der Kunst wird nicht nur billig und im Vorübergehen ihre Vanitas angesichts des Todes attestiert, um ihr bequem den Garaus zu machen, sondern es bedarf zu ihrer Tilgung, da sie doch »das Höchste und das Widerwärtigste gleichzeitig« ist (ebda, 79), der beharrlichen wie sublimen Arbeit.

Reger hat durch den Tod der Frau schweres Leid erfahren; Bernhards Kunstfigur Reger wird zu einem Schmerzensmann, der aber aus dem Leid zurückschlägt und dabei auch das Werk seines Schöpfers gefährdet. Die Kunstausübungskunst ist zur Kunstvernichtungskunst geworden, ein Prinzip, das, konsequent angewendet, auch Bernhards Werk aufzehren müßte. Und Bernhard war ein konsequenter Autor; und diese Konsequenz erweist, daß Reger (und Bernhard) die Kunst ernst nehmen, viel ernster als ihre sich verneigenden Bewunderer, die die Mühe der Anschauung scheuen.

Komödie und Kleist: Der letzte Satz (»Die Vorstellung war entsetzlich«, ebda, 311) ist mittlerweile zum geflügelten Wort geworden. Die Kritik könnte nicht undifferenzierter ausfallen; und doch wirkt sie am Ende des Buches nicht als ein Willkürakt, sondern scheint aus allem, was gesagt wurde, hervorzugehen. Wieso geht Reger mit Atzbacher ins Burgtheater? Wieder so eine verdammte Frage nach dem Warum. Kleist ist einer der wenigen Autoren, die nicht in dem Negativkanon Regers figurieren, im Gegenteil. Nun geht also Reger, so sehe ich dies, in das Theater, um eine als vollkommen geltende Komödie zu sehen. Um seinem Besuch seinen Sinn zu geben, müßte er darin denn auch den tödlichen Fehler finden, er müßte das Werk entstellen, und diese Entstellung wird offenkundig durch das Theater und die Inszenierung so perfekt besorgt, daß nur mehr der Satz bleibt: »Die Vorstellung war entsetzlich.« Das Theater, die reale Inszenierungspraxis hat das besser erledigt, als Reger es mit seinem Verfahren je verwirklichen hätte können. Reger und sein hochgestochenes Verfahren der Kunstliquidierungskunst werden dadurch lächerlich: *Alte Meister. Komödie.* Das ist freilich nur eine Hypothese; in *Alte Meister* hat sich Bernhard der schwersten Aufgabe unterzogen, nämlich eine Komödie zu schreiben, ein Satyrspiel. Regers Liquidationsverfahren engt den Raum des schreibenden Künstlers bedrohlich ein: Was kann es nach der Komödie noch geben, wenn diese das »Schwerste« ist? Bernhard hat die Antwort parat: »Keine Komödie« – so lautet der Untertitel seines Theaterstücks *Elisabeth II.* (1987), ein Titel, der aus der Reihenfolge *Auslöschung* (Tragödie), *Alte Meister* (Komödie) und *Elisabeth II.* irgendwie doch Sinn bekommt: »Keine Komödie« bedeutet ja nicht notwendig »Tragödie« – mit diesem Untertitel hat sich Bernhard denn auch emanzipiert von allen jenen Unterscheidungen, die die Texte in das Korsett der Gattungspoetik hineinpressen wollen.

Aber nicht nur dies; aus diesem Prozeß, den ich hier zumindest einmal aus arbeitshypothetischen Gründen für eine gute Ausgangsbasis zur Diskussion des Spätwerks halte, erhellt deutlich, wie wichtig andererseits für Bernhard gerade diese Verfahren waren. Das ist nicht Willkür, das ist nicht nur ein Spiel mit Begriffen, sondern Ausdruck eines Bewußtseins, das weiß, daß literarische Formen auch Formen des Umgangs mit unserer Lebenswirklichkeit sind.

Das Raffinement, mit dem Bernhard die Grenze von Komik und Tragik begeht, die Souveränität, mit der er Formen entwickelt, nur um sie durch seinen Text zu widerrufen, die doppelte Optik auf die Realität, die stets als Umspringbild erfahren wird, die Irritation, die er beim Leser erzeugt, indem er ihm alle Sicherheit nimmt, das Spiel, das er durch die stets wechselnde Akzentuierung von Künstlichkeit oder Wirklichkeit betreibt – all dies macht ihn zu einem Autor, dessen Wirkungsradius nicht nur dadurch einzugrenzen ist, daß man ihn als den Österreich-Provokateur vom Dienst betrachtet.

Bernhards gespanntes Verhältnis zu Österreich bildet den Gegenstand zahlreicher Erörterungen, die es immer wieder verdienen, in Betracht gezogen zu werden, so man sich über Österreich überhaupt ausläßt. Bernhard galt schließlich als der größte Österreich-Beschimpfer, wobei allerdings nicht genau differenziert wurde, was dieses Österreich sei und wer es repräsentiere und in welcher Tonlage diese Schimpftiraden sich ergingen.

Auffallend scheint zuletzt, daß Bernhard mit seinem Geschimpfe immer irgendwie Räume aufsuchte, die zeitlos zu sein vorgaben. So denn auch in seiner berühmten *Politischen Morgenandacht*, die 1966 in der Zeitschrift *Wort in der Zeit* erschien, worin er davon kündete, daß Österreich in seiner Politik in den letzten fünfzig Jahren von den glänzendsten, den Erdball überstrahlenden Höhen in ihr absolutes Nichts gestürzt sei. Das spielt nun deutlich darauf an, daß dieses Österreich seit der Monarchie heruntergekommen wäre, und es liegt nahe, dahinter denn auch eine Verklärung einer Vergangenheit zu vermuten, die irgendwann in der Monarchie – ihrem Ende zu – zu suchen sei. Ich weiß nicht, ob dies zutrifft; so jedenfalls ist es in der *Politischen Morgenandacht* zu lesen, die eine eindeutige Replik auf die Frage des Problems der »Verpolitisierung« der österreichischen Kultur sein will. Bernhards harte Antwort zielt nun darauf ab, dem gegenwärtigen Österreich seine absolute, durch nichts zu überbietende Nichtigkeit zu attestieren. Wie dem auch sei: Auch wenn der Text unklar ist, so geht aus ihm doch eindeutig hervor, daß es da in der Geschichte etwas gebe, von dem dieses Österreich noch zehren könnte – die österreichische Vergangenheit als ein Kapital, das habsburgische Erbe als eine ungeheure Konkursmasse, dieser Gedanke scheint mir – mit geringen Modifikationen – auch bei Bernhard noch durchzuschimmern. Nicht umsonst scheint in seinen früheren Romanen und Erzählungen das Motiv der »Abschenkung« (*Ungenach*, 1968) und des Verfalls der Adelshäuser (*Verstörung*, 1967) durch: Die Sehnsucht nach aristokratischem Umgang ist Thomas Bernhard so fremd nicht, möchte ich meinen. Das paßt nun auch ganz gut in diese Phase der sechziger Jahre, in denen immer noch mit der österreichischen Vergangenheit ein Kapital mit reichem Kulturzins vorrätig zu sein schien, von dem sich gut leben ließ.

Bernhards frühe Texte – bis 1975 etwa – können mit einigem Grund als Texte betrachtet werden, in denen die konkreten historischen Ereignisse kaum oder nur selten zur Sprache kommen. Dies wird, so meine ich, in der Folge doch etwas anders. In dem ersten Band der Autobiographie von 1975 (*Die Ursache*) ist sehr konkret vom Fortbestand nationalsozialistischen Gedankengutes auch in der Ära der unmittelbaren Nachkriegszeit die Rede. Sinnbildlich dafür ist der leere Fleck an der Wand, den das Hitlerbild gelassen hat, das nun ersetzt ist durch das Kruzifix – Ausdruck der Kontinuität der Herrschaft beziehungsweise der Identität von Nationalsozialismus und Katholizismus, die hier allemal zu unterstellen wäre. Die Räume, in denen sich Bernhards Figuren aufhalten (das Schloß in *Verstörung*, der Turm in *Amras*, 1964) können als schlechthin typische Rückzugsräume aus der Geschichte betrachtet werden: Die Bernhardschen Helden lieben die einsamen Räume, in denen sie der »schaurige[n] Lust der Isolation« (Robert Musil; vgl. dazu Mittermayer 1988, 23–26) frönen können, in denen sie aber zugleich aus allen Verantwortlichkeiten – politischer, sozialer, historischer Natur – entlassen zu sein scheinen und worin sie angesichts des allumfassenden Schreckens über die so entsetzliche Gegenwart doch sehr zutreffend räsonieren können, über die Gegenwart, die freilich auch ihren Totalverdikten verfällt.

Ich meine, daß diese Haltung sich zusehends ändert, und in einigen späteren Schriften Bernhards Haltung der Gegenwart und auch der Geschichte gegenüber eine doch andre wird. In der Farce findet dieses Motiv der Vergangenheitsbewältigung zunächst das Heimatrecht: 1978 bereits veröffentlichte Bernhard den *Deutschen Mittagstisch*, worin sich insgesamt 98 Mitglieder einer Familie, der – sinnigerweise – Familie Bernhard, um einen Tisch versammeln und es nicht wollen, daß immer einer einen Nazi in der guten Nudelsuppe findet. Ein wichtiges Stück auf diesem Weg ist das Stück *Vor dem Ruhestand. Eine Komödie von deutscher Seele* (1979), in der es um den ehemaligen Lagerkommandanten Höller geht, der immer Himmlers Geburtstag im Kreise seiner Schwestern feiert, von denen die eine, Clara, an den Rollstuhl gefesselt ist, und die andre, Vera, das Fest organisiert: Diese ist nach wie vor die begeisterte Nazisse, während Clara in der Zwischenzeit doch einsichtig geworden zu sein scheint. Dieses Stück (die Personenanordnung erinnert übrigens auffallend an *Ritter, Dene, Voss*) enthält die Zurüstung zur Geburtstagsfeier; in einem grandiosen Geschrei kann der angesoffene Gerichtspräsident und ehemalige Lagerkommandant Rudolf Höller verkünden, daß er alle, auch seine Schwestern noch umlegen könne, so er wolle. Er hat seine SS-Uniform an, und, wie es sich für ein Bernhard-Stück gehört, bricht er am Ende zusammen, am Tisch. Ein tragikomischer Anblick – vor allem ist die Schwester geistesgegenwärtig genug, ihm die Uniform auszuziehen, bevor der Arzt kommt: So verlogen ist diese Gesellschaft.

Ich meine, daß ab dieser *Komödie von deutscher Seele* das Thema
der schlecht verborgenen und immer noch im Kostüm vorhandenen
Vergangenheit immer wieder dran ist, und daß Bernhard dieses
Thema von da ab durchgehend variierte, auch in seinen andren Dramen, vor allem in den Farcen und später im *Heldenplatz* (1988), der
sich als das österreichische Pendant zu *Vor dem Ruhestand* lesen
läßt.

In *Alte Meister*, zu denen ich nun nach diesem Exkurs wieder
zurückkehren möchte, findet sich ebenfalls das Motiv dieser – sagen
wir es mit dem nunmehr schon fast obsoleten Ausdruck – »Aufarbeitung der Vergangenheit«. *Alte Meister* ist eben auch eine Abrechnung mit der österreichischen, mit der spezifisch österreichischen Kunsttradition. Ich habe schon früher darauf verwiesen, daß
gerade die Behandlung der österreichischen Kunst und die habsburgische Praxis in diesem Text radikal angegriffen werden. Die von
Reger vorgenommene Abrechnung mit der Kunst ist, trotz gelegentlicher Seitenhiebe auf deutsche oder spanische Kunst, eine Vernichtung der österreichischen, und im besondren der habsburgischen Kunst.

> Aber selbst Mozart ist ja dem Kitsch nicht entkommen, vor allem in
> den Opern ist soviel Kitsch, das Neckische und das Betuliche überschlagen sich auch in der Musik dieser oberflächlichen Opern oft auf
> unerträgliche Weise. Ein Turteltäubchen da, ein Turteltäubchen dort,
> ein erhobener Zeigefinger da, ein erhobener Zeigefinger dort, sagte
> Reger, das ist ja *auch* Mozart. Mozarts Musik ist auch voller Unterröckchen- und Höschenkitsch, sagte er. (Bernhard 1985, 194)

Diese Stelle habe ich angeführt, weil von ihr der Kunstdiskurs dann
unmittelbar in den politischen Diskurs wechselt: Der Kitsch erscheint als eine moralische und als eine politische Qualität, eo ipso,
könnte man sagen. Der Kunstdiskurs wird aber nur deshalb geführt,
um ihm das fatale Versagen angesichts einer immer schäbiger werdenden Wirklichkeit zu attestieren: Künstler hätten gemeint, die
Hölle zu beschreiben, sie hätten aber nichts andres denn eine Idylle
beschrieben. (Ebda, 211) Kunst paktiert so auch mit der Heuchelei;
Österreich sei ein verlogenes Land, und die anderen Länder seien
genauso verlogen. Nun aber kommt der springende Punkt:

> Aber diese anderen Länder gehen uns wenig an, sagte Reger, *nur unser
> Land geht uns etwas an* und deshalb schlägt es uns tagtäglich *so* auf den
> Kopf, daß wir mittlerweile schon lange *tatsächlich ohnmächtig* in einem

Land zu existieren haben, in welchem die Regierung gemein und stumpfsinnig und verheuchelt und verlogen und dazu auch noch abgrundtief dumm ist. (Ebda, 212 f.)

Die Figuren Bernhards fällen ihre Diagnose über die Gegenwart immer aus der Betroffenheit, in die sie durch ihre Isolation geraten sind: Nur so ist diese Verallgemeinerung zu erklären, mit der sich in schöner Beharrlichkeit Reger der österreichischen Politik widmet. Die Destruktion der Kunst, im besonderen aber des Umgangs, der in Österreich mit der Kunst an der Tagesordnung ist, mündet in einem fatalen Abgesang, der sich wider die Praktik richtet, mit der hierzulande mit der Kunst umgegangen wird. Die Tirade Regers, die durchaus zu jenen Scheltreden paßt, mit denen auch der Autor des Buches sich einen Namen gemacht hat, deckt nun vieles von dem auf, was der Staat verbirgt. Es ist eine Enthüllungsrede, die sich gegen die Praxis in Österreich richtet, die eben nur vermeintlich eine demokratische Praktik ist: »Die Justiz in Österreich ist heute eine politische Justiz, keine unabhängige.« (Ebda, 217) Und von der politischen Praxis wechselt die Rede – nach der bewährten Methode der Engführung – wieder über auf die Kultur: »Und erst was die Kultur in diesem Land betrifft, sagte Reger, da ist der Magen nurmehr noch zum Umdrehen da. Was die sogenannte *Alte Kunst* betrifft, so ist sie abgestanden und ausgelaugt und ausverkauft und sie verdient es schon lange gar nicht mehr, daß sie unsere Aufmerksamkeit auf sich zieht [...]«. (Ebda, 218 f.) Das muß folgerichtig in einer Verurteilung der Gegenwartskunst münden (»Epigonenliteratur«; ebda, 219), und nun wird die Übertreibungsschraube noch etwas fester angezogen, wenn es heißt: »Da war ja selbst Stifter noch eine ganz große Erscheinung, sagte Reger, wenn ich nun einmal Stifter mit allen diesen österreichischen Dummköpfen, die heute schreiben, vergleiche.« (Ebda, 221) Und auf dem Umweg über die Gegenwartskunst wird nun wieder der staatliche Kunstbetrieb, die subventionierte Kunst, auf das Korn genommen, in dem die Dichter »vor jedem debilen Stadtrat und vor jedem stumpfsinnigen Gemeindevorstand und vor jedem germanistischen Maulaffen« (ebda, 223) ihre Bücklinge machen. Und über diese Tirade, die noch einmal über die Kunst führt, kommt es dann über das Essen im Astoria zur Attacke auf den Staat: Irrsigler, der von Reger ins Astoria eingeladen wird, hat eben eine Familie, die für die österreichischen Zustände typisch ist. Von der Familie Irrsiglers aus läßt sich wieder der Schluß

auf ganz Österreich ziehen; und nun kommt die Attacke wider die
Österreicher:

> Das Ganze ist durchaus alltäglich, sagte Reger. Die Österreicher, als die
> geborenen Opportunisten, sind Duckmäuser, sagte er jetzt, und sie
> leben vom Vertuschen und Vergessen. Keine noch so große politische
> Scheußlichkeit, die sie nicht schon eine Woche darauf vergessen haben,
> kein noch so großes Verbrechen. Der Österreicher ist ja geradezu der
> geborene Verbrechen*decker*, sagte Reger, der Österreicher deckt jedes
> Verbrechen und es sei das gemeinste, denn er ist ja, wie gesagt, der ge-
> borene opportunistische Duckmäuser. (Ebda, 235)

Damit wird nun bereits 1985 ein Zustand bezeichnet, der erst ein
Jahr später anläßlich der Wahl des derzeit [1991] amtierenden Bundespräsidenten in die öffentliche Diskussion Eintritt fand. Die zahlreichen kleinen oder kleineren Skandale im Vorfeld der Bundespräsidentenwahl wurden durch die Presse an die Öffentlichkeit gebracht, und dieses Phänomen, daß die Zeitungen so zum Anwalt der
politischen Wahrheit werden, wird nun auch von dem Redner in
den Vordergrund gebracht:

> Die Zeitungen stellen bloß fest und klagen an und bauschen natürlich
> auf, aber sie annullieren auch gleich wieder opportunistisch und haben
> opportunistisch vergessen. Die Zeitungen sind die Aufdecker und die
> Aufhetzer und gleichzeitig die Vertuscher und Zudecker und Unter-
> drücker, was politische Scheußlichkeiten und Verbrechen betrifft, so
> Reger. [...] Ich kann tun, was ich will, in meinem Kopf sind diese poli-
> tischen Skandale, sagte Reger, ich kann mich mit was immer beschäfti-
> gen, diese politischen Skandale sind in meinem Kopf, so Reger. (Ebda,
> 237–239)

Es gebe in Österreich eine »Staatslüge« (ebda, 241); und dies resultiert in der Einsicht, daß der »Österreicher [...] unbedingt der aller-
gefährlichste politische Mensch« sei, das habe »die Geschichte be-
wiesen«. (Ebda, 245)

Zweifellos sind diese Angriffe nicht präzis; die exakte Dokumentation, die Enthüllungspraxis eines Günter Wallraff ist Bernhards
Sache nicht; im Gegenteil – seine Art der Übertreibung scheint vielmehr die Triftigkeit seiner Aussagen zu unterlaufen. Und doch trifft
diese Übertreibungsrhetorik genau in jene Schmerzzentren des
österreichischen Bewußtseins, das sich plötzlich in seiner Klein-
staatlichkeit nicht mehr so wohl fühlen kann wie vorher. Der Kre-
dit, den Österreich sich selbst zugebilligt hat und von dem es auch
willfährig Gebrauch gemacht hat, ist aufgebraucht; der verschwen-

derische Umgang mit der eigenen Vergangenheit ist ethisch nicht gedeckt. Die Therapie hat nicht gegriffen; die Vergangenheit ist euphemistisch abgehandelt worden. Im Zentrum dieser Therapie steht das Wort »Vergessen«, das immer schon auch eine Anweisung auf das Glücklichsein war: »Glücklich ist, wer vergißt, was doch nicht zu ändern ist.« Diese Sentenz aus der *Fledermaus* gewinnt gerade angesichts der politischen Entwicklung um 1986 eine neue und fatale Dimension: die Geschichte als das Unabänderliche, gegen die das Vergessen just in dem Zeitpunkt mobilisiert wird, in dem die letzten dingfest gemacht werden könnten, die für das Unabänderliche verantwortlich gemacht werden können.

Ich meine, daß in diesem letzten Roman Bernhard durch sein Sprachrohr Reger eine durchaus konkrete Diagnose vornimmt, auch wenn die Zeit noch nicht so reif war, wie sie es ein Jahr später sein sollte: Österreich erscheint in einem großen Schuldzusammenhang, den es vor allem deswegen zu verantworten hat, weil es nichts getan hat, diesen zu klären. Hatten in den früheren Büchern Bernhards die Figuren sich aus der konkreten historischen Situation in ihre Einsamkeitsräume zurückgezogen, so sehen wir nun, wie sie an die Rampe treten, um von dieser aus als Theatermacher oder Altersnarr mit der Kunst jene abzubauen, die in der Kunst ihr Alibi suchten.

10. JOSEF HASLINGER (*1955):
Der Tod des Kleinhäuslers Ignaz Hajek (1985)

Diese Novelle des 1955 in Zwettl im Waldviertel geborenen Josef Haslinger hat nur zum Schein mit den vorhin besprochenen Themen nichts zu tun. Ich meine, daß diese Novelle durchaus in einen Zusammenhang gehört, der über das Stoffliche dieser Geschichte – den Tod eines Kleinhäuslers – hinausreicht. Eine handfeste Geschichte, können alle jene sagen, die sich freuen, daß endlich Schluß mit dem Schluß mit dem Erzählen gemacht worden ist: Da gibt es eine schöne, eine – beinahe – runde Story, eine Story von einem, der seinen Vater findet, nachdem dieser tot ist. Doch diesmal hat er seinen Vater nicht erschlagen, diesmal hat dies der Vater selbst besorgt: Der Kleinhäusler Ignaz Hajek hat sich erhängt. Wir sind nicht im thebanischen Königshaus der Labdakiden, wir sind bei einem Knecht und Kleinhäusler im Waldviertel. Die Geschichte beginnt mit dem Tod des Vaters: Der Knecht Josef, ein Mittfünfziger, erfährt, daß sein Vater tot ist; ein Telegramm brachte die Nachricht. Er fährt aus dem Weinviertel – die Weinlese steht bevor – ins Waldviertel, wo sein Vater, fünfundsiebzig Jahre alt, Selbstmord begangen hat. Handlungszeit (wie aus einer beiläufigen Erwähnung der »K+M+B«-Aufschrift hervorgeht): 1984. (Haslinger 1985, 17) Die Geschichte des Vaters Ignaz und das Begräbnis werden ineinandergeblendet; recht bald wird der Leser mit der Tatsache vertraut gemacht, daß Ignaz nicht als der leibliche Vater des Josef Hajek gilt, daß Hanni Hajek, Ignaz' Frau, nicht seine Mutter, sondern nur seine Ziehmutter ist; die Mutter ist ihre Schwester Josefa, die debil ist: Das schreiende Baby wurde mit einem Mohnlutscher ruhiggehalten – dies wird im Wirtshaus am Tisch erzählt; der boshaft gewählte Anlaß: Josefs fünfzigster Geburtstag. (Ebda, 23 f.) Schritt für Schritt wird der Leser mit der Biographie des Ignaz und des Josef vertraut gemacht: Ignaz, durch drei Monate infolge einer schweren (klinisch nicht näher bezeichneten) Krankheit bettlägrig, begeht Selbstmord. Keine Einblicke in die psychische Konstitution dieses traurigen Antihelden sind nötig; die unmittelbare Motivation für den Selbstmord des alten und kranken Mannes muß nicht nach- oder mitgeliefert werden. Wir erfahren dies alles so schön Schritt für Schritt; das Begräbnis findet statt. Josef geht mit seiner Ziehmutter nach Hause: Mehr und mehr beschäftigt ihn sein leiblicher Vater – der soll bei der Post gewesen sein, Josefs Mutter geschwängert, nach einer Gegenüberstellung Reißaus genommen und dann als unauffindbar gegolten haben. »Wenn ich meinem richtigen Vater im Leben noch einmal begegnen sollte, schloß Josef [wir sind im Wirtshaus] und zog den Tisch mit einem Ruck näher an sich, dann reiße ich ihm die Eier aus.« (Ebda, 11) Wieder sind wir in der besten mythischen Gesellschaft: auch Kronos hat seinen Vater Uranos kastriert. Der ganz gefinkelte Leser ahnt, daß in einer kunstvollen Novelle immer so kleine Vorausdeutungen verpackt sind, und er muß nur warten, bis ans Ende, und da löst sich dann der Zusammenhang auf: Ignaz Hajek war tatsächlich der Vater des Josef. Und der fast tragische, in jedem Falle aber ironische Akzent wird auch erkennbar, wenn Josef sagt: »Aber mein Adoptivvater war in Ordnung. Der hat mir seinen Namen gegeben, damit ich mich nicht schämen muß.« (Ebda, 10) Am Abend nach dem Begräbnis, bevor Josef heimkehrt an seinen Arbeitsplatz im Weinviertel, sagt er vor dem

Einschlafen: »Wäre er mein richtiger Vater, hörte sie [Hanni Hajek] Josef nach einer Weile sagen, ich könnte nicht weiterleben. – Aber er ist dein richtiger Vater, antwortete sie.« (Ebda, 86) Ein Todesurteil? Am nächsten Morgen erzählt ihm Hanni, daß Ignaz wirklich sein Vater war – ihre Schwester hat ihn abgegeben, und Ignaz hat ihn zu sich genommen, er hat ihr dafür Geld, Schweigegeld gegeben. Er hat als Postbeamter Josef gezeugt, auf der Bahn zwischen Gmünd und Großgerungs. Das Ende: Josef verläßt das Haus seiner Ziehmutter: »Kommst du wieder, fragte ihn Hanni mit kratziger Stimme, als er die Türe öffnete. – Ja, in zwei Wochen, sagte er, leise, als wollte er die Nacht nicht vertreiben. Vorsichtig zog er die Türe hinter sich zu.« (Ebda, 95)

Mit diesem Satz zieht auch der Autor die Türe hinter seinem Text zu – vorsichtig. Über Josef, der mit dem Wissen um diesen Vater nicht weiterleben könnte, brauchen wir nichts mehr zu erfahren: Ob er, wie sein Vater, Hand an sich legen wird? Das Ende muß offen bleiben; alle Figuren haben ihren Schicksalsanteil abbekommen. Die Geschichte wäre damit auch erledigt, bliebe man im Stofflichen stecken; ebenso, indem man das Thema (Vatersuche, Enthüllungsgeschichte) benennen und auf die Milieugestaltung (Proletariergeschichte) hinweisen würde.

Damit ist die Geschichte eben nicht zu erledigen; mag zwar alles klar und durchsichtig erzählt sein – es kleben nirgends Reste eines unsauberen Mystizismus –, so gibt es doch von Mal zu Mal Punkte, an denen sich das Interesse an dieser Geschichte neu wecken läßt. Ich meine, daß die Gattungsbezeichnung nicht von ungefähr kommt: Novelle. Damit hat man es mit einem Hinweis auf eine Gattung zu tun, die von den Auguren des Betriebs in der Jahrhundertmitte mehr oder weniger totgesagt wurde: Die Novelle ist tot, es lebe die Kurzgeschichte.

In der Tat ist die Novelle eine jener wenigen Erzählformen, die sich historisch fein säuberlich herauspräparieren lassen und die formgeschichtlich auch eine einigermaßen fest umrissene Identität haben. Im Gegensatz zu anderen Gattungen ist die Novelle geradezu ein klar beschreibbares Gebilde, dessen Voraussetzungen nicht zuletzt in einer fest etablierten (italienischen) Tradition liegen und dem seit dem 18. Jahrhundert unzählige Bemühungen der Autoren selbst galten. Ich will hier die Palette der knappen und immer mühseliger werdenden Definitionen nicht nochmals ausbreiten, jener

Definitionen, die von Goethes »unerhörter Begebenheit« über Storms »Halbschwester des Dramas« bis zu Heyses »Falkentheorie« reichen. Wichtig scheint mir, daß es in einer solchen Novelle einen Handlungskern gibt, um den die einzelnen stofflichen Details plaziert sind. Hier ist es die Vatersuche und die plötzliche Enthüllung, das Unerhörte wird am Schluß nachgeliefert. Und vom Ende her erscheint denn auch die ganze Geschichte in einem völlig anderen Licht. Die Vorausdeutungen, die der Erzähler sehr raffiniert anbringt, vermitteln einem das Gefühl, daß hier offenkundig durch die ganze Erzählung hindurch ein ungeklärter Rest vorhanden ist, an dem sich die Figuren, vor allem die Figur, durch deren Perspektive der Hauptteil der Handlung erlebt wird, nämlich Josef, abarbeiten. Aus dieser Sicht erscheinen denn alle Handlungen mehr oder minder doppeldeutig; die Eindeutigkeit geht, liest man die Geschichte vom Ende her, zusehends verloren. Denn dieser arme Josef Hajek erscheint als ein Musterbeispiel einer vaterlosen Generation, aber am Ende wird doch klar, daß es da einen Vater, einen Erzeuger, einen Urheber seines Unglücks und seiner Ausgesetztheit gegeben hat. Und dieses Unglück läßt sich durch die Generationen zurückverfolgen, immer weiter zurück, bis zuletzt zum Großvater.

> Er wollte sich seinen Vater vorstellen, da kam ihm das Bild des toten Großvaters in die Quere, der in demselben Bett gelegen hatte, in dem jetzt wohl sein Vater lag. Hugo Hajek, der Großvater, war im ersten Weltkrieg Dragoner gewesen. Am rechten Unterarm trug er eine Tätowierung, die sich von der Haut kaum mehr abhob. Er zeigte sie oft her, aber Josef konnte nie erkennen, was sie darstellen sollte. (Haslinger 1985, 6)

Diese Stelle halte ich für höchst signifikant: Der Großvater ist der Repräsentant jener verhängten Kontinuität des Dienens. Seine Identität als Dragoneroffizier ist entscheidend, er spielt auf diese Identität auch später an, da er seinen bereits fünfunddreißigjährigen Sohn Ignaz züchtigt, weil dieser bei der Dorfhure angetroffen wird. (Ebda, 47) Immer wieder scheint sich die Autorität dieses Großvaters (er hat auch Josefs Ziehmutter Hanni nie gemocht) vor Josef aufzustellen, immer wieder ragt dieser bereits längst verstorbene und von der Tätowierung gezeichnete Mann in die Gegenwart auch Josefs herein. Von ihm geht jene fortgesetzte Sklaverei aus, die für die Hajeks selbstverständlich ist: Daheim, das ist für Josef die strohgedeckte Keusche im Waldviertel: »Dort, wo er so selbstverständlich

Knecht wurde, als gäbe es keinen anderen Beruf auf der Welt.« (Ebda, 8) Und erst in seinem Tod offenbart sich, was dieser Großvater wirklich ist: »Seine struppigen weißen Haare hatten einen gelben Glanz bekommen und die Tätowierung am Unterarm trat plötzlich deutlich hervor. Sie zeigte den Doppeladler, umringt von einem Drachen, darunter eine vierstellige Zahl.« (Ebda, 6)

Gerade in so realistisch erzählten Geschichten wird jedes Detail symbolträchtig, alles gehört einer symbolischen Ordnung an, und je mehr man sich darauf einläßt, als Leser, umso weniger beiläufig scheinen die einzelnen Details zu wirken. Das muß durchaus nicht allein in der Absicht des Autors gründen; im Gegenteil, würde er so naiv verfahren, so würde man eben diese Absicht merken und man wäre, nicht ohne Grund, doch auch sehr verstimmt. Ich weiß nun nicht, ob ich die Absicht des Autors treffe, wenn ich diesen plötzlich auf dem Leichnam des alten Hugo Hajek so deutlich hervortretenden Doppeladler akzentuiere, aber von dieser Stelle aus scheint mir doch so etwas wie eine sinnbildliche Kraft auszugehen. Dieses Wappen ist dem Alten als unvergängliches Zeichen, als character indelebilis gleichsam, eingeritzt worden, er kann es nicht verlieren; die Kinder können es nicht mehr lesen, erst die »facies hippocratica«, erst der Tod macht den Seinen die Signatur erkennbar, unter der er in der Ewigkeit eingeordnet wird. Ich will hier mit dem Doppeladler nicht so etwas wie den »habsburgischen Mythos« bemühen, ich möchte aber doch betonen, daß damit eben jene Übermacht einer Vergangenheit in den Figuren repräsentativ anwesend ist; der Dragoner repräsentiert den militärischen Lebensstil, der sich als ordnungsprägende Macht bis in die Gegenwart hinein auswirkt. Und hier wird geschlagen, hier herrscht die Gewalt; selbstverständlich – es wird geschlagen. Als Hugo Ignaz vor der Türe des Hauses der Dorfhure trifft, schreit er: »Dir werde ich beibringen, was ein Dragoner ist!« (Ebda, 47) Und die Folgen: »Ignaz krümmte sich zu Boden, sein Vater trat ihn mit den schweren Stiefeln. Dann schleppte er ihn heim, da Ignaz sich nicht mehr aufrichten konnte.« (Ebda, 47)

Die Generation der Väter schlägt die Söhne windelweich, um sie dann auch noch richtig bevatern zu können. Und diese Anwendung der Gewalt führt zur Lüge: »Am nächsten Tag erzählte er Hanni, ein Pferd habe ausgeschlagen und Ignaz unglücklich getroffen. Später erfuhr Ignaz, daß sein Vater der Strasser Annerl gedroht hatte, er werde ihn kastrieren, sollte sie Ignaz noch einmal zu sich lassen.« (Ebda, 47) Die Familienfassade – und ist die der Keusche auch noch so schäbig – muß aufrechterhalten werden, selbst um den Preis der Lüge. Und aus solchen Lügen setzt sich das Leben zusammen; und die Verwundungen, die alle Figuren in diesem Text davontragen oder davongetragen haben, bestimmen ihr Verhalten. Es ist eine durch und durch verwundete Gesellschaft. Jeder Exzeß, und sei er noch so harmlos, wird mit einer Verwundung bestraft: Hanni hat sich verbrannt, da sie ihre Haare vor einer Tanzveranstaltung am offenen Herd getrocknet hat (ebda, 16); Josef verwundet sich, da er den Autobus versäumt hat und er betrunken eine Stiege hinabfällt (ebda, 12, 21); der alte Ignaz zeigt noch die Spuren von Verletzungen beim Rasieren (ebda, 31). Und so ist diese Gesellschaft eine durch und durch verletzte. Die Schwäche rührt von alters her, könnte man sagen.

Und Ignaz gehört zur schwachen Generation, die nicht mehr für das Militär taugte, die unter die Räder kommt: Ignaz taugte nicht für die Wehrmacht, Ignaz war nicht in der Lage, zu kämpfen. Das schwache Vaterbild bestimmt die Jugend Josefs wie auch das starke des Großvaters. Ignaz, das ist der Schwächling, der mit der Zeit und ihren Zeichen nicht zu Rande gekommen ist. Nur eine Handlung glückt ihm: Da er slowakisch kann, kann er die Forderung der russischen Soldaten nach einem Sack mit Roggen verstehen und so diese an weiteren Brandschatzungen hindern: Slowakisch – auch damit verbindet sich eine Konnotation – ist die Sprache eines der unterdrückten Völker der Monarchie, und hier kann Ignaz eingreifen. Ignaz als ein verhinderter Dolmetsch. Es sind dies die für die österreichische Novellistik bezeichnenden Taten der passiven Helden oder Antihelden. (Man denke etwa an Grillparzers *Der arme Spielmann* oder an Stifters *Kalkstein*, aber ich will diese Vergleiche nicht allzu weit ausspinnen und etwa eine Tradition der österreichischen Novellistik auf der Basis von Antihelden begründen.)

Immer wenn die Figuren den für sie vorgesehenen Bereich, vor allem den für sie vorgesehenen Bereich der Sexualität verlassen, müssen sie büßen; sie werden bestraft. Es ist schon fast etwas zu sinnig, daß Hanni ihre Haare gerade vor einer Tanzveranstaltung trocknen will: Aber so werden eben jene zu der Dauerkatastrophe führenden Zusammenhänge von Schuld und Sühne konstruiert, in denen diese Menschen ihr Leben fristen müssen. Und es ist in der

Tat der Doppeladler, der über alledem schwebt, von dem immer noch so etwas wie eine Macht auszugehen scheint, die verhängnisvoll in die Gegenwart hereinragt. Damit ist nicht gesagt, daß die österreichische Tradition der Macht schlimmer wäre als die in anderen Nationen, aber ich meine doch, daß hier sehr konkret die für Österreich spezifischen Schuldverstrickungen markiert werden. Es wäre übrigens wirklich einmal lohnend, dieses Nachwirken der militärischen Autorität, des Garanten für Ordnung im Leben schlechthin, in einem kultursoziologischen Kontext genauer zu erforschen.

Typisch für diese Art von Sozialnovellistik und Sozialdramatik, wie ich Haslingers Text doch auch nennen möchte, ist die Perspektive des Außenseiters, der Randfigur. Die österreichische Literatur vom 19. Jahrhundert an kennt diese Figuren, am berühmtesten ist vielleicht die Figur des Null Anerls in Carl Morres *s'Nullerl* (1885) geworden. Ich will Haslingers Novelle nun nicht mit diesem Rührstück vergleichen, aber die Figurenkonstellation ist doch ähnlich. (Es geht dort um den Einleger, der kein festes Quartier hat und mal da, mal dort übernachtet, der auch in einer entscheidenden Situation Menschen das Leben rettet und zuletzt alles zum Guten wendet.) Und das Außenseitertum zeigt sich vor allem (so auch bei Turrini in *Sauschlachten*, 1973, und bei Kroetz in *Stallerhof*, 1972) in der Solidarisierung mit den Tieren; die der Rede nicht mächtige Kreatur wird zum letzten vertretbaren Kommunikationsgefährten der zurückgesetzten Menschen. So ist am Schluß auch das Verhalten zur Geiß und zur Sau zu sehen; und wenn wir Ignaz dann an seinem letzten Abend erleben, wie er auch für sich eine Eichel, das Saufutter schlechthin, zu sich nimmt (Haslinger 1985, 77 f.), dann wissen wir, daß dieser Mensch vertiert, weil ihm die menschliche Gesellschaft versagt ist.

Die Welt des Dorfes ist auch eine Welt der Zeichen; es gibt eine Sprache, die durch die Kleiderwahl alles signalisiert, von der Krawatte, die dem Toten noch umgehängt werden muß, bis zu dem Höschen, das auch als deutliches Signal der verborgenen Lüste des Ignaz quasi ausgestellt wird, kündend von der unterdrückten Sexualität und den verborgenen und frivol in Geld von frivolen Wesen umgesetzten Wünschen.

Mit diesem Text hat Josef Haslinger ein unerhört dichtes Netz von Bezügen hergestellt; zugleich wird auch die Geschichte einer Sozialisation oder einer durch zwei Generationen scheiternden Sozialisation aufgezeigt. Ich kenne wenige Texte, die in so beispielhafter Kürze so viele Zugänge ermöglichen. Die Wahl der Novelle ist dabei alles andere denn arbiträr. In ihr wird es möglich, eben diese Fäden in einer raffinierten Engführung miteinander zu verknüpfen. Überraschenderweise hat nicht diese Novelle den Ruf Haslingers in der Literaturszene unserer Tage begründet, sondern sein Essay *Politik der Gefühle* (1987), eine der wenigen ernsthaften Auseinandersetzungen mit der Bundespräsidentenwahl von 1986, die weit über den unmittelbaren Anlaß hinausreicht. In diesem Essay, der bis jetzt der beste politische Traktat ist, der in der Zweiten Republik geschrieben wurde, ist für mich der Abschnitt über *Die Inszenierung des Erinnerns und die Inszenierung des Vergessens* der interessanteste Abschnitt. Hier wird eben jenes Moment, das in Bernhards *Alte Meister* an zentraler Stelle zu erkennen war, auf den Punkt gebracht:

> Das Vergessen ist hier [in Österreich] nicht Abfallprodukt eines Geschäfts, sondern – auf Grund der persönlichen Verstrickung in das Thema des Vergessens – eine nationale Therapie, eine jahrzehntelang eingeübte Lebenskunst. Die Therapie ist zur Dauertherapie geworden, wie das bei Patienten vorzukommen pflegt, die nicht die nötige Kraft zur Heilung aufbringen und denen die Dauerbindung an den Therapeuten einen erträglichen Umgang mit der Krankheit sichert. Es gibt billige Volksvarianten. Mit dem täglichen Kauf der *Neuen Kronen Zeitung* ist man dabei. (Haslinger 1987, 99)

Auf Grund dieses Essays wird deutlich, daß die Kritik, die den österreichischen Autoren den Rückzug aus der Tagespolitik vorwirft, nur mehr bedingt aufrechtzuerhalten ist; zugleich wird auch deutlich, daß eine umfassendere Diagnose zur Erklärung dieser Abstinenz im Bereich des Politischen erstellt werden kann: die umfassende Praxis des Vergessens, die ihr Komplement in einer Verklärung der Geschichte hat, die – und auch das sei nicht verschwiegen – eben doch auch einer gewaltigen Arbeitsleistung verpflichtet ist. Es wäre völlig falsch, auch dieses Moment zu verkennen.

11. MARIANNE FRITZ (*1948):
Dessen Sprache du nicht verstehst (1985)

In dieser Vorlesung sollte es auch gestattet sein, ein wenig auf jene Texte aufmerksam zu machen, an denen der Hauptstrom der österreichischen Literatur und der Kritik vorbeigeflossen zu sein scheint.

Und zu diesen Autoren und Autorinnen gehört trotz ihres meines Erachtens in der österreichischen Literatur unverwechselbaren Ranges Marianne Fritz, deren Roman *Dessen Sprache du nicht verstehst* Ende 1985 erschien und der als ein singuläres Ereignis in der deutschen Literatur, wenn nicht in der Weltliteratur anzusehen ist. Die Prognosen, daß dieser Monsterroman (3500 Seiten, und dabei ist das nur ein Viertel des geplanten Gesamtwerkes) sich jemals wird durchsetzen können, sind nicht allzu günstig. Just auch aus diesem Grund sei hier noch einmal ein energischer Hinweis auf dieses auch in dem hier angesprochenen Zusammenhang interessante Buch gestattet.

Marianne Fritz war mit der Erzählung *Die Schwerkraft der Verhältnisse* (1978 noch bei Fischer) und dem Roman *Das Kind der Gewalt und die Sterne der Romani* (1980 ebenfalls bei Fischer) hervorgetreten; schon da wurde einsichtig, daß diese Sprache kaum in die traditionelle Literatur heimzuholen war, daß aber der radikale Experimentcharakter, der solche Romane wie die Bayers und Wieners auszeichnete, eben auch nicht gegeben war.

Denn *Dessen Sprache du nicht verstehst* hat sehr wohl auch eine Handlung, ja, ich wage den Ausdruck: eine fast konventionelle Handlung, die zudem von ihrem historischen Hintergrund her sehr schön identifizierbar ist: Ein paar Lesehinweise mögen in diesem Zusammenhang gestattet sein. Der Roman ist prima facie, wenn man so will, ein Familienroman; natürlich nicht ein Familienroman der landläufigen Art, sondern ein Roman einer Familie, über welche sonst die Annalen schweigen würden. Im Mittelpunkt steht die Familie Null, eine Proletarierfamilie. Der Held ist Johannes Null, der – und wir sind im Jahre 1914 – sich dem Wehrdienst entzieht und somit fahnenflüchtig wird. Und dann gibt es auch noch die Geschichte der vier andren Null-Brüder, die auch nahezu durchgehend tragisch endet. Johannes Null findet Unterschlupf bei einem homosexuellen Priester, Pepi Fröschl; dieser verrät ihn, und er wird – das ist dann ganz an den Rand gedrängt – erschossen. Das sind aber nur ein paar Momente, die diesen großen Handlungsbogen kennzeichnen sollen. Die Handlung entfaltet sich nach vor und zurück, in die Vergangenheit und in die Zukunft, sie verästelt sich in unzählige Nebenstränge.

Entscheidend ist, daß dieses Buch auch mit der österreichischen Vergangenheit ins Gericht geht; es ist, so meine ich, die bislang radikalste Liquidation des habsburgischen Mythos (so es diesen Mythos je gegeben hat und so man einen Mythos überhaupt liquidieren kann). Es ist das rätselvolle Land des »Chen und Lein«, ein Land, in dem sich also jene verhängnisvollen Diminutive als identitätsbildend auswirken, in dem die Menschen an den Rand gedrängt sind. Es gibt auch unzählige Hinweise auf Realien aus der Monarchie (die Autorin hat auch genaue Quellenstudien, vor allem im Bereich der Kriegsgeschichte, unternommen), aber es ist trotzdem kein historischer Roman; es ist, um auch eine Formulierung der Autorin zu berücksichtigen, »Nicht-Geschichte, die trotzdem war«. In einem Vorabdruck, den der Suhrkamp-Verlag herausgab, um das monströse Werk flottzumachen, hat Marianne Fritz sich über den Gegenstand geäußert: »Formularlebenslauf-Sicht, mein Gebiet ist's nicht.« (Fritz 1985, 7) Auch die Sprache sperrt sich gegen die Übereinkünfte, eine Sprache, die mitunter wiederholt, die die Worte in eine ungewöhnliche Reihenfolge setzt, störend und störrisch, wenn man so will. »Der Erzählgestus der Marianne Fritz impliziert aber auch die völlige Abkehr vom zeitgenössischen Reflexionsroman. Nicht nur, daß die Gültigkeit des Erzählten durch keinen Eingriff des Autors gebrochen wird, verzichtet der Roman prinzipiell darauf, das Reflexionsniveau seiner Figuren zu verlassen.« (Konrad Paul Liessmann, in: *Falter* 1986, Nr. 2, 20 f.)

Und dieses Land, das am Anfang so stark an die Monarchie erinnert, verliert sich allmählich, es ist mehr von jenen – wohl provokant simpel – verschlüsselten Orten die Rede, die da »Nirgendwo« und »Donaublau« heißen. »Nirgendwo« paßt natürlich zur Null-Familie, paßt auch zur »Nicht-Geschichte, die trotzdem war«. Es ist das Land, in dem, wie es heißt, »belohnt wurde die Willkür. Und bestraft, der nicht vergessen konnte«. (Fritz 1985, 17)

Was übrigbleibt, ist die Rede von den Trägern der Gewalt, die in der Uniform kommen, es ist davon die Rede, daß die Bodenschätze ausgeführt werden, daß die »Kulturträger« das Land unterjochen, daß sie einen neuen Gott bringen und die Religion, die ursprüngliche, beseitigen.

Auch wenn sich mitunter der Verdacht nahelegt, daß es eben nicht immer die Zeit der Monarchie ist, auf die angespielt wird, so ist es doch eindeutig, daß sehr konkret mit einigen Details der Vielvölkerstaat gemeint und nicht nur auf die sprachkritische Auseinandersetzung mit dem Imperialismus hingewiesen wird. So enthält dieser Text denn auch sehr viele Signale, die auf das politische Klima Mitte der fünfziger Jahre sehr deutlich anspielen. Wer nicht vergessen kann, wird bestraft. Haslinger, Bernhard und Fritz haben dieses Thema einander offenkundig nicht abgeguckt; und doch steht es bei allen dreien im Mittelpunkt. Ebenso ist die kritische Haltung gegenüber einer Vergangenheit, die sonst als ein unveräußerlicher Bestandteil österreichischer Identität genommen wurde, bei allen dreien zwar nicht gleich, aber doch weitgehend vergleichbar. Es sind die Kulturträger, die Marianne Fritz angreift; es ist die Entwicklung der österreichischen Kultur, die Bernhards Reger Schritt für Schritt lächerlich zu machen bemüht ist. Es ist die Abkehr von jenen Biographien, die über die erlauchten Persönlichkeiten geschrieben wurden und immer noch geschrieben werden; mag der Verklärung in bezug auf diese Biographien auch in den siebziger und achtziger Jahren die Entzauberung entsprechen (etwa »Sissi«), so sind es doch immer Biographien, deren Ablauf sich aus einem öffentlich geführten Leben ergibt, das eben in Spannung zur Privatsphäre steht. Die Linie, die Gerhard Roth mit seinem *Stillen Ozean* eingeschlagen hatte, scheint um eine historische Dimension erweitert: Der Blick führt zurück in die österreichische Vergangenheit, und die habsburgische Vergangenheit ist unhintergehbar. Die Republik mag sich zwar ganz hübsch als Kleinstaat eingerichtet haben, ihre Signatur ist aber unzerstörbar, so wie der Doppeladler, der dem Hugo Hajek eintätowiert wurde.

12. Peter Handke (*1942): *Die Wiederholung* (1986)

Thomas Bernhard hat seine Haltung zu Peter Handke mit einem eigentümlichen Aperçu umrissen: Er hätte keines seiner Bücher geschrieben haben wollen. Damit wird eine Opposition deutlich markiert, die sich zu einer Grobcharakteristik der österreichischen Literatur der achtziger Jahre denn auch brauchen läßt. Eine zukünftige Literaturwissenschaft wird diese Oppositionen einmal besser und genauer beschreiben können, vorläufig jedoch verdient die Beobachtung unser Interesse, daß doch eine ganze Reihe von Parallelen zwischen Thomas Bernhard und Peter Handke feststellbar sind, daß beide in einer Fülle von Themen konvergieren, daß aber die Antworten trotz anfänglicher Übereinstimmung in den achtziger Jahren ziemlich deutlich auseinandergehen. Ich kann hier nur ein paar Andeutungen riskieren: In den sechziger Jahren wurde Handke zu einer Symbolfigur einer neuen, jungen Literatur; er konnte vielen als der Inbegriff des Dichters schlechthin gelten; er war ein Poet, er sorgte aber zugleich für Unruhe. Von seinen ersten Auftritten an behandelte man ihn als kontrovers; den einen schien er ein progressiver Autor zu sein, ja der Inbegriff einer neuen Literatur, die mit allem brechen wollte; den andren ein öder Wiederholer avantgardistischer Neuerungen, die schon von den Dadaisten und der *Wiener Gruppe* besser gehandhabt worden seien; andren wiederum einer, der sich die Avantgarde nur als Larve aufgesetzt habe und tatsächlich sein innerlich-reaktionäres Werk betreibe. Immerhin war mit Stücken wie *Kaspar* (1968) eine unverwechselbar neue Stimme hörbar geworden, immerhin ließ ein Text wie *Die Hornissen* (1966) Möglichkeiten des Romans jenseits der planen realistischen Story im Gefolge der *Gruppe 47* erahnen, immerhin gelang Handke mit der *Publikumsbeschimpfung* (1966) eine Prägung, die eine Haltung kenntlich machte, immerhin war das *Wunschlose Unglück* (1972) ein Buch, das eine breite Leserschicht erreichte und bis heute als ein gültiger Versuch angesehen werden kann, auf einem theoretisch hohen Reflexionsniveau das Erzählen einer Frauenbiographie zu riskieren. Handkes Titelpoesie sorgte auch für die Herstellung geflügelter Worte (*Der kurze Brief zum langen Abschied*, 1972; *Die Angst des Tormanns beim Elfmeter*, 1970), die sich im journalistischen Alltag sehr handlich gebrauchen lassen, kurzum: Auch bei Handke hat sich – hierin Thomas Bernhard nicht unähnlich – die Wirkung allmählich vom Werk emanzipiert.

Umso wichtiger scheint es mir, einmal jenseits jener Debatten, die in ein unseliges Quiproquo münden, die Texte zu besehen. Auch hier scheint mir eine kurze Charakteristik der Entwicklung Handkes angebracht, denn nach dem Erscheinen des Buches *Das Gewicht der Welt* (1977) war eines klar: Handke hat mit der Avantgarde, mit einer Poesie, die der Natur ihr Kunstprodukt als Konstruktion nicht nur gegenüber-, sondern hartnäckig entgegenstellt, nichts im Sinn. Vielmehr scheint Handkes Haltung darauf hinauszulaufen, nun doch wieder mit der Natur auf gleich zu kommen, ja es scheint auch so zu sein, daß jene radikale Sprachskepsis, mit der Handke früher (vor allem im *Kaspar*) operierte, sowie der Versuch, das Erzählen förmlich zu demolieren, überhaupt nicht mehr angesagt ist. Erzählen erschien zuvor als eine gefährliche Form der Wirklichkeitserfassung, so vor allem in dem – bereits kurz erörterten – »Kriminalroman« *Der Hausierer* von 1967, worin nichts andres erfolgt denn die Beschreibung einer Reihe von Phasen, die für einen Kriminalroman typisch sind; es ist also die besprochene Welt, die der erzählten Welt gegenübergestellt wird. Entscheidend scheint mir darüber hinaus auch zu sein, daß Handke sich nicht herbeiließ, irgendwie in einem politischen Sinne sich zu äußern. Seine ersten Auftritte und Aktivitäten liegen zwar genaugenommen den berühmten Unruhen von 1968 parallel, mitunter wurde auch eine heimliche Identität vermutet, doch Handke ließ so gut wie keine Gelegenheit vorübergehen, um sich von den politischen Aktionen, rechts wie links, nachdrücklich zu distanzieren.

Bei alledem herrscht in seinen Schriften aber doch auch ein recht aggressiv österreichfeindlicher Ton, ein Faktum, das uns noch in andrem Zusammenhang beschäftigen wird.

Mit seinem »Journal« *Das Gewicht der Welt* (1977) wurde klar, daß hier einer schreibt, der sich längst auch im literarischen Bereich von jener Gestik der kritischen Unruhe in den sechziger Jahren distanziert hatte, der nun wieder die Gegenstände der Anschauung kennenlernte, der versuchte, sich der Natur zu öffnen. Zum ersten Mal in der Öffentlichkeit verkündete (und ich verwende dieses Wort absichtlich) Handke seine neue Haltung in der Kafka-Preis-Rede vom 12. Oktober 1979, also unmittelbar vor Beginn der hier zu diskutierenden Periode. Darin hieß es:

> [G]erade an der »Prozeß«-Erzählung ist mir am deutlichsten geworden, wie sich meine Schreib-Versuche von dem Werk Franz Kafkas unterscheiden *müssen:* denn dieses zeigt die Welt als eine bösartige Übermacht, die mit dem sogenannten Lebenslauf jedes einzelnen Katz und Maus spielt, während mir Nachgeborenem die Schöpfung zuweilen doch schon wieder als eine Herausforderung erscheint, die ich vielleicht, vielleicht sogar auf (meine) Dauer, bestehen kann. (Handke 1980, 157)

Diese Rede entwickelte sich zu einem Anti-Kafka-Traktat – freilich unter Wahrung des höchsten Respektes; aber Kafka erscheint keinesfalls mehr als der Künstler, der er vorhin war, dessen Anschauungsweise der Welt auch Verbindlichkeit für die Kunstform des Schreibens haben sollte. Handke:

Das Wort sei gewagt: Ich bin, mich bemühend um die Formen für meine Wahrheit, auf Schönheit aus – auf die erschütternde Schönheit, auf Erschütterung *durch* Schönheit; ja, auf Klassisches, Universales, das, nach der Praxis-Lehre der großen Maler, erst in der steten Natur-Betrachtung und -Versenkung Form gewinnt.
Und die Meinung, es gäbe doch keine Natur mehr? Sie erscheint mir wie die Behauptung: »Es gibt keine Jahreszeiten mehr.« Die das sagen, scheuen, freiwillig gefangen in ihren Wohn- und Fahrmaschinen, selber Maschinen geworden, vielleicht nur das Freie. Denn hinter all diesen Gaunersprachen breiten sich doch draußen immer noch machtvoll die Äste der Bäume aus. Es *gibt* die Jahreszeiten. Die Natur *ist*. Die Kunst *ist*. (Ebda, 157 f.)

Handke fügte noch in der Rede hinzu: »Ich spreche von Mysterien, aber sie sind« – ein Zitat aus Hölderlins *Hyperion*. Das ist der Vorklang auf jene Begeisterung für das Grüne, für die Natur, die ja in den in technologischer Hinsicht so optimistischen siebziger Jahren kaum angesagt war. (Zur Erinnerung: 1978 hatte sich das gesunde österreichische Volksempfinden gegen die Inbetriebnahme des Atomkraftwerkes Zwentendorf gewehrt.) Nun war es also mit dieser Zukunftsmusik auch nichts, und Handke bot sein Gegenkonzept an. In der Folge publizierte er des öfteren Bücher, in denen er seine Tagebuchaufzeichnungen der Öffentlichkeit anvertraute, und die in der Preis-Rede noch implizite Polemik gegen Kafka wird in den *Phantasien der Wiederholung* (1983) explizit. Ich meine, daß die Auseinandersetzung mit Kafka mehr ist als nur eine private Polemik, sondern geradezu so etwas wie einen Leitfaden bereitstellt, mit dessen Hilfe sich sehr gut einige Differenzierungen vornehmen lassen, die Handkes Schriften und seine (oft singuläre) Position in ihrer Besonderheit charakterisieren helfen. Zugleich schaffen wir uns dadurch einen möglichen Zugang zum Roman *Die Wiederholung* (1986). In diesem Text heißt es:

Ist Kafka dem Schwierigsten beim Schreiben – die Natur in eine Folge zu bringen – nicht ausgewichen? Hat er nicht, statt die Natur, immer nur deren Traumerscheinungen sehen wollen, deren Folge sich ja von selber ergibt. – Von einer Tageslandschaft möchte ich einmal bei Kafka lesen, von deren energischem »Eins gibt das andere«! (Handke 1983, 89)

Und dann wenig später noch um einiges schärfer: »Ich hasse Franz Kafka, den Ewigen Sohn« (ebda, 94) – ein Satz, der die Teilnehmer einiger Kafka-Konferenzen beunruhigt haben soll. Handke schreibt ganz bewußt den Halbkreis einer Literatur aus, die sich als die Nicht-Moderne (ich sage nicht: Anti-Moderne) verstehen läßt: Goethe, Homer, Wolfram von Eschenbach. Für die bildende Kunst werden Cézanne und seine Versuche, sich an der Natur abzuarbeiten, sie also in eine Folge zu bringen, verbindlich. Dafür sind aber auch die Distanzierungen von der mittlerweile »klassischen« Moderne ebenso erkennbar: Neben Kafka müssen sich auch Musil, Beckett und Joyce damit zufriedengeben, daß sie in Handkes Kunstlehre nicht den Platz einnehmen, den sie anderswo innezuhaben pflegen. Ich will Handke damit nicht zum Anhänger eines klassischen Realismus stempeln, aber es verdient doch hervorgehoben zu werden, daß dieses Programm durchaus nicht als eine Fortsetzung des avantgardistischen Aufstandes vom Ende der sechziger Jahre anzusehen ist. Diese Haltung erzeugt auch eine stete polemische Bereitschaft; der Autor sucht den Streit und bekennt sich auch dazu. Er will eben widerborstig sein, widerständig, und das bedeutet auch Widerständigkeit gegen den vermeintlichen Fortschritt, den die avantgardistischen Bewegungen für sich beanspruchen.

Ich reduziere hier den Anspruch meiner Beobachtungen zu Handke auf ein primär literaturwissenschaftliches Interesse, bin mir aber bewußt, daß vor allem seine Journale und auch die Prosatexte der letzten Jahre ein extrem philosophisches Interesse motivieren. Daß der »frühe« Handke vor allem Wittgensteins *Tractatus logico-philosophicus* als den Katalysator seiner Reflexionen verstand, ist mehrfach gezeigt worden und auch glaubhaft zu begründen. Zum andren jedoch wandelte sich Handke in dieser Hinsicht entschieden, und zusehends scheint sich geradezu die Gegenstimme raunend in sein Denken und Schreiben zu mengen, eben die Heideggers, die mit Emphase auf dem umfassenden Begriff des Seins ruhen möchte. Es gibt eben doch etwas, das IST, und dieses IST ist einem SEIN verpflichtet. Also: Es ist nicht mehr die sprachanalytische Ausgangsposition, die den Worten alle jene Bedeutungsüberschüsse raubt, mit denen sie in der philosophischen Rede prangen, sondern es ist wiederum ein Denken und Schreiben, das die Wörter in ihrer Vollkraft über eine Leistung verfügen sieht, die jede Bedeutungszuweisung als einen Akt höherer Intelligenz auffaßt und nicht als Produkt eines Zufalls gelten lassen möchte.

Das färbt nun auch ab auf die Sprache, auf die Rede, die Handke ganz bewußt auch als »Verkündigung« erfassen will, ein Wort, das doch sonst nur der sakralen Sprache zusteht. Handkes Texte sind nun beileibe nicht in einem engeren konfessionellen Sinn zu fassen, sie sind aber sprachlich so vermittelt, daß sie sehr wohl auch an diese religiöse Sphäre erinnern wollen. Die große Rede, in der nun noch einmal versucht werden soll, der Natur die Bedeutung zurückzugeben, die sie an die zersetzende Rede verloren hat und die ihr durch die Konzentration der Menschen auf die Geschichte aberkannt wird, findet sich in Handkes »Dramatischem Gedicht« *Über die Dörfer* (1981). In diesem durchaus ungewöhnlichen Text, dessen Höhepunkt eben die Verkündigungsrede der Nova ist, wird eine positive Setzung gegen die Zerstörung der Welt ernsthaft behauptet und in Angriff genommen:

> Der Vogel im Gezweig ist ansprechbar, und sein Flug macht Sinn. So sorgt geduldig in der mit künstlichen Farben fertiggemachten Welt für die wiederbelebenden Farben einer Natur. Das Bergblau ist – das Braun der Pistolentasche ist nicht; und wen oder was man vom Fernsehen kennt, das kennt man nicht. [...] Die Natur ist das einzige, was ich euch versprechen kann – das einzig stichhaltige Versprechen. [...] [S]ie ist das Vorbild und gibt das Maß: dieses muß nur täglich genommen werden. Der gelbe Falter verherzlicht das Himmelsblau. Die Spitze des Baumes ist die rechtmäßige Befreiungswaffe. (Handke 1981, 97 f.)

Wieder eine Apotheose der Natur; wir sind natürlich hier weit entfernt von jener unreflektierten Naturemphase, die sich auch neuerdings in den Kreisen jener breitmacht, die reichlich spät draufgekommen sind, sie müßten die Natur schützen – so, als ob sie selbst sich nicht schützen könnte. Sie, Nova, weiß auch zu künden von einem »neuen Zeitalter« (ebda, 96) – durchaus ein messianischer Aspekt, ein Aspekt, der der Literatur zwischen den beiden Weltkriegen vertraut war und wohl auch ein Aspekt ist, der in allen Krisenzeiten seine Konjunktur hat. Man hat in diesem Zusammenhang – nicht ohne ironische Pique – von »Publikumsermutigung« gesprochen (Pütz 1982, 121). Eine der Figuren erhebt »Einspruch gegen eine in die Zukunft verlegte, gewaltsame Bereinigung einer sinnfremd erfahrenen Welt«, die den »Zirkel von Gewalt durchbrechen« (Wagner 1987, 171) soll.

> Dies ist aber im Stück durch eine nicht unproblematische Mythisierung von Gegenwartsbeständen erkauft. Der Gestus der willkürlichen Setzung dessen, was als positiv zu akzeptieren ist – durch potenzierte Unbestimmtheit schlecht kompensiert – verurteilt nämlich pauschal und ressentimentgeladen den kritischen Sinn der Negation. (Ebda, 171)

In seinem jüngsten Theaterstück mit dem Titel *Das Spiel vom Fragen* (1989) hat Handke nun auch der Negation ihren Platz eingeräumt, indem es einerseits den Mauerschauer als den Bejaher gibt (er usurpiert einmal den Namen Ferdinand Raimund), und andererseits den Spielverderber als den Verneiner (er wird einmal mit dem Namen Tschechow bedacht, ihm und Raimund und John Ford »und all d[en] anderen« ist das Stück auch gewidmet; Handke 1989a, 5). Der Dialog dieser Figuren verlängert die Rede der Nova in den Dialog hinein; der Mauerschauer und der Spielverderber befinden sich (und das ist ein Motiv, dem Handke immer mehr mit aufdringlicher Bedeutsamkeit huldigt) auf einer Wanderung; bei der Betrachtung der Natur sieht der Mauerschauer nur Dinge, die ihn entzücken, der Spielverderber macht sie hinwiederum schlecht, so schlecht wie nur möglich:

> MAUERSCHAUER Schneckenspuren, silbrig.
> SPIELVERDERBER Todesspuren [...] / [...] Mauerschauer nach dem Schönen, holst dir früher oder später an Leib und Seele die Niednägel. Du und dein Schönes. Wird man von solcherart Schauen nicht dumm?
> MAUERSCHAUER Ja. Aber gesund dumm. Entwaffnend dumm. Zwischendurch war ich einmal klug, geradezu krank vor Klugheit und Wissen, aber durch mein Schauen bin ich wieder so dumm, begriffstutzig und sorglos geworden wie als Kind. (Handke 1989a, 76 f.)

Man kann sich denken, wie das weitergeht; das Bejahen ist sicher schwerer geworden, aber die antiintellektualistische Spitze ist deutlich, eine Spitze, die nicht die Modalitäten der intellektuellen Intellektuellenkritik übernimmt. Also keine Rede von Ironie, Parodie, Satire.

Die Stimmen gegen die Naturauffassung materialisieren sich in Elfriede Jelineks *Oh Wildnis, oh Schutz vor ihr.* (1985), und darin findet sich auch eine deutliche Replik zu der Verkündigungsrede der Nova in Handkes *Über die Dörfer*. Mit schöner epigrammatischer Spitze hat Elfriede Gerstl in einem Gedicht auf diese neue Naturbegeisterung geantwortet; schon der Titel ist ein Programm – *Natur – nein danke:*

> von zeit zu zeit seh ich sie gern
> die vergifteten bäume
> die befallenen wiesen
> diese verlauste landschaft
> aus dem zugfenster meines abteils
> wo ich mich gerüstet fühle

```
          mit tinkturen und
                  tabletten und
                          anderer munition
          gegen die bissigen bakterien
                  die killerviren
                          das riesige feindliche heer
          an mir und in mir
          soll ich vielleicht hinaustreten
                  ins versuchte grün
                          wo neue feinde warten
          nein danke sage ich zu meinen freunden
                  den berg- und talsteigern
          ich habe hier drinnen
                  schon genug natur (Gerstl 1988, 29)
```

Die Pique gegen die Wissenschaft, ja gegen alle Systeme, im besondren gegen das System Wissenschaft, gehörte schon früh zur Handkeschen Rede. Schon 1976 (in einem Brief an Dieter E. Zimmer in der *Zeit* vom 2. Jänner dieses Jahres) bezeichnete er Marx und Freud als Staatsanwälte gegenüber dem Leben; es gelingt ihm, sehr beharrlich jene Punkte zu attackieren, die der Zeitgeist sich angelegen sein läßt, vielleicht, könnte man bissig folgern, um dem Zeitgeist umso gerechter zu werden.

In den frühen Schriften hatte Handkes Bewunderung auch Bernhard gegolten; im *Versuch über die Müdigkeit* (1989) wird die Unterteilung der Menschen in Jäger und Gärtner (eine, wenn ich richtig sehe, durchaus ironische Übertreibung) von Handke als manichäisches Modell zurückgewiesen. Dem stets involvierten Nein, das Bernhard in seinen späten Texten jenen Versuchen, ein Positives behaupten zu wollen, entgegensetzt, entspricht bei Handke ein ebenso involviertes Ja, eine kühne Bejahung der Welt, und fast hat man mitunter den Eindruck, hier wäre einer unterwegs, der es auf den Sinn abgesehen hat. Aber, und das verdient meines Erachtens doch auch Anerkennung, Handke betreibt sein Geschäft der Bejahung nicht im Rahmen der dafür vorgesehenen konservativen Klüngel und Vereinigungen, wenngleich ihm diese in der letzten Zeit denn auch zusehends huldigen, da sie endlich in ihm ihren Dichter haben.

Die Technik, mit der es Handke versteht, alte Werte frisch gewendet zu präsentieren, ist auch eine Fähigkeit, die Bewunderung verdient. Er kann das Erzählen restaurieren; er kann den Sinn für Traditionen schärfen; er kann einer staunenden Zuhörerschaft verkünden, daß er Grillparzer liebe, er kann mit Cézanne ein Buch für Freunde auch dieses Malers vorlegen (*Die Lehre der Sainte-Victoire*, 1980), er kann von alter Musik (vor Mozart!) schwärmen, er kann von der Liebe reden, wie einst im Mai, so als ob es Strindberg und Freud nicht gegeben hätte, er kann von der Natur sprechen, so als ob nicht auch in ihr »Antikörper« (Thomas Bernhard) wohnten, er kann vom Dorf reden, so als ob es wirklich noch Heimat gäbe, er kann (und das trifft denn auch für *Die Wiederholung* zu) schließlich die Sippe, die Abstammung großmächtig preisen. Er kann das Wort »Heil« im Mund führen, ohne zu erwähnen, daß es mißbräuchlich verwendet wurde – und er kann auch zu allem seine passende Modifikation anbringen, so daß man erschließen kann, daß er nicht zu denen gehört, die diese Werte parteimäßig nutzen; daß er hingegen jenen nutzt, die ihn zu nutzen verstehen, ist ein anderes Blatt, auf dem auch vieles von Handke zu lesen ist. Schließlich hat Handke dem Publikum wieder präsentiert, was ein Dichter ist, er hat sich auch des öfteren zum Wort »dichten« bekannt, ein Wort, das der Zeitgeist so gerne außer Kurs setzt und die, die es verwenden, scheel anblickt. Handkes Restauration versteht sich durchaus nicht als politisch, sie darf aber doch nicht getrennt von ihren politischen Implikationen gesehen werden.

Es ist nun Zeit, sich mit Handkes Text (er trägt keine Gattungsbezeichnung) *Die Wiederholung* zu befassen. Denn dieser Text hat es, so meine ich, gewiß in sich, und es sei mir gestattet, vorläufig auf Wertungen ganz zu verzichten, denn das Urteil über ein solches Gebilde ist schnell hergestellt, so man sich auf jene Autoren und Denker abstützt, die im 20. Jahrhundert als Vorkämpfer der Moderne gelten. Und es schiene mir verfehlt und ungerecht, jenem Bemühen um Klassisches im vornherein die Legitimität abzusprechen. Zudem läßt sich Handke nicht so leicht als ein reaktionärer Schriftsteller abqualifizieren, als ein Blut-und-Boden-Autor; die intensive Lust, sich gegen das zu stellen, was den anderen in mehr oder minder stiller Übereinkunft dauernd zuzusagen scheint, ist durchaus respektabel.

Die Wiederholung erzählt von einem Mann namens Filip Kobal; schon der Name gibt uns zu denken, und wie mir vom Ordinarius für Dolmetschwissenschaften der Universität Graz liebenswürdigerweise mitgeteilt wurde, dürfte Handke das Wort »Kobal« – das, wie der Leser gleich zu Beginn erfährt, so viel heißt wie der »Raum zwischen den gegrätschten Beinen, der ›Schritt‹, und so auch ein

Mensch, der mit gespreizten Beinen dasteh[t]« (Handke 1986, 9 f.) – vom Ende des Romans *Der Zögling Tjaž* von Florjan Lipuš haben, ein Buch, das er mit sachkundiger Hilfe einer Klagenfurter Slawistin ja bekanntlich übersetzt hat (1981) – ein durchaus seltenes Wort. Im übrigen dürfte Handke ein bestimmtes und bekanntes Wörterbuch der slowenischen Sprache benützt haben. Das soll uns noch in anderem Zusammenhang beschäftigen. Wir sind wieder in einem ganz traditionellen Romanschema drinnen, würde ich sagen: Wir befinden uns in einem Reise- oder Entwicklungsroman, und Handke versteht sich ja auf den strategisch bewußten und auch perfekten Einsatz aller dieser Genres. Schon früh hat er mit den Formen seine Exerzitien betrieben – vom Kriminalroman über den Reiseroman bis zum Entwicklungsroman. Diese Romanformen liefern auch Perzeptionsmodelle mit, nur ist die Verwendung dieser Modelle in den frühen Schriften Handkes durchaus polemisch; da bleibt in der Gattung kein Stein auf dem andren – sie wird zerstört, damit durch das bewußte Abtragen von Schicht um Schicht das sichtbar werde, was die Form verstellt. *Der kurze Brief zum langen Abschied* (1972) sollte als die »Fiktion eines Entwicklungsromans« verstanden werden. Hier hingegen vertraut sich der Erzähler eben den Schemata der traditionellen Erzählung an – und ich wähle das Wort »vertrauen« mit Absicht, weil sich in diesem Akt tatsächlich so etwas wie die Grundkategorie des »Vertrauens« in die Form, in das, was die Form verspricht, ausdrückt. Die Form stiftet Einverständnis, und der gestörte »Pakt des Lesers« mit dem Autor, dem Buch, der Lektüre (Jean Paul Sartre) soll erneut gestiftet werden – auch dieses Verbum wird von mir nicht ohne Absicht verwendet.

Eingangs werden wir gleich in die vertraute Szenerie des Entwicklungsromans geführt; es beginnt an der Grenze, und das Buch versteht sich als ein Werk, das durchgehend seine Energien aus der Existenz von Grenzen erfährt – Handkes Text respondiert damit mittelbar eben jener Grenzlandpoesie, die sein unrühmlich bekannter Landsmann Josef Friedrich Perkonig zwischen den zwei Weltkriegen so bewußt praktizierte. Zeit der Handlung: Juni 1960. Filip Kobal kommt nach Slowenien, wo offenkundig auch die Grenzkontrollore leidenschaftliche Hobbyphilologen sind und wie ein Wörterbuch sprechen. Bezeichnend ist denn auch schon der Einleitungssatz: »Ein Vierteljahrhundert oder ein Tag ist vergangen, seit ich, auf der Spur meines verschollenen Bruders, in Jesenice ankam.« (Ebda, 9) Das ist schon ein Stück Poetik: Es ist gleichgültig, wie lange etwas her ist, Hauptsache, es ist vergangen, um es erzählbar zu machen. So erfahren wir sehr viel über jenen Filip Kobal von einst, so gut wie gar nichts aber über den Filip Kobal von heute. Die Überquerung der Grenze gibt Kobal den Anlaß, von seiner Herkunft, seiner Jugend in dem Dorf Rinkenberg, seiner Familie – dem alten Vater, der todkranken Mutter und der verwirrten Schwester – zu berichten, vom Schulbesuch in einem Stiftsinternat und in einer öffentlichen Schule im letzten Jahr vor der Matura (Handke-Kenner würden auf das autobiographische Moment hinweisen), von seinem Lehrer, der ihn in verschiedenen Fächern unterwies, vor allem in Geschichte und Erdkunde, von seinen ersten Schreibversuchen, von der Feindschaft im Dorfe, von dem trostlosen Leben in diesem; die Folge bringt dann die Wanderung durch Jugoslawien, im besondren durch Slowenien und zuletzt durch die Karstlandschaft, mit Seesack und Haselnußstock. Zuletzt die Begegnung mit einer slawischen Indianerin und dann die Entdeckung einer idyllischen Landschaft in einer Doline. Das Ende zeigt uns den Helden, der heimkehrt und sogar entdeckt, daß er die grünen Berge seiner Heimat in Slowenien und im Karst vermißt habe. Es scheint mir nicht ganz ohne Bedeutung, daß die hier gewählte Gegend eben keine beliebige ist; der Karst und die angrenzenden Gebiete sind geradezu das Musterbeispiel einer übernationalen Region, die Bestimmung, einer ganz bestimmten Nation zuzugehören, ist in diesem Gebiet unerhört problematisch. Verschiedene Ethnien durchdringen einander, und das kann in einem Falle als außerordentlich positiv, im Falle des angeheizten Nationalismus zum nicht enden könnenden Verhängnis werden.

Die Überquerung der Grenze wird zum entscheidenden Anlaß, eine neue Wirklichkeitserfahrung zu machen. Der Maturant Filip Kobal hat – und daran trägt letztlich der Geldmangel schuld – seine Klassenkollegen nicht nach Griechenland begleitet. Er ist allein, er will allein sein. Dies gibt ihm die Möglichkeit zur Anschauung, zur Theoria, die ja vorerst nichts andres sein will als eben Anschauung des Gegenstandes. Und so sitzt er im Gasthaus, und die Anschauung ermöglicht ihm, die Welt in Slowenien völlig neu wahrzunehmen:

> Es war ein leichter, lichter, scharfer Traum, in dem ich von all den schwarzen Gestalten Freundliches dachte. Keine von ihnen war böse. Die Alten waren alt, die Paare waren Paare, die Familien waren Familien, die Kinder waren Kinder, die Einsamen waren einsam, die Haustiere

waren Haustiere, ein jeder einzelne Teil eines Ganzen, und ich gehörte mit meinem Spiegelbild zu diesem Volk, das ich mir auf einer unablässigen, friedfertigen, abenteuerlichen, gelassenen Wanderung durch eine Nacht vorstellte, wo auch die Schläfer, die Kranken, die Sterbenden, ja sogar die Gestorbenen mitgenommen wurden. (Ebda, 17 f.)

Geborgenheit in der Tautologie, könnte man sagen. Das Ausland rückt, traumhaft freilich nur, alles wieder in die Ordnung. Es sind jene Tautologien, die Handke 1966 in seinem »Sprechstück« *Weissagung* so radikal bekämpft, ja auf eine nicht unwitzige Weise lächerlich gemacht hatte. Nun scheint die Tautologie gerade Gebot zur Gewinnung von Erfahrung, und die Tautologie scheint die Erfahrung keinesfalls zu behindern, ganz im Gegenteil, aus ihr heraus wird die Wirklichkeit erst »wortbar«, wie ich mich heideggernd auszudrücken bemühe. Überhaupt scheinen wir uns mehr und mehr in einen märchenhaften, um nicht zu sagen: mythischen Raum hineinzubewegen. Wir erkennen, daß diese Figuren mehr repräsentieren, als sie ihrem sozialen Status nach sind. Hinter jeder Figur wird für den Beobachter ein Schicksal, eine den Beruf, die Präsenz weitaus übersteigende Funktion erkennbar, eine Funktion, die die Präsenz hin zu einer erhabenen Form der Essenz übersteigt.

Der verschwundene Bruder Gregor ist namensident mit einem Volkshelden und Führer eines Bauernaufstandes, der im Jahre 1713 hingerichtet wurde. Auch dies erfährt Kobal an der Grenze. (Ebda, 10) Mit dieser Rätselfigur, mit der sich Filip fast durchgehend zu identifizieren scheint, wird so etwas wie ein mythischer Held eingeführt und zugleich auch auf die mythische Dimension dieses Geschlechtes angespielt. Die Suche nach dem Bruder ist eines jener Motive, die den Fortgang der Erzählung bestimmen, die aber keineswegs den Roman nach dem Schema von »flight and pursuit« strukturieren (ein Schema, das Handke ja in *Der kurze Brief zum langen Abschied* mehrfach herbeizitiert hatte; vgl. Rossbacher 1974).

Nun sind wir aber in einer ganz anderen Gesellschaft, und das Verschwinden des um zwanzig Jahre älteren Bruders bleibt rätselhaft, und überhaupt dürfen wir uns von dem Roman nicht irgendwie eine Rundung erwarten, die von der Handlung, vom Plot, in etwa gestützt würde. In dieser Hinsicht ist Handke durchaus nicht konservativ. Er entzieht damit diesen Text sehr bewußt der Nacherzählbarkeit, fordert aber sehr wohl vom Leser, daß er sich aus den vielen mitgelieferten Daten eben so etwas wie eine Geschichte zusammenreimt; so etwa ist sehr genau zu ermitteln, wie alt der Vater ist, wie alt der Bruder ist. Vom Erzähler erfahren wir, daß er 1960 eben noch nicht ganz zwanzig ist. Aber es gibt eben keine Rundung, keine inhaltlichen Brücken, die von einem Punkt zum anderen führen würden. Und doch scheint alles immer wieder auf einzelne Kraftzentren sich zu beziehen; man verzeihe den etwas unglücklichen und allenfalls als Metapher gültigen Ausdruck, aber er hilft uns beim Versuch, das sperrige Buch zu charakterisieren. Eines dieser Kraftzentren ist zweifellos die Erfahrung der Grenze durch die Sprache und der Versuch, die Grenze eben mit Hilfe der Sprache zu überschreiten. Und wenn der Wanderer im Mittelkapitel des geradezu klassisch dreigeteilten Buches durch das Studium zweier Bücher in die Fremde eingeführt wird, weiß man, daß vor der Erfahrung einer wie immer zu beschreibenden Wirklichkeit auch die Erfahrung durch das Buch steht. Es geht hier darum (und das wurde bereits oben angedeutet), daß die Worte viel mehr bedeuten, als sie in der Alltagssprache bedeuten. Ein Buch handelt vom Landbau – Handke blickt voller Bewunderung zu Vergil und dessen *Georgica*, das andre ist ein slowenisches Wörterbuch. Die einzelnen Wörter erscheinen ihm als »Ein-*Wort*-Märchen, mit der Kraft von Weltbildern, auch wenn der Lesende diese, wie den Grashalm mit den aufgefädelten Erdbeeren, nicht leibhaftig erlebt hatte«. (Handke 1986, 205) Handke wäre aber nicht Handke, würde er nicht doch auch, just an einer Stelle, da er sich als orphisch offenbart (Orpheus wird denn tatsächlich auch erwähnt) und sich um das »veriloquium etymologicum« bemüht, dem mystischen Zauber einer Sprache entgegentreten und sich so einer Übereinkunft entgegenstellen, deren er verdächtigt werden könnte. Keiner der Sprachen soll der Vorrang gegönnt werden.

> [E]s waren doch die beiden Sprachen zusammen, die Einwörter links und die Umschreibungen rechts, welche den Raum, Zeichen um Zeichen, krümmten, winkelten, maßen, umrissen, errichteten. Wie augenöffnend demnach, daß es die verschiedenen Sprachen gab, wie sinnvoll die angeblich so zerstörerische babylonische Sprachverwirrung. War der Turm, insgeheim, nicht doch erbaut, und reichte er nicht, luftig, doch an einen Himmel? (Ebda, 207)

Das Wörterbuch, das durch den Grenzstrich zwischen den Sprachen diese zum Leben erweckt und den Menschen zum Denken, ist das entscheidende Buch für die Erfahrung der fremden Wirklichkeit. Es ist dies eine Lust, an der die Philologen aller Jahrhunderte partizipieren: Die Wortlust ist die Wirklichkeitslust. Es genügt das Wort, die Sache stellt sich ein. Die Umkehr einer verbürgten Devise scheint wirksam zu werden: Verbum tene res sequentur. Handkes Versuch, mit der Sprache sich die benachbarte Welt anzueignen, mag problematisch sein, so respektabel dies zum gegenwärtigen Zeitpunkt auch klingen mag. In einer Zeit, da gerade in dieser Gegend sich wieder Nationalismen regen und die Sprachunterschiede nicht als einigendes, sondern wieder als trennendes Moment erfahren werden, erscheint Kobals philologische Leidenschaft doch als eine höchst anerkennenswerte, ja mutige Tat. Freilich wird es schwer sein, das Problem so zu lösen, wie es die zutiefst humanistische, sich am Wörterbuch emporrankende Phantasie wünscht: Aus dem Volk sollen friedliebende Ackerbauern und Philologen, am besten gleich beides werden; dann wäre die Welt in Ordnung. Handkes Utopie ist um den Preis eines Rückschrittes in eine Welt erkauft, die noch nicht die Zerstörungen vollzogen hat, die Industrie und Nationalismus ihr hinterlassen haben. Und dies ist auch der Punkt, bei dem Handkes konservative und konservierende Phantasie für mich problematisch, ja bedenklich wird. Freilich, und das ist ebenso entscheidend, suggeriert der Text eben auch nichts andres denn eine Utopie. Und der Umgang mit Utopien fordert immer auch den Tiefsinn der Leser und Interpreten heraus. Und diese Herausforderung gilt es doch anzunehmen.

Es ist eine Kunstwelt, die da errichtet wird. Der Bruder ist nur im Buche anwesend, und wir erfahren von dieser Reise nur durch ein Buch. Und dieses Buch erhält sich selbst als Buch nur dadurch, daß es so etwas wie das Erzählen gibt. Das Buch lebt eben zur Gänze davon, daß erzählt wird. Und es endet ja in einem Hymnus, in einer Verkündigung, die das Erzählen preist:

> Erzählung, wiederhole, das heißt, erneuere; immer neu hinausschiebend eine Entscheidung, welche nicht sein darf. Blinde Fenster und leere Viehsteige, seid der Erzählung Ansporn und Wasserzeichen. Es lebe die Erzählung. Die Erzählung muß weitergehen. Die Sonne der Erzählung, sie stehe für immer über dem erst mit dem letzten Lebenshauch zerstörbaren neunten Land. Verbannte aus dem Land der Erzählung, zurück mit euch vom tristen Pontus. (Ebda, 333)

Damit ist das Programm nun aus- und angeschrieben. Es gibt so etwas wie das Land einer Erzählung, *der* Erzählung; nicht »Die

Show muß weitergehen«, nein, »Die Erzählung muß weitergehen« – narrare necesse est. Wofür aber ist das Erzählen notwendig? Gerade diese Form der menschlichen Rede schien ja oft schon zutiefst problematisch, aber Handke hat das Buch gewissermaßen zu einer Apologie des Erzählens schlechthin gemacht. »Was erzählen? Einfach nur erzählen« (ebda, 15) heißt es gleich zu Beginn; die Erzählung erzählt sich selbst, sie ist der Zweck, das Telos ihrer selbst. Das Erzählen hält am Leben, und unser Held muß sich auf die Mitte des Bettes der Mutter setzen, da nach dem Volksglauben an den beiden Fußenden die Todesengel sitzen, und es gilt, diese »hinaus zu erzählen«. (Ebda, 87) »So erzählen sich die damaligen Stunden«, heißt es dann über die Jugenderzählung. (Ebda, 94) Man beachte die Formulierung: die Stunden erzählen »sich«, es ist also nicht jemand bestimmter, der spricht, die Stunden erzählen sich selbst, von sich selbst. (Daß durch das Reflexivum an die Umschreibung des Passivs im Slawischen erinnert werden soll, sei am Rande erwähnt.) Es folgt nun die Erinnerungsarbeit: »[U]nd das Werk der Erinnerung schreibt dem Erlebten seinen Platz zu, in der es am Leben haltenden Folge, der Erzählung, die immer wieder übergehen kann ins offene Erzählen, ins größere Leben, in die Erfindung.« (Ebda, 101 f.) Die Erinnerung bekommt hier eine Rolle angewiesen, die sie von alters her hat: Sie macht den Dingen einen Raum. Das Gedächtnis erscheint immer (oder zumindest gerne) verräumlicht, so es metaphorisiert wird.

Dieses Erzählen gerät in die Krise; auch davon weiß der Erzähler ein Lied zu singen. Er hat diesen Rhythmus, die Kraft zur Wiederholung verloren:

> Der Erzähler in mir, eben noch wahrgenommen als der heimliche König, schuftete, ins Traumlicht gezerrt, dort als stammelnder Zwangsarbeiter, aus dem kein brauchbarer Satz herauskam, in der nur mit dem Tod zu beendenden Umklammerung der zum Ungeheuer aufgewachsenen Erzählung, mit wachen Sinnen doch empfunden als die Sanftheit selbst. Der Geist der Erzählung – wie böse konnte er werden! (Ebda, 109 f.)

Doch ist das Erzählen das einzige, das der Welt die Möglichkeit zur Wiederholung gibt. »Natürlich: Das Gehen, selbst das Gehen im Herzland, wird eines Tages nicht mehr sein können, oder auch nicht mehr wirken. Doch dann wird die Erzählung da sein und das Gehen wiederholen!« (Ebda, 298) So wird die Illusion, durch das Erzählen fände eine Wiederholung statt, als Glaubenssatz festgeschrieben; wenn sich die Anlehnung ans Dogmatische bei Handke bemerkbar macht, so geht es dabei immer ums Poetische.

Das Erzählen ersetzt zuletzt auch jegliche irdische Praxis, jede Bestrebung im rein materiellen Sinne: »Ich sah mich am Ziel«, heißt es da emphatisch am Ende der Reise: »Nicht den Bruder zu finden hatte ich doch im Sinn gehabt, sondern von ihm zu erzählen.« (Ebda, 317) Das Erzählen tritt auch in Gegensatz zu allen Bemühungen, dokumentarisch zu sein: »Oft in meiner Erzählung habe ich Zahlen erwähnt, Jahreszahlen, Kilometerzahlen, Menschen- und Dingzahlen, und ich habe mich immer dazu überwinden müssen, so als seien Zahlen unvereinbar mit dem Geist der Erzählung.« (Ebda, 331) Wieder erkennt Handke ein entscheidendes Crimen an einer Literatur, die mit der Statistik imponieren zu können meint; die Zahlen indes sind notwendig, wie denn auch niemand anderer als Homer im zweiten Buch der *Ilias* mit Zahlen auffährt, im sogenannten Schiffskatalog, ein Moment, das in hohem Maße unerzählerisch ist und doch in der antiken Epik seinen festen Standort hat. Erzählen und Aufzählen werden einander konfrontiert.

So meine ich, die *Wiederholung* als ein Werk über das Erzählen zu lesen, womit ich freilich nicht vorgeben will, ich hätte damit auch annähernd dessen Substanz ausgeschöpft. Dies wäre ungerecht in hohem Maße; aber damit hat Handke einen grundsätzlichen Positionswechsel vollzogen. Das Buch ist durchpulst von der Sehnsucht nach Wiederholung, es soll also immer wieder die gleiche Konstellation eintreten; das Erzählen verbürgt einen Rhythmus, dem man sich »anvertrauen« kann; das Vertrauen erwächst aus diesem Gleichmaß, das schwärmerisch herbeigesehnt wird. Um 1966 las man es eben ganz anders; da schien das Erzählen ein ganz gefährliches Instrument der Einlullung; die Automatisation, die durch die Formeln des Erzählens sich einzustellen schien, war das Menetekel der damaligen Poetologie: Handkes *Hausierer* lebt von der Entlarvung der leeren Formel des »Es war einmal ...«, Scharang machte bekanntlich auf seine Weise »Schluß mit dem Erzählen« (*Schluß mit dem Erzählen und andere Erzählungen*, 1970), und Thomas Bernhard ernannte sich vor laufender Kamera zum »Geschichtenzerstörer«. Nun aber wird die Wirklichkeit erst durch die Erzählung konstituiert.

Ich meine aber, daß es verfänglich wäre, Handke nun allein in dieser Pose des Restaurateurs einer Sprechhaltung zu verstehen; daß Handkes Erzählen sich selbst genug ist, habe ich bereits mehrfach angedeutet. Die Pose des Erzählens genügt sich selbst. Am schönsten vielleicht in der Beschreibung des slowenischen Kellners, dem die Zuneigung des Beobachters gilt, der da – unbeobachtet – von einem Stapel mit Tellern einen nach dem andern in den Fluß wirft – ein Vorgang, der vom Autor so gut wie unkommentiert gelassen wird. (Handke 1986, 230 f.)

Und das ist meines Erachtens die Hauptleistung Handkes und die, wenn man so will, neue Form seines Erzählens: Es wird keine Kausalität suggeriert. Wer auf Kausalität verzichtet, erzeugt – mythische – Evidenz, und Handkes Prosa will von solchen Evidenzphänomenen, von solchen Epiphanien leben, die auf eine ganz andere Seinserfahrung hinweisen, als sie jener Diskurs herstellt, der sich rational gibt. Handke hat in den frühen Schriften – vor allem in *Kaspar* – eben zumindest diesen Schein der Argumentation suggeriert. Nun aber kommt es nicht mehr auf ein Nacheinander an, sondern bloß auf die einzelnen Etappen, auf Segmente, die miteinander in keinerlei kausalem (oder wie man nach Handke sagen müßte: pseudokausalem) Bezug stehen.

Das Epiphaniephänomen soll nun der Prosa eine Dimension erschließen, die ihr in unseren alltäglichen und auch wissenschaftlichen Verrichtungen verwehrt wird. Die Literatur ist somit Negation eines bestehenden Alltäglichen und Rationalen, das Anspruch darauf erhebt, über uns zu verfügen, und über das wir, um uns vor ihm schützen zu können, zu verfügen haben. In der bis jetzt gründlichsten Abhandlung über Handkes *Wiederholung* hat W. G. Sebald darüber Klage geführt, daß diese metaphysische Dimension von den Kritikern entweder nicht erkannt oder schon gar nicht ernst genommen würde.

> Es gibt offensichtlich heute kein Diskursverfahren mehr, in dem Metaphysik noch einen Platz beanspruchen dürfte. Und doch hat Kunst, wo und wann immer sie sich wirklich ereignet, zum Bereich der Metaphysik den engsten Bezug. Um diese Proximität zu erkunden, bedarf der Schriftsteller einer nicht zu unterschätzenden Tapferkeit, während es natürlich für die Kritik und Wissenschaft, die die Metaphysik nur mehr als eine Art Rumpelkammer ansehen, ein leichtes ist, mit dem allgemeinen Verweis sich zu begnügen, daß in den höheren Regionen die Luft dünn und die Absturzgefahr groß ist. (Sebald 1991, 163 f.)

Ich kann mich dem nicht so ganz anschließen; ich bin gerne bereit, zuzugestehen, daß die Fragen, die uns reizen, sicher auch metaphysischer Natur sind, aber das prekäre Verhältnis von Metaphysik und Sprache ist nicht einfach dadurch zu beheben, daß man es jedem gerne nachsieht, wenn er aus der Höhe abstürzt. Ich meine, daß die Literatur auch so etwas brauchen kann wie Trittsicherheit, ich meine, daß in der Sprache, und im besonderen in der Literatursprache, viele Worte so abgenutzt sind, daß ein unverfänglicher Gebrauch nicht mehr möglich ist. Metaphysik bezieht sich bei Handke eben nicht auf die Frage nach der Existenz Gottes, sondern darauf, das Sein sichtbar zu machen und alles andere als Abfall von diesem Sein erkennbar werden zu lassen. Das ist gewiß ein löbliches Unterfangen, vor allem dann, wenn es um eines kritischen Impulses willen geschieht, wie eben in der *Wiederholung*, die auch – und das wäre die soziale und politische Implikation – eine Verurteilung Österreichs ist, und zwar wiederum aus der Sicht des Außenseiters, des »Dorfkleinhäusler[s]« (Handke 1986, 250), womit wir wieder in der Nähe von Haslingers Novelle wären. Aber dieser Text läuft nicht hinaus auf die Darstellung der dörflichen Atmosphäre, auf den Kosmos des Dorfes, sondern das soziale Milieu ist bloß Folie für Epiphanien, die sich sehr wohl als Ausritte aus geschichtlichen Notsituationen verstehen. Und so kommt es denn auch zu einer radikalen Verurteilung der »Alpenrepublik« Österreich. Aus dem Kontrast heraus wird Jugoslawien als das »Eigentliche« erfahren, während Österreich einen widerwärtigen Mummenschanz betreibt: »Und das wahrhaft Wohltätige an dieser Menge war zunächst, was in ihr, verglichen mit der mir bekannten, nicht vorkam, was fehlte: die Gamsbärte, die Hirschhornknöpfe, die Lodenanzüge, die Lederhosen, überhaupt jede Tracht.« (Ebda, 131)

Sebald notiert: »Die dialektische Vermittlung von Metaphysik und Politik besorgt hier einen Wechsel der Positionen. In dem Maß nämlich, in dem die gebeugten Schatten von Jesenice lebendig werden, gehen die Trachtler herum als böse, unerlöste und abgestorbene Seelen.« (Sebald 1991, 166 f.) Handke preist Jugoslawien, obwohl es ein »Mangelland« ist, aber es wird als solches entzifferbar: Es ist ein Land, in dem offenkundig, wiederum durch eine Form der Epiphanie, eine ganz neue Einstellung, eine sehr positive, zum Leben erkennbar und fühlbar wird.

Und dies ist, bei allem Respekt, der Punkt, an dem doch die Kritik einsetzen kann. Mit großer Verve will Handke Jugoslawien über den deprimierenden Kleinstaat Österreich stellen. Hier schimmert fast etwas von alten Reichsphantasien durch, ohne freilich in das übliche Argumentationsritual zu verfallen. Es ist die Geste des Verfluchens, des Segnens – das sei jedem unbenommen. Aber in solchen Texten wirkt dies – und diesem Eindruck kann zumindest ich mich nicht entziehen – leicht komisch. Es wird verflucht wie aus dem Mund des Propheten, und so wird das Zeremonienhafte dieser Prosa zur Belastung auch der redlich gemeinten Aussage. Wenn solche Urteile gefällt werden, so sollte entweder argumentiert werden oder die Subjektivität eindeutig eingestanden werden. Wenn aber hier mit großer Gestik allgemeine Verbindlichkeit gefordert wird, dann stellen sich selbst bei wohlmeinenden Kritikern Zweifel ein. Denn dafür ist die Tracht des Propheten zu modern. Zum anderen aber glaube ich, daß auch in dieser mächtig erhöhten Rede manches gelagert ist, was uns treffen und betreffen sollte. Wenn Handke in seinem *Versuch über die Müdigkeit* (1989) über Österreich herfällt, so kann man diesen Sätzen nicht eine gewisse Triftigkeit absprechen; nur wäre es besser, sie würden auch im Klartext operieren. Ich frage, ob diese Sprache sich nicht zu sehr gegen ihre weltliche Verbindlichkeit immunisiert hat und aus der Geschichte durch eine zu hohe Tonlage herauskatapultiert hat, so daß sie allenfalls wahrgenommen wird, als wäre sie von der Kanzel gesprochen.

Zum Abschluß [sc. der letzten Vorlesung vor Weihnachten], als Vorwegnahme einer Fastenpredigt, genauer: einer Adventpredigt, die die Umkehr (metanoia) im Sinne hat:

> Das Weltgericht, an das ich einmal, was unser Volk betrifft, tatsächlich einen Moment lang glaubte – ich brauche nicht zu sagen, wann das war –, gibt es dem Anschein nach doch nicht; oder anders: die Erkenntnisse solch eines Weltgerichts traten innerhalb der österreichischen Grenzen nicht in Kraft und werden, so mein Denken nach der kurzen Hoffnung, da auch niemals in Kraft treten. Das Weltgericht gibt es nicht. Unser Volk, mußte ich weiter denken, ist das erste unabänderlich verkommene, das erste unverbesserliche, das erste für alle Zukunft zur Sühne unfähige, umkehrunfähige Volk der Geschichte. (Handke 1989b, 32)

13. FRIEDERIKE MAYRÖCKER (*1924):
Reise durch die Nacht (1984)

Friederike Mayröcker sei, so hat es Walter Weiss formuliert, bekannt, aber nicht gekannt. Und diese Bekanntheit hat ihre Gründe, ebenso das Faktum, daß nur wenige ihre Texte kennen: Interpretationen zu ihren Schriften gibt es zwar, aber sie alle stellen sich selbst so etwas aus wie die eigene Ungültigkeitsbescheinigung, oder noch schärfer: ihren eigenen Totenschein. Denn angesichts der Texte der Friederike Mayröcker scheint die »sekundäre Rede«, und ich will mich an dieser Stelle wieder gerne dieses Ausdrucks von Franz Schuh bedienen, der Nichtigkeit zu verfallen. Es hat den Anschein, als ob die von der Literaturwissenschaft entwickelten Redeformen immer wieder durch diese Texte ad absurdum geführt und auf peinliche Weise bloßgestellt würden, dies nicht zuletzt deshalb, weil sich diese Literatur systematisch auch außerhalb von jenem Literaturverständnis aufgestellt hat, das uns anerzogen oder sagen wir: zur zweiten Natur geworden ist.

Ich meine, daß diese Texte eben durchaus nicht mit den Verfahren der Philologie traktiert werden dürfen, mit denen wir uns sonst diesen Gebilden genähert haben. Wenn man sich auf Bedeutungsjagd machte, so habe ich des öfteren unumwunden, und dies nicht nur im Falle Mayröcker, meine Scheu davor zum Ausdruck gebracht, zum andren mußte ich doch immer wieder zugeben, daß das, was uns fesselt, was uns die Texte verbindlich macht, doch nicht allzu selten eben das ist, was wir als Bedeutungen zu fixieren gewohnt sind.

Immer, wenn die beschreibbaren, faßbaren Bedeutungen draußen sind, sind die Didaktiker böse. Und so versuche ich mich in einer Art Texttypologie, die auf den ersten Blick vielleicht nicht ganz ernst zu nehmen ist, die aber dann, so will es mir scheinen, doch so etwas wie eine Grobcharakteristik der Tendenzen in der Gegenwartsliteratur abgibt.

Da gibt es zunächst einmal die Verständigungstexte, ein Begriff, den die Didaktiker uns beschert haben. Das sind Texte, mit deren Hilfe man Verständigung herstellt. Dazu gehört alles von Peter Bichsel und Christa Wolf und Max Frisch, alles, was irgendwie schnell den Bezug zur Lebenswelt herstellt, so zum Beispiel die Texte von Johannes Mario Simmel, aber auch alle guten und bündigen Kurztexte und Haikus usw. Zu diesen treten die Mißverständigungstexte, wo sich in kürzester Zeit divergierende Interpretationen und gegenteilige Wertungen einstellen. Peter Handke und Thomas Bernhard haben sich besonders bei der Abfassung solcher Mißverständigungstexte hervorgetan. Und schließlich als dritte Kategorie die Unverständigungstexte, von denen sich Freund wie Feind mit staunender Bewunderung abwenden und ihre Inkompetenz erklären. Zu diesen Unverständigungstexten gehören die Schriften der Friederike Mayröcker, über die es so gut wie gar nicht zu einer einläßlichen Interpretation kommt, einfach weil die Rede, die sekundäre Rede an den Schriften dieser Autorin vorbeiredet. Diese Unterscheidung verstehe ich nun durchaus nicht als Wertung, ich meine, daß jeder Autor in der ihm zustehenden Gattung exzellieren kann und soll.

Friederike Mayröckers Texte sind von Anfang an durch ihre Widersetzlichkeit geprägt, dadurch, daß sie sich nicht auf diese Verständigungsrede einlassen, die wir alle für unseren Alltag benötigen und mit der wir dann auch die literarischen Texte in diesen Alltag hereinholen wollen. »Das Verabredete hört auf«, sagte Ernst Bloch nach einer Lesung Konrad Bayers im Jahre 1963 – eine mittlerweile längst legendär gewordene Feststellung. (Zit. nach: Rühm 1981, 87) In den Texten der Friederike Mayröcker hat das »Verabredete« längst aufgehört. Die in diesem Sinne hergestellte Unverständigung halte ich nun nicht für ein Defizit dieser Literatur, sondern auch für so etwas wie einen Befreiungsakt, eine Befreiungstat von Lese- und Interpretationsgewohnheiten. Wenige Texte zwingen ähnlich wie die Friederike Mayröckers, die uns längst liebgewordenen Lesegewohnheiten aufzugeben: Wir müssen sie suspendieren, um nur einigermaßen mit dieser Literatur zu Rande zu kommen. Bedeutet das aber, daß wir – um mich sportlich auszudrücken – gleich das Handtuch werfen, nur um es den nächsten zum Aufheben zu übergeben? Ist es nicht so, als wäre vor diesen Texten so etwas wie eine Verbotstafel errichtet, etwa mit der Aufschrift: »Betreten für Literaturwissenschaftler verboten«? So, als ob es sich um das letzte Naturparadies handeln würde, in dem sich keine Eingriffe bemerkbar machen. Die Texte scheinen sich durchgehend dagegen zu wehren, Ansatzpunkte zur Verfügung zu stellen, die über eine bildliche und syntaktische Einheit hinausführen könnten. Was sich als Gedankengang für einen Satz gut anhört, wird im nächsten bereits unerbittlich widerrufen. Es ist, als würde unsere Leserichtung dauernd geändert.

Gerade diese Verunsicherung sollte Anlaß für uns werden, nach Stützpunkten zu suchen. Doch selbst die wohlmeinendste Analyse, die sich auf Statistik stützt und mit Material aufwartet, bleibt seltsam blaß: Feststellung von Gegebenheiten, die es auch anderswo gibt, vom Neologismus über die seltsame Bilderwahl bis hin zu den Affinitäten zur romantischen Poetologie. Dies alles klingt plausibel, doch stellt sich, hat man diese Einsichten konsumiert, ein noch unbehaglicheres Gefühl ein denn zuvor. Ich glaube auch nicht, daß ich dieses analytische Unbehagen beheben kann, will aber immerhin auf einige Punkte verweisen, die doch übereinstimmend zu Mayröcker sich sagen lassen.

Die Poetologie ist die Poesie, wäre einmal einleitend zu behaupten. F. Schafroth hat zutreffend festgehalten: »Was Friederike Mayröcker an Poetologie mitzuteilen hat, pflegt sie als poetisches Werk mitzuteilen.« (Schafroth 1984, 55) Dies legt auch einen Umkehrschluß nahe: Was bei Friederike Mayröcker Poesie ist, ist zugleich auch Poetologie, das heißt, die Trennung zweier Diskurse, des poetischen wie des analytischen, ist aufgehoben. Die poetische Praxis hat die poetische Theorie aufgesogen. Das Werk selbst ist das Werk über das Werk, oder anders: Es ist das fertige Werk und zugleich auch das Werk, das entsteht. Es schließt eine Schrift über sich selbst aus, es schottet sich hermetisch ab gegen alle Versuche, die dem Werk nachweisen wollen, daß es etwas andres sein könnte als es selbst. Zugleich aber suggeriert die Kritik an Mayröcker auch Offenheit; da so viele Schlüssel sperren, fragt es sich, ob es überhaupt ein Schloß gibt, das es aufzusperren gilt.

Soviel einmal als methodisches Avant-propos zu Friederike Mayröcker, eine Vorgangsweise, die auch Klaus Kastberger in seiner neulich fertiggestellten Dissertation über Friederike Mayröcker gewählt hat (vgl. Kastberger 1991) Es kommt darauf an, zu vermitteln zwischen der Einsicht, daß diese Texte offen sind und sich zugleich aber auch hartnäckig gegen eine Sinnzuweisung verschließen. Bleibet, ihr öden Moralisten, diesen Gebilden ferne, rufe ich lauthals und aus voller Überzeugung! Was ich hier sage, gilt für alle Texte von Friederike Mayröcker, wobei ich die Entwicklung der Autorin (auch sie hat sich, wie so viele, zu Beginn der siebziger Jahre, von der »experimentellen« Schreibweise verabschiedet) nicht in Einzelzügen darstellen kann.

Wenn ich mich hier einem Text zuwende, der in den achtziger

Jahren (von November 1982 bis Dezember 1983) entstanden ist, so bestreiche ich damit nur ein vergleichsweise schmales Band dieses so vielfältigen und vielschichtigen Schaffens, aber ich meine doch, daß sich gerade von der *Reise durch die Nacht* sehr viel Aufschlußreiches für das poetische Verfahren – und nicht nur für das der Friederike Mayröcker – ablesen läßt.

Dabei fängt dieser Text so schön an, gerade wie ein Text aus einem Lesebuch, dem klassischen Muster jeglichen Verständigungstextes: »Wir sind jetzt aus Frankreich zurück mein VORSAGER und ich und eben noch in dem Schlafabteil habe ich die kalthängenden Wiesengründe an mir vorüberwischen sehen, mit getrübtem Auge weil mir zum Tränenvergießen die Stunden der Nacht waren auch Verteufelung undsoweiter.« (Mayröcker 1984, 7) Das geht dann auch im nächsten Satz so halbwegs im Stile einer Erzählung weiter, obwohl bereits im ersten Satz die letzten Wörter – um in der Bildlichkeit zu bleiben, die der Text nahelegt – aus den Gleisen springen. Kurzum, was sich anläßt wie die Erzählung oder Beschreibung einer Liebesgeschichte, und naturgemäß auch einer Liebeskrise, das entwickelt sich zu einer Dauerkrise, aber eine Handlung wird man in dem Text so gut wie gar nicht ausmachen können.

Und dies hat auch mit der ständigen Bestrebung der Autorin zu tun, die Handlung – und ich bediene mich eines modischen Ausdrucks – zu »dekonstruieren«.

Ich bemühe mich nun, so gut dies eben geht, die Linien jenes Verfahrens nachzuzeichnen, das für die Prosa der Mayröcker konstitutiv ist; und konstitutiv ist nun eines gewiß, nämlich die Dekonstruktion des Erzählens und der Abbau der Handlung:

> [I]ch habe Angst vor dem Schreiben, nein es liegt vielmehr eine Erlösung darin, ich habe solche Angst vor meinem Versagen, ich habe Angst vor dem Erzählen, ich bin gegen das Erzählen, immer schon, ich bin immer schon gegen das nackte Erzählen gewesen, vielleicht gegen seinen unangemessen groszen Anspruch, sage ich, ich habe die großen Ansprüche auch von seiten meiner Umgebung nie gemocht[.] (Ebda, 31)

Das geht dann über in eine Polemik gegen die Handlung: »ich bin kaum imstande eine Handlung zuzulassen«, heißt das in unerbittlicher Radikalität, und weiter: »ich handle nicht gern und ich lese nicht gerne was eine Handlung hat, also schreibe ich auch nicht was eine Handlung hat oder andeuten könnte ich meine davon platzt mir der Kopf, der herrschende Teil der Seele«. (Ebda, 32) Und etwas später kehrt dieser Komplex wieder: »ich möchte des Handelns enthoben sein«. (Ebda, 65) Diese Aussagen, für sich genommen, sind nicht besonders aufschlußreich, allenfalls Bekenntnisse, sie werden aber im Text zu einer Art Organisationsprinzip, indem sie sich dem verweigern, was herzustellen der Leser unentwegt bestrebt ist: einem Zusammenhang, einem Handlungszusammenhang. In Handkes Text konnten wir auch durchgehend jenen Verzicht auf eine durch Kausalität stabilisierte Handlung wahrnehmen, zugleich aber konnten wir darin auch sehen, wie sehr die Sehnsucht nach einem Zusammenhang diese Texte konstituierte. Gerade aber diese Sehnsucht nach einem Zusammenhang scheint für Friederike Mayröcker verzichtbar, ja notwendig verzichtbar. Wer auf Kausalität verzichtet, legt Wert auf Evidenzen – ähnlich wie bei Handke sind es nun diese Evidenzen (nicht aber wie bei diesem Epiphanien!), die für Mayröckers Texte ausschlaggebend werden.

So tritt bei ihr denn auch an die Stelle der Kausalität die momentane Evidenz, vor allem aber das Bild. Und die Texte – Prosa wie Gedicht – nehmen bei ihr immer wieder ihren Ausgang von Bildern, manchmal von imaginären, manchmal von ganz konkreten Bildern. Was Bernhard Fetz für die Sammlung der drei Bände mit Kurztexten unter dem Titel *Magische Blätter* (*I*, 1983, *II*, 1987, *III*, 1991) formuliert hat, gilt für ihr Gesamtwerk: »Die einzelnen Teile der *Magischen Blätter* sind oft Texte zu den realen wie den imaginären Bildern einer Ausstellung.« (Fetz 1991, 12) Die Auswahl der Maler (Linde Waber, Irmgard Flemming, Salvador Dali, Hubert Aratym, Max Frisch) ist gleichfalls aufschlußreich. Auch die *Reise durch die Nacht* hat einen Maler im Zentrum, nämlich den Spanier Goya, dessen Bildvorlagen intensiv in den Text hineinzuwirken scheinen (daß das Cover der Erstausgabe auf ihn zurückgeht, sei am Rande vermerkt). Das »Ich« will sich dann als »Goyafigur« »imaginieren« (Mayröcker 1984, 60; vgl. darüber hinaus ebda 9, 29, 54, 88, 103, 117, 121, 123, 125, 126, 127; vgl. ferner die Erwähnungen von Manet, 10, 29; C. D. Friedrich, 82; Magritte, 118). Die Figur ist eine imaginierte, beziehungsweise sie kann sich als eine gemalte Figur auch imaginieren. Mit dieser Betonung der Bildlichkeit ist aber nicht etwas intendiert, das einer Bildbeschreibung entspräche, sehr wohl aber wird damit die narrative Struktur aufgelöst; die Bilder suggerieren eine Form des Zusammenhangs ohne Kausalität.

Die Kohärenz, die so eine Schrift aber auch notwendig haben muß, ist eben der Vorgang der Entstehung selbst. Der Schreibvorgang ist auch der Vorgang, der dem Text in seiner Gesamtheit so etwas wie Kohärenz garantiert. Durchaus unpathetisch, aber dennoch eindrücklich, erscheint das Schreiben mit dem Siegel der Arbeit versehen; hier wird gearbeitet, das Leben ist die *Schreibarbeit* (ebda, 29): »dieses mein portioniertes Leben und Schreiben hat mich fertiggemacht« (ebda, 21), heißt es gleich zu Beginn; ständig herrscht die Angst vor, an der Schreibarbeit behindert zu werden (ebda, 13, 38 f.). Schreiben wird zum bedrohlichen »*Schreibwahn*«, wie Julian, der Vorsager, der Gefährte, mitunter fast identisch mit dem andren, mit Lerch, diagnostiziert (ebda, 51), man kann diese Schreibarbeit nicht vergessen (ebda, 60), die Schreibarbeit könnte zu einer »*Reinschrift des Lebens*« (ebda, 70) führen; es ist ein »[r]apides Schreiben« (ebda, 76). Schreiben kann so etwas wie eine Rettung sein: »die Wahrheit ist, ruft JULIAN, unsere Welt- und Lebensenttäuschungen werden durch unser Schreibenkönnen gnädigerweise aufgefangen, ohne dieses unser Schreibenkönnen wären wir längst wahnsinnig geworden« (ebda, 88); die Schreibarbeit verfolgt das Ich bis in die Träume (ebda, 111 f.); schließlich ist die Schreibarbeit ständig an den geliebten Julian gebunden, erweist sich als von ihm angeregt und stimuliert. (Ebda, 114)

Ich habe diese Stellen Revue passieren lassen, weil sich darin am deutlichsten zeigt, daß dieser Text darauf aufgebaut ist, das Schreiben als die zentrale Passion auszuweisen, die einzig für die Selbstversicherung der Existenz des Ich in Anschlag gebracht werden kann, ich möchte aber nicht sagen: Scribo, ergo sum. In dem Buch mit der großen Prosa *mein Herz mein Zimmer mein Name* (1988) findet sich auch ein markanter Satz: »ich lebe ich schreibe« (Mayröcker 1988, 33) – asyndetisch stehen die beiden Sätze nebeneinander, durch kein Komma, das irgendwie die syntaktische Zuordnung ausdrückt, getrennt (und dadurch doch auch logisch miteinander verbunden). Das Subjekt ist fixiert auf das Schreiben, das mitunter als bedrohlich, mitunter als die einzige Seinsversicherung verstanden wird. Schreibpapier ist das zum Leben unbedingt nötige Requisit.

Somit wird der Eindruck eines Solipsismus erzeugt, der sich durch seine kreative Komponente zu legitimieren meint; so besehen wäre dieser Text kritikabel aus der Sicht einer Literaturwissenschaft, die den Text an seiner Vermittlung gesellschaftlicher Komponenten messen will. Ich meine, daß eine so einfache inhaltliche Bewertung der Literatur bezüglich ihrer gesellschaftlichen Triftigkeit nicht zulässig ist, und daß gerade mit einem so naiven Zugriff, der den gesellschaftskritischen Saft roh abpressen will, sehr wenig gerade über das, was man dem Text an gesellschaftlicher Inhärenz abgewinnen will, gesagt ist. Gerade die Texte Friederike Mayröckers verleiten zu so naiven Stellungnahmen, ja scheinen sie gerade nahezulegen, und düpieren damit in einem eine solche Auffassung. Ich weiß nicht, ob die Identität von Leben und Schreiben so einfach herstellbar ist, wie Friederike Mayröcker und ihre Exegeten meinen: »Ich glaube, man musz gleichzeitig mit gröszter Maszlosigkeit und grösztem Maszhalten arbeiten. Und dies ununterbrochen, dann kommt man in den Sog eines Rhythmus, der einem wunderbarerweise das Schreiben zum Leben macht, und das Leben zum Schreiben« – so Friederike Mayröcker in einem Brief aus dem Jahre 1982 (Schmidt 1989, 147). Zumindest bewirkt die Suggestion eines völlig auf das Schreiben abgestellten Lebens eine Befreiung der Sicht auf das Leben aus der Optik einer Alltagspragmatik.

Die poetologisch vorgenommene Ortsbestimmung ist daher nicht nur ein solipsistisches Spiel (einigen wir uns doch einmal auch darauf, Solipsismus nicht nur negativ zu bewerten, sondern auch als eine Arbeitshaltung zu sehen, die das Schreiben ernst nimmt und die daher unabdingbar ist, mögen die inkludierten Verzichte auch noch so schmerzhaft sein), sondern auch ein dezidiertes Bekenntnis dazu, Autonomie zu erzeugen, selbst um den Preis der Einsicht, daß diese Autonomie von der Kritik als Schein denunziert wird. Daß diese Literatur in hohem Maße von der Persönlichkeit der Schreibenden bestimmt sei, daß die Schreibende das Geschriebene von ihrer Person, von ihrer Biographie her erklärbar mache, ist ein Ansatz, dem die meisten der Äußerungen über Friederike Mayröcker verpflichtet sind: Von den biographischen Gegebenheiten ließe sich besser bestimmen, was in diesem Leben verborgen wäre. Das ist sicher, teilweise zumindest, ein legitimer Ansatz, allerdings möchte ich doch fragen, ob wir dann durch die Detailkenntnis dieses Lebens (die Autorin, die in einer Dichterklause wohnt, die ständig exzerpiert, die Geschriebenes immer neu verwertet), ob wir aus dieser Sicht auch zu einer Neubewertung der Texte kommen und vor allem die Faszination erklären können, die sie doch auf einen nicht unbeträchtlichen Teil der Leserschaft ausüben. Die Besonderheit des poetischen

Lebens darf nicht allein dafür herhalten, die Besonderheit der Poesie zu erklären. So gut es geht, habe ich versucht, Mayröckers Poesie denn auch mit Hilfe negativer Kriterien auszugrenzen, eben jene Distanzierung von Geschichte und erzählbarer Handlung als Öffnung zur Gewinnung neuer Evidenzen zu fassen. Ich meine, daß der Weg zu der Poesie der Friederike Mayröcker nur über eine solche negative Bestimmung gehen kann: Was hier gelöscht wird, ist auch ein Teil der Arbeit dieser Poesie, und daß gelöscht wird, ist auch ein Verdienst. Es geht nun aber auch um eine positive Bestimmung dieser Texte.

Vorerst einmal: Mayröckers Ich schwört auch der Erinnerung gleich zu Eingang ab: »ich bin, um die Wahrheit zu sagen, ein Mensch ohne Erinnerungen geworden« (Mayröcker 1984, 28); Mnemosyne, deren Kraft sich jeder historisch denkende Mensch versichern muß, wird außer Kurs gesetzt: »[I]ch entrate der Erinnerungskunst«, heißt es gleich zu Beginn von *mein Herz mein Zimmer mein Name*. (Mayröcker 1988, 11) Der Verlust der Erinnerungen scheint zwar beklagt zu werden, bildet zugleich aber auch das Fundament dieses Schreibens: Erinnerung betrifft nichts Grundsätzliches; es bleiben immer die gleichen Erinnerungsbilder (Mayröcker 1984, 85, 86, 134); und der Text schließt in einem paradoxen Lob der »Erinnerungslosigkeit«: »bis wir alle endlich« unser Ziel erreicht haben werden, nämlich *Meister des Vergessens* geworden sind und allesamt *Meister der Erinnerungslosigkeit* geworden sind und jenen endgültigsten aller endgültigen Zustände erreicht haben werden also den endgültigsten Grad unseres endgültigsten Verfalles«. (Ebda, 136)

Der Tod ist ein Meister des Vergessens; offenkundig ist das auch eine Prosa, die sich vom Tod als dem einzigen Absolutum, dem wir verpflichtet zu sein hätten, herschreibt. Wie ist nun dieses biographische Moment zu deuten? Natürlich haben wir es hier mit keiner Biographie zu tun, die auch eine Referenz auf die tatsächliche Biographie der Autorin herstellt; die amtliche Biographie, auch die seelische, dies alles wird vom Sog dieser Worte nicht ergriffen, der uns mitreißt. Im Gegenteil, alles, was sich aus den pragmatischen Zwängen des Alltags erklären würde, scheint störend, beiseite gelassen, höchstens als ein fremder Einschluß im Text vorhanden. »[K]eine Autobiographie dennoch authentisch« (Mayröcker 1985, 64) lautet eine Formulierung in Friederike Mayröckers kürzerem Prosatext

Das Herzzerreißende der Dinge (1985). Diese Haltung läßt sich als eine Überwindung eines an der Biographie, an dem unmittelbar Erlebten, sich orientierenden Authentizitätsbegriffs fassen.

> Wenn wir heute bedenkenlos einen Geschichtsbegriff verwenden, der durch die Aufklärung geprägt ist und fast alle gesellschaftlichen Vorgänge bestimmt, bewegen wir uns in einem eingeschränkten Bereich, dessen Grenzen wir akzeptieren, anstatt sie zu überschreiten. Als Entwicklung zur Vollkommenheit bedeutet Geschichte Isolation und Totalität. Person steht neben Person, und jede einzelne bringt sich selbst als deutlich konturiert vors Bewußtsein. Im Festhalten an der Fiktion von Person ebenso wie an der von Geschichte, wird Selbsterkenntnis, ohne notwendig bewußt werden zu müssen, zunehmend stärker zur Auflösung des Selbst, während im umgekehrten Verfahren die bewußte Aufgabe von Selbstbegrenzungen erst so etwas wie ein Selbst zu Tage fördert, sofern dieser Ausdruck hier überhaupt noch paßt. (Schröder 1984, 133)

So verschwimmen in der Prosa Mayröckers doch wieder, an romantische Erzählungen, zum Beispiel E. T. A. Hoffmann, erinnernd, die Figuren; während dies aber in der Romantik dazu dient, den Solipsismus in der Erkenntnis poetisch produktiv zu machen und die Begrenztheit menschlicher Wahrnehmung zu ironisieren, wird hier durch diese Verschmelzung der Personen (Lerch, Julian) so etwas wie eine Erweiterung der Erkenntnisbasis erreicht. Es fällt schwer »zu sagen, WO JULIAN AUFHÖRT UND LERCH ANFÄNGT, oder umgekehrt, die beiden Gestalten scheinen manchmal innig miteinander verschmolzen«. (Mayröcker 1984, 45) Es geht offenkundig immer um ein Wahrnehmen, und so sind es immer die Lücken in unserem Weltverständnis, die in dieser Prosa angepeilt werden: »Risse in der Wirklichkeit, der Blick auf die dahinterliegenden heiligen Proportionen« (ebda, 42), heißt es einmal; das scheint mir geradezu die Devise (eine der vielen Devisen) dieses Schreibens zu sein. Es kommt also immer darauf an, das Loch zu suchen, das der Zimmermann in dem, was wir gemeinhin Wirklichkeit nennen, gelassen hat: »Die Fähigkeit eines Wortkörpers, neue semantische Verschiebungen aufzunehmen, führt zu dem Spalt, der zwischen Wahrnehmung und Bewußtsein klafft [...].« (Schröder 1984, 135) Es ist auch hinzuzufügen, daß hinter alledem auch sexuelle Konnotationen leicht auszumachen sind, zumal die Texte der Mayröcker in außergewöhnlicher Weise auch den Körper zur Sprache bringen; Sprache ist etwas durch und durch Körperliches, wenn man so will: auch etwas Animalisch-Körperliches. Der Prozeß des Alterns macht den Körper mehr fühlbar, erkennbar, wie sehr dies vermeintlich Geistige auch an den Körper gebunden ist, daß es eine Illusion ist, den Körper überwunden zu glauben: »beschämende Körperverfassung, schreie ich in mich hinein, erniedrigender Körperzustand, vagabundhaftes Reisekleid ich möge mich wegscheren, erniedrigender Körperzustand, rufe ich, *als Frau wenn man als Frau alt wird*, ich meine das ist eine erniedrigendere Sache als wenn man als Mann alt wird [...]«. (Mayröcker 1984, 27) Wie weit diese Durchdringung von Körper und Sprache geht, erhellt sich aus der in der ersten Partie verwendeten und gegen Ende leicht variierten Wendung: »Die Worte gehen mir aus die Haare« (ebda, 28; vgl. 119: »die Worte sind mir überall ausgegangen die Haare«).

An solchen Stellen vermute ich die intensive Absicht, die Rede zum Körper werden zu lassen; der Verlust der Worte wird dem Verlust der Haare parallelisiert. Das Verstummen der Körpersprache zieht ein Verstummen wohl auch der (Dichter?)sprache nach sich.

Dies führt zu einem weiteren Begriff, der in dem Text offenkundig eine große Rolle spielt. Die aus der Amtssprache bekannte Wendung »zur Steuer der Wahrheit« gehört zu den mehrfach wiederholten, etwas befremdlich anmutenden Einsprengseln in diesem Text (ebda, 16, 24, 42, 46, 68). Zugleich wird auch immer wieder die Wahrheit als zentraler Begriff angepeilt: »Also sind wir schon fortgeschritten im Begreifen wichtiger Dinge, sage ich, oder in eine Tageskulisse verschoben: *Schönheit durch Wahrheit.*« (Ebda, 25; vgl. 46, 72) »*[I]ch schreibe meine Bücher wie ich sie schreiben muß*, rufe ich, *ausgezogen und ausgemantelt: die nackte Wahrheit!*« (Ebda, 131) Was sich hier in einem philosophischen Sinne als Wahrheitssuche ausgibt (fast fühlt man sich an solchen emphatischen Punkten der Erzählung an Heideggers Wahrheit als Unverfrorenheit erinnert), steht im Zentrum des ganzen Textes. Etwas zur Evidenz zu bringen, das uns die Wirklichkeit vorenthält; Risse in die Wirklichkeit zu schlagen, um andere Proportionen sinnlich und – das ist der Unterschied zur Anstrengung der Philosophie – nicht begrifflich evident werden zu lassen. Der Text konstituiert sich – und das erinnert an Handke – aus solchen Evidenz- und Epiphaniemomenten; allerdings werden diese nicht wie bei Handke durch das Prinzip der Wiederholung erzählerisch ausgerichtet. »[N]ur Notizen, zigeunerhaft« (ebda, 19), heißt es einmal: kein Wohnort, keine Stabilität, keine Wiederholung, und daher wohl auch kein Zwang zu dieser Wiederholung. Alles scheint in Wandlung und Umgestaltung begriffen. Der Spiegel, der der Vergewisserung der eigenen Identität dienen soll, ist ähnlich wie bei Bernhard auch zu einem verhängnisvollen Instrument geworden: »erschrecke vor meinem Gesicht im Spiegel, schneide Grimassen allein vor dem Spiegel, stoße leicht lachende Schreie aus, das gittert in meinem Kopf also komplexverdächtige Wörter«. (Ebda, 47; vgl. 68, 80, 85, 89) Die Problematik, die durch diese »Spiegelbilder« entsteht, ist symptomatisch für diese Literatur, die jede Identitätsgewinnung als eine Identitätsverunsicherung glaubhaft macht.

Daß eine Person immer nur durch eine andere überhaupt faßbar ist, das heißt daß man sich selbst überhaupt erst durch einen anderen begreifen lernt, ist zudem eines der Prinzipien, mit denen diese Poesie das Identitätsproblem vor uns entfaltet:

> Denn indem wir uns immer weniger imstande fühlen, mit unserer Umgebung Beziehungen auszutauschen, ja indem es uns kaum mehr gelingt, die oberflächlichsten Kontakte vollziehen zu können, erleben wir plötzlich also von einer Minute zur andern, etwas wie eine UMKEHR: fühlen uns plötzlich also von einer Minute zur andern, als unser eigenes UMSPRINGBILD: wollen plötzlich mit jedem Gemeinschaft, wollen uns mit allen verbrüdern, verflechten, gleichmachen, wollen uns überall anlehnen, anschmiegen, einschleusen – [...] (Ebda, 104)

Anders, fast fichtianisch, formuliert: Das Ich erscheint im Nicht-Ich.

Wir haben bis jetzt nicht viel mehr unternommen denn den behutsamen Versuch, anhand einiger zentraler Begriffe (Leben, Schreiben, Bilder, Wahrheit, Körper, Spiegel, Erzählen, Erinnerung) diesen Text abzuschreiten: Das kann nicht mehr sein denn ein bloßes Registrieren; dieser Text, der einerseits bezwingend offen zu sein scheint, ist auf der andren Seite auch geradezu verhängnisvoll hermetisch: Er legt eine Hermetik nahe, die nach Aufschließung der Dingsymbole verlangt, und gerade diese Auflösung wird Schritt für Schritt unterlaufen. Ich meine, daß es diese Bedeutungszuweisungen nicht geben darf. Und doch will dieser Text auch eine Botschaft sein, aber diese Botschaft soll nicht komprimierbar sein auf die einzelne Aussage; auch hier ist ein Satz programmatisch (wie eben jeder Satz in dieser Literatur dazu drängt, ein Programm zu sein): »jeder Satz soll eine Botschaft sein, bei ständiger Kurskorrektur, gestrichene Passagen

zum Beispiel«. (Ebda, 111 f.) Indem jeder Satz in den Rang einer
»Botschaft« rückt, entsteht ein Überdruck an Mitteilung, von Satz
zu Satz wächst die Mitteilungskonkurrenz.

»[A]lso polysemantisch erregt« (ebda, 105) – eine fast putzige
Formulierung, die zugleich die Semantik des Textes überhaupt anspricht: »eine Aufregung der Sinne, des Herzens, oder wie soll ich es
nennen«. (Ebda, 105) Die Unruhe im Text schreibt sich eben durch
diese Form der »polysemantischen Erregung« her. Der Leser ist aufgefordert, diese Bedeutungsvielfalt jedes einzelnen Wortes selbst zu
realisieren. Das macht ihn zum notwendigen Komplizen einer Rede,
die alle Bedeutungseinheiten drastisch zu vervielfältigen weiß, die
keine Bedeutungseinengung zulassen möchte.

Unser Verfahren, das sich an die Häufigkeit der Begriffe hält, die
über die Textoberfläche irgendwie verteilt zu sein und so etwas wie
ein Korsett zu bilden scheinen, das der amorphen Masse eine Gestalt zu geben vermag, mag schulmeisterlich wirken. In der Tat ist es
mehr der Ratlosigkeit zu verdanken denn einer Systematik, und jegliche Form der Systematik wird eben durch diese Texte verraten.

Die Verlegenheit, in die uns solche Textgebilde bringen, scheint
mir andrerseits ein willkommener Anlaß, unser Bewußtsein auch in
methodischer Hinsicht zu aktivieren, ernsthaft auch die Frage zu
stellen, was es mit einem solchen Werk überhaupt auf sich haben
kann. Ob wir uns nicht zu guter Letzt einreden, hier läge substantielle Dichtung vor, einreden, weil die Kritik es uns einzureden versucht.

Sicher geben manche pathetischen Äußerungen über Friederike
Mayröcker zu der Vermutung Anlaß, daß diese Schriften Impulsgeber für eine Assoziationskette sind, die sich als Interpretation gibt.
So wenig es möglich ist, eine verbindliche Linie anzugeben, an die
wir uns im Diskurs um diese Literatur zu halten hätten, so wenig ist
es erlaubt, die Willkür und Assoziationsbereitschaft und -fähigkeit
als wissenschaftliche Aussage auszugeben. Dem steht nun wieder
die Behauptung der eingeschworenen Mayröckergemeinde gegenüber, daß die Wissenschaft – zumal in ihrer gegenwärtigen Verfaßtheit – nicht in der Lage sei, über diese Literatur denn auch angemessen zu handeln. Jeder Versuch, diese Literatur in die »sekundäre
Rede« einer wissenschaftlichen Disziplin überzuführen, hieße, zartes Haar über den unsauberen Kamm professioneller Schnelldeutung zu scheren: Der Rede der Mayröcker entspräche eben nur eine

Rede, die selbst wieder Poesie wäre. So wenig mir so ein Ansatz behagt, der nur das Fortdichten des einmal Gedichteten duldet und nicht mehr erlaubt, als daß die Dichtung sich immerfort als Dichtung bewegt, so angebracht scheint es mir, auch das in einem solchen Ansatz Zutreffende zu erkennen: daß diese Literatur tatsächlich auf das Echo aus der Poesie selbst angelegt ist, wir aber in unserer Beobachterposition uns doch die Freiheit nehmen sollten, diesen Prozeß zu studieren, der will, daß Poesie nur durch Poesie beantwortet werde.

Mayröckers Poesie will – dies scheint mir daraus hervorzugehen – als eine durch und durch radikale Poesie verstanden sein, deren Autonomie in dem Augenblick hinfällig wäre, in dem plötzlich über sie – zumindest teilweise – in einer anderen Rede verfügt werden könnte. Diese Poesie eignet sich nicht zur Einvernahme durch ein bestimmtes Argumentationsbedürfnis. Ein Beispiel für viele: Des öfteren war hier von der Haltung der Autoren zur Natur schlechthin die Rede (Handke, Jelinek, Bernhard, Roth, Jandl). Auch dieser Themenkomplex wird von Friederike Mayröcker angesprochen, allerdings in einer Weise, die jede Form der Einvernahme weit von sich zu weisen scheint. »Moschus und Rosenmohn, Mischung der Sterne. Jene verzückte und wilde Gebärde der Natur, rufe ich, mit der sie uns immer aufs neue durchdringt, Dolchspitze eines Frühlings, rufe ich, so daß eine wunde Wehmut zurückbleibt im Herzen, dies gnadenweise Regentropfengefühl, liebkosend gegen Wange und Stirn, auch Taufbad, zarte Manie, ausführliches Steppengras...« (Ebda, 102 f.)

In sinnlicher Dichte sind hier Momente aus der Natur präsent, auch nicht unbewertet (»Dolchspitze eines Frühlings«), sondern in seltsamer Ambivalenz aufbewahrt. Damit wird dieser Text in den Naturdiskurs zwar einbeziehbar, zugleich aber seiner Parteilichkeit entzogen. Erinnern wir uns des Verfahrens, mit dem Gerhard Roth quasi mikroskopisch der Natur gerecht zu werden versuchte und in einem eine wissenschaftliche Vorgangsweise suggerierte. Nichts von alledem bei Mayröcker, auch nicht die Betonung der zerstörerischen Kraft der Natur wie bei Bernhard, auch nicht die emphatische Verkündigung Handkes von der Natur als dem einzigen Versprechen.

Überall dort, wo Verständigung über ein Thema ersehnt wird, legt sich der Text der Friederike Mayröcker quer. Das bedeutet zum anderen nun aber nicht, daß diese Literatur beziehungslos zu diesen verschiedenen Diskursen stünde, sondern daß sie deren Trennung aufhebt: »polysemantisch erregt«, um eine solche Kurzformel erfolgbringend einzusetzen. Es ist sicher riskant, sich auf eine solche Literatur einzulassen, in der die Rückkoppelung mit unserer Lebenswelt nur dadurch erfolgen kann, daß wir die Autonomie dieser Poesie akzeptieren und uns nicht sofort davon abschrecken lassen, daß diese Autonomie ja nur etwas Scheinhaftes sein kann. Nur dazu verpflichtet uns diese Poesie; sie verlangt von uns kein Bekenntnis. Darin liegt auch ihr Risiko, nämlich einfach in der Nische für das Schöne abgestellt und dort allenfalls bestaunt zu werden. Zum anderen wäre aber doch festzuhalten, daß in dieser Resistenz gegen jede Form der Einvernahme doch eine Qualität deutlich greifbar wird, die dieser Poesie Unverwechselbarkeit garantiert. Sie läßt sich nicht auswerten, ausschlachten, ausnehmen, zur Sentenz verdichten und auspressen. Sie lebt aus einem Paradox: Sie ist erzeugt aus Zitaten, sie verhehlt nirgends den ihr eigenen Montagecharakter, und doch eignet sich nichts so wenig für das Zitat wie diese Poesie aus Zitaten.

14. CHRISTOPH RANSMAYR (*1954): *Die letzte Welt* (1988)

Schreiben stand im Zentrum des Buches, das wir zuvor besprachen. Ihm stellen wir nun ein Buch entgegen, in dem ebenso die Funktion von Literatur und auch des Schreibens eine zentrale Rolle spielt, ein Buch, dessen Erfolg, schnellfertig von den Medien fabriziert und unterstützt, ohne auch nur den Funken einer kritischen Auseinandersetzung in die Debatte hineinzutragen, der Qualität dieses Textes (und ich meine »Qualität« vorerst einmal wertfrei) nicht oder nur sehr bedingt gerecht wird.

Christoph Ransmayr wurde 1954 in Wels geboren; er studierte in Wien Philosophie. Sein erstes Buch *Die Schrecken des Eises und der Finsternis* erschien 1984 in Wien (Brandstätter) und hatte die österreichische Polarexpedition unter Payr und Weyprecht zum Inhalt, allerdings kein Sachbuch in dem Sinne, sondern der Versuch, die authentischen Quellen mit Fiktionalem zu durchsetzen und so ein höchst seltsames Ineinander von Gegenwart und Vergangenheit zu erzeugen und zugleich eine methodisch interessante Durchdringung von Dokument und Erfindung herzustellen. Gegenwart und Vergangenheit (ein Nachfahre der Expeditionsteilnehmer reist ihnen nach und verschwindet).»Das Dokument gewinnt einen Charakter von Irrealität, wenn es in die Fiktion eingebettet wird, und diese saugt wiederum einen Gutteil von Tatsächlichkeit in sich auf.« (Martin Kubaczek, in: *Falter* Nr. 20, 1984) Also wieder dieses irritierende Spiel von Wahrheit und Lüge, das uns auch bei Thomas Bernhard in andren Zusammenhängen begegnet war. Kein Abenteuerbuch freilich, auch wenn diese Erfahrung eine Grenzerfahrung ist, eine Grenzerfahrung, die am todbringenden Absolutum des ewigen Eises erfolgt. (Es wäre einmal lohnend, alle Geschichten, die sich in eine Landschaft begeben, in der die menschliche Zivilisation noch nichts verändert hat und auch in absehbarer Zeit nichts wird verändern können, vergleichend zu untersuchen.) Zu verweisen wäre in diesem Zusammenhang auch noch auf ein thematisch parallel gelagertes Buch, und zwar Michael Köhlmeiers *Spielplatz der Helden* (1988), ein Bericht von der abenteuerlichen Durchquerung Grönlands, die drei Südtiroler vornahmen. Auch in diesem Text geht es um das Verhältnis von Fiktion und Dokumentation, um die Möglichkeiten, überhaupt zu erzählen, und sich dem Erzählen in verschiedenen Versionen zu nähern.

Auf ein Werk, das wie kaum ein anderes Muster für das Erzählen im antik-europäischen Kulturkreis ist, auf Ovids *Metamorphosen*, bezieht sich Ransmayrs zweites Buch *Die letzte Welt* (1988), erschienen in der von Hans Magnus Enzensberger herausgegebenen Reihe *Die andere Bibliothek*, damals noch im Verlag Greno in Nördlingen, der für das erlesene Outfit dieser Schriften sorgte. Ursprünglich hätte Ransmayr die *Metamorphosen* in einer zeitgemäßen Form für die erwähnte Reihe nacherzählen sollen, er tat dies aber, und man kann sagen: vorteilhafterweise, nicht, denn dadurch ist doch ein sehr interessantes Buch herausgekommen, über welches, wie ich meine, das kritische Gespräch erst in Gang zu setzen wäre.

Ein kurzer Seitenblick auf Ovids *Metamorphosen* sei erlaubt: Ich habe gesagt, daß dieses Buch des römischen Dichters Ovid (43 v. Chr. bis 18 n. Chr.) eines der großen Muster, wenn nicht *das* Muster abendländischer Erzählkunst schlechthin ist. Eines steht fest: Es gibt – die Bibel vielleicht ausgenommen – kein Werk, das als vergleichbares Stoffreservoir der europäischen Literatur angesehen werden könnte, und mit Recht hat Hans Blumenberg in seinem

Buch *Arbeit am Mythos* (Blumenberg 1980, 383) mit einer glücklichen Wendung festgehalten, daß die europäische Phantasie »ein weitgehend auf Ovid zentriertes Beziehungsgeflecht« sei. Die *Metamorphosen* sind nicht nur ein lästiges Werk, an dem die Schüler ihre Unkenntnisse des Lateinischen unter Beweis stellen können, sondern – und davon vermittelt der Lateinunterricht heute wohl kaum mehr eine Vorstellung – so etwas wie eine Weltgeschichte in Kürze, eingangs eine Weltschöpfungslehre (Kosmogonie), von den Anfängen an bis zur Gegenwart des Dichters, enthaltend, das heißt in diesem Falle bis zu den Zeiten des Kaisers Augustus. Es geht um die Entstehung der Erde, um die vier Zeitalter – auch dies eine Verwandlungsgeschichte –, über eine Serie kürzerer und längerer Begebenheiten bis in die historische Zeit, bis zur Gründung Roms und bis zu den Taten des Julius Cäsar und des Kaisers Augustus. Aus diesem Stoffvorrat stammen eben jene Geschichten, die sowohl in der bildenden Kunst wie auch in der Literatur Europas unzählige Nachgestaltungen erfuhren; man denke an Niobe, an Deucalion und Pyrrha, an Prometheus, an Philemon und Baucis, an Daedalus und Ikarus, an den Raub der Proserpina, an Acis und Galatea, an Narcissus und Echo, an Pygmalion, an die Geschichte von Midas usw. Gemeinsam ist allen diesen Erzählungen das Faktum der Verwandlung: Keine Person, keine Sache behält ihre Gestalt. Den Hauptteil dieses Werkes in fünfzehn Büchern machen die Erzählungen aus; ein Teil des fünfzehnten Buches ist aber ein Lehrgedicht, als dessen Hauptfigur Pythagoras, der frühgriechische Mathematiker, Naturphilosoph und Mystiker, figuriert. In diesem Teil erhält das Werk gleichsam seinen philosophischen Schlußstein, der so etwas wie den Fluchtpunkt abgibt, auf den hin alle diese Erzählungen konvergieren.

Aus dem bisher Gesagten ist einsichtig, daß dieses Werk durch die Jahrhunderte hindurch rezipiert wurde; es läßt sich auf eine fast ungebrochene Tradition dieser *Metamorphosen*-Rezeption hinweisen: Vor allem im Mittelalter wurde das Werk besonders gerne gelesen, und zwar als so etwas wie (salopp formuliert) eine alternative Bibel (mit der es ja auch den Beginn der Weltschöpfung gemeinsam hat). Der *Ovidius moralizatus*, den es in unzähligen Versionen gab, ist die, wenn man so will, Verchristlichung dieses heidnischen Epos und dient dazu, diese Geschichten mit den bereits bekannten Geschichten aus der Bibel zu vergleichen und sensu allegorico auf die christliche Heilslehre zu übertragen und so für den Christen akzeptabel zu machen. So wurde gewissermaßen im theologisierenden Kostüm die für das Christentum bedrohliche heidnische Götterwelt irgendwie unschädlich gemacht, zugleich aber auch für den späteren Gebrauch in einem durchaus auch unchristlichen Sinne konserviert. Autoren wie Shakespeare und Goethe haben aus Ovids *Metamorphosen* die reichsten Anregungen gewonnen.

Bekannt ist, daß Ovid – die Gründe dafür sind, wenn ich richtig informiert bin, ungeklärt – von eben diesem Kaiser Augustus verbannt wurde, dessen Zeitalter er zum Abschluß der *Metamorphosen* pries. Der Verbannungsort war Tomi am Schwarzen Meer, die Gegend des heutigen Constanta etwa, damals eine unwirtliche Gegend, gerade das, was dem mondänen und auf das urbane Leben angewiesenen Dichter am verderblichsten sein mußte: Seine Klagegedichte von dort sind das erste hervorragende Beispiel dessen, was wir mit gutem Grund auch heute noch als Exilliteratur bezeichnen können. Ovid ist denn auch im Exil im Alter von 61 Jahren gestorben.

Wenn wir uns also auf Ransmayrs Buch *Die letzte Welt* einlassen, dann scheint es durchaus angebracht, an dieses Werk Ovids sowie an sein Schicksal zu erinnern, denn die Spannung, die dieser Roman erzeugt, geht nicht zuletzt auf diese Beziehung zu den *Metamorphosen* zurück, wobei ich mich aber hüten möchte, hier so etwas wie das Verhältnis von Vorlage und Neuadaptation zu unterstellen. Ich meine, daß Ransmayr mit diesem Buch etwas getan hat, was jene vielen Bearbeiter der darin gebotenen Stoffe getan haben: Fortschreibung des Mythos und damit auch der Anstrengungen, denen er diente. Dem Buch ist im Register auch die Fassung der jeweiligen Erzählung beigegeben, die eine Figur in den *Metamorphosen* erfährt. Das Register ist aber nicht nur ein Behelf, der uns eine einläßliche Lektüre der *Metamorphosen* Ovids ersparen sollte, sondern dient auch dazu, den Quasi-Lehrbuchcharakter des Werkes anzudeuten, zugleich aber auch darauf zu verweisen, daß nicht die pure Stofflichkeit und das erzählte Ereignis das Entscheidende sind, sondern eben deren Gestaltung. Ransmayr wartet nun mit folgenden Figuren aus den *Metamorphosen* Ovids auf: Actaeon, Alcyone, Arachne, Ascalaphus, Augustus, Battus, Ceyx, Cyane, Cyparissus, Deucalion, Echo, Fama, Hector, Hercules, Iason, Icarus, Itys, Iuppiter, Lichas, Marsyas, Medea, Memnon, Midas, Orpheus, Philomela, Phineus, Phoebus, Procne, Proserpina, Pyrrha, Pythagoras,

Tereus, Thies (Dis) – dazu noch die Figur des Freundes von Ovid, Maximus Messalinus Cotta, der Dichter selbst sowie Augustus, besser bekannt als Tiberius.

Ein Punkt, der deutlich den Bezug zu Ovid manifest machen möchte, ist die Anzahl der Bücher: fünfzehn. Ein gewichtiger Unterschied: Ovid habe, so heißt es in *Die letzte Welt*, seine *Metamorphosen* verbrannt, als er in die Verbannung gehen mußte. Und nun bricht sein Freund Cotta auf, um ihn in dem unwirtlichen Gelände von Tomi beziehungsweise Trachila zu suchen. Gesucht wird also der verbannte Dichter, nicht zuletzt auch, um dessen Werk wiederzufinden. Gerüchte sind aufgetaucht, daß der Dichter in der Fremde gestorben sei. Cotta will auch wissen, was denn aus dem Buch geworden ist; er erinnert sich an dieses Buch als »Nasos Projekt«.

>Die Schiffspassage nach Tomi ist beschwerlich, erschöpft taumelt Cotta an Land. Die Suche nach dem Dichter gestaltet sich nicht einfach. Ja, man habe von ihm gehört, ihn gesehen, sagen die Bewohner, Tereus, Fama oder Arachne, doch mehr ist aus ihnen nicht herauszubekommen. »Was Cotta schließlich erfuhr, war nicht viel mehr, als daß man am Ende der Welt nicht gerne mit einem sprach, der aus Rom kam.« In der Ruinenstadt Trachila findet Cotta die erste Spur, ein Steinmal, an dessen Spitze ein beschrifteter Stoffetzen hängt. »Keinem bleibt seine Gestalt«, steht da. (Volker Hage: *Mein Name sei Ovid*. In: *Die Zeit*, Nr. 41, 1988)

»Nulli sua forma manebat« heißt das in der Fassung Ovids (*Metamorphosen* 1, 17). Diesen Stoffetzen hat eben Pythagoras geschrieben, der bei Ransmayr als Diener Ovids figuriert und damit zum besten Gewährsmann für Cotta in bezug auf den Dichter wird. Aber dieser Pythagoras ist auch nicht besonders verläßlich, gilt er doch unter den Bewohnern der »eisernen Stadt« als verrückt.

Man erkennt schon eines: dieses Buch ist alles andere denn ein Künstlerroman, und schon gar kein Künstlerroman mit historisierendem Dressing. Nein, in diesem Werk sind die Anachronismen Teil des Verfahrens (und darin auch dem Verfahren in *Die Schrecken des Eises und der Finsternis* nicht unverwandt); sie entstehen dadurch, daß einerseits ein gutes Teil der politischen und kulturellen Gegebenheiten des antiken Rom intakt ist, andererseits aber die moderne Technik und der moderne Jargon aus den Medien auch als selbstverständlich auftreten. Dadurch entsteht ein bizarres Ineinander, ein historisches Chiaroscuro – wir wissen nicht recht, sind wir in unserer Gegenwart oder sind wir in der

Antike. Ransmayr läßt das in einer prekären, wenngleich sehr raffinierten Balance.

Auch der Ovid bei Ransmayr muß ins Exil; das Buch setzt mit der Fahrt Cottas nach Tomi ein. Er fährt auf einem Schoner namens »Trivia« nach Tomi; sofort entsteht bei der Schilderung Tomis vor unserem Auge ein ambigues Bild von Naturbelassenheit wie Verwahrlosung, bedingt durch das Verrotten von Artikeln, die aus der zivilisierten Welt kommen. Da er nichts Rechtes finden kann, macht sich Cotta auf den Weg und findet den bereits erwähnten Stoffetzen: »*Keinem bleibt seine Gestalt.*« (Ransmayr 1988, 15) Ihm begegnet eine Reihe von Figuren, die wir aus den *Metamorphosen* Ovids eben auch kennen, natürlich nun in der Fassung Ransmayrs: Die Weberin Arachne – wir kennen sie aus Ovid als diejenige, die den Wettstreit in der Webkunst mit Athene wagte und deren Gobelins weitaus besser waren als die der Göttin selbst; obendrein hatte sie darauf noch die Taten der Götter dargestellt, und dies auf decouvrierende Weise: Athene vernichtet das Webgerät, Arachne will sich erhängen, aber Athene verhindert dies noch und verwandelt sie zur – Spinne. Bei Ransmayr nun tritt sie als taubstumme Weberin auf, die die Geschichten, welche sie Nasos Lippen abliest, ihren Teppichen einwebt (so zum Beispiel die Geschichte von Daedalus und Icarus). Bei seinen Forschungen findet Cotta nun auch in einem Dickicht bei Trachila auf Steinsäulen Worte, die von der Unvergänglichkeit des Dichterruhmes künden; wir erkennen dahinter die abschließenden Verse aus den *Metamorphosen*:

> Ich habe ein Werk vollendet / das dem Feuer standhalten wird / und dem Eisen / selbst dem Zorn Gottes und / der allesvernichtenden Zeit // Wann immer er will / mag nun der Tod / der nur über meinen Leib / Gewalt hat / mein Leben beenden // Aber durch dieses Werk / werde ich fortdauern und mich / hoch über die Sterne emporschwingen / und mein Name / wird unzerstörbar sein. (Ebda, 50 f.)

Dies liest nun in Bruchstücken Cotta – dieses stolze Dichterwort, das ganz dem Unsterblichkeitstopos entspricht, jenem berühmten »aere perennius« des Horaz. Und dieser Topos erfährt hier seinen Widerruf, angesichts des Blickes auf diese »Letzte Welt«, dieser orbis ultimus, in dem die verfeinerte römische Kultur an ihre Grenze gekommen ist und wo sie das Sagen endgültig nicht mehr hat.

Im dritten Kapitel wird nun kurz zurückgeblendet, die Geschichte Nasos durch Cotta gleichsam erinnert: Der entscheidende Anlaß für Nasos Verlassen Roms war seine Rede im »Stadion zu den Sieben Zufluchten«, eine Rede, bei der ein Formfehler offenbar der Anlaß dafür ist, daß er dem kaiserlichen Rom den Rücken kehrt, zwar nicht freiwillig, aber zugleich im Bewußtsein, daß er dort eigentlich nichts verloren hat. Der Kaiser winkt müde; Naso ist der achte Redner:

> [...], auf einen müden, gleichgültigen Wink also, trat Naso in dieser Nacht vor einen Strauß schimmernder Mikrophone und ließ mit diesem einen Schritt das römische Imperium hinter sich, verschwieg, vergaß! die um alles in der Welt befohlene Litanei der Anreden, den Kniefall vor den Senatoren, den Generälen, ja dem Imperator unter seinem Baldachin, vergaß sich selbst und sein Glück, trat ohne die geringste Verbeugung vor die Mikrophone und sagte nur: Bürger von Rom. (Ebda, 60)

Das bedeutet nun, daß der Apparat, der seine Werke zwar nicht gelesen hat, nun sehr wohl auf ihn aufmerksam wird. Was Ransmayr hier darstellt, ist zunächst einmal auch in verhüllter Form die Geschichte vom Schreiben in einer Welt, in der die Wirksamkeit nicht über die Literatur, sondern über eine für sie hergestellte Öffentlichkeit läuft, in der der Text, also die Arbeit des Schriftstellers, nichts, sein Auftritt in der Öffentlichkeit und damit das Einlösen einer Reihe von Formeln alles bedeutet. Ovid, der »*populär*« (ebda, 58) geworden ist, ist nun so eine öffentliche Figur geworden, und die Geschichte, die er über die Pest auf Aegina erzählt, ist eben auch eine politische Parabel, die aber nicht greift, weil man sie nicht versteht, sehr wohl aber hat die Verweigerung des Rituals gegriffen. Denn dieser Verweigerung der Geste folgt eine Geste des Imperators, ein Zeichen, das alle, die in der Nähe des Kaisers sitzen, sehr wohl zu deuten wissen:

> Ohne ein Wort, nur mit einer jähen, knappen Handbewegung, die kaum heftiger schien als das Abschütteln einer Stubenfliege, hatte Augustus den Berichterstatter unterbrochen und war dann ganz in den Anblick des Nashorns zurückgesunken. [...] Ein schlechter Diener Roms, wer eine jähe Bewegung Seiner rechten Hand nicht als ein Zeichen des größten Unmuts, ja des Zorns zu deuten wußte. (Ebda, 72)

Der Dichter ist so einer Zeichensprache ausgeliefert, die er mit seinen Zeichen zwar weit übertrifft, die aber diesen seinen Zeichen die Zeichen der Macht entgegensetzt. Während die poetische Rede redundant verfährt, ist die Sprache der Macht brachylogisch: Niemand weiß, was das Zeichen genau zu bedeuten hat; der Vollzug bleibt den Untertanen überlassen:

> Das Zeichen wurde weitergegeben und sank durch die Instanzen der Herrschaft nur sehr langsam nach unten. [...] Irgendwo also tief unten, schon ganz nahe am wirklichen Leben, *befand* schließlich ein Vorsitzender, es war kurz vor der Mittagspause, und diktierte einem teilnahmslosen Schreiber in der Gegenwart zweier Zeugen, daß eine Bewegung Seiner Hand *Fort* bedeute: *Aus meinen Augen!* Aus den Augen des Imperators aber hieß, ans Ende der Welt. Und das Ende der Welt war Tomi. (Ebda, 73)

Das totalitäre Regime verfügt über einen Apparat, der dicht macht gegenüber allem, was in ihn nicht hineinpaßt. Allerdings ist sein Schreiben wirkungslos: Wer in Rom zurückbleibt, liest zwar im Untergrund die Schriften Ovids; ein furchtloser und reicher Bewunderer des Dichters hatte nach dessen Verbannung aus Rom eine Münze prägen lassen, die einen Kopf trug, der als der des Dichters gilt; diese Münze wird nun zum Schibboleth, das man bei Zusammenkünften vorzeigt – »Zeichen eines harmlosen Verschwörertums, das der Macht des Imperators nicht schadete, dem Verbannten nicht half und den Freunden seiner Poesie die Illusion ermöglichte, Freunde einer ebenso gefährlichen wie bedeutsamen Sache zu sein.« (Ebda, 95) Diese Stelle weist mit Ironie auf die Rolle der Literatur in solchen Machtsystemen hin, die es verstehen, diese so zu integrieren, daß die durch sie vorgebrachte Kritik nicht mehr, keinesfalls mehr, greifen kann. Besonders läßt sich der Erzähler die Rolle des Dichters Ovid in ihrer Widersprüchlichkeit angelegen sein:

> Sein Aufstieg, seine Popularität und sein Reichtum hatten Naso in den Kreisen der Opposition zwar immer wieder verdächtig gemacht – auf einer unter Tränengaswolken erstickten Kundgebung in Turin war er von Sprechchören sogar als *Mann für alle Jahreszeiten* verhöhnt worden –, seine Bücher blieben aber in den Ledersäcken und Segeltuchkoffern der Staatsflüchtigen ebenso sorgsam verwahrt wie lange Zeit auch in den Vitrinen der Aristokratie. (Ebda, 127)

Erst nach der Exilierung wird er zum Dichter des Widerstands, der Opposition; es ist also nicht die Gesinnung, die ihn zum Gesinnungsdichter macht, sondern das Medium: Seine Villa verfällt, aber seine Texte existieren weiter.

> So versteinerte der Dichter seinen Feinden als ein Symbol der Gerechtigkeit römischer Justiz, die allein auf das Wohl des Staates achte und dabei für den Glanz der Berühmtheit blind sei – seinen Anhängern aber als ein unschuldiges Opfer der Macht; bewahrten die einen Nasos Andenken als Mahnung an die Dummheit wie Vergeblichkeit jeder Empörung gegen die Herrschaft des Imperators, hielten die anderen das Beispiel seines Schicksals als revolutionäres Andachtsbild hoch, an dem sich die Berechtigung und Notwendigkeit dieser Empörung zeigen ließ [...]. (Ebda, 129 f.)

Nach dieser Rückblende setzt der Erzähler nun nochmals an, um die Schilderung der Fahrt Cottas nach Tomi zu gestalten. Und nun erfährt Cotta das seltsame Gesellschaftsleben in Tomi, er wird für eine Nacht zur Geliebten Echos, die ja aus der Narcissus-Erzählung Ovids bekannt ist, wo sie die Nymphe ist, die für ihre Tätigkeit als Dienerin Jupiters bei seinen Liebesabenteuern vom Göttervater ihrer Sprache beraubt und dazu verurteilt wird, nur das nachzusprechen, was andre sagen: Echo. Bei Ransmayr ist sie eine Art Prostituierte, die sich der Bevölkerung Tomis hingibt, den Erzkochern und den Viehhirten, die von bezwingender Schönheit ist, aber einen Schuppenfleck im Gesicht hat, der sie entstellt und der sie, sieht sie jemand, unsäglich schmerzt. Durch Echo erfährt Cotta dann unter anderem etwa die Geschichte von Deucalion und Pyrrha, also jene Sintflut-Geschichte, freilich in entsprechender Variation.

Ich kann und will nun nicht auf diese oft unerhört verdichteten und vieldeutigen Geschichten eingehen, die Ransmayr nun Cotta erleben läßt: Die Metamorphosen sind zwar in der Realität des Buches verbrannt, sie sind aber – in anderer Gestalt – in Tomi erneut zur Wirklichkeit geworden. Cotta kann dort auch die »Metamorphoses« (diese Form bevorzugt Ransmayr) zumindest rekonstruieren: »Er frage sich, schrieb Cotta in einem respektvollen Brief an Cyane [in diesem Roman gedacht als Frau Ovids], der die Via Anastasio niemals erreichen sollte, er frage sich, ob die *Metamorphoses* nicht von allem Anfang an gedacht waren als eine große, von den Steinen bis zu den Wolken aufsteigende Geschichte der Natur.« (Ebda, 198) Nochmals bricht Cotta in die Ruinenstadt Trachila auf, dort muß, dort will er Ovid treffen; und da wird nun evident, daß der Gegensatz Rom – Tomi oder Rom – Trachila der konstitutive Gegensatz ist, der auch die Problematik des Schreibens durch den Autor Ovid umfaßt oder besser: aufhebt; doch auch dieser Widerspruch verfällt: »In dieser Stille kehrte er [Cotta] aus der Höhe der Felsen wieder zurück in sein Herz, in seinen Atem, seine Augen. Der quälende Widerspruch zwischen der Vernunft Roms und den unbegreiflichen Tatsachen des Schwarzen Meeres verfiel. Die Zeiten streiften ihre Namen ab, gingen ineinander über, durchdrangen einander.« (Ebda, 241) Und Cotta begreift, daß dieser Dichter hier auch von den Barbaren sich entfernt hat:

> Aus Rom verbannt, aus dem Reich der Notwendigkeit und der Vernunft, hatte der Dichter die *Metamorphoses* am Schwarzen Meer zu Ende erzählt, hatte eine kahle Steilküste, an der er Heimweh litt und fror, zu *seiner* Küste gemacht und zu *seinen* Gestalten jene Barbaren, die ihn bedrängten und in die Einsamkeit von Trachila vertrieben. Und Naso hatte schließlich seine Welt von den Menschen und ihren Ordnungen befreit, indem er *jede* Geschichte bis an ihr Ende erzählte. Dann war er wohl auch selbst eingetreten in das menschenleere Bild, kollerte als unverwunderbarer Kiesel die Halden hinab, strich als Kormoran über die Schaumkronen der Brandung oder hockte als triumphierendes Purpurmoos auf dem letzten, verschwindenden Mauerrest einer Stadt. (Ebda, 286 f.)

Und zuletzt sehen wir Cotta in der gewaltigen Einsamkeit der Berge dieser »Letzten Welt«, und auf sein Rufen tönt nichts zurück als sein eigener Name. »Der Roman endet mit der einer apokalyptischen Katastrophe gleichkommenden totalen Petrifikation der Landschaft um Tomi und der Auflösung der literarischen Figur Cotta, die sich nun selbst als Erfindung Ovids empfindet.« (Bartsch 1990, 124) Der Autor hat eine Welt geschaffen, wieder ist sie aus dem Kopfe dieses Autors entsprungen; Cotta erlebt die Kopfwirklichkeit Nasos als wirkliche Wirklichkeit, und er wird sich selbst zum Echo. So in etwa könnte man dies deuten – allerdings wehrt sich der Text gegen solche analytische Nachbehandlung, meine ich.

Mir ist klar, daß dieser Text zu vielen sinnstiftenden Interpretationen einlädt, dies kann aber nicht unbedingt das Ziel einer solchen Analyse sein. Mir ist überdies klar, daß hier sehr viel an Bildungsgut eingegangen ist, das erst einmal wieder aus den Verschlingungen gelöst werden müßte – es fragt sich aber immer, ob dies denn auch sinnvoll ist. Vieles, das nichts mit Antike und Mythos zu tun hat, ist tatsächlich nur mehr oder weniger zufällig in das Gebilde eingegangen. Eines scheint mir auf jeden Fall bemerkenswert: Erzählen Ovids *Metamorphosen* vom Beginn der Welt bis zur Zeit des Augustus, so besorgt Ransmayrs *Letzte Welt* die Schilderung von der Epoche des Augustus bis an das Weltende. Naso hat die Ge-

schichte(n) zu Ende erzählt, Ransmayr erzählt die Welt zu Ende; hört sich das nicht plausibel an, wie geschaffen für ein Literaturlexikon?
Es ist unvermeidlich, daß in der Diskussion um Ransmayrs Buch ein Wort fällt: Postmoderne. Und in der Tat besteht ein solcher Postmoderne-Verdacht; und die Kritik hat ihn geäußert und in einem auch abzubiegen getrachtet. So Volker Hage:

> *Die letzte Welt* ist kein argloses Spiel im luftleeren und geschichtslosen Raum. Dennoch zeigen sich hier Gefährdungen der Methode. Die fast beängstigende Fähigkeit des Autors, Stimmen und Motive aus Jahrtausenden zusammenzuführen und -zufügen, nahtlos, mit ausgebildetem Sinn für Musikalität, droht, alles gleichermaßen zu verschmelzen und alles gleichzumachen: Geschichte als Beinhaus. (Volker Hage: *Mein Name sei Ovid*. In: *Die Zeit*, Nr. 41, 1988)

Und Kurt Bartsch notiert besonders auffallende Parallelen mit postmodernen Schreibweisen durch die Thematisierung apokalyptischer Vorgänge, er meint aber:

> Ransmayrs Buch [...] malt keine Apokalypse im Sinne der Enthüllung einer Wahrheit im Hinblick auf Kommendes aus, sondern gestaltet eine Apokalypse nur in dem Sinne, daß das Augusteische Herrschaftssystem, das sich ja als ein »eschaton«, als ein letztmöglicher, meint: höchster Zustand der Menschheitsentwicklung versteht, aufgedeckt und durch den Mythos enthüllt sowie destruiert wird. So gesehen nimmt Ransmayr eine differenzierende Position ein im Kontext des aktuellen Posthistoire-Bewußtseins, das besagt, daß angesichts des drohenden Weltuntergangs keine dynamische Vorstellung von der Zukunft mehr entwickelt werden könne. Die Möglichkeit eines Rückfalls ins Chaos sowie die der Auslöschung menschlichen Lebens wird nicht geleugnet, aber mit dem Bezug auf Literatur und Mythos, wenn schon kein Rezept und keine Heilsbotschaften, [...] so doch eine Hoffnung auf Überleben, Neuanfang etc. vermittelt. (Bartsch 1990a, 126 f.)

Gewiß hat man es hier mit einem Buch zu tun, das sich ganz geschickt aller dieser Verfahren bedient, die in den achtziger Jahren wieder hoffähig geworden sind; Intertextualität ist eines der Schlagworte, und die ist ja durch den durchgehenden Bezug auf die *Metamorphosen* gegeben. Daß dabei auch eine Reihe von Themen behandelt werden, die sich in der Literatur durchaus als tragfähig erwiesen haben, steht außer Zweifel. Ich habe meinen Ausgang davon genommen, daß dieses Buch nichts weniger ist als der Versuch, auch eine Geschichte der Schrift zu sein. Verschriftlicht ist nun einmal unsere Geschichte; was bleibt, ist die Schrift; hier aber rettet sich die Schrift, die Erzählung wieder hinein ins Leben. Die Figuren geben der Literatur implizit ihre Gültigkeit zurück, indem sie ihre Herkunft aus der Literatur glaubhaft machen. Das Buch ist auch ein Buch vom Untergang der Natur durch eine Zivilisation, die den Fortschritt verschlampt und damit auch den Untergang zu verantworten hat: Die Gegend von Tomi scheint mehr und mehr einer Naturkatastrophe zum Opfer zu fallen, die auch eine Katastrophe der Technik ist.

Der Autor schlüpft in die Rolle des Mythographen – etwas Ähnliches hat auch Roberto Calasso in seinem Buch von der *Hochzeit von Kadmos und Harmonia* (ital. 1988; dt. 1990) geleistet, einem Buch, das ähnlich wie Ransmayr die Geschichte noch einmal erzählt, einen durchgehenden Faden von Geschichten, von immer neuen Deutungen, von Verschlingungen – die antike Mythologie plötzlich in einem gewaltigen Kontext einschließend.

Wieso konnte dieses Buch so unbestritten zum Buch des Jahres 1988 avancieren, wieso war da plötzlich das gewaltige Interesse ausländischer Verlage, die das Buch übersetzten? In kurzer Zeit erschienen unzählige Übersetzungen, unter anderem auch ins Japanische. Sigrid Löffler sprach ironisch von einer »Kritikerverschwörung« (*profil*, 1988, Nr. 39); aber von einer Absprache kann so gut wie keine Rede sein. Daß Enzensberger eine geschickte Kampagne eingeleitet hat, steht zwar außer Zweifel, warum aber war es gerade dieses in seiner Reihe erscheinende Buch, das sich so durchzusetzen vermochte? Warum brachte er das nicht bei anderen Autoren zuwege? Daß dieses Buch ein solcher Erfolg wurde, läßt sich auch nicht mit der Zeitgeist-Formel allein begründen; warum soll man – da dieser Zeitgeist ja allen bekannt ist – eigens ein Buch erwarten, das dann nur das enthält, was man ohnehin schon kennt? Die Verweise auf Umberto Ecos *Name der Rose* lagen nahe – auch darin geht es ja um eine verlorene Schrift (das zweite Buch der *Poetik* des Aristoteles), und es gibt immer wieder solche Bücher über Bücher. Ich möchte dies nun nicht als die Tatsache einer Übereinkunft abqualifizieren, die durch die Kritik erfolgt sei, die sich plötzlich dadurch bestätigt sehen konnte, daß alle mit einem Text schlagartig etwas anfangen konnten. Ich glaube, damit macht man es sich zu einfach. Daß alle, die Ovid nicht kennen und aus dieser Unkenntnis heraus das Buch gut finden, halte ich für ebenso töricht, auch wenn die Vermutung der Wiederentdeckung Ovids durch dieses Buch bei manchen eine Art Erkenntnisschub ausgelöst haben dürfte. Ich meine, daß Ransmayr zunächst einmal etwas geleistet hat, was in der österreichischen Literatur doch als singulär zu gelten hat: Er hat sich – mit der Hilfe Ovids, zugegeben – von der Obsession durch österreichische Themen gelöst und sich schlicht wieder in weltliterarische Verbindlichkeiten begeben; hier hat Ransmayr Zuständlichkeiten benannt, die offenkundig uns allen nahegehen. Zugleich sind diese Probleme (Ökologie, Schreiben, Rolle der Frau, Zensurapparat, Macht etc.) in einer so handlichen und doch nicht platten Form präsent, daß der Leser einen raschen Zugang zu diesen Fragen und Problemen findet. Zuletzt aber hat Ransmayr in einer Weise, die zwar bei Ovid den Lehrer gefunden haben mag, die aber doch von Fall zu Fall genuin entwickelt wird, sich in einer Form der Phantasie geübt, die durchaus neuartig das Kunstprodukt zu einem Werk auch unserer Wirklichkeit machen kann. Je genauer man diesen Text liest, umso weniger wird man ihn als glatt beurteilen müssen, denn die Brüche und Risse sind von Zeile zu Zeile überdeutlich auszumachen. In diesem Sinne, meine ich, liegt ein Werk vor, das in der erzählerischen Auseinandersetzung mit mythologischen Figuren – zumindest im deutschen Sprachraum – neue Maßstäbe gesetzt hat.

15. WERNER KOFLER (*1947): *Hotel Mordschein* (1989)

Am Schreibtisch (1988) hieß folgerichtig auch einmal ein Buch, und zwar das von Werner Kofler, der bislang als der große und von der Kritik leider kaum in der angemessenen Weise wahrgenommene Unbekannte gelten mußte: Immerhin ist sein Kriminalroman *Konkurrenz*, in dem österreichischen Konkurs-Unternehmen *Medusa* 1984 erschienen, auf dem Gebiet des österreichischen Kriminalromans so gut wie konkurrenzlos, sein autobiographisch bestimmter Text *Guggile. Vom Bravsein und Schweinigeln* (1975) gehört sicher zu den stärksten Versuchen, eine Kärntner Biographie zu schreiben und nicht über Humbert Fink Gutes zu behaupten; *Ida H.* (1978) ist die Geschichte einer Verstörung, die Geschichte von der Unmöglichkeit, psychisch Kranke in einer Weise zu behandeln, die ihnen auch gerecht würde. Mit dem Buch *Am Schreibtisch* hat Kofler nach einem Krach mit seinem Verleger Wagenbach den Verlag gewechselt und bei Rowohlt Unterkunft gefunden. *Am Schreibtisch* ist – naturgemäß – ein Buch vom Schreiben, aber es ist zugleich auch mehr, weil es die österreichische Literatur und die österreichische Gesellschaft in einem erfaßt und kritisiert. Es gibt kaum einen Autor, der die mediale Präsenz der Literatur in gleicher Weise behandelt hat, und der erkennt, wie wenig das Medium auch die Botschaft sein darf, wenngleich sie es zu sein behauptet.

Der Hirt auf dem Felsen (1991) und *Das große Buch vom kleinen Oliver* (1992) sind Koflers bislang letzte Publikationen. In dem Buch *Hotel Mordschein* (1989) finden sich drei Prosastücke vereinigt, die auf den ersten Blick wenig miteinander zu tun haben, die aber doch sehr wohl durch ihren Stil und ihre Tendenz miteinander verbunden sind. Kofler versteht sich als Meister in der – wenn ich so sagen darf: hinterfotzigen – Ausnutzung der Intertextualität. Seine Bücher sind zur Gänze Zitat, sie leben aus dem Zitat; der Leser ist dauernd darauf angewiesen, wenigstens einen Teil der Zitate zu erkennen, wobei die Quellen auf bizarre Weise unterschiedlich sind: Von Hölderlin über Thomas Bernhard bis zu André Heller und der *Kronenzeitung*, bei ihm oft in der Bezeichnung »Brunnenzeitung« zur Kenntlichkeit entstellt.

Die drei Prosastücke in *Hotel Mordschein* haben miteinander in mehrfacher Hinsicht zu tun, sie sind aber vor allem eine Abrechnung mit einem Österreich, das seine braune Vergangenheit wider jeden Anstand bis in eine blaue Gegenwart hinein zu konservieren vermochte.

Das erste der drei Prosastücke hat den Titel *Mutmaßungen über die Königin der Nacht* und handelt von dem Verschwinden der Königin der Nacht in Aufführungen der *Zauberflöte*, und zwar an den Opernhäusern von Prag, Breslau, Salzburg, Aachen, Regensburg und Graz – also gewiß nicht an den ersten Opernhäusern. Eine eigentümliche Vermengung von Fiktion und Realität: Eine Figur, die in der Oper mehr oder weniger kommentarlos in der Versenkung verschwindet, wird auch in der Realität zum Verschwinden gebracht: Unter ungeklärten Umständen verschwindet diese Figur, die als Repräsentantin des »Chthonisch-Weiblichen« keinen Platz mehr in dieser Männergesellschaft beanspruchen darf: Der Text ist eingerahmt von einer Schilderung eines Konzentrationslagers, die sich am Ende als der Bericht des Mannes der Königin der Nacht herausstellt, der in der Grazer Aufführung den Monostatos gab und den die Polizei wegen seines aufmüpfigen Verhaltens abholte und in ein Lager steckte, wo er – wie behauptet wurde – bei einem Fluchtversuch durch Schüsse zu Tode kam. Und bei ihm fand sich nun der Zettel, auf dem das Lager drastisch beschrieben wird. In der Form einer Ringkomposition schließt der Text die Episoden ein, eine Ringkomposition, die – und das Konstruktionsprinzip wirkt streng musikalisch – Anfang und Ende wie ein Lagerzaun aus Stacheldraht umgibt. (Kofler 1989, 9, 20) Der Text ist auf den ersten Blick so etwas wie eine harmlose Erweiterung oder Variation eines beliebten Verfahrens: bekannte Werke der Weltliteratur einfach weiterzuspinnen. Hier aber geht die Bühnenrealität in die gesellschaftliche Realität der NS-Zeit über. Doch nicht nur der bizarre Gedanke, daß die Königin der Nacht und Monostatos für die rassisch Verfolgten des NS-Regimes nun symbolisch herhalten sollen, bestimmt diesen Text, sondern vor allem die immanente Kritik an der Praxis der Aufklärung, aus ihrem Gesichtskreis zu verbannen, was nicht hell, was nicht der von ihr geforderten Erleuchtung entspricht. Es handelt sich um Mutmaßungen; nichts Genaues ist in Erfahrung zu bringen, und der ständig angesprochene Status der Unsicherheit reflektiert idealtypisch auch das Verhalten mit dieser »dunklen« Epoche der Geschichte: »Die Spur der Königin der Nacht [...] verliert sich am Bühneneingang; einer Mutmaßung zufolge soll die Sängerin im Lager Natzweiler umgekommen sein, nach einer anderen Vermutung soll ihr über Casablanca die Flucht nach Südamerika geglückt sein.« (Ebda, 18)

Das zweite Prosastück ist auch die Titelgeschichte: *Hotel Mordschein*. In dieser Erzählung hat Kofler einen Fall, der sich in Klagenfurt tatsächlich zutrug, verarbeitet. Ein Wiener Schriftsteller, damals 44 Jahre alt, hatte den Nachtportier eines Hotels, des Hotels Mondschein, erstochen; wie die Zeitung wissen wollte, hatte der Täter Psychopharmaka und viel Sekt zu sich genommen. Dieser Autor, in Wien durch seine hochentwickelte Fähigkeit des kompromißlosen Schnorrens bestens bekannt, war auch ein Mitbegründer der Zeitschrift *Freibord* gewesen; aus seiner Perspektive wird nun der Fall aufgerollt. Fiktion: der Täter erfährt von seiner Handlung durch die Zeitung. Die unzähligen Vermutungen der Zeitungen sind Teil jenes Spiels, in dem alle Taten aus der Realität sich in den Medien in Fiktion verwandeln. Ich kenne kaum eine witzigere Darstellung der Entstehung von Gerüchten und Legenden als diesen Versuch, die verschiedenen Ereignisse unter eine Perspektive zu bekommen: Überall und nirgends ist er gewesen, überall zugleich. Die Medien derealisieren die Figur selbst. Nicht der Erzähler ist verstört, sondern seine Haltung ist nur mehr das Produkt der Verstörung, welche die Medien, und im besondren die Zeitungen, erzeugen. Überall wird etwas »gesehen«, wird etwas vermutet. Die Mutmaßungen rücken in den Status von Sicherheiten. (Ebda, 50 f.) Diese Bloßstellung der Medienpraxis wird aber zugleich auch konterkariert in ironischen Widerrufen: »Manches lasse ich mir nachsagen, nicht aber, auszusehen wie Gottfried von Einem.« (Ebda, 50)

Verdeckte Selbstbeobachtung heißt der letzte und umfänglichste Abschnitt. Der dritte Teil beruht auf einer witzigen Spaltung des Ich in zwei Teile: Das eine Ich beobachtet das andere im Literaturhaus. Auch hier ist ein Inhalt im engeren Sinne nicht auszumachen. Auch hier spricht ein hochgradig irritiertes Individuum und berichtet von einem Hotel, an das Feuer gelegt worden sei. Er spricht dies aus einem Hotel heraus, in einer Stadt, hinter der man Berlin und das in dieser Stadt befindliche Literaturhaus zu erkennen hat. Dieser Text ist ebenso ein raffiniertes Imbroglio aus unzähligen Anspielungen; Anspielungen nicht zuletzt auch auf die österreichische Kunstszene, schonungslosen Anspielungen auf eine Kunstszene, in der die Vermarktung des jeweils Preisgerechten haarsträubende Blüten treibt; und so ist auch von dem Roman des Helden die Rede, der den Titel »Die Metamorphosen des Plattnerhofs« trägt, ein Briefmarkenroman, eine ernsthaft noch nicht existierende Gattung, die aber zum Bestseller wird. Man darf dreimal raten, auf welchen realen Bestseller dieser Hinweis geht:

> Ach du schimmernder Strauß Mikrophone! – Strauß trat an die Mikrophone und sprach: Bürger von Rom! Münchener! –, bei den Schrecken des Eises und der Finsternis: Jetzt hatte ich schon wieder aus der Literaturgeschichte von einem anderen etwas mitgenommen, versehentlich, wie ich später grinsend behaupten sollte, ein Nachbargrab geplündert, mich in einer Nachbar-Grabung, der Ausgrabung eines Kollegen bedient! (Nicht, daß ich mit diesen Satzteilen etwas anzufangen vermocht hätte, aber peinlich ist solches immer. [...]) (Ebda, 136 f.)

Das Zitat desavouiert die Zitierpraxis des anderen; der andere muß es sich gefallen lassen, eben dieser andere zu sein, dessen Werk nur in der Parodie überleben kann. Mit sicherem Instinkt greift diese Form der Parodie den Höhepunkt (oder sagen wir: vermeintlichen

Höhepunkt) dieser Story heraus, will ihn als einen läppischen Anachronismus bloßstellen, gefaßt in ein postmodernes Dekorum. Kofler kritisiert die spektakuläre Verwendung des Anachronismus durch Ransmayr, er kritisiert in einem auch die Form einer Literaturarchäologie, die ausgräbt und zur Schau stellt. Ich meine, daß dies der Leistung Ransmayrs in keinem Falle Abbruch tut, zum andern aber wird damit das Verfahren aufgezeigt, mit dem gegen Ende der achtziger Jahre ostentativ die Literatur jede Form von Unmittelbarkeit abstreifte und sich als vermittelte präsentierte, ja mehr noch: der Vorgang der Vermittlung für viele zur Literatur selbst wurde.

Am Rande möchte ich anmerken, daß durch die Wandlung unserer Bildungsvorstellungen (weg von der sich an der Antike als dem gültigen Modell orientierenden Gymnasialkultur, die in restaurativen Perioden immer wieder ein Comeback in unterschiedlicher Intensität erlebte) wieder eine neue Konjunktur für solche Bildungsinhalte entstand, mit denen unsere Groß- und Urgroßväter ihren Haushalt bestritten. Kofler selbst nun versucht dieses Verfahren zu kopieren und mit den eigenen Waffen zu schlagen. Es gibt bei ihm nahezu keinen Text, in dem nicht durch jedes Wort ein Bündel von Verweisen läuft, ja es scheint, er könnte seine Assoziationen nicht eindämmen; bei genauerer Lektüre bändigt er doch, so meine ich, diese Assoziationsflut recht geschickt und stellt immer wieder überraschende Bezüge her.

Einige Hinweise auf eine Stelle aus dem ersten Prosastück (den *Mutmaßungen*) mögen genügen: »Jemand mußte die Sängerin verleumdet haben« (ebda, 11), heißt es da gleich über die Königin der Nacht in der Prager *Zauberflöte*, und wir wissen, daß damit Kafkas *Prozeß* beziehungsvoll herbeizitiert wird; und in der Folge ist von einem (deutschnationalen) Komponisten Fidelio F. Finke die Rede, dessen Chorwerk »O Herzland Böhmen« von der Sängerin herabgewürdigt und dessen Name von ihr zu Fidelio Schmutz-Finke entstellt wird. Außerdem habe sie dieser Kantate den unsinnigen Zusatz »Land am Meer« beigegeben, und zwar in »bösartiger kulturbolschewistischer Absicht«. (Ebda, S. 11) So eine Stelle bekommt ihren Reiz natürlich nur für den, der weiß, und er muß es wissen, daß in Shakespeares *Wintermärchen* Böhmen am Meer liegt und daß Ingeborg Bachmann ein Gedicht geschrieben hat (*Böhmen liegt am Meer*). Durch diese Verquickung der Zitate wird einerseits der Kunstcharakter der Figur betont, andererseits wird auch die in der

Literatur gültige Diagnose politischer Zustände umspielt: Kafkas Antizipation nationalsozialistischer Terrorpraktiken und der anarchische Gestus, mit der sich Bachmann unter der Übernahme Shakespearescher Geographie des Territoriums der Poesie versichern will, was von den Kritikern als bösartiger Kulturbolschewismus in Mißkredit gebracht wurde.

Eine der schönsten satirischen Partien des Textes bleibt völlig unklar, wenn man nicht weiß, wer André Heller ist – ja, nur jener, der tiefer in Sein und Denken dieses Künstlers eingedrungen ist, wird verstehen, was Kofler mit diesem Text im Sinn gehabt haben kann. Wieder wird der Unsinn, den die Medien ungestraft als Kulturprogramm verkaufen, aufs Korn genommen: »Erlösergebärerinnen im Gespräch« hieße so eine fiktive Sendung, und da wird Frau Elisabeth Heller um eine Wortspende gebeten, und sie berichtet über »die Niederkunft, eigentlich die Herabkunft ihres Sohnes Franz, der erst später seinen Erlösernamen André annehmen sollte«. (Ebda, 109 f.) In dieser satirischen Passage wird das Leben Andrés mit dem Jesu verquickt und diese so synthetisch hergestellte Kunstfigur in ihrer sich dem Publikum anheischig machenden Debilität vorgeführt. In dieser Partie, die sich als eine lockere Auseinandersetzung mit einem Künstler gibt, der sich selbst inszeniert und sich dabei dem Publikum als der Poet schlechthin empfiehlt, wird aber nicht nur der Tratsch der Kulturszene mit Häme genüßlich zubereitet; die Demontage des Erlösergestus, die sich hier die Kunst anmaßt, führt tatsächlich weiter, indem sie ein problematisches Bedürfnis bloßstellt, vor allem aber die Praktiken desavouiert, mit denen an der Befriedigung dieses Bedürfnisses gearbeitet wird. Besonders die Kinderfigur ist solchen mißbräuchlichen Verwendungen dienlich: »Mit fünf Jahren sei das Kind bereits von einer solchen, ans Überirdische gemahnenden Schönheit gewesen, daß es, um unbehelligt zu bleiben, nur mit dunkler Brille und aufgeklebtem Bart auf die Straße habe gehen können.« (Ebda, 113)

Die Rede über Kultur ist eine doppelte; und dies macht die Heller-Satire bei Kofler deutlich. Auf der einen Seite wird das ganze Inventar der Bildung herbeizitiert – so auch (wiewohl unbewußt) die Schemata der Erlösergeschichte Christi: Immer noch sprechen solche Erlösermodelle unsere Empfindungen an, besonders dann, wenn sie uns in kindliche Unschuld verpackt geliefert werden: Das macht Weihnachten ja zum Renner unter den Festen über die Jahrhunderte.

Freilich wird dieses Verfahren dadurch problematisch, daß es sich an die mehr oder minder Eingeweihten richtet, an jene, die über die Kultfiguren Bescheid wissen und auch wissen, wie diese Kultfiguren ihre plastische Existenz erst in dem Plastilin der Massenmediensprache gewinnen; zum Verständnis Koflers ist, könnte ich überspitzt formulieren, auch die solide Kenntnis der *Kronenzeitung* nötig, und das wäre doch ein bißchen viel verlangt von uns allen, denen es ja nicht um dieses Medienimbroglio gehen kann, das dieses Blatt uns darbietet.

Koflers Buch *Am Schreibtisch* ist einmal in einer Besprechung der *Frankfurter Allgemeinen* als »Hohe Schule der Anspielung« bezeichnet worden, nicht ganz zu Unrecht, wie mir scheint. Kofler selbst hat auch diesen Rezensionstitel polemisch in seinen nächsten Text aufgenommen (Kofler 1989, 151), woraus sich auch die Ubiquität dieses Schreibens ergibt. So besehen ist Koflers Praxis von der Friederike Mayröckers und von der – mag er es auch nicht gerne hören – Christoph Ransmayrs gar nicht so weit entfernt. Er ist nirgends mehr zu Hause, weil jede Stelle auf etwas anderes verweist; er ist, um jene Wendung von Mayröcker aufzunehmen, ebenso »polysemantisch erregt«. Und erst dieses höchst verfeinerte, zugleich aber immer witzige und nie nach dem Einverständnis mit dem Leser schielende Verfahren gibt dieser Prosa ihre Eigenständigkeit. Hier gibt es so gut wie gar nichts, das auf Ausgleich, Aussöhnung, Herstellung einer harmonischen Übereinkunft mit dem Leser abgestellt wäre. Kofler schlägt um sich, und dieser Rundumschlag ist die notwendige Distanzierung, die jeder Schreibende nötig hat; besonders auffallend ist die Distanzierung von Thomas Bernhard, dem anderen Distanzierungsmeister und Kompromißlosigkeitschampion. Man muß auf Distanz gehen können, um der zu sein, der man sein will. Und kaum einer besorgt das so konsequent, wie Kofler dies besorgt hat und besorgen kann. Die Selbstbeobachtung wird zum gefährlichen Spiel, aber Kofler macht das nicht so wie die Adepten der Literaturszene, die meinen, Selbstbeobachtung wäre die Aneinanderhäufung biographischer Details, sondern analytisch durch die Präsentation des Schreibvorganges:

> Die hohe Schule der Anspielung; kein Zweifel, ich sah mich da, ich sah mich dort, ich sah mich mehrfach über verschiedenen Arbeiten, sah ich schon so schlecht, verwirrten mich Doppelbilder? Hatte mir jemand LSD in den Kaffee getan, war es schon wieder der Alkohol, im Endsta-

dium diesmal? Ich sehe schon, dachte ich, es wird Zeit, aufzuhören, die Selbstbeobachtung abzubrechen, ich bin schon ganz durcheinander. (Ebda, 151)

Diese Konfusion, die durch die Selbstbeobachtung entsteht, ist authentisch; sie entsteht durch die Schreibarbeit, und dieser Vorgang des komplexen Schreibens wird in Koflers Text eindrucksvoll mitanalysiert. Wenn dann immer wieder der Name Lenz auftaucht (so zum Beispiel als Geschäftsschild »*Leonce, Lenz und Lena*«, ebda, 70), wenn das Ich einmal schreibt, es wäre hier »nur auf Durchreise nach Moskau, wo man mich in einer Frühlingsnacht tot auf der Straße finden wird« (ebda, 156), dann jubelt freilich des Literaturhistorikers Herz, denn da ist seine Stunde gekommen, diese Figur aus der »Hohen Schule der Anspielung« zu deuten, ist doch der Hinweis auf Jakob Michael Reinhold Lenz, den großen Außenseiter und stets scheiternden Freund Goethes, überdeutlich, auf jenen Lenz, der am Morgen des 24. Mai 1792 (russischen Kalenders) tot auf der Straße gefunden wurde, 41 Jahre alt. Die Identifikation läuft nun also über den Prototyp des Außenseiters der deutschen Literatur. Nur eine solche Position, so will es mir scheinen, garantiert auch jene Freiheit, die sicher macht vor einem Kulturbetrieb, dessen verheerende Folgen gerade dadurch manifest zu werden drohn, daß er sich für die Künstler interessiert und ihre Wirksamkeit fördert. Wir sehen, daß diese Texte, diese Literatur, die interessant wird, sich immer den Widerstand angelegen sein läßt, auch den Widerstand gegen jene, die so tun – und es oft auch gut meinen –, als wollten sie Literatur und Kunst fördern. Damit sind wir zum Abschluß der Vorlesung bei einem zentralen Problem der Vorlesung selbst angelangt, das uns von Anfang an beschäftigt hat.

Es geht also um die Rolle der Schriftsteller in der Gesellschaft, um ihr Verhalten zu ihrer Arbeit und um die Reaktion der Gesellschaft auf ihre Arbeit. Daß die Auffassung, die Schriftsteller würden nur narzißtisch ihr Verhalten zur Arbeit darstellen, ein verhängnisvoller Trugschluß ist, habe ich bereits – ausgehend von Jandls *Aus der Fremde* – mehrfach darzutun versucht; vielmehr ist aus alledem zu erkennen, daß die Reaktionen der Schriftsteller auf die Gesellschaft sehr viel mehr über diese aussagen, als ihr lieb sein kann.

16. Ein kurzer Ausblick

Zum Abschluß der Vorlesung bleiben Ihnen und mir ein paar Feststellungen nicht erspart; ich konnte nicht alles besprechen, was ich wollte, vieles mußte am Rande bleiben. So hielt ich es für sinnvoll, mich an die Texte zu halten, weil das, wodurch die Autoren und Autorinnen uns beschäftigen mögen, immer noch die Texte sind. Als Berufsgruppe sind sie mit ihren Problemen für uns interessanter als die Berufsgruppe der Zahnärzte oder der Stahlarbeiter, so wichtig diese auch für die Voraussetzung der Literatur sein mögen. Aber sich nur mit diesen institutionengeschichtlichen Voraussetzungen zu befassen, hielte ich für ein nicht unbedenkliches Alibi. Hier bleibt noch viel zu erforschen, wenngleich auch da die Literaturwissenschaft schon das eine oder andre geleistet hat. So wäre zum Beispiel über das Verlagswesen genauer nachzudenken, über die Praxis der Lesungen und Vorlesungen, über Preisverleihungen und die Zusammensetzungen der Jurys, über den Versuch, das Unkontrollierte der Kunst in den Griff zu bekommen, wobei Kontrolle gerade das ist, was die Kunst gefährdet. Ich meine, daß es außerordentlich schwer ist, hier konstruktiv vorzugehen, denn in dem Augenblick, wo Kunst in das Leistungsparadigma der (westlichen) Gesellschaft eingespannt wird, verliert sie jenes Moment des Unversicherbaren, von dem für uns das zu erhoffen ist, was sie zum anderen macht. Doch ist verständlich, daß derjenige, der in die Kunst investiert, sich einen Profit erwartet, und hofft, daß es nicht allzu lange dauert, bis er ihn hat. Und da ist Literatur allemal eine schlechte und unzuverlässige Anlage. Es gibt kaum einen Verlag, der sich rühmen kann, durch ein literarisches Werk (von Rang) wirklich und auf eine möglichst große Dauer reich geworden zu sein. Die Rede der Ökonomie ist der Kunst gegenüber immer unverblümt, und die Auffassung, daß die Autoren sich doch der Kunst publikumsgerecht bedienen sollten, ist so selten nicht zu hören. Die Engländer, die könnten das. Da gäbe es eine gute Literatur, Hausmannskost, konsumierbar für alle, nicht solche Eigenbrötler und Spinner wie in Österreich.

Ich meine, daß gerade die Kunst diese Eigenbrötler und Spinner, wie die wenig freundliche Ausdrucksweise nun einmal heißt, nötig hat. Autoren und Autorinnen wie Liesl Ujvary, Herbert J. Wimmer, Elfriede Gerstl, Bodo Hell, Heimrad Bäcker, Reinhard Priessnitz werden zwar von Mal zu Mal ins Licht der Medien gerückt, die

Auseinandersetzung bleibt aber immer auf einige wenige beschränkt. Ferdinand Schmatz und Franz Josef Czernin versuchten mit einer Aktion, in der sie in ihrem Sinne schlechte Gedichte als gute anboten, das anzuprangern, worauf der Markt anspricht. Dasselbe hat nur drei Jahre später Walter Klier mit seiner fiktiven Luciana Glaser geleistet. In diesen Fällen wird erkennbar: Die österreichische Literaturkritik und die Verlagslandschaft wollen sich nicht darauf einlassen, daß diese grundsätzliche Besinnung auf die Methode, für die die *Wiener Gruppe* und einige ihr nahestehende Autoren und Autorinnen die Voraussetzungen schufen, auch für die leichtere, als marktgängig herzustellende Literatur Konsequenzen haben mußte. Die ästhetische Reflexion kann durch nichts ersetzt werden; ein Zurück zur Mittelbarkeit gibt es nicht, zumindest nicht in dieser Weise, daß damit das Fehlen eines kritischen Potentials in den Texten zu entschuldigen wäre. Gewiß mag es einen Autor geben, der diese Schule nicht durchlaufen hat und Maßgebliches, Neues beizutragen hat; dann ist er aber nicht verdorben durch den bereits vorhandenen Geschmack, der sich an die Lesegewohnheiten anbiedert. Die Leistung der österreichischen Literatur liegt nicht zuletzt in ihrer Radikalität; Autoren und Autorinnen wie Marianne Fritz und Bodo Hell, aber auch wie Ernst Jandl und Friederike Mayröcker haben sich von Anfang an nicht mit den Lesegewohnheiten des Publikums zufriedengegeben; der Gedanke, daß durch diese Literatur eben auch Veränderung erzielt werden könnte, gehört nicht, wie manche meinen, in die Mottenkiste der Aufklärung, wenngleich diese Hoffnung mittlerweile doch obsolet geworden ist.

Es ist schwer, hier Vorschläge zu machen; in ihrer grundlegenden kritischen Untersuchung über das Förderungswesen in Österreich hat Michaela Judy am Ende festhalten müssen, daß die Förderungspolitik in Österreich als verlängerter Arm der Sozialpolitik wirke und im besten Falle entscheidende Krisenintervention wäre; statt die Voraussetzungen für eine befreite Schaffensatmosphäre zu schaffen, würden eben nur die Folgen bekämpft, die das Fehlen dieser Voraussetzungen zur Ursache hätten. (Vgl. Judy 1985, 378) Freilich wird uns nicht gesagt, wie diese Voraussetzungen aussehen könnten: Staatspension für Dichter, sobald sie die Konzession zur Führung eines Dichtereibetriebs erlangt haben? Schon in dem Wort »Pension« verrät sich die ironische Herablassung, die man den schreibenden Dichtern entgegenbringt, so als ob richtige Arbeit hier nicht geleistet würde. Die Verbesserung kann vorerst nur dadurch erfolgen, daß die Aufnahmebereitschaft für die in der Literatur entwickelten Praktiken erhöht wird; daß bewußt gemacht wird, daß durch dieses Schreiben eben auch Erfahrungen der Wirklichkeit vermittelt werden, und zwar Erfahrungen, die auch mitteilbar sind. Der unvergleichliche Vorzug der experimentellen Texte Jandls liegt in dieser im besten Sinne auch pädagogischen Haltung, durch die Sprache etwas zur Kenntnis zu bringen, erkennbar zu machen, was vorher eben so erkennbar nicht war.

In einer eben erschienenen gründlichen Untersuchung hat der in Frankreich lehrende Germanist Klaus Zeyringer die wichtigsten sozialhistorischen Voraussetzungen zusammengetragen und zu analysieren versucht. (Zeyringer 1992) Hier zeigt sich immer deutlicher, daß mit den Positionen von Magris und Greiner, so stimulierend sie auch sein mögen, allein das Auslangen nicht zu finden ist. Auch hier wird bewußt, wie sehr (Elisabeth Reichart wäre dafür ein Beispiel) nun ab Mitte der achtziger Jahre die österreichischen Autoren und Autorinnen ihre eigene Geschichte befragen, wie wenig die rückwärtsgewandte Ästhetisierung, die Aufgehobenheit in einer konfliktlosen Welt oder die Sehnsucht nach Ordnung als umgreifende und gültige Beschreibungsformeln für die österreichische Literatur heranzuziehen sind.

Symptomatisch ist auch der Versuch Robert Menasses, der ja in der letzten Zeit als Schriftsteller und Verfasser von Romanen sich einen Namen zu machen verstand (*Selige Zeiten, brüchige Welt,* 1991), die österreichische Literatur nach einem schönen Homologie-Modell auf das Verfahren der Sozialpartnerschaft zu beziehen (Menasse, *Sozialpartnerschaftliche Ästhetik*). Mit dem Verweis auf diese für Österreich spezifische und in keinem andren Land anzutreffende Form, dem Klassenkampf beizukommen, meint Menasse ein ideales Äquivalent denn auch für die Literatur und die Form, in der der Kulturbetrieb mit der Literatur umgeht, gefunden zu haben. Auch wenn ich den Verdacht nicht ganz loswerde, daß Robert Menasse nun das Modell des habsburgischen Mythos und das der (groß)koalitionären Literatur durch eine Ästhetik, die in der Sozialpartnerschaft liegt, abgelöst sieht, so meine ich, daß er damit immerhin eine Möglichkeit vorgezeigt hat, der Vielfalt der Erscheinungen halbwegs gerecht zu werden.

In unserem Bemühen um eine österreichische Literatur der achtziger Jahre sind uns vorerst alle Verallgemeinerungen verwehrt; ich habe nur anzudeuten gewagt, was sich abzeichnet. Doch zeigt sich mir durch den Dschungel der Literatur hindurch, daß es gerade die Lust der Medien ist, Literatur schnell zu verwerten, die der Literatur in ihrer Langzeitwirkung geschadet hat. Ein Buch wird schnell zum Buch des Monats gekürt, nur um es dann umso rascher zum Verschwinden zu bringen. Ich wollte zeigen, wie sehr die ernsthafte Literatur Österreichs gerade den Ansätzen der fünfziger und sechziger Jahre verpflichtet ist; wie sich in Österreich eine doch weit über Österreich hinaus geachtete respektable Literatur entwickeln konnte, daß aber dieser Produktion keineswegs ein Betrieb gegenübersteht, der der Literatur mit der gleichen Ernsthaftigkeit und kritischen Zuverlässigkeit antworten würde. Daß viele kleine Schritte getan wurden, steht außer Zweifel; aber die Summe von vielen kleinen Schritten ist noch lange nicht mit einem großen Schritt vorwärts gleichzusetzen.

BIBLIOGRAPHIE

1. PRIMÄRLITERATUR

1.1 Mit Siglen zitierte Texte

DdJ = Bachmann, Ingeborg: Das dreißigste Jahr. Erzählungen. München: Piper 1991 (= Serie Piper; 1509) [Erstausgabe: München: Piper 1961].
DgH = Aichinger, Ilse: Die größere Hoffnung. Roman. Frankfurt/M.: Fischer 1991 (= dies.: Werke. Taschenbuchausgabe in acht Bänden. Hg. v. Richard Reichensperger; [Bd. 1]: Fischer-Taschenbuch) [Erstausgabe: Amsterdam: B. Fischer 1948].
DH = Handke, Peter: Die Hornissen. Roman. Frankfurt/M.: Suhrkamp [Erstausgabe Frankfurt/M.: Suhrkamp 1966].
DhE = Hochwälder, Fritz: Das heilige Experiment. Schauspiel in fünf Aufzügen. (Überarbeitete Version nach der Uraufführung im Burgtheater Wien 1964). Mit einem Nachw. v. Otto Rommel. Stuttgart: Reclam 1965 [Erstausgabe: Elgg/Zürich: Volksverlag 1947].
DS = Doderer, Heimito von: Die Strudlhofstiege oder Melzer und die Tiefe der Jahre. Roman. München: Deutscher Taschenbuch Verlag 1966 [seitenidentisch mit: München: Biederstein 1951 [Erstausgabe]].
DW = Haushofer, Marlen: Die Wand. Roman. Mit einem Nachw. v. Klaus Antes. München: Deutscher Taschenbuch Verlag 1991 [Erstausgabe: Gütersloh: Mohn 1963].
F = Bernhard, Thomas: Frost. Frankfurt/M.: Suhrkamp 1972 (= suhrkamp taschenbuch; 47) [Erstausgabe: Frankfurt/M.: Insel 1963].
IBW = Bachmann, Ingeborg: Werke in vier Bänden. Hg. v. Christine Koschel, Inge von Weidenbaum u. Clemens Münster. München/Zürich: Piper 1993 (= Serie Piper; 1700) [Erstausgabe: München/Zürich: Piper 1978].
IBW1 = Bd. 1: Gedichte – Hörspiele – Libretti – Übersetzungen.
IBW2 = Bd. 2: Erzählungen.
IBW3 = Bd. 3: Todesarten: Malina und unvollendete Romane.
IBW4 = Bd. 4: Essays – Reden – Vermischte Schriften – Anhang.
SuM = Gütersloh, Albert Paris: Sonne und Mond. Ein historischer Roman aus der Gegenwart. München/Zürich: Piper 1984 [Erstausgabe: München/Zürich: Piper 1962].
W = Lebert, Hans: Die Wolfshaut. Roman. Frankfurt/M.: Fischer 1993 [Erstausgabe: Hamburg: Claassen 1960; Neuausgabe: Wien/Zürich: Europaverlag 1991].
WvS = Doderer, Heimito von: Die Wasserfälle von Slunj. München: Deutscher Taschenbuch Verlag 1971 [seitenidentisch mit: München: Biederstein 1963 [Erstausgabe]].

1.2. Weitere Primärliteratur

Artmann 1970 = Artmann, H. C.: The best of H. C. Artmann. Hg. v. Klaus Reichert. Frankfurt/M.: Suhrkamp 1970.
Artmann 1975 = Artmann, H. C.: Aus meiner Botanisiertrommel. Gedichte: Salzburg: Residenz 1975.
Artmann 1979 = Artmann, H. C.: Die Grammatik der Rosen. Gesammelte Prosa in drei Bänden. Hg. von Klaus Reichert. Salzburg: Residenz 1979.

Bachmann 1983 = Bachmann, Ingeborg: Wir müssen wahre Sätze finden. Gespräche und Interviews. Hg. v. Christine Koschel u. Inge von Weidenbaum. München: Piper 1983 (= Serie Piper; 1105).
Bachmann 1985 = Bachmann, Ingeborg: Die kritische Aufnahme der Existentialphilosophie Martin Heideggers. Aufgrund eines Textvergleichs mit dem literarischen Nachlaß hg. von Robert Pichl. Mit einem Nachwort von Friedrich Wallner. München: Piper 1985.
Bauer 1973 = Bauer, Wolfgang: Gespenster. Stück in vier Akten. In: manuskripte 41/1973, 54–70.
Bayer 1977 = Das Gesamtwerk. Hg. von Gerhard Rühm. Reinbek bei Hamburg: Rowohlt 1977 [Erstausgabe 1966].
Bayer 1993 = Bayer, Konrad: der sechste sinn. Wien: Deuticke 1993. [Erstausgabe: Reinbek bei Hamburg: Rowohlt 1966].
Bernhard 1971 = Bernhard, Thomas: Der Italiener. Salzburg: Residenz 1971.
Bernhard 1975 = Bernhard, Thomas: Die Ursache. Eine Andeutung. Salzburg: Residenz 1975.
Bernhard 1976 = Bernhard, Thomas: Der Keller. Eine Entziehung. Salzburg: Residenz 1976.
Bernhard 1978 = Bernhard, Thomas: Der Atem. Eine Entscheidung. Salzburg: Residenz 1978.
Bernhard 1979 = Bernhard, Thomas: Die Kälte. Eine Isolation. Salzburg: Residenz 1979.
Bernhard 1982 = Bernhard, Thomas: Ein Kind. Salzburg: Residenz 1982.
Bernhard 1984 = Bernhard, Thomas: Ritter, Dene, Voss. Frankfurt/M.: Suhrkamp 1984.
Bernhard 1985 = Bernhard, Thomas: Alte Meister. Komödie. Frankfurt/M.: Suhrkamp 1985.
Bernhard 1989 = Bernhard, Thomas: Rede zur Entgegennahme des Österreichischen Staatspreises für Literatur am 4. 3. 1968. In: Lächelnd über seine Bestatter: Österreich. Österreichisches Lesebuch von 1900 bis heute. Hg. v. Ulrich Weinzierl. München: Piper 1989, 409 f. [Erstdruck in: Neues Forum 1968, H. 173, 347–349].
Bernhard 1991 = Bernhard, Thomas: Ereignisse. Frankfurt/M.: Suhrkamp 1991 [Erstausgabe: Berlin: Literarisches Colloquium 1969].
Canetti 1977 = Canetti, Elias: Die gerettete Zunge. Geschichte einer Jugend. München/Wien: Hanser 1977.
Doderer 1964 = Doderer, Heimito von: Tangenten. Tagebuch eines Schriftstellers 1940–1950. München: Biederstein 1964.
Doderer 1966 = Doderer, Heimito von: Meine neunzehn Lebensläufe und neun andere Geschichten. München: Biederstein 1966.
Doderer 1969 = Doderer, Heimito von: Repertorium. Ein Begriffbuch von höheren und niederen Lebens-Sachen. Hg. v. Dietrich Weber. München: Biederstein 1969.
Doderer 1970 = Doderer, Heimito von: Die Wiederkehr der Drachen. Aufsätze – Traktate – Reden. Mit einem Vorw. v. Wolfgang H. Fleischer hg. v. Wendelin Schmidt-Dengler. München: Biederstein 1970.
Doderer 1976a = Doderer, Heimito von: Die Erzählungen. Hg. v. Wendelin Schmidt-Dengler. 2., durchges. Aufl. München: Biederstein 1976 [1. Aufl. 1972].

Doderer 1976b = Doderer, Heimito von: Commentarii 1951 bis 1956. Tagebücher aus dem Nachlaß. [1. Bd.] Hg. v. Wendelin Schmidt-Dengler. München: Biederstein 1976.

Doderer 1986 = Doderer, Heimito von: Commentarii 1957 bis 1966. Tagebücher aus dem Nachlaß. 2. Bd. Hg. v. Wendelin Schmidt-Dengler. München: Biederstein 1986.

Eisenreich 1953 = Eisenreich, Herbert: Auch in ihrer Sünde. Hamburg: Schröder 1953.

Eisenreich 1964 = Eisenreich, Herbert: Reaktionen. Essays zur Literatur. Gütersloh: Mohn 1964.

Eisenreich 1965 = Eisenreich, Herbert: Sozusagen Liebesgeschichten. Gütersloh: Mohn 1965.

Eisenreich 1973 = Eisenreich, Herbert: Ein schöner Sieg und 21 andere Mißverständnisse. Graz/Wien/Köln: Styria 1973.

Ernst/Wagenbach 1979 = Ernst, Gustav/Wagenbach, Klaus: rot ich weiß rot. Berlin: Wagenbach 1979.

Fischer 1945 = Fischer, Ernst: Die Entstehung des Österreichischen Volkscharakters. Wien: Neues Österreich 1945 (Schriftenreihe »Neues Österreich«; 2).

Fried 1975 = Fried, Erich: Fast alles Mögliche. Wahre Geschichten und gültige Lügen. Berlin: Wagenbach 1985.

Frischmuth, 1971 = Frischmuth, Barbara: Tage und Jahre. Sätze zur Situation. Salzburg: Residenz 1971.

Fritsch 1956 = Fritsch, Gerhard: Moos auf den Steinen. Roman. Salzburg: Otto Müller 1956.

Fritsch 1962 = Fritsch, Gerhard: Geographie der Nacht. Kurzprosa und Gedichte. Eingel. u. ausgew. v. Viktor Suchy. Graz/Wien: Stiasny 1962 (= Stiasny-Bücherei; 110).

Fritz 1985 = Fritz, Marianne: »Was soll man da machen«. Eine Einführung zu dem Roman *Dessen Sprache du nicht verstehst*. Frankfurt/M.: Suhrkamp 1985.

Gerstl 1988 = Gerstl, Elfriede: vor der ankunft. auf reisen entstandene gedichte. Wien: freibord 1988.

Gruber 1973 = Gruber, Reinhard Peter: Aus dem Leben Hödlmosers. Ein steirischer Roman mit Regie. Salzburg: Residenz 1973.

Gütersloh 1987 = Gütersloh, Albert Paris: Der innere Erdteil. Das Wörterbuch zu *Sonne und Mond*. Aus dem Nachlaß vervollständigt u. mit einem Nachw. u. Kommentar hg. v. Irmgard Hutter. Erheblich erw. Neuausg. München/Zürich: Piper 1987 [Erstausgabe: München: Piper 1966].

Habeck 1951 = Habeck, Fritz: Das Boot kommt nach Mitternacht. Roman. Wien: Zsolnay 1951.

Handke 1970 = Handke, Peter: Der Hausierer. Frankfurt/M.: Suhrkamp 1970 [Erstausgabe Frankfurt/M.: Suhrkamp 1967].

Handke 1972a = Handke, Peter: Ich bin ein Bewohner des Elfenbeinturms. Frankfurt/M.: Suhrkamp 1972.

Handke 1972b = Handke, Peter: Der kurze Brief zum langen Abschied. Frankfurt/M.: Suhrkamp 1972.

Handke 1972c= Handke, Peter: Die Angst des Tormanns beim Elfmeter. Frankfurt/M.: Suhrkamp 1972.

Handke 1974d = Handke, Peter: Wunschloses Unglück. Salzburg: Residenz 1972.

Handke 1977 = Handke, Peter: Das Gewicht der Welt. Ein Journal (November 1975–März 1977). Salzburg: Residenz 1977.
Handke 1980 = Handke, Peter: Das Ende des Flanierens. Frankfurt/M.: Suhrkamp 1980 (= st 679).
Handke 1981 = Handke, Peter: Über die Dörfer. Dramatisches Gedicht. Frankfurt/M.: Suhrkamp 1981.
Handke 1983 = Handke, Peter: Phantasien der Wiederholung. Frankfurt/M.: Suhrkamp 1983.
Handke 1986 = Handke, Peter: Die Wiederholung. Frankfurt/M.: Suhrkamp 1986.
Handke, 1989a = Handke, Peter: Das Spiel vom Fragen oder Die Reise zum sonoren Land. Frankfurt/M.: Suhrkamp 1989.
Handke 1989b = Handke, Peter: Versuch über die Müdigkeit. Frankfurt/M.: Suhrkamp 1989.
Haslinger 1985 = Haslinger, Josef: Der Tod des Kleinhäuslers Ignaz Hajek. Novelle. Darmstadt u. Neuwied: Luchterhand 1985.
Haslinger 1987 = Haslinger, Josef: Politik der Gefühle. Ein Essay über Österreich. Darmstadt u. Neuwied: Luchterhand 1987.
Innerhofer 1974 = Innerhofer, Franz: Schöne Tage. Salzburg: Residenz 1974.
Innerhofer 1977 = Innerhofer, Franz: Die großen Wörter. Salzburg: Residenz 1977.
Jandl 1985 = Jandl, Ernst: Gesammelte Werke. Hg. v. Klaus Siblewski, 3 Bde., Darmstadt und Neuwied: Luchterhand 1985.
Jelinek 1980 = Jelinek, Elfriede: Die Ausgesperrten. Roman. Reinbek bei Hamburg: Rowohlt 1980.
Jelinek, Clara S. = Jelinek, Elfriede: Clara S., musikalische Tragödie. In: manuskripte 72/1981, 3–21.
Jelinek 1986 = Jelinek, Elfriede: Die Klavierspielerin. Roman. Reinbek bei Hamburg: Rowohlt 1986 [Erstausgabe 1983].
Jonke 1969 = Jonke, Gert F.: Geometrischer Heimatroman. Frankfurt/M.: Suhrkamp 1969.
Kofler 1989 = Kofler, Werner: Hotel Mordschein. Drei Prosastücke. Reinbek bei Hamburg: Rowohlt 1989.
Kräftner 1963 = Kräftner, Hertha: Warum hier? Warum heute? Gedichte, Skizzen, Tagebücher. Ausgew. v. Otto Breicha u. Andreas Okopenko. Mit 20 Zeichnungen von Kurt Absolon. Graz/Wien: Stiasny 1963.
Mauthe 1974 = Mauthe, Jörg: Die große Hitze oder: Die Errettung Österreichs durch den Legationsrat Dr. Tuzzi. Wien/München/Zürich: Molden 1974.
Mayröcker 1982 = Mayröcker, Friederike: Gute Nacht, guten Morgen. Frankfurt/M.: Suhrkamp 1982.
Mayröcker, 1984 = Mayröcker, Friederike: Reise durch die Nacht. Frankfurt/M.: Suhrkamp 1984.
Mayröcker 1985 = Mayröcker, Friederike: Das Herzzerreißende der Dinge. Frankfurt/M.: Suhrkamp 1985.
Mayröcker 1988 = Mayröcker, Friederike: mein Herz mein Zimmer mein Name. Frankfurt/M.: Suhrkamp 1988.
Okopenko 1970 = Okopenko, Andreas: Lexikon-Roman einer sentimentalen Reise zum Exporteurtreffen in Druden. Salzburg: Residenz 1970
Okopenko 1980 = Okopenko, Andreas: Gesammelte Lyrik. Wien/München: Jugend & Volk 1980.

Painitz 1968 = Painitz, Hermann: Die Gegensätze Kunst und Natur oder konstruktive Vorschläge zur Abschaffung der Natur. In: manuskripte 23/24/1968, 44 ff.
Painitz 1970 = Painitz, Hermann: Politisch richtiges Verhalten des Künstlers. In: manuskripte Nr. 29/30/1970, 13 f.
Ransmayr 1991 = Ransmayr, Christoph: Die letzte Welt. Roman. Mit einem Ovidischen Repertoire. Nördlingen: Greno 1988.
Roth 1980 = Roth, Gerhard: Der Stille Ozean. Roman. Frankfurt/M.: Fischer 1980.
Rühm 1985 = Die Wiener Gruppe. Achleitner, Artmann, Bayer, Rühm, Wiener. Texte, Gemeinschaftsarbeiten, Aktionen. Hrsg. u. mit einem Vorw. v. Gerhard Rühm. Erweiterte Neuausgabe. Reinbek bei Hamburg: Rowohlt 1985 [Erstausgabe: Reinbek b. Hamburg: Rowohlt 1967].
Scharang 1970 = Scharang, Michael: Schluß mit dem Erzählen und andere Erzählungen. Neuwied und Berlin: Luchterhand 1970.
Scharang 1973 = Michael Scharang: Charly Traktor. Darmstadt und Neuwied: Luchterhand 1978.
Schutting 1982 = Schutting, Jutta [Julian]: Zu einer Szene von Sergej Eisenstein. In: salz 7, 1982, Nr. 28, 2.
Simmel 1984 = Simmel, Johannes Mario: Das geheime Brot. Bergisch Gladbach: Bastei Lübbe 1984 [Erstausgabe: Wien: Zsolnay 1950].
Sperber 1974 = Manès Sperber: Die Wasserträger Gottes. All das Vergangene. Wien: Europa 1974.
Wiener 1985 = Wiener, Oswald: die verbesserung von mitteleuropa. roman. Reinbek bei Hamburg: Rowohlt 1985 [Erstausgabe: Reinbek b. Hamburg: Rowohlt 1969].
Winkler 1978 = Winkler, Josef: Blitzlichter aus dem Dorfe K. (Kärnten). Materialien zu meinem neuen Roman. In: manuskripte 62/1978, 3–30.
Winkler 1979 = Winkler, Josef: Menschenkind. Frankfurt/M.: Suhrkamp 1979.
Winkler 1980 = Winkler, Josef: Der Ackermann aus Kärnten. Frankfurt/M.: Suhrkamp 1980.
Winkler 1982 = Winkler, Josef: Muttersprache. Roman. Frankfurt/M.: Suhrkamp 1982.
Winkler 1987 = Winkler, Josef: Der Leibeigene. Roman. Frankfurt/M.: Suhrkamp 1987.
Wolfgruber 1978a = Wolfgruber, Gernot: Niemandsland. Salzburg und Wien: Residenz 1978.
Wolfgruber 1978b = Wolfgruber, Gernot: Die Mehrzahl. Erzählung. In: Glückliches Österreich. Literarische Besichtigung eines Vaterlandes. Hg. v. Jochen Jung. Salzburg und Wien: Residenz 1978, 187–198.
Wolfgruber 1981 = Wolfgruber, Gernot: Verlauf eines Sommers. Salzburg und Wien: Residenz 1981.
Zeemann 1982 = Zeemann, Dorothea: Jungfrau und Reptil. Leben zwischen 1945 und 1972. Frankfurt/M.: Suhrkamp 1982.

2. Sekundärliteratur

Adler 1986 = Adler, Jeremy (Hg.): Allegorie und Eros. Texte von und mit Albert Paris Gütersloh. München/Zürich: Piper 1986.
Adorno 1958 = Adorno, Theodor W.: Noten zur Literatur I. Frankfurt/M.: Suhrkamp 1958

Amann 1984 = Amann, Klaus: P.E.N. Politik. Emigration. Nationalsozialismus. Ein österreichischer Schriftstellerklub. Wien/Köln/Graz: Böhlau 1984.
Aspetsberger 1979 = Österreichische Literatur seit den zwanziger Jahren. Beiträge zu ihrer historisch-politischen Lokalisierung. Hg. v. Friedbert Aspetsberger. Wien: Österreichischer Bundesverlag 1979.
Aspetsberger 1980 = Traditionen in der neueren österreichischen Literatur. Hg. von Friedbert Apetsberger. Wien: Bundesverlag 1980.
Aspetsberger 1984 = Literatur der Nachkriegszeit und der fünfziger Jahre in Österreich. Hg. v. Friedbert Aspetsberger, Norbert Frei u. Hubert Lengauer. Red. v. Hermann Möcker. Wien: Österreichischer Bundesverlag 1984.
Aspetsberger 1987 = Zeit ohne Manifeste? Zur Literatur der 70er Jahre in Österreich. Hg. v. Friedberg Aspetsberger u. Hubert Lengauer. Red. v. Hermann Möcker. Wien: Österreichischer Bundesverlag 1987.
Autorensolidarität = ... und notfalls leben wir alle vom Verhungern. Enquete »Verlagswesen und Buchmarkt in Österreich«. Wien: IG Autoren 1985 (= Autorensolidarität 7/8).
Barthofer 1982 = Barthofer, Alfred: Vorliebe für die Komödie: Todesangst. Anmerkungen zum Komödienbegriff bei Thomas Bernhard. In: Vierteljahresschrift des Adalbert Stifter-Institutes des Landes Oberösterreich 31 (1982), 77–101.
Bartsch 1982 = Für und wider eine österreichische Literatur. Hg. von Kurt Bartsch, Dietmar Goltschnigg, Gerhard Melzer. Königstein/Ts.: Athenäum.
Bartsch 1988 = Bartsch, Kurt: Ingeborg Bachmann. Stuttgart: Metzler 1988 (= Sammlung Metzler; 242).
Bartsch 1990a = Bartsch, Kurt: Dialog mit Antike und Mythos. Christoph Ransmayrs Ovid-Roman *Die letzte Welt*. In: Modern Austrian Literature. Journal of the International Arthur Schnitzler Research Association 23 (1990), 121–132.
Bartsch 1990b = Kurt Bartsch: Das Forum Stadtpark Graz und seine Zeitschrift *manuskripte* in den 1960er Jahren: Eine Avantgarde? In: Kurt Bartsch u. Gerhard Melzer (Hg.): Trans-Garde. Die Literatur der *Grazer Gruppe*. Forum Stadtpark und *manuskripte*. Graz: Droschl 1990, 9–21.
Batt 1975 = Batt, Kurt: Revolte intern. Betrachtungen zur Literatur in der Bundesrepublik Deutschland. München: C. H. Beck 1975.
Bauer 1978 = Wolfgang Bauer [Heft zu Wolfgang Bauer] text + kritik, Nr. 59, 1978.
Beicken 1988 = Beicken, Peter: Ingeborg Bachmann. München: Beck 1988.
Benjamin 1982 = Benjamin, Walter: Das Passagenwerk. Hg. v. Rolf Tiedemann. 2 Bde. Frankfurt/M.: Suhrkamp 1982 [= Benjamin, GS, V].
Benjamin 1989 = Benjamin, Walter: Gesammelte Schriften. Unter Mitwirkung von Theodor W. Adorno und Gershom Scholem. Hg. v. Rolf Tiedemann u. Hermann Schweppenhäuser. 7 Bde. Frankfurt/M.: Suhrkamp 1989.
Berger 1979 = Berger, Albert: Die austriakische Restauration. Gerhard Fritschs Verhältnis zu Österreich. In: Aspetsberger 1979, 68–80.
Berger 1984 = Berger, Albert: Schwieriges Erwachen. Zur Lyrik der jungen Generation in den ersten Nachkriegsjahren. In: Aspetsberger 1984, 190–206.
Berger 1987 = Berger, Albert: Zur Sprachästhetik der Wiener Avantgarde. In: Wiener Gruppe 1987, 30–45.
Blumenberg 1980 = Blumenberg, Hans: Arbeit am Mythos. 2. Aufl. Frankfurt/M.: Suhrkamp 1980.

Blumenberg 1981 = Blumenberg, Hans: Wirklichkeiten, in denen wir leben. Stuttgart: Reclam 1981.

Breicha/Urbach 1982 = Breicha, Otto, und Urbach, Reinhard: Österreich zum Beispiel. Literatur, Bildende Kunst, Film und Musik seit 1968. Salzburg: Residenz 1982.

Buddecke/Fuhrmann 1980 = Buddecke, Wolfram/Fuhrmann, Helmut: Das deutschsprachige Drama seit 1945. Schweiz. Bundesrepublik. Österreich. DDR. Kommentar zu einer Epoche. München: Winkler 1980.

Bürger 1974 = Bürger, Peter: Theorie der Avantgarde. Frankfurt/M.: Suhrkamp 1974.

Burger 1983 = Burger, Hermann: Giftmutterliebe. Elfriede Jelineks Klavierspielerin. In: Frankfurter Allgemeine Zeitung vom 9. 4. 1983.

Burger 1990 = Burger, Rudolf: Der böse Blick der Elfriede Jelinek. In: Gürtler 1990, 17–29.

Daviau 1985 = Daviau, Donald G.: Fritz Hochwälder's Range of Theme and Form. In: Modern Austrian Literature 18 (1985), Nr. 2.

Dittmar 1990 = Dittmar, Jens (Hg.): Thomas Bernhard. Werkgeschichte. Aktualisierte Neuausgabe 1990. Frankfurt/M.: Suhrkamp 1990.

Drews/Ramm 1981 = Drews, Jörg/Ramm, Klaus: »das ist ja entsetzlich«. Verdoppelte Bemühung, sich über Konrad Bayer verständlich zu machen. In: Rühm 1981, 25–39.

Endres 1980 = Endres, Ria: Am Ende angekommen. Dargestellt am wahnhaften Dunkel der Männerporträts des Thomas Bernhard. Frankfurt/M.: Fischer 1980.

Endres, Opfer = Endres, Ria: Ein musikalisches Opfer. In: Der Spiegel, Nr. 21 vom 23. 5. 1983, 174–177.

Fetz, Disziplin = Fetz, Bernhard: Disziplin und Extase. Friederike Mayröckers *Magische Blätter I-III*. Ein Vortrag gehalten am 26. 6. 1991 in der *Alten Schmiede* in Wien. In: protokolle 1991, Bd. 2, 12–22.

Fischer 1975 = Fischer, Roswitha: Studien zur Entstehungsgeschichte der *Strudlhofstiege* Heimito von Doderers. Wien: Braumüller 1975 (= Wiener Arbeiten zur deutschen Literatur; 5).

Fliedl/Wagner 1984 = Fliedl, Konstanze/Wagner, Karl: Tote Zeit. Zum Problem der Darstellung von Geschichtserfahrung in den Romanen Erich Frieds und Hans Leberts. In: Aspetsberger 1984, 303–319.

Fliedl 1991 = Fliedl, Konstanze: Natur und Kunst. Zu neueren Texten Elfriede Jelineks. In: Das Schreiben der Frauen in Österreich seit 1950. Walter Buchebner Literaturprojekt. Wien/Köln: Böhlau 1991, 95–104.

Fribolin 1989 = Fribolin, Rainer: Franz Innerhofer und Josef Winkler. Die moderne bäuerliche Kindheitsautobiographik vor dem Hintergrund ihrer Tradition vom 16. bis zum 20. Jahrhundert. Bern/Frankfurt/M./New York/Paris: P. Lang 1989.

Fritz 1989 = Fritz, Hans Peter: Buchstadt und Buchkrise. Verlagswesen und Literatur in Österreich 1945–1955. Wien: phil. Diss. masch. 1989.

Geresheim 1973 = Geresheim, Helga-Marleen: Ilse Aichinger. Ihr Leben und Werk. In: Deutsche Dichter der Gegenwart. Unter Mitarb. zahlreicher Fachgelehrter hg. v. Benno von Wiese. Berlin: E. Schmidt 1973.

Gerlach 1980 = Gerlach, U. Henry: Unterdrücktes Gewissen als Zentralmotiv in Fritz Hochwälders *Heiligem Experiment*. In: Österreich in Geschichte und Literatur 24 (1980), H. 6, 360–366.

Geschichten 1978 = Geschichten nach 68. Neue österreichische Erzähler über Themen des letzten Jahrzehnts. Bd. 1. Wien: Frischfleisch und Löwenmaul [1978].

Gößling 1987 = Gößling, Andreas: Thomas Bernhards frühe Prosakunst. Entfaltung und Zerfall seines ästhetischen Verfahrens in den Romanen Frost – Verstörung – Korrektur. Berlin/New York: de Gruyter 1987.

Gomringer 1982 = Gomringer, Eugen: sprache als zugang zur realität. In: Schmidt-Dengler 1982, 137–144.

Greiner 1979 = Greiner, Ulrich: Der Tod des Nachsommers. Aufsätze, Porträts, Kritiken zur österreichischen Gegenwartsliteratur. München/Wien: Hanser 1979.

Gross 1982 = Gross, Ruth Vera: Plan and the Austrian Rebirth: Portrait of a Journal. Columbia: Camden House 1982.

Gruber 1982 = Gruber, Reinhard P.: Standpunkt und Standplatz. Nachrichten vom Österreichischen in der deutschsprachigen Literatur. In: Bartsch 1982, 175–180.

Gürtler 1990 = Gürtler, Christa (Hg.): Gegen den schönen Schein. Texte zu Elfriede Jelinek. Frankfurt/M.: Neue Kritik 1990.

Haas 1989 = Haas, Franz: Demolierung der österreichischen Seele. Zum Prosawerk Josef Winklers. In: manuskripte 105/1989, 25–31.

Habermas 1979 = Habermas, Jürgen (Hg.): Stichworte zur geistigen Situation der Zeit. 2 Bde., Frankfurt/M.: Suhrkamp 1979.

Hackl 1988 = Hackl, Wolfgang: Kein Bollwerk der alten Garde – keine Experimentierbude. Wort in der Zeit (1955–1965). Eine österreichische Literaturzeitschrift. Innsbruck: Inst. f. Germanistik 1988.

Hartung 1975 = Hartung, Harald: Experimentelle Literatur und konkrete Poesie. Göttingen: Vandenhoeck & Ruprecht 1975.

Heydemann 1980 = Heydemann, Klaus: Jugend auf dem Lande. Zur Tradition des Heimatromans in Österreich. In: Aspetsberger 1980, 83–97.

Höller 1979 = Höller, Hans: Kritik einer literarischen Form. Versuch über Thomas Bernhard. Stuttgart: Heinz 1979.

Höller 1981 = Höller, Hans: »Es darf nichts Ganzes geben« und »In meinen Büchern ist alles künstlich«. In: Manfred Jurgensen (Hg.): Bernhard. Annäherungen. Bern und München: Francke 1981, 45–63.

Höller 1987 = Höller, Hans: Ingeborg Bachmann. Das Werk von den frühesten Gedichten bis zum Todesarten-Zyklus. Frankfurt/M.: Athenäum 1987.

Hoff 1990 = Hoff, Dagmar von: Stücke für das Theater. Überlegungen zu Elfriede Jelineks Methode der Destruktion. In: Gürtler 1990, 112–119.

Hofmann 1988 = Hofmann, Kurt: Aus Gesprächen mit Thomas Bernhard. Mit Photogr. v. Sepp Dreissinger u. Emil Fabjan u. einer Vorbemerkung des Verlags. Wien: Löcker 1988.

Huber 1987 = Huber, Martin, und Schmidt-Dengler, Wendelin (Hg.): Statt Bernhard. Über Misanthropie im Werk Thomas Bernhards. Wien: Verl. d. Österr. Staatsdruckerei 1987.

Hüppauf 1979 = Hüppauf, Bernd: Peter Handkes Stellung im Kulturwandel der sechziger Jahre. In: Manfred Jurgensen (Hg.): Handke. Ansätze, Analysen. Anmerkungen. Bern/München: Francke 1979, 9–43.

Huntemann 1990 = Huntemann, Willi: Artistik und Rollenspiel. Das System Thomas Bernhard. Würzburg: Königshausen & Neumann 1990.

Innerhofer 1983 = Innerhofer, Roland: Die Grazer Autorenversammlung (1973–1983). Zur Organisation einer »Avantgarde«. Wien/Graz/Köln: Böhlau 1983.

Jandl 1989 = Jandl, Paul: Mythen. Schmutz. Existentialismus. Film. Zu Elfriede Jelineks *Die Ausgesperrten*. In: Landnahme. Der österreichische Roman nach 1980. Hg. v. Michaela Findeis und Paul Jandl. Wien/Köln: Böhlau 1989 (= Zeitschrift für studentische Forschung 1/89), 17–30.

Janetzki 1982 = Janetzki, Ulrich: Alphabet und Welt. Über Konrad Bayer. Königstein/Ts.: Hain 1982.

Judy 1984 = Judy, Michaela: Literaturförderung in Österreich. Untersuchungen zum Verhältnis von Literatur und staatlicher Förderungspolitik. Diss. Wien (Masch.) 1984

Jung 1978 = Jung, Jochen (Hg.): Glückliches Österreich. Literarische Besichtigung eines Vaterlands. Salzburg: Residenz 1978.

Kastberger 1991 = »...einzelne Stücke, aus welchen sich das Ganze insgeheim zusammensetzt...« Produktionsästhetische und textanalytische Merkmale der Prosa Friederike Mayröckers. Diss. Wien (masch.) 1991.

Kerschbaumer/Müller 1992 = Kerschbaumer, Gert/Müller, Karl (Hg.): Begnadet für das Schöne. Der rot-weiß-rote Kulturkampf gegen die Moderne. Wien: Verlag für Gesellschaftskritik 1992.

Kleiber 1984 = Kleiber, Carine: Ilse Aichinger. Leben und Werk. Bern/Frankfurt/M./New York: Lang 1984.

Klug 1991 = Klug, Christian: Thomas Bernhards Theaterstücke. Stuttgart: Metzler 1991.

Krämer 1982 = Krämer, Peter: Der unbedingte Konjunktiv. Bemerkungen zu Ernst Jandls Sprechoper *Aus der Fremde*. In: Schmidt-Dengler 1982, 129–137.

Kreuzer 1971 = Kreuzer, Helmut: Die Bohème. Analyse und Dokumentation der intellektuellen Subkultur vom 19. Jahrhundert bis zur Gegenwart. Stuttgart: Metzler 1971.

Kunne 1991 = Kunne, Andrea: Heimat im Roman: Last oder Lust? Transformation eines Genres in der österreichischen Nachkriegsliteratur. Amsterdam u. a.: Rodopi 1991.

Laemmle/Drews 1975 = Laemmle, Peter/Drews, Jörg (Hg.): Wie die Grazer auszogen, die Literatur zu erobern. Texte, Porträts, Analysen und Dokumente junger österreichischer Autoren. München: edition text + kritik 1975.

Liessmann 1988 = Liessmann, Konrad Paul: Natura mortua. Über das Verhältnis von Ästhetik und Ökologie. In: Kunstforum 1988/93, 65–71.

Loew- Cadonna 1985 = Loew-Cadonna, Martin: Lösung. Die dramatische Struktur von Ernst Jandls *Aus der Fremde*. In: protokolle 1985, Bd. 2, 49–77.

Lorenz 1981 = Lorenz, Dagmar C. G.: Ilse Aichinger. Königstein/Ts.: Athenäum 1981.

Lüdke 1978 = Lüdke, W. Martin: Franz Innerhofer. In: KLG. Kritisches Lexikon zur Gegenwartsliteratur. Bd. 4, hg. von Heinz Ludwig Arnold: edition text + kritik 1978.

Lüdke 1979 = Lüdke, W. Martin (Hg.): Nach dem Protest. Literatur im Umbruch. Frankfurt/M.: Suhrkamp 1979.

Lüdtke 1973 = Lüdtke, Susanne: Humor und Mythos. Eine Studie zu Albert Paris Gütlerslohs Roman *Sonne und Mond*. Wien: Diss. (masch.) 1973.

Lukács 1977 = Lukács, Georg: Kunst und objektive Wahrheit. Essays zur Literaturtheorie und -geschichte. Leipzig: Reclam 1977.

Lunzer 1984 = Lunzer, Heinz: Der literarische Markt 1945 bis 1955. In: Aspetsberger 1984, 24–45.

Melzer 1978 = Melzer, Gerhard: Wolfgang Bauer. Eine Einführung in das Gesamtwerk. Königstein: Athenäum 1978.
Menasse 1980 = Menasse, Robert: Der Typus des »Außenseiters« im Literaturbetrieb. (Am Beispiel Hermann Schürrers.) Studie zum eigentümlichen Verhältnis von offiziösem Literaturbetrieb und literarischem »underground« im Österreich der Zweiten Republik. Diss. Wien (masch.) 1980.
Menasse 1990 = Menasse, Robert: Die sozialpartnerschaftliche Ästhetik. Essays zum österreichischen Geist. Wien: Sonderzahl 1990.
Mittermayer 1988 = Mittermayer, Manfred: Ich werden. Versuch einer Thomas Bernhard Lektüre. Stuttgart: Heinz 1988.
Mixner 1977 = Mixner, Manfred: Peter Handke. Kronberg: Athenäum 1977.
Moser 1990 = Moser, Samuel (Hg.): Ilse Aichinger. Materialien zu Leben und Werk. Frankfurt/M.: Fischer 1990.
Mukařovský 1989 = Mukařovský, Jan: Kunst, Poetik, Semiotik. Hg. u. mit einem Vorwort von Kvetoslav Chvatík. Übersetzt von E. u. W. Annuß. Frankfurt/M.: Suhrkamp 1989.
Obermayer 1981 = Obermayer, August: Der Locus terribilis in Thomas Bernhards Prosa. In: Manfred Jurgensen (Hg.): Bernhard. Annäherungen. Bern und München: Francke, 215–229.
Palm 1983 = Palm, Kurt: Vom Boykott zur Anerkennung. Brecht und Österreich. Wien/München: Löcker 1983.
Pelinka/Weinzierl 1987 = Pelinka, Anton/Weinzierl, Erika (Hg.): Das große Tabu. Österreichs Umgang mit seiner Vergangenheit. Wien: Österreichische Staatsdruckerei 1987.
Pellert 1979 = Pellert, Wilhelm: Roter Vorhang – Rotes Tuch. Das Neue Theater in der Scala (1948–1956). Wien: Arbeitsgemeinschaft für Sozialwissenschaftliche Publizistik 1979.
Pfoser-Schewig 1987 = Pfoser-Schewig, Kristina: »... keine Figur im gemeinsamen Spiel«. Ernst Jandl und die *Wiener Gruppe*. In: Wiener Gruppe 1987, 69–82.
Prokop 1974 = Prokop, Hans F.: Österreichisches Literaturhandbuch. Wien/ München: Jugend und Volk 1974.
Pütz 1982 = Pütz, Peter: Peter Handke. Frankfurt/M.: Suhrkamp 1982.
Reininger 1975 = Reininger, Anton: Die Erlösung des Bürgers. Eine ideologiekritische Studie zum Werk Heimito von Doderers. Bonn: Bouvier 1975 (= Bonner Arbeiten zur deutschen Literatur; 30).
Rossbacher 1972 = Rossbacher, Karlheinz: Detail und Geschichte. Wandlungen des Erzählens bei Peter Handke im Vergleich von *Die Angst des Tormanns beim Elfmeter* und *Der kurze Brief zum langen Abschied*. In: Sprachkunst 6 (1975), 87–103.
Rühm 1981 = Konrad Bayer Symposion Wien 1979. Hg. v. Gerhard Rühm. Linz: edition neue texte o. J. [1981].
Rühm 1985a = Rühm, Gerhard: Vorwort. In: Rühm 1985, 5–36 [s. unter Primärliteratur].
Rühm 1987 = Rühm, Gerhard: zu gemeinschaftsarbeiten der *wiener gruppe*. In: Wiener Gruppe 1987, 187–298.
Ruiss/Vyoral 1978 = Ruiss, Gerhard/Vyoral, Johannes A.: Zur Situation junger österreichischer Autoren. Eine Bestandsaufnahme der gegenwärtigen österreichischen Literaturszene. Wien: Österreichische Autorenkooperative 1978.
Ruiss/Vyoral 1990 = Ruiss, Gerhard/Vyoral, Johannes A.: Der Zeit ihre Kunst /

Der Kunst ihre Freiheit / Der Freiheit ihre Grenzen? Zensurversuche und -modelle der Gegenwart. Wien: IG Autoren 1990.

Ruiss/Vyoral 1991 = Ruiss, Gerhard/Vyoral, Johannes A. unter Mitarbeit von Karin Kinast und Christiane Swoboda: Literarisches Leben in Österreich Handbuch 1991. Interessengemeinschaft österreichischer Autorinnen und Autoren 1991

Schafroth 1984 = Schafroth, Heinz F.: Mut zur Autorisierung subjektivistischer Weltsicht. Fünf Kapitel oder Kapitelanfänge zu Friederike Mayröcker. In: text + kritik, H. 84, Friederike Mayröcker. 1984, 55–70.

Scharang 1972 = Scharang, Michael (Hg.): Über Peter Handke. Frankfurt/M.: Suhrkamp 1972.

Scheichl 1979 = Nicht Kritik sondern Provokation. Vier Thesen über Thomas Bernhard und die Gesellschaft. In: Studi tedeschi 1979, H. 1, 101–119.

Scherpe 1982 = Scherpe, Klaus R.: Erzwungener Alltag. Wahrgenommene und gedachte Wirklichkeit in der Reportageliteratur der Nachkriegszeit. In: Nachkriegsliteratur in Westdeutschland 1945–49. Schreibweisen, Gattungen, Institutionen. Hg. von Jost Hermand, Helmut Peitsch u. Klaus R. Scherpe. Berlin: Argument 1982 (= Das Argument: Argument-Sonderband; 83: Literatur im historischen Prozeß, N. F.; 3), 35–102.

Schmid 1978 = Schmid, Georg: Doderer lesen. Zu einer historischen Theorie der literarischen Praxis. Essai. Salzburg: Neugebauer 1978.

Schmid 1982 = Schmid, Georg: Reserve/Regreß/Repression. Axiome der historischen Entwicklung der »literarischen Moderne Österreichs« nach 1945. In: Bartsch 1982, 79–99.

Schmid 1987 = Schmid, Georg: Konterstrategien zum Totschweigen. Wie sich Ekritüre dem Ersticktwerden widersetzt. In: Wiener Gruppe 1987, 9–29.

Schmid-Bortenschlager 1985 = Schmid-Bortenschlager, Sigrid: Die Etablierung eines literarischen Paradigmas. Hans Weigels *Stimmen der Gegenwart*. In: Literatur in Österreich von 1950 bis 1965. Walter Buchebner-Tagung 1984. 7.–9. Dez. in Neuberg/Mürz. Mürzzuschlag: Walter Buchebner Gesellschaft o. J. [1985], 38–51.

Schmidt 1989 = Schmidt, Siegfried J.: fuszstapfen des kopfes. Friederike Mayröckers Prosa aus konstruktivistischer Sicht. Münster: Kleinheinrich 1989.

Schmidt-Dengler 1980 = Schmidt-Dengler, Wendelin: »Schluß mit dem Erzählen«. Die Polemik gegen das Prinzip des Erzählens in der österreichischen Literatur der Gegenwart. In: Aspetsberger 1980, 98–111.

Schmidt-Dengler 1982 = Schmidt-Dengler, Wendelin (Hg.): Ernst Jandl. Materialienbuch. Darmstadt und Neuwied: Luchterhand 1982.

Schmidt-Dengler 1989 = Schmidt-Dengler, Wendelin: Der Übertreibungskünstler. Studien zu Thomas Bernhard. 2. Aufl. Wien: Sonderzahl 1989.

Schmidt-Dengler 1990 = Schmidt-Dengler, Wendelin: ich lebe ich schreibe: Friederike Mayröckers *mein Herz mein Zimmer mein Name*. In: German Quarterly 63 (1990), 421–428.

Schmidt-Dengler 1993 = Schmidt-Dengler, Wendelin: Heimito von Doderer: *Die Strudlhofstiege*. In: Interpretationen. Romane des 20. Jahrhunderts. Bd. 2. Stuttgart: Reclam 1993, 7–33.

Schröder 1984 = Schröder, Brigitte: Biographielosigkeit als Lebenshaltung. Zu den *Abschieden* von Friederike Mayröcker. In: Schmidt, Siegfried J. (Hg.): Friederike Mayröcker. Frankfurt/M.: Suhrkamp 1984, 125–140.

Schröder 1976 = Schröder, Hans Joachim: Apperzeption und Vorurteil. Untersuchungen zur Reflexion Heimito von Doderers. Heidelberg: Winter 1976.
Schuh 1981 = Schuh, Franz: Protest ohne protestieren. Zur Widersetzlichkeit von Konrad Bayers Literatur. In: Rühm 1981, 71–82.
Schuh 1991 = Schuh, Franz: Das phantasierte Exil. Essays. Klagenfurt: Ritter 1991.
Sebald 1991 = Sebald, W. G.: Unheimliche Heimat. Essays zur österreichischen Literatur. Salzburg u. Wien: Residenz 1991.
Sieburg 1981 = Sieburg, Friedrich: Zur Literatur. 2 Bde. [Bd. 1.]: 1924–1956. Hg. von Fritz J. Raddatz. Stuttgart: Deutsche Verlagsanstalt 1981 (= Werkausgabe; [2.1]).
Steiger 1978 = Steiger, Robert: Malina. Versuch einer Interpretation des Romans von Ingeborg Bachmann. Diss. Heidelberg 1978.
Suchy 1973 = Suchy, Viktor: Literatur in Österreich von 1945 bis 1970. Strömungen und Tendenzen. Wien: Dokumentationsstelle für neuere österreichische Literatur 1973.
Summerfield 1976 = Summerfield, Ellen: Ingeborg Bachmann. Die Auflösung der Figur in ihrem Roman Malina. Diss. Bonn 1976.
Szondi 19709 = Szondi, Peter: Hölderlin-Studien. Frankfurt/M.: Suhrkamp 1970.
Thieberger 1982 = Thieberger, Richard: Gedanken über Dichter und Dichtungen. Essays aus fünf Jahrzehnten. Hg. v. Alain Faure, Yvon Flesch u. Armand Nivelle. Bern/Frankfurt/M.: Lang 1982.
Thurner 1970 = Thurner, Felix: Albert Paris Gütersloh. Studien zu einem Romanwerk. Bern: Lang 1970.
Wagner 1980 = Wagner, Karl: Niederösterreichische Gegenwartsliteratur. St. Pölten/Wien: Niederösterreichisches Pressehaus 1980.
Wagner 1987 = Wagner, Karl: Über die literarischen Dörfer. Zur Ästhetik des Einfachen. In: Aspetsberger 1987, 166–180.
Weber 1963 = Weber, Dietrich: Heimito von Doderer. Studien zu seinem Romanwerk. München: Beck 1963.
Weber 1980 = Weber, Norbert: Das gesellschaftlich Vermittelte der Romane österreichischer Schriftsteller seit 1970. Frankfurt/M./Bern/Cicester: Lang 1980.
Weber 1987 = Weber, Dietrich: Heimito von Doderer. München: Beck/edition text + kritik 1987.
Weigel 1984 = Weigel, Sigrid: »Ein Ende mit der Schrift. Ein anderer Anfang.« Zur Entwicklung von Ingeborg Bachmanns Schreibweise. In: text + kritik. Sonderband Ingeborg Bachmann. Hg. v. Heinz Ludwig Arnold. München: text + kritik 1984, 58–92.
Weinrich 1977 = Harald Weinrich: Erzählte und besprochene Welt. 3. Aufl., Stuttgart usw.: Kohlhammer 1977.
Weinzierl 1990 = Weinzierl, Ulrich: Thomas Bernhard als Erzieher: Thomas Bernhards *Auslöschung*. In: German Quarterly 63 (1990), 455–461.
Weinzierl/Skalnik 1972 = Weinzierl, Erika/Skalnik, Kurt (Hg.): Das neue Österreich. Geschichte der Zweiten Republik. 2 Bde. Graz/Wien/Köln: Styria 1972.
Weiss 1971 = Weiss, Walter: Die Literatur der Gegenwart in Österreich. In: Manfred Durzak (Hg.): Die deutsche Literatur der Gegenwart. Aspekte und Tendenzen. Stuttgart: Reclam 1971, 386–399.

Weiss 1975 = Weiss, Walter: Peter Handke. *Wunschloses Unglück* oder Formalismus und Realismus in der Literatur der Gegenwart. In: Austriaca. Beiträge zur österreichischen Literatur. Festschrift für Heinz Politzer zum 65. Geburtstag. Tübingen: Niemeyer 1975.

Weissenberger 1981 = Weissenberger, Klaus (Hg.): Die deutsche Lyrik. Düsseldorf: Bagel 1981.

Weyrer 1984 = Weyrer, Ursula: *das silberboot*. Eine österreichische Literaturzeitschrift (1935–36, 1946–52). Innsbruck: Inst. f. Germanistik 1984 (= Innsbrucker Beiträge zur Kulturwissenschaft, Germ. Reihe; 22).

Widrich 1985 = Widrich, Hans: *Die Hornissen* – auch ein Mosaik aus Unterkärnten. In: Raimund Fellinger (Hg.): Peter Handke. Frankfurt/M.: Suhrkamp 1985, 25–35.

Wiener 1987 = Wiener, Oswald: Wittgensteins Einfluß auf die *Wiener Gruppe*. In: Wiener Gruppe 1987, 46–59.

Wiener Gruppe 1987 = Die Wiener Gruppe. Walter-Buchebner-Literaturprojekt. Hg. v. d. Walter-Buchebner-Gesellschaft. Wien/Köln/Graz: Böhlau 1987.

Wischenbart 1983 = Wischenbart, Rüdiger: Der literarische Wiederaufbau in Österreich 1945–1949. Am Beispiel von sieben literarischen und kulturpolitischen Zeitschriften. Königstein/Ts.: Hain 1983.

Wiesmayr 1980 = Wiesmayr, Elisabeth: Die Zeitschrift *manuskripte* 1960–1979. Königstein/Ts.: Hain 1980.

Young 1990 = Young, Frank W.: »Am Haken des Fleischhauers«. Zum politökonomischen Gehalt der *Klavierspielerin*. In: Gürtler 1990, 75–80.

Zenker/Ernst 1974. = Zenker, Helmut/Ernst, Gustav: Zur GAV. In: Wespennest, Nr. 14, 1974, 25–32.

Zeyringer 1992 = Zeyringer, Klaus: Innerlichkeit und Öffentlichkeit. Die österreichische Literatur der achtziger Jahre. Bern und München: Francke 1992.

Der Abdruck der Thomas-Bernhard-Zitate erfolgt mit freundlicher Genehmigung des Suhrkamp Verlags.

Inhalt

Ein kleines Avant-propos 5

I – 1945–1966

1. Einleitung 11
2. Politische Entwicklung 16
3. 1945 bis 1948
   - 3.1. Die Verlage 18
   - 3.2. Die Autoren 19
   - 3.3. Zeitschriften: *Der Plan* 23
   - 3.4. Ernst Fischer: *Die Entstehung des österreichischen Volkscharakters* (1945) 33
   - 3.5. Fritz Hochwälder: *Das heilige Experiment* (1941/42) 39
   - 3.6. Ilse Aichinger: *Die größere Hoffnung* (1948) 43
   - 3.7. Zeitschriften: *das silberboot* 49
   - 3.8. Zur Spezifikation der Situation in Österreich 49
4. 1948 bis 1955/56
   - 4.1. Im Niemandsland 50
   - 4.2. Okopenko, Kräftner, Bachmann 59
   - 4.3. Zeitschriften: *Stimmen der Gegenwart* 66
   - 4.4. Heimito von Doderer: *Die Strudlhofstiege* (1951) . . 70
   - 4.5. Gerhard Fritsch 92
   - 4.6. Ernst Jandl 98
5. 1955/56 bis 1966
   - 5.1. Zeitschriften: *Wort in der Zeit* 101
   - 5.2. Hans Lebert: *Die Wolfshaut* (1960) 109
   - 5.3. Ingeborg Bachmann: *Das dreißigste Jahr* (1961) . . . 111
   - 5.4. H. C. Artmann 130
   - 5.5. Die Wiener Gruppe 137
   - 5.6. Albert Paris Gütersloh: *Sonne und Mond* (1962) . . . 148
   - 5.7. Doderers Romantheorie und *Die Wasserfälle von Slunj* (1963) 156
   - 5.8. Thomas Bernhard: *Frost* (1963) 172
   - 5.9. Marlen Haushofer: *Die Wand* (1963) 188
   - 5.10. Graz – *Forum Stadtpark* und *manuskripte* 193
   - 5.11. Peter Handke: *Die Hornissen* (1966) 198

II – 1970–1980

1. Einleitung 207
2. Literatur nach dem Tod der Literatur 211
3. Umorientierung 1968 223
   3.1 Lyrik 224
   3.2 Drama 225
   3.3 Erzählende Prosa 227
4. Zwischenbilanz 234
5. Ingeborg Bachmann: *Malina* (1971) 240
6. Peter Handke: *Wunschloses Unglück* (1972) 254
7. Wolfgang Bauer: *Gespenster* (1973) 269
8. Umorientierung: Ein Intermezzo 280
9. Franz Innerhofer: *Schöne Tage* (1974) 288
10. H. C. Artmann: *Aus meiner Botanisiertrommel* (1975) . . 294
11. Thomas Bernhard: *Der Keller* (1976) 306
12. Elias Canetti: *Die gerettete Zunge* (1977) 317
13. Identitätsprobleme – Zur österreichischen Identität der österreichischen Schriftsteller 330
14. Gernot Wolfgruber: *Niemandsland* (1978) 339
15. Josef Winkler: *Menschenkind* (1979) 350
16. Österreichs Autoren und die Geschichte –
    ein kurzer Ausblick 360

III – 1980–1990

1. Einleitung 369
2. Zum Status quo von 1979/80 374
3. Eine notwendige Vorgeschichte 378
4. Ernst Jandl: *Aus der Fremde* (1979) 389
5. Gerhard Roth: *Der Stille Ozean* (1980) 403
6. Gernot Wolfgruber:
   Der Verlauf eines Sommers (1981) 418
7. Im Zeichen des Kreuzes:
   Josef Winkler: *Muttersprache* (1982) 433
8. Elfriede Jelinek: *Die Klavierspielerin* (1983) 446